Sabine Elias
Väter lesen vor

Lesesozialisation und Medien

Herausgegeben von
Bettina Hurrelmann

Sabine Elias

Väter lesen vor

Soziokulturelle und bindungstheoretische Aspekte
der frühen familialen Lesesozialisation

Juventa Verlag Weinheim und München 2009

Die Autorin

Sabine Elias, Jg. 1968, Dr. paed., Sonderschullehrerin und langjährige wissenschaftliche Mitarbeiterin der Arbeitsstelle für Leseforschung und Kinder- und Jugendmedien der Universität Köln (ALEKI).

Ihre Arbeitsschwerpunkte sind Sprach- und Lesesozialisation, Literaturdidaktik, Kinder- und Jugendliteratur

Bibliografische Information der Deutschen Nationalbibliothek

Die Deutsche Nationalbibliothek verzeichnet diese Publikation in der Deutschen Nationalbibliografie; detaillierte bibliografische Daten sind im Internet über http://dnb.d-nb.de abrufbar.

© 2009 Juventa Verlag Weinheim und München
Umschlaggestaltung: Atelier Warminski, 63654 Büdingen
Umschlagfoto: Wolfgang Schmidt, Ammerbuch
Printed in Germany

ISBN 978-3-7799-1359-7

Vorwort

Bei dieser Arbeit handelt es sich um die leicht bearbeitete und gekürzte Fassung meiner Dissertation, die von der Philosophischen Fakultät der Universität Köln angenommen und die von Frau Professor Dr. Bettina Hurrelmann betreut wurde. Ihr danke ich sehr herzlich für die fachliche Beratung und emotionale Unterstützung.

Ich bedanke mich bei allen Vätern der Kindergartenkinder, die sorgfältig und zuverlässig den Fragebogen beantwortet und mir damit wichtige Eindrücke von meinem Forschungsfeld vermittelt haben. Mein besonderer Dank gilt den Familien der Fallstudien, die bereit gewesen sind, mir Einblicke in ihr Leben und ihre Vorlesepraxen zu gewähren, die mir so offen und ausführlich in den Interviews Rede und Antwort gestanden und mir damit Vertrauen und viele Stunden ihrer Zeit geschenkt haben. Ohne sie wäre diese Arbeit nicht entstanden.

Meinen Freunden Michael Kostka und Tobias Nikolajewski danke ich für ihr stetes Interesse, ihre Beratung und Hilfe insbesondere in der Endphase dieser Arbeit. Allen meinen Freunden und Freundinnen, die selbst Väter und Mütter sind, danke ich für die vielen Gespräche über elterliches Vorlesen und kindliches Lesen. Auch dadurch war ich stets nah an meinem Forschungsgegenstand. Mein besonderer Dank gilt Grit Völkel für ihre unermüdliche emotionale Unterstützung.

Ich widme diese Arbeit meiner Mutter Margot und meinem verstorbenen Vater Ottokar Elias. Sie beide haben mir oft und mit Freude vorgelesen und so dazu beigetragen, dass ich zu einer begeisterten Leserin geworden bin.

Sabine Elias

Inhalt

II. Die empirische Untersuchung: Triangulation der Methoden Fragebogenuntersuchung und Fallstudien

Die moderne, rollenambivalente Familienform (2)

III. Fazit

Einleitung

Problemlage und Forschungsinteresse

„Papa, wann liest du mir was vor?" Ist das, was sich der vierjährige Jonathan wünscht, etabliertes Ritual in deutschen Familien? Oder sind Jonathan und sein Vater Ausnahmen in einer von Müttern besetzten Domäne? Zumindest lassen die bisherigen empirischen Studien in der Lesesozialisationsforschung auf letzteres schließen. Bislang haben quantitative und qualitative Untersuchungen eher den Blick auf die Aktivitäten der Mütter gerichtet und Interaktionen zwischen Vater und Kind nur marginal beachtet. Dies hat wohl verschiedene, auch forschungspraktische Gründe: Mütter sind nach wie vor häufig diejenigen, die den Hauptteil der Familienarbeit leisten, während Väter der außerhäuslichen Erwerbsarbeit nachgehen und damit – so scheint es – als Bezugspersonen für ihre Kinder im Alltag weniger zur Verfügung stehen.

Unter welchen Voraussetzungen und Bedingungen sich Kinder in ihren Familien zu Leserinnen und Lesern entwickeln, ist Gegenstand der Lesesozialisationsforschung, eines relativ jungen Forschungszusammenhangs, der verschiedene Disziplinen zu verbinden versucht: Schriftspracherwerbsforschung, Medienpädagogik, Schulforschung und nicht zuletzt die Lese- und Literaturdidaktik.

Seit die PISA-Studie[1] die eklatanten Lücken in den Lesekompetenzen bei deutschen Schülerinnen und Schülern aufgedeckt hat, beschäftigen sich verschiedenste Disziplinen und Institutionen unter neuen Vorzeichen mit der Diagnostik von Leseprozessen und -störungen und der Förderung von Schriftspracherwerb.[2] Bildungspolitisch hat man allerdings bislang auf die alarmierenden Ergebnisse hauptsächlich mit der Einführung national verbindlicher Bildungsstandards reagiert, die die Lesekompetenzen von Schülerinnen und Schülern in verschiedenen Klassenstufen überprüfen sollen. Ganz abgesehen davon, dass hierbei eine Definition von Lesekompetenz zugrunde gelegt wurde, die vor allem die kognitive Seite des Lesens betont[3], ist bislang kaum untersucht worden, wann und wo die Lesebiographie der Jugendlichen eingeknickt ist, welche Instanzen versagt oder es zumindest versäumt haben, den Heranwachsenden nicht nur die kognitive, son-

---

1 Deutsches PISA-Konsortium 2001.
2 Abraham u.a. 2003.
3 Vgl. Hurrelmann 2002a, b; 2006, 75f.

dern auch die emotionale und motivationale Bedeutung des Lesens als kulturelle Praxis zu vermitteln. Hier ist zum einen die Schule als formelle Instanz der Leseförderung angesprochen: Schulische Leseförderung muss offenbar einmal mehr vor dem Hintergrund der aktuellen Forschungsergebnisse reflektiert werden. Sie beschränkt sich nicht nur auf den Deutschunterricht, sondern muss fächerübergreifend bzw. im Sinne einer systemischen Leseförderung auf das gesamte Schulleben bezogen werden und sollte sich auch mit außerschulischen Institutionen vernetzen, die Aufgaben der Leseförderung übernommen haben.[4]

Als bedeutsamste informelle Instanz der Leseförderung gilt das Elternhaus. Nach wie vor ist Schule darauf angewiesen, was die Kinder an grundlegenden und begleitenden Erfahrungen aus ihren Familien mitbringen. Längst bevor die Schule als öffentliche Bildungseinrichtung lesefördernd wirksam werden kann, stellt die Familie die Weichen für die kindliche Leseentwicklung. Im familialen Kontext finden Kinder kulturelle Orientierung und Möglichkeiten für ihre sprachlich-kognitive und emotionale Entwicklung. Nun werden im Zuge gesellschaftlicher Modernisierungsprozesse Familien zunehmend zu instabilen Gebilden, die mit Erziehungsfragen und auch mit Aufgaben der Lesesozialisation anders umgehen als noch vor zwei oder drei Jahrzehnten. Diese veränderten Bedingungen in den Familien zu bemerken, zu analysieren und adäquat in schulische Konzepte einzubeziehen, wird auch in Zukunft eine wichtige Aufgabe von Schulpädagogik und Didaktik, auch von Literaturdidaktik sein, um die Ungleichheit von Bildungschancen nicht noch weiter zu verschärfen.

Welchen Part die Väter in diesen sich verändernden Familienstrukturen übernehmen, wie Veränderungen von Leitbildern, Erwartungen und Einstellungen zur männlichen Rolle und Identität neue Konzepte von Vaterschaft prägen, ist in den letzten drei Jahrzehnten zum Untersuchungsgegenstand von Psychologie, Sozial- und Kulturwissenschaften geworden. Diese haben zunehmend auf die Veränderungen männlicher Identitäten aufmerksam und die Väter zum Gegenstand ihrer Forschungen gemacht. Väter – so können inzwischen zahlreiche Studien zeigen – sehen sich offenbar immer weniger in der Rolle des Brötchenverdieners, sondern wollen teilnehmen an der Erziehung ihrer Kinder, und dies möglichst von Beginn an. Väter besuchen Geburtsvorbereitungskurse, sie baden, wickeln, füttern die Säuglinge. Spezielle Ratgeber informieren über den Umgang mit Kleinkindern, und auch Spiel-, Beschäftigungs- und Vorlesebücher richten sich explizit an Väter. Initiativen laden Vater und Kind zu gemeinsamen Aktivitäten ein, Internetforen begründen und stabilisieren einschlägige Netzwerke. Familienpolitisch wird die Vaterrolle in verschiedenen Kampagnen zusehends aufgewertet, und Männer werden aufgefordert, ihre berufliche Arbeit zugunsten einer Elternzeit zu unterbrechen.

---

4 Hurrelmann/Elias 1998.

Der Wandel der Vaterrolle verändert die Häufigkeit und die Qualität der Interaktionen zwischen Vater und Kind. Prozesse kindlicher Sozialisation unterliegen damit Veränderungen. Vermutlich ist davon auch die Lesesozialisation betroffen, d.h. der dialektische Prozess der Vermittlung und Aneignung von mit dem Lesen verbundenen Handlungsformen und Rezeptionskompetenzen. Ob sich Väter verstärkt an Betreuungs- und Erziehungsaufgaben ihrer Kinder beteiligen, ob und welchen Einfluss dies auf die Quantität der Vater-Kind-Interaktionen und auf die Qualität der Vater-Kind-Beziehung hat und inwieweit sich damit Veränderungen von Prozessen der Sozialisation und Enkulturation verbinden, ist die zentrale Fragestellung dieser Untersuchung.

Sie verfolgt damit einen interdisziplinären Ansatz, der Theorien und Paradigmen verschiedener Forschungsdisziplinen miteinander zu verbinden versucht. In einem ersten Schritt (Kapitel I.1) werden Befunde aus Zweigen der Lesesozialisationsforschung zusammengetragen. Familiale Lesesozialisation wird auf der Grundlage eines Mehrebenen-Modells als ko-konstruktiver Prozess betrachtet, in dem Kinder in der Interaktion mit einem ‚kompetenten Anderen' Lesekompetenzen entwickeln können.[5] Diese Lernprozesse vollziehen sich in Situationen kommunikativen Handelns zwischen Kind und Erwachsenem. Vermutlich verbinden sich sprachlich-kommunikative Entwicklungsprozesse mit der Ausbildung literarischer Fähigkeiten. Das Vorlesen bietet dafür mit der Dichte der Interaktionssituationen und der Dekontextualisierung bzw. Symbolhaltigkeit von Text und Bild im Medium Bilderbuch einen geeigneten Erfahrungs- und Lernkontext. Kind und Erwachsener konstituieren einen gemeinsamen Interaktionsrahmen – von Bruner als Language Acquisition Support System (LASS) bezeichnet –, der mit wiederkehrenden (auch sprachlichen) Handlungsmustern einen verlässlichen Kontext bietet. Vor dem Hintergrund des Konzepts der ‚Zone der nächsten Entwicklung' (Wigotsky) wird Lernen in dieser Studie als ko-konstruktiver Prozess gedeutet, in dem der erwachsene Interaktionspartner entwicklungsadäquate (sprachliche) Angebote macht. Wigotskys Entwicklungsmodell eignet sich für das Verstehen von (sprachlich-kognitiven) Lernprozessen und für die Analyse und Deutung der (sprachlichen) Handlungen der Interaktionspartner in den Vorlesesituationen. Die spezifische Handlungssituation des gemeinsamen Bücherlesens ermöglicht über ko-orientierende Prozesse geteilter Aufmerksamkeit und Referenz die Konstituierung gemeinsamer Bedeutung. Im Format des gemeinsamen Bücherlesens entwickeln Kinder im dialogischen Austausch zum einen sprachlich-kommunikative Kompetenzen. Zugleich ist das Vorlesen von Bilderbüchern und die Begleit- und Anschlusskommunikation ein Kontext für literales und literarisches Lernen. Mit dem Medium Bilderbuch, das zwar schriftlich basiert, konzeptionell aber durch das Kommunikationsformat mündlich ist,

---

5 Vgl. Groeben 2004; Hurrelmann 2004, 2006.

erwerben Kinder ein Symbolverständnis und lernen die Dekontextualisierung von Sprache kennen. Sie gewinnen Einsichten in narrative Strukturen und lernen zwischen der eigenen, ‚realen' Erfahrungswelt und der fiktionalen Welt des Bilderbuchs zu unterscheiden. Durch Prozesse von Identifikation und Empathie können Kinder im Sinne von Ko-Konstruktion wichtige Erfahrungen für die Entwicklung ihrer Persönlichkeit machen.

Das kommunikative Klima und die kulturelle Orientierung in den Familien gelten als wichtige Variablen dafür, ob und in welcher Weise sich Kinder zu Leserinnen und Lesern entwickeln. Dazu zählen verschiedene Faktoren, die das Zusammenleben in Familien bestimmen, etwa das emotionale Klima, das Gesprächsverhalten oder bestimmte Familienrituale. Andere Variablen stehen in direkterem Zusammenhang mit der kindlichen Lesesozialisation, so das Leseklima[6] und die Mediennutzungsmuster in den Familien. Ob zu Hause Bücher in den Regalen stehen, ob die Eltern Zeitschriften abonniert haben, wie oft, wann, wo und wie gelesen wird, ob Gespräche über Lektüre geführt werden, sind wichtige Parameter für die Leseentwicklung von Kindern.

In einem nächsten Schritt (Kapitel I.2) werden Beiträge aus den verschiedenen Bezugsdisziplinen der Väterforschung zusammengeführt. Die (Familien-)Soziologie gibt Auskunft über die Entwicklung verschiedener familialer Lebensformen, die sich im Laufe gesellschaftlicher Modernisierungsprozesse etabliert haben. In den Kapiteln 2.2. und 2.3. werden unter normativen Gesichtspunkten konventionelle Lebensformen, die sich am traditionellen Leitbild der Kernfamilie orientieren, von nichtkonventionellen Lebensformen unterschieden, die von diesem Leitbild abweichen. Zentrale Frage ist hier, inwieweit diese ‚moderneren' Lebensformen neue Konzepte von Vaterschaft ermöglichen oder bedingen. Welche Determinanten elterliches respektive väterliches Erziehungshandeln bestimmen, ist vielfach theoretisch modelliert worden. Einige dieser Modelle werden als einschlägig für den Untersuchungszusammenhang skizziert (Kapitel 2.3.1). Als zentral wird das Konzept des Involvement angesehen[7], mit dessen Kategorien Erziehungs- und Vorlesekonzepte von Vätern sowie Vater-Kind-Interaktionen erfasst und beschrieben werden können. Ein höheres Involvement wird den so genannten ‚neuen Vätern' bescheinigt, die unter anderem ihre Erziehergegenüber ihrer Ernährerrolle stärker betonen. Auf der Grundlage verschiedener Forschungsergebnisse ist eine Reihe von Typologien entworfen worden, die versuchen, diese ‚neuen Väter' zu identifizieren und zu beschreiben (Kapitel 2.3.2). Als zentrale Determinante für das Involvement von Vätern in Aufgaben der Betreuung und Erziehung von Kindern gilt die Verteilung der Familien- und Erwerbsarbeit (Kapitel 2.3.3).

---

6 Hurrelmann/Hammer/Nieß 1995.
7 Lamb et al. 1985; Pleck 1997; Pleck/Masciadrelli 2004.

14

In Kapitel 2.4 werden beobachtbare Geschlechterunterschiede, etwa unterschiedliches Verhalten von Männern und Frauen in Spiel- oder sprachlichen Interaktionen unter Gesichtspunkten von *sex* als biologischem bzw. *gender* als sozialem Geschlecht betrachtet. Verschiedene Erklärungsansätze zur Entwicklung von Geschlechterstereotypen und Geschlechtsrollen werden diskutiert und das Konzept der Androgynie wird als Interpretationsrahmen für eine Angleichung bzw. Integration von ‚männlichen‘ und ‚weiblichen‘ Rollen vorgeschlagen.

Beiträge aus der Familienpsychologie und der Bindungsforschung liefern der Studie weitere theoretische Bezüge. Systemisch orientierte Ansätze aus der Familienpsychologie beschreiben die Familie als intimes Beziehungssystem, das unter anderem durch einen hohen Grad an personaler Involviertheit gekennzeichnet ist und in dem sich mehrere Subsysteme unterscheiden lassen. In der Untersuchung werden das Vater-Kind- und zum Vergleich das Mutter-Kind-Subsystem fokussiert (Kapitel 2.5). Besonders bedeutsam für den vorliegenden Untersuchungsgegenstand sind Beiträge der (neueren) Bindungsforschung, die den Vater als relevante, von der Mutter differenzierte Bindungsperson identifizieren. Eine sozioemotional stabile Vater-Kind-Bindung ist vermutlich eine wichtige Variable dafür, ob Väter die Leseentwicklung ihres Kindes positiv fördern können (Kapitel 2.6).

Zielsetzung und Konzeption der Arbeit

Die vorliegende Studie richtet ihren Fokus auf den Vater als Bindungsperson, als Erzieher und als Vermittler in der kindlichen Lese- und Mediensozialisation. Die Untersuchung begegnet damit einem Desideratum in der Lesesozialisationsforschung, knüpft an deren bisherige Ergebnisse an und verbindet diese mit relevanten Befunden aus der Väterforschung in ihren unterschiedlichen disziplinären Ausrichtungen. Deduktiv wird aus den theoretischen Grundlagen und den vorliegenden empirischen Befunden ein Bedingungsgefüge kindlicher Lesesozialisation mit drei verschiedenen Dimensionen entwickelt (Basismodell), die – in unterschiedlicher Gewichtung – die Leseentwicklung von Kindern begünstigen oder behindern. Der Grad der Vorlese- und Lesekompetenz der Eltern, die Stabilität der sozioemotionalen Beziehung sowie die Flexibilität in der Ausgestaltung der familialen Rollen sind vermutlich wichtige Parameter für eine produktive Gestaltung von Vorleseprozessen.

Methodisch werden in der empirischen Untersuchung ein quantitativer und ein qualitativer Forschungsansatz miteinander kombiniert. Die Fragebogenstudie dient zunächst einer Sondierung des Forschungsfeldes. Befragt werden knapp 100 Väter von Kindern im Vorschulalter nach dem Umfang und der Art ihrer Beteiligung an der Betreuung und der (Medien-)Erziehung ihrer Kinder. In einem ersten Teil des Fragebogens wird der familiale Mediengebrauch betrachtet. Ausgehend von vorliegenden empirischen Befunden und vor dem Hintergrund einer Theorie des sozialen Lernens (Bandura) unterstellt die Studie, dass die Präsenz von Medien im Haushalt und deren Nutzung durch die Eltern wichtige Anregungs- und Vorbildfunktion für die Leseentwicklung von Kindern haben. Ein zweiter Teil des Fragebogens fokussiert das gemeinsame mediale Handeln von Vätern und ihren Kindern. Er fragt danach, wie Väter in ihren Familien Arbeit und Freizeit in ihrem Verhältnis zueinander organisieren, wie das (gemeinsame) Medienhandeln in den Alltag integriert ist und ob und wie sich Väter an der Betreuung und (Medien-)Erziehung ihres Kindes oder ihrer Kinder beteiligen. Dieser Teil erlaubt erste Rückschlüsse auf das Selbstverständnis der befragten Männer als Väter. Methodisch stößt der Fragebogen hier an seine Grenzen. Einstellungen, Interessen und Motive der beteiligten Akteure sowie ihre konkreten Handlungen lassen sich genauer mit qualitativen Methoden untersuchen, die das gesamte familiale System betrachten.

Dieser qualitative Teil fokussiert in einer Kombination von Interview und teilnehmender Beobachtung die gemeinsame Bilderbuchrezeption von Eltern und Kind in der familialen Alltagspraxis. Ausgehend von den Ergebnissen der Fragebogenstudie werden in vier Fallstudien die Voraussetzungen und Bedingungen von Prozessen der Lesesozialisation untersucht und die Einstellungen, Interessen, Motive und Gratifikationen ermittelt, die Eltern mit dem Vorlesen verbinden. Die Auswahl der Familien erfolgt nach den Merkmalen ‚konventionell' bzw. ‚nichtkonventionell'. In einem systemischen Ansatz werden zunächst sowohl die Väter als auch die Mütter in teilstrukturierten, fokussierten Interviews getrennt voneinander befragt. Die aus den Interviewergebnissen gebildeten Hypothesen über die jeweiligen Konzepte der familialen Lesesozialisation werden in Form einer teilnehmenden (Video-)Beobachtung empirisch überprüft. Dazu werden je zwei Vorleseinteraktionen von Vätern und Müttern mit einer Kamera aufgezeichnet und anschließend analysiert. Die Vorlesesituationen unterliegen aus Gründen der Vergleichbarkeit jeweils bestimmten Standards – etwa werden den Familien jeweils zwei bestimmte Bilderbücher zur Verfügung gestellt. Zudem konzentriert sich die Fallstudie auf die Vorlesesituationen mit drei- bzw. vierjährigen *Söhnen*.

Über die (Selbst-)Auskünfte aus den Interviews hinaus gibt die Analyse der Videoaufzeichnungen differenziertere Aufschlüsse über die elterliche Vorlesekompetenz und -praxis sowie die Gestaltung der sozioemotionalen Beziehung zwischen Vater bzw. Mutter und Kind. Auf der Grundlage des Basismodells zur familialen Lesesozialisation werden zum einen die Bedingungen beschrieben, unter denen Eltern die Vorleseprozesse ihrer Kinder produktiv gestalten können. Zum anderen werden auf der Grundlage des Modells die spezifischen Merkmale identifiziert, die die Vorleseprozesse von Vätern kennzeichnen, und wird expliziert, in welchen Entwicklungsbereichen gerade die Väter womöglich fördernd wirken können.

I. Theoretischer Rahmen

1. Lesesozialisationsforschung: Familie als informelle Instanz der Lesesozialisation von Kindern

1.1 Familiale Lesesozialisation als ko-konstruktiver Prozess

Lange Zeit hat die Familiensoziologie die Deinstitutionalisierung der Sozialform Familie und einen Verlust familialer Funktionen diskutiert und dabei zum Teil die je spezifische historische Familienrealität und gesellschaftliche Wandlungsprozesse ignoriert.[1] Mittlerweile werden eher bestimmte Funktionen besonders betont und wird von einem Funktions- oder Bedeutungs*wandel* und einer Funktions*differenzierung* gesprochen.[2] Offenbar hat im Zuge gesellschaftlicher Modernisierungsprozesse eine Spezialisierung und Konzentration auf einige wenige Funktionen stattgefunden.[3] Zu diesen zählen die Erziehung und Sozialisation von Kindern[4] sowie die Enkulturation als ein Teilbereich von Sozialisation.[5] Damit sind Aufgaben angespro-

---

1 Zur These der Deinstitutionalisierung Tyrell 1988; Kaufmann 1995, 97ff.; Hill/Kopp 2006, 48ff.; Nave-Herz 2007, 13ff.; Schweizer 2007, 99ff.; Zur These des Funktionsverlusts Kaufmann 1995, 33; Lenz/Böhnisch 1999, 40; Hill/Kopp 2006, 74ff., 81ff.; Nave-Herz 2002, 65.

2 Nave-Herz 2002, 65. Während klassische familiale Funktionen einerseits an andere Systeme abgegeben und zum Teil wieder zurückgegeben werden, wenn das sekundäre System ausfällt, erhält die Familie differenzierte neue Aufgaben (Nave-Herz 1999a, 32f.; 1999c, 53f.). Zur Unterscheidung der Begriffe Funktion, Aufgabe und Leistung vgl. Kaufmann 1995, 35; Lenz/Böhnisch 1999, 42f.

3 Mit dieser „Entflechtung" des Funktionsbegriffs werden die gesellschaftlichen Konsequenzen nicht bestritten. Familiale Handlungen stehen in einem öffentlichen Interesse und haben Folgen für verschiedene gesellschaftliche Teilsysteme. (Kaufmann 1995, 33, 35; Lenz/Böhnisch 1999, 41)

4 Nave-Herz 2007, 62ff.; Kaufmann (1995, 47ff., bes. 49) stellt den Begriff der Erziehungsaufgabe in den Vordergrund und betont damit das intentionale Moment in der familialen Sozialisation. (vgl. auch Lenz/Böhnisch 1999, 42f.); Der Begriff ‚Erziehung' umfasst nur einen Teil derjenigen gesellschaftlich vermittelten Einflüsse auf die Persönlichkeitsentwicklung, die unter den Begriff Sozialisation fallen, nämlich die bewussten und geplanten Einflussnahmen. (K. Hurrelmann 1998, 14) In den 1960er Jahren etwa hatte der Soziologe William Ogburn prophezeit, die Familie werde ihre angestammten Funktionen entweder ganz verlieren oder zumindest radikal reduzieren, zum Beispiel die Sozialisationsfunktion.

5 Hurrelmann 1999, 109.

chen, die sich in Abhängigkeit vom Wandel historischer Kontexte je spezifisch verändert haben, und dies jeweils bezogen auf verschiedene Phasen von Lesesozialisation.[6]

Familie gilt nach wie vor als wichtigste Instanz für die sprachliche Sozialisation und kulturelle Orientierung von Kindern. In einem dialektischen Prozess der Vermittlung und Aneignung erwirbt das Kind in der Familie wichtige Kompetenzen, die es zu einer „sozial handlungsfähigen Persönlichkeit"[7] und zu einem Mitglied einer Gesellschaft mit ihren je spezifischen sozialen und kulturellen Konventionen, Werten und Normen machen. Im familialen Kontext finden sprachlich-kognitive und cmotionale Entwicklungsprozesse statt, die mit den ersten Formen literarischer Kommunikation zusammen fallen. In interaktiven Handlungssituationen erwerben Kinder ein Symbolverständnis, lernen die Dekontextualisierung von Sprache kennen und gewinnen Einsichten in narrative Strukturen als Grundlage für die Ausbildung eines komplexeren literarischen Verstehens. In der Familie werden offenbar wichtige Grundsteine für die Entwicklung der Lesekompetenz gelegt[8], sie ist gewissermaßen ‚Keimzelle' der Lesesozialisation, in der insbesondere jüngere Kinder soziale Interaktionen erproben und kulturelle Erfahrungen machen.[9]

Theoretisch ist dieser Zusammenhang in einem Mehrebenen-Modell gefasst worden, das die (gesellschaftliche) Makroebene, die Ebene der Institutionen und der Interaktionen (Mesoebene) und die Ebene der individuellen Ko-Konstruktionen (Mikroebene) unterscheidet.[10]

Im Modell ist die Familie eine der (Sozialisations-)Instanzen, die die relevanten Kompetenzen für gesellschaftliche Mitgliedschaft vermitteln. Dabei ‚diffundieren' die gesellschaftlichen Normen nicht einfach auf die Individualebene, sondern es werden auf einer Mesoebene die Rahmenbedingungen interpretiert (Logik der Situation), ausgewählt (Logik der Selektion) und zu je spezifischen sozialen und kulturellen Umwelten gestaltet, in denen individuelle Lernprozesse stattfinden.[11] Individuen interpretieren wie-

---

6 Zur familialen Lesesozialisation im historischen Wandel vgl. Hurrelmann/Becker/Nickel-Bacon 2006.
7 K. Hurrelmann 1998, 14.
8 Zu einem mehrdimensionalen Modell von Lesekompetenz vgl. Hurrelmann 2002a und 2002b; Groeben 2002. Vgl. auch die weiteren Beiträge im Sammelband ‚Lesekompetenz' des Forschungsschwerpunkts ‚Lesesozialisation in der Mediengesellschaft'.
9 Sozialforscher machen allerdings zunehmend darauf aufmerksam, dass mit der wachsenden Instabilität von Familien diese Instanz für die Entwicklung von Kindern unzuverlässiger wird und außerfamiliale Institutionen an Bedeutung gewinnen. (z.B. Schweizer 2007, 69ff., so auch Fthenakis im Januar 2007 auf einem Vortrag zur frühkindlichen Erziehung in der Karl-Rahner-Akademie Köln.)
10 Groeben 2004b, 155ff.; Hurrelmann 2004, 170; Vgl. auch Schweizer 2007, 178ff. zur Bedeutung der Mehrebenenanalyse in der „Soziologie der Kindheit".
11 Hurrelmann 2004, 170.

derum die ‚Mitgliedschaftsangebote' ihrer Umgebung (Logik der Situation) und suchen aus diesen ‚passende' Angebote aus. Bei gleichgerichteten Orientierungen wirken die Selektionen auf der Individual- bzw. auf der Mesoebene wiederum verändernd auf die nächsthöhere Ebene zurück (Logik der Aggregation).

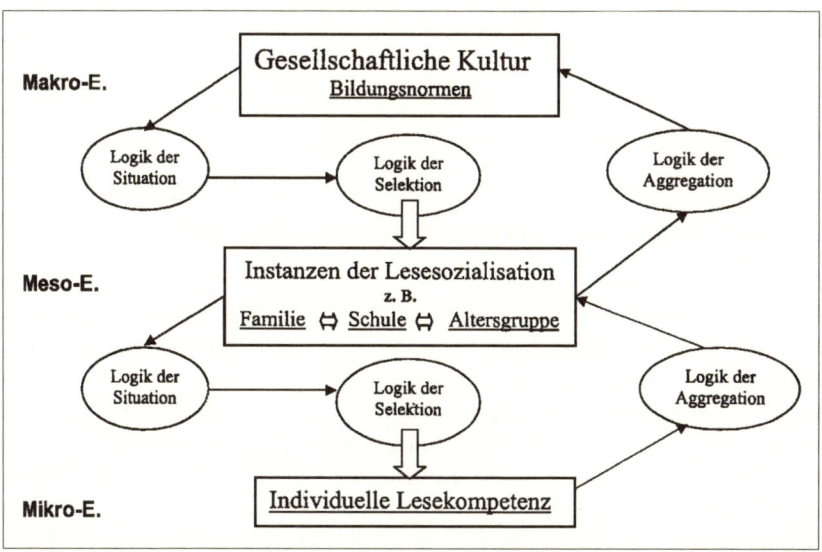

Abb. 1: Mehrebenen-Erklärungsmodell von Lesesozialisation
(Hurrelmann 2006, 75)

Geht man davon aus, dass sich Lernen als ein Prozess konstruktiver Aneignung von (Welt-)Wissen modellieren lässt, kann man Ko-Konstruktion als Lernen in Situationen sozialer Interaktion und als den Vollzug gemeinsamer Handlungskoordination beschreiben. Bezogen auf den Gegenstand des Lesens lässt sich Lesesozialisation definieren als ko-konstruierender *„Prozess der Aneignung der Kompetenz zum Umgang mit Schriftlichkeit in Medienangeboten unterschiedlicher technischer Provenienz* (Printmedien, audiovisuelle Medien, Computermedien) und *unterschiedlicher Modalität* (fiktional-ästhetische und pragmatische Texte)".[12]

Das gemeinsame Bilderbuchlesen lässt sich als Prozess der gemeinsamen Bedeutungskonstitution beschreiben, in den beide Interaktionspartner eingebunden sind. Dabei übernimmt der Erwachsene als kompetenter Vermittler Interpretations- und Zuschreibungsleistungen, die darauf ausgerichtet

---

12 Hurrelmann 1999, 111f. (Hervorhebungen im Original). „Der Begriff ‚literarische Sozialisation' ist in Bezug auf seinen Objektbereich einerseits weiter, andererseits enger als der der Lesesozialisation: Gemeint ist der gesellschaftlich vermittelte Erwerb der Kompetenz zur Rezeption und Verarbeitung von fiktionalen/ästhetischen Texten in unterschiedlichen Präsentationsformen [...]". (Hurrelmann 1999, 113).

sind, dem Kind eine Beziehung zu und Interpretation der Bilderbuchgeschichte zu ermöglichen. Auf diese Weise führt er dem Kind vor, dass die Illustrationen und der (gesprochene und geschriebene) Text der Bilderbuchgeschichte keine eindimensionale Abbildung von Realität sind, sondern zur eigenständigen (Neu-)Konstruktion von Wirklichkeit genutzt werden können. Im Sinne eines Konzeptes von Ko-Konstruktion geht es hier also um die von den Interaktionspartnern geteilten Bedeutungskonstitutionen, Interpretations- und Zuschreibungsprozesse.

1.2 Sprachlich-literarisches Lernen in der ‚Zone der nächsten Entwicklung' und in Situationen kommunikativen Handelns

Vor diesem Hintergrund betont die Lesesozialisationsforschung die Bedeutung der Familie nicht nur als erste, sondern auch besonders wirksame Instanz der Lesesozialisation und Leseförderung. Im Unterschied zu eigens arrangierten, zeitlich und räumlich begrenzten Lernsituationen wie im Kindergarten oder in der Schule durchdringen Prozesse familialer Lesesozialisation den gemeinsamen Familienalltag, finden quasi nebenbei statt, ohne ausschließlich absichtsvoll und zielgerichtet zu sein. Zudem sind diese Lernprozesse an vertraute Personen gebunden.[13] Wer wie mit wem in der Familie in Beziehung steht, beeinflusst und strukturiert all diejenigen Handlungsformen, die direkt oder indirekt mit dem Lesen zu tun haben.[14]

Diese Handlungen finden in der gemeinsamen Interaktion zwischen einem Kind und einem Erwachsenen statt, der ‚stronger and wiser' (Bowlby) ist und das Kind als ‚kompetenter Anderer' im Erwerb seiner Lesekompetenzen unterstützen kann. Idealerweise platziert der Interaktionspartner die gemeinsame Handlung in der ‚Zone der nächsten Entwicklung' (Wigotsky)[15] und ermöglicht dem Kind auf diese Weise einen Entwicklungsschritt, den es allein noch nicht hätte vollziehen können. Die kognitive Entwicklung eines Kindes lässt sich nach Wigotsky charakterisieren durch die Niveaus seiner Realisationsfähigkeiten: Ein aktuelles, bestehendes Niveau, das das Kind selbst erlangen kann, lässt sich von einer höheren Ebene unterscheiden, die es dank der in Anspruch genommenen Hilfe der erwachsenen Experten zu erreichen vermag (potenzielles Niveau). Den ‚Raum' zwi-

---

13 Hurrelmann 2004, 169; Hurrelmann/Elias 1998, 5f.; Elias 2003, 59; Zum „Modus der Alltäglichkeit" Kaufmann 1995, 35.
14 Hurrelmann 2000, 912; Elias 2003, 59. Zu den familialen Binnenstrukturen und Beziehungsformen vgl. Kapitel 2.5.
15 1934/1991, 259f. Wigotsky definiert hier das „Gesetz der Zone der nächsten Entwicklung" als das „Gesetz der in entgegengesetzter Richtung verlaufenden Entwicklung analoger Systeme im höheren und niederen Bereich" bzw. „Gesetz des wechselseitigen Zusammenhangs des niederen und höheren Systems in der Entwicklung".

schen diesen beiden Ebenen nennt Wigotsky die ‚Zone der nächsten Entwicklung'. Mit diesem theoretischen Begriff kann operationalisiert werden, worin eine möglichst wirksame Unterstützung besteht: Die Anforderungen haben idealerweise einen mittleren Grad, d.h. bewegen sich nicht zu nah am Ist-Zustand, liegen andererseits aber auch nicht zu weit von ihm entfernt, um das Kind nicht zu überfordern. Lernen und Entwicklung stellen also nach Wigotsky zwei Prozesse dar, „die in komplizierten Wechselbeziehungen stehen. *Das Lernen ist nur dann gut, wenn es Schrittmacher der Entwicklung ist.* Dann werden dadurch *eine ganze Reihe von Funktionen, die sich im Stadium der Reifung befinden und in der Zone der nächsten Entwicklung liegen, geweckt und ins Leben gerufen*".[16] Durch die Internalisierung der zunächst gemeinsam in der Interaktion vollzogenen Handlungen gelangt das Kind laut Wigotsky auf eine höhere Entwicklungsstufe und kann hier auf der Grundlage intramentaler Modelle die entsprechenden Handlungen selbständig vollziehen. Höhere psychische Funktionen entstehen danach ursprünglich bei einer „Zusammenarbeit" und werden erst später zu „eigenen psychologischen Tätigkeitsformen".[17] Kindliche Sprachentwicklung lässt sich so beschreiben als Prozess einer „allmähliche[n] Individualisierung, die auf der Grundlage seines [des Kindes, S.E.] sozialen Wesens entsteht".[18]

Im Anschluss an Wigotsky hat Jerome Bruner eine Theorie des kindlichen Spracherwerbs entwickelt, der sich bis heute viele Spracherwerbstheorien verpflichtet fühlen. In einer Vielzahl von Studien hat der amerikanische Sprach- und Entwicklungspsychologe Handlungskontexte untersucht, in denen sich sprachliche und kulturelle Aneignungsprozesse von Kindern vollziehen. Bruner geht davon aus, dass Kinder ihre Sprache weder ausschließlich durch das Hervorbringen von angeborenem Strukturwissen (Chomsky) noch durch das planmäßige Absolvieren einer festen Stufenabfolge (Piaget) entwickeln, sondern in dialogischen Prozessen mit einem (erwachsenen) Interaktionspartner.[19] Bruners Ansatz zeichnet sich insbesondere durch die Interpretation von Sprachentwicklung als Prozess der Enkulturation aus. Er stellt eine Sicht auf Spracherwerb vor, die die „Kontinuität mit und Abhängigkeit von dem Erwerb der Kultur" betont.[20]

„Die Kultur besteht aus symbolischen Verfahren, Begriffen und Unterscheidungen, die nur durch die Sprache deutlich werden. Sie wird dem Kind durch den Spracherwerb selber übermittelt. Entsprechend läßt sich

---

16 Wigotsky 1934/1991, 242. (Hervorhebungen im Original)
17 Wigotsky 1934/1991, 317.
18 ebd.
19 Zu Rezeption, Würdigung und Kritik der nativistischen Position Chomskys und der kognitiven Theorie Piagets vgl. Bruner 1979, 10f. und 14f.; Überblicke über Spracherwerbstheorien u.v.a. in Klann-Delius 1999; Szagun 1993.
20 Bruner 2002, 116, auch 15.

das Wesen der Sprache nicht ohne Einbezug ihrer kulturellen Einbettung verstehen."[21]

Sprache wird als „Mittel zur Deutung und Regulierung der Kultur" gewertet[22], Spracherwerb somit als Prozess, in dem sich das Kind die Regeln der umgebenden Sprach- und Kulturgemeinschaft aneignet. Diese sprachlichen Regeln betreffen zum einen den formalen Aspekt der Syntax, die „Tatsache, daß das Kind zu sprachlichen Äußerungen fähig wird, welche mit den Regeln der Grammatik in Übereinstimmung stehen". „Mit Blick auf unser heutiges Wissen erscheint es [...] äußerst unwahrscheinlich, daß das Kind die Grammatik um seiner selbst willen lernt. Ihre Beherrschung erscheint immer instrumentell für das Umgehen mit Wörtern in der realen Welt, d.h. für den Umgang mit Bedeutungen."[23] Zu dieser semantischen Ebene gehört die Fähigkeit, „auf etwas zu verweisen, etwas zu meinen". Spracherwerb heißt also für Bruner, dass Kinder „lernen, ihre angeborenen Lexika zu benutzen, und zwar auf grammatikalisch richtige Weise".[24] Darüber hinaus aber betont der Ansatz anders als nativistische oder kognitivistische Ansätze die pragmatische Seite von Sprache, d.h. den funktional-intentionalen Verwendungsaspekt. „Diese drei vom Kind zu meisternden Aspekte von Sprache – ihre Syntax, ihre Semantik und ihre Pragmatik – sind offensichtlich nicht unabhängig voneinander und könnten entsprechend auch nicht isoliert gelernt werden."[25]

Der Erwachsene arrangiert eine Art Hilfssystem zum Spracherwerb (engl. *Language Acquisition Support System, LASS*), in dem die Lernmatrix des Kindes auf ein sprachliches Angebot trifft.[26] Dieses System besteht aus routinemäßigen sprachlichen Interaktionsmustern, den so genannten Formaten[27], in denen der Erwachsene das Kind als ebenbürtigen Kommunikationspartner akzeptiert, dessen Beiträge aufgreift, diese im Sinne einer kommunikativen Absicht interpretiert und durch inhaltliche und syntaktische Erweiterungen und Modifikationen auf eine höhere Entwicklungsstufe hebt. Auf diese Weise erhalten Handlungen und Äußerungen des Kindes den Status intentionaler Mitteilungen und bekommen Strukturen, die dem Erwachsenen ein Gerüst für deren Interpretation geben. Gleichbleibende Interpretationen initiieren wiederum bestimmte Erwartungshaltungen beim Kind, das daraufhin seinerseits bestimmten Ereignissen eine bestimmte Bedeutung

---

21 Ebd., 116.
22 Ebd., 17.
23 Ebd., 13.
24 Bruner 1981, 22.
25 Bruner 2002, 14.
26 Ebd., 102.
27 „Ein Format ist ein standardisiertes Interaktionsmuster zwischen einem Erwachsenen und einem Kleinkind, welches als ursprünglicher ‚Mikrokosmos' feste Rollen enthält, die mit der Zeit vertauschbar werden." (Bruner 2002, 103).

zuschreibt.[28] Erwachsene interpretieren schon im vorsprachlichen Stadium kommunikative Absichten der Kinder. So konnte Mechthild Papousek in ihren Untersuchungen zeigen, dass sich die Erwachsenen schon sehr früh bemühen, die kindlichen Lautproduktionen „selektiv und differenziert zu beantworten". Durch „Nachahmung, bestätigendes Kommentieren oder Interpretieren, Belohnen, oder durch Attribuieren von Bedeutung" wird das Kind in seinen kommunikativen Absichten bestärkt und als Kommunikationspartner angenommen.[29]

Formate können erweitert und so vielfältig und komplex wie nötig gestaltet werden. Zudem können sie „in einer Weise konventionalisiert und kanonisiert werden, welche es anderen Mitgliedern einer Symbol- (z.B. Sprach-) Gemeinschaft erlaubt, mitzumachen und ihre speziellen Regeln zu erlernen".[30] Sie weisen zum einen oft den Charakter eines Spiels auf, welches „aus fest verabredeten ‚Ereignissen' besteht, die sprachlich geschaffen wurden und sprachlich wieder herbeigeführt werden können".[31] Zum anderen vollziehen sie sich in der spezifischen Situation des frühen gemeinsamen Bilderbuchlesens.[32] Diese Routinen bieten einen erwart- und reproduzierbaren Rahmen für beide Interaktionspartner und sind in ganzheitliche Handlungsabläufe im familialen Kontext integriert. Im sprachlichen Bereich macht der Erwachsene unterstützende Angebote (‚scaffolding') auf phonetisch-phonologischer, syntaktischer, semantischer und pragmatischer Ebene. Die Unterstützungsleistungen reichen von den Anfängen des einfachen Benennens hin zu komplexeren sprachlichen und kommunikativen Formen. Darüber hinaus sind die Handlungsroutinen auch dadurch gekennzeichnet, inwieweit sich der Erwachsene auf die kognitive und emotionale kindliche Entwicklung einstellen kann, d.h. inwieweit er im Dialog den symbolischen Gehalt von Bild und Text mit dem Kind entschlüsselt, referentiell gemeinsame Bedeutungshorizonte eröffnet, in narrative Strukturen einführt, Verbindungen herstellt zwischen der realen Erfahrungswelt des Kindes und der fiktionalen Welt der Bilderbuchgeschichte und damit zugleich in die Unterscheidung zwischen Realität und Fiktion einführt.

Im Buch-Lese-Format[33] wird deutlich, dass der primäre Erwerb der Lautsprache eng mit dem Beginn einer Leseentwicklung verbunden ist. Das

---

28 Bruner 1979, 24. Vgl. auch Braun 1995, 33; Szagun 1993, 242.
29 Papousek 1996, 38. Vgl. auch Bruner 1979, 24.
30 Bruner 2002, 115.
31 Bruner 2002, 35. Später erhalten diese Spielformate „den Charakter von ‚Nehmen-wir-an'-Situationen. Sie sind reich an Sprachlern- und Sprachverwendungsgelegenheiten [...]".
32 Ninio/Bruner 1978, 69.
33 Die stereotype Wiederkehr und die damit verbundene Vorhersagbarkeit der Handlungsorganisation ermöglicht die Entwicklung thematischer Vorlesegespräche. Buch-Lese-Formate sind „durch Gewohnheit entstandene Austauschprozesse, die eine Grundlage schaffen, um die kommunikativen Absichten von Mutter und Kind in ihren konkreten Bezügen zu interpretieren" (Bruner 1979, 24).

verbale Verhalten in der Interaktion weist Ähnlichkeiten und Kontinua zwischen dem so genannten *baby talk* und dem *picture book reading* auf.

1.3 *Baby Talk*, gemeinsame Aufmerksamkeit und Referenz als Voraussetzungen und Bedingungen gemeinsamer Bedeutungskonstitution

Nach dem entwicklungspsychologischen Konzept der intuitiven Elternschaft[34] können Eltern offenbar instinktiv angemessen und entwicklungsfördernd mit ihren Kindern umgehen, und zwar nicht nur in der pflegerischen Versorgung, sondern auch in der Kommunikation. Erwachsene verwenden gegenüber Säuglingen und Kleinkindern, aber auch gegenüber anderen vermeintlich schutzbedürftigen Lebewesen eine besondere Sprache, die man im angloamerikanischen Raum als *baby talk* oder *motherese*[35] bezeichnet. Die ‚Babysprache' unterscheidet sich von der elaborierten Erwachsensprache zum einen durch bestimmte Modifikationen auf den verschiedenen sprachlichen Ebenen. Etwa sind auf der syntaktisch-morphologischen Ebene die Satzstrukturen weniger komplex, auf der semantischen Ebene wird der Wortschatz reduziert bzw. den (sprachlichen) Erfahrungen des Kindes angepasst. Zum anderen ist die Babysprache durch bestimmte prosodische Merkmale charakterisiert: Der Erwachsene spricht in langsamerem Tempo mit häufigeren Pausen, in einer bis zu einer Oktave erhöhten Tonhöhe, und er verwendet wiederkehrende Satzmuster mit einem hohen Wiedererkennungseffekt, auf die Kinder ihre Aufmerksamkeit richten.[36]

Die Erwachsenensprache ist jedoch nicht unidirektional, sondern verändert sich offenbar in Abhängigkeit von den Aufmerksamkeits- und Verstehensfähigkeiten des Kindes.[37] Die Aufmerksamkeitsleistungen sieht Bruner als eine Entwicklung von der visuellen Aufmerksamkeit, d.h. vom Suchen eines anhaltenden Blickkontakts über die gemeinsame visuelle Fokussierung von Objekten bis hin zur sprachlichen Aufmerksamkeitssteuerung. Barbara Braun konnte im Rahmen einer Studie zur Organisation und Entwicklung des *picture book reading* zeigen, dass sich die gemeinsame visuelle Aufmerksamkeit von Mutter und Kind sprachstimulierend auswirkt. „Wählten die Mütter beim Referieren solche Objekte, die bereits im kindlichen Aufmerksamkeitsfokus lagen, dann war der Wortschatz der Kinder sechs Monate später signifikant besser, als wenn die Mütter direktiv versuchten, die kindliche Aufmerksamkeit durch Objektreferenzen zu steuern."[38] In der Interaktionssituation stellt der Erwachsene „immer wieder in relativ vertrau-

---

34 Vgl. z.B. Liegle 2004.
35 Ferguson 1977; Snow 1977.
36 Snow 1977, 36; Papousek 1996, 37. Vgl. auch Szagun 1993, 251ff.
37 Vgl. auch Braun 1995, 35.
38 Braun 1995, 40.

ten Situationen gemeinsame Referenzbezüge [her], bis das Kind auch allein mit umfangreichen Anordnungen von Gegenständen in neuen Situationen referentiell umgehen kann".[39]

Es lassen sich drei Aspekte von Referenz unterscheiden, die auch bei der gemeinsamen Bilderbuchrezeption eine Rolle spielen und die der Analyse und Interpretation von Vorlesesituationen dienen:

1. Das Hinweisen ('indicating'): „Damit sind gestische, verhaltensmäßige und idiosynkratisch-vokalische Vorgänge gemeint, die die Aufmerksamkeit des Partners auf ein Objekt, eine Handlung oder einen Zustand lenken.

2. Deixis, d.i. das „Benutzen von räumlichen, zeitlichen und interpersonalen Kontextmerkmalen in Situationen als Hilfsmittel zur Herstellung gemeinsamer Referenzbezüge".

3. Benennen ('naming'): Hierunter lässt sich „die Entwicklung von festgelegten lexikalischen Ausdrücken" verstehen, „die für außersprachliche Ereignisse in der gemeinsamen Welt von Kind und Bezugsperson stehen".[40]

Das Format des gemeinsamen Bilderbuchlesens spielt in der Entwicklung des Benennens eine besondere Rolle. Das Bilderbuch dient als gemeinsames Referenzobjekt, auf das sich die gemeinsame Aufmerksamkeit von Kind und Erwachsenem richtet.[41] Beim *picture book reading*, d.h. den frühen Formen des gemeinsamen Bilderbuchlesens, geht es im Gegensatz zum späteren *story book reading* zunächst um den Erwerb von Symbolverständnis und um Begriffs- und Bedeutungsentwicklung durch das Benennen von Objekten. In einer strukturierten, wiederkehrenden Abfolge von sprachlichen Äußerungen – 1. Aufruf ('Schau!'), 2. Frage ('Was ist das?'), 3. Bezeichnung ('Das ist ein Kaninchen.') und 4. Rückmeldung (z.B. ‚Ja.') – lernt das Kind zudem wichtige Prinzipien des Dialogs.[42] Die Steuerung der gemeinsamen Aufmerksamkeit bildet den Grundpfeiler sozialer Handlungskoordination und damit den Ausgangspunkt für den Erwerb sprachlicher Referenz. „Mit der Zeit und wachsender Systematisierung treten Einzelformate zu Teilroutinen höherer Ordnung zusammen; in diesem Sinne dürfen sie als die Module betrachtet werden, aus welchen komplexere soziale Interaktionen und Gespräche konstruiert werden."[43]

---

39 Bruner 1979, 29.
40 Bruner 1979, 30f.
41 Bei den Bilderbüchern handelt es sich in der Regel „um Bücher mit einem oder mehreren Objekten bzw. Figuren, kleineren oder größeren Szenen pro Seite, die nicht mit Text oder nur mit einzelnen Buchstaben (bei Alphabetbüchern) bzw. einzelnen Wörtern versehen sind". (Feneberg 1994, 22)
42 Ninio/Bruner 1978, 6f.; Bruner 2002, 65. Siehe Kapitel 1.6.
43 Bruner 2002, 103; Vgl. auch Braun 1995, 30.

Das *story book reading* ist gewissermaßen die Fortsetzung des *picture book reading*.[44] Während beim Bilderbuchlesen i.e.s. die nonverbale Kommunikation, etwa der Blickkontakt, paraverbale Strukturmerkmale und prosodische Elemente wie Stimmmelodie und Intonation eine zentrale Rolle spielen und der Erwerb der Wortbedeutungen im Vordergrund steht, geht es beim *story book reading* um den Aufbau und den Inhalt von Geschichten, um das Verstehen von komplexeren Handlungszusammenhängen, d.h. um literarisches Lernen (siehe Kapitel 1.7). Auch hier ist die gemeinsame Aufmerksamkeit auf das Buch als Referenzobjekt gerichtet. Die Formatstruktur beschränkt sich jedoch nicht mehr ausschließlich auf die vier genannten Äußerungstypen. Das Vorlesen von Geschichten mit wenigen oder ohne Illustrationen ist angewiesen auf komplexere sprachliche Kompetenzen des Kindes, etwa muss die Symbolfunktion nicht nur der Bilder, sondern auch des sprachlichen Zeichensystems erfasst werden. Nicht das illustrierte Buch bildet beim *story book reading* die gemeinsame Referenz, sondern das gesprochene Wort, die vorgelesene Geschichte.

1.4 Bilderbuchrezeption von Kindern

1.4.1 Die Doppelstruktur des Mediums Bilderbuch und die Bildwahrnehmung von Kindern

Zwischen den ersten Bilderbüchern zum Zeigen und Benennen und den komplexeren Geschichten mit wenigen oder ohne Illustrationen sind all diejenigen Bilderbuchgeschichten angesiedelt, in denen sowohl der Text als auch die Bilder eine Geschichte erzählen und in denen beide in einem bestimmten Verhältnis zueinander stehen. Dabei kann der Text die Bilder begleiten, ergänzen oder über die Illustrationen hinausweisen. Umgekehrt können die Bilder ‚Leerstellen‘ des Textes ausfüllen, d.h. Inhalte erzählen, die im Text nicht oder anders erzählt werden. In solchen Bilderbuchgeschichten dienen die Bilder einerseits noch als gemeinsame Referenz, der geschriebene Text weist aber darauf hin, dass die (vom Vorleser) gesprochene Sprache ‚übersetzt‘ werden kann in Schriftliches. Diese Doppelstruktur von Bilderbüchern ermöglicht Kindern literarisches und schriftsprachliches Lernen.[45]

---

44 Im englischen Sprachgebrauch wird zwischen dem Bilderbuchbetrachten und dem Geschichtenvorlesen unterschieden. Der Begriff reading wird sowohl für das selbständige Lesen als auch für das Vorlesen verwendet. Im Deutschen wird der Begriff Vorlesen für Bilderbücher und komplexere Geschichten mit nur wenigen oder ohne Illustrationen verwendet.

45 Die Fallbeispiele der vorliegenden Studie beziehen sich auf abgeschlossene Bilderbuchgeschichten, die pro Bild-(Doppel-)Seite über (mindestens) einen zusammenhängenden Satz oder mehrere Sätze verfügen.

Durch die Verbindung von Buchinhalten und (gemeinsamer) Welterfahrung, durch das Anknüpfen an die Alltagserfahrungen des Kindes und durch die emotionale Beteiligung kann der Erwachsene Übergangshilfen von der dreidimensionalen Welt der Objekte zur zweidimensionalen, dekontextualisierten Welt des Bilderbuches herstellen. Konkrete Gegenstände und Handlungen werden in sprachlich kodierte Gegenstände und Handlungen transformiert, abgebildete Objekte des Bilderbuches bzw. Text- und/oder Bildpassagen aus dem Gesamtzusammenhang gelöst und in einen anderen, bekannten Zusammenhang gestellt (Neukontextualisierung).[46] Damit werden aus dem episodischen Gedächtnis Erfahrungsinhalte abgerufen, das benannte Bild wird mit bestehenden kognitiven Schemata verglichen und als neue Einheit kodiert. Die Bilder werden dabei als „visuelle Anker" in den Gesamtkontext der Geschichte gestellt (Kontextintegration).[47] Bilder dienen als Stütze für das semantische Verständnis und die Speicherung im semantischen Gedächtnis, später als externe Stütze für die Sequenzierung sprachlicher Inhalte: Sofern es sich nicht nur um ein Bilderbuch zum Zeigen und Benennen handelt, korrespondiert die Aufeinanderfolge der Illustrationen mit dem Fortgang der Geschichte.

Werden Bilderbücher nicht in selbständiger Lektüre vom Kind allein angesehen, sondern von einem Erwachsenen vorgelesen, können die Kinder als Rezipienten die Geschichte über zwei Sinnesmodalitäten wahrnehmen. Bilderbuchlesen ist dann sowohl eine ‚Schule des Sehens'[48] als auch eine ‚Schule des Hörens'. Kinder lernen, ihre visuelle Aufmerksamkeit zu fokussieren (visuelle Konzentration), Figuren vor einem Hintergrund wahrzunehmen (Figur-Grund-Wahrnehmung), räumliche Beziehungen zu erkennen oder Farben und Formen zu unterscheiden (visuelle Differenzierung).[49] Nicht zuletzt machen Kinder wichtige ästhetische Erfahrungen.[50]

In der Literatur zur Didaktik und Literarästhetik des Bilderbuchs sind einige Kriterien benannt worden, wie Kinder vermutlich Bilderbücher wahrnehmen und bewerten.[51] Im Detail weiß die Forschung allerdings noch relativ wenig über die Wahrnehmung von Bildern und Bilderbüchern.[52] Erleichternd für die Dekodierung von Text und Illustrationen insbesondere für

---

46 Oerter 1999, 156.
47 Oerter 1999, 157.
48 Sahr/Schlund 1992, 8.
49 Ledl 1994, 41f. Damit ist zugleich die Funktion der ästhetischen Erziehung berührt. Die Illustrationen können Phantasie wecken, sie regen zur kritischen Auseinandersetzung mit gestalterischen Problemen an und eröffnen neue Sehmöglichkeiten. (vgl. Sahr/Schlund 1992, 8f.)
50 Thiele 1986; 2000; 2004.
51 Sahr/Schlund (1992, 7f.) beschreiben im Rekurs auf Untersuchungen der 1960er und 1970er Jahre, wie Kinder im Alter von 6 bis 14 Jahren Bilderbuchillustrationen wahrnehmen und bewerten; auch Hollstein 1999, 64f. Immer noch weiß die Rezeptionsforschung relativ wenig über die Wirkung von Bilderbüchern.
52 Thiele 2000, 14; Sahr/Schlund 1992, 7; Hollstein 1999, 65.

kleinere Kinder ist eine übersichtliche Gestaltung des Layouts. Formal sollte es so angelegt sein, dass ein konsistenter, kein widersprüchlicher Gesamteindruck von der Geschichte entsteht und beide Ebenen ohne Schwierigkeiten dekodiert werden können. Irritierend und hinderlich für eine integrierte Rezeption von Bild- und Textebene sind eine räumliche Trennung von Illustrationen und zugehörigem Text oder dessen Integration in (wesentliche) Bildteile. Auch ein zu dunkler Hintergrund erschwert die Bildwahrnehmung.

Offenbar bevorzugen die kindlichen Rezipienten eher helle, kräftige Töne. Licht- und Schattengebung werden nicht als hilfreich, sondern sogar als störend bei der Dekodierung empfunden („Das ist schmutzig!").[53] Kinder präferieren Illustrationen, die die eigene, real erfahrbare Umwelt möglichst klar konturiert abbilden. Für kleinere Kinder muss das Bild die wesenstypischen Merkmale des realen Objekts wiedergeben. Mit zunehmendem Alter wird die Aufmerksamkeit stärker auf Details gelenkt. Entscheidend für die Wahrnehmung und Akzeptanz der Bilder ist die Form der Darstellung. Größe und Perspektive spielen kaum eine Rolle. Jüngere Kinder lehnen verzerrte, skizzenhafte, unvollständige oder gar abstrakte Bilder eher ab bzw. können diese nicht dekodieren.[54]

Die Rezeption von Bilderbüchern fördert nicht nur visuelle Wahrnehmungsfähigkeiten. Sie ist zugleich eine ‚Schule des Hörens'. Kinder fokussieren ihre auditive Wahrnehmung (auditive Aufmerksamkeit)[55], erkennen und differenzieren akustische Reize und interpretieren diese im Vergleich mit früheren Erfahrungen.[56] Durch die Bilderbuchrezeption üben Kinder ihr auditives Gedächtnis. Sie sind gefordert, Inhalte der Bilderbuchgeschichte abzurufen und diese diskursiv und/oder handelnd-produktiv anzuwenden. Bilderbücher mit Reimen oder wiederkehrenden Strukturen (z.B. Alliterationen) fördern Fähigkeiten der phonematischen Identifizierung und Differenzierung. Im Bereich der auditiven Gliederung lernen Kinder, komplexe Höreindrücke zu strukturieren und sprachliche Strukturen, zum Beispiel die Silbenstruktur von Wörtern, zu bestimmen. Damit werden grundlegende Fähigkeiten der phonologischen Bewusstheit ausgebildet (siehe unten). Durch die für das Medium Bilderbuch spezifische Kombination von Bild und (Laut-)Sprache können Verbindungen zwischen dem visuellen und dem auditiven Kanal hergestellt werden (auditive Intermodalität).[57]

---

53 Niermann 1977, 38ff.; Wechtenbruch 1996.
54 Vgl. Niermann 1977, 38ff.; Wechtenbruch 1996.
55 Ledl 1994, 43 und 45f.
56 Ledl 1994, 42.
57 Ebd., 43.

1.4.2 Bilderbuchvorlesen im Kontext von Mündlichkeit und Schriftlichkeit

Neue Ansätze der Schriftspracherwerbsforschung haben in den letzten drei Jahrzehnten wichtige neue Erkenntnisse über die schriftsprachliche Entwicklung von Kindern erlangt. Zum einen ist die Trennung der Sphären des Lesens und des Schreibens mittlerweile obsolet. Während bis in die 1980er Jahre immer noch eine Didaktik des Erst*lese*unterrichts Gegenstand in Theorie und Praxis war[58], konzentrierte sich die didaktische Forschung zunehmend auf die Verzahnung der beiden Dimensionen Produktion (Schreiben) und Rezeption (Lesen) und brachte ihre neue Sichtweise mit dem Begriff der ‚Schriftsprache' auch terminologisch zum Ausdruck. Auf der Grundlage verschiedener integrativer Prozessmodelle[59], die von einer stufen- bzw. phasenartig organisierten schriftsprachlichen Entwicklung ausgehen, entstand eine Didaktik des ‚schriftsprachlichen Anfangsunterrichts', zu der mittlerweile eine Fülle unterschiedlicher Konzeptionen und Ansätze gehören, bekanntermaßen etwa der *Schriftspracherfahrungsansatz* nach Brügelmann oder das Konzept *Lesen durch Schreiben* nach Reichen.

Den Modellen, Ansätzen und Konzeptionen ist im Kern gemeinsam, dass sie den Beginn der schriftsprachlichen Entwicklung schon früh ansetzen und betonen, dass Kinder längst vor Schuleintritt vielfältige Erfahrungen mit Schrift und Schriftlichkeit machen. Theoretisch wird diese Sicht mit der Berücksichtigung einer präliteral-symbolischen Phase modelliert, die in der Entwicklungsfolge noch vor der literalen Phase i.e.S. liegt. Im Rekurs auf Arbeiten von Piaget und Wigotsky wird in diesen Ansätzen die Bedeutung des Erwerbs der Symbolfunktion für die Entwicklung der Schriftsprache betont.[60]

Hier verbinden sich Erkenntnisinteressen von Sprach- und Literaturdidaktik und Lesesozialisationsforschung. Letztere hat auf die Bedeutung der prä- und paraliterarischen Kommunikationsformen und des Bilderbuch- und Geschichtenvorlesens als Vorläufer derjenigen Handlungsformen hingewiesen, die im Zusammenhang mit dem Lesen i.e.S. stehen.[61] Ästhetisch vorstrukturierte, mündliche Sprache (Lieder, Reime und Gedichte, Märchen, Geschichten) sowie kreative sprachliche Formen (Witze, Sprach- und Rollenspiele) gelten als wichtige Vorstufen bzw. Begleitformen der schriftsprachlichen Entwicklung von Kindern, führen zu literarischen Erfahrungen hin

---

58 Zum Beispiel Gümbel 1989; zusammenfassend zur Geschichte des Erstleseunterrichts Topsch 2003.
59 K.-B. Günther 1989, 1995; H. Günther 1990, 1995; Scheerer-Neumann 1996.
60 Nach Piaget ist der Erwerb der Symbolfunktion ein entscheidender Schritt für die Überwindung der sensomotorischen Phase. Analog dazu markiert Wigotsky im Rekurs auf W. Stern die Entdeckung der symbolischen Funktion der Sprache im zweiten Lebensjahr des Kindes. (1934/1991, 88f.)
61 Hurrelmann/Hammer/Nieß 1995, 140.

und bieten gewissermaßen einen Einstieg in literarische Sozialisation. Insbesondere das Geschichtenerzählen steht in engem Zusammenhang mit der (erzählten) Kinderliteratur. Bei beiden handelt es sich um narrative Formen größeren Umfangs, die in den Aufbau und die Struktur von Texten, in das ,Funktionieren' von Geschichten einführen können.[62] Die primär mündlichen Kommunikationsformen eröffnen dem Kind mit dem Bilderbuchgebrauch zu einem frühen Entwicklungszeitpunkt Möglichkeiten medialen Handelns, wobei die Grenzen zwischen freiem und medienbezogenem[63] Dialog und spielerischen Aktivitäten noch fließend sind.

In ihrer Sicht auf die prä- und paraliterarischen Kommunikationsformen als Vorläufer bzw. Begleiter von Lesekompetenz treffen sich Spracherwerbs- und Schriftspracherwerbsforschung mit der Lesesozialisationsforschung. Mit dem Begriff der ,phonologischen Bewusstheit' haben neuere Ansätze der Schriftspracherwerbsforschung darauf aufmerksam gemacht, dass Kinder Vorläuferfähigkeiten benötigen, um ihre schriftsprachlichen Kompetenzen zu entwickeln. Hierzu gehören die phonologische Bewusstheit im weiteren Sinn (Wörter in Silben segmentieren, Reime erkennen und bilden) und die phonologische Bewusstheit im engeren Sinn, zu der Fähigkeiten der Phonemanalyse und -synthese zählen, etwa das Erkennen von Lautpositionen.[64] Die metasprachlichen Vorläuferfähigkeiten haben eine hohe Prognosekraft für die Entwicklung schriftsprachlicher Kompetenzen. Diese wiederum wirken auch umgekehrt auf Prozesse der phonologischen Bewusstheit zurück, d.h. die Struktur der Schriftsprache unterstützt Analyse- und Syntheseprozesse der Lautsprache. Zur Diagnose von Fähigkeiten der phonologischen Bewusstheit sind verschiedene Testverfahren ausgearbeitet worden, die im Sinne einer Förderdiagnostik die Grundlage für (präventive) Übungsprogramme bilden.[65]

---

62 Dieser Zusammenhang korrespondiert mit den Ergebnissen der eigenen Fragebogenuntersuchung (Vgl. Kapitel II.1). Hurrelmann/Hammer/Nieß konnten in ihrer Untersuchung für die eher rezeptiven Formen wie das Märchen- und Geschichtenerzählen keine oder nur schwache Korrelationen zur späteren Leseverhalten von Kindern zeigen (1995, 142). Dagegen bestand ein hochsignifikanter Zusammenhang zu der Häufigkeit, mit der der Vater Kinderreime oder kleine Gedichte mit dem Kind gesprochen hatte (ebd., 142f.).

63 Aufgrund der Vielzahl der Mütter-Kind-Studien werden in den Darstellungen in der Regel die Gesprächsstrategien auf die Mütter bezogen (Jochens 1979, 110).

64 Das theoriegeleitete Konzept der phonologischen Bewusstheit basiert auf der Bielefelder Längsschnittstudie zur Früherkennung von Risiken der Lese-Rechtschreibschwierigkeiten. Vgl. Jansen/Mannhaupt/Marx/Skowronek 2002, 9f.; auch Martschinke/Kirschhock/Frank 2004, 6, 10.

65 Bielefelder Screening zur Früherkennung von Lese-Rechtschreibschwierigkeiten (BISC) (Jansen/Mannhaupt/Marx/Skowronek (2002), daran anschließend das Würzburger Trainingsprogramm (Küspert/Schneider 2003). Als diagnostisches Instrumentarium wurde auch ,Der Rundgang durch Hörhausen' in Verbindung mit dem Förderkonzept ,Lesen Lernen mit der Hexe Susi' vorgelegt (Martschinke/Kirschhock/Frank 2004).

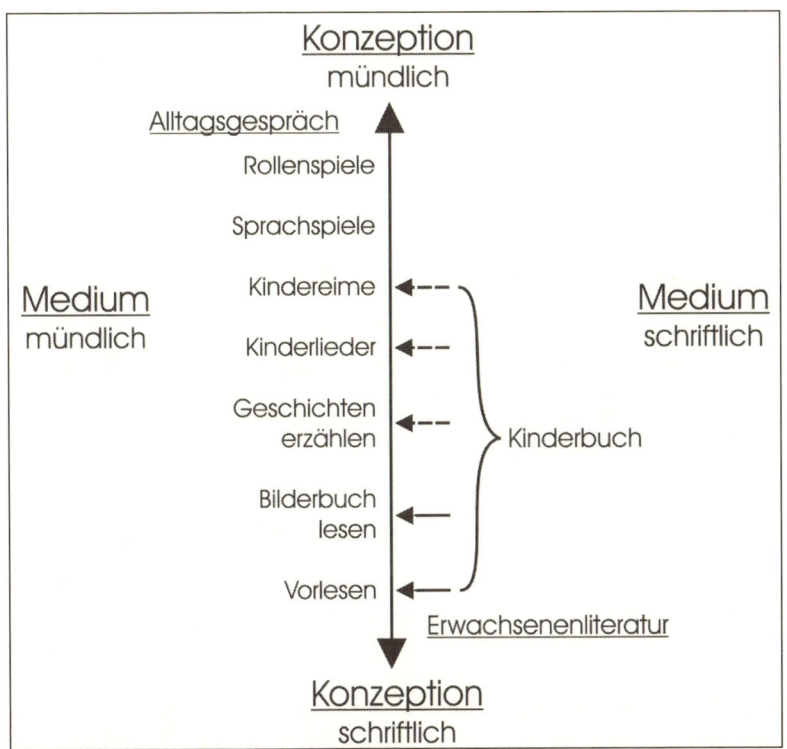

Abb. 2: Die zwei Dimensionen von Mündlichkeit und Schriftlichkeit bezogen auf Medien und Handlungsformen der prä- und paraliterarischen Kommunikation und der Kinder- und Jugendliteratur i.e.S. (eigener Entwurf)

Sowohl die Laut- als auch die Schriftsprache sind dadurch gekennzeichnet, dass sie als Symbol *für* etwas stehen. Während die gesprochene Sprache an die physisch-stoffliche Präsenz der Interaktionspartner gebunden ist, gilt als zentrales Kennzeichen der geschriebenen Sprache ihre Situationsentbundenheit. Mündlichkeit und Schriftlichkeit lassen sich aber nicht ausschließlich medial unterscheiden. So sind ein Telefonat mit einem Freund und ein wissenschaftlicher Vortrag bezogen auf ihre Medialität beide mündlich, d.h. in beiden Fällen wird gesprochen, der Vortrag ist aber stärker textgebunden und somit konzeptionell ‚schriftlicher' als das Telefonat. Mündlichkeit und Schriftlichkeit verhalten sich also bezüglich ihrer Konzeption graduell zueinander.[66] Diese Verhältnisse lassen sich im Modell mit zwei senkrecht aufeinander stehenden Achsen abbilden. In einem solchen Raster können quasi sämtliche mündlichen und schriftlichen Formen platziert und spezifiziert werden, so auch prä- und paraliterarische Kommunikationsformen und auf Kinder- und Jugendliteratur i.e.S. bezogene Handlungsformen. (Abb. 2)

---

66 H. Günther 1996, 65ff. (nach Koch/Oesterreicher 1986)

Vorlesen als eine Form der prä- und paraliterarischen Kommunikation kann unterschiedlich konzeptionell schriftlich organisiert sein: Das Vorlesen zum Beispiel von Kindergeschichten ist stark an den Text gebunden, während die kurzen Texte der Bilderbücher, die die Illustrationen begleiten, stärker mündlich variiert werden (können). Nicht nur bezogen auf die Aufmerksamkeitssteuerung (siehe Kapitel 1.3), sondern auch in konzeptioneller Hinsicht unterscheiden sich also die gemeinsame Rezeption von Bilderbüchern mit unterschiedlich großen Textanteilen und das Vorlesen von Geschichten mit nur wenigen oder ohne Illustrationen.

1.5 Kulturelle Orientierung, kommunikatives Klima und Interaktionsstile als Hintergrundsbedingungen für die Lesesozialisation

1.5.1 Die kulturelle Orientierung von Familien

Neben dem Vorkommen und der Häufigkeit der verschiedenen Formen der prä- und paraliterarischen Kommunikation im Familienalltag sind als wichtige Hintergrundsbedingungen für die frühe Lesesozialisation von Kindern in verschiedenen Studien zum Lesen weitere familienbezogene Faktoren identifiziert worden. Als Indikatoren für die kulturelle Orientierung der Familie gelten etwa das Vorkommen von Büchern im ‚Verkehrsraum' der Kinder, das elterliche Lesevorbild, vornehmlich unter quantitativen Aspekten, Gespräche über Lesen und Literatur, Buchgeschenke oder die Nutzung von Bibliotheken.[67]

Systematisch sind diese Hintergrundsbedingungen in der Studie von Hurrelmann/Hammer/Nieß in den 1990er Jahren für die Lesesozialisation von Grundschulkindern untersucht worden. Indikatoren waren dabei nicht nur quantitative Größen wie Buchlesedauer oder -frequenz. Erfragt wurden sowohl von den Eltern als auch von den Kindern qualitative Merkmale wie Leseinteressen, -motivation oder die emotionale Beteiligung, d.h. Teildimensionen von Lesekompetenz.[68] Auf diese Dimensionen wurden die ermittelten Bedingungsfaktoren des familialen Leseklimas jeweils bezogen: soziale Einbindung des Lesens, Gespräche über das Lesen sowie prä- und paraliterarische Kommunikation, das Leseverhalten der Eltern und die Nutzung elektronischer Medien durch die Eltern. Als wichtigste Einflussgröße für ein förderndes familiales Leseklima konnte die Studie die *soziale Einbindung* des Lesens nachweisen.[69] Zu dieser ‚sozialen Komponente' gehören etwa die gemeinsamen Buchinteressen und der Austausch darüber. Hier

---

67 Zu den Grenzen dieser Studien vgl. zsf. Hurrelmann 2004, 179f.
68 Hurrelmann 2002a, b.
69 Hurrelmann/Hammer/Nieß 1995, 115ff.

fanden die AutorInnen der Studie geschlechtstypische Unterschiede: Die Mütter interessierten sich stärker für Kinderbücher als die Väter und lasen diese auch eher, die Väter thematisierten im Gespräch stärker ihre eigenen Lektüreinteressen. Zudem korrespondierten die Lesepräferenzen der Mütter auch stärker mit denen der Töchter. Einen ähnlichen Zusammenhang deutet die Studie hinsichtlich der väterlichen Leseerfahrungen und der Lektürepraxis der Söhne an.[70]

Geht man von einer eher ‚weiblich' geprägten familialen Lesekultur aus, profitieren Mädchen also möglicherweise stärker in ihrer Leseentwicklung durch Ko-Orientierung am mütterlichen Lesevorbild als Jungen.[71] Insofern ist einer Beteiligung des Vaters an lesesozialisatorischen Interaktionen im familialen Alltag eine zentrale Bedeutung beizumessen: Die eigene Lektürepraxis, d.h. Häufigkeit und Qualität der Lektüre, die Kenntnis der kindlichen Lesepräferenzen und die Entwicklung gemeinsamer Buchinteressen sowie die Herstellung gemeinsamer Lesesituationen könnten insbesondere bei den Jungen durch Ko-Orientierung lesefördernd wirken, zum Beispiel im motivationalen Bereich als Teilbereich von Lesekompetenz. Und auch Mädchen könnten hinsichtlich verschiedener Dimensionen von Medienkompetenz (zum Beispiel bei der Entwicklung genre- und medienspezifischer Rezeptionsmuster oder im Bereich des Genre- und Medienwissens)[72] von den lesesozialisatorischen Interaktionen mit ihrem Vater profitieren.[73]

Gemeinsame Lesesituationen in der Familie und der Besuch von Buchhandlungen und Bibliotheken gehören – so konnte die Studie von Hurrelmann, Hammer und Nieß zeigen – zu der sozialen Fundierung der Leseentwicklung der Kinder. Zudem hatten Merkmale des buchbezogenen, aber auch des allgemeinen Kommunikationsverhaltens in der Familie eine hohe Erklärungskraft für (schichtspezifische) Unterschiede im Leseverhalten der Kinder. Danach fördern Gespräche, die entweder mit einer aktiven, offenen, an Alltagsthemen orientierten Gesprächspraxis verbunden sind, oder – stärker noch – die alltagsferne Themen behandeln, die Leseentwicklung von Kindern.[74]

In einer sozialisationstheoretischen Perspektive lassen sich die genannten Verhaltensaspekte als ‚Mitgliedschaftsangebot' zur Teilhabe an der gesellschaftlichen Lesekultur deuten, „das sich in lesefördernden Handlungen im Bereich prä- und paraliterarischer Kommunikation, in der Herstellung ge-

---

70 Ebd., 52.
71 Zu gender-Aspekten in der Lesesozialisation vgl. Garbe 1993, 7ff.; Eggert/Garbe 2003, 76ff.; die Beiträge in SPIEL 23 (2004), H. 1: Geschlecht und Lesen/Mediennutzung (Hrsg. von Norbert Groeben und Bettina Hurrelmann) sowie Kapitel 2.4.
72 Zu den Dimensionen eines Konzeptes von Medienkompetenz vgl. Groeben 2002a.
73 Die gender-Forschung konnte zeigen, dass Väter in der Erziehung ihrer Töchter Geschlechterstereotypen weniger Bedeutung beimessen als in der Erziehung der Söhne (z.B. Kasten 2003).
74 Hurrelmann/Hammer/Nieß 1995, 228f.

meinsamer Lesesituationen, der Entwicklung gemeinsamer Buchinteressen, der Hilfe bei der Auswahl von Lesegegenständen und in Anschlusskommunikationen zwischen Erwachsenen und Kindern manifestiert (lesesozialisatorische Interaktion). In Auseinandersetzung mit diesem Angebot ko-konstruieren Kinder ihre eigene Lesekultur".[75]

1.5.2 Kommunikatives Klima und Interaktionsstile: Strukturtypen von Vorlesegesprächen

Wie unterschiedlich gemeinsame Lesesituationen gestaltet werden könncn, zeigen die Studien von Silvia Schneider und Petra Wieler.[76] Beide führen die unterschiedliche Gestaltung von Vorleseinteraktionen auf divergente Erziehungs- und Interaktionsstile zurück. Während Schneider die Bedeutung der elterlichen Persönlichkeitsmerkmale betont, zielt die Studie von Wieler auf schichtspezifische Unterschiede.

Im Rahmen der Freiburger Studie zum „Umgang kleiner Kinder mit Medien" geht Schneider der Frage nach, inwieweit Unterschiede in Vorlesemustern von den individuellen Voraussetzungen des erwachsenen Interaktionspartners oder von dem Entwicklungsstand des Kindes abhängen.[77] Als zentrales Ergebnis präsentiert die Studie eine Typologie mit drei verschiedenen Strukturierungstypen von Vorlesemustern, die die Bedeutung der elterlichen Persönlichkeitsmerkmale bzw. des elterlichen Erziehungsstils in den Vordergrund stellen[78], das *flexible* Gerüst (‚flache Hierarchien' in der Kommunikationssituation), das *rigide* oder *starre* Gerüst (Betonung der Asymmetrie der Kommunikationssituation) und das *instabile* Gerüst (Unstrukturiertheit der Kommunikationssituation).

Die Studie zeigt, dass ein flexibler Interaktionsstil des Erwachsenen entscheidend zu einer produktiven Gestaltung der Vorlesesituation beiträgt. Dagegen hemmen sowohl ein indifferentes Kommunikationsverhalten im Sinne eines *laisser-faire*-Stils als auch ein starrer Kommunikationsstil, in dem der Erwachsene dem Kind nur wenig eigenen Spielraum einräumt, das Gelingen der Vorleseinteraktion.

Auf Unterschiede in den Vorlesemustern hebt auch die Studie zum Geschichtenvorlesen mit Vierjährigen von Petra Wieler ab. In 15 Fallbeispielen werden vor dem Hintergrund eines Netzwerks von Forschungsergebnissen verschiedener Disziplinen[79] die literarischen Erfahrungen der Kinder im Kontext ihrer sprachlich-kulturellen Sozialisation untersucht. Als wichtigs-

---

75 Hurrelmann 2004, 182.
76 S. Schneider 1995.
77 S. Schneider 1995; Zsf. Charlton 1995.
78 S. Schneider 1995, 255ff.; Charlton 1995, 75ff. Terminologisch orientiert sich die Typologie an dem Begriff des ‚scaffolding' von Wood/Bruner/Ross (1976).
79 Zsf. Wieler 1997, 23ff.

tes Ergebnis arbeitet die Studie heraus, dass Vorlesegespräche sozialdivergent unterschiedliche Funktionen erfüllen. Wieler identifiziert zwei verschiedene Konzepte von Vorlesemustern: erstens ein eher geschlossenes Vorgehen, das gehäuft in sozial benachteiligten Gruppen zu beobachten ist. Vorrangige Funktionen des Vorlesegesprächs sind hier die Textmitteilung und die Sicherung der Aufmerksamkeit. Das Kind übernimmt in der Interaktionssituation eher die Rolle des passiven Zuhörers. Seine Beiträge werden oft ignoriert oder sogar abgewehrt, was – ähnlich wie auch beim starren und beim instabilen Gerüst in der Typologie von Schneider – zu Irritationen und Orientierungsschwierigkeiten auf Seiten der Kinder führt. Zweitens findet die Studie – vornehmlich in einer mittleren sozialen Schicht – ein eher offenes Konzept. Hier dient das Vorlesen der gemeinsamen Vergegenwärtigung einer Geschichte. Das Kind übernimmt die Rolle des aktiven Interaktionspartners, der in einen Dialog mit dem Vorlesenden über literarische und alltägliche Erfahrungen eintritt.[80]

Auch aus bindungstheoretischer Sicht ist die Qualität von Eltern-Kind-Vorleseinteraktionen untersucht worden.[81] Die Studien richten den Fokus auf die frühen Eltern-Kind-Bindungen und untersuchen, inwieweit sichere und unsichere Bindungen die Handlungsroutinen nicht nur im gemeinsamen Spiel und bei Problemlöseaufgaben[82], sondern auch in Vorlesesituationen bestimmen. In einer Untersuchung von 138 Familien konnten Bus et al. für Beziehungen der Kategorie ‚sicher gebunden' flexible, kindorientierte Verhaltensmuster ausmachen.[83] Diese Eltern förderten das Kind in seiner Eigenaktivität und behandelten es als gleichberechtigten Interaktionspartner. Das Kind zeigte sich in der Handlungssituation aufmerksam, aufgeschlossen und interessiert an den Bilderbuchinhalten.[84] Demgegenüber identifizierten die AutorInnen in den Eltern-Kind-Beziehungen der Kategorien ‚unsicher-ambivalent' und ‚unsicher-vermeidend' ein eher rigides, starres Interaktionsgerüst, das durch direktive oder restriktive Merkmale gekennzeichnet war. Diese Eltern waren weniger gut in der Lage, das Vorlesegespräch für ihr Kind entwicklungsadäquat zu gestalten. Sie orientierten sich stärker am Text des Bilderbuches, unterstützten weniger und wichen seltener durch Fragen, Kommentare oder Zeigegesten ab.[85] Sie korrigierten häufiger das Verhalten des Kindes (‚Sit down!'), versuchten, durch Appelle die

---

80 Wieler 1997, 151ff, 313.
81 Bus et al. 1997; Bus/Van Ijzendoorn 1997. Siehe Kapitel 2.6.
82 Bus et al. 1997, 93. Zur Klassifikation von Bindungskonzepten vgl. Kapitel 2.6.2.
83 Die Kategorien des elterlichen Verhaltens waren (1) Zeigen, (2) Fragen, (3) Kommentieren, (4) Benennen, (5) nonverbales Verhalten, (6) Motivierung, (7) positives, (8) negatives Feedback, (9) Korrekturen und (10) Disziplinarmaßnahmen. Als Indikatoren kindlichen Verhaltens galten (1) Initiierungen, (2) Zeigen, (3) Kommentare, (4) nonverbales Verhalten, (5) Antworten (low level), (6) Aggressionen gegenüber den Eltern, (7) Ablenkungen (Bus et al. 1997, 86).
84 Bus et al. 1997, 87.
85 Ebd., 90f.

Aufmerksamkeit sicherzustellen bzw. setzten sogar Disziplinarmaßnahmen ein. Die Kinder der ‚unsicher gebundenen' Gruppe zeigten sich abgelenkter, weniger interessiert an der Bilderbuchgeschichte und aggressiver gegenüber den Eltern. Ihr reaktives Verhalten äußerte sich zum Teil in destruktivem nonverbalen Verhalten (z.B. Schläge auf das Buch).[86]

Einen direkten Zusammenhang zwischen der Bindungsbeziehung und dem Gelingen der Vorleseinteraktion konnte die Studie nur für die Mutter-Kind-, nicht aber für die Vater-Kind-Beziehung ausmachen. Unterschiede im Vorleseverhalten wurden – ausgehend von der Hypothese, dass die Väter häufig ungeübter im Vorlesen waren – mit situativen Faktoren und nicht mit Unterschieden in der Bindungsbeziehung erklärt.[87] Der laut der Studie von Bus et al. zunächst fehlende Zusammenhang heißt für die eigene Untersuchung mitnichten, dass die Qualität der Vater-Kind-Beziehung ohne Einfluss auf die Vorleseinteraktionen ist. Vielmehr kann man vermutlich von einer mehrdimensionalen Beeinflussung der Vater-Kind-Vorleseinteraktionen ausgehen, wobei etwa auch die (Vor-)Lesekompetenzen der Väter eine wichtige Rolle spielen. Ein Verdienst der Studie von Bus et al. ist der Hinweis auf Interventionsprogramme, die die Vorlesekompetenzen der Familien mit als unsicher kategorisierten Bindungsbeziehungen stärken sollen.[88] Eine weitere Studie akzentuiert in bindungstheoretischer Sicht die affektive Dimension der Vorleseinteraktionen. Bus und van Ijzendorn untersuchten die Vorlesesituationen von 82 Müttern mit ihren 11 bis 14 Monate alten Kindern.

„Understanding the referential meaning of pictures does not emerge as an individual act, but as a social one: through touching, laughing, and looking at pictures together with the mother, and eventually through gestures, in particular pointing at pictures."[89]

Die Studie kommt zu dem Ergebnis, dass in Vorleseinteraktionen sicher gebundene Kinder stärker explorieren, d.h. erkundend mit dem Bilderbuch umgehen, als unsicher gebundene Kinder.

---

86 Bus et al. 1997, 93. Die Untersuchung ermöglicht keinen direkten Vergleich zwischen Müttern und Vätern, weil die Erhebung zu unterschiedlichen Zeitpunkten stattfanden. Als weiteres Manko benennen die AutorInnen die Laborsituation, die sich von Vorlesesituationen in der natürlichen, d.h. häuslichen Umgebung unterscheiden, zum anderen die Einschränkung der Studie auf Jungen. (Bus et al. 1997, 95).

87 Bus et al 1997, 81, 95. Diese Annahme geht zunächst konform mit Ergebnissen der Väterforschung, die für die meisten Familienformen ein geringeres familiales Involvement der Väter und einen Wandel vor allem auf der Ebene der Einstellungen belegen. Siehe Kapitel 2.

88 Zur Förderung von sozial benachteiligten Familien unter dem Gesichtspunkt der Ungleichheit von Bildungschancen vgl. Niemann 2000.

89 Bus/van Ijzendoorn 1997, 48.

„These results support the assumption that sharing books depends on the quality of the affective relationship. The findings are in line with the assumption that insecure children show less self-regulatory behavior; they are less willing to explore unknown aspects of their environment, such as picturebooks."[90]

1.6 Der Dialog als Grundeinheit der Begleit- und Anschlusskommunikation

Die Vorlesesituation bietet mit der Begleit- und Anschlusskommunikation ein Lernarrangement für den Erwerb pragmatisch-kommunikativer Kompetenzen, d.h. die individuellen Möglichkeiten, gesprochene Sprache person- und situationsadäquat als Kommunikationsmittel einzusetzen.[91] Zu den pragmatischen Kompetenzen zählen sowohl die monologischen Fähigkeiten, d.h. zum Beispiel eigene Gefühle, Bedürfnisse, Wünsche und Absichten darstellen oder etwas beschreiben zu können, als auch die Fähigkeiten zum Dialog. Der Gebrauch der gesprochenen Sprache in der Interaktion mit einem oder mehreren Kommunikationspartner(n) umfasst unter anderem das sach- und personbezogene Sprechen, die Fähigkeit, dem Gegenüber zuzuhören, seine Mitteilungen zu verstehen und darauf (sprachlich) adäquat zu reagieren. Die im Folgenden dargestellten Kategorien sind von der Dialogforschung zur Analyse und Interpretation des Gesprächs als Grundeinheit sprachlicher Kommunikation vorgeschlagen worden. Sie eignen sich für die Beschreibung und Analyse der sprachlichen Handlungen der Begleit- und Anschlusskommunikation, wobei der Fokus der Darstellung auf den tragenden Strategien des erwachsenen Interaktionspartners liegt.

1.6.1 Theorie und Analyse des Gesprächs

Formal lässt sich der Dialog als eine Abfolge von (sprachlichen) Äußerungen zweier oder mehrerer Kommunikationsteilnehmer bestimmen, die sich nach bestimmten Regeln bzw. Konventionen vollzieht. Für die Organisation von Gesprächen hat die Dialogforschung verschiedene formale Aspekte und Aktivitäten der Gesprächsteilnehmer benannt:[92]

- ein „ausreichendes Maß an Kooperation";
- das eigene Verstehen von Partneräußerungen sowie die Verständlichkeit eigener Äußerungen für den Partner;
- die Organisation von zeitlichen Abläufen.

---

90 Ebd., 57.
91 Zum Begriff der Anschlusskommunikation als Teildimension von Lesekompetenz vgl. Hurrelmann 2002b, 278f. Zum Begriff der Anschlusskommunikation in einem Konzept von Medienkompetenz vgl. Groeben 2002, 178f.
92 Kallmeyer/Schütze 1976, 9.

Gespräche lassen sich in drei bzw. vier verschiedene Phasen gliedern: Gesprächseröffnung und -beendigung, Gesprächs-,Mitte' (Entfaltung des Hauptthemas und der Subthemen) und die Gesprächs-,Ränder' (Nebenthemen, Episoden).[93] Die Grundeinheit von Gesprächen ist der *Gesprächsschritt* bzw. der *Gesprächsbeitrag* (,turn').[94] Lassen sich zwei (oder mehrere) Kommunikationsteilnehmer auf ein Gespräch ein, gehören die Initiierung und Akzeptanz des *Sprecherwechsels* (,turn-taking') zu den „grundlegenden Verpflichtungen der Gesprächspartner".[95] Unter dem Begriff ,*Gesprächssequenz*' werden Gesprächsschritte mehrerer Gesprächspartner zu funktionellen Einheiten zusammengefasst. Eine solche Sequenz bildet beispielsweise der Gesprächsbeginn, der durch ein Korrespondenzpaar etabliert wird: Kommunikationsappell und Antwort (,summons and answer'). In der Vorleseinteraktion kann das Kind zustimmend oder ablehnend auf einen Kommunikationsappell des Erwachsenen reagieren.[96] Im ersten Fall geht es auf dessen Gesprächsbeitrag ein und erklärt sich damit zur Kommunikation bereit. Umgekehrt kann das Kind den Beitrag des erwachsenen Interaktionspartners auch ablehnen, ihn ignorieren oder dialogisch nicht adäquat auf ihn eingehen. Im Falle einer Zustimmung müssen beide Dialogpartner den Gesprächsgegenstand bestimmen und eine inhaltliche Strukturierung vornehmen. Dann läuft das Verfahren der Redeübergabe (,turn taking'), d.h. es finden Sprecherwechsel statt bis zur Auflösung des Gesprächs. Dafür ist eine vorbereitende Phase notwendig (,opening up closings'), in der ein Sprecher markiert, dass er keine weitere themenorientierte Äußerung machen möchte. Das ist etwa der Fall, wenn der Erwachsene vorschlägt, die Geschichte fortzusetzen („Soll'n wir mal weiterlesen?") oder wenn das Kind eine Frage abwehrt („Weiß nicht!"). Prinzipiell hat der Interaktionspartner daraufhin die Möglichkeit, entweder durch eine vergleichbare Äußerung zu verdeutlichen, dass er keine weitere themenorientierte Äußerung mehr plant – dann schließt sich die Schlusssequenz an –, oder weiter über das Thema zu sprechen.[97]

Als Übungskontext für den Erwerb dialogischer Kompetenzen lässt sich das Spiel werten: Es stellt gewissermaßen eine kleine ,Proto-Konversation' dar, in der spielerisch bestimmte Fähigkeiten zum Dialog erlernt werden können, etwa die Zuweisung von Rollen, die im Turnus gewechselt werden.[98] In der Erwachsenen-Kind-Interaktionssituation kann der ,kompetente Andere' den Dialog steuern. Mit aufmerksamkeitszentrierten und sequenzini-

93 Henne/Rehbock 1995, 20.
94 Henne/Rehbock 1995, 8.
95 Henne/Rehbock 1995, 23. Vgl. auch Lieven 1978.
96 Umgekehrt kann der Kommunikationsappell natürlich auch vom Kind ausgehen, auf den der erwachsene Interaktionspartner dann reagiert.
97 Kallmeyer/Schütze 1976, 15f.
98 Bruner 2002, 38, Oerter 1999, 123ff.

tiierenden Strategien koordiniert er die sprachlichen Handlungen und stellt Aufmerksamkeit und Kommunikationsbereitschaft des Kindes sicher.[99]

Zu den *aufmerksamkeitszentrierten Strategien* gehören erstens die (wiederholte) Anrede, d.h. die Nennung des Adressatennamens, eventuell des vertrauten Kosenamens, ergänzt durch Gesten wie Fingerzeigen etc. Eine weitere Strategie ist die (wiederholte) Begrüßung mit einer bestimmten Formel (zum Beispiel ‚Hallo') in Kombination mit einer Anrede. „Abweichend von der Kommunikation mit Erwachsenen grüßen Mütter das Kind auch dann, wenn gar keine längere Trennung bestanden hat.[100] Ebenso wie die Anrede fungiert die Begrüßung hier als Markierung des Beginns einer gemeinsamen Handlung, das Kind wird aufgefordert, „von der Person, die mit ihm zu kommunizieren sucht, Notiz zu nehmen und seine Aufmerksamkeit auf die folgende(n) Handlung(en) zu richten".[101] Drittens kann die Anrede mit einer direkten Aufforderung bzw. einem Appell verbunden werden, realisiert durch einfache Imperative wie ‚Guck mal!'. Auch mit diesen Äußerungen versucht der erwachsene Interaktionspartner, die Aufmerksamkeit des Kindes auf das gemeinsame Referenzobjekt bzw. auf die folgende Handlung zu lenken. Diese Strategie kann schon eine Sequenz initiieren.

So genannte *sequenzinitiierende Strategien* sind Fragehandlungen, eventuell kombiniert mit einer Anrede. Fragen – insbesondere W-Fragen – haben in der Spielsituation oder in der Vorleseinteraktion in der Regel nicht den Charakter von echten, d.h. Informationsfragen, sondern sind eher ein Akt der Aufforderung. Für den (kindlichen) Adressaten stellt die Frage nicht nur die Möglichkeit, sondern sogar die Verpflichtung dar, etwas zu erwidern. Zusätzlich kann seine Aufmerksamkeit für weitere Handlungen gesichert werden, da das Kind mit seiner Antwort „zugleich die Obligation übernimmt, [den] folgenden konditionell relevanten Äußerungen zuzuhören".[102] Zu den sequenzeröffnenden Strategien zählen weiterhin die so genannten *tag-questions*, d.h. im Anschluss an Deklarativsätze angehängte Partikel wie ‚ne?' oder ‚nicht?'. Diese Gesprächsstrategie hat mehrere Funktionen: Erstens fordert der Erwachsene das Kind zu einer Bestätigung seines Gesprächsbeitrags auf, kontrolliert also zum einen, ob überhaupt eine kommunikative Verständigung stattgefunden hat, und sichert zum anderen das inhaltliche Verständnis des Gesagten. Darüber hinaus werden mit *tag-questions* mögliche Sprecherwechsel angezeigt. d.h. dialogische Kompetenzen gefördert.[103]

---

99 Jochens 1979, 115.
100 Aufgrund der Vielzahl der Mütter-Kind-Studien werden in den Darstellungen in der Regel die Gesprächsstrategien auf die Mütter bezogen (Jochens 1979, 110).
101 Snow 1977; Jochens 1979, 116.
102 Jochens 1979, 116.
103 Jochens 1979, 117.

Dass *tag-questions* auch als Verbindungspartikel zwischen zwei Redebeiträgen des Erwachsenen fungieren können, zeigt Barbara Braun im Rahmen einer Einzelfallstudie zur Organisation und Entwicklung des *picture book reading* einer Mutter und ihres (10 bis 20 Monate alten) Kindes auf.[104] Das kann der Fall sein, wenn zwischen den *turns* nur ein geringes zeitliches Intervall liegt und der Erwachsene andeuten möchte, dass er nach einer kurzen Pause weiterreden wird. Auch Braun interpretiert ein als ‚nicht wahr‘ paraphrasiertes und in Frageintonation hervorgebrachtes ‚ne‘ als Rückversicherung der (implizit) erfolgten Zustimmung des Kindes. „Die erfragte Zustimmung könnte sich entweder auf die Aufforderung, etwas zu zeigen, beziehen. Die Nachfrage wäre in diesem Fall besonders auf den Aspekt der freien Willensäußerung des Kindes gerichtet (Paraphrase: Du *willst* doch zeigen, was du kannst, nicht wahr?). Die erfragte Zustimmung könnte sich aber auch auf die Kompetenzunterstellung beziehen (Paraphrase: Das, was ich meine, *kannst* du doch schon, nicht wahr?). In diesem Falle ginge es um eine Rückversicherung des Sprechers bezüglich der selbst vorgenommenen Kompetenzzuschreibung. Die erscheint besonders dann sinnvoll, wenn es um Fähigkeiten geht, die noch nicht sicher und endgültig erworben sind. Im Sozialisationskontext taucht das Problem gerade dann auf, wenn neue Schwellen der Entwicklung überschritten werden."[105]

Die Studie von Braun zeigt die ontogenetische Entwicklung der gemeinsamen Bilderbuchrezeption auf: Der kindliche Interaktionspartner übernimmt zunehmend größere Anteile in der Vorleseinteraktion.[106] „Sobald das Kind in der Lage ist, durch Deixis und die Verwendung standard-sprachlicher Benennungen festzulegen, daß es auf Buchinhalte Bezug nimmt, wird die Handlungssituation ‚referierender Umgang mit dem Bilderbuch‘ vom Kind selbst initiiert, in synchronisierten Handlungsschritten mit der Mutter stufenweise aufgebaut und über viele referentielle Episoden hinweg aufrechterhalten."[107] Mit steigenden sprachlich-kommunikativen Kompetenzen übernimmt das Kind immer mehr Handlungsschritte.[108] Während es sich zunächst nur auf das Benennen beschränkt, treten sukzessive die von Ninio und Bruner benannten Schritte 1 und 2 (Appell und Frage) hinzu. Bezogen auf den Bilderbuchgebrauch kommt es zu einer Entwicklung vom haptisch-taktilen bis hin zum sprachlich-symbolischen Umgang mit dem Buch. Das Kind erlangt ausgehend von der konkreten Anschauung sukzessive immer höhere Abstraktionsniveaus interaktionsgestützten Verstehens.

---

104 Vgl. Braun 1995, 74.
105 Braun 1995, 74.
106 Braun 1995, 225. Vgl. auch Oerter 1999, 155f.
107 Braun 1995, 225.
108 Oerter 1999, 155.

1.6.2 Das Vorlesegespräch als Interaktionsroutine

Beziehungsgestaltende Faktoren des Vorlesegesprächs

Die Vorlesesituation bietet Kind und Erwachsenem die Möglichkeit, sowohl physische als auch emotionale Nähe herzustellen. Erstens ist die Herstellung von physischer Nähe Voraussetzung für die gemeinsame Rezeption. Beiden Interaktionspartnern muss der Blick ins Buch möglich sein, um die gemeinsame Handlung zu vollziehen. Ob und mit welcher Intensität dabei Körperkontakt besteht, ist zum einen Ausdruck der Qualität der emotionalen Beziehung. Die Herstellung von Körperkontakt lässt sich als Ausdruck von Bindungsverhalten werten. In der Interaktionssituation erfährt das Kind Schutz, Sicherheit und Geborgenheit, es erlebt den Interaktionspartner als ‚sichere Basis'.[109] Die körperliche Nähe der Interaktionspartner hängt zum anderen – so konnte Barbara Braun in ihrer Untersuchung zeigen – auch von der Entwicklung des Kindes ab. Längsschnittlich gesehen lässt sie sich als Kontinuum beschreiben „von einer distalen, bewegten Sitzordnung, die durch häufigen Austausch von Blickkontakt gekennzeichnet ist, hin zu einer nahen und ruhigen Sitzordnung, bei der die Mutter das Kind auf ihrem Schoß bzw. zwischen ihren Beinen sitzen hat und weniger Blickkontakt mit ihm aufnimmt".[110] Während im Alter von etwa zwölf Monaten der Blickkontakt noch als wichtiges Mittel der Regulierung der gemeinsamen Aufmerksamkeit und Verständigungssicherung dient, nimmt seine Bedeutung mit komplexeren sprachlichen Kompetenzen des Kindes ab: Das Handeln im Bilderbuch-Format erlaubt, auf ständigen Blickkontakt zu verzichten, ohne die Verständigung über die jeweilige Referenz im Buch zu gefährden.[111]

Blickkontakte, gemeinsames Lächeln oder Lachen lassen sich sowohl als Ausdruck emotionaler Nähe als auch als Ausdruck gemeinsamer (literarischer) Erfahrung werten. Die gemeinsame Aufmerksamkeit ist bei der Bilderbuchrezeption auf dasselbe Referenzobjekt gerichtet. Gedanken und Gefühle können in dem gemeinsamen Handlungskontext geteilt werden. Beide Interaktionspartner sehen nicht nur dasselbe (*joined attention*), sondern sehen es gemeinsam (*shared attention*).[112] Emotionale Zustände können über gemeinsame literarische Erfahrungen gewissermaßen geteilt werden (*mutual joining of inner experience*). Dies gibt den beiden Interaktionspartnern das Gefühl von kognitiver Intersubjektivität.[113] Die Vorlesesituation bietet beiden Interaktionspartnern Gratifikationen der Zuwendung, des Beisammenseins und der Sicherheit durch Ritualisierung.[114]

---

109 Siehe Kapitel 2.6.
110 Braun 1995, 174.
111 ebd.
112 Dornes 2004, 153.
113 Ebd., 152f.
114 Hurrelmann/Hammer/Nieß 1995, 57.

Funktion und Wirkung von Vorleseritualen

Vorleseinteraktionen zwischen Erwachsenem und Kind sind gekennzeichnet durch festgelegte, von beiden Interaktionspartnern konventionalisierte Handlungsroutinen: Das Format des Vorlesens, die verbindliche Abfolge von (sprachlichen) Handlungsmustern, eventuell die Bekanntheit der Geschichte, der Figuren, ein verlässliches Ende, die Texttreue beim Vorlesen usw. machen das elterliche Verhalten vertraut, verständlich, voraussagbar und kontrollierbar. Zudem kann die äußere Strukturierung von Vorlesegesprächen, d.h. zum Beispiel die Einbettung in eine Spielhandlung, einen sicheren und verlässlichen Rahmen bieten. Vorleseinteraktionen kommen im familialen Alltag in der Regel nicht singulär vor, sondern unterliegen einem wiederkehrenden, gleichbleibenden, regelmäßigen Vorgehen nach festgelegter Ordnung, sie sind eine Form eines sozialen Rituals.[115] Rituelle Handlungen wie zum Beispiel das Gute-Nacht-Ritual beruhen auf gemeinsam fest gelegten Konventionen und tragen Merkmale der Wiederholung, der Konsistenz und Dauerhaftigkeit, der Stabilität und Stabilisierung, die von den Interaktionspartnern auch erwartet werden. Die Handlungen haben einen symbolischen Charakter und verweisen auf einen übergeordneten, über den einzelnen Akt hinausführenden Zusammenhang (intentionale Komponente). Ein Ausbleiben des Rituals führt in der Regel bei beiden Interaktionspartnern zu einem Defizitgefühl.[116]

Als Ritual setzt sich das Vorlesen vom Gewöhnlichen des Alltags ab, es gleicht einer dramaturgischen Inszenierung, erregt die Aufmerksamkeit der Interaktionspartner und wird eventuell auch von den übrigen Familienmitgliedern wahrgenommen. Rituale sind personal, d.h. an bestimmte Bezugspersonen, und lokal, d.h. an bestimmte Orte, gebunden, etwa an das Sofa im Wohnzimmer oder das Bett im Kinderzimmer.[117] Besonders häufig sind Vorleseinteraktionen in das Gute-Nacht-Ritual eingebunden, das durch bestimmte, in vielen Familien vorkommende Interaktionsstrukturen gekennzeichnet ist: das Aushandeln über einen möglichen Verbleib, die Verabschiedung, den Rückzug ins Kinderzimmer, die Beschäftigung im Bett.[118]

Insbesondere in den Abendstunden fallen soziale und räumliche Nähe zusammen. In einer emotional dichten Atmosphäre werden Interaktionssitua-

---

115 Bukow 1984. Im Rahmen der Tageslaufforschung sind Merkmale sozialer Rituale untersucht worden. Als Beobachtungskriterien galten 1. die Kommunikationsdichte, d.h. die Häufigkeit und Intensität der geführten Gespräche, 2. die Zuwendungsintensität, d.h. die Bereitschaft der Partner, sich ausschließlich einander zuzuwenden, einander zuzuhören und zueinander zu sprechen, 3. das Vorhandensein von Körperkontakten und 4. die Nutzung von sozialen Ritualen, deren Symbolik und Zeicheninventar nur den beteiligten Familienmitgliedern verständlich ist. (Kirchhöfer 2000, 156)
116 Kirchhöfer 2000, 160.
117 Vgl. Bukow 1984, 43ff.
118 Kirchhöfer 2000, 156.

44

tionen arrangiert, die oft damit enden, dass die Eltern die Kinder am Bett noch einmal aufsuchen und sich ausschließlich dem Kind zuwenden. Diese Gemeinsamkeit wird „durch verschiedene regelmäßig wiederkehrende Interaktionen konstituiert: das Vorlesen oder Erzählen, das Singen oder Vorsingen oder in Einzelfällen das Beten, das Mithinlegen und/oder das gemeinsame Gespräch".[119] Das Abendritual lässt sich als Indikator für die Qualität von familialen Beziehungen werten.[120] Das Arrangement der Vorlesesituation sowie die Herstellung von körperlicher und emotionaler Nähe kann sich in Form von Gefühlsqualitäten, zum Beispiel Gefühlen der Sicherheit und Geborgenheit niederschlagen.[121] Das begegnet kindlichen Bedürfnissen: Häufig haben Kinder Angst vor dem Einschlafen und versuchen, die Zeremonie des Zubettgehens hinauszuzögern oder zu verlängern. Dieses Phänomen kann vielfältigen Ursprungs sein: Angst vor der Nacht und vor der Dunkelheit, Trennungsangst oder die Ungewissheit, am nächsten Tag nicht wieder aufzuwachen. Die Nähe und Vertrautheit der Vorlesesituation im Abendritual kann Kindern bei der Überwindung dieser entwicklungsbedingten Ängste helfen. Zudem entwickeln Kinder selbst Strategien wie Einschlafmonologe[122] oder das Bereitlegen von Kuscheltieren oder Utensilien, die ihnen helfen sollen, nächtliche Ängste und (Alp-)Träume zu bewältigen. Diese „vergegenständlichten Ansprechpartner"[123] haben offenbar eine emotionale Verstärkerfunktion, d.h. die durch den persönlichen Kontakt erreichte emotionale Stabilisierung kann durch eine entpersonifizierte Beziehung verstärkt werden. Solche Verstärker können akustischer (Spieluhr, Hörkassetten), optischer (Lampe, Mobile) oder gegenständlicher Art (Teddy, Kuscheltuch) sein.[124] Diese Beobachtungen lassen nicht auf eine Verlagerung der persönlich-sozialen auf vergegenständlichte Beziehungen schließen, sondern auf eine Koexistenz und Wechselbeziehung der verschiedenen Formen.

1.7 Literarisches Lernen im Handlungskontext der gemeinsamen Bilderbuchrezeption

In den letzten Jahren wird in der Deutschdidaktik zunehmend der Begriff des literarischen Lernens diskutiert.[125] Hier geht es unter anderem um die Frage, welchen Stellenwert Literatur im Deutschunterricht einnimmt bzw.

---

119 Ebd., 157.
120 Kirchhöfer 2000, 160. In psychoanalytischer Perspektive dienen Rituale auch der Abwehr von Affekten, so das Vorleseritual zur Abwehr von Angst, d.h. von Bedrohung, Hilflosigkeit, Ungewissheit usw. (ebd.)
121 Zum Einfluss „tatsächlicher Interaktionen" auf die emotionale Entwicklung und Sozialisation von Kindern vgl. das Modell von Ulich (1993, 272).
122 Wieler 1997, 57ff.
123 Kirchhöfer 2000, 165.
124 ebd.
125 Spinner 2006, 6.

45

einnehmen kann und soll und in welchem Verhältnis literarisches Lernen zu einem Konzept von Lesekompetenz als Schlüsselqualifikation in der Mediengesellschaft steht.[126]

Eine eng geführte, auf kognitive Teilfähigkeiten beschränkte Definition von Lesekompetenz, wie sie die PISA-Studie anlegt[127], vernachlässigt den Erwerb von literarischen Verstehensfähigkeiten. Der kompetente Umgang mit literarischen Texten erfordert offenbar andere Lese- und Verstehensleistungen als etwa der Umgang mit Informationstexten. Insofern kommt ein Begriff von Lesekompetenz, der neben den kognitiven Dimensionen wie Informationsentnahme, Textinterpretation, Reflektieren und Bewerten[128] auch emotionale und motivationale Aspekte sowie Fähigkeiten zur Reflexion und Begleit- und Anschlusskommunikation einschließt, einem Konzept von literarischem Lernen schon deutlich näher. Er umfasst ein breiteres Spektrum von Textsorten, bezieht sich aber zunächst im Kern auf das Lesen geschriebener Texte.[129] Literarische Kompetenz erweitert den Gegenstand auf auditive und audiovisuelle Rezeptionsformen, wie Hörspiele und Hörbücher, szenische Formen, Film, Fernsehen, Video, DVD und Internet, denen auch schon Klein- und Vorschulkinder begegnen. Literarisches Lernen ist also zum einen nicht an schriftliche Texte gebunden. Zum anderen findet es nicht nur im institutionellen Kontext der Schule statt, sondern vollzieht sich schon vor Schuleintritt bzw. später schulbegleitend im familialen Kontext in den personal und/oder medial gebundenen mündlichen Vermittlungsformen des Reimens, Singens, der Hörkassetten, der Bilderbuchgeschichten und nicht zuletzt der Filme in Kino, Fernsehen, auf Video oder DVD.

Im einzelnen kann literarisches Lernen in eine Vielzahl von Aspekten ausdifferenziert werden[130], die sich mit Modellen von konstruktivem Lernen bzw. mit einem Konzept von Ko-Konstruktion verbinden lassen. Zentral ist der Begriff der Imagination. Literarische Texte regen dazu an, Vorstellungen von den Inhalten des Gelesenen, Gehörten oder Gesehenen zu entwickeln, und dies in einem konstruktiven Prozess. Diese Imaginationen können sich auf verschiedenste Aspekte des Textes beziehen – Räume, Figuren, Stimmungen. In der Interaktion mit einem Erwachsenen können Kinder kokonstruierend ihre imaginativen Fähigkeiten entwickeln. Dabei geht es nicht nur um ein spontanes Aus- und Weiterphantasieren, sondern um ein tieferes literarisches Verständnis, die Weiterentwicklung dessen, was im Text angelegt ist.

Hier spielen auch die formalen Aspekte eine Rolle, die für die ästhetische Wirkung literarischer Texte wichtig sind. Schon kleinere Kinder entwickeln

---

126 Zum Begriff ‚Schlüsselqualifikation' vgl. Groeben/Hurrelmann 2004 (Fazit).
127 Vgl. zur Diskussion Hurrelmann 2002a, 2004
128 Deutsches PISA-Konsortium 2001.
129 Vgl. Eggert/Garbe 2003, 7f.
130 Spinner 2006, 8ff.

ein ästhetisches Empfinden für Reime, Reihungen, Wiederholungen, Oppositionen. Nicht erst in der Grundschule, sondern schon im familialen Kontext geht es darum, dass Kinder in der Interaktion zunehmend selbständig mit sprachlichen Gestaltungselementen experimentieren und dabei eine gewisse „Entdeckerfreude" entwickeln.[131] Das erfordert einen flexiblen Interaktionsstil und eine Erwachsenen-Kind-Beziehung, in der exploratives Verhalten gefördert wird.[132]

Voraussetzung für literarisches Lernen ist darüber hinaus die „subjektive Involviertheit" sowie das Interesse am bzw. die Aufmerksamkeit für den literarischen Text.[133] Subjektivität und Textbezug stehen in einer (spannungsreichen) Wechselbeziehung zueinander. Texte können als Projektionsfläche für eigene Erfahrungen genutzt werden, und zwar nicht nur eindimensional als Abbildung des Bekannten, sondern im Wechselspiel von Wiedererkennen, Verfremdung und Irritation, von der Spannung aus Identifikation und Distanzierung. Dies wird besonders deutlich, wenn man den Blick auf die Wahrnehmung der literarischen Figuren richtet[134]: Rezipienten stellen in der Regel zu literarischen Figuren dadurch eine Beziehung her, dass sie ihre eigenen Gedanken, Gefühle und Einstellungen in ihnen wiederfinden oder Wünsche von alternativen Lebensentwürfen verwirklicht sehen. Auf der anderen Seite sind sie gezwungen, in der Kohärenz des Textes auch Fremdes wahrzunehmen und Irritationen zuzulassen.[135] Literarisch anspruchsvolle Texte präsentieren keine stereotypen, flachen Figuren, sondern zeigen individualisierte und vielschichtige Figuren, die sich mit dem Verlauf der Handlung entwickeln und die damit vielfältige Projektionsmöglichkeiten und Deutungen anbieten.[136]

In den letzten beiden Jahrzehnten hat auch die Kinder- und Jugendliteratur ihren Schwerpunkt zunehmend auf diese inneren, psychischen Prozesse der Figuren gelegt. Schon kleinere Kinder können auf einer elementaren Ebene literarische Texte zunächst aus der Perspektive einer einzelnen Figur verstehen, die sie mit ihrer eigenen Lebenswirklichkeit und mit ihren bisherigen Erfahrungen in Verbindung bringen. In dieser frühen Entwicklungsphase werden die Figuren mithilfe stereotyper Zuschreibungen (gut-böse, traurig-froh usw.) beschrieben und kategorisiert. Zunehmend werden diese Verstehensfähigkeiten komplexer: Mit fortschreitender Entwicklung können Kinder besser mit ambivalenten, widersprüchlichen inneren Zuständen von Figuren umgehen.[137] Unterschiede in den Sichtweisen und Einstellungen

---

131 Spinner 2006, 9.
132 Siehe Kapitel 2.6.5.
133 Spinner 2006, 8.
134 Zur Funktion von und zum Umgang mit literarischen Figuren vgl. ausführlich Hurrelmann 2003.
135 Hurrelmann 2003, 6; Spinner 2006, 9.
136 Hurrelmann 2003, 6.
137 Spinner 2006, 10 (nach der Typologie von Andriga 2000).

zwischen Figuren können erkannt, später aufeinander bezogen und mit der eigenen Lebenswelt in Verbindung gebracht werden.

Insbesondere für Kinder sind literarische Figuren „Türöffner" zu fiktionalen Welten. Sie helfen ihnen, die Textwelt als eine reale zu imaginieren.[138] Die Kontaktaufnahme zu den Figuren vollzieht sich über Prozesse der emotionalen Beteiligung, d.h. über gefühlsmäßige Reaktionen auf die Verhältnisse in der fiktionalen Welt. Bezogen auf das Erleben der Figuren lässt sich der Begriff der ‚Identifikation' anwenden, der zwar keine Verschmelzung des Erlebens von Leser bzw. Hörer und der literarischen Figur im streng psychoanalytischen Sinne meint, wohl aber ein intensives Miterleben. In Abgrenzung dazu beschreibt ‚Empathie' eine distanziertere, beobachtende Einfühlung auf der (kognitiven) Grundlage genauen Erkennens und Verstehens. Vermutlich gibt es zwischen Identifikation im engeren Sinne und Empathie als ‚kognitiv' gefiltertem Mitfühlen Übergänge, d.h. es handelt sich eher um eine graduelle und nicht um eine dichotome Beziehung.[139] Zwar folgt das Spektrum emotionaler Beteiligung keiner stringenten Entwicklung, sondern ist an biographische Erfahrungen und Situationen, an die Textvoraussetzungen usw. geknüpft. „Dennoch geht die Entwicklung der literarischen Rezeptionskompetenz wahrscheinlich vom Modus der naiven Identifikation mit den Figuren über zu den komplexeren Rezeptionsmodi, die sich durch eine balancierte Spannung zwischen erlebnishafter Nähe und reflexiver Distanz auszeichnen."[140] Auch hier werden in der Vorleseinteraktion Prozesse der Ko-Konstruktion wirksam: Der erwachsene Vermittler kann durch die Gestaltung seines Vorlesens bzw. in der Anschlusskommunikation seine eigene emotionale Beteiligung zum Ausdruck bringen. Auf der Grundlage von Prozessen der Identifikation und Empathie können die Interaktionspartner gemeinsame Erfahrungen der literarisch vermittelten affektiven Anteilnahme machen.

Grundlage literarischen Lernens ist das Erkennen und Verstehen von narrativen Strukturen und dramaturgischen Prozessen. Aufgrund erwartbarer, strukturierter Darstellungsmuster lernen Kinder, innertextuelle Bezüge herzustellen, um sich die literarische Welt aus dem Textzusammenhang erschließen zu können und die Dramaturgie bzw. die Logik der Geschichte zu verstehen.[141] Hier kann der erwachsene Vorleser Lernprozesse anregen und unterstützen, etwa wenn durch (gemeinsames) Zurückblättern auf eine vorhergehende Seite Bild- und Textinhalte rekapituliert oder Inhalte der Bilderbuchgeschichte im Gespräch erinnert bzw. wiederholt werden, zum Beispiel Figurenkonstellationen oder Handlungsfolgen.

---

138 Hurrelmann 2003, 6.
139 Ebd., 8.
140 Ebd., 9.
141 Spinner 2006, 10.

Literarisches Lernen bedeutet auch, von der eigenen Lebenswirklichkeit zu abstrahieren, d.h. einzelne Textelemente als fiktiv zu identifizieren, und die Fiktionalität von Geschichten zu erkennen.[142] Umberto Eco hat dafür das Konstrukt des Fiktionsvertrages vorgeschlagen: Der Leser ‚vereinbart' mit dem Autor im Sinne von Ko-Konstruktion, dass er dessen Geschichte als ‚ausgedacht' akzeptiert und den Autor nicht Lügen straft.[143] Auch Kinder entwickeln schon früh ein fiktionales Bewusstsein. „Statt Lüge, Täuschung oder Illusion nimmt das Fiktionsbewusstsein die Existenz in einer möglichen Welt an. Unter dem Fiktionsvorbehalt ko-konstruieren wir erfundene Geschichten als mögliche ‚Versionen von Welt', auch wenn sie unserem Weltwissen ganz oder teilweise widersprechen."[144]

Zum Identifizieren von Fiktionssignalen ist ein dreidimensionales Modell vorgeschlagen worden, das zwischen einer pragmatischen, einer semantischen und einer formalen Perspektive unterscheidet.[145] In pragmatischer Sicht können Merkmale der Rahmung, zum Beispiel Untertitel oder Paratexte[146] wie Name oder Bild des Autors/der Autorin, bibliographische Hinweise usw. die Fiktionalität eines Textes kennzeichnen. In einer semantischen Perspektive sind inhaltliche Merkmale Indikatoren für Fiktionalität, zum Beispiel die Anthromorphisierung von Tieren.[147] Schließlich ist in formaler Perspektive der Darstellungsmodus ein Fiktionssignal, etwa sind Zeichnungen in einem Bilderbuch weniger alltagsnah als Fotografien. Im Sinne des Fiktionsvertrages kann der Erwachsene in der Anschlusskommunikation wichtige Einsichten und Entwicklungsprozesse anregen und unterstützen, indem er in den oben dargestellten Perspektiven auf die Fiktionalität der Geschichte einerseits verweist, andererseits mit dem Kind die fiktionale Welt der Bilderbuchgeschichte ko-konstruiert.

Darüber hinaus lässt sich der Vorleseakt selbst als ein Prozess der Ko-Konstruktion interpretieren: Nicht nur durch den Text selbst, sondern durch die Art des Vortrags machen Kinder literarästhetische Erfahrungen. Ein kompetenter Vorleser wird seine Rede so gestalten, dass das Kind in der Lage ist, Imaginationen zu bilden. Das betrifft etwa Betonungen, Sprechmelodie, das Lesetempo, Pausen, Lautstärke und andere stimmliche Modulationen (z.B. das Lesen mit verstellter Stimme). Literarisches Lernen erfolgt hier implizit, d.h. Kinder machen ‚unbewusst' literarästhetische Erfahrungen, die nicht unbedingt im Vorlesegespräch expliziert werden.

---

142 Zu den zwei Bedeutungsebenen des Fiktionsbegriffs im Deutschen vgl. Nickel-Bacon 2003, 6.
143 Eco 1994, 105.
144 Nickel-Bacon 2003, 6f.
145 Nickel-Bacon 2003, 8ff.
146 Genette 1989.
147 Spinner 2006, 11.

1.8 Zusammenfassung

Die Lesesozialisationsforschung und benachbarte Disziplinen haben in den letzten Jahrzehnten Konzepte und Modelle zur Verfügung gestellt, mit deren Hilfe sich zunehmend genauer beschreiben und deuten lässt, wie sich Kinder zu Leserinnen und Lesern entwickeln. Das Modell der Ko-Konstruktion, das Konzept der *Zone der nächsten Entwicklung* und das Modell der *formats* sind zentrale Kategorien, mit den sich die Fallbeispiele der vorliegenden Untersuchung erfassen und interpretieren lassen.

Im Sozialisationskontext Familie finden sprachlich-kognitive und emotionale Entwicklungsprozesse statt, die in Zusammenhang mit der Leseentwicklung von Kindern stehen und die sich mit den verschiedenen prä- und paraliterarischen Kommunikationsformen verbinden. Hintergrundsbedingungen für diese Entwicklungsprozesse sind die kulturelle Orientierung von Familien, das kommunikative Klima und die Interaktionsstile. Im besonderen hat die Lesesozialisationsforschung verschiedene Strukturtypen von Vorlesegesprächen unterschieden, die die Qualität des Vorleseprozesses bestimmen: Während ein eher offenes Konzept der gemeinsamen Vergegenwärtigung der Geschichte dient und das Kind als aktiven, kompetenten Interaktionspartner beteiligt, hemmt ein geschlosseneres, rigides Vorgehen die Eigenaktivität der Kinder und führt zu Irritationen und Orientierungsschwierigkeiten.

Die gemeinsame Bilderbuchrezeption ist ein wichtiges Lernarrangement für die literale und literarische Entwicklung von Kindern. In der Vorleseinteraktion mit der Mutter oder dem Vater finden Kinder einen Einstieg in Literalität. Sie lernen die Symbolfunktion von Schriftsprache kennen, gewinnen Einsichten in narrative Strukturen und entwickeln sukzessive in ko-konstruierenden Prozessen komplexere literarische Kompetenzen. Mit dem Konzept der Ko-Konstruktion können die Prozesse gemeinsamer Bedeutungskonstitution von Vorlesendem und Kind beschrieben und interpretiert werden. In der Vorlesesituation tritt der Erwachsene als kompetenter Anderer dem Kind gegenüber. Er übernimmt Interpretations- und Zuschreibungsleistungen, die eine gemeinsame Konstitution von Bedeutung ermöglichen. Dabei handelt er idealerweise in der *Zone der nächsten Entwicklung* (Wigotsky), d.h. trifft mit seinen (sprachlichen) Handlungsangeboten ein Lernniveau des Kindes, auf dem er weder über- noch unterfordert, sondern das Lernen entwicklungsadäquat unterstützt (Konzept des *scaffolding*). Der kommunikative Rahmen der Vorlesesituation entspricht dem Handlungsformat des *picturebook reading*, das in der angloamerikanischen Forschung (Bruner) mit seinen stereotypen, wiederkehrenden (auch sprachlichen) Handlungsmustern beschrieben und interpretiert worden ist.

Kinder profitieren in unterschiedlichen Entwicklungsbereichen von der gemeinsamen Bilderbuchrezeption. In der Kommunikationssituation werden pragmatische Kompetenzen ausgebildet, im besonderen dialogische Fähigkeiten, wie sie unter anderen die Gesprächsforschung und die Spracherwerbsforschung beschrieben haben. Dazu gehören das (verstehende) Zuhören, das adressaten- und sachbezogene Sprechen und das Einhalten der Sprecherwechsel. Auf die Bedeutung der gemeinsamen Bilderbuchrezeption beim Einstieg in Literalität haben sowohl die Schriftspracherwerbsforschung als auch die Bilderbuchforschung hingewiesen, indem sie die Symbolfunktion von Bild- und (schrift-)sprachlichen Zeichen betonen. Prozessmodelle zur schriftsprachlichen Entwicklung beschreiben eine präliteral-symbolische Phase, in der Kinder vor dem Erwerb der Schriftsprache i.e.S. sowohl rezeptiv als auch produktiv erfahren, dass Zeichen *für* etwas stehen. Auch die Bilderbuchforschung hat auf die Doppelstruktur des Mediums Bilderbuch aufmerksam gemacht, mit der die Entwicklung eines Symbolverständnisses unterstützt wird. In der Bilderbuchrezeption können Kinder Einsichten in die Symbolik der Illustrationen gewinnen, d.h. verstehen lernen, dass die dreidimensionale Welt der Objekte zweidimensional abgebildet werden kann. Nicht nur die Text-Bild-Korrespondenzen, sondern auch der mündliche Textvortrag zeigt den Symbolcharakter von Schrift. Kinder lernen, dass nicht nur die Bilder, sondern auch die schriftsprachlichen Zeichen des Textes die Inhalte der Bilderbuchgeschichte erzählen.

Die Lesesozialisations- und literaturdidaktische Forschung hat schließlich die Bedeutung der (frühen) Begegnung mit literarischen Texten für den Erwerb einer Lesekompetenz betont, die sich nicht nur auf kognitive Teilfähigkeiten beschränkt, sondern auch die emotionale und motivationale Dimension sowie Fähigkeiten der Reflexion und der Begleit- und Anschlusskommunikation berücksichtigt. Die Rezeption von literarischen Texten mit einem erwachsenen Interaktionspartner, der im Sinne von Ko-Konstruktion für das Kind Interpretationsleistungen übernimmt, trägt zur Entwicklung literarischer Verstehensfähigkeiten bei. Dazu gehören Fähigkeiten zur Imagination, zum Umgang mit den literarischen Figuren, das Erkennen und Verstehen von narrativen Prozessen und der Fiktionalität von Texten.

2. Väterforschung im sozialwissenschaftlichen und psychologischen Kontext

2.1 Entwicklungslinien, theoretische Bezugsdisziplinen und Forschungsüberblick

Wissenschaftliche Arbeiten, die sich mit der Stellung des Mannes in der Familie, mit Konzepten von Vaterschaft und mit der Vater-Kind-Beziehung beschäftigen, sind bislang von der Lese- und Mediensozialisationsforschung eher unbeachtet geblieben. Auch umgekehrt haben nur wenige Zweige der Väterforschung Fragen aufgegriffen, die die Lese- und Mediensozialisation von Kindern betreffen. In einigen *soziologischen* Studien werden Formen medialen Handelns als Teil der Vater-Kind-Interaktion unter quantitativen Gesichtspunkten in den Blick genommen.[148] Aus *psychologischer* Perspektive sind Beiträge aus der Entwicklungspsychologie und der Bindungsforschung beachtenswert, die jedoch entweder die Mutter-Kind-Interaktionen fokussieren oder andere Aspekte der Vater-Kind-Beziehung thematisieren. Einige Beispiele aus der Entwicklungspsychologie untersuchen Situationen des Bilderbuchvorlesens als ein Spiel „besonderer Art" und interpretieren es unter kognitiven Aspekten als Problemlöseaufgabe.[149] In der neueren Bindungsforschung ist in einigen Untersuchungen auf Zusammenhänge zwischen dem Bilderbuchvorlesen und der Qualität der Eltern-Kind-Beziehung aufmerksam gemacht worden.[150]

Offenbar nehmen sich Lese- und Mediensozialisationsforschung auf der einen Seite und die Väterforschung auf der anderen Seite gegenseitig nur unzureichend wahr und profitieren interdisziplinär nicht voneinander. Dieses Desiderat nimmt die vorliegende Studie auf und versucht, Verbindungen zwischen den Disziplinen herzustellen. Das folgende Kapitel skizziert die

---

148 So wird etwa in einer Längsschnittuntersuchung der Universität Oxford das ‚Vorlesen von Geschichten' als Indikator für väterliches Involvement gewertet. (Flouri/Buchanan 2003). Neben dem ‚Vorlesen' wurden die Variablen ‚Ausflüge', ‚Interesse an der Erziehung des Kindes' und ‚Gleichberechtigung gegenüber der Mutter' bestimmt. Als Hauptergebnis der Teilstudie wird der Wert des Geschichtenvorlesens für die spätere schulische Entwicklung und seine kulturelle Bedeutung betont. Zum Konzept des Involvement vgl. Kapitel 2.3.1.
149 Oerter 1999, 155.
150 Bus et al. 1997; Bus/van Ijzendoorn 1997.

Entwicklungslinien und die Bezugsdisziplinen der Väterforschung. Dazu werden zunächst in einem Überblick (Teil-)Theorien und Konzepte dargestellt, die die deutschsprachige Väterforschung beeinflusst haben. Analytisch lässt sich im wesentlichen eine psychologische von einer soziologischen bzw. kulturwissenschaftlichen Richtung unterscheiden[151], wobei es offenbar vielfache interdisziplinäre Überschneidungen und Anleihen bei der jeweils anderen Disziplin gibt. Dieser Unterscheidung folgt der zunächst kursorische Überblick, ehe in den folgenden Kapiteln die für Studie relevanten Konzepte mit ihren Forschungsergebnissen dargestellt werden.

Innerhalb der Soziologie ist die familiensoziologische Teildisziplin ein wichtiger theoretischer Eckpfeiler für die vorliegende Studie. Die Familiensoziologie informiert über Vorkommen, Entwicklung und Wandel (familialer) Lebensformen und über strukturelle Merkmale von Familien, die jeweils Konzepte von Eltern- und Vaterschaft beeinflussen. In der Psychologie sind für die vorliegende Studie die Teildisziplinen ‚Systemische Familienpsychologie' und ‚Bindungsforschung' beachtenswert.[152] Erstere liefert Kategorien zur Beschreibung familialer Binnenstrukturen und Beziehungskonstellationen. Auch die Bindungsforschung beschreibt mit dem Konzept der Bindung, d.h. der Ausbildung einer stabilen sozioemotionalen Beziehung eines (Klein-)Kindes zu einer oder zu mehreren Bezugsperson(en), familiale Beziehungen und kindliche Entwicklungsprozesse.

Innerhalb der *Psychologie* fanden sich lange Zeit kaum Beiträge, die sich mit den Funktionen des Vaters in der kindlichen Entwicklung befassten.[153] Die internationale Forschung bis Mitte der 1980er Jahre wurde v.a. von Fthenakis in den deutschsprachigen Raum vermittelt[154] und durch eigene Studien erweitert.[155] Die Grundsteine für eine psychologisch orientierte Vaterforschung legte die Deprivationsforschung in den 1960er Jahren mit ihren Arbeiten zu den Auswirkungen der väterlichen Abwesenheit[156]. Während frühe Arbeiten aus der Psychoanalyse (Winnicott, Spitz) und der Bin-

---

151 Vgl. die Überblicke bei Fthenakis 1985; 1993; 2001; Kallenbach 1996; Fthenakis/Minsel 2002; Walter 2002; beschränkt auf die psychologische Forschung Seiffge-Krenke 2001a. Matzner bestätigt ein Forschungsdesiderat, indem er auf die mangelnde Verknüpfung der verschiedenen disziplinären Wissensbestände und die Notwendigkeit „die verschiedenen Theoriestränge und Wissensbestände miteinander zu verknüpfen, um eine Sozialisationstheorie des Vaters und der Vaterschaft entwickeln zu können" (2004, 14).
152 Fthenakis 1985, 32f.
153 Fthenakis 1985; Lenzen 1991.
154 Beeinflusst wurde die deutsche Väterforschung maßgeblich von Studien aus dem angloamerikanischen Raum (u.a. Lamb, Pleck, Marsiglio), aus Schweden (u.a. Frodi), Israel (u.a. Radin) und Australien (u.a. Russell).
155 Fthenakis 1985, I, II.
156 Grundlegend die Analyse von Alexander Mitscherlich (1963/2002). Aktuelle Arbeiten über väterliche Abwesenheit stammen aus dem psychoanalytischen Kontext (Petri 1999; Schon 2002).

dungsforschung (Bowlby) die Mutter-Kind-Dyade fokussiert hatten, machten Studien aus beiden Forschungsrichtungen in den 1970er Jahren verstärkt die Vater-Kind-Beziehung bzw. die familiale Beziehungstriade zum Gegenstand ihrer Untersuchungen.[157] Aktuelle psychoanalytische Beiträge knüpfen an diese Erweiterung an: Sie richten ihr Interesse auf die Bedeutung des Vaters in der frühen Kindheit[158], beschäftigen sich mit geschlechtsspezifischen Fragen der Vater-Kind-Beziehung[159] und befassen sich mit den Anforderungen an den ‚neuen Vater' und deren Auswirkungen auf die männliche Psyche.[160]

Auch innerhalb der Bindungsforschung erweiterte sich seit Ende der 1960er Jahre der Fokus der Mutter-Kind-Dyade um die Perspektive der Vater-Kind-Beziehung.[161] Die Untersuchungen zum Bindungsverhalten von Kleinkindern gegenüber ihren Vätern haben wesentlich zur Überwindung des Postulats der Exklusivität der Mutter-Kind-Beziehung beigetragen. Zentrale Erkenntnis dieser Forschungsphase ist, dass Bindungen nicht in erster Linie durch das Geschlecht, sondern durch ihre Qualität bestimmt sind. Einschlägig für den deutschsprachigen Raum sind die Arbeiten der Bielefelder und Regensburger Forschungsgruppen um Grossmann/Grossmann, Spangler und Zimmermann, die zahlreiche Längsschnittstudien zum Bindungsverhalten durchgeführt und dabei auch die Bindungsqualität zum Vater untersucht haben.[162] Auch der französische Entwicklungspsychologe Jean Le Camus hat auf die Bedeutung der Vaters für die psychische Entwicklung von Kindern aufmerksam gemacht. Die Ergebnisse seiner Studien betonen die Relevanz einer möglichst frühen Vater-Kind-Beziehung für die emotionale und kognitive Entwicklung von Kindern. Mit dem Entwurf einer Typologie versucht Le Camus sich aus psychologischer Perspektive dem Phänomen der ‚neuen Väter' zu nähern.[163]

Wichtige Impulse für die Väterforschung sind von der Familienpsychologie ausgegangen. Als wissenschaftliche Disziplin befasst sie sich mit der Le-

---

157 Psychoanalytisch hat Klein (1971/1932, bes. 236ff.) unterstrichen, dass bereits Säuglinge Kontakt zu ihrem Vater haben und Bindung an ihn zeigen. Einflussreich waren ferner das Separations-Individuations-Konzept von Mahler (1985/1963, 277ff. und 295ff.) und das Modell der frühen Triangulation von Abelin (1986). Vgl. Fthenakis 1985, 26ff.; 1993; 2001, 77. Einen Überblick über psychoanalytische Beiträge zur Vater-Kind-Beziehung gibt Cath (1991).
158 Vgl. die Beiträge in Steinhardt/Datler/Gstach 2002; Reiche 1998.
159 Zur Vater-Sohn-Beziehung Pilgrim 1993; auch Blos 1990; Schon 2002; Zur Vater-Tochter-Beziehung King 2002 und 2006.
160 Petri 1997; 2004.
161 Maßgebend die Arbeiten von Mary Ainsworth.
162 Spangler/Zimmermann 1999; Kindler/Grossmann/Zimmermann 2002; Grossmann/ Grossmann 2005. Vgl. auch die Arbeit von Kindler (2002), die sich mit dem Zusammenhang zwischen väterlicher Fürsorge und der sozioemotionalen Entwicklung von Kindern befasst.
163 Camus 2001; 2006.

benspraxis von Familien, d.h. mit dem Verhalten, Erleben und der Entwicklung von Personen im Kontext des Beziehungssystems ‚Familie'.[164] Innerhalb der Familienpsychologie lassen sich verschiedene Ansätze unterscheiden, u.a. die Familienstresstheorie, Rational-choice-Theorien, die Familiensystem- und die Familienentwicklungstheorie.[165] Die ersten beiden Ansätze sind für die vorliegende Untersuchung nur marginal interessant. Wichtiger ist die Familiensystemtheorie, die die soziale Einheit der Familie als ein System von Beziehungen betrachtet[166], das von Suprasystemen umgeben wird und das sich selbst wiederum unter verschiedenen Aspekten (Generation, Geschlecht) in verschiedene Subsysteme unterteilen lässt. Mit dieser sich zunehmend durchsetzenden systemischen Betrachtungsweise hat die Familienpsychologie die Väterforschung entscheidend beeinflusst. Sie hat zum einen dazu beigetragen, das Dogma von der Exklusivität der Mutter-Kind-Beziehung zu überwinden und den Blick auch auf andere dyadische Beziehungen zu richten. Zum anderen betont sie die Vernetzung von Beziehungen, d.h. richtet den Blick auf triadische Beziehungen, auf Subsysteme und deren Interaktion oder die Interaktionen zwischen einzelnen Mitgliedern und einem Subsystem. In der vorliegenden Studie wird das Elternsubsystem, im einzelnen das Vater-Kind- bzw. Mutter-Kind-Subsystem fokussiert, bezogen auf die Gestaltung der familialen Rollen, die Erziehungs- und der Vorlesekonzepte und das gemeinsame mediale Handeln.[167]

Systemökologische Konzepte erweitern deskriptive systemische Ansätze um den Sozialisationsaspekt. Ökologische Theorien aus den 1970er und 1980er Jahren modellieren Systeme in verschiedenen Ebenen und betonen deren Wechselbeziehungen.[168] Das Mehrebenenmodell des Psychologen und Sozialisationsforschers Urie Bronfenbrenner unterscheidet die gesellschaftliche Makroebene von der Exo- und der Mesoebene der Institutionen und sozialen Instanzen und der Mikroebene der Individuen. Danach lässt sich die Familie mit ihren einzelnen Mitgliedern als Mikrosystem beschreiben, das eingebettet ist in übergreifende Suprasysteme, etwa in das Mesosystem der Nachbarschafts- oder weiterer verwandtschaftlichen Beziehun-

---

164 Schneewind 2002, 105.
165 Hofer 2002b, 28ff.; Schneewind 1999, 77ff.; 2002, 107f. In einem „integrativen Systemmodell der Familienentwicklung" versucht Schneewind die verschiedenen Ansätze zu verbinden (1999, 115ff.; 2002 108ff.).
166 Zur Familie als „intimes Beziehungssystem" vgl. Schneewind 1999, 2002; Kapitel 2.5.
167 Was eine Systemtheorie nicht mehr zureichend leisten kann, ist die Analyse und Interpretation des Handelns einzelner Akteure in einem System oder Subsystem. Um Einstellungen, Motive, Interessen und Ziele zu ermitteln, müssen außerdem handlungstheoretische Konzepte herangezogen werden.
168 Bronfenbrenner 1981.

gen der Familie und in das Exosystem zum Beispiel des Kindergartens oder der elterlichen Arbeitsstelle.[169]

Bronfenbrenners Modell ist in den Sozialwissenschaften vielfach rezipiert und modifiziert worden, etwa für die Systematisierung von Lebensformen[170] oder für die Erfassung der Determinanten elterlichen Verhaltens.[171] Die Weiterentwicklung des Modells betont noch stärker den prozesshaften Charakter der menschlichen Entwicklung, die als ein Prozess der „immer komplexeren gegenseitigen Interaktion zwischen einem aktiven, sich entwickelnden bio-psychischen menschlichen Organismus und den Personen, Objekten und Symbolen in seiner unmittelbaren äußeren Umwelt" beschrieben wird.[172] Diese Interaktionen – etwa auch Lesen, Problemlösen oder Wissenserwerb – werden als *proximale Prozesse* bezeichnet. Als konstituierendes Merkmal von proximalen Prozessen wird zum einen die (kontinuierliche) Eigenaktivität des Individuums hervorgehoben. Zum anderen wird die Reziprozität betont, d.h. proximale Prozesse sind auf wechselseitigen Austausch angelegt, und zwar nicht nur auf Personen, sondern auch auf Objekte und Symbole bezogen. Proximale Prozesse müssen sich zudem dynamisch an die mit zunehmendem Alter steigenden Entwicklungskapazitäten anpassen, d.h. ebenfalls komplexer werden, „um für die zukünftige Realisierung von sich entwickelnden Kapazitäten zu sorgen"[173]. Das bezieht sich auch auf die Erweiterung der personalen Umwelt: Ökologische Konzepte gehen davon aus, dass ein Mensch mit voranschreitender Entwicklung Zugang zu Lebensbereichen außerhalb des Mikrosystems bekommt und die Fähigkeit entwickelt, die Einflüsse verschiedener Lebensbereiche miteinander zu verbinden. Diese werden in dem Maße als entwicklungsfördernd klassifiziert, wie sie es Individuen ermöglichen, zunehmend komplexere Tätigkeiten auszuführen und zwischenmenschliche Beziehungen zu gestalten.

Schließlich ist die *Familienentwicklungstheorie* ein wichtiger Ansatz innerhalb der Familienpsychologie. Sie beschäftigt sich mit dem Lebenszyklus von Familien. „Familien und ihre Mitglieder werden im Laufe ihres Zusammenlebens mit bestimmten Aufgaben konfrontiert, die sie sich entweder selbst stellen oder die von außen in Form gesellschaftlicher Erwartungen an sie herangetragen werden."[174] In bestimmten Stadien und Phasen zeigten sich dabei je vergleichbare Verhaltensmuster. Den transitorischen Ansatz

---

169 Vgl. auch das Beispiel zu meso-, exo- und makrosystemischen Beziehungen der Familie in Wicki 1997, 34.
170 Petzold 1999, 34ff.
171 Holden 1997, 49ff.
172 Bronfenbrenner/Morris 2000, 31.
173 Ebd., 33.
174 Schneewind 2002, 108. Zu den Grenzen von Familienentwicklungsansätzen vgl. Böhnisch/Lenz 1999, 46: „Dieses Konzept unterstellt eine Kernfamilie, die über die ganze Zeit hinweg stabil ist. Uneheliche Geburten, Scheidungen oder auch Wiederverheiratungen bleiben unberücksichtigt."

der Familienentwicklungstheorie greifen einige neuere Studien auf. Sie beschäftigen sich vor allem mit den Übergängen in den verschiedenen Familienphasen. Zwei von ihnen fokussieren die Entwicklung der Vaterrolle in männlichen Biographien und integrieren damit die Väterforschung in die Lebenslaufforschung. Die Studie „Die Rolle des Vaters in der Familie" wurde im Auftrag des Bundesministeriums für Familien, Senioren, Frauen und Jugend durchgeführt[175], die sich mit den Vaterschaftskonzepten in den verschiedenen Phasen des familialen Entwicklungsprozesses beschäftigt. Befragt wurden 1336 Familien im Jahr 1997: Kinderlose Paare, Paare im Übergang in die Elternschaft, Väter von Kindern im Vorschulalter und Väter von Jugendlichen. Die zweite Untersuchung ist eine von der LBS-Initiative *Junge Familie* geförderte Längsschnittstudie, die den Übergang zur Elternschaft fokussiert.[176] 175 Paare wurden von der Schwangerschaft bis drei Jahre nach der Geburt ihres Kindes untersucht. Die Studie interessierte sich für die Bedingungen und Strategien, die die Anpassung an die Elternrolle erleichtern und Zufriedenheit in der Partnerschaft gewährleisten.[177]

Die zweite Hauptwurzel der Väterforschung bilden primär *soziologisch* ausgerichtete Ansätze. Ebenso wie in der Psychologie wurde auch in der Soziologie Vaterschaft zunächst marginal behandelt. Die Studien von Pross (1978) und Metz-Göckel/Müller (1986) gelten als Pionierarbeiten, die die Lebenssituation von Männern in Deutschland analysieren, Vaterschaft aber kaum thematisieren. Auch in der Folge wird in der (kritischen) Männerforschung[178] den Vätern oft nur am Rande Aufmerksamkeit gewidmet.

Im Rahmen der Analyse gesellschaftlicher Modernisierungsprozesse und der Ausdifferenzierung von (familialen) Lebensformen diskutiert die Familiensoziologie jedoch zunehmend auf normativer und deskriptiver Ebene neue Konzepte von Vaterschaft[179] und das Phänomen einer ‚neuen Väterlichkeit' als Inbegriff einer Um- und Neuorientierung von Vaterschaft[180].

---

175 Fthenakis/Minsel 2002; Teilergebnisse in Fthenakis [u.a.] 1999. Die Studie stand im Zentrum der gesellschaftspolitischen Kampagne „Mehr Spielraum für Väter", mit der Männer zu einem stärkeren Engagement in der Erziehung ihrer Kinder aufgefordert und darin unterstützt werden sollten.

176 Fthenakis/Kalicki/Peitz 2002.

177 Eine Ergänzung hat die Väterforschung im Rahmen der transitorisch orientierten Familienforschung durch die Aufnahme der Drei-Generationen-Perspektive erfahren (Schneewind/Ruppert 1995).

178 U.a. Hollstein 1990; Meuser 1998; Bründel/K. Hurrelmann 1999; Döge/Meuser 2001; Döge 2006. In historischer Perspektive zum Beispiel Kühne 1996; Erhart/Herrmann 1997. Für die Familiensoziologie beklagen Hank/Tölke noch 2005 die „insgesamt spärliche familiensoziologische Literatur über Männer" (10).

179 U.a. Bertram 1991; Nauck/Onnen-Isemann 1995; Buba/Schneider 1996; Bertram 1997; Hettlage 1998; Böhnisch/Lenz 1999; Busch/Nauck/Nave-Herz 1999; Nave-Herz 2007.

180 Napp-Peters 1985; Rerrich 1985; 1988; 1989; Nave-Herz/Krüger 1992. 1989 nähert sich der Soziologe Wolfgang Schneider auf der Grundlage des bis dahin ge-

Untersuchungen über nichtkonventionelle Familienformen, die vom traditionellen Muster der Kernfamilie abweichen[181], richten ihren Blick auf Konzepte von Vaterschaft, in denen Männer mehr oder die Hauptverantwortung für die Kindererziehung übernommen haben. Sie geben Auskunft über die Bedeutung und die Auswirkungen der väterlichen Beteiligung. Allerdings werden die neuen Vaterschaftskonzepte häufig in speziellen Perspektiven diskutiert wie etwa der Vereinbarkeit von Beruf und Familie[182]. Wie Männer (und Frauen) Beruf und Familie vereinbaren und welche Auswirkungen dies auf Konzepte von Elternschaft hat, ist nach wie vor Gegenstand eines soziologischen Diskurses, der sich mit (arbeits-)politischen und juristischen Fragestellungen verbindet.[183] Aktuell wird von Seiten der Soziologie der Versuch im Rahmen qualitativer Forschung unternommen, auf der Handlungsebene subjektive Konzepte von Vaterschaft zu ermitteln und diese zu einer Sozialisationstheorie von Vaterschaft zu verbinden.[184]

Väter in nichtkonventionellen familialen Lebensformen bieten ihren Kindern offenbar ein breiteres Verhaltensspektrum als Väter in traditionell organisierten Familien[185], sie integrieren gewissermaßen eine instrumentelle und eine expressive Rolle. Das Konzept der sozialen Rolle aus der strukturfunktionalistischen Sozialtheorie sensu Parsons hat die Väterforschung maßgeblich beeinflusst.[186] Nach einer frühen Beschreibung werden in jeder sozialen Gruppe die relevanten Funktionen auf die Mitglieder verteilt, d.h. diese erfüllen bestimmte, je differente Rollen. Bezogen auf die soziale Gruppe der Kernfamilie wird dem Vater die so genannte „instrumentelle", d.h. die auf Ernährung, materielle Versorgung und Herstellung von Außenbeziehungen angelegte Rolle zugeschrieben. Die „expressive" Rolle der Mutter ist normativ bestimmt durch Aufgaben der Versorgung des Haushalts und des Ehemannes, der Kindererziehung, der emotionalen Stabilisierung und der Spannungsregulierung. Mittlerweile gilt das Rollenkonzept als (unzulässige) Generalisierung einer unhistorisch verfahrenden Analyse so-

---

führten Diskurses mit dem Versuch einer theoretischen und begrifflichen Klärung dem Phänomen der ‚neuen Väter'.

181 Vgl. zu Einelternfamilien Nave-Herz/Krüger 1992; Matzner 1998; Stiehler 2000. In der psychologischen Forschung hat Ritzenfeld 1998 eine Arbeit über Stiefvaterfamilien vorgelegt. Zu nichtkonventionellen Lebensformen Meyer/Schulze 1989; Rauchfleisch 1997; Schneider/Rosenkranz/Limmer 1998.

182 Strümpel u.a. 1989; Künzler 1994.

183 Werneck 1998; Schnack/Gesterkamp 1998; Born/Krüger 2002; Kudera 2002; Gesterkamp 2002; Walter/Künzler 2002; Oberndorfer/Rost 2002; Stauder 2005; Kassner/Rüling 2005; Werneck/Beham/Palz 2006; Döge 2006. Zündstoff erhält diese Diskussion durch feministisch orientierte Beiträge, die auch die Partizipation des Vaters am innerfamilialen Leben thematisieren. (Benard/Schlaffer 1991; Metz-Göckel 1988; Keddi/Seidenspinner 1991; Hagemann-White 1995a, b)

184 Matzner 2004.

185 Fthenakis 1993, 102.

186 Parsons 1942/1968; Zsf. Fthenakis 1985, I, 33ff.; Hill/Kopp 2006, 72ff.

zialer Funktionen. Einwände sind unter anderem von Seiten der kritischen Theorie geäußert worden.[187]

Nichtsdestotrotz wird der Begriff der (Vater-)Rolle im Alltag und im wissenschaftlichen Diskurs gebraucht[188] und finden die Funktionskategorien von Parsons Anwendung in neueren Konzepten, die strukturelle Merkmale von Familien beschreiben bzw. sich mit weiblichen und männlichen Lebensentwürfen beschäftigen. In der Genderforschung geht beispielsweise das Konzept der Androgynie von einer Integration von instrumentellen und expressiven Funktionen in ein und derselben Person aus, was im Hinblick auf Anforderungen an nichttraditionell lebende und insbesondere an allein erziehende Väter interessant ist.[189] Aus dem angloamerikanischen Raum kommt der Vorschlag, den Terminus der Vaterrolle durch den aufgabenbezogenen Begriff der ‚Vaterarbeit' zu ersetzen.[190]

Auch die Theorie des sozialen Lernens hat in der Väterforschung Beachtung gefunden.[191] Zentraler Gedanke dieses Ansatzes ist, dass schon das Beobachten von Verhalten mit seinen Konsequenzen zu Veränderung oder Erweiterung des eigenen Repertoires führen kann. Erfährt also zum Beispiel das väterliche Verhalten Zustimmung und Gratifikationen in der Familie, würde nach dieser Theorie der Vater zum attraktiven Modell für sein Kind, das dann Anteile des väterlichen Verhaltens in das eigene integriert. Mit der Theorie des sozialen Lernens werden in der Lesesozialisationsforschung häufig Ähnlichkeiten zwischen elterlichem und kindlichem Leseverhalten erklärt.

Die wichtigen Studien zur Kultur- und Sozialgeschichte der Väter bieten der vorliegenden Arbeit den notwendigen historischen Rahmen.[192] Ausgeschlossen werden Untersuchungen, die in einem therapeutischen Kontext, evtl. auch zu speziellen Problemfeldern wie Alkohol- oder Drogensucht, Anwendung von (sexueller) Gewalt, Straffälligkeit oder Arbeitslosigkeit, entstanden sind. Ebenso wenig werden die Arbeiten berücksichtigt, die der Gruppe der homosexuellen Väter Aufmerksamkeit schenken, obgleich diese

---

187 Die Grenzen der Rollentheorie sind nach Habermas unter anderem in der Gleichsetzung der Rolle mit ihrem Träger zu sehen, die eine flexible Rollenum- oder -neudefinition geradezu verhindere. Rollen werden aber – so Habermas – jeweils erst durch intersubjektive Kommunikation in ihrer Bedeutung definiert und im Hinblick auf ihre Brauchbarkeit für alle Beteiligten gerechtfertigt (Habermas 1973); Zur kritischen Diskussion auch Fthenakis 1985, I, 34f.; Hill/Kopp 2006, 76ff.
188 Etwa heißt die Studie von Fthenakis und Minsel ‚Die Rolle des Vaters in der Familie" (2002), und Lamb hat 2004 in vierter Auflage „The role of the father in child development" herausgegeben. In Kenntnis der historischen Spezifität bedient sich auch die vorliegende Untersuchung des Rollenbegriffs zur Beschreibung der familialen Strukturen und der Konzepte von Elternschaft in den untersuchten Familien.
189 Vgl. Bem 1993; Bierhoff-Alfermann 1989; Alfermann 1996.
190 zusammenfassend Fthenakis 2002, 21.
191 Bandura/Walters 1963.
192 Lenzen 1991; Kniebiehler 1996; in einzelnen Kapiteln Burgess 1998; Drinck 2005.

Perspektive hinsichtlich der Integration von Rollen, Androgynität usw. auch für den vorliegenden Forschungsgegenstand interessant wäre. Allerdings handelt es sich hier um eine – auch wegen der rechtlichen Lage im deutschen Bundesgebiet – kleine und wenig erforschte Gruppe.[193]

2.2 Familie und Vaterschaft in soziologischer Sicht

2.2.1 Soziodemographische Entwicklungen und Erklärungsansätze

Die Familiensoziologie ist als wichtige Bezugsdisziplin der Väterforschung markiert worden.[194] Ihr Untersuchungsgegenstand sind Familien respektive familiale Lebensformen. *„Das zentrale Kennzeichen von Familie ist die Zusammengehörigkeit von zwei (oder mehreren) aufeinander bezogenen Generationen, die zueinander in einer Elter*[!]*-Kind-Beziehung stehen".*[195] Vorkommen, Entwicklung und Wandel (familialer) Lebensformen, Arbeitsteilungen und Rollendifferenzierungen in Familien und deren Auswirkungen auf die Entwicklung und Erziehung von Kindern beeinflussen Konzepte von Vaterschaft.

Die wissenschaftliche und politische Diskussion über Familie bezieht sich im Grundsatz auf den Typus der bürgerlichen Kleinfamilie und wird damit vor dem Hintergrund einer spezifischen historischen Situation geführt.[196] Das Modell der Kernfamilie mit zwei erwachsenen Partnern und leiblichen, unmündigen und unverheirateten Kindern hat sich maßgeblich im 19. Jahrhundert etabliert.[197] Mit der Trennung von Arbeits- und Wohnstätte im Zuge der Industrialisierung verliert die Sozialform des ‚Ganzen Hauses' der vorindustriellen Zeit an Bedeutung. Durch die Freisetzung von Frauen und Kindern von der Erwerbsarbeit etabliert sich zunächst im akademisch gebildeten Bürgertum des 19. Jahrhunderts das Leitbild der privatisierten Kleinfamilie, das sich durch Emotionalisierung und durch eine Intimisierung der sozialen Beziehungen auszeichnet und das damit ein Gegengewicht zur versachlichten, konkurrenz- und zweckorientierten außerhäuslichen Erwerbsarbeit darstellt. Im Unterschied zur relativen Austauschbarkeit der Partner des ‚Ganzen Hauses' beruht die Paarbeziehung zunehmend auf der Exklusivität des Partners, die Liebesheirat wird zur Grundlage von Ehe.

---

193 Rauchfleisch 1997; Camus 2006.
194 Zur Entwicklung und zu den Aufgaben der Familiensoziologie vgl. Nave-Herz 1999b. Die Soziologin weist auf die Diskrepanz zwischen Begriff und Gegenstandsbereich hin. Zeitgemäßer wäre etwa eine Bezeichnung als ‚Soziologie der Lebensformen'. (ebd., 28)
195 Böhnisch/Lenz 1999, 28. (Hervorhebungen im Original)
196 Peuckert 2005, 9.
197 Herrmann 1987; Brunner 1980; Rosenbaum 1982.

Mit dieser Entwicklung geht eine Differenzierung der Geschlechterrollen einher: Dem Vater obliegen als Familienoberhaupt die ‚instrumentellen' Aufgaben der Familie (siehe oben), d.h. er ist als Alleinernährer für die wirtschaftliche Versorgung der Familie zuständig und sorgt für die außerfamilialen Kontakte. Die Mutter wird zunehmend auf den familialen Binnenraum verwiesen. Sie ist zuständig für die Haushaltsführung, die emotional-affektive Regulierung des Familienlebens und die Erziehung der Kinder. Neben dieser Polarisierung der Geschlechterrollen[198] etabliert sich die Lebensphase Kindheit als eigenständige, von Arbeitsverpflichtungen freie Phase, die sich ganz der „intellektuelle[n] Entwicklung" und der „Verinnerlichung von Normen"[199] widmen soll. Ihre Hochkonjunktur erlangt die so genannte Gattenfamilie im 20. Jahrhundert nach dem Zweiten Weltkrieg bis Mitte der 1960er Jahre.

Noch heute gilt das Modell der privatisierten Kernfamilie als Orientierungsmuster für familiales Zusammenleben. Nach wie vor unterliegen Ehe und Familie – beide formaljuristisch im Grundgesetz unter besonderen Schutz gestellt – einer hohen gesellschaftlichen Akzeptanz, und zwar in allen Bevölkerungsgruppen, auch in der Gruppe der Jugendlichen und jungen Erwachsenen.[200] Die Lebensform ‚Ehe' bietet derzeit offenbar noch das höchste Maß an sozialer Sicherheit für das Heranwachsen von Kindern[201] und gilt als Grundlage für eine Familiengründung.[202] Demographisch gesehen ist die Kernfamilie die dominante familiale Lebensform[203], d.h. zurzeit leben noch etwa zwei Drittel aller minderjährigen Kinder bei ihren leiblichen, verheirateten Eltern.[204] Allerdings sind die Zahlen rückläufig: Im frü-

---

198 Hausen 1980
199 Gestrich 1999, 94.
200 Nave-Herz 2007, 25; Shell Deutsche Holding 2006; Glatzer 1997, 60f.; Schneider/Rosenkranz/Limmer 1998, 89f.
201 Höhn 2000, 13. Gesellschaftspolitisch werden beide beworben und durch verschiedenste (steuer)legislative Maßnahmen stabilisiert und unterstützt.
202 Den Verweisungszusammenhang hat auch die Familiensoziologie lange Zeit festgeschrieben: Im Handbuch der Familien- und Jugendforschung wird als ein wesentliches Strukturmerkmal aller Ehen, auch der modernen, herausgestellt, dass sie „über das bloße personale Paarverhältnis auf Gruppenbildung – auf Familie" – hinausweise (Nave-Herz/Markefka 1989, 6, zit. nach Böhnisch/Lenz 1999, 26.) Vgl. auch Vascovics/Rupp/Hofmann 1997, 260f. Einige Familienforscher bezeichnen Lebensformen erst dann als Familien, wenn diese die Institution ‚Ehe' als Voraussetzung haben. (Kaufmann 1995; Tyrell 1988)
203 Vgl. die Graphik Focus 1/2003, S. 92 ‚Kernfamilie vorn' (nach Berechungen des Deutschen Jugendinstituts). Der Begriff ‚Lebensform' bezeichnet das „Gesamtarrangement" der privaten sozialen Beziehungen und ihrer individuellen Institutionalisierungen", unabhängig von strukturellen und subjektiv definitorischen Merkmalen. (Schneider/Rosenkranz/Limmer 1998, 14). „‚Familiale Lebensformen' sind eine Teilmenge von Lebensformen, deren spezifisches Merkmal das Vorhandensein von Eltern-Kindbeziehungen ist." (ebd.)
204 BiB-Mitteilungen 4/2006, 15. Nave-Herz belegt, dass über drei Viertel aller Kinder unter 18 Jahren in Kernfamilien aufwachsen. (2007, 25)

heren Bundesgebiet ging die Zahl der ‚traditionellen' Familien mit minder-jährigen Kindern von 1996 bis 2004 um 6% zurück, in den neuen Bundes-ländern um 36%.[205]

Neben den traditionell strukturierten Familien existiert mittlerweile eine Vielzahl alternativer Familienformen: Von den rund neun Millionen Fami-lien mit Kindern in Deutschland entsprechen etwa drei Millionen nicht (mehr) einem bürgerlichen Familienmodell, d.h. etwa ein Drittel der Kinder und Jugendlichen wächst in unterschiedlichsten, teilweise im Lebensverlauf des Kindes wechselnden Familienformen auf.[206]

Modernisierungstheoretisch wird das Nebeneinander von Lebensformen mit der *Pluralisierungsthese* verbunden und als besonderes Charakteristikum der modernen Gesellschaft gefasst. Zumindest für die familialen Formen trifft diese Beschreibung nur eingeschränkt zu[207]: Die historische Perspekti-ve zeigt, dass es schon in der vorindustriellen Zeit Ausdifferenzierungen menschlichen Zusammenlebens gegeben hat[208] – Mutter- und Vaterfamili-en, Adoptiv-, Pflege- und Stieffamilien –, die zum Teil sogar verbreiteter waren als heute, wenngleich diese Lebensformen vornehmlich in den unte-ren Sozialschichten vorkamen und überwiegend aus anderen Gründen ent-standen sind.

Pluralisierungstendenzen lassen sich stärker im Bereich der nichtfamilialen Lebensformen ausmachen: Die Zahl der Single-Haushalte steigt, Paarbezie-hungen mit oder ohne Trauschein bleiben kinderlos, homosexuelle Partne-rinnen und Partner leben in gemeinsamen Haushalten, Wohnprojekte zwi-schen Alt und Jung werden initiiert.[209] Diese Lebensformen sind nicht nur statistisch bedeutsam gestiegen. Erhöht hat sich auch ihre gesellschaftliche Akzeptanz, so dass mit der Pluralisierungs-These nicht nur deskriptiv die Ausdifferenzierung von Lebensformen erfasst, sondern auch normativer Wandel beschrieben werden kann. Neben dem familialen Kriterium müssen bei der Betrachtung von Lebensformen biographische Aspekte berücksich-tigt werden: Familienbiographische bzw. Familienzyklusansätze gehen da-von aus, dass sich Individuen in verschiedenen Lebensphasen je spezifisch immer wieder aufs Neue für eine bestimmte Form entscheiden.[210] Größt-

---

205 Pressemitteilung des Statistischen Bundesamtes vom 12. Mai 2006, zit. nach BiB-Mitteilungen 2/2006, 23.
206 Wilk 2000, 28, vgl. auch 38; Griese 2000, 251f. Dazu passend belegen aktuelle Daten des Bundesinstituts für Bevölkerungsforschung, dass immer mehr Jugendli-che in alternativen Familienformen aufwachsen (BiB-Mitteilungen 3/2006, 33). Vermutlich sind die Familien in dieser Phase des Familienzyklus' zum Teil fragiler und Paare eher bereit, sich zu trennen, als in früheren Phasen, in denen die Kinder noch jünger und noch stärker auf familiale Kohäsion angewiesen sind.
207 Zur Kritik vgl. u.v.a. Bertram 1991; Nave-Herz 2002; Höhn 1998.
208 Vgl. Nave-Herz 2007, 22.
209 Nave-Herz 2007, 28.
210 Vgl. Hofer 2002a.

mögliche Optionen bietet vermutlich derzeit die Phase der Postadoleszenz, d.h. die Altersspanne von etwa 20 bis 30 Jahren.[211] Zuvor dominiert die Herkunftsfamilie, danach setzen – häufig mit dem Übergang zur Elternschaft verbunden – Traditionalisierungseffekte ein. Die Mehrheit der Bevölkerung[212] entscheidet sich in dieser biographischen Phase zwischen nur wenigen Lebensformen, nämlich für eine partnerschaftliche Lebensgemeinschaft mit Kindern bzw. ohne Kinder oder für ein Singledasein.[213]

Präziser lassen sich der Wandel und die Ausdifferenzierung in den verschiedenen Lebensformen mit dem Begriff der *Polarisierung* beschreiben.[214] Allgemein werden damit gesellschaftliche Prozesse und Phänomene der Aufspaltung, der Widersprüche und Ungleichheiten gefasst[215], etwa das Auseinanderdriften in Arm und Reich, ein West-Ost-Gefälle oder die Kluft in den Informations- und Wissensbeständen verschiedener sozialer Gruppen, was die amerikanische Massenkommunikationsforschung in den 1970er Jahren mit der Knowledge-gap-Hypothese beschrieben hat.[216]

In familiensoziologischer Perspektive lässt sich mit dem Polarisierungstheorem eine Trennung in einen Familien- und in einen Nichtfamiliensektor beschreiben: Ehepaare und nichteheliche Lebensgemeinschaften mit Kindern sowie Alleinerziehende befinden sich auf der einen Seite, die kinderlosen Ledigen, Ehepaare und nichtehelichen Lebensgemeinschaften auf der anderen Seite.[217] Polarisierungsphänomene wie das Aufschieben der Familiengründung, die Verwirklichung männlicher *und* weiblicher Berufskarrieren, die Zunahme von Single-Haushalten oder steigende Scheidungsraten werden aus modernisierungstheoretischer Sicht auf Prozesse der Individualisierung zurückgeführt.[218] In der postmodernen Gesellschaft werden Individuen frei gesetzt aus traditionellen Milieus und Bindungen, biographische Optionen werden vielfältiger. Das betrifft auch die verschiedenen Formen menschlichen Zusammenlebens, was zugleich die Geltungsbedingungen eines traditionellen Familienmodells in Frage stellt. Männer wie Frauen ha-

---

211 Vgl. Stiehler 2000, 19.
212 In der Gruppe der 30- bis 34-Jährigen etwa 75%, bei den 35- bis 44-Jährigen sogar 81% (Höhn 1998).
213 Höhn 1998.
214 Zum Primat der Polarisierungsthese Griese 2000, 252; Zu den Grenzen der Pluralisierungs-These vgl. zusammenfassend Wilk 2000, 37.
215 Vgl. Griese 2000, 249.
216 Tichenor/Donohue/Olien 1970, nach Noelle-Neumann/Schulz/Wilke 1994, 523, 549; Zur „Wissenskluft-Hypothese" vgl. Bonfadelli 1980.
217 Vgl. Höhn 2000, 17. Innerhalb des Familiensektors ist in Bezug auf die Familiengröße eine Homogenisierung zu verzeichnen. Es dominieren die Einkind- und die Zwei-Kinderfamilien: 31% aller Kinder sind Einzelkinder; 45% haben eine Schwester oder einen Bruder. (Nave-Herz 2007, 29f. und 70)
218 Beck 1986; Beck/Beck-Gernsheim 1990; Beck-Gernsheim 1998.

ben immer mehr Möglichkeiten, aber auch Zwänge, in verschiedenen Lebensphasen zwischen verschiedenen Lebensformen zu wählen.[219]

Das Prinzip der Optionserweiterung wurde nicht nur auf der Handlungs-, sondern auch auf der normativen Ebene bis in den Bereich der Intimbeziehungen wirksam[220]. Insbesondere die Option der „Entkoppelung von Ehe und Elternschaft"[221] sowie die Trennung von biologischer und sozialer Elternschaft[222] sind wichtige Varianten der Optionserweiterung. Mit ihnen lassen sich neue familiale Lebensformen bestimmen, die nicht den Konventionen der traditionellen Kernfamilie entsprechen und in denen andere Konzepte von Vaterschaft definiert werden können.

2.2.2 Normativität und Strukturmerkmale konventioneller und nichtkonventioneller Lebensformen

Zwar zeigt ein historischer Rückblick die prinzipielle Vielfalt von Erscheinungsformen partnerschaftlichen und familialen Zusammenlebens. Es variieren allerdings die Breite der zulässigen Formen, der Grad der Institutionalisierung und die soziale Kontrolle, Sanktion bzw. Akzeptanz. Diese ‚Mechanismen' sind in jeder Gesellschaft durch je spezifische Standards, Normen und Konventionen bestimmt. Hierauf gründen kollektive Bewertungs- und Definitionsprozesse, die – mikrosoziologisch betrachtet – Lebensformen in traditionelle und nichttraditionelle bzw. konventionelle und nichtkonventionelle differenzieren.[223] In der sozialwissenschaftlichen Forschung sowie in der öffentlichen Diskussion ist das Begriffspaar traditionell – nichttraditionell durchaus gebräuchlich, wobei als Definitionsmerkmal zumeist der Aspekt der Verteilung von Erwerbs- und Familienarbeit in den Mittelpunkt gestellt wird. Traditionelle Familien wären danach Familien, die eher dem Parsonschen Rollenmodell entsprechen mit der Mutter in der expressiven, auf den familialen Binnenraum gerichteten, dem Vater in der instrumentellen, nach außen gerichteten Rolle. Nichttraditionelle Lebensformen wurden und werden als von diesem Rollenmodell abweichend definiert.[224]

---

219 Die Erweiterung von Optionen, die zunehmende Konkurrenz der Handlungsmöglichkeiten, die Flexibilität und Revidierbarkeit von Entscheidungen betrifft auch das Zusammenleben mit Kindern: Im postmodernen Familienalltag greifen eingespielte Regeln und Muster oft nicht mehr. Das führt zu Unsicherheiten auf der einen Seite, eröffnet aber auf der anderen Seite auch Raum für eine stärkere Beteiligung der Kinder: Familien werden zunehmend zu Aushandlungsfamilien (Engelbert u.a. 2000, 14).
220 Kaufmann 1995, 97.
221 Kaufmann 1995, 99f.
222 Kaufmann 1995, 100ff.
223 Schneider/Rosenkranz/Limmer 1998, 9f.
224 Fthenakis 1985, I, 167.

Differenzierter allerdings lassen sich Lebensformen bezüglich ihrer ‚Modernität' bestimmen, wenn man sie an dem Grad der gesellschaftlichen Legitimation misst. Hierfür hat sich in den Sozialwissenschaften der Terminus der ‚nichtkonventionellen Lebensformen' bewährt, der sowohl in einer diachronen als auch in einer synchronen Perspektive die je spezifischen gesellschaftlichen, sozialen und kulturellen Normen fokussiert.[225] Aus makrosoziologischer Perspektive wird eine offene Definition für nichtkonventionelle Lebensformen angeboten:

„Nichtkonventionell sind alle Lebensformen, die hinsichtlich ihrer Entstehung und ihrer gesellschaftlichen Bewertung historisch neuartig sind, sich nicht zum dominierenden Standardmodell entwickelt haben und gesellschaftlich gegenüber anderen, traditionellen Lebensformen nicht bevorteilt werden."[226]

Auf der mikrosoziologischen Ebene lassen sich vier Dimensionen herausstellen, die konstitutiv für die verbreitete soziale Bewertung sind: *Familienstand, Elternschaft, Haushaltskontext* und *Verwandtschaftsverhältnisse*[227]. Bestimmte Merkmale auf diesen Dimensionen werden als nichtkonventionell wahrgenommen und bewertet. Zum Beispiel wird vermutlich die Einelternschaft einer alleinerziehenden Mutter in dörflichen, traditionellen Strukturen als nichtkonventionell eingestuft (Familienstand), ebenso die Elternschaft von zwei erst 16-Jährigen, die *living-apart-together*-Beziehung eines Paares – sie in München, er in New York – (Haushaltskontext) oder bezogen auf das verwandtschaftliche Verhältnis eine (intime) Partnerschaft zwischen Cousin und Cousine.

Neben diesen vier Dimensionen werden bei der sozialen Bewertung weitere Kriterien herangezogen: Ein wichtiges Merkmal ist die *Binnenstruktur* einer Lebensform: Hierzu zählen etwa die Arbeitsteilung oder der Altersabstand zwischen den Partnern. Größere Abweichungen von den Standards können zu einer Verminderung der sozialen Akzeptanz führen, etwa bei Paaren, bei denen die Frau wesentlich älter ist als der Mann, oder die einen kompletten Rollentausch hinsichtlich der Erwerbs- und Familienarbeit vollzogen haben. Auch die *Entstehungsgeschichten* von Lebensformen können für deren soziale Bewertung eine Rolle spielen. So macht es etwa einen erheblichen Unterschied, ob eine Ein-Eltern-Familie infolge Verwitwung, Scheidung, als ungewollte Folge sexueller Beziehungen von Frauen ohne festen Lebenspartner oder gezielt unter freiwilligem Verzicht auf einen männlichen

---

225 Diese Arbeit schließt sich für die Auswahl, Beschreibung und Differenzierung der eigenen Stichprobe dieser Terminologie an.
226 Schneider/Rosenkranz/Limmer 1998, 12. Eine solche Definition trifft derzeit nur auf wenige Formen zu: Gewollt kinderlose Ehen, gleichgeschlechtliche Lebensgemeinschaften und auf längere Dauer angelegte Partnerschaften mit getrennten Haushalten.
227 Schneider/Rosenkranz/Limmer 1998, 10.

Partner entstanden ist. Hier wird im übrigen deutlich, dass die äußeren Struktureigenschaften einer Lebensform noch nicht hinlänglich auf die Lebenssituation der darin lebenden Personen schließen lassen. Auch die *biographische Platzierung* einer Lebensform gilt als Hinweis auf den Grad ihrer Konventionalität: Während etwa die Familiengründung zwischen dem 20. und 40. Lebensjahr den normativen Erwartungen entspricht, gilt sie bei Paaren in höherem Alter als risikobehaftet.

Mikrosoziologisch werden also möglicherweise auch Lebensformen als nichtkonventionell eingestuft, deren relativer Anteil in den letzten Jahren deutlich zugenommen hat und die sich eventuell bereits als Prototypen nichtkonventionellen Lebens einstufen lassen und die neue und andere Konzepte von Vaterschaft vermuten lassen: Gemeint sind zum Beispiel die nichtehelichen Lebensgemeinschaften, Einelternfamilien und Formen fragmentierter Elternschaft (Stieffamilien, Adoptiv-, Pflege- und Inseminationsfamilien).

2.3 Väter und familiale Erziehung: Modelle, Typologien, familiale Arbeitsteilung

Ausgehend von der Differenzierung familialer Lebensformen ist der Blick auf die Voraussetzungen und Bedingungen zu richten, unter denen sich Konzepte von Eltern- und Vaterschaft entwickeln und wie sich diese Konzepte auf der Mikroebene der Individuen ausprägen. Hierzu werden zunächst Modelle und Typologien skizziert, die Erziehungsverhalten von Eltern bzw. Vätern erfassen. Wie sich diese Konzepte auf der Verhaltensebene ausprägen, wird anhand des wirkungsmächtigen binnenstrukturellen Merkmals der familialen Arbeitsteilung diskutiert.

2.3.1 Determinanten elterlichen Erziehungsverhaltens und das Konzept des Involvement

Im Rahmen der systematischen Erforschung elterlichen Handelns sind seit den 1970er Jahren verschiedene Modelle vorgelegt worden, die die Determinanten erfassen und beschreiben wollen, die Konzepte von Elternschaft beeinflussen und die auf der Verhaltensebene elterliches Erziehungsverhalten bestimmen. In den 1980er Jahren hat Belsky ein besonders einflussreiches Prozessmodell vorgelegt, das die verschiedenen Einflussgrößen und Effekte von Eltern-Kind-Beziehungen darstellt. Das Modell unterscheidet verschiedene, sich wechselseitig beeinflussende Determinanten, die – in unterschiedlicher Gewichtung – das elterliche Erziehungsverhalten bestimmen. Maßgebend sind danach die individuellen psychologischen Ressourcen der Eltern, unterstützende bzw. Stressfaktoren der sozialen Umgebung

(Paarbeziehung, soziales Netzwerk, beruflicher Kontext) und Charakteristiken des Kindes.[228] Erstens modelliert Belsky die individuellen *Persönlichkeitseigenschaften* der Mutter und des Vaters.[229] Eltern mit einem negativen Selbstbild, geringem erziehungsrelevantem Wissen und niedriger Einschätzung der eigenen erzieherischen Kompetenzen gehen weniger einfühlsam mit ihren Kindern um als selbstbewusste Eltern, die über ein differenziertes Wissen über kindliche Entwicklung und Erziehung verfügen und die in der Lage sind, flexibel gemäß dem Konzept der *Zone der nächsten Entwicklung* (Wigotsky) auf die kindlichen Anforderungen und Bedürfnisse einzugehen.[230] Zudem spielen die Beziehungsgeschichten der Herkunftsfamilien eine Rolle: Positive Erfahrungen und Vorbilder aus der eigenen Kindheit und Jugend stärken die elterliche Erziehungskompetenz, während negative Erfahrungen im direkten Umgang oder durch Beobachtungen einer konflikthaften (Eltern-)Beziehung die eigenen Erziehungskompetenzen schwächen.

Als zweite Einflussgröße gewichtet Belsky *unterstützende* bzw. *Stressfaktoren* der sozialen Umgebung[231]: Zum einen können eine belastete *Paarbeziehung* und eine unkoordinierte Kinderbetreuung das Erziehungsverhalten beeinträchtigen, während Zufriedenheit in der Paarbeziehung zu einem abgestimmten, nicht widersprüchlichen elterlichen Erziehungsverhalten beiträgt. Unterstützend oder als Stressoren können die Arbeitsplatzerfahrungen wirken. Belastende, unbefriedigende, psychisch und/oder physisch anstrengende berufliche Bedingungen können das Erziehungsverhalten der Eltern negativ prägen. Umgekehrt sind Eltern, die mit ihrer beruflichen Arbeit zufrieden sind, im Erziehungsalltag eher verfügbar, engagiert und verantwortlich. Auch das soziale Netzwerk kann das elterliche Erziehungsverhalten positiv beeinflussen: Eltern sind sich umso sicherer in ihrer Erziehungspraxis, je stärker sie durch Nachbarn, Familien mit anderen Kindern, Verwandte und Freunde unterstützt werden. Auswirkungen hat vermutlich auch die ökonomische Lage: Die unsichere wirtschaftliche Situation einer Familie belastet elterliches Erziehungsverhalten.

An dritter Stelle sieht Belsky schließlich die *Persönlichkeitsmerkmale des Kindes*, d.h. je individuelle, auch situative Dispositionen und Eigenschaften.

„The characteristic of the child that has received the most attention in terms of influencing parental functioning is temperament, especially those behavioral styles that make parenting more or less difficult."[232]

---

228 Belsky 1984, 84, bes. 91f.
229 Ebd., 84ff.
230 Ebd., 84f.; vgl. auch Schneewind 1999, 142.
231 Belsky 1984, 86ff.; Schneewind 1999, 143.
232 Belsky 1984, 86.

Ein neueres Konzept zur Erforschung elterlichen Verhaltens auf der Grundlage der ökosystemischen Theorie nach Bronfenbrenner hat Holden (1997) entwickelt, indem er Determinanten elterlichen Verhaltens den vier Systemebenen zuordnet:

Holden geht von einer ungleichen Gewichtung der einzelnen Bedingungsfaktoren aus. Er schätzt die individuellen Eigenschaften und Voraussetzungen – insbesondere das Lebensalter – des Kindes als Schlüsseldeterminanten ein, die das elterliche Verhalten bestimmen. In einer dynamischen Perspektive wird die Persönlichkeitsentwicklung von Eltern und Kindern berücksichtigt. Holden betont die Verflechtungen und gegenseitigen Beeinflussungen der verschiedenen Ebenen und identifiziert drei Typen dieser Beziehungen: additiv, moderierend, vermittelnd.[233]

Danach lässt sich elterliches Verhalten zum einen als Summe der elterlichen und kindlichen Eigenschaften und der Kontextbedingungen interpretieren. Als moderierende Variablen beschreibt das Modell die Sozialisationserfahrungen und die Paarbeziehung der Eltern, die das Erziehungsverhalten (positiv) beeinflussen können. Einen vermittelnden Zusammenhang zwischen den Voraussetzungen des Kindes und einem kindorientiertem, einfühlsamen Fürsorgeverhalten misst Holden den elterlichen Einstellungen bei.

Die Modelle von Belsky und Holden beziehen sich auf das Verhalten beider Elternteile. Im Rahmen einer systematischeren Väterforschung wurden seit den 1980er Jahren Modelle vorgelegt, die das Erziehungsverhalten von Müttern und Vätern unterscheiden. Im Rekurs auf das Modell von Belsky ist zur Beschreibung und Erfassung der Beteiligung von Vätern das Konzept des *Involvement* vorgeschlagen worden[234], das in der internationalen Väterforschung vielfach rezipiert und modifiziert worden ist. Das Konzept beinhaltet drei Kategorien: *Verfügbarkeit*, *Engagement*, *Verantwortung*. Mit Verfügbarkeit ist die Präsenz des Vaters im Alltag des Kindes und seine prinzipielle Ansprechbarkeit gemeint. Davon unterschieden werden die direkten Vater-Kind-Interaktionen (Engagement).[235] Die Kategorie der Verantwortung bezeichnet das Ausmaß, in dem der Vater die (organisatorische) Sorge um die Kinder und deren Unterstützung übernimmt.[236] Das Konstrukt beinhaltet quantitativ gut erfassbare Dimensionen, die die Autoren im

---

233 Holden 1997, 75ff.
234 Lamb et al. 1985; Pleck 1997; Pleck/Masciadrelli 2004.
235 Zum Teil wird die Kategorie Engagement synonym für Beteiligung, Partizipation, Anteil verwendet (Fthenakis u.a. 1999, 96f.).
236 Lamb et al. 1985; Pleck 1997, 67; Pleck/Masciadrelli 2004, 222; Fthenakis 1985, I, 154ff. Hinsichtlich der Methoden der Datengewinnung und der Operationalisierung der Partizipation unterscheiden sich die Studien zum Teil. Nach dem Involvement-Konzept muss – wie es einige Zeitbudget-Studien tun – zwischen der primären Zeit (Engagement) und der sekundären Zeit (Verfügbarkeit) differenziert werden. (Walter/Künzler 2002, 97).

Rahmen einer Sekundäranalyse identifiziert, verglichen und systematisiert haben. Die ermittelten Determinanten ordnen sie vier bzw. fünf Hauptgruppen zu[237]: *Child Characteristics and Paternal Sociodemogaphic Characteristics* (u.a. Geschlecht und Alter des Kindes, Familiengröße), *motivation* (u.a. Einstellungen zu *gender*, Vaterschaft und elterlichem Handeln, Geschlechtsrollenorientierungen, Vateridentität), *skills and self-confidence*, d.h. Kompetenzen zur Betreuung und Erziehung des Kindes und das Selbstvertrauen in diese, *social supports and stresses* (z.B. mütterliche Charakteristika, Paarbeziehung, soziales Netzwerk), *institutional factors and practices* (u.a. Berufs-, Familienarbeit). Nach Lamb et al. und Pleck ist väterliches *Involvement* nur eine von mehreren Möglichkeiten, Einfluss auf die Entwicklung des Kindes zu nehmen. Die Autoren gehen davon aus, dass *Involvement* vielfach determiniert sein kann, dass kein Prädiktor dominant ist und dass es viele verschiedene Varianten des Zusammenwirkens der einzelnen Determinanten gibt.[238]

Die Modelle von Belsky und Holden und das Konzept des *Involvement* lassen sich als Interpretationsrahmen für empirische Untersuchungen nutzen und mit deren Ergebnissen verbinden. In der neueren Väterforschung etwa haben Fthenakis und Mitarbeiter im Rahmen von Metaanalysen und aufgrund von Ergebnissen der LBS-Familienstudie vergleichbare Determinanten ausgemacht, die väterliches Erziehungsverhalten bedingen. Auch diese Befunde dokumentieren das Zusammenspiel verschiedener Einflussfaktoren, den qualitativen wird gegenüber den quantitativen ein größeres Gewicht beigemessen.[239] Einstellungen und (Geschlechts-)Rollenorientierung hätten somit einen höheren Stellenwert als zum Beispiel der Umfang der außerhäuslichen Beschäftigung und damit die reine zeitliche Verfügbarkeit.[240] Vor diesem Hintergrund werden vier verschiedene Bereiche identifiziert, die konstitutiv für ein Konzept von Vaterschaft sein könnten: vaterbezogene Merkmale, Rahmenbedingungen, Einstellungen und Verhalten der Partnerin sowie kindbezogene Faktoren[241].

Zu den vaterbezogenen Merkmalen gehören *Persönlichkeitseigenschaften, Einstellungen und Sozialisationserfahrungen*. Allgemeine Persönlichkeitsmerkmale wie ein hohes Selbstwertgefühl, Sensitivität, Akzeptanz von

---

237 Lamb et al. (1985) schlagen zunächst vier Hauptdeterminanten vor. Zur Erweiterung/Differenzierung des Modells Pleck 1997, 75ff.; Pleck/Masciadrelli 2004, 242ff.
238 Pleck 1997, 95. Das Konzept des Involvement wird auch der vorliegenden Studie zugrunde gelegt, die Kategorien eignen sich zur Beschreibung der Einstellungen und des Handelns der Väter. Zudem verwendet die Studie den englischen Begriff Involvement, weil er stärker als die Begriffe Beteiligung, Partizipation oder Engagement die eigenständige Versorgungs- und Erziehungsleistung der Väter betont.
239 Fthenakis u.a. 1999. 83ff.; Fthenakis 2001, 81ff.
240 Fthenakis u.a. 1999, 62.
241 Ebd., 83.

Verpflichtungen und eine hohe Anpassungsfähigkeit im Hinblick auf die Bewältigung von Lebensaufgaben beeinflussen das väterliche Erziehungsverhalten offenbar positiv, ebenso der Gedanke, dass die eigene Rolle als Vater bedeutsam für die kindliche Entwicklung ist.[242] Darüber hinaus sind Sozialisationserfahrungen des Vaters einflussreich, d.h. unter generativen Gesichtspunkten die Erfahrungen mit dem eigenen Vater[243], die im Rahmen verschiedener Hypothesen diskutiert worden sind: Erstens könnte im Sinne einer *Kompensationshypothese* ein Vater versuchen, eine von ihm selbst als wenig intensiv erlebte eigene Vaterbeziehung mit verstärkter Beteiligung an der Erziehung der eigenen Kinder auszugleichen. Männer, die ihren eigenen Vater in einer traditionellen Rolle als eher negativ erleben, würden danach gemeinsam mit ihrer Partnerin eine eher egalitäre Rollenverteilung wählen. Zweitens könnten Väter aber auch im Sinne einer *Modell- oder Formungshypothese* ihren eigenen, gut involvierten Vater imitieren.[244] Konform zur Modellhypothese bestätigen Untersuchungen nichttraditioneller Familien, dass beide Partner häufig ihre Mütter als berufstätig erlebt haben.[245]

Wie Belsky und Holden messen auch Fthenakis u.a. den (familialen und beruflichen) *Rahmenbedingungen* und den damit zusammenhängenden Entscheidungsspielräumen große Bedeutung bei. Art und Umfang der Berufstätigkeit, eine flexible Gestaltung von Arbeitszeiten und die Möglichkeiten der Inanspruchnahme von Elternzeiten entscheiden mit über das *Involvement* des Vaters bei familialen Aufgaben und darüber, inwieweit die beruf-

---

242 „Wenn der Vater sich in der Interaktion mit seinen Kindern kompetent fühlt und überzeugt ist, dass Männer generell dazu fähig sind, einen engen Kontakt mit ihren Kindern zu pflegen, wird sich dies mit großer Wahrscheinlichkeit auf den Umfang seines Engagements auswirken." (Fthenakis u.a. 1999, 111)

243 Auch die Versorgung von Geschwistern in der Kindheit beeinflusst offenbar die eigene Erziehungspraxis. (Fthenakis u.a. 1999, 110)

244 Fthenakis 1985, I, 191f.; Fthenakis/Minsel 2002, 192f., 204ff.; Rauchfleisch 1997, 92. Einige Untersuchungen bestätigen, dass stark involvierte Väter auch selbst stark involvierte Väter erlebt haben. Eine dritte Hypothese – die Identifikationshypothese – vermutet, dass sich Väter mit einem ihrer Elternteile hinsichtlich des Erziehungsverhaltens identifizieren und dessen Verhaltensstil annehmen. (Fthenakis 1985, I, 191f.) Zur Bedeutung der eigenen Sozialisationserfahrungen mit dem Vater vgl. Matzner 2004, 444: „Besonders negative oder positive Erfahrungen mit dem eigenen Vater können einen entscheidenden Einfluss auf das Konzept und das Handeln als Vater gewinnen. Ihre konkrete Wirkung entfalten sie jedoch erst in der Interaktion mit anderen Determinanten."

245 Fthenakis 1985, I, 192f.; Oberndorfer/Rost 2002, 23f., 33. Die Entscheidung für eine nichttraditionelle Rollenverteilung wird durch eine traditionelle Konstellation der Herkunftsfamilie im Sinne einer Kompensationshypothese aber offenbar nicht beeinflusst: „Für ihre Eltern akzeptieren sie jedoch die traditionelle Aufgabenteilung und meinen, diese sei für die Elterngeneration passend gewesen oder ihre Eltern hätten keine andere Wahl gehabt. Aber für sie selbst sei sie nicht angemessen, da sich die Zeiten geändert hätten." (ebd., 33)

liche mit der familialen Rolle konfligiert.[246] Hier bildet neben der verfügbaren Zeit auch die Belastbarkeit einen begrenzenden Faktor: „Männer, deren ‚Kapazitäten' bereits im Beruf weithin ausgeschöpft werden, belasten sich nicht gerne zusätzlich mit Aufgaben, die bei der Betreuung und Versorgung des Kindes anfallen."[247] Die Rahmenbedingungen werden auch durch den Beschäftigungsstatus der Mutter definiert. Doppelverdienerfamilien stellen eine andere Kontextbedingung für väterliches *Involvement* dar, als wenn der Vater der alleinige Verdiener ist. Während eine erhöhte Beteiligung des Vaters im ersten Fall allein durch strukturelle Faktoren notwendig wird, hängt sie im zweiten Fall primär von den Persönlichkeitsmerkmalen und Einstellungen des Vaters ab.[248]

Drittens lässt die *Qualität der Paarbeziehung* auch Rückschlüsse zu auf die Vater-Kind-Beziehung. Studien, die sich mit dem Einfluss der Partnerbeziehung auf die Eltern-Kind-Beziehungen beschäftigten, konnten zeigen, dass das Verhältnis zum Vater stärker beeinflusst wird als das Verhältnis zur Mutter. Auch die Scheidungsforschung konnte bestätigen, dass eine konfliktreiche Partnerschaft problematisch ist bei der Ausgestaltung einer positiven Vater-Kind-Beziehung.[249] Frauen begünstigen durch ihre Einstellungen und ihr Zutrauen in ihre Partner ein positives Vaterschaftskonzept. Je mehr sie ihn als sozial einfühlsam (zum Beispiel ‚gefühlvoll', ‚anpassungsfähig', hilfsbereit') und emotional stabil (zum Beispiel ‚gelassen', ‚unkompliziert', ‚tolerant') erleben und je mehr sie ihm weiblich attribuierte Eigenschaften zuschreiben[250], desto höher ist das väterliche *Involvement*. Frauen, die ihre eigenen Väter als gut beteiligt erinnern, ermutigen ihre Partner offenbar häufiger, sich verstärkt an der Betreuung und Versorgung der Kinder zu beteiligen. Durch verstärkte Integration der Väter in den kindlichen Alltag und durch ein verstärkend-unterstützendes Handeln der Mutter (*gatekeeper*-Funktion) wird also offenbar ein positives Vaterschaftskonzept unterstützt.

Das Erziehungsverhalten von Vätern ist viertens abhängig von *kindbezogenen Faktoren*: Je unkomplizierter und ‚pflegeleichter' dem Vater das Kind erscheint, desto mehr Freude und desto weniger Frustration erlebt er im gemeinsamen Umgang und desto häufiger beschäftigt er sich mit ihm.[251]

---

246 Einen Überblick über „familienfreundliche Maßnahmen" von Unternehmen in Form von flexiblen Arbeitszeitmodellen, Teilzeitarbeitsregelungen, Job-Sharing, Freistellungen, Kontakthalte- und Wiedereingliederungsmaßnahmen usw. gibt Rost (2004).
247 Fthenakis 2001, 82; Vgl. Behnke/Liebold 2001.
248 Fthenakis u.a. 1999, 114f.
249 Walper/Schwarz 1999.
250 „Im Hinblick auf die Geschlechtsrollenorientierung zeigte sich in manchen, jedoch nicht in alle Untersuchungen, dass stark engagierte Väter häufiger als androgyn eingestuft wurden [...]" (Fthenakis u.a. 1999, 110); Vgl. auch Fthenakis 2001, 84.
251 Fthenakis u.a. 1999, 87. Beim vier Monate alten Kind sind diese begünstigenden Voraussetzungen ein verlässliches, regelmäßiges Schlaf- und Trinkverhalten, positive Stimmungen bzw. eine gute Tröstbarkeit sowie eine hohe Responsivität und

„Beteiligt sich der Mann schon in den ersten Monaten nach der Geburt nur wenig an der Betreuung und Versorgung seines ‚schwierigen' Kindes, scheint sich dieses Muster auch über das erste Lebensjahr hinaus zu verfestigen." Die Eltern geraten gewissermaßen in einen *circulus vitiosus*, d.h. je häufiger der Vater das ‚komplizierte' Kind an die Mutter abgibt, desto weniger Erfahrung und Handlungskompetenzen sammelt er in schwierigen Situationen und desto mehr nimmt er das Kind als anstrengend wahr.[252]

2.3.2 Was ist ‚neu' an den ‚neuen Vätern'? – Typologien von Vaterschaft

‚Neue Männer', ‚neue Männlichkeit', ‚neue Väter' sind Begriffe, denen man seit etwa zwei Jahrzehnten in der sozialwissenschaftlichen, populärwissenschaftlichen[253] und politischen Diskussion begegnet. Erstmals ist in einer soziologischen Perspektive das Phänomen einer ‚neuen Väterlichkeit' in den 1980er Jahren in den Blick genommen worden.[254] Als grundlegend kann die Typologie von Rerrich gelten, die einen traditionellen, einen partnerschaftlichen und einen ‚neuen Vater' unterscheidet.[255] Allerdings existierten – so Rerrich 1988 – die ‚neuen Väter' vor allem auf der Ebene der Einstellungen.[256] Ein Wandel auf der Verhaltensebene zeichne sich zunächst nur in der Vater-Kind-Beziehung ab. Im Umgang mit ihren Kindern verhielten sich die ‚neuen Väter' zunehmend empathischer und zärtlicher:

„Die Kinder sehen sie zwar kaum tagsüber, aber in der einen Stunde vorm Zubettgehen sind ihre Väter mehr für sie da, sind zärtlicher und zeigen ihre Gefühle stärker. Aus der Sicht der Mütter gibt es die ‚neuen Väter' nicht, sobald der Mutterschaftsurlaub abgelaufen ist. Was heute als gemeinsame Erfahrung von Schwangerschaft und Entbindung beginnt, differenziert sich wenige Wochen nach der Geburt in das bekannte traditionell halbierte Leben aus: für ihn Beruf weiter wie gehabt, für sie ein neues Leben als Hausfrau oder als berufstätige Mutter."[257]

Wachsamkeit. Beim 18 Monate alten Kind fördern eine gute Tröstbarkeit und ein schwach ausgeprägtes Trotzverhalten ein positives Vaterschaftskonzept. LBS-Familie-Studie, Report 2/98. Die Chancen der Vaterschaft. www.lbswest.de, 6.

252 Fthenakis 2001, 86.
253 Vgl. die Zusammenschau bei Baader 2006.
254 Rerrich 1985, 1988, 1989; W. Schneider 1989. Siehe Kapitel 2.1.
255 Rerrich 1988, 1989.
256 Auch heute noch wird ein Wandel vor allem auf der Ebene der Einstellungen gesehen. Bezüglich der familialen Arbeitsteilung dominieren auf der Verhaltensebene nach wie vor traditionelle Strukturen. (Garhammer 1996, 328; Tazi-Preve 2006, 237). Polemisierende Kritik ist im Rahmen der Feminismusdebatte bezüglich des fehlenden Engagements der Väter vielfach geäußert worden: Die ‚neuen Väter' existierten nicht. (z.B. Benard/Schlaffer 1991).
257 Rerrich 1989, 102.

Bis heute wird der Frage nachgegangen, welche Merkmale die ‚neuen Väter' zeigen, ob sie eher Imitate der Mütter sind[258] oder ein eigenständiges, genuin männliches Verhalten zeigen, das klar von einem ‚mütterlichen' Verhalten abgegrenzt werden kann.[259] Auf der Grundlage der Typologie von Rerrich haben sich in den letzten zwei Jahrzehnten verschiedene Untersuchungen dem Phänomen der ‚neuen Väter' gewidmet und weitere Typen von Vaterschaftskonzepten identifiziert.[260]

Aus (entwicklungs-)psychologischer Perspektive entwirft Jean Le Camus auf der Grundlage eigener empirischer Studien vier idealtypische Modelle von Vaterschaftskonzepten, die er wiederum verschiedenen Lebensformen zuzuordnen versucht. Die Typologie legt als wichtiges Kriterium die Geschlechtsrollenorientierung der Väter an, etwa versuche der so genannte „*fürsorgliche*" Vater, Merkmale männlicher und weiblicher Identität zu integrieren und sei nicht eindeutig in seiner Geschlechtsrolle.[261] Für den „*befreiten*" Vater, der sich bewusst von einem traditionellen Konzept absetzt, steht kein normatives gesellschaftliches Leitbild und kein Rollenmodell zur Verfügung. Er wird von Le Camus Lebensformen wie der nichtehelichen Lebensgemeinschaft, der Stieffamilie und homosexuellen Beziehungen zugeordnet.[262] Im Rekurs auf die Psychoanalyse Lacans wird in der Typologie der „*strenge*" Vater skizziert, der sich am stärksten an einem traditionellen Konzept orientiert.[263] In einem vierten Typus, den Le Camus den „*präsenten* Vater" nennt, sieht er offenbar den Prototypen eines ‚neuen Vaters'.[264] Dieses Modell ist gekennzeichnet durch ein hohes Engagement – im Sinne des *Involvement* – auf der einen Seite, zugleich durch die Differenz zur Mutter mit ihren (auch normativ zugeschriebenen) geschlechtstypischen

---

258 Zum Phänomen der ‚Mappis' kritisch aus psychoanalytischer Sicht Bopp 1984.
259 W. Schneider 1989, 9, 150f.
260 Tazi-Preve 2006, 239. Werneck typisiert im Rahmen einer Studie zum Übergang zur Vaterschaft drei Gruppen von Vätern (1998, 129; 2004, 2): eigenständige (52%), familienorientierte (32%) und neue Väter (13%), wobei sich die Termini „eigenständig" und „familienorientiert" nicht per se erschließen und die Differenzierungsmerkmale nicht trennscharf erscheinen. Eigenständige Väter definiert Werneck als diejenigen Väter, für die die Familie die geringste Bedeutung hat. Die familienorientierten Väter wiesen – so Werneck – neben ihrem Interesse an der Familie auch ein hohe Berufsorientierung auf. Die neuen Väter zeichneten sich vor allem durch eine hohe Partnerorientierung aus. Sie ließen sich vor allem zum ersten Erhebungstermin vor der Geburt des Kindes identifizieren. Postnatal waren in einigen Familien offenbar Retraditionalisierungseffekte zu beobachten, d.h. die ‚neuen Väter' waren anders als angekündigt weniger in die Familienarbeit involviert und wiesen eine stärkere Berufsorientierung auf: Über ein Drittel wurden drei Monate nach der Geburt als eigenständige Väter eingestuft, ein Viertel als familienorientierte Väter. Überraschenderweise dementiert Werneck trotz dieser Verschiebungen Traditionalisierungseffekte. (1998, 150, 155).
261 Camus 2006, 41ff.
262 Ebd., 79ff.
263 Ebd., 17ff.
264 Ebd., 217ff.

‚weiblichen' Merkmalen. Dieses sich laut Le Camus zurzeit entwickelnde Modell des *präsenten* Vaters scheint ihm ideal für die Ausgestaltung einer positiven Vater-Kind- und Paarbeziehung unter gleichzeitiger Wahrung einer männlichen Geschlechtsrollenidentität.

Aus soziologischer Perspektive hat Matzner den Versuch unternommen, auf der Grundlage von Einzelfallanalysen eine Typologie subjektiver Vaterschaftskonzepte zu entwerfen, die einen „Beitrag zur Entwicklung einer Sozialisationstheorie von Vaterschaft" leisten soll.[265] Mit dem Modell ‚Subjektives Vaterschaftskonzept und väterliche Beteiligung' sollen die „Handlungsorientierungen in Form von Überzeugungen, Auffassungen und Einstellungen" der Männer hinsichtlich ihrer Vaterschaft erfasst werden.[266] Es beinhaltet die Hauptdimensionen des väterlichen Involvements[267] (Präsenz/Verfügbarkeit, Engagement, Verantwortung, d.i. *doing with children*). Das Modell erweitert die Praxis väterlichen Involvements um die Dimension *doing for children* (affektives und gedankliches Engagement, Geldverdienen).[268]

In der Studie wurden 24 Männer anhand eines Leitfadens bezogen auf ihre subjektiven Vaterschaftskonzepte interviewt. Matzner kann vier verschiedene Typen von Vaterschaftskonzepten identifizieren: die Konzepte des traditionellen und des modernen Ernährers und die Konzepte des ganzheitlichen und des familienorientierten Vaters. Die Typologie wird im Folgenden skizziert. Sie bietet einen geeigneten Interpretationsrahmen für die Fallstudien der eigenen Untersuchungen.

Der Typ des *traditionellen Ernährers* bestimmt seine Identität vor allem über seinen Beruf.[269] Die Bedeutung der Vaterschaft liegt für ihn vor allem in der Reproduktion von Nachkommen, seine Aufgabe als Vater sieht er vor allem im Ernähren, Beschützen und Orientierung geben sowie – zukunfts- und leistungsorientiert – in der Förderung der schulischen und beruflichen Laufbahn. Die familialen Rollen sind eindeutig verteilt: Die Mutter übernimmt den Hauptteil der Betreuung und Erziehung der Kinder und die Hausarbeit. Der Vater ist beruflich stark involviert und im Familienalltag nur wenig präsent, vornehmlich abends und am Wochenende. Sein Engagement ist eher gering, er konzentriert sich auf ‚typisch männliche' Tätigkeiten, Reparaturarbeiten im Haushalt, Spielen mit den Kindern. Die Vater-Kind-Beziehung ist eher hierarchisch organisiert, distanziert und mit geringem Körperkontakt verbunden.

---

265 Matzner 2004, 339ff. und 436ff.
266 Ebd., 437.
267 Lamb u.a. 1985; Pleck 1997; vgl. Kapitel 2.3.1 zum Konzept des Involvement.
268 Matzner 2004, 28; 438f.
269 Ebd., 339ff.

Auch der Typ des *modernen Ernährers* betont die Reproduktionsfunktion von Vaterschaft sowie die Aufgaben des Ernährens und Schützens sowie der (leistungsorientierten) Förderung der schulischen und beruflichen Laufbahn.[270] Wie der traditionelle ist auch der moderne Ernährer in erster Linie berufsorientiert und in der Familie wenig präsent. Auch hier sind die familialen Rollen klar verteilt: Die Mutter ist ebenso wie in der oben skizzierten Konstellation zuständig für die Betreuung und Erziehung der Kinder sowie für die Hausarbeit. Gelegentlich wird sie dabei vom Partner unterstützt. Das Engagement beschränkt sich auf den Abend, das Wochenende und den Urlaub. Im Gegensatz zum „traditionellen Ernährer" bemüht sich der „moderne Ernährer" stärker um eine positive Beziehung zu seinem Kind. Auch er ist eher Spielkamerad als Vertrauensperson, sein Erziehungsstil ist geprägt von einer Mischung aus Verhandeln und Disziplin.

Der Typ des so genannten *ganzheitlichen Vaters* praktiziert eine aktive Vaterschaft.[271] Seine Identität bestimmt er gleichermaßen aus Familienzugehörigkeit, Beruf und privaten Interessen. Der ganzheitliche Vater favorisiert einen autoritativ-kommunikativen Erziehungsstil. Auch er ist leistungsorientiert, zugleich aber verstehend und unterstützend, die Vater-Kind-Beziehung ist von Nähe geprägt. Matzner unterscheidet zwischen den „erfolgreichen" ganzheitlichen Vätern, für die Vaterschaft „unspektakuläre alltägliche Normalität" ist[272], und den „nicht erfolgreichen", bei denen Rollenerwartungen und -einstellungen mit der im Alltag realisierten Praxis konfligieren, was häufig mit Retraditionalisierungseffekten und Partnerschaftskonflikten einhergeht. Der erfolgreiche ganzheitliche Typ ist hingegen entsprechend seinem Vaterschaftskonzept stark in den Familienalltag involviert. Die familialen Rollen sind egalitär verteilt und werden flexibel, auch je nach Familienphase ausgestaltet.

Die Typologie unterscheidet einen vierten Typus, den *familienzentrierten Vater*[273], der seine Identität vor allem durch seine Familienzugehörigkeit bestimmt. Beruflich ist er in der Regel wenig ambitioniert, die familialen Rollen werden unterschiedlich und flexibel verteilt, „wobei das Hausmann-Modell am häufigsten vorkommt"[274]. Der Erziehungsstil ist kommunikativ, unterstützend, verstehend und weniger leistungsorientiert. Die Vater-Kind-Beziehung ist von Nähe und Vertrauen geprägt.

Die Untersuchung konnte als zentrales Ergebnis vier unterscheidbare Konzepte von Vaterschaft präsentieren, die in ‚vollständigen' Familien in Deutschland existieren.[275] Während Matzner das Konzept des traditionellen

---

270 Matzner 2004, 352ff.
271 Ebd., 382ff.
272 Ebd., 424.
273 Ebd., 425ff.
274 Ebd., 435.
275 Matzner 2004, 445.

Ernährers in seiner heutigen Form als eine „Fortentwicklung des über Jahrhunderte kulturell dominierenden Vaterschaftskonzepts" versteht, das sich vermutlich zukünftig an Bedeutung verlieren wird, räumt er dem Typus des ‚modernen Ernährers' eine hohe Reichweite ein. Der Typus des ‚ganzheitlichen Vaters' wird nach Matzners Einschätzung mittel- und langfristig in normativer und quantitativer Hinsicht an Bedeutung gewinnen, wohingegen der Typus des familienzentrierten Vaters vermutlich eher marginal bleiben wird.[276]

Aktuell ist auf der Grundlage einer Fragebogenuntersuchung und sich anschließenden Interviews eine Typologie von Vaterschaftskonzepten vorgelegt worden. Das Frankfurter Soziologenteam Bambey und Gumbinger[277] hat auf der Grundlage von 1500 Fragebögen sechs verschiedene Vatertypen identifiziert, von denen der „egalitäre" und der „partnerschaftlich-traditionelle" dem Typus des ‚neuen Vaters' wohl am ähnlichsten sind.[278]

2.3.3 Familiale Arbeitsteilung als zentrales Strukturmerkmal familialer Lebensformen

Die Verteilung der Erwerbs- und Familienarbeit ist eine auf makro- und mikrosoziologischer Ebene zentrale Bestimmungsdimension für familiale Binnenstrukturen und Differenzierungsmerkmal für konventionelle und nichtkonventionelle Lebensformen.[279] Auf der einen Seite führen gestiegene schulische und berufliche Qualifikationen der Frauen zu einer stärkeren weiblichen Beteiligung an der Erwerbsarbeit. Auf der anderen Seite verweisen traditionelle weibliche und männliche Geschlechtsrollenorientierungen sowie gesellschaftliche, politische und sozialer Rahmenbedingungen Mütter zumindest in der Vor- und Grundschulzeit auf den familialen Binnenraum. Das entspricht nach der Typologie von Garhammer dem so genannten „deutschen Modell", d.h. während der Familienphase wird die die Erwerbstätigkeit der Frau in drei Teile sequenziert (Drei-Phasen-Modell). Vor allem

---

276 Matzner 2004, 446.
277 Bambey/Gumbinger 2007 (http://www.ifs.uni-frankfurt.de/forschung/neue_vaeter/index.htm).
278 Der „randständige" Vater steht in der familialen Triade weit außen, er nimmt quasi als Zaungast am Familiengeschehen teil. Der „unsichere" Vater hat zwar ein Konzept entwickelt, das mit hoher Familienorientierung und starkem Engagement einhergeht. In der Praxis klaffen Anspruch und Wirklichkeit allerdings auseinander: In der Interaktion mit seinem Kind verhält er sich oft gereizt und ungeduldig. Der „traditionell-distanzierte" Vater sieht sich vornehmlich in der Ernährerrolle. Der „fassadenhafte" Vater schließlich zeigt sich unter dem Deckmantel eines gewissenhaften, fürsorglichen Vaters eher hilflos.
279 U. v.a. Fthenakis 1985, I; Garhammer 1996, 319, 321; Rauchfleisch 1997; Oberndorfer/Rost 2002; Werneck/Beham/Palz 2006; Gesterkamp 2007.

in den alten Bundesländern ziehen sich Mütter mit der Geburt von Kindern sukzessive aus dem Berufsleben zurück.[280]

Bezogen auf die *Erwerbsarbeit* handelt es sich inzwischen bei der Mehrheit der Paare in der Bundesrepublik Deutschland um Doppelverdiener, d.h. beide Partner stehen in einem Beschäftigungsverhältnis, das mehr oder weniger flexibel ausgestaltet werden kann, etwa durch Teilzeitarbeit oder durch gleitende Arbeitszeiten.[281] Mitunter ist der sozioökonomische Status der Frau sogar etwas höher als der des Partners, so dass der Familie keine wirtschaftlichen Nachteile entstehen, wenn der Mann die Erwerbsarbeitszeit reduziert oder als Hausmann den Hauptteil der Familienarbeit übernimmt.[282] Das könnte zwar auf der einen Seite ein Hinweis sein auf eine Neuverteilung von Erwerbs- und Familienarbeit und auf eine bewusste Entscheidung für eine nichtkonventionelle Lebensform.[283] In vielen Fällen ist die Doppelerwerbstätigkeit von Paaren mit Kindern aber offenbar kein freiwillig gewählter Weg, sondern Notwendigkeit, um das Familieneinkommen zu stabilisieren[284]: Doppelverdienerfamilien wären danach nicht zwingend ein Indikator für eine nichtkonventionelle Lebensform.

Zur Verteilung der *Hausarbeit* in Partnerschaften sind zahlreiche Untersuchungen durchgeführt worden, die unisono das bis heute persistierende Ungleichgewicht in deutschen Haushalten belegen[285], wobei sich die Selbsteinschätzungen der Partner unterscheiden: Männer haben subjektiv den Eindruck, mehr Anteil an der Hausarbeit zu übernehmen, als ihre Partnerinnen das von ihnen denken.[286] Die ungleiche Verteilung konnten auch Fthenakis und Minsel in ihrer repräsentativen Studie „Die Rolle des Vaters in der Fa-

---

280 Diese Abstufung wird relativiert durch die moderneren Muster von Frauen, die in der ehemaligen DDR aufgewachsen sind, und durch den wachsenden Anteil von ledigen bzw. kinderlos bleibenden und alleinerziehenden Frauen, die entweder kontinuierlich erwerbstätig waren oder rascher in das Berufleben zurückkehren. (Garhammer 1996, 321)

281 Vgl. Rost 2004.

282 Fthenakis 1985, I, 188. Vgl. zum Beispiel die Untersuchung von Oberndorfer und Rost (2002), in der das konstitutive Merkmal der Stichprobe als gleich hohes oder höheres Einkommen der Frau definiert war.

283 Garhammer 1996, 320.

284 Garhammer 1996, 320.

285 1994 hat Künzler die Ergebnisse einer vergleichenden Studie über Doppelverdienerhaushalte präsentiert. Zur Beteiligung von Vätern an der Hausarbeit vgl. u.v.a. Fthenakis 1985, I, 164; Keddi/Seidenspinner 1991, 161; Gonser/Helbrecht-Jordan 1994, 13ff.; Tazi-Preve 2006; Lothaller/Jagoditsch/Mikula 2006, 111ff.; Garhammer 1996, 327. Es lässt sich eine durchschnittliche Beteiligung der Männer an der Hausarbeit von 10 Stunden pro Woche feststellen. Frauen sind etwa sechs Stunden länger beschäftigt. Steigt der relative Anteil der Männer, ist das eher auf eine Reduktion der Zeiten durch Frauen, auf zunehmende Technisierung der Haushalte und auf die Zugriffe auf externe Ressourcen zurückzuführen (Künzler 1994, 201; Garhammer 1996, 328)

286 U.v.a. Tazi-Preve 2006; Lothaller/Jagoditsch/Mikula 2006, 113.

milie" bestätigen[287]: Obwohl 66% der Väter in der Gruppe mit Vorschulkindern eine ,moderne' Einstellung bezüglich der familialen Arbeitsteilung hatten und ihre Erzieher- gegenüber der Ernährerfunktion betonten, waren die familialen Aufgaben mehrheitlich traditionell verteilt: Die Väter waren größtenteils berufstätig und beteiligten sich nur wenig an haushaltsbezogenen Tätigkeiten.[288] Das Ideal, möglichst viele Aufgaben gemeinsam zu erledigen, konnte in der Praxis nicht umgesetzt werden. Faktisch fand eine Aufgabendifferenzierung statt: Klassische Frauenarbeiten waren Kochen, Putzen, Bügeln und tägliche Einkäufe. Zu den auf den Haushalt bezogenen Männeraufgaben gehörten Reparaturen und die Autopflege.[289] Damit werden die Befunde anderer Zeitbudgetstudien zur Verteilung der Hausarbeit bestätigt, die in der Regel auch die *Art* der ausgeführten Tätigkeiten berücksichtigen, d.h. diese differenzieren zwischen kurz dauernden bzw. nur sporadisch anfallenden Tätigkeiten wie Müllentsorgung, Autowaschen oder Reparaturarbeiten und den aufwändigeren, länger dauernden Tätigkeiten wie Waschen, Bügeln, Einkaufen, Kochen, die häufiger von Frauen erledigt werden.[290]

Von der Beteiligung an der Hausarbeit ist die Beteiligung an der Kinderbetreuung und -erziehung abzugrenzen. Sich um die Kinder zu kümmern rechnen Männer in der Regel nicht als zusätzliche Pflicht, wohingegen die Mütter in Familien mit traditionellen Strukturen es als Entlastung empfinden, wenn ihnen der am Abend heimkehrende Mann die Kinder ,abnimmt', – eventuell sogar, damit sie ungestört Hausarbeiten erledigen können.[291]

Auch hier muss die Art und die Qualität der Aktivität mit den Kindern differenziert betrachtet werden: Freizeitaktivitäten wie Spielen, Fahrrad fahren, Ausflüge sind von anderer Art und Qualität als etwa die Übernahme pflegerischer Tätigkeiten oder das Zuhausebleiben im Krankheitsfall.[292] Die Studie von Zulehner und Volz betont das stärkere Involvement der ,neuen

---

287 Im Rahmen der Kampagne des Bundesministeriums für Familie, Senioren, Frauen und Jugend ,Mehr Spielraum für Väter' haben Fthenakis/Minsel (2002) eine repräsentative Befragung von 1336 Familien durchgeführt, die sich in verschiedenen Stadien des Familienentwicklungsprozesses befanden. Die Studie hatte zum Anliegen, die „Rolle des Vaters in der Familie", d.h. die Vaterschaftskonzepte von (potenziellen) Vätern zu untersuchen. Befragt wurden kinderlose Paare bzw. Paare während der ersten Schwangerschaft, Eltern von Vorschulkindern bzw. Schulanfängern und Eltern von Jugendlichen. In der Gruppe der Vorschulkinder wurden 272 bzw. 155 Probanden zu zwei Messzeitpunkten befragt. Die Ergebnisse sind in Teilen für die Interpretation der eigenen quantitativen und qualitativen Untersuchung relevant.
288 Fthenakis/Minsel 2002, 223.
289 Fthenakis/Minsel 2002, 193, 224.
290 Alfermann 1996, 46; Zulehner/Volz 1999, 21f.; 150ff.
291 Rerrich 1990, 162.
292 Nach Zulehner/Volz bleiben die ,neuen Männer' häufiger zu Hause, wenn das Kind krank ist (1999, 136f.). Bzgl. der Übernahme von Verantwortung vgl. Kapitel 2.3.1 zum Involvement des Vaters.

Väter' im Vergleich zu den traditionell eingestellten.[293] Bei allen erfragten Items – mit Ausnahme des Betens – waren die so genannten ‚neuen Männer' als Väter stärker involviert.[294] Das betraf auch pflegerische Tätigkeiten – etwa das Waschen, Zubettbringen der Kinder – und auch Aufgaben, die mit einer stärkeren Verantwortung verbunden waren (Hausaufgaben, Elternsprechtage). Zu einem ähnlichen Ergebnis kommt auch die Studie von Fthenakis und Minsel: Väter, die ihre Erzieherfunktion betonten, übernahmen einen höheren Anteil an Aufgaben als diejenigen Väter, die sich eher als Ernährer sahen.[295] Zudem beschäftigten sich diejenigen Väter mehr mit dem Kind, deren Frau berufstätig war. Im Vergleich zu den Müttern schnitten allerdings auch die ‚neuen Väter' schlecht ab: In der Studie wurden insgesamt 25 kindbezogene Aufgaben erfragt, von denen knapp die Hälfte Gemeinschaftsaufgaben waren, von den restlichen zwölf Aufgaben fielen zehn in den Zuständigkeitsbereich der Mutter. Nur vier Aufgaben nahmen ausschließlich bzw. vornehmlich die Väter wahr (technische Geräte erklären, Spielsachen reparieren, Sport und Fahrradfahren).[296] In der Familienarbeit ist im übrigen sowohl bei den eher traditionell eingestellten als auch bei den nichttraditionellen Familien die Anzahl der Kinder ein limitierender Faktor: Familien tendieren desto stärker zu einer Traditionalisierung der familialen Rollenverteilung, je mehr Geschwisterkinder geboren werden.[297]

Zusammenfassend kann von einem gestiegenen Anteil väterlichen Involvements in den letzten dreißig Jahren berichtet werden.[298] Das betrifft vor

---

293 Untersucht wurden 1200 Männer zu ihrem Selbstbild/Selbstkonzept mittels eines Fragebogens. Parallel dazu wurden 814 Frauen zu ihrer Sicht von Männern befragt. Die Autoren der Untersuchung konnten mittels Clusteranalysen vier verschiedene Männertypen identifizieren: traditionelle, neue, pragmatische und unsichere Männer. Einige Items der Befragung beziehen sich auch auf das Selbstverständnis des Mannes. (Zulehner/Volz 1999, 132ff.)

294 Die Studie unterscheidet zwischen innenorientierten (auf die Pflege bezogenen) und außenorientierten (auf die Schule bezogenen) Items (Zulehner/Volz 1999, 20).

295 Fthenakis/Minsel 2002, 232. Quantitativ gesehen verbrachten Vater und Kind an Sonntagen und an Werktagen abends die meiste Zeit miteinander (ebd., 194). Ungefähr jeder sechste Vater brachte das Kind am Werktag allein in den Kindergarten oder in die Schule (ebd., 240).

296 Fthenakis/Minsel 2002, 226ff. Zu den für den eigenen Untersuchungszusammenhang relevanten Aktivitäten gehörten das Zubett-Bringen, Vorlesen, Singen und Spielen. Auch hier war jeweils der Anteil der Väter deutlich kleiner als der Anteil der Mütter, insbesondere beim Singen. Beim Zubettbringen und Vorlesen betrug der gemeinsame Anteil und der Anteil der Mütter jeweils etwa 45%, der Anteil der Väter etwa 10%.

297 Fthenakis 1985, I, 164.

298 Fthenakis 1985, I, 160ff.; Zulehner/Volz 1999, 139. Fthenakis u.a. 1999, 96f.; Zech 2000, 295. Allerdings ist er aber immer noch in allen drei Dimensionen geringer als der Anteil der Mütter: Das Engagement beträgt etwa zwei Fünftel, die Verfügbarkeit etwa zwei Drittel. Der höchste Anteil findet sich bei den Vätern aus der Mittelschicht, die niedrigste bei Vätern aus sozial unterprivilegierten Schichten

allem die nichtkonventionellen Familien mit den ‚neuen Vätern', bei denen sich zumindest auf der Ebene der Einstellungen Veränderungen verzeichnen lassen. Gewissermaßen können sie als Prototypen und Pacemaker einer ‚neuen Väterlichkeit' gelten.[299]

Die Motive von Männern und Vätern, sich gemeinsam mit ihren Partnerinnen für nichtkonventionelle Lebensformen zu entscheiden und die Erziehungsfunktion stärker zu betonen, sind vielfältig: Neben den eigenen Sozialisationserfahrungen sind Wertvorstellungen wie Gleichberechtigung in der Partnerschaft, gegenseitiges Vertrauen und Zusammenhalt in der Familie oder ein transparenter, konsequenter Erziehungsstil in den Herkunftsfamilien offenbar richtungsweisend für das eigene familiale Zusammenleben.[300]

Zum anderen gelten die Einstellungen und Geschlechtsrollenorientierungen beider Elternteile als wichtige Determinanten: Während in konventionellen Familien die Väter Arbeit und Beruf höher als Elternschaft bewerten, sind nichtkonventionelle Väter stärker familienorientiert: Sie betonen, dass die Versorgung und Erziehung der Kinder Angelegenheit beider Eltern sei. Traditionell eingestellte Frauen bewerten hingegen ihre Mutterrolle und die Familienarbeit höher als ‚nichttraditionelle' Mütter. Die Entscheidung für eine nichtkonventionelle Lebensform machen Paare zudem nicht zuletzt abhängig von der Akzeptanz ihres sozialen Umfeldes: Etwa finden ‚Hausmänner' im großstädtischen Milieu ‚Gleichgesinnte' und ein anderes Netzwerk als in ländlichen Gebieten mit traditionelleren Strukturen.[301]

Die Sozialisationserfahrungen und die (Geschlechts-)Rolleneinstellungen zeigen in den nichtkonventionellen Lebensformen auch Auswirkungen auf der Ebene der individuellen Persönlichkeit und der Paarbeziehung: Je mehr sich der Partner an Hausarbeit und Kindererziehung beteiligt und diese wertschätzt, desto stärker fühlen sich Frauen gleichberechtigt und entlastet und zufriedener in der Partnerschaft.[302] Aber auch die Männer zeigen in nichtkonventionellen Konstellationen mehr Zufriedenheit in Bezug auf die

---

und mittleren oder hohen Managementpositionen und bei selbständigen Vätern. (Vgl. Fthenakis u.a. 1999, 97; auch Matzner 1998).

299 Der Wandel auf der Verhaltensebene vollzieht sich hingegen auch bei den ‚neuen Vätern' nur langsam und offenbar weniger über normative Zuschreibungen als über eine „Entstereotypisierung der männlichen Geschlechtsidentität." (Walter/Künzler 2002, 114) Von einem kompletten Rollentausch kann selbst in den ‚Hausmänner-familien' noch nicht gesprochen werden (Fthenakis 1985, I, 175; Oberndorfer/Rost 2002, 14; 78ff.; Tazi-Preve 2006, 237). Der trotz Veränderungen auf der Ebene der Einstellungen nur schleppende Wandel auf der Verhaltensebene wird mit der ungleichen Verteilung der bezahlten Arbeit begründet (Walter/Künzler 2002, 115).

300 Oberndorfer/Rost 2002, 26ff.

301 Fthenakis 1985, I, 177; Rauchfleisch 1997, 93; Oberndorfer/Rost 2002, 49ff.

302 Fthenakis 1985, I, 175, 177 Auf der anderen Seite können sich negative Effekte zeigen, etwa als Konflikte durch Domänenübergriffe, was vor allem in der Zeit der Neuetablierung zu erwarten wäre. (ebd., 176; Rauchfleisch 1997, 107; Hagemann-White 1995, 108).

Paarbeziehung und die Rolle als Vater. Offenbar konfligiert die Integration von instrumentellen und expressiven Rollenaspekten nicht mit der männlichen Geschlechtsrollenidentität.[303] ‚Neue Väter' können ihre Geschlechtsrollen offenbar flexibler ausgestalten und ihren Kindern ein breiteres Verhaltensrepertoire bieten.[304] Kinder aus nichtkonventionellen Familien, die ihre Eltern in dieser Weise erleben, zeigen sich oft selbständiger, verantwortungsbewusster und kritischer gegenüber Geschlechtsrollenklischees, ohne dass sie in ihren eigenen Geschlechtsrollenorientierungen irritiert wären.[305] Im Zuge einer Integration und Vermittlung von familialen Rollen ändern nichtkonventionelle Väter auch ihre Aktivitäten mit den Kindern.[306] Die klassische Verteilung des Vaters als ‚Fußballtrainer der Kinder' und der Mutter als ‚Geschichtenerzählerin' wird aufgehoben zugunsten eines differenzierten Angebots[307], in dem auch Formen der Lese- und Medienerziehung einen breiteren Raum einnehmen können.

2.4 Vaterschaft in der Perspektive von *gender*: Geschlechterstereotype, Geschlechterrollen und -einstellungen, geschlechtstypisches Verhalten

Forschungsinteresse der vorliegenden Studie ist unter anderem die Frage, inwiefern sich Geschlechterstereotype, Geschlechterrollen und -einstellungen auf die Gestaltung von Vaterschaftskonzepten, auf die Gestaltung der Vater-Kind-Beziehung und auf Handlungsformen auswirken, die in Zusammenhang mit der Lesesozialisation des Kindes stehen. In einer *gender*-Perspektive ist zu fragen, inwieweit etwa Väter, die sich für eine nichtkonventionelle Lebensform entschieden haben, ihre Geschlechtsrollenorientierungen verändern, zum Beispiel weibliche und männliche Geschlechtsrollen im Sinne eines androgynen Konzeptes angenähert haben.

Zur Modellierung der Kategorie Geschlecht wird in den Sozialwissenschaften unterschieden zwischen dem biologischen Geschlecht (*sex*) als zentrale, in der Regel gut wahrnehmbare Kategorie und dem sozialen Geschlecht (*gender*), das sich durch gesellschaftliche Zuschreibungsprozesse und soziale Praktiken auf der Grundlage geschlechtsbezogener Stereotypen konstituiert.[308] Auf der einen Seite wird also nach der genetischen Disposition für geschlechtsspezifisches Verhalten gefragt, auf der anderen Seite nach

---

303 Fthenakis 1985, I, 207.
304 Fthenakis 1985, I, 177.
305 Rauchfleisch 1997, 97. 89f.; Fthenakis 1985, I, 207.
306 Fthenakis 1985, I, 178; Rauchfleisch 1997, 90.
307 Rauchfleisch 1997, 90.
308 Zur Festschreibung von (polarisierenden) Geschlechtseigenschaften im 18. und 19. Jahrhundert vgl. Hausen 1980. Stereotype sind definiert als „verbreitete und allgemeine Annahmen über die relevanten Eigenschaften einer Personengruppe" (Alfermann 1996, 9); auch Bischof-Köhler 2006, 17; 78ff.

den psychosozialen Mechanismen, die im Rahmen von Zuschreibungsprozessen zur Aneignung und Ausprägung von geschlechtspezifischen Verhaltensweisen führen. Deterministische Ansätze gehen davon aus, dass der Erwerb von Geschlechterstereotypen schon früh stattfinde[309], vermutlich nach Abschluss des Grundschulalters weitgehend abgeschlossen sei und der Bestand danach weitgehend stabil bleibe.[310] Eine konstruktivistische Perspektive betont hingegen die Konstruktion des sozialen Geschlechts durch die Auseinandersetzung des eigenaktiv handelnden Subjektes mit seiner sozialen und kulturellen Umwelt (*doing gender*).[311] Hier setzt auch der Entwurf von Hoffmann an, der geschlechtliche Sozialisation als einen Teil der allgemeinen Sozialisation sieht.[312] Neuere Ansätze in der Genderforschung betonen in diesem Zusammenhang die Situationsspezifik von sozialem Geschlecht als Persönlichkeitsmerkmal: Dafür müsste die Kategorie *gender* auch in Form situationsspezifischer Verhaltensdispositionen erfasst werden.[313]

Stereotype entstehen zum einen durch Beobachtung und kategoriale Einordnung in Wissensbestände, zum anderen durch die kulturell bestimmten Werte, Normen und Regeln der sozialen Umgebung. Geschlechterstereotype sind definiert als „*kognitive Strukturen, die sozial geteiltes Wissen über die charakteristischen Merkmale von Männern und von Frauen enthalten*".[314] Männern und Frauen werden bestimmte Cluster von Eigenschaften zugeschrieben, wobei die positiven männlichen Eigenschaften die weiblichen überwiegen.[315] Männliche Geschlechterstereotype sind gekennzeichnet von Aktivität, Stärke, Durchsetzungsfähigkeit und Leistungsstreben. Das weibliche Stereotyp enthält Eigenschaften von Emotionalität (z.B. freundlich, sanft, weinerlich) und von Soziabilität (einfühlsam, hilfsbereit, sozial umgangsfähig, anpassungsfähig).[316] Diese Eigenschaften gelten nach Befunden der Stereotypenforschung seit Jahrzehnten als weitgehend stabil.[317] Auffallend war lange Zeit in entsprechenden Untersuchungen, dass mehr ‚typisch männliche' Eigenschaften genannt wurden und diese auch häufig

---

309 Alfermann 1996, 12f.; Bischof-Köhler 2006, 78f.
310 Alfermann 1996, 13. Dabei erwies sich eine den traditionellen Rollenvorstellungen verhaftete Stereotypisierung als relativ unabhängig von der eigenen Familienerfahrung: „Sie zeigt sich nämlich auch bei Kindern, deren Mutter berufstätig ist, deren Vater im Rahmen eines elterlichen Rollentausches als Hausmann wirkt [...]". (Bischof-Köhler 2006, 82).
311 West/Zimmermann 1987, zit. nach Garbe 1999, 118 und 2001, 18.
312 Hoffmann 1997. Vgl. die Rezeption, Würdigung und Diskussion des Ansatzes von Hoffmann in Garbe 1999, 2001.
313 Appel/Koch/Schreier 2001, 13, 26.
314 Eckes 2003, 17 (Hervorhebung im Original).
315 Alfermann 1996, 14.
316 Greenglass 1995, 24; Alfermann 1996, 14.
317 Greenglass 1995, 25; Alfermann 1996, 14.

positiver besetzt waren. Bei neueren Untersuchungen zeichnet sich eine zunehmend positive Bewertung von Frauen ab.[318]

Geschlechterstereotypen korrespondieren mit den gesellschaftlich normierten Geschlechterrollen und einer geschlechtspezifischen Arbeitsteilung, wie sie dem sozialpsychologischen Konzept der männlichen instrumentellen und weiblichen expressiven Rolle entspricht. Beide legitimieren sich quasi gegenseitig: „Die Stereotype rühren aus den gängigen Geschlechterrollen her und umgekehrt stützen die bestehenden Rollen die Stereotype."[319] Nach der Geschlechtsrollentheorie von Eagly ist dieser Zusammenhang auf den so genannten Attributionsfehler zurückzuführen: Danach wird unzulässiger Weise von der Rolle einer Person auf deren Persönlichkeitseigenschaften geschlossen.[320] Während Geschlechterstereotype ‚typische' Eigenheiten von Männern und Frauen *beschreiben*, beinhalten Geschlechter*rollen* nicht nur die Beschreibung, sondern auch die normative Erwartung bestimmter Eigenschaften und insbesondere Handlungsweisen. Der Rollenbegriff geht mit dieser präskriptiven Komponente über die Stereotype hinaus. Er bedeutet, dass eine Position existiert, an deren Träger bestimmte Erwartungen, die Rollenerwartungen, gerichtet werden.[321]

Geschlechtsrollenerwartungen stellen präskriptiv und normativ verbindliche Verhaltensregeln für den sozialen Umgang und für die familiale und berufliche Arbeitsteilung auf. In einem Mehrebenenmodell zur Sozialisation, wie es in der Soziologie vorgeschlagen[322] und von der Lesesozialisationsforschung adaptiert und für den eigenen Gegenstand modifiziert worden ist[323], gehören die Geschlechtsrollenerwartungen auf die Mesoebene der Sozialisationsinstanzen. Sie manifestieren sich dort als (interpretierte) Auswahl gesellschaftlicher Werte und Normen (Makroebene) (Logik der Selektion). In dieser Modellierung würden Jungen und Mädchen, Männer und Frauen auf der Mikroebene der Individuen die Geschlechtsrollenerwartungen interpretieren, auswählen und konstruktiv in ihr eigenes (Geschlechts-)Rollenkonzept integrieren. Auf diese Weise entwickeln sich die individuellen Geschlechtsrollen*einstellungen*, d.h. die Annahmen (*beliefs*) über die Angemessenheit von Rollenerwartungen. Dabei geht es nicht zuletzt um die Regeln des sozialen Umgangs von Männern und Frauen und um Fragen der geschlechtspezifischen Arbeitsteilung.[324] Inwieweit die Erwartungen den Aufbau der (Geschlechts-)Identität beeinflussen und in das eigene Rollenrepertoire übernommen werden, hängt auch von dem Wunsch ab, „den so-

---

318 Eagly/Mladinic 1994, zsf. nach Appel/Koch/Schreier 2001, 8.
319 Alfermann 1996, 22.
320 Eagly 1987, 8ff.
321 Alfermann 1996, 31; Hoffmann 1997, 137f.
322 Esser 1993.
323 Groeben 2004; Hurrelmann 2004, 2006. Siehe Kapitel 1.1.
324 Alfermann 1996, 47.

zialen Erwartungen zu entsprechen bzw. negative Sanktionen zu vermeiden".[325]

Zur Erklärung der Entwicklung von Geschlechterrollen finden sich verschiedene theoretische Ansätze. Die Reichweite von biologischen, sozialisationstheoretischen und kognitiven Theorien ist jeweils begrenzt[326]. Sie schließen sich nicht gegenseitig aus, sondern ergänzen sich, so dass eine Integration der verschiedenen Theorien geeignet zu sein scheint, die Entwicklung und Veränderung von Geschlechterrollen zu erklären.[327] Vermutlich – so lassen sich die aktuellen Erklärungsansätze zusammenfassen – handelt es sich um das Ergebnis eines „komplexen Zusammenspiels biologischer, sozialer und individueller Entwicklungsbedingungen".[328]

2.4.1 Das Konzept der Androgynie

Während man in den Anfängen der Genderforschung ein Modell zugrunde gelegt hat, in dem maskuline und feminine Merkmale bipolar auf einer einzigen Dimension liegen und sich daher gegenseitig ausschließen, geht man im Anschluss an das Konzept der Androgynie von Bem mittlerweile davon aus, dass Maskulinität und Femininität voneinander unabhängige Merkmalsgruppen sind, die sich nicht widersprechen, sondern kombiniert werden können.[329] Aus dieser zweidimensionalen Skala resultieren vier verschiedene Typen, die mit den Eigenschaften maskulin, feminin, undifferenziert/indifferent und androgyn beschrieben worden sind.[330]

Die androgynen Typen vereinigen laut Selbstbeurteilung sowohl typisch männliche als auch typisch weibliche Merkmale in sich. Auf sie richtet sich ein Großteil der wissenschaftlichen und öffentlichen Aufmerksamkeit, auch im Kontext der Diskussion um die ‚neuen Väter'. Auf der Persönlichkeitsebene würden Menschen, die sich androgyn entwickelt haben, über ein stabileres, positiveres Selbstkonzept und eine bessere psychische Gesundheit verfügen. Auch auf der Ebene der Kognitionen präge sich das Androgyniekonzept aus: Danach würden Kategorisierungen nicht nach Geschlechter-, sondern nach Sachkriterien vorgenommen. Zudem könnte Androgynie eine „tolerantere" Einstellung bedeuten, die offen ist für vielfältige Formen des Zusammenlebens der Geschlechter und im Hinblick auf Geschlechterrollen insbesondere die Wahlfreiheit und eine flexible, gleichberechtigte, partnerschaftliche Arbeitsteilung propagiert und bevorzugt.[331] Korrespondierend dazu würden androgyn entwickelte Menschen auf der Verhaltensebene über

---

325 Alfermann 1996, 33.
326 Kasten 1995, 5; Bischof-Köhler 2006, 45.
327 Kasten 1995, 31; Matzner 2004, 61ff.
328 Trautner 2006, 106. Vgl. auch Kasten 2003, 51ff.
329 Bem 1993; Bierhoff-Alfermann 1989; vgl. auch Kasten 2003, 31ff.
330 Alfermann 1996, 59f.; Bischof-Köhler 2006, 17ff.
331 Alfermann 1996, 61.

ein breiteres Repertoire verfügen. Bezogen auf die partnerschaftliche und familiale Ebene wäre zu erwarten, dass „Androgyne häufiger als andere Gruppen die Personen repräsentieren, die zeitweilig zwei Rollen aktiv ausfüllen: Beruf *und* Familie, d.h. Hausarbeit und Kindererziehung".[332] Mädchen bzw. Frauen integrieren offenbar eher maskuline Rollenmerkmale in ihr Selbstkonzept und in ihre Lebensführung und entwickeln stärker androgyne Persönlichkeits- und Rollenkonzepte, wohingegen das Rollenspektrum von Jungen und Männern vergleichsweise begrenzt bleibt. Frauen können von einer Integration maskuliner Merkmale höhere Gratifikationen erwarten, weil viele Aspekte der männlichen Rolle mit einer höheren Wertigkeit verbunden sind.[333]

2.4.2 Geschlechterunterschiede im verbalen und nonverbalen Verhalten

Beobachtbare Differenzen im Verhalten von Männern und Frauen werden leicht als Unterschiede zwischen den Geschlechtern interpretiert. Dabei ist jedoch grundsätzlich zu berücksichtigen, inwieweit es sich um signifikante Zusammenhänge mit den Variablen sex bzw. gender oder vielmehr um interindividuelle Unterschiede handelt. Etwa geht Maccoby vor dem Hintergrund ihrer breit rezipierten Studie aus den 1970er Jahren davon aus, dass beobachtete Differenzen im männlichen und weiblichen Verhalten eher auf individuelle als auf geschlechtsspezifische Merkmale zurückzuführen seien, zum Beispiel in der Eltern-Kind-Interaktion.[334] Bestimmte Verhaltensunterschiede von Männern und Frauen lassen sich jedoch interpretieren als Ausprägungen unterschiedlicher stereotyper Erwartungen, die an Frauen und Männer gestellt werden, die sie als Einstellungen internalisieren und die sich in einem geschlechtstypischen verbalen und nonverbalen Verhalten ausprägen[335].

Im Bereich des *nonverbalen Verhaltens* sind wichtige, für die Untersuchung relevante Geschlechtsunterschiede festgestellt worden. Gemäß den Geschlechterstereotypen wird den Frauen zum einen eine bessere Fähigkeit zum *Decodieren* von mimischen und körpersprachlichen Signalen zugeschrieben. Auch beim *Encodieren* lassen sich in den meisten Variablen Unterschiede zum männlichen Verhalten feststellen: Frauen lächeln häufiger,

---

332 Alfermann 1996, 62 (Hervorhebung im Original)
333 Alfermannn 1996, 72. Damit ließe sich erklären, warum vermehrt von Frauen Initiativen und Impulse etwa für eine egalitärere Verteilung der Erwerbs- und Familienarbeit ausgehen als von Männern.
334 Die Studie von Maccoby/Jacklin (1974) ist u.a. wegen methodischer Probleme kritisiert worden. (vgl. im Rekurs auf Jeanne Block die kritische Diskussion von Bischof-Köhler 2006, 22ff.) Die Autorin betont auf der Grundlage neuerer Forschungsergebnisse stärker die Geschlechterdifferenzen, vor allem in Gruppenstrukturen, in Konfliktbewältigungsstrategien und im Spielverhalten.
335 Eagly 1987; Alfermann 1996, 79ff., 142.

stellen häufiger Blickkontakte her und verfügen über einen ausgeprägteren Gesichtsausdruck.[336] Sie verhalten sich empathischer, d.h. es fällt ihnen leichter, sich in die Lage anderer zu versetzen und deren emotionale Befindlichkeit nachzuvollziehen.[337] Bezüglich des Körperkontaktes verhalten sich Männer distanzierter. Frauen initiieren mehr Berührungen als Männer, allerdings bezogen auf das eigene Geschlecht.[338] Berührungen (mit der Hand) in gemischtgeschlechtlichen Gruppen gehen häufiger von Männern aus und lassen sich unter Statusgesichtspunkten weniger als Ausdruck von Emotionalität und Wärme als vielmehr als Ausdruck von Hierarchie deuten.[339] Zum anderen drücken Frauen häufig in ihrem eigenen nonverbalen Verhalten mehr Wärme und soziale Nähe aus als Männer. Auch diese Unterschiede lassen sich nicht nur von den Geschlechterrollen, sondern von unterschiedlichen Statuspositionen herleiten. Frauen hätten danach als die Gruppe mit niedrigerem sozialen Status eine größere Sensibilität beim En- und Decodieren aufzuweisen.[340]

Auch im *verbalen Verhalten* haben entsprechende Untersuchungen Unterschiede zwischen den Geschlechtern gezeigt: Danach sind die sprachlichen Äußerungen von Männern aufgabenorientierter, direktiver, dominanter und hierarchischer. Frauen hingegen verhalten sich in Gesprächen kooperativer, unterstützender und kümmern sich mehr um das sozioemotionale Klima.[341] Diese Befunde werden theoretisch nicht nur über die Geschlechtsrollenerwartungen, sondern auch mit Statusunterschieden erklärt. Im Anschluss an das Macht-Solidaritäts-Konzept wurde aus einer feministisch orientierten Richtung die Statusorientierung für Männer und die Bindungsorientierung von Frauen markiert.[342] Eine solche Asymmetrie der Kommunikation zwischen Männern und Frauen lässt sich womöglich reproduziert in der Vater-Kind-Beziehung denken.[343] Offenbar bevorzugen Männer einen eher problemlösenden, auf ein Ziel hin orientierten Stil. Frauen zeigen in ihrem Gesprächsverhalten hingegen stärker empathische Züge, d.h. sie signalisieren ihren Gesprächspartnerinnen oder -partnern Verständnis zum Beispiel durch den Bericht von eigenen Erfahrungen und stellen so eine eher sym-

---

336 Hall/Halberstadt 1986 und Hall/Carter/Morgan 2000, zit. nach Appel/Koch/Schreier 2001,
337 Kasten 1996, 240f.
338 Alfermann 1996, 140.
339 Alfermann 1996, 140, 142.
340 Alfermann 1996, 139. Die Fähigkeiten, Interaktionssituationen ‚richtig' einzuschätzen, ist für Personen mit niedrigerem Status wichtiger für das Überleben und das Auskommen in der Gesellschaft ist als für Menschen mit hohem Status.
341 Alfermann 1996, 142.
342 Tannen 1998, 334.
343 Vgl. auch Fthenakis u.a., die auf Parallelen zwischen dem väterlichen Interaktionsstil und seiner Partnerin hinweisen (1999, 103). Eine solche Übertragbarkeit hält Aries (1997, 98) für unzulässig.

metrische Gesprächssituation her[344], was von Männern aber leicht als Übernahme einer niedrigeren Position missverstanden werden kann.[345] Durch bestätigendes Feedback (Zustimmungen wie *mhm, aha, ja*, Nicken, Lächeln usw.) leisten Frauen aktive Zuhörerarbeit. „Es ist auch eine Form der Beziehungssprache, weil Gemeinsamkeiten unterstrichen werden und der andere zum Weitererzählen ermuntert wird. Die entsprechenden Strategien der Männer – sie zeigen insgesamt weniger Reaktionen, neigen mehr zu Behauptungen als zu Fragen und ziehen eher etwas in Zweifel, als dass sie Zustimmung äußern – kann man als Wettkampftaktik auffassen, die eher dem Ziel dient, selbst zu Wort zu kommen, statt anderen zuzuhören."[346] Damit geht einher, dass Männer offenbar zum Dozieren neigen: Sie initiieren gern ein Thema, bei dem sie sich als Experte fühlen bzw. inszenieren häufiger als Frauen einen Themenwechsel, wenn das gerade behandelte Thema sie langweilt oder sie weniger beizutragen haben und so in die Zuhörerrolle geraten sind. Als Vortragende sind sie in zweifacher Hinsicht überlegen: im Hinblick auf ihren Status und auf ihren Sachverstand. Frauen geraten in dieser Art von monologisierenden Gesprächen in die Rolle der interessierten, bestätigenden Zuhörerin.[347]

Für die Interpretation der eigenen Untersuchungsergebnisse sind die möglichen Geschlechterunterschiede im verbalen Verhalten gegenüber Kindern besonders beachtenswert. Unter anderem abhängig vom Alter und Geschlecht des Kindes konnten sowohl Gemeinsamkeiten als auch Unterschiede festgestellt werden. Insgesamt werden bei beiden Elternteilen die sprachlichen Modelle zunehmend komplexer und gleichen sich immer mehr den Mustern an, die die linguistische Forschung für die sprachliche Interaktion von Erwachsenen identifiziert hat.[348]

Für die Phase des Säuglingsalters konnten zunächst kaum Unterschiede festgestellt werden: Beide – Väter wie Mütter – verwenden in der verbalen Kommunikation mit Kindern den *baby talk* oder das *motherese*.[349] Mit zunehmendem Alter des Kindes differenzieren und variieren die Eltern sukzes-

---

344 Tannen 1998, 48ff., auch 142.
345 Tannen 1998, 149.
346 Tannen 1998, 152f.
347 Diese Konstellation tritt umgekehrt weitaus seltener auf. „Weil Frauen Gemeinsamkeit schaffen wollen, neigen sie dazu, ihren Sachverstand herunterzuspielen, statt ihn offen zu zeigen. Weil Männer sich gern im Rampenlicht und in dem Gefühl überlegenen Wissens sonnen, suchen sie Gelegenheiten, Fakten zu sammeln und zu verteilen." (Tannen 1998, 133) Zur Kritik vgl. Aries (1997), die für das sprachliche Verhalten von Männern und Frauen eine Abkehr von dichotomen, kontrastiven Stilen fordert. Unterschiede seien nicht allein auf die Variable gender zurückzuführen:„The problems in communication that Tannen describes are widespread, but they are neither unique to men and women not accounted for by gender. Many of these differences appear in other relationships." (Aries 1997, 98)
348 Tannen 1998.
349 Ferguson 1977; Snow 1977; Camus 2001, siehe auch Kapitel 1.3.

sive ihr sprachliches Verhalten abhängig von der kindlichen Entwicklung. Zunehmend lassen sich dabei auch geschlechtstypische Unterschiede zwischen Vätern und Müttern ausmachen. Diese beziehen sich vor allem auf den semantischen und den pragmatischen Bereich.[350] Die Unterschiede sind besonders stark ausgeprägt im Vergleich von Vater-Sohn- und Mutter-Tochter-Beziehungen und verstärken sich noch mit zunehmendem Alter des Kindes.

Für den semantischen Bereich konnten Unterschiede im Gebrauch von Begriffen festgestellt werden: Väter verwenden häufiger Wörter, die den Kindern entweder ganz unbekannt sind oder die nur zum passiven Wortschatz des Kindes gehören. Väter verwenden komplexere semantische Regeln, zum Beispiel klassifizieren sie begrifflich zwischen „wilden Tieren in Afrika" und „Haustieren".[351] Bei den Müttern stehen dagegen offenbar empathische Motive im Vordergrund: Sie reduzieren eher den Wortschatz oder ersetzen unbekannte Begriffe durch bekannte, vermutlich um den Kindern das Verständnis zu erleichtern.[352]

Auch auf der pragmatischen Ebene konnten Unterschiede beobachtet werden: Väter stellen zum Beispiel in der sprachlichen Interaktion mit ihren Kleinkindern mehr Nachfragen und verstärken damit zum Teil noch die Irritationen, die durch ihr „kompliziertes Vokabular" ohnehin schon entstanden sind.[353] Grammatisch handelt es sich bei den Fragen der Väter signifikant häufiger um so genannte W-Fragen, d.h. die Kinder werden zu ausführlicheren Antworten aufgefordert.[354] Offenbar empfinden diese die Kommunikation mit den Vätern als anstrengender und neigen eher dazu, das Gespräch abzubrechen. Nehmen sie den Dialog dennoch wieder auf, provozieren sie häufig einen Themenwechsel, weil sie möglicherweise erstens die Gesprächsbeiträge des Vaters als kompliziert empfinden, zweitens durch seine Nachfragen sich nicht verstanden fühlen. Mütter stellen demgegenüber häufiger Fragen, die eine Ja-/Nein-Antwort erfordern. Im Dialog mit der Mutter sind die Kinder nach einem Gesprächsabbruch eher bereit, wieder zum Ausgangsthema zurückzukehren.

2.4.3 Geschlechterunterschiede im Spielverhalten gegenüber Kindern

Beachtenswert für den vorliegenden Untersuchungszusammenhang sind auch die Ergebnisse der Spielforschung, die bezüglich der Spielinteraktionen mit Kindern Geschlechterunterschiede ausgemacht haben. In gender-

---

350 Camus 2001, 58. In sprachpsychologischer Perspektive hat Camus auf der Grundlage eigener Studien und im Rahmen von Metaanalysen Sprach- und Kommunikationsstile von Eltern im Umgang mit ihren Kleinkindern untersucht.
351 Camus 2001, 59.
352 Ebd., 59f.
353 Ebd., 60.
354 Ebd., 60, 63.

Perspektive unterscheiden sich offenbar die traditionell orientierten Väter und Mütter in ihrem Spielverhalten am stärksten voneinander. Zwar spielen diese Väter absolut gesehen nicht häufiger mit ihren Kindern als die Mütter. Verglichen mit anderen Interaktionsformen aber ist der Anteil der Spielaktivitäten am höchsten und proportional höher als bei den Müttern.[355]

Auch in qualitativer Hinsicht konnten Studien Unterschiede im Spielverhalten zwischen Vätern und Müttern feststellen: Danach erfahren Kinder eine andere Stimulation bei ihren Vätern, die einen eher taktil-physischen, körperbetonten Spielstil bevorzugen. Korrespondierend dazu verhalten sich die Kinder ihrerseits beim Spiel mit dem Vater kooperativer, angeregter und interessierter als beim Spiel mit den Müttern, die eher verbal mit ihren Kindern interagieren, konventionelle Spiele unter Einbezug von Spielzeug auswählen oder das Vorlesen bevorzugen.[356] Auch wurden die Väter als ausdrucksstärker und ideenreicher charakterisiert. „Sie konnten sich gut mit dem Kind unterhalten und erklärten viel."[357]

2.4.4 Geschlechterunterschiede in der Leistungs- und Wettbewerbsorientierung

Auch die Einstellung zu und das Verhalten in Leistungs- und Wettbewerbssituationen prägen womöglich die Interaktionen von Vätern und Müttern mit ihren Kindern. Geschlechtstypische Einstellungen beeinflussen die Art und Weise, mit der leistungsbezogene Informationen aufgenommen und interpretiert werden.[358] Frühe Untersuchungen zur Leistungsmotivation und zur Wettbewerbsorientierung konnten zeigen, dass instrumentell bzw. maskulin orientierte Personen ein höheres Anspruchsniveau und eine höhere Wettbewerbsorientierung haben und bei Misserfolg weniger schnell aufgeben.[359] In späteren Untersuchungen fallen die Geschlechterunterschiede deutlich geringer aus. Das wird für den beruflichen Bereich auf eine größere Relevanz vormals eher traditionell-maskuliner Tätigkeitsmerkmale für die berufliche Tätigkeit auch von Frauen zurückgeführt.[360] Deutet man in der vorliegenden Untersuchung das Bilderbuchlesen auch als Problemlöseaufgabe[361], können die genderbezogenen Kategorien zum Leistungs- und Wettbewerbsverhalten für die Interpretation der Ergebnisse herangezogen werden. Väter mit stärker traditionell-maskulin attribuiertem Verhalten

---

355 Fthenakis 1985, I, 236.
356 Fthenakis 1985, I, 254f., Die eigenen Interviews konnten diese Befunde sowohl für die traditionellen als auch für die nicht traditionellen Familien bestätigen. Zum anregenden, stimulierenden Spielstil von Vätern vgl. auch Petri 2004.
357 Stephan 1999, 269.
358 Alfermann 1996, 99.
359 Zsf. Appel/Koch/Schreier 2001, 19ff.
360 Appel/Koch/Schreier 2001, 21.
361 Oerter 1999, 155.

könnten danach zum einen die Funktion des Wissenserwerbs in ihrem Vorlesekonzept stärker betonen, zum anderen auch zielorientierter vorlesen.

2.4.5 Geschlechterunterschiede in der (gemeinsamen) Mediennutzung

Die Geschlechterunterschiede in der Mediennutzung werden in der aktuellen interdisziplinären Forschung auf der Grundlage des *gender*-Konzepts diskutiert[362], das versucht, die komplexen Wechselwirkungsprozesse im medialen und sozialen System adäquat zu erfassen.

Dass und wie sich weibliche und männliche Mediennutzungsmuster unterscheiden, ist in verschiedensten zumeist quantitativen, aber auch qualitativen Studien empirisch überprüft und einheitlich belegt worden.[363] Für den Bereich der Printmedien gilt danach, dass Frauen häufiger als Männer lesen und dass sie fiktionale Literatur bevorzugen, während Männer Sachbücher präferieren.[364] Auch bei den audiovisuellen Medien lassen sich Unterschiede ausmachen: Danach sehen Frauen lieber Sendungen, die soziale Beziehungen und Alltägliches thematisieren, Männer tendieren zu actionbetonten Spielfilmen und Serien.[365] Für den Bereich der Computermedien ist nachgewiesen worden, dass Männer den Computer häufiger und zeitintensiver nutzen und dass sie ein breiteres Spektrum von Anwendungen nutzen.[366]

Für den vorliegenden Untersuchungsgegenstand sind insbesondere die Untersuchungen beachtenswert, die sich mit Fragen der Rezeptionsmodi auseinandersetzen. Danach sind Frauen offenbar eher bereit, sich in fiktionale Welten zu versetzen, sich mit den Figuren zu identifizieren und Verbindungen zum eigenen Alltag herzustellen bzw. die fiktionalen Inhalte zur Bearbeitung eigener Lebensthemen zu nutzen.[367] Männer können demgegenüber vermutlich konsequenter zwischen der Fiktion und ihrer Lebenswirklichkeit trennen. Diese Beobachtung gelten auch für die Fernsehrezeption, so dass es sich möglicherweise um eine medienübergreifende Geschlechterdifferenz handelt, „die sich auf die psychische Funktion der Teilhabe am Imaginären [...] bezieht: Grenzüberschreitung zur Erfahrungs- und Selbstreflexion auf der einen, limitierter Ausstieg aus dem Alltag zur Entlastung auf der anderen Seite".[368]

---

362 Hurrelmann/Groeben 2006, 52. Vgl. zur Frage der Geschlechterdifferenzen in der Mediennutzung Beiträge verschiedener Forschungsdisziplinen im Schwerpunktprogramm der Deutschen Forschungsgemeinschaft ‚Lesesozialisation in der Mediengesellschaft' (SPIEL 23 (2004), H. 1).

363 Vgl. die Beiträge im o.g. Sammelband. Hurrelmann/Groeben 2006, 55.

364 Vgl. den Überblick und die Diskussion von Charlton/Burbaum/Sutter 2004.

365 Hurrelmann/Groeben 2006, 54.

366 Vgl. den Überblick von Graf-Szczuka/Werner 2004.

367 Vgl. Schreier/Odag 2004.

368 Hurrelmann/Groeben 2006, 55.

Zur theoretischen Modellierung der Entstehung medienbezogener Geschlechterunterschiede ist das oben skizzierte Mehrebenenmodell zur Lesesozialisation vorgeschlagen worden.[369] Schon auf der Makroebene spielen danach Kategorien von *gender* eine Rolle: Medien sind sowohl inhaltlich als auch ökonomisch auf die verschiedenen Geschlechter hin ausgerichtet. In der Familie erleben Kinder dann den Mediengebrauch ihrer Eltern in Abhängigkeit von deren Geschlechterrollen, orientieren sich hieran und entwickeln – qua Identifikation, Lernen am Modell, Ko-Konstruktion – ihre individuellen (geschlechtstypischen) Nutzungsstrategien.

2.5 Familienbeziehungen aus Sicht der systemischen Familienpsychologie

Aus Sicht der systemischen Familienpsychologie kann die Familie als System beschrieben werden, das bestimmten Merkmalen und Regeln unterliegt. Diese können als Kategorien für die Beschreibung und Deutung der familialen Strukturen der Fallbeispiele herangezogen werden. Schon frühe soziologische Beschreibungen haben mit ihrer Definition von Familie als „Einheit interagierender Persönlichkeiten" auf den Systemzusammenhang aufmerksam gemacht, „der zwischen den einzelnen Personen und der Familie als einer Institution gelebter familiärer Beziehungen besteht".[370] Im Zuge der Etablierung der allgemeinen Systemtheorie wurde dieser Gedanke auch von der Familienpsychologie adaptiert und wurden wichtige Implikationen übernommen, etwa Strukturmerkmale, die für Systeme kennzeichnend sind: Ganzheitlichkeit, Zielorientierung, Regelhaftigkeit, Homöostase, Grenzen.[371]

Systemisch gedacht lassen sich Familien als Einheiten betrachten, in der die einzelnen Mitglieder durch Kommunikation miteinander vernetzt sind. Diese *Ganzheitlichkeit* lenkt den Blick von einer intrapersonalen hin zu einer interpersonalen Sichtweise und impliziert unter anderem, dass sich die verschiedenen Subsysteme gegenseitig beeinflussen, zum Teil bedingen. Individuelle Anliegen oder Probleme werden nicht personspezifisch begriffen, sondern in den Kontext der familialen Beziehungen gesetzt, etwa das Bettnässen eines Kindes. Darüber hinaus richten Familien ihr gemeinschaftliches Leben nach impliziten oder expliziten Zielen aus, die dem Zusammenleben Sinn und Kontinuität geben sollen (*Zielorientierung*). „Solche Ziele könne je nach Lebens- und Familienphase eine unterschiedliche Ausgestaltung haben, d.h. sich in unterschiedlichen Familienentwicklungsaufgaben äußern."[372] Des weiteren lassen Familiensysteme bestimmte, je spezifische *Regelhaftigkeiten* erkennen. Diese können entweder bewusst als Familienri-

---

369 Hurrelmann/Groeben 2006, 56; Kapitel 1.1.
370 Burgess 1926, nach Schneewind 1999, 89; auch 2002, 107.
371 Im Überblick Schneewind 1999, 90ff.; 2002, 107ff.
372 Schneewind 1999, 90.

tuale gepflegt werden, etwa die Etablierung der Gute-Nacht-Geschichte vor dem Zubettgehen, oder unausgesprochen das Verhalten der einzelnen Familienmitglieder bestimmen, etwa wer das (gemeinsame) Fernsehprogramm aussucht. „Die handlungsleitende Regelstruktur kann aus den spezifischen Interaktionsmustern, d.h. den Gleichförmigkeiten der Interaktionen zwischen den einzelnen Familienmitgliedern, erschlossen werden."[373] Schließlich bemühen sich Familien um die Aufrechterhaltung und Ausbalancierung des Kräftegleichgewichts (Homöostase). Homöostase wird gewöhnlich durch Rückkopplungsprozesse hergestellt, indem sich die Familie an etablierten Zielen, Regeln und Handlungsabläufen orientiert. „Flexibel organisierten Familien gelingt es in der Regel, unter veränderten Bedingungen zu einer entsprechenden Anpassung des Familiensystems und zugleich zu einer erneuten relativen Stabilität zu gelangen."[374]

Neben diesen allgemein für Systeme gültigen Merkmalen ist für die Familie eine hohe Binnenorientierung und ein enges Miteinander charakteristisch. In der Sozialpsychologie wird die Familie als Primärgruppe[375] bezeichnet, die von besonderen qualitativen Merkmalen gekennzeichnet ist. „Primärgruppen weisen in der Regel durch die spezifische Art ihres gemeinschaftlichen Lebensvollzugs einen relativ hohen Grad an interpersonaler Involviertheit auf", d.h. die wechselseitige Durchflechtung von Lebensprozessen, die sich durch die gemeinsamen Zielsetzungen und Orientierungen ergibt. „Sie können daher auch als *intime Beziehungssysteme* bezeichnet werden, die sich von anderen Beziehungssystemen mit geringerer interpersonaler Involviertheit unterscheiden."[376] Als Unterscheidungsmerkmale für intime Beziehungssysteme gelten die Merkmale Abgrenzung, Privatheit, Dauerhaftigkeit und Nähe.[377]

Konstitutives Merkmal für das System Familie ist die persönliche Beziehung.[378] Im gemeinschaftlichen Lebensvollzug treten die Familienmitglieder über Interaktion vor dem Hintergrund ihrer je eigenen Beziehungserfahrungen miteinander in Kontakt und bilden ein so genanntes Interaktionssystem. Jede Interaktion wird sowohl von diesen Erfahrungen als auch von den Erwartungen zukünftiger Interaktionen beeinflusst. Eine Beziehung entsteht aus einer Reihe solcher Interaktionen. „Zugleich schaffen sie durch wiederholte Interaktionen mehr und mehr eine gemeinsame Beziehungsgeschichte,

---

373 Schneewind 1999, 92.
374 Schneewind 1999, 93.
375 Im Rekurs auf Cooley (1909).
376 Schneewind 1999, 24. „Interpersonale Involviertheit, Intimität, Nähe oder Verbundenheit sind [...] gleichbedeutende Begriffe, die auf ein wesentliches Systemmerkmal intimer Beziehungssysteme verweisen." (ebd., 25)
377 Schneewind 1999, 24f. Das Merkmal der Nähe lässt sich nach Berscheid und Peplau auch als ,einflussreich' charakterisieren (zit. nach ebd., 25).
378 Schneewind 1999, 18ff. Auch die soziologisch orientierte Forschung lenkt ihren Blick auf die Binnenstrukturen von Familien, z.B. Lenz/Böhnisch 1999, 29.

wodurch das Interaktionssystem dieser Personen zu einem Beziehungssystem wird."[379] Hier lassen sich zwei Teile unterscheiden: ein von außen beobachtbarer, objektiver Teil, „der sich in den wiederkehrenden Interaktionen zwischen zwei oder mehr Personen manifestiert", und ein personintern repräsentierter, subjektiver Teil, der sich aus der unabhängig voneinander und der gemeinsam erfahrenen Beziehungsgeschichte zusammensetzt.[380] In konstruktivistischer Perspektive machen also die Interaktionspartner sowohl eigene als auch gemeinsame Erfahrungen und konstituieren gemeinsam Bedeutungen im Sinne von Ko-Konstruktion. Gemeinsame Erfahrungen lassen sich unter dem Begriff der „Wir-Orientierung" zusammenfassen und in folgende (Erfahrungs-)Bereiche unterscheiden: [381]

- Gemeinsames *Fühlen*, d.h. die aus dem Zusammenleben entspringende Erfahrung von gemeinsam erlebter (positiver und negativer) Emotionalität.
- Gemeinsames *Wissen*, „d.h. ein das gemeinschaftliche Leben fundierender Bestand an Kenntnissen, Überzeugungen, Einstellungen und Werthaltungen, die sich auf unterschiedliche Lebensbereiche beziehen. Hierzu gehört insbesondere das Wissen über die gemeinsamen ökonomischen und sozialen Lebensgrundlagen, über Personen und Personenbeziehungen und über die Traditionen, Normen und Regeln, die den Rahmen für gemeinschaftliches Leben abgeben";
- Gemeinsames *Tun*, d.h. die Erfahrung einer mehr oder minder koordinierten Aktivität, der im Sinne einer „Wir-Wirksamkeit" das Bewusstsein gemeinsamen Könnens entspricht[382];
- das Bestreben, sich für gemeinsame Ziele einzusetzen (gemeinsames *Wollen*) und diese Ziele durch gemeinsames Tun eventuell zu erreichen (gemeinsame *Zielerreichung*).

Die Ebenen stehen nicht voneinander isoliert, sondern bedingen und unterstützen sich wechselseitig und tragen so zu einer Formierung von Verbundenheit bei. „Je länger in einem intimen Beziehungssystem gemeinschaftlicher Lebensvollzug praktiziert wird und je umfassender die Lebenskontexte sind, in denen dies geschieht, desto stärker kommt es zu einer Durchflechtung der verschiedenen Erfahrungsebenen von Gemeinschaft."[383] In der familialen Lesesozialisation verdichten sich die gemeinsamen Erfahrungen aus den Vorleseinteraktionen zu Bestandteilen einer gemeinsamen Beziehungsgeschichte. Die Interaktionserfahrungen in der gemeinsamen Rezeptionssituation wirken demnach beziehungskonstituierend und -strukturierend. In den Vorleseinteraktionen werden über Literatur gemeinsame emo-

---

379 Hinde 1993, 9; Schneewind 1999, 22.
380 Schneewind 1999, 22.
381 Schneewind 1999, 29f.
382 Zur Unterscheidung von Tun und Handeln im Hinblick auf die Intention und die Verbindlichkeit vgl. Groeben/Vorderer 1988.
383 Schneewind 1999, 30.

tionale Erfahrungen gemacht, sowohl positive wie Glück, Zufriedenheit, Freude, als auch negative wie Angst oder Traurigkeit. Die Bilderbuchrezeption als gemeinsame Aktivität eröffnet den Interaktionspartnern die Möglichkeit, sich auf einen gemeinsamen Wissensbestand zu verständigen, d.h. gemeinsame (Sach-)Kenntnisse, aber auch normatives und moralisches Wissen oder ethische Überzeugungen zu erfahren, zu vermitteln bzw. zu erwerben. Eltern und Kinder können sich in der gemeinsamen Rezeptionssituation auf gemeinsame Ziele einigen. Das muss nicht explizit reflektiert und versprachlicht werden. Möglicherweise unbewusst schreiben die Interaktionspartner der Bilderbuchrezeption Funktionen wie das *mood managing* oder die Pflege und Stabilisierung ihrer Beziehung zu. Von einem Gelingen des Vorleseprozesses kann man unter anderem dann sprechen, wenn beide Interaktionspartner die gemeinsam verfolgten Ziele erreicht haben.

Neben der „Wir-Orientierung" als strukturelles Merkmal lassen sich intime Beziehungssysteme auch danach beschreiben, inwieweit sie ihren Mitgliedern Raum geben für ihre individuelle Entwicklung, d.h. inwieweit sie Erfahrungen auf den verschiedenen Ebenen machen können: Wollen, Fühlen, Wissen, Tun und Ziele erreichen sind demnach auch Kategorien für die „Ich-Orientierung" in einem intimen Beziehungssystem, die zu Eigenständigkeit und individueller Autonomie führen können. Bezogen auf die gemeinsame Bilderbuchrezeption können Kinder zum Beispiel das Bedürfnis entwickeln, mit Büchern umzugehen, neue Bücher kennen zu lernen oder selbst lesen zu lernen. Sie können die Erfahrung machen, dass die Inhalte der Bilderbuchgeschichten sie zum Lachen bringen, traurig oder nachdenklich stimmen oder ihnen Angst machen können. Sie können feststellen, dass sie aus Bilderbüchern Wissen erwerben können, etwa darüber, wie die Feuerwehr arbeitet (Sachwissen), dass man sich nach einem Streit wieder vertragen sollte (moralisches Wissen) oder wie Geschichten ‚funktionieren' (literarisches Wissen). Darüber hinaus können sie erfahren, wie sie ihr Ziel, zum Beispiel sich die Bilderbuchgeschichte von Anfang bis Ende zu erschließen, durch eigenes oder gemeinsames Tun erreichen.

Für den vorliegenden Untersuchungsgegenstand erweist sich das Konzept der Familie als intimes Beziehungssystem als schlüssig und praktikabel, dies allerdings in Rücksicht auf die definitorischen Probleme, auf die Schneewind zu Recht aufmerksam macht: Auf der einen Seite qualifizieren sich auch nicht familiale Lebensformen als intime Beziehungssysteme, wie zum Beispiel lang dauernde Freundschaften.[384] Zum anderen können sich innerhalb des Systems Familie unterschiedlich komplexe Subsysteme, zum Beispiel das Vater-Kind- bzw. Mutter-Kind-System ausbilden. „Man kommt

---

384 Diesem Problem verschafft auch die Begrenzung auf den Geltungsbereich intergenerationaler Beziehungen, z.B. Petzold (1992), keine Abhilfe, wenn man etwa an intragenerationale familiale Subsysteme wie das Geschwister- oder das Elternsystem denkt.

deshalb nicht darum herum, diejenigen Personen zu spezifizieren, die als Mitglieder eines intimen Beziehungssystems betrachtet werden."[385]

2.6 Konzepte der Bindungstheorie im Kontext von kindlicher Entwicklung und Eltern-Kind-Beziehungen

Mit dem Modell der Bindung, d.h. der Ausbildung einer stabilen sozioemotionalen Beziehung eines (Klein-)Kindes zu einer oder zu mehreren erwachsenen Bezugsperson(en), lassen sich kindliches Verhalten, kindliche Entwicklungsprozesse und familiale Beziehungen beschreiben. Das folgende Kapitel präsentiert die Grundzüge der Bindungstheorie nach Bowlby und Ainsworth und die wichtigsten Ergebnisse ihrer Weiterentwicklungen im Kontext der Väterforschung[386]. Das Verdienst der neueren Bindungsforschung ist die Betonung und Aufwertung von väterlichen Funktionen in der kindlichen Entwicklung mit ihren Konsequenzen für andere Erziehungsfelder, für die Verteilung der familialen Aufgaben und damit für das Zusammenleben der Familie, auch für die familiale Arbeitsteilung: So bedeutet frühe Erwerbstätigkeit von Müttern nicht zwingend eine Verlusterfahrung für die Kinder.[387]

Für den vorliegenden Untersuchungsgegenstand sind die Ergebnisse der Bindungsforschung in mehrfacher Hinsicht interessant: Erstens widmen sich die neueren Ansätze der Kontinuität der Kind-Eltern-Bindungsqualitäten unter Berücksichtigung der Entwicklung der kommunikativen und sozialen Kompetenzen des Kindes. Bindungsbeziehungen entstehen demnach nicht nur in einer sensiblen, kritischen Prägungsphase, sondern in einem dynamischen, fortlaufenden Entwicklungs- und Sozialisationsprozess zwischen Kind und Erwachsenem.[388] Säugling und Kleinkind sind auf der einen Seite in spezifischer Weise motiviert, ihre Umwelt aktiv zu erkunden, auf der anderen Seite haben die Eltern eine spezifische Motivation, Umwelterfahrungen zu vermitteln.[389] Bindungserfahrungen können somit gewissermaßen als Grundlage für Sozialisationsprozesse gewertet werden. Kinder entwickeln so genannte interne Arbeitsmodelle (‚internal working models')[390], die faktische Interaktionserfahrungen in verdichteter Form repräsentieren.[391] Diese inneren Modelle sind grundsätzlich veränderlich: Sie bleiben stabil,

---

385 Schneewind 1999, 32.
386 Vgl. Bowlby 1953/2001; 1969/2006; Holmes 2002; Grossmann/Grossmann 2005; Spangler/Zimmermann 1999; Camus 2001; Steinhard/Datler/Gstach 2002; Kindler 2002; Kindler/Grossmann/Zimmermann 2002.
387 Nave-Herz 2007, 45f.; Hopf 2005, 75f.
388 Papousek 1984, 160, auch Fthenakis 1985, 185.
389 Papousek 1984, 163.
390 Bowlby 1969/2006, 86-89, 334; Ainsworth (1989) benutzt den Begriff expectation.
391 Hopf 2005, 39.

wenn das Verhalten der zentralen Bezugsperson gleich bleibt, und sie verändern sich durch Veränderungen im Verhalten der Bezugsperson. Die empirischen Ergebnisse der neueren Bindungsforschung beziehen sich also nicht ausschließlich auf die frühen Lebensphasen, sondern fokussieren darüber hinaus das Kindes-, Jugend- und Erwachsenenalter und versuchen, Korrespondenzen zu identifizieren zwischen frühkindlichen Bindungserfahrungen und späteren mentalen Repräsentanzen. Vor diesem Hintergrund kann man von einer wechselseitigen Beeinflussung von Bindungserfahrungen und Prozessen der Lesesozialisation ausgehen.

Zweitens prüfen die neueren Ansätze, welche weiteren Bereiche des täglichen Lebens eines Kindes von seinen Bindungsqualitäten zu seinen Eltern beeinflusst werden, beim Vorschulkind etwa die Verhaltens- und Interaktionsbereiche im Kindergarten.[392] Die Weiterentwicklung der Bindungsforschung ist drittens relevant für die vorliegende Untersuchung, weil sie eine Abkehr von der Fokussierung der Mutter-Kind-Dyade und -Interaktion in der Lese- und Medienerziehung ermöglicht. Die Einsicht, dass Kinder nicht eine, sondern mehrere stabile Bindungen zu Bezugspersonen schon in der frühen Kindheit aufbauen können und dass diese Beziehungen nicht hierarchisch geordnet sind, sondern gleichberechtigt nebeneinander bestehen können, betont die prinzipiell großen Einflussmöglichkeiten von Vätern bzw. männlichen Bezugspersonen.[393] Der ökologisch-systemische Blick auf das familiale Umfeld des Kindes ermöglicht es, stärker das Potential von Vätern zu betrachten. Vater-Kind-Bindungen, die in der frühen Kindheit aufgebaut und im Entwicklungsverlauf stabilisiert werden, können sowohl die kognitive als auch die sozioemotionale Entwicklung positiv beeinflussen. Vor diesem Hintergrund können Vater-Kind-Interaktionen im Rahmen von Vorlesesituationen als wichtige Bindungserfahrungen und als Möglichkeit interpretiert werden, Bindungen im Hinblick auf kognitive und sozioemotionale Erfahrungen zu etablieren und zu stabilisieren.

2.6.1 Entwicklung, Grundannahmen und Implikationen der Bindungstheorie

Als Begründer der Bindungstheorie gilt der englische Kinderpsychiater und Psychoanalytiker John Bowlby (1907-1990), der versuchte, Beobachtungen aus seiner klinischen Praxis nicht nur psychoanalytisch zu deuten, sondern mit Erkenntnissen aus der Evolutionsbiologie und der Verhaltensforschung zu verbinden.[394] Bindungstheorie lässt sich also gewissermaßen als eine

---

392 Grossmann 1999, 192, 194ff.
393 U.v.a. Fthenakis 1985, I, 284; Fthenakis u.a. 1999; Kindler 2002; Grossmann/ Grossmann 2005.
394 Intensiv hat Bowlby die Darwinsche Lehre sowie die Studien der Verhaltensforscher Lorenz und Harlow rezipiert (Holmes 2002, Schleiffer 2001). Vgl. auch Bretherton 1999.

Kombination von Psychoanalyse und Ethologie beschreiben. Das Konstrukt Bindung ist demnach Teil und Ergebnis eines Verhaltenssystems, das auf den frühen emotionalen Erfahrungen eines Kleinkindes mit einer Bezugsperson beruht, von der es sich Nähe, Fürsorge, Schutz und Unterstützung verspricht. Dieses evolutionäre Prinzip ist aus der Tierverhaltensforschung bekannt und trägt ebenso wie andere Verhaltenssysteme, etwa das Reproduktionssystem, dazu bei, das Überleben von Populationen zu sichern.[395] Beim Menschen können als frühe Bindungsverhaltensweisen zum Beispiel das Weinen und Schreien des Säuglings, das Nachlaufen des Kleinkindes und der Protest bei Trennung beobachtet werden. Mit fortschreitender Entwicklung differenziert und erweitert das Kind dieses Verhaltensrepertoire und modifiziert damit auch seine sozialen Beziehungen. Dies geschieht in vier Phasen: Während nach der Geburt zunächst nur undifferenzierte Signale ausgesendet werden (1), orientiert sich das Kind etwa ab dem vierten Lebensmonat auf eine bestimmte Bezugsperson (2) – nach Bowlby in der Regel die Mutter.[396] Mit der zunehmenden motorischen und sprachlichen Entwicklung kann das Kind ab dem zweiten bis dritten Lebensjahr die Nähe zu einer unterschiedlichen Figur aktiv durch (sprachliche) Signale und durch Fortbewegung steuern (3). Nach und nach ist das Kind zuletzt in der Lage, empathisch auch die Bedürfnisse der Interaktionspartner zu erfassen und intentional zu beeinflussen (4).[397]

Nach Bowlby bildet das Kind aufgrund dieser frühen Bindungserfahrungen mentale Repräsentanzen aus, die seine kognitive, emotionale und soziale Entwicklung entscheidend beeinflussen. Vom beobachtbaren Verhalten kann – ist das Bindungssystem aktiviert – auf diese „inneren Arbeitsmodelle" geschlossen werden. Es handelt sich zunächst um prozedurales, d.h. dem Bewusstsein noch nicht zugängliches Wissen, aufgrund dessen das heranwachsende Kind Erwartungen an seine Interaktionspartner richtet. Dieser Ansatz unterscheidet die Bindungstheorie von den beiden psychoanalytischen Hauptströmungen: der klassischen Triebtheorie Freuds und der

---

395 Portmann hat den Begriff der „extrauterinen Frühgeburt" geprägt, d.h. menschliche Säuglinge sind im Gegensatz zu bestimmten Tierarten noch nicht reif genug, nach der Geburt aus eigener Kraft zu überleben. Mit dem Bindungsverhaltenssystem korrespondiert ein Pflegeverhaltenssystem der (in der Regel erwachsenen) Bezugsperson, das weitgehend alters-, geschlechts- und kulturunabhängig ist. Hier greift in der Regel das bekannte „Kindchenschema", also die Neigung von Kindern und Erwachsenen, sich aufgrund bestimmter Signalwirkungen kleinen, noch pflegebedürftigen Tieren oder Menschen zuzuwenden. Ebenfalls aus der Verhaltensforschung stammt in diesem Zusammenhang der Begriff der „intuitiven Elternschaft" (vgl. Papousek 1984; Liegle 2004).
396 Bowlby 1953/2001; 1969/2006; Bowlby betont die Monotropie der Mutter-Kind-Bindung. Dieser Fokus auf die Mutter hängt vermutlich zum einen mit individuellen Kindheitserfahrungen zusammen: Bowlby hat zum einen seinen eigenen Vater zumeist als abwesend erlebt. Zum anderen blickt er auf die (historisch begrenzte) Familienrealität der Nachkriegsgesellschaft. (Vgl. Holmes 2002).
397 Bowlby 1969/2006.

Theorie der Objektbeziehungen (Klein). Bowlbys Ansatz blieb nicht unumstritten: Sein Ansatz betone zu stark das reale Erleben der Kinder und vernachlässige die klassischen Theoreme der Psychoanalyse.[398]

Sowohl die psychoanalytischen Ansätze als auch das Konzept der Bindungstheorie sind jeweils mit einer historisch spezifischen Familienrealität verknüpft. Sie rekurrieren auf das Modell der bürgerlichen Kleinfamilie mit den polarisierten Geschlechterrollen und einer geschlechterspezifischen familialen Arbeitsteilung.[399] Sie alle betonen mehr oder weniger stark die Bedeutung und das Ideal der Mutter als erster Bezugsperson. Das Konzept Bowlbys enthält jedoch Möglichkeiten, diese Engführung aufzugeben, was in der Rezeption der Bindungstheorie durch die ‚Postbowlbianer' auch geschehen ist.[400] Die größte Nähe zu Bowlbys Implikationen weist der Ansatz von Donald W. Winnicott auf.[401] Als Ausgangspunkt nehmen beide Forscher interessanterweise die jugendliche Delinquenz und fokussieren die Mutter-Kind-Beziehung. Während Bowlby jedoch eher soziologisch argumentiert und stärker auf die Rolle der Umwelt verweist, interessiert Winnicott die Symbolik des Diebstahls. Das Diebesgut deutet er als Ersatz für die vermisste Mutter, das der Jugendliche dazu benutzt, die entstandene Lücke zu überbrücken. Hieraus entwickelt Winnicott eine komplexe Theorie der Mutter-Kind-Beziehung und des Spiels: Er unterscheidet eine so genannte Umweltmutter als Hilfs-Ich, damit das Kind ein autonomes Ich entwickeln kann, von einer Objekt-Mutter, die als Hilfe bei der Erschaffung einer notwendigen Illusion der Allmacht im Kind anzusehen sein könnte. Die mütterliche Brust ist für Winnicott wichtiges Objekt, mit dem sich das Kind Übergangsräume schaffen kann. Hier könnten Realität und Fantasie verschmelzen und Raum geben für die Ursprünge des Spiels, der Kreativität und der Kultur.[402]

Als Pendant dazu beschreibt Bowlby – weniger mystisch als Winnicott – erstens eine „feinfühlige" Mutter, die eine sichere Basis für das Kind darstellt. Sie entspricht in etwa der ‚Umwelt-Mutter' Winnicotts. Daneben kennzeichnet Bowlby eine „begleitende Mutter", die das Kind bei seinen explorativen Tätigkeiten unterstützt.[403] Damit wird die Rolle der (mütterlichen) Bezugsperson betont, die in der Regel ‚stronger and wiser' und in der Lage ist, das Kind entwicklungsangemessen zu fördern, und zwar in der *Zone der nächsten Entwicklung*, die Wigotsky im Anschluss an Bowlby be-

---

398 Zum Verhältnis von Psychoanalyse und Bindungstheorie vgl. Köhler 1999, Schleiffer 2001, Holmes 2002.
399 Vgl. auch Kapitel 2.1.
400 Vgl. für die deutsche Forschung zum Beispiel die Beiträge in Spangler/Zimmermann 1999; auch Grossmann/Grossmann 2005; Kindler 2002.
401 Beide zitieren sich gegenseitig wertschätzend. Eine Adaption von Winnicotts Ansatz der Übergänge auf Prozesse der Lesesozialisation unternimmt Abraham (1998).
402 Zum Beispiel Winnicott 1965/1993; vgl. auch Holmes 2002, 167.
403 Bowlby 1953/2001.

schreibt.[404] Neben dem Bindungssystem hat Bowlby also das Explorations-system als einen weiteren Teil des menschlichen Verhaltenssystems gefasst. Mary Ainsworth hat in der Folge mit der ‚Fremden Situation' eine Methode entwickelt, diese beiden Systeme zu untersuchen. Die darauf aufbauende empirische Bindungsforschung unterscheidet in dem Maß der Berücksichti-gung des Zusammenspiels von Bindung und Exploration. Bei einer ‚engen' Sichtweise liegt der Schwerpunkt auf der dyadischen Regulation emotiona-ler Belastungen des Kindes, d.h. es werden Aufgaben der Bindungsbezie-hung wie Trost und Zuspruch betont. In einer als ‚weiter' bezeichneten Sichtweise wird erstens das dyadisch regulierte Zusammenspiel von Bin-dungs- und Explorationsverhalten fokussiert und zweitens die *Feinfühlig-keit* der Bezugsperson als Merkmal elterlichen Verhaltens zum Schutz des Kindes herangezogen.[405]

2.6.2 Klassifikation und Kontinuität von Bindungskonzepten

Mit der Methode der „Fremden Situation" nach Ainsworth ist es möglich, verschiedene Bindungskonzepte von Kindern zu klassifizieren und damit deren Interaktionsverhalten zu interpretieren.[406] Es handelt sich um ein standardisiertes Verfahren, in dem sich das einjährige Kind mit seiner Be-zugsperson in einem unbekannten Raum aufhält und hier mit einer fremden Person konfrontiert wird. In einer Modellszene von acht jeweils dreiminüti-gen Episoden wird das Bindungsverhaltenssystem des Kindes aktiviert: Es wird von seiner Bezugsperson getrennt und wieder mit ihr oder mit der fremden Person zusammengeführt. Aus den Reaktionen auf die Trennung und dem Verhalten bei der Wiedervereinigung wird auf das kindliche Bin-dungskonzept geschlossen.

Grob kann man zunächst zwischen einer sicheren und einer unsicheren Bindung unterscheiden. Typ B – etwa die Hälfte der untersuchten Kinder in einer Normalpopulation – lassen sich als *sicher* gebunden beschreiben. Die kleinen Probanden leiden unter der Trennung von der Bezugsperson, pro-testieren und weinen, gehen aber bei der Rückkehr aktiv auf diese zu, lassen sich schnell trösten und sind in der Lage, ihr Spiel wieder aufzunehmen. Diese sicher gebundenen Kinder wissen, dass sie sich auf die Bezugsperson verlassen können und vermögen die Bindungsperson als „sichere Basis" (Ainsworth) zu nutzen, von der aus sie die Umgebung explorieren können.

---

404 Wigotsky 1934/1991. Auch Stern sieht die Aufgabe der Mutter darin, dass sie für das Kind eine interne ‚Kontinuitätslinie' aufrecht erhalten soll, so dass sie das Kind stimuliert, wenn dessen kreatives Spiel abnimmt, sich bei zufriedenem Spiel im Hintergrund hält, und die kindliche Erregung dämpft, wenn diese außer Kon-trolle zu geraten droht. (Stern 1996; Holmes 2002, 167)
405 Grossmann/Grossmann 2005.
406 Ainsworth mit einem Beitrag in Bowlby 1969/2006; Ainsworth 1989; Zsf. u.v.a. Schleiffer 2001; Kindler 2002; Grossmann/Grossmann 2005.

Unsicher gebundene Kinder hingegen sind in ihrem Explorationsverhalten stark eingeschränkt, wobei diejenigen, die ein unsicheres Bindungsverhalten zur Mutter zeigen, eine engere Bindung zum Vater aufweisen. Typ A (23%) lässt sich als *unsicher-vermeidend* beschreiben. Diese Kinder verleihen ihren Bindungsbedürfnissen kaum Ausdruck und lassen sich in der „Fremden Situation" von der Abwesenheit der Mutter kaum beeindrucken. Sie ignorieren zum Teil ihre Rückkehr bzw. bevorzugen sogar den Kontakt zur fremden Person. Diese Kinder wirken zwar selbständig, weisen aber ein eingeschränktes Explorationsverhalten auf und haben in ihrer weiteren Entwicklung Schwicrigkciten, stabile, länger dauernde Beziehungen aufzubauen und zu pflegen.

Die *unsicher-ambivalent* gebundenen Kinder (ca. 8%) weisen ein unstimmiges Verhalten gegenüber ihrer Bezugsperson auf. Diese reagiert abhängig von ihren eigenen Befindlichkeiten und Bedürfnissen je nach Situation unterschiedlich und bietet insofern keine verlässliche, sichere Basis für das Kind, von der aus es die Umgebung (spielerisch) explorieren könnte. In der „Fremden Situation" wird dieser Bindungsstress deutlich ausgedrückt: Das Kind protestiert heftig gegen die Trennung, weint, lässt sich kaum beruhigen und ist weder bei Abwesenheit noch nach der Rückkehr der Bezugsperson in der Lage, den Raum zu erkunden, sondern will durch permanente Nähe das Verhalten der Bezugsperson kontrollieren.

In der Folgezeit konnte in der Arbeit mit Kindern, die (sexuelle) Gewalt in der Familie erfahren haben, noch eine relativ große Gruppe (15%) klassifiziert werden, die sich als *unsicher-desorganisiert* bzw. *desorientiert* beschreiben lassen. Später fanden sich diese Kinder auch noch in Familien mit depressiven Müttern. Diese Kinder verhalten sich in der „Fremden Situation" widersprüchlich, scheinen ängstlich und verwirrt. Das Konzept einer unsicher-desorganisierten Bindung stellt den höchsten Risikofaktor für die psychische Entwicklung und den Aufbau und den Erhalt von sozialen Beziehungen dar.

Die neuere Bindungsforschung konnte die Kontinuität dieser frühen Bindungsmuster bestätigen: Sechsjährige zeigen ein ganz ähnliches Verhalten wie die Kleinkinder in der Fremden Situation und lassen sich ebenso in A-, B- und C-Typen klassifizieren.[407] In Laborversuchen, die Parallelen zur „Fremden Situation" aufweisen, wurden die Kinder nach einer einstündigen Trennung erneut mit der Bindungsperson zusammengeführt. Beobachtungs- und Auswertungsfokus war das Ausmaß der Bemühungen des Kindes, nach der Rückkehr der Bindungsperson wieder eine gute, auf Gemeinsamkeit beruhende Beziehung herzustellen. Dieses verbale und nicht-verbale Bemühen des Kindes wird als altersgemäße Äußerung von Bindungsstrategien in-

---

407 Karin Grossmann 1999, 192.

terpretiert.[408] Analog spricht man also von einem sicheren Bindungsmuster (B), wenn das Kind die zurückkehrende Bindungsperson herzlich begrüßt, von sich aus gesprächsbereit, an verbalen und nicht-verbalen Interaktionen nachhaltig interessiert, in Mimik und Gestik offen und zugewandt ist und wenn eine entspannte Atmosphäre vorherrscht. Unsichere Vermeidung (A) prägt sich beim (Vor-)Schulkind ähnlich wie beim Kleinkind aus: Das Kind grüßt kaum, ist nicht gesprächsbereit, spielt eher abgewandt und ohne die Bindungsperson in irgendeiner Weise teilhaben zu lassen. Die Stimmung zwischen beiden ist neutral bis kühl. Das ambivalente Bindungsmuster (C) wird entsprechend dem Alter des Kindes nicht mehr durch kaum tröstbares Weinen definiert, sondern durch übertriebene Kleinkindhaftigkeit, dramatisierten Wünschen nach Interaktionen oder Fürsorge, und dies geht dann meist auf Kosten des koordinierten Spielverhaltens. Die Stimmung bei den unsicher ambivalenten Kindern ist eher wechselhaft, mal fröhlich, mal abwartend oder irritiert.[409]

Darüber hinaus konnte die Regensburger Forschungsgruppe um Grossmann eine vierte Strategie identifizieren, die keine Entsprechung im Kleinkindalter hatte: „Eine Gruppe von Kindern zeigte stark kontrollierendes Verhalten gegenüber der Bindungsperson, das sich entweder in ‚altkluger' Fürsorglichkeit oder in beleidigender Zurückweisung bzw. beschämenden Äußerungen bezüglich der Bindungsperson äußerte. Die Stimmung der beiden war dabei angespannt oder übertrieben fröhlich. Für diese Gruppe von Kindern wurde das *kontrollierende* Bindungsmuster als Terminus eingeführt."[410]

In der Baltimore-Studie von Ainsworth u.a. konnte gezeigt werden, dass Zusammenhänge zwischen der Bereitschaft, mütterlichen Anweisungen zu folgen, und der Bindungssicherheit bestehen: „Die sicher gebundenen Kinder fielen in den beobachteten Szenen der Interaktion zwischen Müttern und Kinder u.a. dadurch auf, dass sie deren Aufforderungen und Befehlen sehr häufig folgten (in 81% der registrierten Befehle). Hingegen folgten die unsicher-vermeidenden und die unsicher resistenten (oder ambivalenten) Kinder [...] den Aufforderungen sehr viel seltener."[411]

Die Repräsentation einer sicheren Bindung hat – so konnte die Minessota-Studie um Sroufe zeigen, Auswirkungen auf die Entwicklung der moralischen Urteilsbildung und die Entwicklung von sozialen Kompetenzen. Kinder, die in der Beziehung zu ihrer zentralen Betreuungsperson sicher gebunden waren, zeigten sich in ihrem Sozialverhalten, zum Beispiel im Spiel

---

408 Ebd., 193.
409 Ebd., 192.
410 Ebd., 192f.
411 Hopf 2005, 95.

mit Gleichaltrigen, zugewandter, empathischer, kooperativer und zugleich selbstsicherer als andere, unsicher gebundene Kinder.[412]

2.6.3 Rezeption und Weiterentwicklung der Bindungstheorie

Insbesondere die neueren Ansätze der Bindungstheorie seit den 1970er Jahren haben die Familien- und Väterforschung maßgeblich beeinflusst. In der Auseinandersetzung mit den zwei Hauptkritikpunkten an der klassischen Bindungstheorie – der *Exklusivität* und der *Unidirektionalität* der Mutter-Kind-Bindung – wurden zwei wichtige Eckpfeiler für eine neue Sicht auf familiale Beziehungen und auf die Vater-Kind-Beziehung gesetzt.[413] Bowlbys Annahme einer Unidirektionalität in der Mutter-Kind-Bindung, die das (quantitative) Pflegeverhalten als die alleinige Grundlage für das Entstehen von Bindung impliziert, wurde abgelöst von einer bidirektionalen, interaktionistischen Sichtweise, die zunehmend die kindlichen Aktivitäten und weitere Einflussgrößen für das Entstehen von Bindung in den Blick nahmen, etwa individuelle Charakteristika des Kindes, kulturelle Normen der Erziehung und situative und kontextuale Faktoren.[414]

Mit der Aufhebung der Exklusivität der Mutter-Kind-Bindung wurde zunehmend die Frage in den Mittelpunkt gestellt, ob das Kleinkind noch zu anderen Personen, insbesondere zum Vater, ähnlich intensive Bindungen wie zur Mutter haben könne und welchen (prognostischen) Wert dessen stärkere Beteiligung an der Kleinkindpflege für die Entwicklung der Vater-Kind-Bindung besitze. Gewissermaßen als Pionierarbeit für die Väterforschung gilt die Studie von Schaffer/Emerson (1964)[415]: Über 70% der untersuchten Kinder protestierten in der ‚Fremden Situation' gegen die Trennung von Mutter *und* Vater, was die Autoren als Beleg für die Bindung an *beide* Elternteile interpretierten. Zugrunde liegt für die moderne Bindungsforschung also ein komplementäres Modell von den elterlichen Funktionen, das von „hilfreicher und schützender Nähe und erkundendem Geist" zugleich geprägt ist.[416] Damit könnten sich Eltern idealerweise in ihren Rollen und Aufgaben ergänzen. Zusätzliche Bindungsbeziehungen können unterstützende und stabilisierende Funktionen übernehmen und Unsicherheiten und Defizite in einzelnen Beziehungen kompensieren.[417]

---

412 Vgl. Hopf 2005, 128.
413 Vgl. für den deutschsprachigen Raum maßgeblich die Forschungsgruppe um Grossmann/Grossmann.
414 Zum Beispiel Spangler 1999.
415 Fthenakis 1985, I, 210; Camus 2001, 76f.
416 Grossmann/Grossmann 2005, 224.
417 Auf die stabilisierende und unterstützende Funktion von zusätzlichen Bindungsbeziehungen verweisen van Ijzendoon et al. (nach Hopf 2005, 85).

Das Konzept der Feinfühligkeit (Sensitivität)

Neben den Variablen soziale Stimulation (Sprechen, Berühren, Spielen) und der Antwortbereitschaft (Responsivität) der Bezugsperson korreliert der Faktor Sensitivität positiv mit der Entwicklung einer sicheren Bindung. Feinfühligkeit oder Sensitivität beschreibt ein entwicklungs- und situationsangemessenes Elternverhalten, das dem Kind eine sichere Basis für (mentale) Exploration ermöglicht: Ein solches Konzept, das sich auch positiv auf verschiedene Entwicklungsbereiche auswirken kann, baut das Kind im Umgang mit einer „feinfühligen Bindungsperson" auf. Diese bietet ihm durch ihr spezifisches Verhalten eine „sichere Basis"[418], von der aus die Umgebung spielerisch exploriert werden kann: Zu diesem Verhaltenssystem gehören die Wahrnehmung (1) und angemessene Deutung (2) der kindlichen Signale sowie die angemessene (3) und prompte (4) Reaktion darauf.

Voraussetzung ist also, dass die feinfühlige Person die Signale des Kindes aufnimmt, indem sie sich – nicht nur sporadisch – in seiner Nähe aufhält und indem sie aufmerksam ist. Eine „feinfühlige" Bezugsperson ist dann in der Lage, diese Signale richtig zu deuten und auf sie angemessen und prompt zu reagieren, weil sie empathisch die Wünsche des Kindes aus dessen Perspektive wahrnehmen, sie von den eigenen Bedürfnissen unterscheiden, deuten und vor diesem Hintergrund angemessen und prompt reagieren kann. Auf diese Weise kann das Kind sein Signal und die Reaktion darauf als befriedigend und kontingent erleben, d.h. sich selbst als Ursache und die Wirkung auf diese Ursache erkennen. Die Kategorie ‚Sensitivität' beschreibt also keine Persönlichkeitsmerkmale oder Einstellungsmuster, sondern Wahrnehmungs- und Interpretationsleistungen des Erwachsenen im Umgang zunächst mit Säuglingen und Kleinkindern.[419]

Der Zusammenhang zwischen der (mütterlichen) Sensitivität und Bindungssicherheit ist in der Baltimore-Studie überprüft und von neueren Studien bestätigt worden, wenngleich die Enge des Zusammenhangs diskutiert wird.[420] Das Konzept der Sensitivität lässt sich aber modifiziert auch auf die Interaktion mit älteren Kindern anwenden und ist insofern auch ein wichtiger Indikator für die Beurteilung der Vorlesesituationen.

2.6.4 Sensitivität und Bindung in der Vater-Kind-Beziehung

Dass auch für die Qualität der Kind-Vater-Beziehung das Konzept der Sensitivität eine große Rolle spielt[421], illustrieren de Wolff und van Ijzendoorn in einer Metaanalyse. Danach entwickeln sich Eltern-Kind-Beziehungen in

---

418 Ainsworth (1989) hat die Begriffe der „Feinfühligkeit" und der „sicheren Basis" geprägt.
419 Hopf 2005, 59.
420 de Wolff/van Ijzendoorn 1997, 584ff.; K. Grossmann 1999; Hopf 2005, 80.
421 Hopf 2005, 84; Grossmann/Grossmann 2005.

einer Familie nicht kindspezifisch, sondern beruhen auf den Interaktionserfahrungen mit den jeweiligen Bezugspersonen. „By and large, infant attachment security does not appear to genereralize substantially across relationships within family system: Infant attachment security is more relationspecific than infant-specific."[422] Offenbar ist zwar die Bereitschaft, sich an erwachsene, pflegende und Schutz vermittelnde Personen zu binden, als Disposition angeboren, jedoch nicht die konkrete Ausgestaltung der jeweiligen Bindungsbeziehungen.

Mit der prinzipiell möglichen Gleichrangigkeit von Müttern und Vätern quasi von Beginn an ist zum einen die Frage verbunden, ob zu einem bestimmten Zeitpunkt der kindlichen Entwicklung der eine oder andere Elternteil vom Kleinkind bevorzugt wird und wie dieses Präferenzverhalten aussieht.[423] Methodisch ist man dazu übergegangen, das väterliche Verhalten und die Kind-Vater-Beziehung direkt und nicht nur indirekt über die Mutter zu erfassen[424]. Ebenfalls mit der Methode der „Fremden Situation" untersuchte man das Spielverhalten zwischen Vätern und Kindern. Danach hatten nicht nur alle Kleinkinder eine Bindung zum Vater, sondern der Prozentanteil der sicheren Bindungen war mit dem der Kind-Mutter-Bindungen vergleichbar.[425] Unterschiede fanden sich vor allem in Familien mit traditioneller Rollenteilung. Mütter und Väter verhalten sich hier offenbar stärker gemäß ihren geschlechtsspezifischen Rollen als die Frauen und Männer in Familien mit einer weniger differenzierten Rollenverteilung. Eine starke Rollendifferenzierung zwischen Müttern und Vätern, die nur wenig Kontakte zwischen Vater und Säugling oder Kleinkind erlaubt, erschwert den Aufbau einer stabilen Bindungsbeziehung. Bei höherer Verfügbarkeit und stärkerem Engagement des Vaters kann man davon ausgehen, dass eine Bindung zum Vater entsteht, unabhängig davon, welche Arten von kindbezogenen Beschäftigungen der Vater aufgrund seiner kulturellen Herkunft bevorzugt.[426]

Allerdings ist offenbar die Qualität der Bindungsbeziehung nicht über das Konzept der Feinfühligkeit vorherzusagen. Das ist vermutlich mit der Andersartigkeit der Interaktionserfahrungen zu erklären, die Kinder mit ihren Vätern im Vergleich zu Müttern machen. Diese geschehen häufig weniger im Rahmen von Pflege und Versorgung, sondern im spielerischen Zusammensein. Vor diesem Hintergrund vermuten Grossmann und Grossmann,

---

422 de Wolff/van Ijzendoorn 1997, 607; Hopf 2005, 85.
423 Fthenakis 1985, I, 211.
424 Die Studien betrachten einzelne Dyaden im Familiensystem, nicht aber den gesamten systemischen Kontext. (Vgl. Fthenakis 1985, I, 256ff.); Lamb beklagt noch 1997 (p. 15) den Mangel an Längsschnittstudien, die weiteren Aufschluss auf die Folgen einer frühen Vater-Kind-Bindung auf die Entwicklung der Kinder haben könnten. Vgl. auch Kindler 2002, 12ff.
425 Grossmann/Grossmann 2005, 221.
426 Grossmann/Grossmann 2005, 220.

dass die „Fremde Situation" nicht die geeignete Methode ist, um die Qualität der Vater-Kind-Beziehung zu erfassen. Während der Vater im herkömmlichen Arrangement der „Fremden Situation" als „sichere Basis" fungiert, von der aus sich das Kind in Richtung Spielzeug entfernen muss, würde der Vater vermutlich eher das Kind auf seinen Erkundungen begleiten. Deshalb scheint nicht die Fremde Situation die ‚richtige' Situation für die Erfassung der Qualität der Kind-Vater-Bindung zu sein, sondern eher eine gemeinsame Spielsituation, bei der das Bindungssystem, etwa bei Überforderung oder Angst vor Neuem, ebenfalls hin und wieder aktiv ist.[427]

Der Vater lässt sich somit eher als „vertrauter, starker und weiser Gefährte" charakterisieren, der das Kind bei seinen Erkundungen ermutigt und unterstützt.[428] Die Bindung eines Kindes zum Vater könnte sich also aus der Qualität seiner Unterstützung der kindlichen Explorationen parallel zur Mutter-Kind-Bindung entwickeln. Dieses offenbar eher für Väter typische Verhaltenssystem erfasst die moderne Bindungsforschung über die Mess-Skala „Feinfühlige Herausforderung im Spiel". In den Untersuchungen wurde besonders darauf geachtet, wie der Vater seine Herausforderungen an das Kind gestaltet und wie das Kind auf diese Anforderungen reagiert. „Spieleinfühlige" Väter orientierten sich an den Wünschen und Interessen des Kindes. Sie gaben seltener Befehle oder unpassende bzw. missverständliche Anweisungen. Zwar forderten auch sie „gutes Benehmen", taten dies aber einfühlsam und nicht „allzu rigide". Umgekehrt kamen das Spiel bzw. die Exploration behindernde Verhaltensweisen umso seltener vor, je höher die väterliche Spieleinfühligkeit eingestuft wurde.[429] Eine hohe väterliche Spieleinfühligkeit hatte bei den Kindern eine hohe Kooperationsbereitschaft zur Folge und bewirkte eine gewisse Symmetrie in der Interaktionssituation. „Dabei sind die beiden recht ebenbürtig, denn eine Kooperation und ein gemeinsames Ziel können nur erreicht werden, wenn beide aufeinander bezogen mitmachen."[430]

---

427 Ebd., 222.
428 Ebd., 221f.
429 Grossmann/Grossmann 2005, 225. Das Spiel wird in der Bindungsforschung als eine besondere Form der Exploration beschrieben. (Schölmerich 1998; Grossmann/Grossmann 2005, 202ff.; 217ff.; auch Oerter 1999) Spielerisch erkunden Kinder die (zunächst noch unvertrauten Objekte ihrer Umwelt und finden heraus, um welche Objekte es sich handelt. Sicher gebundene Kinder tun das mit größerem Selbstvertrauen von einer ‚sicheren Basis' aus. Das explorative Spiel ist – wie die Verhaltensforschung betont hat – potentiell konflikthafter Natur. Konflikte entstehen, wenn beim Spiel neben Neugier und Faszination auch Ängstlichkeit ausgelöst wird. Unter dieser Perspektive hat eine Unterstützung des Kindes bei der Exploration vor allem die Funktion, dem Entstehen von Konflikten vorzubeugen (vgl. Kindler 2002, 36).
430 Grossmann/Grossmann 2005, 225. Stephan (1999, 269) konnte in der so genannten Spielbeziehung zwischen dem erwachsenen Interaktionspartner und dem Kind zwei verschiedene Stile ausmachen: Zum einen einen eher lenkenden Stil, bei dem

Die beiderseitige Kooperationsbereitschaft und -fähigkeit entwickelt sich schon während des ersten Lebensjahres. „Im Spiel mit ihren Säuglingen wurden diejenigen Väter als feinfühliger eingestuft, die sich viel an der Fürsorge des Kindes beteiligten, ein breites Spektrum von Versorgungen übernehmen konnten und eine gute Beziehung zur Mutter hatten. In jüngeren Untersuchungen hatte auch die Berufstätigkeit der Mutter und die Anzahl der Kinder zu Hause stets einen Einfluss darauf, wie häufig sich der Vater an der Versorgung des Säuglings beteiligte."[431] Diejenigen Väter, die Bindungen hoch bewerteten bzw. die eine ‚sichere Bindungsrepräsentation' hatten, waren sowohl im Spiel mit ihren zweijährigen als auch mit ihren vierjährigen Kindern feinfühlig und angemessen herausfordernd.

Die Einflüsse der frühen Vater-Kind-Bindung lassen sich für mehrere Bereiche nachweisen. Erstens wird die Bindungssicherheit der Kinder positiv beeinflusst, d.h. das Maß, wie weit das Kind Selbstvertrauen und Vertrauen in die Hilfsbereitschaft anderer aufbauen bzw. bei Trennung Angst zeigen kann. Zweitens konnte ein positiver Einfluss auf die sozialen Fähigkeiten gezeigt werden: Diejenigen Jugendlichen und jungen Erwachsenen, die viele Bindungsaspekte und gegenseitige emotionale Unterstützung in ihr Freundschafts- bzw. Partnerschaftskonzept einflochten, hatten feinfühlige Väter als Zweijährige im Zusammenspiel erlebt.[432] Drittens korreliert die Bindungssicherheit mit der emotionalen Sicherheit beim Explorieren. „Die ausgewogene Balance zwischen einem angemessenen Gefühl der eigenen Tüchtigkeit und der Gewissheit, Unterstützung zu bekommen, wenn man darum bittet, kennzeichnet den Zusammenhang."[433] Für das Kleinkind- und das Schulalter konnten positive Einflüsse auf das Problemlöseverhalten nachgewiesen werden. Jugendliche im Alter von 16 Jahren, die früher eher feinfühlige Väter im Spiel gehabt hatten, berichteten über Problemlösestrategien, die sich als „inneres Explorieren von möglichen Bewältigungsweisen" beschreiben lassen.[434]

2.6.5 Exploration als Spezifikum der Vater-Kind-Beziehung: Explorationsförderndes und -behinderndes Verhalten

Neben dem Bindungssystem, das den notwendigen Schutz des Kindes gewährleisten soll, ist das Explorationssystem beschrieben worden. Es ist dadurch gekennzeichnet, wie weit es Bindungsperson und Kind gelingt, ein

---

die erwachsene Bezugsperson unter adäquater Berücksichtigung der kindlichen Bedürfnisse aktiv ist, Angebote – auch sprachliche – macht; zum anderen einen eher gewährenden Stil, bei dem der Erwachsene das Kind in der Spielinteraktion zwar unterstützt, sich aber eher von diesem leiten lässt und es weniger stimuliert.

431 Grossmann/Grossmann 2005, 229.
432 Zimmermann 1999.
433 Grossmann/Grossmann 2005, 237.
434 ebd., 238.

von der Situation und den Interessen des Kindes abhängiges, angemessenes Maß an Exploration umzusetzen. Die Bindungsperson kann das Explorationsverhalten des Kindes durch ihr Verhalten aktiv fördern oder im Gegenteil behindern. Etwa können eine angemessene Förderung kindlichen Lernens in der *Zone der nächsten Entwicklung* bzw. das Arrangement von geeigneten Lernsituationen als Exploration förderndes Verhalten interpretiert werden.[435]

Exploration förderndes Verhalten lässt sich mit Rogoff in zwei Formen einteilen, die sich graduell bezüglich der elterlichen Initiative unterscheiden: *Unterstützung* und *Herausforderung*. „Children use social ressources for guidance – both support and challenge – in assuming increasingly skilled roles in the activities of their community."[436] ‚Unterstützung' meint einen eher reaktiven elterlichen Verhaltensmodus, ‚Herausforderung' (*challenge*) eine aktiv initiierte Heranführung des Kindes an ausgewählte Umweltaspekte. Beide – unterstützendes sowie herausforderndes Verhalten – lassen sich mit dem *Scaffolding*-Konzept von Wood et al. verbinden.[437] *Scaffolding* beschreibt die flexible Anpassung elterlicher Unterstützungsleistungen an die kindlichen Bedürfnisse. Ziel ist es, dem Kind eine selbständige Bewältigung von Aufgaben zu ermöglichen, die ohne fremde Hilfe noch nicht gelöst werden könnten, und zwar in einer schrittweisen Übertragung der Verantwortung für den Lösungsprozess. Dabei unterscheidet sich – darauf haben Wood et al. aufmerksam gemacht – das Anleitungsverhalten des erwachsenen Tutors abhängig vom Entwicklungsstand des Kindes. Zum *Scaffolding*-Konzept gehören weiterhin flexible Anpassungsleistungen, wenn das Kind bei der Lösung der Aufgabe trotz vorheriger Hilfestellungen Schwierigkeiten hat. Durch Motivation und durch Hilfestellungen etwa können Frustrationserfahrungen vermieden oder überwunden werden.[438] Als inadäquates Unterstützungsverhalten lässt sich demnach eine Überforderung durch das Versagen von Hilfe (*underscaffolding*) oder eine Unterforderung durch unnötig starke Unterstützung (*overscaffolding*) werten.

In Längsschnittstudien konnten Zusammenhänge zwischen einzelnen Aspekten väterlicher Explorationsförderung (z.B. emotionale und sachliche Unterstützung) bzw. Explorationsbehinderung (z.B. Direktivität, *intrusiveness*) im gemeinsamen Spiel und einzelnen Indikatoren der sozioemotionalen Entwicklung gezeigt werden, etwa der sozialen Kompetenz und Anerkennung in der Gleichaltrigengruppe.[439] In negativem Zusammenhang zur Sicherheit der Bindungsrepräsentation und der sozialen Kompetenz stehen offenbar fehlende bzw. übergroße Unterstützung des Kindes, während ein

---

435 Vgl. Kindler 2002, 18.
436 Rogoff 1990, 8.
437 Wood/Bruner/Ross 1976, 98.
438 Vgl. zum Scaffolding der erwachsenen Bezugsperson in Abhängigkeit von der Entwicklung des Kindes auch Braun 1995 bzw. Kapitel 1.2.
439 Kindler 2002, 173.

mittleres Niveau an Unterstützung durch den Vater einen positiven Entwicklungsverlauf vorhersagt.[440]

Können Kinder von einer sicheren Basis aus explorieren, wirkt sich dies zum einen positiv auf den kognitiven Bereich, im besonderen auf das Problemlöseverhalten und die Lerneffizienz aus.[441] Ebenfalls konnten Effekte auf den emotionalen und motivationalen Bereich nachgewiesen werden: Sicher gebundene Kinder lassen sich weniger schnell entmutigen, können so ein positives Selbstkonzept aufbauen und ihre Fähigkeiten und Leistungen besser einschätzen. Sie bilden zudem früher soziale Kompetenzen aus und sind offenbar besser als unsicher gebundene Kinder in der Lage, eigene Gedanken, Wünsche, Fantasien und Absichten wahrzunehmen. Diese Erfahrungen werden als innere Arbeitsmodelle gespeichert und prägen die Erwartungen in der sozialen Interaktion. Sicher gebundene Kinder sind schon früh in der Lage, auch dem Gegenüber mentale Prozesse zu unterstellen. Das bildet die Grundlage für stabile, intensive soziale Beziehungen schon in der Kindheit, und in nachfolgenden Freundschafts- und Liebesbeziehungen in der Adoleszenz und im Erwachsenenalter.

Als Merkmale eines das Explorationsverhalten behindernden Interaktionsstils gelten eine hohe *Restriktivität, Direktivität* sowie ein stark einmischendes Verhalten (*intrusiveness*). Dieser Stil muss zwar nicht Angst auslösend wirken, kann aber Neugier, Selbstvertrauen und Explorationsbemühungen des Kindes behindern.[442]

Unter hoher *Restriktivität* wird ein situationsunangemessenes, übertriebenes Bemühen verstanden, das Kind zum Unterlassen eigenständigen Verhaltens zu bewegen. Verschiedene empirische Studien konnten Zusammenhänge zwischen der Qualität der Kind-Mutter-Bindungsbeziehung und mütterlicher Restriktivität zeigen. So fanden die Forschungsgruppen um Bus und van Ijzendoorn[443] in einer Bilderbuchlesesituation im ersten bzw. zweiten Lebensjahr Zusammenhänge zwischen der Bindungsklassifikation in der Fremden Situation und der Anzahl als unnötig eingeschätzter mütterlicher Verbote, die etwa das Berühren des Bilderbuches betrafen. Andere Studien konnten Korrelate zwischen hoher mütterlicher Responsivität und der späteren Konzentration und Zuversicht in Problemlösesituationen[444] sowie zu bestimmten Merkmalen der sprachlichen Entwicklung nachweisen.[445]

Auch eine unangemessen hohe *Direktivität*, d.h. das zwangsweise Durchsetzen von Plänen der Bindungsperson, kann etwa in Spiel- oder Aufgabenarrangements die eigenständige Exploration des Kindes behindern, da die

---

440 Kindler 2002, 173.
441 Grossmann 1999, Kindler 2002.
442 Kindler 2002, 24.
443 Bus/van Ijzendoorn 1997; Bus et al. 1997; siehe Kapitel 1.
444 Schildbach 1992.
445 Kindler 2002, 25.

Ausgestaltung der Situation von der Bindungsperson kontrolliert wird. Das Maß eines direktiven Verhaltens kann nur unter Berücksichtigung von Situation, Alter und Entwicklungsstand des Kindes beurteilt werden. In den ersten beiden Lebensjahren eines Kindes sind physische Eingriffe der Eltern zur Verhaltensregulierung noch relativ häufig. Mit zunehmender sprachlicher Entwicklung wird das kindliche Verhalten mehr und mehr verbal beeinflusst. Verschiedene empirische Studien konnten negative Einflüsse einer hohen Direktivität auf Selbstvertrauen und Selbstbewertung des Kindes, seine Konzentrationsfähigkeit und seine soziale Kompetenz im Umgang mit Gleichaltrigen beobachten.[446]

Ainsworth hat einen einmischenden (‚intrusiven') Erziehungsstil als Ausdruck fehlenden Respekts der Bindungsperson vor dem Kind interpretiert.[447] *Intrusiveness* lässt sich definieren als das Ausmaß, in dem die Bindungsperson Handlungen des Kindes unterbricht. Bezüglich des kindlichen Bindungsverhaltens konnten in empirischen Studien vermeidende Verhaltensstrategien in der ‚Fremden Situation', Probleme bei der Selbstregulation, geringe Frustrationstoleranzen und mangelnde Akzeptanz in der Gleichaltrigengruppe beobachtet werden.[448]

2.7 Zusammenfassung

Kapitel I.2. führt Beiträge aus sozialwissenschaftlichen und psychologischen Kontexten zusammen, die die Väterforschung beeinflusst haben, und stellt die je für die vorliegende Untersuchung relevanten Konzepte heraus. Aus soziologischer Perspektive bildet zunächst die Skizze demographischer Entwicklungen den Rahmen zur Einordnung der Familien sowohl aus der quantitativen als auch aus der qualitativen Untersuchung. Die traditionelle Kernfamilie wird als die derzeit noch dominante familiale Lebensform beschrieben. Daneben existiert mittlerweile eine Vielzahl alternativer Familienformen, von denen einige als Prototypen nichtkonventioneller Lebensformen gelten können. Das Nebeneinander von Lebensformen kann adäquat mit dem Theorem der Polarisierung erfasst werden: In familiensoziologischer Perspektive lässt sich damit eine Trennung in einen Familien- und in einen Nichtfamiliensektor beschreiben. Aus modernisierungstheoretischer Sicht sind Polarisierungsphänomene auf Prozesse der Individualisierung und Erweiterung der biographischen Optionen zurückzuführen. Die Entkoppelung von Ehe und Elternschaft sowie die Trennung von biologischer Elternschaft werden als wichtige Varianten dieser Optionserweiterung markiert. Wie weit diese Lebensformen gesellschaftlich akzeptiert und legitimiert sind, unterliegt je gesellschaftsspezifischen Standards, auf denen kol-

---

446 Vgl. zusammenfassend Kindler 2002, 25f.
447 Ainsworth et al. 1978; Ainsworth 1989.
448 Vgl. Kindler 2002, 26.

lektive Bewertungsprozesse gründen. Diese differenzieren Lebensformen in konventionelle und nichtkonventionelle, ein Begriffspaar, das für die vorliegende Studie adaptiert wird. Die Auswahl der Familien für die Fallbeispiele erfolgt demnach nach bestimmten konstitutiven Merkmalen, u.a. der innerfamilialen Arbeitsteilung.

Ausgehend von der Differenzierung familialer Lebensformen wird der Blick auf die Voraussetzungen und Bedingungen gerichtet, unter denen Konzepte von Eltern- und Vaterschaft entwickelt werden. Vorgestellt werden die Modelle zum elterlichen Erziehungsverhalten von Belsky und Holden, die vielfach rezipiert worden sind und deren Kategorien sich für die Darstellung der Fallbeispiele eignen. Im Rekurs auf das Modell von Belsky ist zur Beschreibung und Erfassung der Beteiligung von Vätern das Konstrukt des *Involvement* mit den Kategorien Verfügbarkeit, Engagement und Verantwortung vorgeschlagen worden. Verfügbarkeit meint die Präsenz (des Vaters) im Alltag des Kindes. Davon unterschieden werden die direkten Vater-Kind-Interaktionen (Engagement) und die Kategorie der Verantwortung, d.h. das Ausmaß, in dem der Vater die (organisatorische) Sorge und Unterstützung der Kinder übernimmt. Das Konzept des *Involvement* bietet geeignete Kategorien für die Analyse der vorliegenden Fallbeispiele.

Zur Klassifikation von Vaterschaftskonzepten sind seit den 1980er Jahren verschiedene Typologien vorgelegt worden (u.a. Rerrich, Werneck, Le Camus, Bambey und Gumbinger). Die Typologie von Matzner eignet sich im besonderen zur Beschreibung und Interpretation der vorliegenden Fallbeispiele. Die Bestimmungsmerkmale der vier Idealtypen von Vaterschaftskonzepten lassen – traditioneller und moderner Ernährer, der ganzheitliche Vater und der familienzentrierte Vater – lassen sich auf die Väter der Fallbeispiele beziehen lassen. Die Verteilung der Erwerbs- und Familienarbeit wird als zentrale Bestimmungsdimension für familiale Binnenstrukturen und als Differenzierungsmerkmal für konventionelle und nichtkonventionelle Lebensformen beschrieben. Als zentrales Ergebnis konnte markiert werden, dass Väter, die ihre Erzieher- gegenüber ihrer Ernährerfunktion stärker betonten, mehr Familienarbeit übernommen hatten. Insbesondere bei den nichtkonventionellen Familienformen kann zusammenfassend von einem gestiegenen Anteil väterlichen Involvements berichtet werden.

In den Sozialwissenschaften wird die Kategorie Geschlecht modelliert als biologisches Geschlecht (*sex*) und als soziales Geschlecht (*gender*). In *gender*-Perspektive können sowohl Gemeinsamkeiten als auch Unterschiede zwischen den Geschlechtern festgestellt werden. Insbesondere die Merkmale des nonverbalen Verhaltens und die sprachlichen Unterschiede auf der semantischen und der pragmatischen Ebene und Unterschiede in den Mediennutzungsmustern werden zur Interpretation der qualitativen Einzelfallstudien herangezogen. Zudem werden Ergebnisse zum Spielverhalten und zur Leistungs- und Wettbewerbsorientierung referiert.

Die systemische Familienpsychologie beschreibt die Familie als intimes Beziehungssystem, das bestimmte Merkmale aufweist und besonderen Regelhaftigkeiten unterliegt. Zum einen eignet sich das Konzept für die Beschreibung der familialen Beziehungsstrukturen. Zum anderen sind für die Interpretation die Kategorien der Ich- und der Wir-Orientierung hilfreich. Beide unterscheiden das Fühlen, Wissen und Tun als (gemeinsame) Erfahrungsbereiche sowie in intentionaler bzw. motivationaler Hinsicht ein (übereinstimmendes) Bestreben, sich für bestimmte Ziele einzusetzen. Die Kategorien scheinen mit einem Modell von Ko-Konstruktion kompatibel zu sein.

Die Ergebnisse der Bindungsforschung sind für den vorliegenden Untersuchungsgegenstand in mehrfacher Hinsicht interessant. Das Konzept der Bindung eines Kindes an eine oder mehrere Bezugsperson(en) lässt sich für die Beschreibung und Interpretation der sozioemotionalen Vater- bzw. Mutter-Kind-Beziehung als eine der Bestimmungsdimensionen der Vorlesesituation nutzbar machen. Die neuere Bindungsforschung geht davon aus, dass Kinder erstens zu mehr als einer Bezugsperson eine stabile sozioemotionale Beziehung aufbauen können, d.h. nicht nur zur Mutter, sondern beispielsweise auch zum Vater, und zwar nicht in einer hierarchischen Ordnung, sondern in einem gleichberechtigten Nebeneinander. Eine solche Sicht erweitert den Fokus auf die Mutter-Kind-Dyade um die Perspektive der Vater-Kind-Beziehung. Zweitens wird mit einer eher dynamischen, biographischen Sichtweise der Einfluss von frühkindlichen Erfahrungen auf Entwicklungs- und Sozialisationsprozesse betont. Diese Erfahrungen werden aus bindungstheoretischer Sicht mental repräsentiert. Angewandt auf Prozesse der Lesesozialisation würden sich demnach frühkindliche Leseerfahrungen auf die spätere Leseentwicklung auswirken.

In neueren Studien der Bindungsforschung wird der je spezifische Einfluss von Vätern untersucht. Danach stärken Väter eher das Explorations- als das Bindungssystem, d.h. unterstützen das Kind darin, von einer ‚sicheren Basis' aus seine Umwelt zu erkunden. Als methodisches Instrumentarium wird dafür nicht länger die ‚Fremde Situation' nach Ainsworth angegeben, sondern eine Spielsituation vorgeschlagen, um die Vater-Kind-Bindung den je spezifischen Verhaltensmodi anzupassen. Als Maß für die ‚Güte' der Vater-Kind-Bindung gilt der Grad der väterlichen Spielfeinfühligkeit. Mit Rogoff lassen sich zwei Formen des Exploration fördernden Verhaltens identifizieren: Unterstützung und Herausforderung, was sich mit dem *scaffolding*-Konzept (Wood et al.) verbinden lässt. Als Merkmale eines das Explorationsverhalten behindernden Stils gelten hohe Restriktivität, Direktivität sowie ein stark einmischendes Verhalten (*intrusiveness*). Das *scaffolding*-Konzept sowie die Kategorien eines das Explorationsverhalten behindernden Stils eignen sich als Interpretationsrahmen für die Vorlesesituationen der Fallbeispiele.

II. Die empirische Untersuchung: Triangulation der Methoden
Fragebogenuntersuchung und *Fallstudien*

Die Studie ist als Verbindung von quantitativen und qualitativen Verfahren im Sinne einer Methodentriangulation angelegt.[1] Kombiniert wird eine Fragebogenuntersuchung mit vier Fallstudien, die sich jeweils differenzieren in vier teilnehmende, videounterstützte Beobachtungen von Vorlesesituationen und zwei sich anschließende fokussierte Leitfadeninterviews. Diese Vermittlung zwischen quantitativen und qualitativen Methoden wurde bereits mit Gewinn in jüngeren Studien zur Lese- und Mediensozialisation erprobt.[2] Diese Untersuchungen konnten zeigen, dass Daten zu familialen Bedingungen, zur Medienausstattung der Haushalte und zur Mediennutzung der einzelnen Familienmitglieder vergleichsweise einfach und umfassend mit Hilfe eines Fragebogens erfasst werden können.

Der erste, quantitative Teil der Studie konzentriert sich auf den Umfang und die Art der väterlichen Beteiligung an der Betreuung und der (Medien-)Erziehung des Kindes. Er fragt nach dem Verhältnis von Erwerbstätigkeit und Freizeit, nach den Aktivitäten von Vater und Kind, nach ihrem gemeinsamen Medienhandeln und dessen Integration in den familialen Alltag.

Der zweite, qualitative Teil fokussiert in einer familiensystemischen Perspektive die gemeinsame Bilderbuchrezeption von Vater bzw. Mutter und Kind und dies im Kontext der Nutzungsweisen und Funktionen, die Lesen und Literatur, Fernsehen, Hörmedien und Computer in der familialen Alltagspraxis haben. Im Rahmen der prä- und paraliterarischen Kommunikation geht es um Einstellungen[3], Interessen, Motive und Gratifikationen, die sich mit der gemeinsamen Bilderbuchrezeption verbinden, um die konkreten Handlungen und deren Funktionen im familialen Alltag.

---

1 Gemeint ist hier der Subtypus ‚Between-(or across-)method' (Denzin 1978, 302, zit. nach Lamnek 1995a, 248 und Flick 2000, 250), also die Verbindung verschiedener Methoden nicht nur zur Validierung der Ergebnisse, sondern darüber hinaus zur „Anreicherung und Vervollständigung der Erkenntnis und der Überschreitung der (immer begrenzten) Erkenntnismöglichkeiten der Einzelmethoden" (Flick 2000, 250). Auch Lamnek stellt den Erkenntnisfortschritt als Absicht und Chance der Methodentriangulation heraus (1995a, 251).

2 Hurrelmann/Hammer/Nieß 1995; Hurrelmann/Hammer/Stelberg 1996.

3 Triandis 1975.

1. Darstellung der quantitativen Studie: Väter-Fragebogen

1.1 Darstellung der Methode Fragebogenuntersuchung

Der quantitative Teil der Studie ist angelegt als Fragebogenuntersuchung von Vätern bzw. Stiefvätern, die Erziehungsaufgaben für ein zwei- bis sechsjähriges Vorschulkind übernommen haben.[4] Die Wahl der Altersspanne war wohlbegründet: Im Säuglings- und frühen Kleinkindalter kommen für die Untersuchung relevante prä- und paraliterarische Kommunikationsformen wie das Erzählen von Geschichten oder das Vorlesen von Bilderbüchern noch nicht bzw. noch selten vor. Die obere Altersgrenze wurde durch die schriftsprachliche Entwicklung der Kinder markiert: Die Mehrzahl der Vorschulkinder befindet sich noch in einer symbolisch-präliteralen bzw. logographemischen Phase, in der in der Regel schriftliche Texte noch nicht selbständig rezipiert werden und in der Kinder überwiegend noch auf erwachsene Vermittler angewiesen sind.[5] Methodisch hatte diese Einteilung den Vorteil, dass sich die Kinder in den (altersgemischten) Gruppen der Kindergärten und Kindertagesstätten befanden und damit ihre Väter ,erreichbar' waren. Über Kindergärten und Kindertagesstätten der Stadt Köln konnten die Probanden gewonnen werden. Die Leiterinnen bzw. Erzieherinnen stellten als so genannte *gate-keeper* die Kontakte zu den Familien her. Sie übernahmen in der Regel die Verteilung der Fragebögen, die von den Vätern zu Hause schriftlich beantwortet und innerhalb einer festgesetzten Frist in eine verschlossene Rückgabebox eingeworfen werden sollten.[6]

Die Form der standardisierten, anonymen schriftlichen Befragung[7] wurde aus forschungsökonomischen Gründen gewählt unter Berücksichtigung der Probleme und Grenzen dieser Methode. Etwa können mit ihr nur die Selbsteinschätzungen der Väter erhoben werden, obwohl – das zeigen empirische Untersuchungen – die Antworten von Männern und Frauen zu denselben

---

4 Gab es in der Familie mehrere Geschwisterkinder in dieser Altersspanne, sollten sich die Väter für eines der Kinder entscheiden und ihre Antworten nur auf dieses Kind beziehen.
5 Natürlich unterscheidet sich die schriftsprachliche Entwicklung je individuell zum Teil erheblich. In der Regel fallen aber die so genannten logographemischen und alphabetischen Phasen in die Zeit des Schuleintritts (K.B. Günther 1995, 99 und 102ff.).
6 Zum Verlauf der Erhebung vgl. Kap. II 1.2.
7 Bortz/Döring 1995, 231.

Items voneinander abweichen können.[8] Diesem methodischen Problem wird in einer systemischen Perspektive in den Fallstudien durch die Beobachtung und Befragung *beider* Elternteile Rechnung getragen.

Auf der Grundlage vorliegender Studien wurde ein eigenes, für die Fragestellung angepasstes Untersuchungsinstrumentarium entwickelt. Der Fragebogen erfasst zunächst die Ausstattung des Haushalts mit Print- und elektronischen Medien und das Mediennutzungsverhalten des Vaters in quantitativer und qualitativer Hinsicht, etwa seine bevorzugten Buchgattungen, Fernsehsendungen und Computernutzungsweisen.[9] Die Mediennutzung wird dabei betrachtet als Teil des gesamten Freizeitverhaltens. In einem zweiten Fragenkomplex werden Informationen erhoben zu den Freizeit- und Medienaktivitäten des Kindes. Beide Fragenkomplexe geben u.a. Aufschluss über das Zeitbudget, das Vater und Kind noch für gemeinsame Aktivitäten zur Verfügung steht.

Die Fragen nach den gemeinsamen Aktivitäten stehen im Zentrum. Jeweils getrennt nach Werk- und Wochenendtagen wurde erhoben, wie viel gemeinsame Zeit Vater und Kind miteinander verbringen und was sie dann tun. Alltagspraktische Verrichtungen, etwa die morgendliche Betreuung oder die Begleitung zum Kindergarten sowie gemeinsame Unternehmungen (Spielen, Ausflüge) wurden dabei ebenso erfragt wie medienbezogene Aktivitäten. Der Fokus lag auf den prä- und paraliterarischen Kommunikationsformen (Erzählen von Geschichten, Vorlesen von Bilderbüchern, gemeinsames Singen, Reimen und Witze erzählen und gemeinsames Fernsehen). Die Väter sollten neben den quantitativen auch qualitative Auskünfte geben, etwa bevorzugte Bücher oder Fernsehsendungen nennen oder typische Kommunikationssituationen beschreiben.

Der Fragebogen erfasst darüber hinaus Eckdaten zur familialen Situation. Neben Alter und Geschlecht des Kindes wurden das Alter des Vaters erfragt, seine Schul- und Berufsausbildung, der Familienstand, die Haushaltsgröße und das Haushaltseinkommen. Weiterhin sollten die Väter Angaben machen zu ihrer eigenen beruflichen Situation und der ihrer Partnerin, zu Fort- und Weiterbildungen und gegebenenfalls zum Erziehungsurlaub[10]. Diese Informationen liefern Anhaltspunkte für innerfamiliale Arbeitsteilung. Neben den geschlossenen und halboffenen Antwortmöglichkeiten bot der Fragebogen den Vätern Platz für zusätzliche Anmerkungen und Anregungen. Die Daten wurden mit Hilfe des Statistikprogramms SPSS Version 9.0 ausgewertet.

---

8 Ein Interviewpartner wies selbst auf den Aspekt der Selbsteinschätzung hin: „Ich habe versucht, so weit es geht wahrheitsgemäß zu antworten. Trotzdem wäre es zur Objektivierung bzw. Relativierung interessant, wie meine Frau diese Fragen für mich beantworten würde." (Fall 70)
9 jeweils getrennt nach Werk- und Wochenendtagen
10 Heute: Elternzeit.

1.2 Verlauf der Erhebung, Einrichtungen, Stichprobe

Insgesamt wurden von 256 verteilten Fragebögen 87 zurückgegeben. Zwei davon konnten nicht in die Auswertung einbezogen werden. Dieses Ergebnis entspricht einer Rücklaufquote von 34%, was in Relation zu anderen Fragebogenuntersuchungen als sehr zufriedenstellend zu bewerten ist.[11] Die hohe Quote hängt vermutlich mit dem aktuellen, medienwirksamen Thema der Untersuchung zusammen, das offenbar – so zeigten zahlreiche Rückmeldungen von Vätern, Müttern und Erzieherinnen – zurzeit bei vielen ein hohes Interesse beansprucht.[12]

Aus forschungspraktischen Gründen beschränkte sich die Auswahl der Kindergärten und Kindertagesstätten auf das Stadtgebiet von Köln. Die Erhebung wurde in acht verschiedenen Einrichtungen durchgeführt, bei denen es sich um eine städtische Kindertagesstätte[13] und sieben Kindergärten in Trägerschaft von Kirchen bzw. Elterninitiativen handelte.[14] Die Auswahl erfolgte nach Gesichtspunkten der sozialräumlichen Gliederung, orientiert an den Nettoeinkommen der Haushalte als distinktives soziales Merkmal. Trotz der begründeten Auswahl der Einrichtungen kann hinsichtlich der Haushaltseinkommen keine für die Grundgesamtheit repräsentative Verteilung gewährleistet werden.[15] Für eine genaue Beschreibung der Stichprobe wurde von jedem Probanden das Nettoeinkommen des Haushalts erfragt. Fast alle Väter haben darüber Auskunft gegeben. Es zeigt sich ein deutliches Übergewicht der höheren Einkommensstufen (etwa zwei Drittel der Befragten). Das Durchschnittsalter der Väter liegt bei knapp 38 Jahren, die Spanne reicht von 26 Jahren bis 55 Jahre. Die Studie nimmt die Variable ‚Bildung' als konstituierend für die soziale Schicht an, differenziert nach

---

11 In der Literatur werden ganz unterschiedliche Rücklaufquoten für schriftliche (postalische) Befragungen angegeben (10 bis 90%), die nach Jones (1979) u.a. von der Art der Institution, in deren Rahmen die Untersuchung durchgeführt wird, abhängen (zit. nach Bortz/Döring 1995, 235). Auf die zum Teil geringen Rücklaufquoten speziell in Väterstudien verweist Walter (2002, 63f.).

12 Fragebögen über aktuelle, den Teilnehmern wichtig erscheinende Themen werden schneller und vollständiger zurückgegeben (Bortz/Döring 1995, 235),

13 Nach einer Vorgabe des Jugendamtes der Stadt Köln wird für Erhebungen zu wissenschaftlichen und Marktforschungszwecken aus Gründen der „Überlastung" nur jeweils eine öffentliche Einrichtung freigegeben.

14 Diese spezifische Auswahl wurde bei der Auswertung und Interpretation der Daten berücksichtigt. So könnte man zum Beispiel bei den Elterninitiativen vermuten, es handele sich um eine besonders engagierte Klientel, die ihre Erziehungsgewohnheiten stärker reflektiere und die sich schon für modernere Formen familialen Zusammenlebens entschieden habe.

15 Diese mangelnde Repräsentativität der Stichprobe im Vergleich zur Zielpopulation ließe sich auch durch Nacherhebungen nicht ausreichend korrigieren. Gewichtungsprozeduren sind wegen des minimalen Umfangs und der Qualität der Teilstichprobe statistisch nicht zu rechtfertigen. Diese Schiefe in der Stichprobe wurde bei der Auswertung berücksichtigt, die Daten wurden im Hinblick auf die soziale Schichtung zurückhaltend interpretiert.

schulischer und beruflicher Bildung. Beide wurden im Fragebogen berücksichtigt.[16] Es überwiegen die höheren Bildungsabschlüsse wie die Allgemeine oder Fachhochschulreife. Bezüglich der Berufsabschlüsse weist die Stichprobe einen Akademikerüberschuss auf: Über zwei Drittel der Befragten haben ein Hoch- oder Fachhochschulstudium hinter sich, rund ein Viertel hat eine Berufs- oder Fachschule besucht. [17] Dieser hohe Ausbildungsgrad ist mit erklärend für die vergleichsweise hohen Nettoeinkommen der Haushalte.

Es dominieren diejenigen Lebensformen, die einem eher traditionellen Familienmodell entsprechen: die Ehe als Grundlage der Paarbeziehung, ein Kind oder zwei Kinder, der Vater Vollzeit berufstätig und die Mutter nicht oder nur teilweise erwerbstätig. Diese Befunde stehen im Einklang mit aktuellen Studien aus der empirischen Sozialforschung, die mit dem Übergang zur Elternschaft Traditionalisierungstendenzen verzeichnen.[18] Zudem decken sich die Ergebnisse mit der Beobachtung, dass sich gerade in den unteren und in den oberen sozialen Schichten traditionelle Rollenverteilungen manifestieren und eher in den mittleren Schichten Rollen flexibler ausgestaltet werden.[19]

Im einzelnen weist die Stichprobe folgende Merkmale auf: 71 Väter sind verheiratet, 14 leben mit ihrer Partnerin in einer nichtehelichen Lebensgemeinschaft. 81 der Befragten geben an, die leiblichen Väter ihrer Kinder zu sein, von diesen sind jeweils zwei allein erziehend bzw. können nur jedes zweite Wochenende mit ihrem Kind verbringen. Vier Stiefväter haben den Fragebogen beantwortet.[20]

14 Prozent der Väter haben schon einmal Elternzeit[21] in Anspruch genommen bzw. tun dies zum Zeitpunkt der Befragung. Diese Zahl übersteigt immer noch die Befunde in aktuellen Statistiken: Im Jahr 2007 stieg laut Angaben des Statistischen Bundesamtes die Zahl derjenigen Väter, die mit der Reformierung des Bundeserziehungsgeldgesetzes zum 1. Januar 2007 in eine (mindestens) zweimonatige Elternzeit gehen (Väter-Monate), auf etwa

---

16 Auf die Schichtabhängigkeit von Lesesozialisation verweisen die Studien von Hurrelmann/Hammer/Nieß (1995) und Wieler (1997), auf schichtspezifische Unterschiede in der Fernseherziehung Hurrelmann/Hammer/Stelberg (1996).
17 Zu dieser Verteilung passen die Ergebnisse von Binder et al. (1979, zit. nach Bortz/ Döring 1995, 237): Nach diesen zeichnen sich antwortende gegenüber nicht-antwortenden Personen u.a. durch einen höheren Bildungsstatus aus.
18 Diese verstärken sich bei der Geburt weiterer Geschwisterkinder (vgl. z.B. Fthenakis/Minsel 2002; Fthenakis/Kalicki/Peitz 2002)
19 Vgl. zum Beispiel Matzner 1998.
20 In keiner der Familien, die an der Fragebogenuntersuchung teilgenommen haben, lebte eine Stiefmutter mit im Haushalt.
21 Nach der sprachlichen Neuregelung im Bundeserziehungsgeldgesetz vom 1. Januar 2001 wird der Begriff Erziehungsurlaub durch Elternzeit ersetzt.

10 Prozent.[22] Die 14 Prozent der Stichprobe lassen sich zwar zunächst als Indiz für modernere und flexiblere Rolleneinstellungen werten, sind aber de facto als Interimslösungen in eher traditionell angelegten Familienkonstellationen anzusehen. Die Frage nach der Verteilung von Berufs- und Familienarbeit belegt nämlich auch für die Stichprobe als Ganze Traditionalisierungstendenzen: Alle Väter geben an, zurzeit berufstätig zu sein, 74 von ihnen in einem Vollzeit- und nur elf in einem Teilzeitarbeitsverhältnis. 18 streben darüber hinaus noch eine berufliche Fort- oder Weiterbildung an. Zum Vergleich: Von den Partnerinnen geht etwa die Hälfte keiner Erwerbstätigkeit nach, von den berufstätigen Frauen stehen nur elf in einem Vollzeitarbeitsverhältnis.[23]

Das Durchschnittsalter der Kinder beträgt 4;8 Jahre. Im einzelnen gliedern sich die Altersgruppen wie folgt: 20 Kinder gehören zur Gruppe der Zwei- bis Dreijährigen, 25 sind vier Jahre, 31 fünf Jahre und neun Kinder sechs Jahre alt. Die Geschlechter sind fast paritätisch verteilt: 43 der befragten Väter beziehen sich mit ihren Antworten auf eine Tochter, 42 auf einen Sohn. In 45 Familien gibt es Geschwisterkinder, die in der Mehrzahl der Fälle jünger sind als das Bezugskind.[24] Die Stichprobe verzeichnet 33 Familien mit zwei Kindern, elf Familien mit drei und eine Familie mit vier Kindern.[25]

---

22 Statistisches Bundesamt, in: Kölner Stadt-Anzeiger Nr. 52 vom 1./2. März 2008, 7.
23 Dieses Ergebnis entspricht aktuellen Studien zur Verteilung der Erwerbs- und Familienarbeit von Männern und Frauen. Laut einer aktuellen Studie des Wirtschafts- und Sozialwissenschaftlichen Instituts der Hans-Böckler-Stiftung sind 97% der Väter Vollzeit berufstätig, die überwiegende Mehrzahl der Mütter Teilzeit erwerbstätig. (Kölner-Stadt-Anzeiger vom 29. April 2008, Nr. 100, Magazin S. 9).
24 Die Entscheidung, dass sich die Antworten nur auf ein Kind beziehen sollten, war wohlbegründet, weil sich die Aktivitäten mit den verschiedenen Geschwisterkinder zum Beispiel altersabhängig natürlich unterscheiden können. Solche Unterscheidungen, aber auch Überschneidungen sind mit dem Instrument Fragebogen nicht hinreichend zu erfassen. Die Zeit, die ein Vater mit mehreren Kindern verbringt, sollte vollständig berechnet werden.
25 Diese Verteilung entspricht neueren demographischen Entwicklungen mit der Zunahme von Einzelkindfamilien, insbesondere in den neuen Bundesländern (vgl. DIE STATIS. wissen. nutzen. Hrsg. vom Statistischen Bundesamt. Wiesbaden 2006, 4).

1.3 Dokumentation der Ergebnisse

1.3.1 Mediennutzung der Väter im Kontext von Berufs-, Haushalts- und Freizeitaktivitäten

Freizeitaktivitäten der Väter

Die Mediennutzung der Väter wird in den Kontext der gesamten Freizeitaktivitäten gestellt. Der Fragebogen fragt nach der Beteiligung an Haus- und Gartenarbeit, nach Sozialkontakten und sportlichen bzw. kulturellen Aktivitäten sowie im besonderen nach dem Mediennutzungsverhalten. Bei den Antworten gilt es zu berücksichtigen, dass es sich nicht um objektive Daten, sondern um subjektive Selbsteinschätzungen der Väter handelt.

Zunächst unterscheidet sich erwartungsgemäß sich der Anteil der Haus- und Gartenarbeit zwischen Werk- und Wochenendtagen. Das überrascht vor dem Hintergrund der überwiegenden Vollzeitberufstätigkeit der Väter nicht und steht zudem in Einklang mit aktuellen Studien zur Verteilung der Hausarbeit.[26] Für die Werktage gibt etwa die Hälfte der Väter an, 15 bis 60 Minuten für diese Arbeiten aufzuwenden, jeweils ein Viertel engagiert sich entweder deutlich weniger, d.h. gar nicht, oder aber mehr als eine Stunde.[27] Für das Wochenende bescheinigt etwa die Hälfte der befragten Väter, hier große Anteile zu übernehmen (ein bis zwei Stunden bzw. mehr als zwei Stunden). 34 Väter veranschlagen 15 bis 60 Minuten. Nur sechs Väter geben an, auch am Wochenende weniger als 15 Minuten für die Hausarbeit aufzuwenden. Das lässt allerdings keine Rückschlüsse zu auf das Engagement in der Kindererziehung, im Gegenteil: Einige dieser Väter betonen, dass sie am Wochenende den Tag vollständig mit ihrem Kind verbringen. Auch dies geht konform mit den Ergebnissen anderer empirischer Studien: In der Familienarbeit beteiligen sich Väter am Wochenende – mit dem Einverständnis der Mütter – lieber an der Kindererziehung als an der Hausarbeit.[28]

Medienausstattung der Haushalte und Nutzungsverhalten der Väter

Das Vorkommen von Zeitungen, Zeitschriften und Büchern im ‚Verkehrsraum' von Kindern, die Präsenz von Fernseher, Video und DVD sowie die Etablierung neuerer Medien, etwa die Informationsbeschaffung via Internet, beeinflussen und steuern die kindliche Mediennutzung. Um sich einen Eindruck vom ‚Medienklima' der Familie zu verschaffen, erfragt die Studie die

---

26 U.v.a. Zulehner/Volz 1999; Keddi/Seidenspinner 1991, 161; Gonser/Helbrecht-Jordan 1994, 13ff.; Tazi-Preve 2006; Lothaller/Jagoditsch/Mikula 2006, 111ff.; Garhammer 1996, 327; Vgl. auch Kapitel I.2.3.3.

27 Die Einschätzungen der Partner über den eigenen Anteil an der Hausarbeit unterscheiden sich zum Teil erheblich.

28 Siehe Kapitel I.2.3.3.

mediale Ausstattung des Haushalts. Dabei wird nicht nur die Anzahl der Geräte pro Haushalt erhoben, sondern auch, ob diese dem Kind zur selbständigen Nutzung zur Verfügung stehen. Neben der Präsenz und mit dem Bereitstellen von Medien(Geräten) wird das Nutzungsverhalten der Kinder maßgeblich davon beeinflusst, wie die erwachsenen Vorbilder die Medien nutzen. Dazu wird zum einen das zeitliche Budget erhoben, das der Vater für Zeitungs- und Buchlektüre, für Fernsehen und Computerarbeit aufwendet, differenziert nach Werk- und Wochenendtagen. Zugleich werden in qualitativer Hinsicht die bevorzugten Buchgattungen, Fernsehsendungen und die Funktionen der Computernutzung erfragt.

„Väter lesen häufiger Zeitungen als Bücher." – Zur Ausstattung der Haushalte mit Printmedien und deren Nutzung

Die Stichprobe zeigt bei den Printmedien – differenziert nach Zeitungen bzw. Zeitschriften und Büchern – eine hohe Ausstattung, was mit Rücksicht auf die Bildungsvoraussetzungen der Probanden nicht überrascht. Die zentralen Ergebnisse zur Nutzung der Printmedien stehen im Einklang mit den empirischen Befunden aktueller Lese- und Medienstudien: Die Männer lesen mehr Zeitungen und Zeitschriften als Bücher, sie bevorzugen Sach- und Fachbücher, und sie lesen am Wochenende häufiger als in der Woche. Das betrifft sowohl das Zeitunglesen als auch die Buchlektüre. Offenbar ist das Lesen als relativ zeitintensive Beschäftigung angewiesen auf die in der Regel höheren Zeitkontingente des Wochenendes.

76 Väter geben an, regelmäßig *Zeitungen* oder *Zeitschriften* zu beziehen, pro Haushalt meist zwei oder drei. Am häufigsten wird die Tageszeitung genannt (in 57 Fällen), gefolgt von den Frauen-/Männer- oder Fachzeitschriften (38) und den Wochenzeitungen (31). 16 Väter geben zudem an, für ihre Kinder regelmäßig Kinderzeitschriften zu beziehen.

Diese Ergebnisse entsprechen in etwa den Befunden aktueller Lesestudien[29], insbesondere wenn man die Tages- und Wochenzeitung als informatorische Printmedien zusammenfasst. Danach nutzen insbesondere Männer die Zeitung als aktuelles Informationsmedium, auch die Kaum- und Wenigleser von Büchern.[30] Für Werktage geben zwei Drittel der befragten Väter an, zwischen 15 und 45 Minuten die Zeitung in die Hand zu nehmen. Nur 16 Väter lesen in der Woche kaum oder gar nicht, am Wochenende sind es sogar nur sieben. Die erwarteten Unterschiede zwischen Werk- und Wochenendtagen bestätigen sich auch für die übrigen Zeitstaffeln: Die Gruppe derjenigen, die am Wochenende mehr als eine Dreiviertel Stunde für das Zeitunglesen aufwendet, steigt von 13 auf 17. Werk- und Wochenendtage korrelieren: Wer in der Woche regelmäßig Zeitschriften und Zeitungen liest, tut dies auch am Wochenende. Korrelative Zusammenhänge zum

---

29 Vgl. Hippler/Witt 2001, 157ff.
30 Hippler/Witt 2001, 160, 164.

Schulabschluss bzw. zur beruflichen Ausbildung lassen sich nicht feststellen.

Für die Stichprobe lässt sich eine hohe Ausstattung von Büchern verzeichnen: Eine große Gruppe (36 Fälle) gibt an, mehr als 500 bzw. 1000 Bücher zu besitzen. 34 Haushalte befinden sich im Mittelfeld in einer Spanne von 150 bis 500 Büchern. 15 Väter bescheinigen, weniger als 150 Bücher zu besitzen. Ein signifikanter Zusammenhang besteht zwischen dem gesamten Buchbesitz und dem Vorkommen an Kinder- und Jugendliteratur. Die meisten Familien nennen Zahlen zwischen 50 und 100 Kinderbüchern. Den größten Bestand an Kinder- und Jugendliteratur verzeichnen aber die beiden Gruppen, die für den Bereich der Erwachsenenliteratur eine Ausstattung mit über 500 bzw. über 1000 Büchern angegeben hatten. In Haushalten also, in denen die Beschaffung und Präsenz von Büchern generell wichtig ist, ist also offenbar auch die Kinderliteratur wichtig.

Im Gegensatz zum Zeitunglesen kommen offenbar die wenigsten Väter in der Woche zu einer regelmäßigen Buchlektüre: Fast die Hälfte von ihnen gibt an, täglich weniger als 15 Minuten dafür aufzuwenden[31]. 32 Väter verzeichnen zwischen 15 und 45 Minuten pro Tag. Am Wochenende wird der Buchlektüre deutlich mehr Zeit gewidmet: Ein Anstieg ist vor allem in derjenigen Gruppe zu verzeichnen, die täglich mehr als eine Dreiviertel Stunde liest. 23 Väter geben an, sie läsen weniger als 15 Minuten bzw. überhaupt nicht. Das Buchlesen in der Woche korreliert signifikant mit der Wochenendlektüre: Wer wochentags viel liest, tut dies auch am Wochenende.[32]

Zwischen der Ausstattung des Haushaltes mit Büchern und der Häufigkeit und Intensität des Buchlesens sowohl in der Woche als auch am Wochenende bestehen signifikante korrelative Zusammenhänge[33]: Die großen Buchbestände stehen also offenbar nicht nur in den Regalen, sondern werden auch gelesen. Gattungsbezogen können die geschlechtsspezifischen Präferenzen für Sach- und Fachbücher bestätigt werden.[34] Am deutlichsten zeigt sich dies für die Lesegewohnheiten in der Woche, was vermutlich mit der berufsbezogenen Lektüre zusammenhängt. Korrelationen zwischen dem beruflichen Abschluss und der Lektüre von Büchern können sowohl für Werk- als auch für Wochenendtage nachgewiesen werden. Samstags und sonntags konzentrieren sich die Väter etwas stärker auf die Belletristik. Wer in der Woche Kinder- und Jugendliteratur bevorzugt, tut dies auch am Wo-

---

31 Auch in dieser Gruppe befinden sich diejenigen Väter, die angeben, überhaupt nicht zu lesen.
32 Das Lesen in der Woche korreliert mit dem Lesen am Wochenende auf einem Signifikanz-Niveau von p£ 0.01 (2-seitig).
33 Die Korrelation zwischen dem Buchbesitz und dem Lesen von Büchern werktags sowie am Wochenende ist jeweils auf dem Niveau von p£ 0.01 (2-seitig) signifikant.
34 Vgl. zsf. Eggert/Garbe 2003.

chenende, was auch auf eine Wertschätzung und Etablierung des Vorlesens schließen lässt.

„Väter sitzen länger vor dem Fernseher als vor dem Computer.“ –
Zur Ausstattung der Haushalte mit Bildschirmmedien und deren Nutzung

Die Ausstattung, bezogen auf den Gesamthaushalt, entspricht den Daten, die repräsentative Erhebungen für deutche Haushalte ermittelt haben: Fast jede Familie verfügt über (mindestens) einen Fernseher, über Video- und DVD-Geräte sowie einen oder mehrere Computer. Bezogen auf die Ausstattung der Kinderzimmer weichen die Zahlen allerdings deutlich ab: Nur zwei Kinder haben ein eigenes Fernsehgerät, sieben – auch jüngere – Kinder einen Computer, ein Kind besitzt ein eigenes Videogerät.[35] Das Fernsehen ist – auch das steht im Einklang mit den Ergebnissen verschiedener Repräsentativstudien – das Leitmedium: Väter sitzen täglich länger vor dem Fernseher als vor dem Computer.[36] Bei beiden Medien verlängert sich die Nutzungszeit am Wochenende im Vergleich zur Woche signifikant.

Fernsehen

Für den Hauptteil der befragten Väter (49) lässt sich eine mittlere Fernsehzeit von 15 bis 90 Minuten werktags feststellen.[37] Weniger als 15 Minuten sehen 13 der befragten Väter fern, 22 mehr als eineinhalb Stunden. Erwartungsgemäß verlängert sich für einige die Fernsehzeit am Wochenende. Neben den quantitativen Daten wurden in einer qualitativen Perspektive die bevorzugten Fernsehgenres erhoben, wiederum unterschieden nach Werk- und Wochenendtagen. Auch hier können die Ergebnisse anderer Studien bestätigt werden, etwa geschlechterspezifische Sehgewohnheiten: Sowohl in der Woche als auch am Wochenende dominieren deutlich die Informationssendungen (74 bzw. 62 Fälle), gefolgt von Spielfilmen und Sportübertragungen. Diese werden am Wochenende erwartungsgemäß noch häufiger gesehen werden als in der Woche. Auch Kinder- und Jugendprogramme werden am Wochenende häufiger als in der Woche gesehen (20 bzw. neun Väter). Diese Angaben gehen konform mit den Daten der Studie zur *gemeinsamen* Fernsehzeit, die sich am Wochenende ebenfalls deutlich verlängert. Die wenigsten Väter interessieren sich für Familien- und Unterhaltungssendungen sowie für Quizshows, was sich zum Teil mit den hohen Bildungsabschlüssen erklären lässt. Damit stehen diese Genres offenbar auch nicht auf dem Programm gemeinsamer Familienfernsehnachmittage oder -abende.

---

35 Wie erwartet verhielt es sich anders mit dem eigenen Kassettenrekorder bzw. CD-Spieler: Hier hatten 74 Kinder ein eigenes Gerät zur Verfügung.
36 Erfragt wurde nur die private, nicht die berufliche Nutzung.
37 In diese Zeitspanne gehören Väter, die nur 15 Minuten für die „Tagesschau“ verwenden, und andere, die sich einen eineinhalbstündigen Spielfilm ansehen.

Computernutzung

Über Dreiviertel der befragten Väter geben an, werktags privat einen Computer zu nutzen, etwa zu gleichen Teilen für Internetarbeiten und -recherchen, für E-Mail-Kontakte oder für Textverarbeitung. Nur wenige Väter nutzen nach eigenen Angaben den Computer bevorzugt zum Spielen, was vermutlich wiederum mit dem Bildungsniveau der Väter zusammenhängt. Die Dauer erstreckt sich in den meisten Fällen (34) auf 15 bis 90 Minuten. 21 der Befragten nutzen den Rechner weniger als 15 Minuten pro Tag. Für das Wochenende geben 65 Väter an, privat einen Rechner zu nutzen, es handelt sich um dieselben, die dies auch in der Woche tun. Hier unterscheidet sich vor allem der zeitliche Aufwand: Acht Väter nutzen den Computer über drei Stunden, weitere acht eineinhalb bis drei Stunden pro Tag, und 38 Väter geben an, täglich 15 bis 90 Minuten am Rechner zu sitzen. Die signifikanten Korrelationen zwischen dem Schul- bzw. Berufsabschluss und der Intensität der Computernutzung[38] deuten darauf hin, dass die Väter den Computer aufgrund ihrer beruflichen Ausbildung und Qualifikation auch privat inzwischen fest in ihr Medienensemble integriert haben. Hier liegt ein großes Potential für die kindliche Mediensozialisation, und zwar vermutlich zunächst im Sinne eines *Lernens am Modell*. Die Formen der Computernutzung lassen wenig gemeinsame Aktivitäten am Computer vermuten.[39]

Zusammenfassung

Die Ergebnisse der Fragebogenuntersuchung zeigen, dass die Väter in den meisten Familien am Wochenende stärker verfügbar sind als in der Woche. Während die investierte Zeit für die Hausarbeit variiert und sich zum Teil nicht deutlich vom Engagement in der Woche unterscheidet, geben viele Väter an, sich am Wochenende stark in der Kindererziehung zu engagieren.[40] Die größeren Zeitpotentiale am Wochenende werden offenbar auch für den Gebrauch der Medien genutzt. Für alle Medien kann eine intensivere Nutzung am Wochenende verzeichnet werden. Die größten Unterschiede finden sich beim Buchlesen und beim Fernsehen: Offenbar bieten die in der Regel höheren Zeitkontingente des Wochenendes mehr Gelegenheit für die zeitintensiveren medialen Aktivitäten, d.h. die Lektüre eines Buches oder die Rezeption eines längeren Spielfilms oder einer Reportage im Fernsehen. Das Zeitunglesen ist vermutlich stärker in ein festes Ritual eingebunden, das sich im Vergleich zwischen Werk- und Wochenendtagen nicht ganz so

---

38 Schulabschluss und Berufsausbildung korrelieren jeweils mit der Häufigkeit der Computernutzung auf einem 2-seitigen Signifikanz-Niveau nach Pearson von p£ 0,01.

39 In den Fragenkomplexen zu den Aktivitäten des Kindes und zu den gemeinsamen Aktivitäten fehlen darauf bezogene Fragen, so dass hier nur zurückhaltend interpretiert werden kann.

40 Es handelt sich um Selbsteinschätzungen, die möglicherweise von der Einschätzung der Partnerinnen zu den gleichen Items abweichen.

deutlich unterscheidet. Auch bei der Computernutzung finden sich keine so auffälligen Verschiebungen, am stärksten noch in den beiden Gruppen, die angeben, den Rechner länger als 90 Minuten bzw. länger als drei Stunden zu nutzen. Wie viel Zeit Vätern und Kindern gemeinsam für die Freizeitgestaltung und Mediennutzung zur Verfügung steht, hängt neben den Zeitkontingenten der Väter auch von den Freizeitaktivitäten der Kinder ab.

1.3.2 Mediennutzung der Kinder
im Kontext ihrer Freizeitaktivitäten

Für einen Überblick über die Tagesgestaltung und die Zeit, die von Seiten des Kindes für gemeinsame Unternehmungen zur Verfügung steht[41], konzentriert sich ein weiterer Fragenkomplex auf die kindlichen Aktivitäten in der kindergartenfreien Zeit[42], d.h. die organisierte Freizeit (z.B. Sport, Musik) und die weniger strukturierten Aktivitäten (freies Spiel) sowie auf die Mediennutzung.

Zum *freien Spielen* machen die Väter folgende Angaben: Die meisten Kinder spielen zunächst überwiegend mit Gleichaltrigen, d.h. mit Geschwistern bzw. Freundinnen oder Freunden. Nur wenige beschäftigen sich vornehmlich allein oder mit Älteren, d.h. Jugendlichen oder Erwachsenen. Durchschnittlich stehen den Kindern der Stichprobe täglich etwa drei Stunden Zeit für das freie Spielen zur Verfügung. 14 Kinder können täglich zwei bis drei Stunden, weitere 17 drei bis vier Stunden zum freien Spielen nutzen. Den Kindern, die den Kindergarten ganztags besuchen, steht weniger Zeit zum freien Spielen am Vor- bzw. Nachmittag zur Verfügung.

Neben dem Spielverhalten wurden die sportlichen und musischen Aktivitäten der Kinder erfragt. Diese außerhäuslichen Aktivitäten strukturieren den Tages- und Wochenverlauf schon von Vorschulkindern. Insbesondere die so genannte organisierte Versportung wird von der Kindheitsforschung beschrieben[43] und kann für die Stichprobe bestätigt werden: Über zwei Drittel der Kinder (56 Fälle) treiben mindestens einmal in der Woche Sport, hingegen lernt weniger als ein Drittel der Kinder (22 Fälle) ein Instrument oder geht zum Chor, was vermutlich noch mit dem Alter der Kinder in Verbindung zu bringen ist. In diesen 22 Fällen zeigen andere Antworten, dass auch die Väter selbst musikalisch interessiert sind und deshalb offenbar diese musische Seite stärker als andere Eltern fördern.

---

41 Faktisch steht beispielsweise weniger Zeit zur Verfügung, wenn das Kind überwiegend mit Freunden spielt oder mehrmals pro Woche sportlichen oder musischen Aktivitäten nachgeht.
42 Genau zwei Drittel der Kinder besuchten den Kindergarten ganztags, das restliche Drittel halbtags.
43 Rolff/Zimmermann 2001, 145f.

Im Kontext dieser Freizeitaktivitäten steht die Mediennutzung der Kinder, hier das Bilderbuchlesen, die Nutzung von Hörkassetten und Fernsehen, DVD und Video.[44] Durchschnittlich stehen den Kindern der Stichprobe pro Tag etwa drei Stunden zum freien Spiel zur Verfügung. Etwa eine halbe Stunde nutzen sie jeweils für das Lesen von Bilderbüchern bzw. für das Hören von Hörkassetten. Das Fernsehen ist ebenso wie bei den Vätern das Leitmedium: Durchschnittlich eine knappe Dreiviertelstunde pro Tag sitzen die Kinder vor dem Fernseher. Sechs sehen länger als eine Stunde pro Tag fern, zehn Kinder überhaupt nicht.

Alle Medien werden umso intensiver genutzt, je älter die Kinder sind. Fast alle Kinder, die länger als 30 Minuten pro Tag vor dem Bildschirm sitzen, sind älter als viereinhalb Jahre. Die Sehzeiten werden zudem differenziert in Sendungen für Kinder und Sendungen für Erwachsene und damit zugleich qualitativ erfasst. In den meisten Fällen deckt sich die gesamte Fernsehzeit mit der angegebenen Sehzeit für Kindersendungen. Die Hitliste führen ausgewiesene Vorschulsendungen an: *Die Sendung mit der Maus*, die *Teletubbies*, das *Sandmännchen* und die *Sesamstraße*, gefolgt von *Löwenzahn*, *Wickie*, *Pinocchio* und anderen Zeichentrickfilmen. Einige dieser Sendungen werden offenbar auch mit den Erwachsenen zusammen gesehen – darauf lässt jedenfalls die große Anzahl von Titelübereinstimmungen schließen. Sendungen wie der *Tigerenten*- und der *Mausclub* oder *Tabaluga tivi* sehen die Kinder hingegen häufig allein ohne die Anwesenheit eines Erwachsenen.

Hörkassetten sind fester Bestandteil im Medienensemble von Vorschulkindern. Die meisten Kinder – so die Angaben der Väter – hören täglich mindestens zwischen zehn und 30 Minuten. Nur neun Kinder nutzen dieses Medium offenbar nicht regelmäßig. Die Nutzungshäufigkeit geht konform mit der medialen Ausstattung: 74 Kinder haben einen eigenen Kassettenrekorder oder CD-Spieler zur Verfügung. Zwar können auch jüngere Kinder dieses Medium schon relativ früh selbständig ohne die Unterstützung von Erwachsenen und häufig im medialen Verbund nutzen, jedoch steigt auch hier wie bei den anderen Medien die Nutzungshäufigkeit ab etwa viereinhalb Jahren noch einmal deutlich an. Das hängt vermutlich mit einer Erweiterung des Repertoires zusammen: Mit zunehmendem Alter können die Kinder zunehmend längeren und komplexeren Geschichten folgen, die Liederkassetten und kurzen Hörspiele der früheren Phasen werden abgelöst.

Bilderbücher werden durchschnittlich etwas mehr als eine halbe Stunde von den Kindern selbständig genutzt. Die eigene Lektüre von Bilderbüchern, zu der das Betrachten der Bilder gehört, aber auch das Zitieren der Texte, das Imitieren von Vorlesesituationen oder Anschlusshandlungen etwa in Form von Rollenspielen, nimmt erwartungsgemäß mit steigendem Lebensalter zu.

---

44 Fragen zur selbständigen Computernutzung wurden nicht gestellt.

Die Gruppe der Viereinhalb- bis Sechsjährigen stellt den größten Anteil in den Gruppen dar, die sich täglich 30 Minuten oder länger mit Bilderbüchern beschäftigen.

Auch in diesem Fragenkomplex konnten relevante Titel frei genannt werden. Diese decken sich häufig mit den *gemeinsam* von Vater und Kind gelesenen Büchern (siehe unten), was als wichtiges Indiz für die enge Verzahnung der gemeinsamen und der Eigenlektüre der Kinder angesehen werden kann. Offenbar kann der erwachsene Vermittler auf diese Weise die selbständige Lektüre mit steuern, indem er Leseprozesse anregt bzw. wichtige Titel in der gemeinsamen Rezeptionssituation erneut aufgreift. Die Liste der Titel, die sowohl allein als auch gemeinsam gelesen wurden, führen typische Bestseller[45] an, die von den Kindern wegen der bildnerischen Gestaltung und des Verhältnisses von Text und Illustration auch ohne die Unterstützung eines Erwachsenen rezipiert werden können, etwa Nordqvists *Pettersson*-Geschichten, Pfisters *Regenbogenfisch, Bobo Siebenschläfer, Briefe von Felix, Der kleine Eisbär* oder *Benjamin Blümchen*. Es werden aber auch Klassiker genannt, die schon textreicher sind, selbst wenn es sich um für Kinder bearbeitete, gekürzte und reicher illustrierte Ausgaben handelt. Diese Titel, etwa Grimms Märchen, Lindgrens *Pippi Langstrumpf* oder *Die Kinder von Bullerbü* werden vermutlich stärker in Erinnerung an die gemeinsame Vorlesesituation zur Hand genommen.

Die Studie zeigt eine zunehmende Selbständigkeit der Kinder in ihrer Mediennutzung mit steigendem Alter, und zwar bezogen auf alle drei erfragten Medien Bilderbücher, Hörkassetten und Fernseher. Insbesondere die jüngeren Kinder sind aber offenbar noch auf die Unterstützungsleistungen eines (kompetenten) Anderen in einer gemeinsamen Rezeptionssituation angewiesen. Die Studie fragt hier nach der spezifischen Rolle des Vaters, nach den gemeinsamen Aktivitäten und im besonderen nach der gemeinsamen Mediennutzung im Kontext von Betreuungs- und Erziehungsaufgaben.

1.3.3 Gemeinsame Aktivitäten von Vater und Kind

Fokus der Studie sind die *gemeinsamen* Aktivitäten von Vater und Kind. Diese hängen von den jeweiligen Zeitbudgets ab, die beiden Handelnden zur Verfügung stehen. Für den Vater müssen zum einen die Erwerbstätigkeit (Voll- oder Teilzeit), zum anderen die Freizeitaktivitäten berücksichtigt werden, von denen die Mediennutzung als ein Bestandteil gilt. Gemeinsam mit den Fragen zu den Aktivitäten des Kindes geben diese Informationen Aufschluss darüber, welche (Zeit)Potentiale noch für gemeinsame Unternehmungen vorhanden sind.

---

45 Eine Schweizer Forschungsgruppe klassifiziert Bilderbücher in „Klassiker", „Bestseller" und „unkonventionelle Bücher" (Süss 2000, 105).

Das gemeinsame Medienhandeln von Vater und Kind wird als integraler Bestandteil aller gemeinsamen Freizeitaktivitäten aufgefasst. Orientiert an den Kategorien für die väterliche Partizipation an der Kinderbetreuung und -erziehung (Verfügbarkeit, Engagement, Verantwortlichkeit) versucht die Gesamtstudie Aufschluss darüber zu erlangen, in welchem Umfang und in welcher Form Väter Aufgaben in der Lese- und Medienerziehung ihrer Kinder übernehmen. In einem Dreischritt werden in der nachfolgenden Auswertung zunächst die Zeitpotentiale betrachtet, die Vätern und ihren Kindern in der Woche und am Wochenende zur Verfügung stehen. Davon abhängig ist, in welchem Umfang und in welcher Form sich Väter faktisch an der Betreuung und Erziehung der Kinder beteiligen. Das Medienhandeln ist schließlich Teil der gesamten Vater-Kind-Interaktionen.

Zeitbudgets

Gemeinsame Aktivitäten von Vater und Kind sind abhängig von dem Zeitbudget, das beiden zur Verfügung steht.[46] Dieses ist in den meisten Familien der Stichprobe am Wochenende größer als an Werktagen: Zum einen gibt der überwiegende Teil der Väter eine volle Berufstätigkeit an, und zum anderen besuchen zwei Drittel der Kinder ganztägig den Kindergarten, so dass beiden in der Woche faktisch weniger gemeinsame Zeit zur Verfügung steht.

Für Werktage geben die meisten Vollzeit berufstätigen Väter an, ein bis zwei Stunden mit dem Kind zu verbringen. Ein allein erziehender Vater, der beruflich selbständig ist und deswegen offenbar den Tag flexibler gestalten kann, gibt einen Spitzenwert von über sechs Stunden an. Bei den übrigen Vätern, die werktags überdurchschnittlich viel Zeit, d.h. drei oder mehr Stunden mit dem Kind verbringen, können keine solchen Rückschlüsse gezogen werden: Weder sind sie alleinerziehend noch teilzeitbeschäftigt oder beruflich selbständig. Einige Väter geben an, aus beruflichen Gründen überhaupt keine Zeit mit ihrem Kind zu verbringen. Zu diesen zählen auch diejenigen, die diese Frage zwar nicht beantworten, deren übrige Auskünfte aber entsprechende Rückschlüsse zulassen.

Am Wochenende verbringen die Väter deutlich mehr Zeit mit ihren Kindern. Die meisten der Befragten dokumentieren „mehrere Stunden täglich" bis hin zu „ganzen Tagen". Dieses Ergebnis deckt sich mit den Befunden anderer Studien, die belegen, dass sich die väterlichen Aktivitäten am Wochenende quantitativ und qualitativ von den Aktivitäten werktags unterscheiden.[47]

---

46 Zum Zeitbudget vgl. Kindler 2002, 33. Zitiert wird eine repräsentative Studie, nach der Väter 29 Stunden pro Woche mit ihrem Kind verbrachten, ein Viertel davon in direkter Interaktion wie Spielen oder Vorlesen.

47 Fthenakis/Minsel 2002; Fthenakis/Kalicki/Peitz 2002; Zulehner/Volz 1999 u.a.

Väterliche Partizipation an Betreuungs- und Erziehungsaufgaben

Die Studie versucht darüber Aufschluss zu erlangen, was die Väter regelmäßig, d.h. mehrmals pro Woche bei der Betreuung und Erziehung ihres Kindes übernehmen. Im Vordergrund stehen die zweckgebundenen Aktivitäten, die zum Beispiel als Grundversorgung in den Tagesablauf integriert sind.[48] Die meisten Väter der Stichprobe versorgen auch in der Woche regelmäßig ihre Kinder – in unterschiedlich großen Anteilen. Das morgendliche Wecken, Waschen und Anziehen wird von über der Hälfte der Befragten übernommen, ebenso viele kümmern sich um die Organisation der Mahlzeiten.[49] Den Hin- und Rückweg zum Kindergarten begleiten etwa zwei Drittel der befragten Väter. Das abendliche Zu-Bett-Geh-Ritual ist auch in der Woche fest in väterlicher Hand: Die meisten Befragten geben an, ihr Kind regelmäßig, d.h. mehrmals pro Woche ins Bett zu bringen. Am Wochenende liegt die Beteiligung an der Familienarbeit erwartungsgemäß höher: Fast alle Väter kümmern sich regelmäßig um die abendliche Versorgung ihres Kindes wie das Zu-Bett-Bringen, viele geben an, die Organisation der Mahlzeiten zu übernehmen und über zwei Drittel wecken und versorgen die Kinder morgens.

Erwartungsgemäß finden insbesondere die stärker intentionalen, zielgerichteten und zum Teil zeitintensiveren gemeinsamen Aktivitäten eher am Wochenende statt. An erster Stelle steht das gemeinsame Spiel, für das sich fast alle Väter Zeit nehmen[50]: in der Woche täglich etwa 45 Minuten, am Wochenende pro Tag 120 Minuten. Die Väter hatten im Fragebogen die Möglichkeit, Präferenzen von Spielformen anzugeben. Die Angaben stehen im Einklang mit Ergebnissen aus der psychologischen Forschung: Die Väter bevorzugen kognitionsfördernde, d.h. Lern- und Konzentrationsspiele, aber auch körperbetonte Aktivitäten wie Kuscheln, Kitzeln und Toben sowie Spiele, die im Freien stattfinden. Auch Kreatives und Experimentelles, zum Beispiel Konstruktionsspiele, Malen und Zeichnen sowie Basteln und Werken werden häufig genannt. Seltener hingegen kommen elektronische und Computerspiele (13 Nennungen) vor, was vermutlich mit dem Alter der Kinder zusammenhängt. Phantasie- und Rollenspiele sowie zugehörige Sprachhandlungen wie Rollenübernahmen oder das gemeinsame Ausdenken von Geschichten werden zwar von etwa 20 % genannt, gehörten aber offenbar nicht zum täglichen Repertoire. Bei den Gesprächsformen dominieren die alltagstypischen, zum Teil kognitiv ausgerichteten Typen ‚Erklären von Sachzusammenhängen' (65), ‚Frage-Antwort' (62), Hinweise und Ermahnungen (48) sowie das handlungsbegleitende Sprechen (46).

---

48 Andere Studien berichten, dass Väter sich weniger bei der Pflege ihrer Kinder engagieren als vielmehr bei den geplanten und nach außen gerichteten Aktivitäten. Windeln wechseln und Toilettengänge bleiben hiernach immer noch Sache der Mütter. (Fthenakis/Minsel 2002; Zulehner/Volz 1999)
49 Bei voller Berufstätigkeit vermutlich Frühstück und Abendessen.
50 – jeweils proportional zur Gesamtzeit –

Deutlich, zum Teil um das Doppelte, differieren die gemeinsamen Aktivitäten (Sport, Kino- und Theaterbesuche, gemeinsame Ausflüge) zwischen den Werk- und Wochenendtagen. Überraschend selten finden offenbar gemeinsame Bibliotheksbesuche statt: Nur wenige Väter geben an, mit ihren Kindern entweder werktags oder am Wochenende eine Bücherei aufzusuchen. Als weitere Indikatoren für die väterliche Partizipation dienen die Fragen nach der Betreuung im Krankheitsfall und der Begleitung bei den außerhäuslichen Freizeitaktivitäten.[51] Die Angaben korrespondieren mit der für die Stichprobe beschriebenen traditionellen Rollenverteilung: In Dreiviertel der Fälle bleibt die Partnerin zu Hause, wenn das Kind erkrankt ist. Ähnlich sieht es bei der Begleitung der außerhäuslichen Freizeitaktivitäten aus: Auch hier geben nur wenige Väter an, regelmäßig diesen Part bei der Betreuung des Kindes zu übernehmen.

Hinweise darauf, inwiefern das pädagogische Handeln auch normativ beeinflusst ist, sollte die Frage liefern, ob sich die Väter aus Büchern (z.B. Erziehungsratgebern) oder Elternzeitschriften informieren, wenn sie Fragen zur Erziehung ihres Kindes haben. Dies tut nur etwa ein Drittel der Befragten, was vermutlich mit dem Alter der Kinder in Verbindung zu bringen ist. Eltern beschaffen sich offenbar eher im Säuglings- und Kleinkindalter Informationen zu speziellen Fragen, etwa zum Stillen oder zum Schlafverhalten, zur sprachlichen oder motorischen Entwicklung oder zu bestimmten Themen wie ‚Sauberkeitserziehung‘.[52] In der Kindergartenzeit übernehmen oftmals die Erzieherinnen, in der Schulzeit Lehrerinnen und Lehrer, beratende Funktionen bzw. wird ein Teil der Erziehungsaufgaben in den institutionellen Verantwortungsbereich übertragen.[53]

Gemeinsame Mediennutzung im Kontext der Betreuung und Erziehung

Das Medienhandeln von Vater und Kind ist integriert in die Gesamtheit der gemeinsamen Freizeitaktivitäten. Die Studie konzentriert sich auf die prä- und paraliterarische Kommunikation, also auf diejenigen Handlungsformen, die die literale bzw. literarische Entwicklung vorbereiten bzw. begleiten: Vorlesen von (Bilder-)Büchern, Erzählen von Geschichten, Singen und Sprachspiele. Über die Fragen zur gemeinsamen Fernsehrezeption wird der weitere mediale Kontext erfasst.[54]

Spitzenreiter unter den prä- und paraliterarischen Kommunikationsformen ist das *Bilderbuchvorlesen*. Die Angaben für Werk- und Wochenendtage

---

51 Gemeint waren hier zum Beispiel ‚Fahrdienste‘ zu Freunden, zum Sport oder Musikunterricht.
52 Ein Vater bemerkt, seine Partnerin und er hätten sich früher – „als die Kinder noch kleiner waren" – durch Elternzeitschriften und Ratgeberbücher informiert.
53 Zur Expertisierung der Erziehung vgl. Rolff/Zimmermann 2001, 158ff.
54 Fragen zum gemeinsamen Computerspiel wurden im Hinblick auf das Alter der Kinder ausgespart.

unterscheiden sich um etwa zehn Minuten. In der Woche lesen die befragten Väter durchschnittlich 20 Minuten mit ihren Kindern, am Wochenende erhöht sich die Zeit auf 30 Minuten. Dieser Unterschied könnte zum einen darauf hindeuten, dass sich das Vorlesen beispielsweise als festes Abendritual etabliert hat, das am Wochenende zeitlich etwas ausgedehnt wird. Möglicherweise werden aber auch die größeren Zeitpotentiale des Wochenendes für weitere Leseanlässe im Tagesverlauf genutzt.

Die Hitliste der gemeinsam gelesenen Bücher wird angeführt von den Grimm'schen Märchen, gefolgt von Geschichtensammlungen, Nordqvists *Pettersson*-Büchern, Pfisters *Regenbogenfisch, Bobo Siebenschläfer* und verschiedenen Titeln von Astrid Lindgren. Im Gegensatz zur selbständigen Bilderbuchnutzung der Kinder (siehe oben) verfügen die Favoriten also über einen höheren Textanteil und bedürfen zwingend der gemeinsamen Rezeptionssituation. Zum Teil deckt sich die gemeinsame Lektüre mit denjenigen Titeln, die die Kinder alleine zur Hand nehmen, was als Beleg für das Anregungs- und Unterstützungspotential der gemeinsamen Lesesituation gewertet werden kann.

Geschichtenerzählen, Singen und *Sprachspiele* kommen im Alltag weniger häufig vor als das Bilderbuchvorlesen, was wahrscheinlich mit dem Alter und der sprachlich-kognitiven Entwicklung der Kinder zusammenhängt: Stärker als die medial mündlichen Formen des Singens, Reimens und Erzählens repräsentiert das Bilderbuch den Übergang in die Schriftlichkeit und löst die genannten mündlichen Formen zunehmend ab. Dem *Geschichtenerzählen* widmen etwa die Hälfte der befragten Väter eine Viertelstunde pro Tag in der Woche, am Wochenende nur geringfügig mehr. Etwas höher liegen die Angaben für das gemeinsame *Singen*, für *Sprachspiele* und *Witzeerzählen*, möglicherweise, weil sie diffuser sind, d.h. den Alltag stärker durchdringen und mit alltäglichen Handlungen, etwa der Autofahrt zum Kindergarten, besser zu kombinieren sind. Für diese Formen nehmen sich werktags über die Hälfte aller Väter etwa 20 Minuten Zeit, am Wochenende im Durchschnitt 24 Minuten.

Alle prä- und paraliterarischen Kommunikationsformen interkorrelieren, d.h. wer mit seinen Kindern länger singt und Sprachspiele macht, erzählt ihnen auch länger Geschichten und liest ihnen länger vor bzw. umgekehrt.[55] Diese Handlungen sind zudem häufig in Alltagsrituale eingebunden, etwa in gemeinsame Mahlzeiten, in das Zu-Bett-Geh-Ritual[56] bzw. in Ruhephasen zwischen den Mahlzeiten oder den Spielphasen. Einige Väter nennen weniger ritualisierte Situationen wie Autofahrten, Spaziergänge oder Fahrradausflüge, in denen wohl eher das Erzählen von Geschichten oder von

---

55 Die Korrelationen zwischen den verschiedenen Formen der prä- und paraliterarischen Kommunikation waren jeweils auf einem Niveau von p£ 0.01 (2-seitig) signifikant.
56 Dies waren allerdings auch die Beispielvorgaben.

Witzen vorkommen. Diese Handlungsformen sind spontaner und zeitlich und örtlich ungebundener als etwa das Bilderbuchvorlesen oder auch das Fernsehen.

Beim *Fernsehen* zeigen sich deutliche Unterschiede zwischen Werk- und Wochenendtagen. Etwa die Hälfte der befragten Väter gibt an, in der Woche mit ihren Kindern regelmäßig fernzusehen, und zwar im Durchschnitt knapp 27 Minuten. Am Wochenende sind es – gemäß dem insgesamt größeren Zeitpotential – über zwei Drittel der Väter. Im Durchschnitt liegt die Sehdauer nun bei einer Dreiviertelstunde pro Tag. Spitzenreiter der gemeinsam gesehenen Sendungen sind die *Sendung mit der Maus*, das *Sandmännchen, Löwenzahn* und (in der Woche) die *Sesamstraße*. In neun Fällen werden auch Formate für Erwachsene gemeinsam gesehen. Mit einer durchschnittlichen Sehzeit von 15 Minuten werden Sendungen wie die *Tagesschau* bzw. andere Nachrichtensendungen (5) angegeben, weiterhin Soaps (2), Spielshows (1) sowie Kochsendungen (1) und Tierfilme (1). Die *Teletubbies* stehen zwar weit oben auf der Hitliste der Kinder, werden aber seltener von Vätern und Kindern gemeinsam gesehen. Das mag zum einen mit den väterlichen Präferenzen zu tun haben. Offenbar traut man den Kindern aber auch zu, ein spezifisch für Klein(st)kinder konzipiertes Fernsehformat allein zu sehen. Für das Wochenende sind sowohl beim Fernsehen als auch beim Bilderbuchvorlesen Zuwächse zu verzeichnen. Bei beiden handelt es sich um medial gebundene Handlungsformen, die erstens stärker ritualisiert sind und zweitens offenbar bei höheren Zeitkontingenten ausgedehnter praktiziert werden.

Auch wenn der Umfang des gemeinsamen Medienhandelns abhängig ist vom zeitlichen Budget – faktisch steht einem Kindergartenkind und seinem in Vollzeit erwerbstätigen Vater weniger gemeinsame Zeit zur Verfügung –, lässt sich mangelndes Engagement in der Woche nicht nur über den Zeitfaktor erklären. Die Befunde belegen, dass die Aktivitäten an Werk- und Wochenendtagen miteinander korrelieren, d.h. wer in der Woche länger vorliest, singt, Geschichten erzählt, tut dies auch am Wochenende und umgekehrt.[57] Dies gilt auch für das Fernsehen: Wer am Wochenende länger mit seinen Kindern fernsieht, tut dies auch am Wochenende.[58] Sowohl die prä- und paraliterarischen Kommunikationsformen als auch das gemeinsame Fernsehen stehen im signifikanten Zusammenhang mit dem Schul- und Bildungsabschluss des Vaters: Je höher also die schulische und berufliche Qualifikation des Vaters, desto stärker engagiert er sich offenbar in der Me-

---

57 Die Dauer der prä- und paraliterarischen Kommunikationsformen in der Woche korreliert mit der Dauer am Wochenende auf einem Signifikanz-Niveau von p£ 0.01 (2-seitig).
58 Auch korrelieren die Fernsehzeiten in der Woche mit den Fernsehzeiten am Wochenende auf einem Signifikanz-Niveau von p£ 0.01 (2-seitig).

dienerziehung seines Kindes.[59] Bezogen auf das Alter des Vaters lassen sich hingegen keine Zusammenhänge feststellen.

Buchbesitz und Leseverhalten des Vaters stehen – dies als wichtiges Ergebnis – in signifikantem Zusammenhang mit den verschiedenen Formen der prä- und para-literarischen Kommunikation. Je mehr Bücher die Väter in den Regalen stehen haben und je mehr Zeit sie selbst für die Buchlektüre aufwenden, desto länger werden sowohl an Werktagen als auch am Wochenende (Bilder)Bücher vorgelesen, Geschichten erzählt, Sprachspiele gemacht oder desto länger wird gemeinsam gesungen.[60] Das Zeitunglesen korreliert hingegen nicht mit dem gemeinsamen Vorlesen bzw. mit der kindlichen Eigenlektüre. Zwischen den präferierten Buchgattungen und dem Vorleseverhalten der Väter lassen sich keine Zusammenhänge zeigen, d.h. die belletristisch orientierten Väter lesen offenbar nicht häufiger vor. Allerdings gehören die acht Väter, die überhaupt nicht vorlesen, zur Gruppe der Nicht- bzw. Sach- und Fachbuchleser.

Bezogen auf das Fernsehverhalten des Kindes kann ein signifikanter Zusammenhang bestätigt werden: Je länger die Väter sowohl in der Woche als auch am Wochenende lesen, desto weniger sehen die Kinder fern.[61] Auffällig sind auch die Zusammenhänge zwischen der vom Vater für das Fernsehen aufgewandten Zeit und den Sehzeiten des Kindes bzw. der gemeinsamen Sehzeit, d.h. je höher der Fernsehkonsum des Vaters, desto länger sieht das Kind alleine fern und desto länger wird auch gemeinsam ferngesehen.[62]

Bei allen Handlungsformen der prä- und paraliterarischen Kommunikation lassen sich keine Unterschiede zwischen den Geschlechtern finden: Väter lesen Söhnen und Töchtern etwa gleich häufig Bilderbücher vor, erzählen ihnen Geschichten, singen oder reimen mit ihnen. Gleiches gilt für das Fernsehen. Wie bei der selbständigen Mediennutzung der Kinder, bei denen altersabhängige Unterschiede festgestellt werden können, gibt es auch bei der gemeinsamen Medienrezeption deutliche Zusammenhänge. Erwartungsgemäß kommen die frühen Formen des Singens und Reimens bei den Kindern höheren Alters in der Stichprobe seltener vor. Gegenläufig steigt

---

59 Die Korrelationen zwischen den verschiedenen Formen der prä- und paraliterarischen Kommunikation bzw. der gemeinsamen Fernsehrezeption und dem Schulbzw. Berufsabschluss waren jeweils auf einem Niveau von p£ 0.01 (2-seitig) signifikant.

60 Sowohl der Buchbesitz als auch das Leseverhalten des Vaters korrelieren mit den verschiedenen Formen der prä- und paraliterarischen Kommunikation auf einem Signifikanz-Niveau von p£ 0.01 (2-seitig).

61 Ein leicht negativer Zusammenhang kann zwischen der Dauer der väterlichen Lektüre sowohl in der Woche als auch am Wochenende und der Fernsehdauer der Kinder gezeigt werden (2-seitiges Signifikanz-Niveau p£ 0,05).

62 Die Korrelationen zwischen den Fernsehzeiten des Vaters und den Fernsehzeiten des Kindes bzw. der gemeinsamen Fernsehrezeption waren jeweils auf einem Niveau von p£ 0.01 (2-seitig) signifikant.

das Zeitvolumen bei der gemeinsamen Fernsehrezeption. Für das Geschichtenerzählen und das Vorlesen können keine altersabhängigen Korrelationen nachgewiesen werden.

1.3.4 Zusammenfassung

Auf den ersten Blick sind die Familien der Stichprobe eher konventionell orientiert. Eine große Gruppe von Vätern ist Vollzeit berufstätig und damit den Hauptteil des Tages außer Haus beschäftigt. Die Partnerinnen wiederum sind entweder in Teilzeit oder gar nicht erwerbstätig. Diese Verteilung lässt sich vermutlich mit der relativ hohen beruflichen Qualifikation der Probanden erklären[63], die den Haushalten in vielen Fällen ein hohes Nettoeinkommen gewährleistet. Dass allerdings 14 Prozent der Väter schon einmal für einen gewissen Zeitraum Erziehungsurlaub bzw. Elternzeit in Anspruch genommen, um damit nicht nur – mit den Kategorien von Pleck et. al. verfügbar und engagiert, sondern auch verantwortlich zu sein, lässt sich als nichtkonventionelles Merkmal der Stichprobe werten. Dazu passt auch, dass sich die meisten Väter offenbar auch bei Berufstätigkeit sowohl in der Woche als auch am Wochenende regelmäßig an der Betreuung und Erziehung der Kinder beteiligen und hier alltägliche, auch pflegerische Tätigkeiten übernehmen. Sie geben zudem an, seit der Elternschaft eigene soziale, kulturelle oder sportliche Interessen und Aktivitäten zugunsten der Kinder reduziert oder (vorübergehend) ganz aufgegeben zu haben. Gemeinsame Aktivitäten dominieren in der Regel den Familienalltag. Dazu gehört auch die gemeinsame Mediennutzung.

Die Befunde bestätigen den Stellenwert der Familie als Instanz der Lesesozialisation bezogen auf das Klima, die Vorbildfunktion und das Anregungs- und Unterstützungspotential der gemeinsamen Vorlesesituation. Väter nehmen durch Buchbesitz und -lektüre Einfluss auf das Leseverhalten und die Fernsehnutzung ihrer Kinder. Je höher die Ausstattung des Haushalts mit Büchern ist, desto mehr lesen die Väter selbst und desto mehr lesen sie wiederum ihren Kindern vor.

Das Bilderbuchvorlesen kann als häufigste Form der prä- und paraliterarischen Kommunikation ausgemacht werden. Die übrigen Formen hängen damit eng zusammen, sie ergänzen und unterstützen sich offenbar. Wer also länger vorliest, erzählt auch länger Geschichten, singt und reimt länger mit den Kindern. Dass die Aktivitäten von Werk- und Wochenendtagen dabei korrelieren, ist ein wichtiges Ergebnis der Studie. Es hängt also offenbar weniger vom zeitlichen Budget ab, ob Väter eine Rolle in der Lesesozialisation ihrer Kinder spielen und welche. Wichtiger sind vermutlich die Einstellungen und die Ziele, die mit Handlungsformen der Lesesozialisation ver-

---

63 Über die schulischen und beruflichen Qualifikationen der Partnerinnen können keine Aussagen gemacht werden.

bunden werden. Und die unterscheiden sich eben nicht grundsätzlich an Werk- und Wochenendtagen. Dieser Befund kann mit dem qualitativen Ansatz der Fallstudien weiter gestützt werden. Auch die Vorbildfunktion in der Fernsehnutzung kann durch die Untersuchung belegt werden: Väter, die länger fernsehen, tun dies auch länger mit ihren Kindern gemeinsam, und diese Kinder sitzen wiederum auch länger allein vor dem Bildschirm. Umgekehrt gilt für die Stichprobe: Je mehr der Vater liest, desto weniger sehen die Kinder fern.

Die Studie bestätigt als wichtiges Ergebnis das Anregungs- und Unterstützungspotential der gemeinsamen Vorlesesituation: Je mehr den Kindern vorgelesen wird, desto mehr greifen sie selbst zu (Bilder)Büchern, und eben auch und gerade zu den gemeinsam gelesenen. Das bestätigt zudem der Vergleich der gemeinsam und ,selbständig' gelesenen Titel. Kinder nehmen offenbar die vorgelesenen oder gemeinsam gelesenen Bücher selbst noch einmal zur Hand – ein wichtiges Ergebnis für den Bereich der (systemischen) Leseförderung. Das Vorlesen ist offenbar stärker als das Erzählen von Geschichten, das Singen und Reimen in ritualisierte Handlungsformen, etwa das abendliche Zu-Bett-Bringen, eingebunden. Auch dieser Befund kann genauer im qualitativen Ansatz der Fallstudien untersucht werden.

Zusammenfassend lassen sich für die Stichprobe in den Selbstbeschreibungen der Väter nichtkonventionelle Merkmale feststellen. Die Väter betonen neben ihrer Ernährerrolle auch ihre Erzieherrolle. Sie beteiligen sich an der täglichen Betreuung der Kinder und leisten offenbar eigene Beiträge in der Lese- und Medienerziehung. Das Bilderbuchlesen als zentrale Form der prä- und paraliterarischen Kommunikation spielt dabei eine wichtige Rolle im Übergang von der Mündlichkeit zur Schriftlichkeit und für die literale und literarische Entwicklung von Kindern. Unter welchen Bedingungen sich Vorleseprozesse im Hinblick darauf besonders produktiv gestalten, kann in einem qualitativen Ansatz von Fallstudien adäquater untersucht werden.

2. Darstellung der qualitativen Untersuchung – Bilderbuchrezeption in Familien mit Vorschulkindern

2.1 Darstellung der Methode Einzelfallstudie

Der qualitative Teil der Studie besteht aus vier Einzelfallstudien, die sich jeweils in vier teilnehmende, videounterstützte Beobachtungen von Vorlesesituationen sowie zwei sich anschließende, voneinander unabhängige fokussierte Leitfadeninterviews mit beiden Elternteilen gliedern. Im Anschluss an das Konzept des Symbolischen Interaktionismus und dessen maßgeblich von Herbert Blumer beschriebene Methodologie unterteilt sich der qualitative Teil der Studie in eine Phase der Exploration und der Inspektion.[64] Die Ergebnisse der Explorationsphase dienten der induktiven Hypothesengenerierung.

2.1.1 Exploration

In dem explorativen Teil werden für die teilnehmende Beobachtung und die sich anschließenden Interviews relevante Phänomene mit ihren Bedeutungen erfasst, was Blumer mit dem Begriff der *sensitizing concepts* beschreibt. Begriffe werden also noch nicht im Vorfeld operationalisiert, sondern explorativ im Verlauf der Untersuchung und in Abstimmung mit den im Forschungsfeld Handelnden entwickelt.[65] Ein solches Vorgehen dient der Verständigung zwischen Forscherin und Probanden und soll vermeiden, a priori davon auszugehen, dass einem beobachteten Phänomen *überhaupt* eine Bedeutung für die Handelnden zukommt. Es soll zudem verhindern, die eigene Bedeutungszuschreibung unzulässigerweise auf die Probanden zu übertragen.[66] „Gültigkeit und Zuverlässigkeit der gewonnenen Daten in einer Beobachtung können nämlich gefährdet werden, wenn die geltenden Sinn- und Bedeutungszusammenhänge des analysierten soziokulturellen Systems nicht beachtet werden; sie können aber auch durch zu weit gehende Interpretationen der Sinn- und Bedeutungszusammenhänge in Gefahr

---

64 Blumer 1973, 122-130; Kraimer 1995, 467-470; Kelle 1997, 237ff.; vgl. zu den Regeln und „korrespondierenden Konzepten" qualitativer Forschung auch Kleining 1982, 230ff.
65 Arbeitsgruppe Bielefelder Soziologen 1976, 39; Blumer 1973, 122-125.
66 ebd.

gebracht werden, wenn der Beobachter dem Beobachteten sein eigenes Sinnverständnis unterlegt."[67]

Die Explorationsphase ist insofern induktiv, als sie stark auf Beobachtungen und Mitteilungen von und Gespräche mit den im Forschungsfeld Handelnden setzt. Sie versucht, nicht nur die deduktiv von der Theorie abgeleiteten Hypothesen zu überprüfen, sondern diese selbst im Forschungsprozess zu erzeugen.[68]

In dieser Phase wurde Kontakt zu verschiedenen Haushalten aufgenommen, in denen jeweils Kinder im Alter von zwei bis vier Jahren lebten. Explorativ wurden Familien einerseits in Alltagssituationen beobachtet, um mit ihnen über verschiedene Aspekte des Bilderbuchlesens ins Gespräch zu kommen. Unterstützend wurden diese Familien gebeten, über ihr Vorleseverhalten, auch im Hinblick auf einen Geschlechtervergleich, zu reflektieren und – durch einige Impulsfragen angeleitet – die ihnen wichtigen Phänomene und Bedeutungen zu notieren. Diese Beobachtungen, Gespräche und schriftlichen Ausführungen konnten wesentlich zur Hypothesengenerierung beitragen.

2.1.2 Die Einzelfallstudie

Die Einzelfallstudie ist bekannt als ein *approach*, ein Forschungsansatz aus der qualitativen Sozialforschung, der weder eine konkrete Erhebungstechnik noch ein eigenständiges methodologisches Paradigma darstellt.[69] Ziel von Einzelfallstudien ist es, die Untersuchungsobjekte nicht auf einige wenige Variablen zu reduzieren, sondern „ein möglichst *ganzheitliches* und nur damit *realistisches* Bild der sozialen Welt" zu zeichnen.[70] Einzelfallstudien werden den wesentlichen Merkmalen qualitativer Sozialforschung – Offenheit, Kommunikativität, Naturalistizität und Interpretativität[71] – in besonderer Weise gerecht. Dies wird auch in dieser Studie eingelöst:

Die Vorgehensweise ist *offen* hinsichtlich dreier verschiedener Dimensionen: Offenheit besteht erstens bezüglich des *theoretischen Konzepts*. For-

---

67 Lamnek 1995b, 242.
68 Blumer betont den Wert von Kontaktpersonen, „die scharfe Beobachter und gut informiert sind. [...] Eine kleine Anzahl solcher Individuen, die zu einer Diskussions- und Informantengruppe zusammengebracht werden, sind ein Vielfaches gegenüber einer repräsentativen Stichprobe wert". (Blumer 1973, 123)
69 vgl. Lamnek 1995b, 4f.; Der Begriff Paradigma wurde 1967 von Kuhn eingeführt. Er bezeichnet eine „Leistung, durch die eine wissenschaftliche Tradition begründet wurde" (Lamnek 1995b, 397). In methodologischer Hinsicht wird darunter eine „beispielhafte Handlungsanweisung zur Durchführung eines bestimmten Forschungsansatzes, für den Einsatz einer bestimmten Methode, Anleitung für eine Analyse" verstanden. (ebd.)
70 Lamnek 1995b, 5 (Hervorhebungen im Original)
71 Vgl. Lamnek 1995b, 17-21.

schungsfragen und Hypothesen werden nicht nur deduktiv von den relevanten Theorien abgeleitet und in der Praxis überprüft, sondern im Forschungsprozess selbst explorativ entwickelt bzw. modifiziert. Die Vorgehensweise ist zweitens offen hinsichtlich der *untersuchten Probanden*, die informiert werden über Forschungsinteressen und Zweck der Untersuchung. Sie ist drittens offen bezüglich der *Erhebungssituation*: Aus dem breiten Methodenspektrum wurden je ein Beobachtungs- und ein Interviewverfahren als geeignet ausgewählt. Die Form der teilnehmenden Beobachtung und des Leitfadeninterviews ermöglicht allen Beteiligten eine Mitgestaltung der Untersuchungssituation. Durch den niedrigen Grad der Teilnahme an der Beobachtung wird eine zu starke Strukturierung vermieden und erhalten die Probanden eigene Spielräume. Die Form des Leitfadeninterviews ermöglicht eine flexible Gesprächssituation, die von allen Beteiligten mit gesteuert werden kann.

Insbesondere die Interviewsituationen sind durch *Kommunikativität* gekennzeichnet. Beide Kommunikationspartner erhalten hier die Möglichkeit, sich einer gemeinsamen Deutung der Situation zu vergewissern, (Nach-) Fragen zu stellen, um Erklärungen zu bitten usw. „Wird das empirische Material nicht durch Kommunikation gewonnen, werden auch keine Interpretationen und Deutungen der Alltagsmenschen freigesetzt, die die Wirklichkeit konstituieren. Die Erhebungstechniken der Einzelfallstudie müssen kommunikativ sein, damit die soziale Wirklichkeit in der Erhebungssituation präsent wird."[72]

Auch *Naturalistizität* als Merkmal von Einzelfallstudien wird in der Untersuchung eingelöst. Die ausgewählten Familien werden in der gewohnten häuslichen Umgebung besucht, die Beobachtungssituationen nicht eigens arrangiert, sondern so gewählt, wie sie jeweils typischerweise in den Tagesablauf integriert sind.

Interpretation wird in der Studie als alltagsweltliches Fremdverstehen und Nachvollzug der Bedeutungen verstanden, die die Akteure ihren Handlungen zuschreiben. In dieser konstruktivistischen Perspektive wird soziale Realität nicht als objektiv vorgegeben, sondern als von den beteiligten Handelnden konstruiert und interpretiert aufgefasst.[73]

Auswahl der Fälle

Die Untersuchungseinheiten wurden für die vorliegende Studie theoriegeleitet aufgrund vermuteter *kontrastiver* Handlungsmuster[74] gewählt. Es handelt sich bei ihnen nicht um Einzelpersonen, sondern jeweils um die soziale

---

72 Lamnek 1995b, 19.
73 Lamnek 1995b, 20f.
74 Im Gegensatz zu gleichartigen Handlungsmustern (Lamnek 1995b, 23 und 27).

Gruppe der Familie[75], obgleich der Vater nach wie vor im Zentrum des Forschungsinteresses steht. Mit diesem Ansatz soll zum einen die familiensystemische Perspektive berücksichtigt werden, zum anderen soll dieses Vorgehen die Möglichkeiten für einen Vergleich der Geschlechter eröffnen. Die Fälle werden so gewählt, dass „sie hinsichtlich einer gleich oder ähnlich strukturierten größeren Menge von Phänomenen als typische Fälle oder besonders prägnante oder aussagefähige Beispiele gelten".[76]

Leitend für die Auswahl der Fälle war der Aspekt der familialen Rollen. Untersucht wurden jeweils zwei Familien, die einem eher konventionellen, rollendifferenzierten Modell entsprachen (Fallbeispiele 1 und 2) bzw. die sich für einen nichtkonventionellen, rollenambivalenten Entwurf entschieden hatten (Fallbeispiele 3 und 4). Vor diesem Hintergrund konzentriert sich die qualitative Studie auf vier verschiedene Fälle. In den ersten beiden hat jeweils die Mutter den Hauptteil der Familien- und Erziehungsarbeit übernommen, dem Vater kommt mit der Vollzeiterwerbsarbeit zunächst die ,Ernährerfunktion' in der Familie zu. In den Fallbeispielen 3 und 4 haben die Partner sich jeweils für Modelle entschieden, in denen die Familien- und Erwerbsarbeit geteilt bzw. getauscht werden. In Fall 3 hat der Vater aus verschiedenen Gründen die Rolle des ,Hausmannes' übernommen, die Mutter versorgt die Familie wirtschaftlich. Die Eheleute des vierten Fallbeispiels haben ein Modell gewählt, in dem beide etwa gleichberechtigt Aufgaben der Betreuung und Erziehung des Kindes übernehmen und zum Familieneinkommen beitragen.

Die Familienmerkmale ,Bildung' und ,sozioökonomischer Status' sowie die kindspezifischen Merkmale ,Alter', ,Geschlecht' und ,Stellung in der Geschwisterreihe' dienen als Kontrollvariablen. Alle vier Familien gehören der gehobenen Mittelschicht an und verfügen über ähnliche kulturelle Erfahrungen und Wertmaßstäbe. Zudem sind die Bildungsabschlüsse vergleichbar: Alle Probanden besitzen die Fachhochschul- bzw. Hochschulreife. Sechs von ihnen haben an der Fachhochschule oder Universität studiert, zwei mit Promotionsabschluss. Das Netto-Haushaltseinkommen bewegt sich durchschnittlich zwischen 2000 und 3000 Euro. Alle vier Familien haben Söhne im Alter von drei bzw. vier Jahren. In zwei Familien gibt es jeweils ein jüngeres Geschwisterkind.

Bezogen auf die Typologie von Matzner[77] weisen die Fallbeispiele 1 und 2 Merkmale des traditionellen bzw. des modernen Ernährers auf. Fallbeispiel 3 entspricht dem Typ des familienzentrierten Vaters, Fallbeispiel 4 zeigt Merkmale eines ganzheitlichen Vaters.

---

75 Vgl. Lamnek 1995b, 5f. und 28ff.
76 Hartfiel 1982, zit. nach Lamnek 1995b, 5.
77 Matzner 2004.

2.1.3 Inspektion: Beobachtung und Interview

Als Untersuchungsmethode i.e.S. wird für die Einzelfallstudien eine Kombination aus einem Beobachtungs- und einem Befragungsverfahren gewählt: Diese Verwendung verschiedener Techniken soll ein möglichst klares und umfassendes Bild vom Forschungsgegenstand verschaffen. Unzulänglichkeiten oder Fehler der einzelnen Methoden können durch die Kombination von akzidentalen, d.h. den nahezu vollständigen empirisch vorfindbaren Aussagen, und systematischen Dokumenten, d.s. zum Zwecke der Analyse produzierte Aussagen, aufgedeckt und ausgeglichen werden.[78] Die Auswertung der Fallstudien erfolgt hermeneutisch-interpretativ.

Beobachtung

Am Anfang der Untersuchung steht die so genannte teilnehmende Beobachtung, eine vor allem aus der Ethnologie und aus den Sozialwissenschaften bekannte Methode.[79] Für den vorliegenden Forschungsgegenstand ist sie gut geeignet, um Zugang zum Familienalltag zu erlangen und die Sinn- und Bedeutungszuschreibungen ihrer Mitglieder insbesondere im Hinblick auf die Mediennutzung, i.e.S. die Bilderbuchrezeption, zu erfassen. Um den Problemen der Methode[80] – etwa Rollenkonflikten oder der Spannung zwischen Identifikation und Distanz – angemessen und kompetent zu begegnen, wird die Partizipation an der Vorlesesituation als so genannte vollständige Beobachtung angelegt. Die Interviewerin ist also nicht in das soziale Geschehen der Beobachtungssituation integriert, sondern beobachtet zeitversetzt mit Hilfe von Videoaufzeichnungen.[81] Damit wird zugleich das Gütekriterium der intersubjektiven Überprüfbarkeit eingehalten.

Die Untersuchungen fanden bei den Familien zuhause, d.h. in ihrer gewohnten Umgebung, statt. Mit einer Videokamera wurden jeweils vier, einmal fünf Vorleseinteraktionen pro Familie – je zwei Vater-Kind- und zwei Mutter-Kind-Interaktionen – aufgezeichnet. Die Vorlesesituationen waren teilstandardisiert, d.h. die Familien konnten zunächst Ort, Arrangement und Tageszeit frei wählen[82]. Darüber hinaus erhielten sie bestimmte Instruktionen: Für das Vorlesen wurden von der Interviewerin zwei thematisch ähnliche Bilderbücher zur Verfügung gestellt: *Ich trödel doch nicht,*

---

78 Zur Methodentriangulation in Einzelfallstudien vgl. Lamnek 1995b, 5, 24f., 34, 383.
79 Legewie 1995, 190ff.; Lamnek 1995b, 239ff. „Das maßgebliche Kennzeichen der teilnehmenden Beobachtung ist der Einsatz in der natürlichen Lebenswelt der Untersuchungspersonen. Der Sozialforscher nimmt am Alltagsleben der ihn interessierenden Personen und Gruppen teil und versucht durch genaue Beobachtung, etwa der Interaktionsmuster und Wertvorstellungen zu explorieren und für die wissenschaftliche Auswertung zu dokumentieren." (ebd., 240; Hervorhebungen i. Original)
80 Die methodischen Probleme der teilnehmenden Beobachtung diskutiert Lamnek 1995b, 266ff.
81 Lamnek unterscheidet vier verschiedene Grade der Partizipation (1995b, 252, 265).
82 Die situativen Bedingungen konnten somit intra- und interfamilial variieren.

140

sagt Max von Dagmar Geisler, eine Vater-Sohn-Geschichte, und *Trödeln? Ich doch nicht!* von Claudia Fries und Maja von Vogel, eine Mutter-Sohn-Geschichte.[83] Allen Familien, die an der Untersuchung teilgenommen haben, waren diese Titel unbekannt. Der Vater sollte jeweils in die Vater-Sohn-Geschichte einführen, d.h. zunächst den ersten Titel vorlesen. Die Mutter bekam den Auftrag, mit dem zweiten Titel zu beginnen. An den Folgeterminen sollten die Bücher getauscht werden. Das Vorlesen inklusive eventuell begleitender oder sich anschließender Gespräche – so lautete die Instruktion – sollte nicht in Rücksicht auf die Filmsituation modifiziert werden, sondern möglichst authentisch ablaufen. Sowohl für das verbale als auch das nonverbale Verhalten wurde ein Beobachtungsraster entwickelt, um die erhobenen Daten aus den verschiedenen Einzelfällen zu objektivieren und vergleichbar zu machen.

Nach Abschluss der Videoaufnahmen wurde das Material von der Interviewerin gesichtet und vollständig transkribiert. Für die Umschrift wurde eine orthographische Darstellungsform gewählt, phonetische Merkmale wurden nur an relevanten Stellen mit notiert. Zur besseren Orientierung ist der gelesene Bilderbuchtext kursiv gesetzt. Abweichungen durch Versprecher, Füllwörter, textnahe Ergänzungen usw. sowie alle übrigen Redebeiträge werden durch Fettdruck, Betonungen jeweils durch Unterstreichungen hervorgehoben. Pausen werden durch Bindestriche, das nonverbale Verhalten der beiden Interaktionspartner wird in eckigen Klammern notiert. Die visuellen Daten, etwa Angaben zur Rahmensituation und zum nonverbalen Verhalten, werden in den Transkripten mit vermerkt.

Interview

Im Anschluss an die Videoaufnahmen wurden die Eltern getrennt voneinander gemäß der Methode des teilstrukturierten, fokussierten Interviews jeweils zu ihrer eigenen Vorlesesituation befragt. Kennzeichnend ist die relative Offenheit der Befragungssituation, in die zwar vorformulierte Fragen in Form eines Leitfadens mitgebracht werden, auf die die Interviewten aber frei antworten sollen. Diese teilweise Strukturierung ermöglicht eine relativ flexible Gesprächssituation, in der zwar bestimmte Schlüsselfragen in jedem Fall gestellt werden sollten, jedoch die Reihenfolge der Fragen verändert, neue hinzugefügt oder andere, die sich im Verlauf des Gesprächs als unnötig erweisen, weggelassen werden können. Im Interviewverlauf muss also ständig sensibel zwischen den Antworten und dem Leitfaden vermittelt werden.[84]

---

83 Geisler, Dagmar: Ich trödel doch nicht, sagt Max. 2. Aufl. Frankfurt am Main: Fischer Schatzinsel 2003. Fries, Claudia/Vogel, Maja von: Trödeln? Ich doch nicht! München: Boje 2003.
84 Hopf (1978) weist auf die Gefahr der „Leitfadenbürokratie" hin, „die den in solchen Interviews möglichen Gewinn an Offenheit und Kontextinformationen einschränkt,

Da es in diesem Teil der Untersuchung auch um die Reflexion und Analyse der vorangegangenen Vorlesesituation gehen soll, lässt sich die Befragung am ehesten der Form des fokussierten Interviews zurechnen.[85] Kennzeichnend für dieses Verfahren ist die Konzentration auf einen vorab bestimmten Gesprächsgegenstand bzw. Gesprächsanreiz, zum Beispiel auch eine spezifische gemeinsam erlebte Situation wie die Vorlesesituation.[86] Hopf hebt als Vorteil fokussierter Interviews hervor, „eine sehr zurückhaltende, nicht direktive Gesprächsführung mit dem Interesse an sehr spezifischen Informationen und der Möglichkeit zur gegenstandsbezogenen Explikation von Bedeutungen zu verbinden".[87] Mit dem Ziel der Nichtbeeinflussung versucht das fokussierte Interview unterschiedlich stark strukturierte Fragen miteinander zu kombinieren.[88] Mit Spezifizierungen soll die „retrospektive Introspektion" des Probanden gefördert und dieser angehalten werden, „seine Antworten unmittelbar auf bestimmte Aspekte der Stimulussituation zu beziehen; gleichzeitig sollten sie jedoch so allgemein sein, dass eine Strukturierung der Situation durch den Interviewer vermieden wird".[89] Um ein möglichst breites Spektrum an Informationen zu erhalten, muss der Proband im Laufe des Interviews die Gelegenheit erhalten, eigene Aspekte in das Interview neu einzuführen. Die Interviewerin andererseits muss das thematische Spektrum, das auch im Leitfaden festgelegt ist, ausschöpfen, indem sie selbst neue Aspekte anspricht oder Themenwechsel initiiert, d.h. auch zu Themen zurückführt, die zwar erwähnt, aber noch nicht ausreichend behandelt worden sind. Die Schwierigkeiten, diese Anforderungen in jeder Interviewsituation vollständig einzulösen, sind evident. Ihnen ließ sich durch eine sorgfältige, detaillierte Vorbereitung des Leitfadens, durch Probeinterviews und durch einen wachsamen, sozial kompetenten Umgang mit der Gesprächssituation begegnen.

Aufbau der Interviews

Den acht Interviews liegt jeweils der gleiche Leitfaden zugrunde, der sich in verschiedene Fragenkomplexe gliedert. Mütter und Väter werden getrennt und jeweils bezogen auf ihre eigenen Vorlesesituationen interviewt.

---

weil der Interviewer zu starr am Leitfaden klebt und etwa im falschen Moment die Ausführungen des Interviewten unterbricht und zur nächsten Frage übergeht, statt vertiefend anzuknüpfen" (zit. nach Flick 2000, 113).

85 Diese spezielle Form des Leitfadeninterviews wurde in den 1940er Jahren im Rahmen der Kommunikationsforschung und Propagandaanalyse von Morton, Kendall u.a. entwickelt.

86 Hopf 1995, 178f.

87 Ebd., 179; Vgl. zum fokussierten Interview auch Lamnek 1995b, 79-81: Dieser hebt allerdings als Paradigma des fokussierten Interviews gerade die quantitative Forschungslogik hervor, d.h. es gehe nicht allein um das Entwickeln von Hypothesen, sondern „auch und gerade um deren Überprüfung" (ebd., 80); vgl. zu Kriterien, Problemen und Grenzen der Methode ebenfalls Flick 2000, 94-99.

88 Flick 2000, 95.

89 Ebd., 96.

Das Gespräch soll aber über die konkreten situativen Aspekte hinaus typische Merkmale der eigenen Vorlesepraxis herausstellen.

Der erste Fragenkomplex bezieht sich – gemäß der Idee des fokussierten Interviews – zunächst auf die *Vorlesesituation* selbst. Hier werden verbale und nonverbale Dimensionen im Hinblick darauf berücksichtigt, wie die Vorlesenden selbst die Interaktionssituation wahrgenommen und erlebt haben, und zwar auf der Verhaltens- und der affektiven Ebene. Redeanteile, Stimmungen, Gefühle der Verbundenheit, Ort und Arrangement der Lesesituation, Körper- und Blickkontakte werden als Beschreibungskategorien angenommen.

In einem nächsten Fragenkomplex geht es um die *Buchauswahl* in frei arrangierten Vorlesesituationen. Wer von den Interaktionspartnern das Buch auswählt und von welchen Interessen, Motiven und Präferenzen er dabei geleitet wird, lässt auch Rückschlüsse auf das Vorlesekonzept des erwachsenen Vermittlers zu.[90] Kind und Erwachsener einigen sich vielleicht gemeinsam auf ein Buch, etwa auf einen ‚erprobten‘ Titel, oder das Kind sucht selbständig ohne Einfluss des Elternteils aus. Wählt der Erwachsene, orientiert er sich möglicherweise an Lektürevorlieben aus seiner eigenen Kindheit, berücksichtigt Vorlieben und Interessen des Kindes oder aber stellt pädagogische Ziele in den Vordergrund, etwa die Behandlung bestimmter Themen wie ‚Geschwister‘ oder ‚Kindergarten‘.

Ein weiterer Fragenkomplex bezieht sich auf die *Rahmenbedingungen und die Funktionen des Vorlesens*. Auch hier soll wieder das Typische der Vorlesesituationen identifiziert werden. Relevant ist, zu welchen Zeiten gewöhnlich vorgelesen wird und wie diese Situationen in den Tagesverlauf integriert sind. Gefragt wird beispielsweise nach bestimmten Ritualen, etwa Ruhephasen nach dem Mittagessen oder vor dem Zu-Bett-Gehen. Zudem werden die Funktionen, Ziele und Gratifikationen angesprochen, die sich mit dem Vorlesen verbinden, etwa ob pädagogische oder Lernaspekte im Vordergrund stehen, ob die gemeinsame Lektüre dem *moodmanaging*, d.h. dem Stimmungsausgleich dient, ob sie die Funktion hat, das Kind zu beruhigen oder zu beschäftigen, in Literalität einführen oder beziehungsstrukturierend wirken soll.

Thematisiert wird das quantitative und qualitative Verhältnis zu anderen Formen der prä- und paraliterarischen Kommunikation und zum Fernsehen, auch im Hinblick auf die Medienverbünde. Zudem werden sprachliche und nichtsprachliche Anschlusshandlungen erfragt, etwa ein Anknüpfen an die Bilderbuchgeschichte in Alltagssituationen in Form von Gesprächen oder Zitaten, eigenständige (Vor-)Leseversuche des Kindes oder andere Verarbeitungsformen wie das Puppen- oder Rollenspiel. An dieser Stelle können

---

90 Zu den unterschiedlichen Bilderbuchpräferenzen von Kindern und Erwachsenen vgl. Süss 2000.

sowohl das Medienverhalten des Kindes als auch des Erwachsenen genauer in den Blick genommen werden. Mithilfe eines einseitigen Fragebogens werden von allen vier Familien Eckdaten zur Familiensituation, zu Berufstätigkeit und Freizeitverhalten und zur Medienausstattung des Haushalts gewonnen.

Die Interviews – jeweils von ein- bis eineinhalbstündiger Länge – wurden auf einem Tonträger aufgezeichnet, um für die Auswertung das gesamte sprachliche Datenmaterial zur Verfügung zu haben. Im Anschluss an das Interview wurden Merkmale der Gesprächssituation sowie Zusatzinformationen notiert, die vor oder nach dem Interview i.e.S. im Gespräch gegeben wurden. Die Auswertung der Interviews erfolgte in mehreren Schritten. Zunächst wurden die Gesprächsaufnahmen nach dem Prinzip der literarischen Umschrift vollständig transkribiert, d.h. die lautsprachlichen Äußerungen wurden schriftlich in einer orthographischen Darstellungsform fixiert. Dabei blieben Besonderheiten der Sprechweise unter Berücksichtigung der Lesbarkeit erhalten.

2.2 Hypothesen über die zentralen Dimensionen und Bedingungsfaktoren der Prozesse familialer Lesesozialisation

2.2.1 Basismodell eines Bedingungsgefüges familialer Lesesozialisation

Ausgehend von Paradigmen der Lesesozialisationsforschung, der psychologischen und sozialwissenschaftlichen Forschung entwickelt die Studie ein Modell über die zentralen Dimensionen und Bedingungsfaktoren der Prozesse familialer Lesesozialisation, wobei die Handlungsroutine des Vorlesens als integraler Bestandteil der Familieninteraktion interpretiert wird. Modelliert werden drei Hauptdimensionen: erstens die Rahmenbedingungen und Strukturmerkmale der familialen Lebensform, in der sich je spezifische Konzepte von Partner-, Eltern- und Vaterschaft ausprägen, zweitens die sozioemotionale Eltern-Kind-Beziehung als Basis einer ‚Vorlesebeziehung', drittens die domänenspezifischen Voraussetzungen des ‚kompetenten Anderen', d.h. Konzepte über die eigene Lektüre, über das Vorlesen und Merkmale der Vorlesepraxis selbst. Das Modell (Abb. 3) impliziert, dass das Zusammenspiel der Bedingungsfaktoren auf diesen drei Dimensionen die Qualität von Vorleseinteraktionen wesentlich bestimmt.

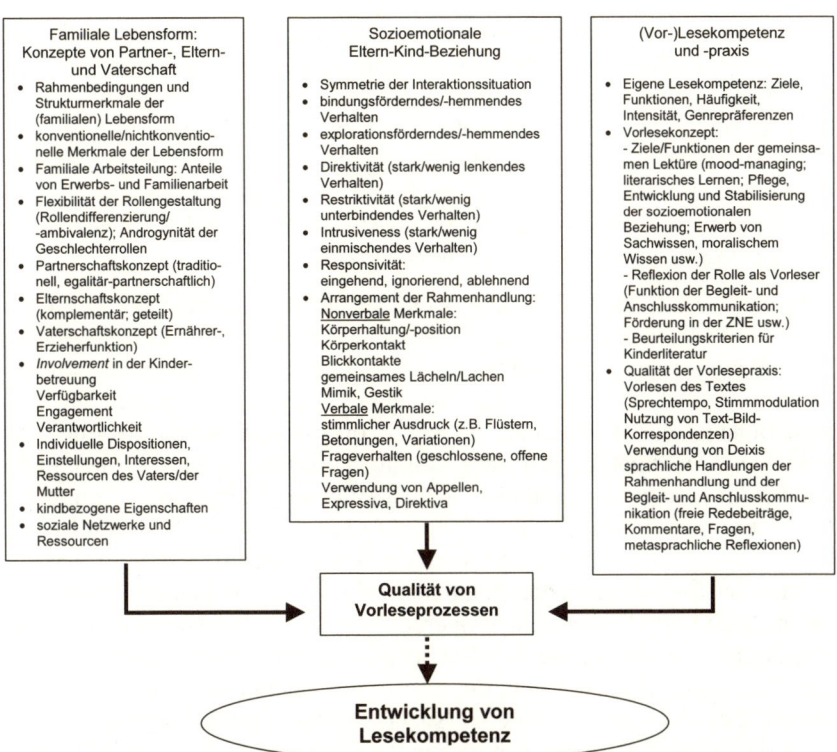

Familiale Lebensform: Konzepte von Partner-, Eltern- und Vaterschaft	Sozioemotionale Eltern-Kind-Beziehung	(Vor-)Lesekompetenz und -praxis
• Rahmenbedingungen und Strukturmerkmale der (familialen) Lebensform • konventionelle/nichtkonventionelle Merkmale der Lebensform • Familiale Arbeitsteilung: Anteile von Erwerbs- und Familienarbeit • Flexibilität der Rollengestaltung (Rollendifferenzierung/ -ambivalenz); Androgynität der Geschlechterrollen • Partnerschaftskonzept (traditionell, egalitär-partnerschaftlich) • Elternschaftskonzept (komplementär; geteilt) • Vaterschaftskonzept (Ernährer-, Erzieherfunktion) • *Involvement* in der Kinderbetreuung Verfügbarkeit Engagement Verantwortlichkeit • Individuelle Dispositionen, Einstellungen, Interessen, Ressourcen des Vaters/der Mutter • kindbezogene Eigenschaften • soziale Netzwerke und Ressourcen	• Symmetrie der Interaktionssituation • bindungsförderndes/-hemmendes Verhalten • explorationsförderndes/-hemmendes Verhalten • Direktivität (stark/wenig lenkendes Verhalten) • Restriktivität (stark/wenig unterbindendes Verhalten) • Intrusiveness (stark/wenig einmischendes Verhalten) • Responsivität: eingehend, ignorierend, ablehnend • Arrangement der Rahmenhandlung: Nonverbale Merkmale: Körperhaltung/-position Körperkontakt Blickkontakte gemeinsames Lächeln/Lachen Mimik, Gestik Verbale Merkmale: stimmlicher Ausdruck (z.B. Flüstern, Betonungen, Variationen) Frageverhalten (geschlossene, offene Fragen) Verwendung von Appellen, Expressiva, Direktiva	• Eigene Lesekompetenz: Ziele, Funktionen, Häufigkeit, Intensität, Genrepräferenzen • Vorlesekonzept: - Ziele/Funktionen der gemeinsamen Lektüre (mood-managing; literarisches Lernen; Pflege, Entwicklung und Stabilisierung der sozioemotionalen Beziehung; Erwerb von Sachwissen, moralischem Wissen usw.) - Reflexion der Rolle als Vorleser (Funktion der Begleit- und Anschlusskommunikation; Förderung in der ZNE usw.) - Beurteilungskriterien für Kinderliteratur • Qualität der Vorlesepraxis: Vorlesen des Textes (Sprechtempo, Stimmmodulation Nutzung von Text-Bild-Korrespondenzen) Verwendung von Deixis sprachliche Handlungen der Rahmenhandlung und der Begleit- und Anschlusskommunikation (freie Redebeiträge, Kommentare, Fragen, metasprachliche Reflexionen)

Qualität von Vorleseprozessen

Entwicklung von Lesekompetenz

Abb. 3: Basismodell eines Bedingungsgefüges familialer Lesesozialisation (eigener Entwurf)

Im Modell werden drei zentrale Dimensionen unterschieden, die die Leseentwicklung von Kindern beeinflussen können. Die Rahmenbedingungen und Strukturmerkmale der familialen Lebensform bestimmen die Konzepte von Eltern-, Vater- und Mutterschaft und die Formen familialer Interaktion, in die Vorleseprozesse integriert sind. In einer soziologischen und *gender*-Perspektive wird die Flexibilität in der Ausgestaltung der *familialen Rollen* betrachtet. Die Fallstudien sind unterschieden in konventionelle, rollendifferenzierte und in modernere, nichtkonventionelle Familienformen, so genannten rollenambivalenten Familienformen, deren familiale Rollen ausdifferenziert und die unklarer definiert sind. In der Studie wird angenommen, dass das Verständnis, das ein Mann von seiner Rolle als Vater hat, seine Partizipation an der Kindererziehung beeinflusst – unterschieden nach den drei von Pleck (1997) beschriebenen Kategorien Verfügbarkeit, Engagement, Verantwortlichkeit. Ein Vater, der sich weniger in der Rolle des Ernährers als stärker in der Rolle des Erziehers sieht[91], partizipiert vermutlich auch intensiver an der Lese- und Medienerziehung seiner Kinder. Dies ist

---

91 Vgl. u.v.a. Fthenakis/Minsel 2002.

eher erwartbar in einer nichtkonventionellen Familienkonstellation, in der die Rollen ambivalenter, aber flexibler als in konventionelleren Modellen ausgestaltet werden. Ein höheres Maß an zeitlicher Verfügbarkeit lässt auch ein größeres Engagement und mehr Übernahme von Verantwortung erwarten. Für die Auswertung werden die Ergebnisse der Fragebogenuntersuchung zum Verhältnis von beruflichen und Freizeitaktivitäten und den gemeinsamen medienbezogenen Handlungen von Vater und Kind sowie die Interviewaussagen der Fallstudien herangezogen.

Auf der Grundlage von Ergebnissen der Bindungsforschung[92] wird als zweiter Wirkungskomplex die Dimension der *sozio-emotionalen Eltern-Kind-Beziehung* in einem Modell familialer Lesesozialisation angenommen. Es wird unterstellt, dass Kinder nur dann vom Vorlesen profitieren, d.h. zum Beispiel durch Unterhaltung, durch Information, durch die Entwicklung von Empathiefähigkeit oder Moralbewusstsein, wenn die Interaktion auf der Grundlage einer stabilen sozioemotionalen Beziehung stattfindet.[93] Der erwachsene Vermittler muss in der Lage sein, sich flexibel auf die emotionalen Erfahrungen und Bedürfnisse der Kinder einzustellen und Übergänge zu schaffen zwischen den kindlichen Alltagserfahrungen und der fiktionalen Welt der Bilderbuchgeschichte. Mit einer bindungstheoretischen Fundierung werden für die Beschreibung der Eltern-Kind-Bindung zum einen Kategorien herangezogen, die positiv mit der Entwicklung eines stabilen Bindungskonzepts korrelieren: soziale Stimulation (nonverbal, verbal), Antwortbereitschaft (Responsivität) und Feinfühligkeit (Sensitivität).[94] Zur Beschreibung und Analyse eines explorationsfördernden bzw. -hemmenden Stils eignen sich die Kategorien Restriktivität und Direktivität[95], die sowohl den parasprachlichen als auch den sprachlichen Bereich betreffen. Für die Auswertung werden vornehmlich die Analysen der Videoaufzeichnungen, zudem die Interviewaussagen beider Elternteile berücksichtigt.

Drittens nimmt das Modell Kategorien der elterlichen *(Vor-)Lesekompetenz und -praxis* als einflussreiche Dimension an, dies vor dem Hintergrund verschiedener theoretischer Modelle und Konzepte. Erstens lernen Kinder am Modell: Fördernd für die Lesentwicklung ist die Präsenz von Büchern im ‚Verkehrsraum' der Kinder und von lesenden Bezugspersonen. Erwachsene können als Leserinnen und Leser gewissermaßen modellhaft durch ihre eigene Lektüre die Wertschätzung von Lesen und Literatur zeigen. Zweitens profitieren Kinder durch eine gelungene Begleit- und Anschlusskommuni-

---

92 Vgl. Kapitel I.2.6.
93 Zu den Funktionen und Folgefunktionen des Lesens vgl. das Modell im Sammelband ‚Lesesozialisation in der Mediengesellschaft' (2004) (zsf. im Beitrag von Groeben 11-35, bes. 24).
94 Ainsworth (1989), Grossmann/Grossmann (2005), Kindler (2002) u.a.
95 Die von Ainsworth vorgeschlagen Kategorie eines einmischenden Verhaltens (intrusiveness) bezieht sich auf die Analyse von Spielsituationen und eignet sich weniger für die Analyse von Vorleseinteraktionen.

kation von der gemeinsamen Bilderbuchrezeption. Drittens werden als positive Voraussetzung metakognitive Kompetenzen der erwachsenen Vermittlers angenommen, d.h. wie er zum einen seine eigene Rolle als Leser gestaltet und bewertet, welche Ziele und Funktionen er der eigenen Lektüre zuschreibt und wie er seine eigene Lesesozialisation mit der des Kindes in Verbindung bringt. Zum anderen gilt als Indikator, wie weit der erwachsene Vermittler über kindliche Leseentwicklung und die gemeinsame Lektüre reflektieren und auf dieser Grundlage ein Konzept von kindlicher Lesesozialisation entwickeln kann. Dazu gehören die Formulierung von Zielen und Funktionen der gemeinsamen Lektüre, die Entwicklung kinderliteraturbezogener Urteilskategorien und die Reflexion über die Diskrepanz zwischen der kindlichen und der erwachsenen Rezeption und über das damit verbundene Vermittlungsproblem. Inwieweit sich der Erwachsene in seiner Rolle als Vorleser an den kindlichen Voraussetzungen orientieren kann, und zwar auf der emotionalen, kognitiven und sprachlichen Ebene, und inwieweit er damit ein adäquates Anregungsniveau in der ‚Zone der nächsten Entwicklung' (Wigotsky) trifft, gilt als wichtiger Indikator für das Gelingen von Vorleseprozessen.

Für die Dimension *(Vor-)Lesekompetenz und -praxis* werden die Ergebnisse der Fragebogenuntersuchung mit den Interviewaussagen der Fallstudien in Verbindung gebracht. Auf der Grundlage der Interviewaussagen beider Elternteile werden jeweils Konzepte über das je eigene Lese- und Medienverhalten sowie über die gemeinsame Medienrezeption mit dem Kind erstellt und diese anschließend anhand der Filmaufnahmen überprüft und konkretisiert.

2.2.2 Hypothesen über die spezifischen Merkmale der Vorleseinteraktionen zwischen Vätern und Kindern

Orientiert an Forschungsergebnissen aus den Sozialwissenschaften, v.a. aus der Familiensoziologie, der Psychologie (systemische Familienpsychologie, Entwicklungspsychologie, Psychoanalyse, Bindungsforschung), der *gender*- und pragmalinguistischen Forschung und der Lese- und Medienforschung werden drei zentrale Bestimmungsdimensionen in einem Bedingungsgefüge familialer Lesesozialisation angenommen und modelliert. Günstige Bedingungen für eine produktive Gestaltung von Vorleseprozessen bestehen vermutlich bei einem positiven Zusammenspiel der drei Dimensionen: flexible Ausgestaltung der familialen Rollen, stabile sozioemotionale Vater-Kind- und Mutter-Kind-Beziehung und hohe (Vor-)Lesekompetenz und -praxis beider Elternteile. Kinder können dann in ihrer Leseentwicklung von beiden Elternteilen profitieren, und zwar im Sinne einer geschlechterspezifischen Ergänzung.[96]

---

96 Z.B. Hurrelmann/Hammer/Nieß 1995.

Die Hypothesengenerierung erfolgt zum einen deduktiv aus den relevanten Bezugsdisziplinen (Kapitel I). Zum anderen werden in einem induktiven Vorgehen die Ergebnisse der Explorationsphase aus dem qualitativen Teil der Studie herangezogen (Kapitel II, 2.1). In einer geschlechterunterscheidenden Perspektive unterstellt die Studie, dass Väter ausgehend von einer stabilen Bindungsbeziehung stärker ein exploratives Verhaltenssystem unterstützen, d.h. Kinder in ihrem entdeckenden und erkundenden Verhalten begleiten und herausfordern. Zudem wird angenommen, dass sich die unterschiedlichen Kommunikations- und Sprachstile von Männern und Frauen nicht nur zwischen Erwachsenen zeigen, sondern sich auch in der Eltern-Kind-Kommunikation ausprägen. Geht man davon aus, dass sich Vorlesesituationen als Spiel der „besonderen Art"[97] oder als Problemlöse- und Lernaufgabe interpretieren lassen, wie es (entwicklungs-)psychologisch orientierte Studien tun, können – so die Hypothese – die sprachlichen Interaktionen und das Anleitungsverhalten bei den Aufgaben auf die Vorlesesituation bezogen werden.

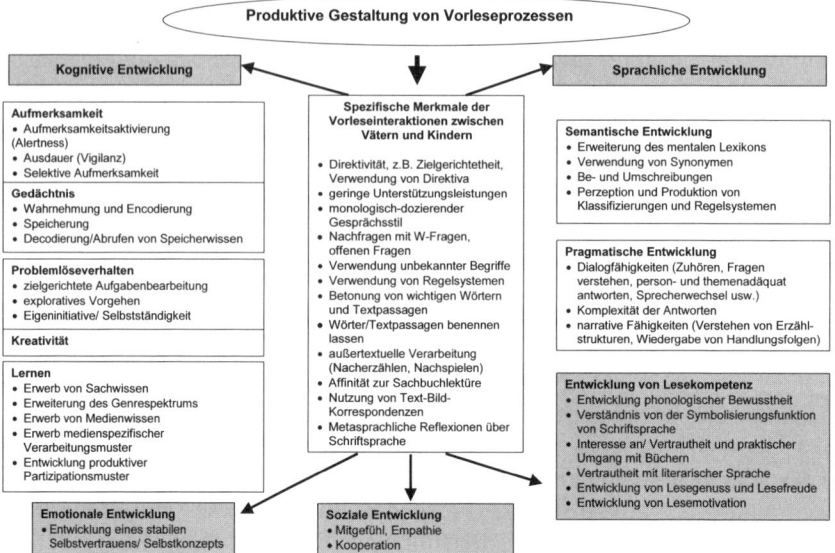

Abb. 4: Hypothesen über die spezifischen Merkmale der Vorleseinteraktionen zwischen Vätern und Kindern und Möglichkeiten der Förderung (eigener Entwurf)

Die Befunde legen nahe, dass die gemeinsame Bilderbuchrezeption von Vätern und Kindern zentrale Entwicklungsbereiche positiv beeinflussen kann. Die spezifischen Merkmale der Vorleseinteraktionen wirken sich vermutlich fördernd auf die Entwicklung von Lesekompetenz sowie auf Teildi-

---

97 Oerter 1999.

mensionen der kognitiven und der sprachlichen, der emotionalen und der sozialen Entwicklung aus. In Abbildung 4 werden diese Fördermöglichkeiten bezogen auf den theoretischen Rahmen skizziert und als Hypothesen formuliert.

Förderung der Entwicklung von Lesekompetenz

Der in der entwicklungspsychologischen, Bindungs- und psychoanalytischen Forschung beschriebene explorationsfördernde Stil von Vätern hat vermutlich einen positiven Einfluss auf die Entwicklung von Lesekompetenz. Väter können auf diese Weise das Interesse an und einen vertrauten Umgang mit Büchern fördern. Durch Bilderbücher und eine kindorientierte Vorlesepraxis können sie Genuss und Freude am Vorlesen und Lust auf die Entwicklung eigener Lesekompetenz bei ihren Kindern wecken. In der Explorationsphase der Studie geben die Eltern an, dass Väter auf einen spielerisch-kreativen Umgang mit Sprache Wert legen. Dazu zählt die Verwendung verschiedener prä- und paraliterarischer Kommunikationsformen wie Singen, Reimen, Sprachspiele, die zur Entwicklung einer phonologischen Bewusstheit beitragen. Das Erkennen von Silben, Reimstrukturen, Lautpositionen gilt als wichtige Vorläuferfähigkeit für den Schriftspracherwerb.[98]

Orientiert an den Explorationsergebnissen der Fallstudien geht die Studie davon aus, dass Väter Wert auf die Nutzung von Text-Bild-Korrespondenzen legen. Dadurch können Kinder auf unterschiedliche Wahrnehmungsmodi zurückgreifen, Gesehenes und Gehörtes miteinander verknüpfen und so Inhalte der Bilderbuchgeschichten besser verstehen. Zugleich machen die Väter als erwachsene Interaktionspartner darauf aufmerksam, dass die vorgelesenen bzw. gesprochenen Inhalte noch anders symbolisch repräsentiert werden können: in einer (zweidimensionalen) Bilderwelt und in einer Alphabetschrift, die auf bestimmten Konventionen beruht. Durch die Metakommunikation über die Bedeutung und die Verwendung von Schriftsprache können Väter erste Einsichten in deren Symbolfunktion vermitteln.

Förderung der kognitiven Entwicklung

Vermutlich können Väter durch Spezifika ihrer Vorlesepraxis verschiedene kognitive Prozesse positiv beeinflussen, d.h. sie fördern vermutlich im Bereich der Aufmerksamkeit, des Gedächtnisses, beim Problemlöseverhalten, und in den Bereichen Lernen und Kreativität.

Das Problemlöseverhalten wurde in der Entwicklungspsychologie bereits in Spielsituationen untersucht. Interpretiert man das Bilderbuchlesen auch als Problemlöse- und Lernaufgabe, wie es die psychologische Forschung vorschlägt, können Handlungsmuster aus der Spielsituation auf die Vorleseinteraktion übertragen werden. Die Studien zeigen, dass Väter in Spielsituati-

---

98 U.a. Martschinke/Kirschhock/Frank 2004.

onen stärker nach einer Aufgabenlösung verlangen und diese Aufforderungen auch sprachlich durch häufigere Verwendung von Direktiva (zum Beispiel „Jetzt leg dies dahin.") unterstützen.[99] Väter sind in diesen Spielhandlungen weniger als die Mutter bereit, Hilfe zu leisten oder das Problem gar an Stelle des Kindes zu lösen, was die Eigenständigkeit stärker provoziert.[100] Damit unterstützen sie ein exploratives Verhaltenssystem, in dem Kinder eigeninitiativer und selbständiger an Aufgaben herangehen. Ein solches Verhalten wird als „sensitive Herausforderung" bezeichnet[101]. Bezogen auf die Vorlesesituationen wird in der vorliegenden Studie angenommen, dass Väter zum Beispiel Fragen des Kindes nicht umgehend selbst beantworten, sondern eher abwarten, Irritationen zulassen, nur Hinweise geben oder Missverständnisse in Text und Bild nicht antizipierend aufklären.

Zur Förderung des Problemlöseverhaltens trägt vermutlich auch ein direktives Vorgehen bei. Aufgrund der vorliegenden Forschungsergebnisse und der eigenen Explorationsbefunde wird hypothetisch in der vorliegenden Studie unterstellt, dass der Vorlesestil von Vätern durch direktive Merkmale geprägt ist: Väter lesen offenbar zielorientiert und lenken ihren Blick auf das Ende der Geschichte. Es ist ihnen vermutlich ein Anliegen, eine Geschichte vollständig und bis zum Schluss zu lesen. Direktive Merkmale der Vorlesesituation sind im nonverbalen Bereich das (selbständige) Umblättern, das Überspringen von Seiten oder kürzere Verweildauern. Im verbalen Bereich könnten sich bei Vätern eher direktive Äußerungen identifizieren lassen, die mit der Fortsetzung der Bilderbuchgeschichte zu tun haben („Lass uns jetzt mal weiterlesen."). Hierzu zählt auch das stärker textgebundene Vorlesen ohne längere Dialogeinheiten.

Ein Vorlesestil, der durch einen nicht zu hohen und damit explorationshemmenden, d.h. durch einen mittleren Grad an Direktivität gekennzeichnet ist, wirkt sich vermutlich fördernd auf weitere kognitive Teilbereiche aus. Die Studie nimmt zum einen an, dass direktiveres Vorlesen fördernd wirkt auf die Aufmerksamkeitskomponenten Aktivierung (Alertness), Ausdauer (Vigilanz) und selektive Steuerung. Hier könnten Väter dazu beitragen, die Aufmerksamkeit der Kinder auf eine Handlung – die gemeinsame Bilder-

---

99 Camus 2001, 62. Studienergebnisse aus der Entwicklungspsychologie konnten zeigen, dass Väter stärker auf das Ziel des Lesens ausgerichtet sind und häufiger versuchen, das Kind anzuhalten, sich auf die Aufgabe zu konzentrieren, „während die Mutter für ein Gleichgewicht zwischen den Momenten sorgt, die dem mit der Lektüre verbundenen Lernen dienen sollen, und anderen, in denen das Kind die Freiheit hat, zu erkunden und andere Verhaltensweisen zu erproben" (ebd., 72).

100 Im Unterschied dazu fand Connor bei einer Beobachtung von 32 Kindern im Alter von 25 bzw. 26 Monaten im Spiel mit Bauklötzen keine Unterschiede im mütterlichen und väterlichen Verhalten: „Väter und Mütter [waren] gleichermaßen in der Lage, bewusst kontingente Antworten zu geben und die ‚empfängliche Zone' richtig zu treffen, wenn es um die Lösung eines Problems ging." (zit. nach Camus 2001, 72)

101 Kindler/Grossmann/Zimmermann 2002, 709,

buchrezeption – zu fokussieren, und sie dazu anhalten, diese Handlung länger auszuführen. Indem Väter darin unterstützen, sich auf zentrale Aspekte zu konzentrieren und Ablenkungen auszublenden, fördern sie die Entwicklung der selektiven Aufmerksamkeitssteuerung. Diese Hypothese lässt sich nicht nur deduktiv, sondern auch induktiv aus den Explorationsergebnissen ableiten: Väter zeigten hier zum Beispiel eine höhere Affinität als Mütter zu Such- und Wimmelbilderbüchern, mit denen die selektive Aufmerksamkeit gezielt gefördert werden kann.

Auch Gedächtnisprozesse können durch väterliches Vorlesen vermutlich gezielt gefördert werden. Durch besondere Betonung von wichtigen Wörtern und Textpassagen und das Be- und Umschreiben insbesondere von unbekannten Begriffen (siehe auch semantische Entwicklung) können Väter Prozesse der Wahrnehmung und Enkodierung fördern. Durch Nachfragen, Nacherzählen lassen und Nachspielen von Textpassagen sowie durch konsequente und geschickte Nutzung von Text-Bild-Korrespondenzen können vermutlich Inhalte der Bilderbuchgeschichte besser gespeichert und Erinnerungen sicherer abgerufen werden.

Väter bringen vermutlich andere Voraussetzungen als Mütter mit, um durch Bilderbücher Sachwissen zu vermitteln. Dies lässt sich zum einen aus Befunden aus der pragmalinguistischen Forschung folgern: Männliche Gesprächsstile weisen häufiger einen monologischen, dozierenden Charakter auf. Männer haben in Gesprächen hohe Redeanteile, sowohl bezogen auf die Häufigkeit ihrer Einsätze als auch auf die Länge ihrer Beiträge. Ihre Statusorientierung, d.h. das Bestreben, (ohnehin) asymmetrische Strukturen zu manifestieren, kann Gesprächen einen belehrend-dozierenden Charakter geben.[102] Wenn – wie bestimmte Richtungen der Lernforschung unterstellen – Kinder auch durch Instruktion lernen, kann man annehmen, dass sie durch diesen Vorlesestil einen Zuwachs von Sachwissen erlangen.

Zudem weist die Leseforschung seit langem auf die höhere Affinität von Männern zur Sachbuchlektüre hin. Geht man von einem Zusammenhang eigener Lektürepräferenzen und der gemeinsamen Rezeption mit dem Kind aus, können Väter zum einen das Genrespektrum schon im Bilderbuchbereich erweitern. Zum anderen fördern sie durch (gemeinsame) Sachbuchlektüre die Ausbildung eines komplexeren Medienwissens und medienspezifischer Verarbeitungsmuster[103], etwa in der Einübung von Hypertextstrukturen, die vor allem kennzeichnend für das Layout von Sachbüchern und Zeitungen sind.

Auf der Grundlage von Forschungsergebnissen und der Befunde aus der eigenen Explorationsphase wird hypothetisch angenommen, dass Väter bereit

---

102 Im Gegensatz zu dieser Statusorientierung sind Frauen in Gesprächssituationen eher bestrebt, symmetrische Beziehungen herzustellen.
103 Groeben/Hurrelmann 2002

sind, Inhalte der Bilderbuchgeschichten mit ihren Kindern nachzuspielen. Dadurch üben sie handelnd-kreative Verarbeitungsformen ein und können die Entwicklung von Kreativität positiv beeinflussen.

Förderung der sprachlichen Entwicklung

Ausgehend von Ergebnissen der Sprachpsychologie, der Spracherwerbsforschung und der pragmalinguistischen Forschung sowie auf der Grundlage eigener Explorationsbefunde wird ein fördernder Einfluss der Vorleseinteraktion zwischen Vater und Kind auf die sprachliche Entwicklung angenommen, und zwar insbesondere auf der semantischen und der pragmatischen Ebene. Hier unterscheiden sich offenbar mütterliche und väterliche Einflüsse, während sich für die frühere Phase der phonetisch-phonologischen Entwicklung sowie für den grammatischen Bereich keine Differenzen markieren lassen.[104] Zudem können Väter auf der pragmatischen Ebene vermutlich fördernd auf die Entwicklung narrativer Fähigkeiten wirken, die i.e.S. mit einer schriftsprachlichen und literarischen Entwicklung zusammenhängen.

Förderung der semantischen Entwicklung

Für den semantischen Bereich werden Unterschiede im Gebrauch von Begriffen angenommen: Väter verwenden vermutlich häufiger Wörter, die den Kindern entweder ganz unbekannt sind oder die bislang nur zu ihrem passiven Wortschatz gehörten. Hier wird die Diskrepanz zwischen väterlichem und kindlichem Sprachstil deutlich, die sich in traditionellen Familien durch die berufsbedingte Abwesenheit des Vaters und eine gewisse Ferne zum Erziehungsgeschehen erklärt[105]. Diese Diskrepanz lässt sich aber unter Umständen produktiv nutzen: Väter präsentieren schon früher komplexere sprachliche Regelsysteme, etwa durch die Verwendung von Ober- und Unterbegriffen. Auch durch die häufigere Verwendung von Synonymen und durch Be- und Umschreibungen können Väter die semantische Entwicklung positiv beeinflussen. Einerseits zwingen Väter ihre Kinder durch diese Herausforderungen, sich auch weniger vertrauten Gesprächspartnern verständlich zu machen und ihre Sprache den Konventionen der Sprachgemeinschaft anzupassen. Sie laufen aber andererseits Gefahr, durch zu hohe Anforderungen, die Irritationen, Missverständnisse oder Unverständnis provozieren, bzw. ungenügende Unterstützung (*underscaffolding*) Lernprozesse zu blockieren und einen Abbruch der Kommunikationssituation herbeizuführen.

---

104 Vgl. die Studien von Papousek u.a. zum so genannten motherese. Mütter und Väter stellen sich in ähnlicher Weise stimmlich und sprachlich auf das Entwicklungsniveau des Babys ein. Im Bereich der Grammatik liegen einander widersprechende Ergebnisse (sprach-)psychologischer Untersuchungen vor: „Unterschiede und Ähnlichkeiten zwischen der Sprache der Mütter und der der Väter werden nicht so recht deutlich." (Camus 2001, 58)
105 Vgl. auch Fthenakis 1999, 137.

Demgegenüber lässt sich aufgrund von Ergebnissen der eigenen Exploration für die Mütter ein unterstützenderes Verhalten im semantischen Bereich annehmen. Offenbar bemühen sie sich zum Teil stärker als die Väter, den Wortschatz des Kindes zu treffen, zum Beispiel tauschen sie unbekannte Wörter in einem Bilderbuchtext antizipierend gegen Begriffe aus dem passiven oder aktiven Wortschatz des Kindes aus (etwa *Karre* gegen *Buggy*) und erleichtern so das Textverständnis. Mütter passen die Inhalte der Bilderbuchgeschichten vermutlich eher als Väter dem kindlichen Alltag und den gemeinsamen sprachlichen und kulturellen Konventionen an. Das könnte mit einem (empathischen) Bestreben nach einer eher symmetrischen Kommunikation zusammenhängen. Zudem zeugen – bezogen auf traditionelle Familien – diese Anpassungen von einer besseren Kenntnis der Alltagserfahrungen der Kinder. Die Unterstützungsleistungen sind allerdings weniger herausfordernd und damit für die semantische Entwicklung möglicherweise weniger fördernd.

Förderung der pragmatischen Entwicklung

Auf der pragmatischen Ebene verstärken Väter durch einen eher monologisch-dozierenden Gesprächsstil die ohnehin asymmetrisch organisierte Interaktion. Das birgt zwar auf der einen Seite die Gefahr eines Kommunikationsabbruchs durch das Kind. Auf der anderen Seite können – so wird hypothetisch angenommen – dialogische Fähigkeiten, zum Beispiel die Wahrnehmung und Initiierung von Sprecherwechseln, gefördert werden. Auch im Frage-Antwort-Verhalten lassen sich fördernde Einflüsse annehmen, etwa wenn Väter Nachfragen dadurch evozieren, dass sie den Kindern unbekannte Begriffe verwenden bzw. seltener (antizipierend) Begriffe aus dem Text ersetzen. Umgekehrt fordert ein Frageverhalten der Väter, das stärker durch die Vermeidung von Ja-/Nein-Fragen bzw. die Verwendung offener Fragen charakterisiert ist, Kinder zu komplexeren Antworten auf. Andererseits können Väter durch häufiges Nachfragen, etwa bei Nichtverstehen der kindlichen Äußerung, oder durch zu anspruchsvolle Fragen auch verunsichern und einen Themenwechsel oder sogar einen Abbruch der Kommunikation herbeiführen. Auch hier ist entscheidend, ob die Väter mit ihrem Gesprächsangebot in der ‚Zone der nächsten Entwicklung' handeln.

Induktiv lässt sich vermuten, dass die Väter durch eher offene Fragen zum Nacherzählen anregen. Die Ergebnisse der Exploration zeigen, dass Väter beim Vorlesen erzählende und dialogische Passagen voneinander unterscheiden und dass sie eher mit verstellter Stimme lesen, d.h. zum Beispiel erzählende Passagen von wörtlicher Rede stimmlich unterscheiden. Eine solche Vorlesepraxis unterstützt Kinder in ihrem Verständnis der Textinhalte und der Struktur von Geschichten. Sie bildet Grundlagen für das Ausphantasieren und Nachspielen des Gelesenen und fördert auch damit die Ausbildung narrativer Fähigkeiten.

Das Ausphantasieren und Nachspielen von Geschichten fördert auch soziale Kompetenzen wie Mitgefühl, Empathie oder Kooperationsfähigkeit.[106] Mit einem anregenderen Spielverhalten unterstützen Väter ein exploratives Verhaltenssystem, das fördernd auf den Entwicklungsbereich ‚Emotionalität' wirken, d.h. Kinder im Aufbau eines stabilen Selbstvertrauens und Selbstkonzepts unterstützen könnte.[107]

Mütter hingegen – so die korrespondierende deduktive Annahme vor dem Hintergrund von Ergebnissen aus der entwicklungspsychologischen und Gesprächsstilforschung – verwenden häufiger Expressiva, d.h. sie bestätigen die kindlichen Beiträge und loben häufiger. Auch dieses Verhalten kann sich positiv auf die emotionale Entwicklung, d.h. eine Stärkung des Selbstkonzepts und Selbstvertrauens, und auf Bereiche der Motivation auswirken.[108] Damit unterstützen sie stärker das Bindungssystem, stellen eine ‚sichere Basis' und eine eher symmetrische Kommunikationsbeziehung her, die die Kinder vermutlich genießen und die sie eher bereit sind fortzusetzen. Ein solches Verhalten impliziert wiederum die Gefahr eines *over-scaffolding*, d.h. eines zu stark unterstützenden und zu wenig herausfordernden und fördernden Verhaltens.

2.3 Die Bilderbücher: Kriterien der Auswahl, Darstellung des Inhalts, Erzähltextanalyse

Für die Vorleseinteraktionen wurden den Probanden zwei Bilderbücher zum gleichen Thema bereitgestellt. Die Titel unterscheiden sich zunächst in der Figurenkonstellation: „Ich trödel doch nicht, sagt Max." ist eine Vater-Sohn-Geschichte. „Trödeln? Ich doch nicht!" rückt eine Mutter-Sohn-Beziehung ins Zentrum. Beide Titel wurden bewusst so ausgewählt, um die Figurenbeziehung der Geschichte der Interaktionsbeziehung der Vorlesesituation anzupassen. Das Untersuchungsdesign und die Vorleseinstruktion sehen vor, dass die Väter in die erste, die Mütter in die zweite Geschichte einführen und dass sie danach wechseln. In allen vier Fallbeispielen kennen weder Eltern noch Kinder die Bücher. Themenbehandlung und Illustratio-

---

106 Väter verfolgen so einen handlungsorientierten Umgang mit den Inhalten der Bilderbuchgeschichten, wie ihn etwa die Literaturdidaktik in vielfältiger Weise seit den 1980er Jahren umzusetzen versucht (Haas 2004; Haas/Menzel/Spinner 1994).

107 Befunde aus der Spielforschung zeigen, dass das väterliche Spielverhalten anregender, physisch stimulierender und zielgerichteter ist. Väter spielen – so der Psychoanalytiker Horst Petri – „radikaler und rücksichtsloser, sie bereiten auf den Kontakt mit der Außenwelt vor (2004, auch in Focus 29/2001, 58); Kindler 2002; Grossmann/Grossmann 2005 usw.

108 Camus 2001, 62; Die Kinder reagieren ihrerseits „echoartig" auf diese Unterschiede zwischen den Eltern: Die Bitte, etwas zu tun, charakterisierte eher die Beziehung zum Vater, das Zeigen von Gefühlen die zur Mutter (Camus 2001, 65). Bei der Verrichtung von Alltagsroutinen zeigten im übrigen beide Eltern ein direktives (sprachliches) Verhalten (Camus 2001, 63).

nen sind in beiden Bücher relativ konventionell gehalten, so dass – im Sinne einer ‚naturalistischen' Untersuchungskonstellation – die Akzeptanz der Probanden vermutlich unproblematisch ist.

Die Bilderbücher sind nicht nur thematisch ähnlich, sondern auch vergleichbar hinsichtlich des Umfangs (14 bzw. zwölf Doppelseiten) und des Verhältnisses von Text und Illustrationen. Beide lassen sich platzieren zwischen den so genannten *picture books*, d.h. den Bilderbüchern zum Zeigen und Benennen, und den *story books*, d.h. Geschichtenbüchern mit hohem Text- und niedrigem Bildanteil. Es handelt sich jeweils um eine in sich abgeschlossene, einsträngig erzählte Geschichte. Die Illustrationen erstrecken sich jeweils über eine Doppelseite, der Text ist zumeist auf einer Seite gut lesbar in die Bilder integriert und umfasst pro Seite in beiden Büchern drei bis neun Sätze.

Mit dem Thema Trödeln greifen beide Geschichten ein zentrales Thema aus dem (Erziehung-)Alltag von Familien auf. Die Darstellungen sind vergleichbar: Ausgangspunkt ist jeweils die ‚Langsamkeit' von Kindern, ihr vermeintliches Trödeln, das aber jeweils kontrastiv-ironisierend zum Verhalten der Erwachsenen dargestellt wird, die aufgrund ihrer Erfahrungen eine andere Übersicht über die gemeinsame (zeitliche) Tagesgestaltung haben. Der Bärenvater in der ersten Geschichte hat als Ziel den gemeinsamen Rummelbesuch vor Augen, bis dahin müssen noch Dinge des Alltags erledigt werden (essen, Geschirr spülen, sich anziehen). Die Mutter in der zweiten Geschichte hat den bevorstehenden Einkauf und die Ladenschlusszeiten im Blick. Beide Geschichten fokussieren auf der einen Seite das entwicklungsspezifische Zeiterleben von Kindern[109] – beide Protagonisten müssen erst noch ihr Spiel beenden, bevor sie den Eltern folgen können. Dem Verhalten der Kinder wird das Erleben der Erwachsenen gegenübergestellt: Beide Elternfiguren werden durch – aus Kindersicht unwichtige – Gespräche auf der Straße aufgehalten und „trödeln" nun ihrerseits, was die ‚Moral' der Geschichte verändert. Die Geschichten werden im Folgenden inhaltlich und erzähltextanalytisch skizziert. Dabei werden diejenigen Stellen besonders fokussiert, an denen Irritationen auftreten könnten bzw. an denen Anknüpfungspunkte für die Begleit- und Anschlusskommunikation bestehen.

2.3.1 Dagmar Geisler: Ich trödel doch nicht, sagt Max.[110]

Die Bilderbuchgeschichte ‚Ich trödel doch nicht, sagt Max.' erzählt von einem Tag in einer Bärenfamilie. Text und Illustrationen stellen die an Teddybären erinnernden Figuren anthropomorphisiert dar: Die Bären verhalten sich und handeln in allen Lebensbereichen wie Menschen, d.h. sprechen die

---

109 Vgl. Piaget/Inhelder zur Entwicklung des Zeitbegriffs in den operativen Phasen des Grundschulalters (1966/1991, 109f.).

110 Dagmar Geisler, Ich trödel doch nicht, sagt Max. © Fischer Taschenbuch Verlag GmbH, Frankfurt am Main 2001.

menschliche Sprache, wohnen in einer Wohnung mit entsprechendem Mobiliar, tragen Kleidung über ihrem Pelz und nehmen die Mahlzeiten am Tisch zu sich. Die Platzierung der Familiengeschichte in der Bärenwelt ermöglicht Prozesse der Identifikation und Distanzierung zugleich: In mehrfacher Hinsicht werden kindlichen Rezipienten mit dem Bärensohn Max Identifikationsangebote gemacht: Erstens kommen Teddybären auch als Beziehungsobjekte im kindlichen Alltag vor. Zweitens kann sich die Konstellation der Kernfamilie mit eigenen Familienerfahrungen verbinden, d.h. mit Beziehungen zu Vater und Mutter bzw. zu Geschwistern. Andererseits offeriert das Familienmodell der Kernfamilie auch Möglichkeiten der Distanzierung und kann eigene Erfahrungen irritieren, wenn kindliche Rezipienten in anderen familialen Lebensformen aufwachsen. Das wiederum bietet eine Reflexionsgrundlage für eigene Erfahrungen und ermöglicht die Projektion eigener Wünsche und Bedürfnisse mit Möglichkeiten zum Eskapismus.

Zeitraffend wird die Geschichte über den Einkaufsnachmittag im Präsens auf 14 Doppelseiten in Text und Bild erzählt. Die Erzählzeit beträgt – wird die Geschichte von einem geübten Leser langsam ohne Unterbrechungen vorgelesen – etwa viereinhalb Minuten. Die Handlung wird einsträngig und ohne Vorausdeutungen oder Rückwendungen auktorial erzählt. Ausgangspunkt der Geschichte ist eine Abschiedsszene: Die Mutter und die kleine Schwester Stina verreisen zur Oma. Der Bärenvater und Max bleiben zu Hause, sie verleben einen Vater-Sohn-Tag miteinander, der mit einem gemeinsamen Essen beginnt und mit einer Karussellfahrt und dem Heimweg endet. Im Tagesverlauf kommt es immer wieder zu Verzögerungen, so dass Vater und Sohn erst mit Einbruch der Dunkelheit auf dem Rummelplatz eintreffen.

Die Bearbeitung des Themas sieht in Text und Bild von Moralisierungen ab und wird mit dem Handeln *beider* Figuren – des Kindes und des Erwachsenen – verknüpft. Die Erwachsenenfigur des Vaters wird sowohl in den Illustrationen als auch im Text als fehlbar, zum Teil ironisierend dargestellt. Auf der dritten Doppelseite etwa sitzen Vater und Sohn gemeinsam am Tisch und essen: Während im Text das Verhalten des Kindes – die Langsamkeit, das Spiel mit dem Essen – zunächst kritisiert wird („Trödel nicht so!"), wird kontrastivhumorvoll das Verhalten des Vaters überzeichnet: Der nämlich isst im Gegensatz zu Max gewaltige Mengen, einige Salatblätter bleiben an seiner Wange kleben. Auf der neunten Doppelseite wird in Text und Bild expliziert, dass auch Erwachsene trödeln. Ironisch-kontrastiv wird damit eine

Umkehrung der asymmetrischen Erwachsenen-Kind-Beziehung vorgenommen: „Mal kurz" redet der Bärenvater mit dem Nachbarn Herrn Meierbär über etliche, für Kinder uninteressante ‚Erwachsenenthemen' wie Wetter und Politik, so dass der Sohn zu Recht den Vater mahnen darf.

Im weiteren Handlungsverlauf kommt es im Sinne einer Ko-Orientierung zu einer zunehmenden Annäherung der Erfahrungswelten von Kind und Erwachsenem: Sohn Max entdeckt eine „Ameisenkarawane", für die sich auch der Vater begeistern kann. Gemeinsam beobachten Vater und Sohn die Ameisen und vergessen dabei die Zeit. Beide bemerken nicht, „dass es immer dunkler wird" (Seite 11).

Diese ko-orientierenden Erfahrungen setzen sich im weiteren Handlungsverlauf fort: Text und Illustrationen erzählen, wie beide Protagonisten die Fahrt auf dem Karussell genießen: Die Bilder zeigen Max selbstvergessen lächelnd in einem „roten Flitzer". „Da kann er hupen, was das Zeug hält."

Den Vater sieht man zufrieden auf seinem „Lieblingspferd" sitzen. Der Terminus „Lieblingspferd" lässt sich auch als Hinweis darauf werten, dass die gemeinsame Unternehmung offenbar eine gewisse Tradition hat, Vater und Sohn also auf gemeinsame Erfahrungen zurückblicken können. Dass es nur noch die eine „letzte Runde" gibt, haben sie gemeinsam zu verantworten: ‚Das hat Spaß gemacht', sagt Max. ‚Ja, aber ich wäre gern noch öfter gefahren', meint Papa. ‚Da hätten wir halt nicht so viel trödeln dürfen!', sagt Max."

Die Sprache des Bilderbuchtextes ist durch eine einfache und klare Syntax gekennzeichnet. Die kurzen Hauptsätze werden entweder durch Interpunktion getrennt oder durch gleichordnende Konjunktionen verbunden. An wenigen Stellen kommen Inversionen, subordinierende Nebensätze oder Verschachtelungen vor, die einerseits das grammatisch-syntaktische Sprachangebot komplexer machen, den Vortrag andererseits für den Vorlesenden bzw. die Rezeption erschweren (Seite 8: „Fast ist er um die Ecke gebogen, als er merkt, dass kein Max neben ihm geht."). Durch den hohen Anteil an wörtlicher Rede, durch Wiederholungen (*Papa isst* fünf Würstchen. *Papa isst* Berge von Kartoffelbrei. *Papa isst* viele grüne Salatblätter.), durch Alliterationen und Reihungen wird der schriftbasierte Text konzeptionell mündlicher, was einen ‚texttreuen' Vortrag erleichtert. Der verwendete Wortschatz lässt kaum Irritationen bei der Rezeption erwarten. Auf Seite 11 könnte der Begriff *Karawane* den Kindern unbekannt sein. Hier ergänzen jedoch die Bilder den Text und können zum Textverstehen beitragen. Gezeigt wird eine Reihe von Ameisen, die hintereinander hergehen und allerhand auf ihren Rücken transportieren, so dass der vorlesende Erwachsene hier zum Beispiel mit Hilfe deiktischer Verweise in der Begleitkommunikation adäquat unterstützen könnte.

Text und Illustrationen begleiten und ergänzen sich, d.h. erzählen mit ihren je spezifischen Mitteln auch ihre eigene Geschichte, wobei es an keiner Stelle zu inhaltlichen oder formalen Widersprüchen, etwa durch unstimmige Textplatzierung, kommt. Die Illustrationen erstrecken sich jeweils über eine Doppelseite und sind durch eine Mischung aus zeichnerischen, malerischen und Drucktechniken gekennzeichnet. Durch Schraffuren werden Schatten gestaltet und erhalten die Bilder Plastizität und Dynamik, etwa werden so die Bewegungen der Figuren nachvollziehbar dargestellt. Es dominieren expressive Grund- und Sekundärfarben. Insbesondere fällt das kräftige Orange auf, das in der Farbenlehre unter anderem als Symbol für Freude, Überraschungen, Einfälle und Ideen interpretiert wird. Die Perspektiven sind zum Teil verfremdet, was sich als Fiktionalitätssignal werten lässt. Neben Normalsichten werden leichte bis extreme Vogelperspektiven gewählt, die dem (kindlichen) Betrachter gute, zum Teil ungewohnte Übersichten ermöglichen.

Unverständnis und Empörung des Vaters nehmen die Illustrationen mehrerer Seiten auf. Dieser zeigt sich verständnislos-erstaunt, fast ‚genervt' über die Gelassenheit und Langsamkeit des Sohnes. Gekonnt wird etwa auf der Seite die Ungeduld des Vaters in Szene gesetzt, die der Text sprachlich enkodiert: „Papa klappert ungeduldig mit den Schlüsseln." Die eine Hand schon auf der Türklinke, in der anderen Hand den Schlüsselbund, den Kopf zu Decke erhoben, die Augen verdreht. Dass das Klappern von Schlüsseln Ungeduld symbolisiert, ist für die drei- bis vierjährigen Adressaten vermutlich noch nicht zu dekodieren, so dass hier die Unterstützung des erwachsenen Vorlesers angezeigt wäre.

Die Bildinhalte werden in einer deutlichen Figur-Grund-Unterscheidung proportional stimmig dargestellt, zum Teil allerdings unvollständig, etwa das Regal auf der siebten Doppelseite, was dem Betrachter eine visuelle Ergänzung abverlangt. Das kann in der Vorleseinteraktion produktiv genutzt werden: Kind und Erwachsener imaginieren und ergänzen gemeinsam ‚fehlende' Bildinhalte. Die Vereinfachungen und Reduktionen dienen der Übersichtlichkeit und konzentrieren den Betrachter auf die für das Verstehen der Handlung wesentlichen Aussagen. Dennoch gibt es beim gemeinsamen Betrachten der Illustrationen auf jeder Seite Details zu entdecken, die Anknüpfungspunkte für Begleit- und Anschlusskommunikationen bieten. Motivisch tauchen zum einen etwa auf mehreren Doppelseiten die kleinen Kuscheltiere des Bärensohnes auf. Die Dynamik der Darstellung – mal sitzen sie frontal, mal auf der Seite des Stuhls, sie verändern die Blickrichtung und scheinen das Geschehen zu beobachten – lässt daran zweifeln, dass es sich wirklich nur um Spielzeugfiguren handelt. Zum anderen fällt motivisch eine kleine Maus ins Auge, die als lebendes Tier auf mehreren Doppelseiten in die Handlung involviert ist. Die Darstellung der Figuren ist verhältnismäßig vielschichtig und lässt in Text und Bild differenzierte Gefühle erkennen: Etwa erkennt man als Betrachter der zweiten Doppelseite die (Vor-)Freude, als beide Protagonisten den Plan für den Tag aushecken, man erahnt Gefühle von Genuss und Spaß in der Karussellszene und auf dem Nachhauseweg auf der letzten Seite.

2.3.2 Claudia Fries/Maja von Vogel: Trödeln? Ich doch nicht![111]

Die Bilderbuchgeschichte erzählt von einem Einkaufsnachmittag, den der etwa vierjährige Protagonist Paul und seine Mutter miteinander verbringen. Ausgangspunkt der Handlung ist eine Szene in Pauls Kinderzimmer: Die Mutter drängt ungeduldig zum Aufbruch, der Sohn möchte aber erst noch sein Spiel beenden. Die folgende Handlung beschreibt den Einkaufsweg der beiden: Mit dem Bus – einem in der realen Erfahrungswelt vieler kindlicher Rezipienten inzwischen eher unüblichen Verkehrsmittel – fahren sie in die Stadt und besuchen mehrere Geschäfte. Während die Mutter einkauft, vertreibt Paul sich die Zeit: Beim Metzger trifft er seine kleine Freundin Lisa. In der Bäckerei und im Supermarkt spielt er Fantasie-Spiele, besetzt etwa einen Stehtisch als einen „geheimen Beobachtungsposten" oder muss sich in der Obstabteilung des Supermarkts „durch einen Urwald" kämpfen. Die Mutter treibt den trödelnden Paul zur Eile an, zwei Male ist sie jedoch selbst Ursache für eine Verzögerung: Auf dem Weg zum Supermarkt verweilt sie vor einem

---

111 Claudia Fries/Maja von Vogel, Trödeln? Ich doch nicht! © Boje Verlag GmbH, München 2003.

Flohzirkus, und nach dem Einkauf trifft sie vor dem Geschäft eine Nachbarin. „Die beiden reden und reden." Nun muss das Kind die Mutter mahnen.

In der Schlussszene wird die familiale Konstellation, die Vater-Mutter-Kind-Kernfamilie, offenbar ohne Geschwister, aufgedeckt. Der Vater erwartet die beiden Heimkommenden, die fast verschwörerisch eine Koalition gegen ihn bilden: Auf diese Weise wird die implizite Moral der Geschichte noch einmal expliziert: Nicht nur Kinder, sondern auch Erwachsene trödeln, situationsspezifisch und orientiert an ihren Bedürfnissen. „„Getrödelt?', fragt Mama. ‚Hier trödelt doch keiner!' Paul schaut Mama an, und Mama schaut Paul an. Dann müssen beide furchtbar lachen."

Zeitraffend wird die Geschichte über den Einkaufsnachmittag im Präsens auf zwölf Doppelseiten in Text und Bild erzählt. Die Erzählzeit entspricht einer Vorlesezeit von etwa vier Minuten, wird die Geschichte in normalem Sprechtempo ohne Unterbrechungen gelesen. Sprachlich ist auch dieser Text einfach und klar gegliedert: Syntaktisch dominieren Hauptsätze in Subjekt-Prädikat-Objekt-Struktur, die durch Interpunktion getrennt oder durch gleichordnende Konjunktionen miteinander verbunden werden. Subordinierende, verschachtelte Nebensätze oder Satzumstellungen, die das Vorlesen bzw. das Zuhören erschweren, kommen nur selten vor. Eine kompliziertere Temporalkonstruktionen auf der vierten Doppelseite könnte das Textverstehen beeinträchtigen: „Zum Glück kann er sie in die Flucht schlagen, bevor sie ihn und Mama angreifen." Die insgesamt einfache, ‚orale' Sprache und der hohe Anteil an wörtlicher Rede machen den schriftlichen Text konzeptionell mündlich und lassen den Vorlesenden Spielräume hinsichtlich der rhetorischen Gestaltung.

Die Illustrationen sind in expressiven, kräftigen Farben malerisch einfach, häufig nur wenig kontrastgebend gestaltet, wodurch sich die Objekte zum Teil nicht deutlich vom Hintergrund abheben. Die Figuren sind gut als Menschen zu erkennen, allerdings fehlen ihnen eine differenzierte Mimik und die Dynamik in den Bewegungen. Diese eher einfache, einschichtige Darstellung wird vermutlich Prozesse der Identifikation erschweren. In der Größengestaltung fällt der überproportional große Kopf im Vergleich zu Rumpf und Extremitäten – fast als Kindchenschema – auf. Die doppelseitig gestalteten Bilder zeigen einzelne, jeweils für die Handlung relevante Gegenstände, lassen aber Anderes weg, zum Beispiel fehlen den Hausfassaden zum Teil Fenster und Türen, im Supermarkt vermisst man die Fülle der Regale. Die Bilder werden dadurch zum Teil zwar übersichtlicher, wirken aber manchmal fast trist und unbelebt. Auffallend ist die häufige Mittelpunktverschiebung der Seiten, etwa als habe man beim Fotokopieren den falschen Bildausschnitt gewählt. Dadurch werden Bildinhalte unvollständig gezeigt, der Betrachter muss visuell ergänzen. Das bietet zwar einerseits Möglichkeiten der Begleit- und Anschlusskommunikation in der Vorleseinteraktion, andererseits wünscht man sich an einigen Stellen mehr und detailliertere Bildinformationen, zum Beispiel auf der zehnten Doppelseite, wo halbe Einkaufswagen vor einem riesigen gelben Hintergrund geschoben werden.

Auf den meisten Seiten begleiten und ergänzen sich Text und Illustrationen adäquat. Zum Teil stellt der Text Inhalte dar, die die Illustrationen nicht zeigen, etwa ruft die Mutter auf der ersten Doppelseite aus dem *Off*, ist aber im Bild nicht zu sehen. Auf der achten Doppelseite erzählt der Text zeitraffend: „Mama und Paul rennen das letzte Stück zum Supermarkt.", das zugehörige Bild zeigt schon die Szene in der Obst- und Gemüseabteilung des Supermarkts. Auf der neunten Doppelseite stellt der Text einen Dialog zwischen der Mutter und Paul dar: ‚Das hat aber lange gedauert', sagt Mama. ‚Holst du bitte noch eine Tiefkühlpizza?' [...]." Passend dazu wäre im Bild ein Blickkontakt, die Mutter wendet Paul aber den Rücken zu und sucht offenbar etwas am Regal. Die Illustration zeigt auch nicht die Auswahl der Pizza, sondern lässt nur einen Blick in die Kühltruhe zu.

An einigen Stellen ist das Text-Bild-Verhältnis so unstimmig, dass durch inhaltliche Irritationen oder sogar Widersprüche das Verstehen der Geschichte beeinträchtigt wird, zum Beispiel auf der letzten Doppelseite. Während der Text die Einigkeit von Mutter und Sohn betont, ist Paul auf der linken Bildseite allein dargestellt, Mutter und Vater bilden eine (Erwachsenen-)Einheit auf der anderen Bildseite. Auch wortsemantisch sind an einigen Stellen Textverständnisschwierigkeiten zu erwarten, auf die die vorlesenden Erwachsenen entwicklungsadäquat zu reagieren hätten. Der Ausdruck ‚Raubtiernummer' als Terminus aus dem Wortfeld ‚Zirkus' könnte Kindern unbekannt sein, er ließe sich aber – zum Beispiel durch einen deiktischen Verweis auf den auf dem Boden kriechenden Paul – entschlüsseln. Auf der vierten Doppelseite kommt der Begriff ‚Flugsaurier' vor – bekannt sind den kindlichen Zuhörern vermutlich die Begriffe Saurier oder Dinosaurier. Das zusammengesetzte Substantiv müsste in der Begleitkommunikation in seine Teile getrennt bzw. in eine Relativkonstruktion („ein Saurier, der fliegen

kann") modifiziert werden. Der Oberbegriff ‚Aufschnitt' könnte je nach familialem Sprachgebrauch unbekannt sein und mit Hilfe von geläufigeren Unterbegriffen wie Wurst, Schinken, Salami in der Begleitkommunikation geklärt werden.

Schwierigkeiten beim Textverstehen sind nicht nur aus semantischen, sondern auch aus komplexeren inhaltlichen Gründen an mehreren Stellen zu erwarten: Auf der neunten Doppelseite wird ein Flohzirkus als etwas antiquierte Rummelplatzattraktion präsentiert. Kindlichen Rezipienten sind vermutlich Flöhe als Tiere unbekannt, noch weniger werden sie einen Flohzirkus kennen. Die Szene bietet damit auf der einen Seite einen Anker für eine Begleitkommunikation: Das Unbekannte provoziert entweder Nachfragen des kindlichen Interaktionspartners selbst, oder der vorlesende Erwachsene kann antizipierend den Irritationen durch eigene Erklärungen begegnen bzw. selbst nachfragen und auf diese Weise ko-konstruierend mit dem Kind imaginieren.

Erschwerend für das Textverständnis sind vermutlich auch die Imaginationen des Protagonisten Paul. Für Kinder eher einfach zu dekodieren ist zunächst noch die Anfangsszene der Bilderbuchgeschichte: „Paul spielt Zirkus." Diese Fantasie- und Rollenspiele kennen Kinder aus ihrer eigenen Erfahrungswelt. Die Szene im Kinderzimmer böte einige Anknüpfungspunkte für die Begleitkommunikation, etwa das als Manege ausgelegte Springseil oder das Steckenpferd, auf dem Paul reitet.

Andere Fantasieszenen sind für kindliche Rezipienten vermutlich schwieriger zu dekodieren und bedürften der Unterstützung des Erwachsenen in der Begleit- und Anschlusskommunikation: Dass die Flugsaurier, die Paul imaginiert, im Bild als Schatten der Tauben dargestellt werden, lässt sich erst bei genauem Hinsehen erkennen. Auch der Stehtisch als typischer Erwachsenentisch für ein schnelles Getränk oder einen kleinen Imbiss, der Paul in der Bäckerei als Beobachtungsposten dient, könnte Kindern unbekannt sein.

Auf der achten Doppelseite stellt sich Paul die Obstabteilung des Supermarktes als einen Urwald vor. Hier könnte eine Spannung, fast ein Wi-

dersrpuch zwischen Text und Bild für Irritationen beim Betrachter sorgen. Das Bild wirkt leer, in Vogelperspektive blickt man auf Teile eines Obst- und eines Gemüsestandes, auf eine Kundin und in deren gefüllten Einkaufswagen. Nicht nur die Leere des Bildes steht im Kontrast zur Fülle eines Dschungels. Auch das helle Grün und Gelb des Hintergrundes lassen nicht an einen Urwald denken, der sich deutlicher durch mystische Braun- oder Schwarztöne symbolisieren ließe. Einzig das Geländer, über das Paul klettert, erleichtert es den Betrachtern, Pauls Imaginationen zu ko-konstruieren.

Vermutlich führt auch die Eisbären-Szene auf der neunten Doppelseite zu Irritationen: Der Text erzählt von einem „riesigen Eisbären", der auch im Bild in Verbindung mit einem Werbeplakat dargestellt ist. Für Paul nimmt der Eisbär echte Züge an, der kleine Protagonist bekommt Angst und versteckt sich – so erzählen Bild und Text – „hinter einem Stapel Dosen". Diese Irritationen werden auch die kindlichen Rezipienten erfahren. Die Szene erfordert vermutlich Unterstützungsleistungen des vorlesenden Erwachsenen. Ko-konstruktiv kann gemeinsam mit dem Kind über den Eisbären imaginiert werden.

2.4 Die Fallbeispiele: Rekonstruktion der Vorlesegespräche und Dokumentation der Interviews

2.4.1 Analysekategorien für die Fallstudien

Die Auswertung des qualitativen Materials, gewonnen durch teilstrukturierte, fokussierte Leitfadeninterviews und Videomitschnitte der Vorleseinteraktionen erfolgt nach fest gelegten Standards. Sie orientiert sich mit ihren Analysekategorien an den Dimensionen, die im Modell eines Bedingungsgefüges familialer Lesesozialisation benannt worden sind.

Während die Interviewanalyse vor allem über die Dimensionen der elterlichen (Vor-)Lesekompetenz und die der familialen Lebensform Aufschlüsse gibt, lässt die Analyse der Videoaufzeichnungen zudem differenziertere Aussagen über die Gestaltung der sozioemotionalen Beziehung zwischen Vater bzw. Mutter und Kind zu.

Die *Interviewauswertungen* orientieren sich an den im Folgenden skizzierten Fragenkomplexen des Leitfadens. Beide Elternteile werden gemäß der Methode des fokussierten Interviews bezogen auf ihr eigenes Vorlesen befragt, d.h. wie sie selbst die Interaktionssituation sowohl auf der Verhaltens- als auch auf der affektiven Ebene einschätzen bzw. wie sie diese wahrgenommen und erlebt haben, wie sie sich als erwachsene Vermittler und (Vor-)Leser charakterisieren und welche Ziele und Gratifikationserwartungen sie mit dem Vorlesen verbinden. Erstens werden die Kategorien identifiziert, die beide Elternteile für die Beurteilung und die Auswahl von Kinderliteratur anlegen, etwa literarästhetische oder eher lesepädagogische Kriterien im Rahmen einer alltagspraktischen, Sach- oder moralischen Belehrung. Zweitens werden die normativen Implikationen der Buchauswahl und der Vorlesegespräche analysiert, d.h. ob die Eltern selbst Stellung zu der Bilderbuchgeschichte beziehen, Bewertungen vornehmen oder moralische Standards vermitteln (wollen). Drittens wird nach den Funktionen gefragt, die die erwachsenen Vermittler dem Vorlesen zuschreiben, etwa die Einführung in Literalität, die Vermittlung von Sachwissen oder moralischen Standards, die Umsetzung bestimmter (alltagspraktischer) Erziehungsziele, ein stimmungsregulierendes *mood managing* oder die Strukturierung und Pflege der sozioemotionalen Beziehung. Auf der Grundlage der Interviewaussagen lassen sich jeweils getrennt für beide Elternteile (Vor-)Lesekonzepte skizzieren, die sich anhand der Videobeobachtungen überprüfen lassen.

Die *Vorleseprozesse*, erfasst mit der Methode der teilnehmenden Beobachtung, werden unterschieden in die Rahmenhandlung und das Vorlesen selbst. Für die Rahmenhandlung werden zunächst jeweils der situative Rahmen, in dem das Vorlesen stattgefunden hat (Ort, Arrangement usw.), sowie zeitliche Aspekte (Dauer des Vorlesens, Unterbrechungen bzw. Abbruch der Kommunikationssituation usw.) skizziert.

Bezüglich der Rahmenhandlung unterscheidet die Auswertung das nonverbale und verbale Verhalten der beiden Interaktionspartner. In den *nonverbalen* Bereich gehört das je spezifische Arrangement der Vorlesesituation. Dokumentiert werden jeweils die Körperhaltung bzw. die Körperposition beider Interaktionspartner, die erste Aufschlüsse über die Symmetrie der Interaktionssituation geben. Etwa können ein Nebeneinander-Sitzen oder -Liegen als Ausdruck einer eher symmetrischen Beziehung, eine stehende vs. liegende Position als Ausdruck einer eher hierarchisch organisierten Beziehung gewertet werden. Als Indikator der Verhaltenskoordination und des emotionalen Kontaktes gelten die Körperkontakte. Es wird verzeichnet, wie häufig und von dem diese hergestellt werden, wie sie gestaltet sind, ob und wie der Interaktionspartner darauf eingeht, wie lange sie aufrecht erhalten oder ob sie gewechselt werden.

Als Ausdruck der (sozio-)emotionalen Haltung und Beziehung der beiden Interaktionspartner werden paraverbale Merkmale beschrieben: der Gesichts- und der stimmliche Ausdruck sowie alle affektiven Ausdrücke (z.B. Lächeln, Lachen, Unmut, Müdigkeit, Langeweile).[112] Zeitgleiches gemeinsames Lächeln oder Lachen, eventuell mit Blickkontakt, werden als Ausdruck von Nähe und als Signal gemeinsamen Einverständnisses interpretiert. Nicht nur die Häufigkeit der Blickkontakte wird dokumentiert, sondern auch, wer diese initiiert und ob diese erwidert werden. Ferner werden sowohl alle buchbezogenen Handlungen wie Vor- und Zurückblättern, Aufschlagen oder Zuklappen festgehalten, als auch alle weiteren äußeren Einflüsse und Handlungen vermerkt, die mit der Vorlesesituation in Zusammenhang stehen, zum Beispiel das Klingeln des Telefons oder die Anwesenheit einer weiteren Person.

Bezüglich des Vorlesens selbst wird die *verbale* Kommunikation analysiert. Dazu wird die Qualität der Transformation des schriftlichen Textes in mündliche Sprache dokumentiert, d.h. zum einen prosodische Merkmale wie stimmliche Besonderheiten (Tonlage, Lautstärke und Sprechtempo), des Weiteren, ob sich der erwachsene Vorleser strikt an den genauen Wortlaut des Bilderbuchtextes hält, ob er Füllwörter benutzt oder ob es zu Versprechern kommt und wenn ja, ob und wie diese korrigiert werden.

Über den Lesetext hinaus wird die Begleit- und Anschlusskommunikation analysiert. Dazu werden alle freien Redebeiträge sowohl des Erwachsenen als auch des Kindes berücksichtigt. In Hinsicht auf eine sprachliche Förderung werden im verbalen Bereich vor allem die semantisch-lexikalische, die syntaktisch-grammatische und die pragmatische Ebene berücksichtigt. Im Anschluss an interaktionistisch orientierte Spracherwerbstheorien und an entwicklungspsychologische Ansätze, insbesondere das Konzept der ‚Zone der nächsten Entwicklung' (Wigotsky), wird untersucht, inwieweit der Erwachsene sich sprachlich in der Vorlesesituation dem Entwicklungsstand des Kindes anpasst bzw. über diesen angemessen fördernd hinausgeht. Das betrifft erstens den *semantisch-lexikalischen Bereich*: Hier wird analysiert, inwieweit der Erwachsene den Wortschatz des Kindes berücksichtigt, d.h. unbekannte Wörter eventuell antizipierend zum Beispiel durch Synonyme ersetzt bzw. diese entweder auf Nachfragen des Kindes oder aus Eigeninitiative be- oder umschreibt. Zudem wird dokumentiert, ob der erwachsene Interaktionspartner sprachliche Regelsysteme und Klassifizierungen, zum Beispiel den Gebrauch von Ober- und Unterbegriffen, benutzt.

Zweitens interessieren, bezogen auf den *syntaktisch-grammatischen* Bereich, die Komplexität der Äußerungen, Satzbaustrukturen, die Art der Fragesätze, die der erwachsene Interaktionspartner vorgibt. Etwa regen W-Fragen oder offene Fragen eher zum (Nach-)Erzählen an als Ja/Nein-Fragen.

---

112 Mosheim et al. 2002, 78f.

Darüber hinaus sind in diesem Bereich die sprachlichen Modifikationen relevant, zum Beispiel korrektives Feedback als sprachliches Modell[113].

Drittens werden im Bereich der *Pragmatik* Kategorien aus der Gesprächsanalyse angewendet, etwa quantitative Redeanteile der beiden Partner in der Begleit- und Anschlusskommunikation, Sprecherwechsel oder person- und themenadäquate Antworten. Diese Analysen lassen Rückschlüsse auf die Symmetrie der Kommunikationssituation zu. Auf der pragmatischen Ebene werden auch verschiedene sprachliche Ausdrucksformen (Direktiva, Expressiva, Appelle) berücksichtigt, die entweder eine Fortsetzung oder einen Abbruch des Dialogs bewirken können.

Die gesamte Vorleseinteraktion wird im Hinblick auf das nonverbale und verbale Verhalten analysiert, d.h. inwiefern sich der erwachsene Vermittler dem Kind emotional zuwendet, auf kommunikative Signale eingeht und im kognitiven und sprachlichen Bereich in der ‚Zone der nächsten Entwicklung' fördert. Diese Einschätzung erfolgt nach den Kategorien der *Restriktivität, Direktivität* und *Responsivität*.

Unter *Restriktivität* wird ein nonverbales oder verbales elterliches Verhalten verstanden, das durch Einschränkungen oder Verbote ein bestimmtes Verhalten des Kindes – etwa ein Sich-Abwenden oder Aufstehen in der Vorlesesituation – hemmen oder ausschließen soll. Als restriktives Verhalten lässt sich also beispielsweise das Festhalten der Hand werten, wenn das Kind selbst umblättern will, oder wenn der erwachsene Vermittler verbalsprachlich einen Abbruch des Vorlesens ankündigt („Wenn du nicht aufpasst, höre ich auf zu lesen!")

Mit der Kategorie *Direktivität* wird die Zielorientierung des Erwachsenen in der Vorlesesituation beschrieben, d.h. mit welchem Nachdruck er beispielsweise das textgebundene Vorlesen betreibt und auf das Ende der Geschichte zusteuert. Auch hier werden sowohl parasprachliche Merkmale wie der Tonfall einbezogen als auch syntaktische und semantische Merkmale verbaler Anforderungen, etwa deutliche Aufforderungen oder gar Befehle.

Responsivität schließt sowohl die Häufigkeit als auch die Angemessenheit der elterlichen Reaktionen auf die Signale des Kindes ein. Hierbei können drei Ausprägungen unterschieden werden, die sich für die Analyse der Vorlesesituationen eignen: *Eingehen, Ablehnen* und *Ignorieren*.[114]

Ein (angemessenes) *Eingehen* würde ein Wahrnehmen der kindlichen Signale und eine angemessene Reaktion darauf bedeuten, etwa eine Frage für das Kind befriedigend zu beantworten. Hierzu zählen auch eine adäquate zeitliche Organisation, zum Beispiel das längere Verweilen auf einer Bil-

---

113 Dannenbauer 1994, 191.
114 Im Anschluss an Kindler 2002, 57ff.

derbuchseite, wenn das Kind Interesse signalisiert, oder das Weiterblättern, wenn es auch nach einer angemessenen Motivation in Form von Gesprächsangeboten, Hinweisen, Nachfragen offenkundig mit der Geschichte fortfahren möchte. In Bezug auf die Vermittlerrolle wird analysiert, ob die Interaktionspartner angemessen das Text- und Bildverständnis sichern, etwa Irritationen in den Symbolisierungen antizipieren oder auf Nachfragen angemessen und für das Kind befriedigend reagieren. Ob die Elternteile Spezifika des Mediums Bilderbuch nutzen, etwa die Text-Bild-Korrespondenzen, wird als Indikator für eine produktive Gestaltung des Vorleseprozesses gewertet. Verweise zwischen Illustrationen und Text können zum einen nonverbal erfolgen durch Deixis, d.h. Zeigegesten auf die Bildinhalte bezogen. Zum anderen lassen sich verbale Beschreibungen als sprachliche Deixis („Der Junge unter dem Tisch ist der Paul.") bzw. die Kombination von beiden als eingehendes responsives Verhalten wertem.

Ablehnendes und ignorierendes Verhalten sind beide Ausdruck einer nicht kindorientierten Gestaltung der Vorlesesituation. Zu einem *ablehnenden* Verhalten zählen verbale Äußerungen, die zum Beispiel ein *Nein* beinhalten, ebenso wie nonverbale Signale wie ein Kopfschütteln als Reaktion auf einen Kommentar des Kindes. *Ignorierendes* Verhalten ist dann gemeint, wenn die Eltern die kindliche Anforderung zwar nicht explizit abweisen, aber auch nicht angemessen auf diese eingehen, zum Beispiel wenn sie eine Frage missverstehen und dadurch eine inadäquate, für das Kind unverständliche und unbefriedigende Antwort geben. Dazu zählt auch, wenn Eltern verbale und nonverbale Anforderungen des Kindes nicht beachten und dadurch zum Beispiel zu kurz auf einer Seite verweilen.

Als wichtiger Indikator für eine produktive Gestaltung des Vorleseprozesses gilt das kindliche Verhalten in der Vorlesesituation. Ob das Kind die Bilder konzentriert betrachtet, ob es dem Interaktionspartner zuhört bzw. auf dessen Dialogangebote eingeht, ob es Interesse durch lektürebezogene Fragen oder Kommentare signalisiert, sind wichtige Indikatoren für ein ‚Gelingen' der Vorleseinteraktion. Hinzugezogen werden zudem alle kindlichen Äußerungen oder Verhaltensweisen, die zum Beispiel den Wunsch nach Fortsetzung oder Wiederholung des Vorlesens zeigen. Auch Interviewaussagen geben Aufschluss darüber, ob Vorleseprozesse produktiv geworden sind, etwa wenn Eltern von sprachlichen und nichtsprachlichen Begleit- und Anschlusshandlungen berichten, wie das Anknüpfen an die Bilderbuchgeschichte in Alltagssituationen in Form von Gesprächen oder Zitaten, eigenständige (Vor-)Leseversuche des Kindes oder andere Verarbeitungsformen wie das Puppen- oder Rollenspiel.

Die ‚traditionelle', rollendifferenzierte Familienform (1)

2.4.2 Darstellung, Analyse und Interpretation des Fallbeispiels 1: Familie Volkmer: „Ja, das macht mir riesigen Spaß, das Vorlesen!"

Beide Elternteile wählen für die Filmaufnahmen jeweils zwei Vorlesesituationen mit ähnlichem zeitlichen, örtlichen und situativen Arrangement. Alle vier Vorleseinteraktionen finden im Wohnzimmer der Familie Volkmer statt, Mutter bzw. Vater und Sohn sitzen jeweils nebeneinander auf dem Sofa. Die Videosequenzen werden tagsüber aufgenommen, wenngleich beide Elternteile im Interview angeben, dass das Vorlesen insbesondere in den Sommermonaten vornehmlich in das Abendritual eingebunden sei. Die Aufnahmen erfolgen an verschiedenen Wochenendtagen in von Besuchen oder anderen Terminen entlasteten Zeitabschnitten und ohne Anwesenheit der Interviewerin, was dem Kriterium einer möglichst wenig arrangierten Beobachtungssituation Rechnung trägt. Tom vergisst nach der anfänglichen Begeisterung für die Kamera und ihrer Erprobung offenbar zeitweise, dass er gefilmt wird. Auch beide Erwachsenen geben später im Interview an, dass sie das Procedere – nach einer kurzen Anlaufphase – als recht natürlich erlebt hätten.

Bezogen auf die Dimensionen des Modells familialer Lesesozialisation lassen sich erstens die familialen Rollen als differenziert beschreiben: Frau Volkmer ist primär für die Familienarbeit, Herr Volkmer für die wirtschaftliche Versorgung der Familie zuständig. Hinsichtlich der sozioemotionalen Eltern-Kind-Beziehung und der Lesekompetenz weisen die Eltern sowohl Gemeinsamkeiten als auch Unterschiede auf: Beide haben offenbar zum einen eine enge und stabile sozioemotionale Beziehung zum Sohn etabliert. Zudem stammen beide Eheleute aus Familien der gehobenen Mittelschicht und greifen auf ähnliche kulturelle Erfahrungen und Wertmaßstäbe zurück.

Familiensituation

Kennzeichnend für die Familie Volkmer ist eine konventionelle Rollenkonstellation: Die Eheleute sind zum Untersuchungszeitpunkt beide 35 Jahre alt. Sie haben zwei Kinder, den Sohn Tom (4;5) und eine zweijährige Tochter Pia.[115] Die Familie bewohnt seit einigen Jahren ein Eigenheim in einer Kleinstadt in der ländlichen Umgebung Kölns. In der Siedlung wohnen einige Familien mit ähnlichen Lebensentwürfen. Es findet eine intensive Nachbarschaftshilfe statt, etwa unterstützt man sich gegenseitig in der Kinderbetreuung. Zwischen den älteren Kindern haben sich Spielfreundschaften entwickelt.

---

115 Bezogen auf das Alter und den Familienstand gehören sie damit zur größten Gruppe der Familien in der Fragebogenuntersuchung.

Erwerbs- und Familienarbeit sind in der Familie Volkmer asymmetrisch verteilt. Diese Aufgabenverteilung wird von beiden Partnern so akzeptiert und gewünscht. Herr Volkmer verbindet offenbar seine männliche Identität als Ehemann und Vater mit der Ernährerrolle. Als Versicherungskaufmann ist er für die finanzielle Versorgung der vierköpfigen Familie zuständig. Nach Abitur und Fachhochschulstudium ist er seit sechs Jahren bei einem großen Unternehmen angestellt.[116] An Werktagen verlässt Herr Volkmer morgens, bevor die Kinder aufstehen, das Haus und kehrt in der Regel zwischen 16 und 18 Uhr zurück. Die Abendstunden und das Wochenende widmet er fast ausschließlich seiner Familie und den anfallenden Arbeiten in Haus und Garten. Nur selten geht er eigenen Hobbies nach.

Frau Volkmer identifiziert sich offenbar entsprechend stark mit ihrer Rolle als Mutter und Hausfrau. Die 35-Jährige hat die Schulzeit mit dem Abitur abgeschlossen und danach eine Ausbildung zur Krankenschwester absolviert. In diesem Beruf hat sie bis zur Geburt des Sohnes gearbeitet und sich während dieser Zeit durch Fortbildungen weiterqualifiziert. Danach war es für sie selbstverständlich, dass sie selbst und nicht ihr Mann Erziehungsurlaub[117] nehmen würde. Diese berufliche Pause dauert bis zum Untersuchungszeitpunkt wegen Geburt und Erziehungszeiten der Tochter an. Aushilfsweise arbeitet Frau Volkmer an Wochenenden in der Krankenpflege[118], dann übernimmt ihr Mann die Betreuung der Kinder.

Das elterliche Handeln wirkt abgestimmt und wird von beiden Kindern wohl in der Regel nicht als widersprüchlich erfahren. Auf den verschiedenen Erziehungsfeldern hat man sich offenbar über die Hauptziele verständigt. In der Medienerziehung etwa habe man sich in Rücksicht auf die ausgeprägten Ängste und die Albträume des Sohnes entschieden, noch keine Märchen vorzulesen.

Während Tochter Pia noch zu Hause von der Mutter betreut wird, besucht der vierjährige Tom seit einem Dreivierteljahr vormittags den katholischen Kindergarten im Ort. An zwei Nachmittagen gibt es für den Jungen feste Termine – Fußballtraining und Turnen –, die restliche Zeit steht ihm zum freien Spielen zur Verfügung. Nach Angaben der Eltern ist Tom ein aufgeschlossener, interessierter und lebhafter Junge, der sich viel bewegen muss. Er schließe schnell Freundschaften zu anderen Kindern, wolle aber in der Gleichaltrigengruppe gern dominieren und setze sich dabei auch manchmal

---

116 Über zwei Drittel der 84 befragten Männer hatten die Allgemeine Hochschulreife oder Fachhochschulreife und ein Hoch- oder Fachhochschulstudium hinter sich. Knapp zwei Drittel standen in einem Vollzeit-Arbeitsverhältnis.

117 Nach heutigem Sprachgebrauch Elternzeit.

118 Mit dieser geringfügigen Beschäftigung gehört Frau Volkmer nicht zur Hauptgruppe der teilzeitarbeitenden Partnerinnen der Fragebogenuntersuchung. Diese Abweichung kann mit der Dominanz der Einzelkindfamilien in der Stichprobe in Verbindung gebracht werden: Mütter mit einem Kind gehen eher einer Erwerbsarbeit nach als Mütter mit zwei oder mehreren Kindern.

mit den Fäusten durch. Manchmal sei er bei ruhigeren Aktivitäten noch ungeduldig und könne sich nicht allzu lange konzentrieren

Medienausstattung des Haushalts und Medienrezeptionsgewohnheiten

Der Haushalt ist nach Schätzungen der Eheleute mit etwa 500 Büchern ausgestattet. Die bunte Mischung aus belletristischer und Sachlektüre ist in einem Regal im Wohnzimmer aufgestellt. Hier steht auch ein Teil der Kinderliteratur, der andere Teil befindet sich auf Regalbrettern in den beiden Kinderzimmern. Die Fachbücher der Eltern sind im Arbeitszimmer im Keller, d.h. nicht im Verkehrsraum der Kinder, untergebracht. Mit dieser Buchausstattung gehört die Familie zur größten Gruppe der Familien in der Fragebogenuntersuchung, die einen Bestand von 150 bis 500 Büchern mit einem durchschnittlichen Anteil von 50 Bilder- und Kinderbüchern angegeben haben. Tom kann selbständig auf die Bücher in seinem Kinderzimmer und im Wohnzimmer zugreifen, tut das aber bislang nur selten. Offenbar genießt er nach wie vor die gemeinsame Rezeptionssituation mit einer erwachsenen Bezugsperson. Eine Umkehrung der Vorlesesituation mit dem Vater oder der Mutter kommt bislang noch nicht vor. Allerdings imitiert Tom seit einiger Zeit das Vorlesen in der Interaktion mit seiner kleinen Schwester. Als großer Bruder ist er offenbar stolz, Aufgaben der Eltern übernehmen und der Zweijährigen etwas erklären zu können.

I.: Guckt er sich die Bücher eigentlich tagsüber auch mal alleine an? Oder liest er Pia oder Ihnen mal vor bzw. tut er so, als würde er etwas vorlesen?

Herr V.: Also dass er mir was vorliest, das kommt eigentlich nicht vor, aber dass er Pia was vorliest, das kommt jetzt. Wenn sie dann sagt, sie will unbedingt 'n Buch lesen, und es ist ganz früh am Morgen, und wir sitzen hier noch beim Kaffee zum Beispiel [...] dann hat er schon mal gesagt: Komm, Pia, ich les mit Dir 'n Buch. Dann setzt er sich mit ihr dann hierher, aufs Sofa, und zeigt die Bilder und erzählt ihr irgendwas dazu. Das fängt jetzt an. [...] Er erklärt ihr die Bilder, und sie zeigt ihm eben dann ‚Da Rabe, und da Ente und da Fuchs ... Aber dass er mir was vorliest oder zeigen möchte, das kommt nicht vor.

I.: Vermutlich ist er stolz, seiner kleinen Schwester auch schon etwas erklären zu können [...]

Herr V.: Ja, er ist eben der große Bruder, und dann sagt er, ich kann das jetzt auch schon machen. Wenn ihr jetzt nicht könnt oder nicht wollt, dann mach ich das jetzt eben. „Komm, Pia", und dann trottet sie auch hinterher, ist ja klar, setzt sich mit ihm aufs Sofa. [...]

Zwar befindet sich ein großer Anteil der Bücher im Verkehrsraum der Kinder, die Kleinen erleben die Eltern aber im Alltag nur selten als Leser. Vor der Geburt der Kinder hätten sie häufiger zum Buch gegriffen, betonen beide Partner im Interview. Heute lesen beide deutlich weniger. Bis auf die Lektüre der Tageszeitung seien weder tagsüber noch abends feste Leserituale etabliert worden. Die Lektürepräferenzen entsprechen den bekannten geschlechterspezifischen Mustern: Frau Volkmer bevorzugt Belletristik –

besonders liebt sie Kriminalromane. Darüber hinaus liest sie Erziehungsratgeber und -zeitschriften, um sich Anregungen und Ratschläge für ihren Erziehungsalltag zu holen – die Familie hat die Zeitschriften *Eltern* und *Spielen und Lernen* abonniert. Frau Volkmer bezeichnet sich selbst als eher ungeduldige, etwas oberflächliche Leserin, die sich zwar längere Zeit auf eine Lektüre konzentrieren kann, dabei aber auch ‚zusammenfassende‘ Lesestrategien anwendet, d.h. zwischen Textpassagen zappt, Seiten überspringt und auch Bücher parallel liest. Herr Volkmer präferiert Sach- und Fachbuchlektüre. Seit einigen Jahren liest er im Alltag vornehmlich aus beruflichen Gründen, zu anderen Büchern greift er nur im Urlaub. Ausschließlich zur Textverarbeitung nutzt er den Computer im Arbeitszimmer. Eine gemeinsame Nutzung mit dem Sohn Tom etwa zum Spielen, Zeichnen, für Lernprogramme oder für die Rezeption von Spielgeschichten findet (noch) nicht statt. Einen Internetanschluss gibt es bislang nicht.

Als Audio- und audiovisuelle Medien gehören eine HiFi-Anlage, ein Fernseher und ein Videorekorder zum Haushalt. Die Geräte befinden sich im Wohnzimmer. Den Kindern steht ein eigener Kassettenrekorder zur Verfügung, den Tom bzw. beide Kinder gemeinsam nutzen, um ohne die Erwachsenen ihre eigenen Kinderlieder- und Hörspielkassetten anzuhören

Obwohl die Eltern selbst das Fernsehen regelmäßig als Medium zur Unterhaltung und Entspannung nutzen[119], praktizieren sie bislang eine eher kritische Fernseherziehung. Insbesondere beim ersten Kind wollten sie nach eigenen Angaben die audiovisuellen Medien, Medienverbünde und Merchandisingprodukte so lange wie möglich aus dem kindlichen Alltag heraushalten. Erst nach und nach habe Tom kurze, spezifisch an Kinder adressierte Sendungen – zunächst gemeinsam mit einem oder beiden Erwachsenen – sehen dürfen.[120] Offenbar verfahren hier beide Elternteile übereinstimmend, wie die voneinander unabhängigen Interviewaussagen belegen:

Herr Volkmer im Interview: Video und Fernsehen, nein, das guckt er so wenig, außer ‚Bob der Baumeister, das ist echt die Ausnahme [...].

I.: Gucken Sie das eigentlich gemeinsam?

Herr V.: Manchmal guckt er alleine, aber meistens wir zusammen. Wenn er die Geschichten dann kennt, die ‚Bob der Baumeister‘-Kassette, die Videokassette, die guckt er auch alleine. Aber am Anfang, haben wir immer alles zusammen geguckt. Weil er ja auch manchmal Angst hatte, sogar bei dem ‚Kleinen Eisbären‘, zum Beispiel wenn da

---

119 Wenn die Kinder im Bett sind, sieht das Paar gemeinsam fern, Frau Volkmer erledigt währenddessen häufig noch einen Teil der Hausarbeit sowie Korrespondenzen oder Telefonate.

120 Dieses Prinzip lasse sich beim Geschwisterkind nicht so strikt durchhalten: Tochter Pia sei schon früher als ihr Bruder mit dem Fernsehen in Kontakt gekommen. Sie erhalte in der Regel aber alternative Lese- oder Spielangebote, wenn ihr großer Bruder mit einem Elternteil fernsehe.

ein wildes Tier war. Das haben wir dann immer erst mal mitgeguckt und ihm einiges erklärt.

I.: Ja, bis Sie ein bisschen einschätzen konnten, warum das so ist, warum er danach Angst bekommt, oder was da jetzt eigentlich genau Angst einflößend war in diesen Geschichten.

Herr V.: Ja. Und jetzt ist er ja doch 'n bisschen älter geworden, da ist das jetzt auch etwas weniger geworden mit der Angst. Und diese ,Bob der Baumeister'-Kassetten sind ja auch wirklich ganz harmlos, da ist ja überhaupt nichts mit bösen Tieren oder so. Ja, und alles Andere, wenn er abends mal fern sieht, Nils Holgersson oder solche Dinge, das gucken wir schon noch zusammen. Wobei das nicht immer ich bin, sondern das macht auch die Gabi.

Frau Volkmer im Interview: Ohne uns dazuzusetzen lassen wir Tom nur Sachen gucken, von denen wir wissen, dass er die kennt. Also nur Videokassetten, die er mindestens dreimal gesehen hat, sieht er alleine. Und dann bin ich meist in der Küche und hab das so schräg im Auge, was er macht. [...] Ansonsten sitzt selbst beim Sandmännchen einer von uns daneben oder ist zumindest in der Nähe und kann eingreifen, wenn ihm irgendwas unheimlich wird.

(Vor-)Lesekonzepte des Vaters – Interviewauswertung

Aufgrund der spezifischen Verteilung von Erwerbs- und Familienarbeit, d.h. der Vollzeit-Berufstätigkeit von Herrn Volkmer, stehen Vater und Sohn nur begrenzte gemeinsame Zeitpotentiale zur Verfügung. Damit gehört Herr Volkmer zu der größeren Gruppe der Väter aus der Fragebogenuntersuchung, die sich in der Woche nur zu Randzeiten, d.h. im Rahmen der morgendlichen und der abendlichen Betreuung, mit ihren Kindern beschäftigen können. In der Woche widmet er sich ihnen in den verbleibenden Stunden bis zur Schlafenszeit. Dann ist er – bezogen auf die drei von Pleck (1997) entwickelten Dimensionen Verfügbarkeit, Engagement und Verantwortlichkeit – für die Kinder verfügbar und engagiert sich, auch um seine Frau zu „entlasten", die die Abendstunden gern nutzt, um Dinge ohne die Kinder erledigen zu können. Am Wochenende übernimmt Herr Volkmer einen Großteil der Betreuungs- und Erziehungsaufgaben, etwa organisiert er gemeinsame Spiele oder Ausflüge. Handlungen der Lesesozialisation finden vor allem im Rahmen des abendlichen Zu-Bett-Geh-Rituals statt. Darin unterscheidet sich Herr Volkmer nicht von der Hauptgruppe der Väter aus der Stichprobe, die ihre Lese- und Medienerziehung zumindest in der Woche bevorzugt in dieses Ritual einbinden.

Herr Volkmer: Abends, ja, also das ist das Ritual eben, d.h. erst essen wir hier [im Esszimmer], und dann geht's ins Badezimmer: Waschen, Zähne putzen, Schlafanzug anziehen, und wenn er dann komplett fertig ist, guckt er dann häufig noch das Sandmännchen, und danach lesen wir dann ein Buch.

In der Familie Volkmer haben Vater und Sohn dieses Ritual im Vergleich zu anderen Familien besonders ausgeprägt etabliert: Für den tagsüber abwesenden Vater bietet das abendliche Zeremoniell offenbar eine ideale Möglichkeit, mit dem Sohn ungestörte Zeit zu verbringen. Das Vorlesen beim Zubettgehen dauert etwa eine Viertelstunde und ist ausschließlich für die beiden reserviert: Während Herr Volkmer Tom ins Bett bringt, beschäftigt sich seine Frau mit Tochter Pia. Nur in Ausnahmefällen variiert die Familie die Gestaltung dieses Abendrituals, und zwar dann, wenn ein Elternteil außer Haus ist oder sich anderweitig beschäftigt. Diese klare personale Zuordnung und Trennung liegt zum einen daran, dass sich die Lektürebedürfnisse der Kinder alters- und entwicklungsgemäß deutlich unterscheiden. Beiden das gleiche Buch vorzulesen sei „schwierig", wie Herr Volkmer im Interview angibt. Die Zweijährige befindet sich im Lautspracherwerb im Stadium der Begriffsentwicklung. Für sie sind das Entdecken, Zeigen und Benennen von Bildern wichtig.

Über diese Entwicklungsstufe ist der vierjährige Bruder längst hinaus. Nach den Bilderbüchern zum Zeigen und Benennen und den Such- und Wimmelbilderbüchern rezipiert er zurzeit gemeinsam mit erwachsenen Vermittlern komplexere Bilderbücher mit größeren Textanteilen und abgeschlossenen Geschichten. Schon die früheren Phasen der Leseentwicklung des Jungen wurden intensiver vom Vater als von der Mutter begleitet. Insbesondere zu den Such- und Wimmelbilderbüchern hat Herr Volkmer eine deutlich stärkere Affinität als seine Frau gezeigt. Die hierfür notwendige Aufmerksamkeit und Konzentration und die Liebe zum Detail entsprachen seinem eigenen Leseverhalten und offenbar den Rezeptionsbedürfnissen des Sohnes. Beide konnten sich bei der Rezeption dieser textfreien Bilderbücher offenbar konzentriert in die Illustrationen vertiefen, gemeinsam mit großer Sorgfalt und Genauigkeit Details entdecken und Geschichten aus den Bildern entwickeln. Die Mutter verdeutlicht im Interview selbst das beziehungsstrukturierende Element der gemeinsamen Bilderbuchrezeption:

Frau V.: Michael hat ja selbst so nen Spaß daran, das merkt Tom ja auch. [...] Und dass, wenn man das mit mir liest, dass das ein anderes Lesen ist, das weiß er auch, das merkt er sehr schnell.

Herr Volkmer reflektiert über seine eigenen und die gemeinsamen Rezeptionsgewohnheiten. Dabei ist stets zu berücksichtigen, dass es sich um Selbsteinschätzungen des Interviewten handelt. Laut seiner Aussage stehen offenbar bei den eigenen Mediengewohnheiten Bücher nicht an erster Stelle. Für die gemeinsame Rezeption mit dem Sohn bevorzugt Herr Volkmer aber eindeutig das Buch. Er reflektiert über die spezifischen Eigenschaften des Mediums, die für die Rezeption relevant sind, etwa die Linearität des Buchlesens oder die Möglichkeit, den Rezeptionsprozess zu unterbrechen oder zu wiederholen.

I.: Würden Sie denn sagen, dass Sie stärker das Buch bevorzugen? Oder umgekehrt mehr zum Fernsehen neigen? Oder koppeln Sie beide an bestimmte Situationen, sagen Sie zum Beispiel ‚Das Buch passt zum Einschlafen.' Und machen Sie sich's zu anderen Zeiten gern gemeinsam vor dem Fernseher gemütlich?

Herr V.: Ja, wobei ich lieber lese. Also wenn abends noch was im Kinderkanal kommt und er sagt, kommt doch mal hierher, mit aufs Sofa, dann hab ich dazu weniger Lust als zu lesen. Ich würde dann lieber lesen. Also wenn es abends so ums Fernsehen geht, also Sandmännchen, dann setzt sich Gabi auch häufiger da hin [...] Also dieses Sandmännchen gucken, das ist für mich nicht so spannend [...] da les ich lieber das Buch danach, das find ich viel besser [...] Fernsehen oder Videogucken, das würde mir eher nicht so 'n Spaß machen. [...] Da sitzt man nur so da. Da gibt's ja auch nichts zu erklären. [...] Das ist beim Buch anders. Da hast du das so ein bisschen mehr in der Hand, das Ganze.

Herr Volkmer ist in der Lage, über die verschiedenen kinderliterarischen Genres zu reflektieren. Er hat eigene Urteilskategorien für die Beurteilung von Kinderliteratur entwickelt, sowohl inhaltliche als auch literarästhetische. Herr Volkmer unterscheidet, welche Bücher er selbst und welche der Sohn bevorzugt und welche sich für das Vorlesen eignen. Die eigenen Präferenzen kann er begründen und ordnet sie in der Regel denen des Sohnes unter.

Herr V.: Man kann das schön ausschmücken [die Geschichte, die durch die Bilder erzählt wird; S.E.], so drum herum auch, würde mir auch einiges einfallen, was ich ihm dazu erzählen kann. Wenn ich eine andere Geschichte habe, vielleicht Märchen oder so, würde ich sehr am Text bleiben, und das ist hier nicht unbedingt erforderlich, finde ich, dass man so direkt an dem Text bleibt. [...] Aus den Bildern lässt sich noch viel mehr rausholen. [...] Also ich sag nicht: ‚Nee, das les ich nicht, oder da hab ich jetzt keine Lust drauf oder ‚Nicht schon wieder', das nicht, sondern wenn er das aussucht, dann les ich das auch. Aber wenn ich wählen könnte, würde ich auch gerne Baustellenbücher oder Feuerwehrbücher, also lieber also so 'n Märchenbuch. Wobei ... soweit sind wir jetzt noch nicht [...] Ich guck auch lieber ein Sachbuch an, zum Beispiel das über Verkehrserziehung, oder jetzt hat er so ein Buch über das Wetter [...] oder als er im Krankenhaus Unser Körper oder Ich geh ins Krankenhaus, wo das so 'n bisschen erklärt wird, was ihn da so erwartet. So was les ich sehr gerne mit ihm. [...]

Die Lesebiographie von Herrn Volkmer selbst weist einen typischen Pubertätsknick auf. Seither liest er nur noch selten belletristische Literatur, die tägliche Lektüre beschränkt sich seit vielen Jahren und insbesondere seit der Geburt des Sohnes auf die Tageszeitung oder auf Fachmagazine. Aufgrund der kulturellen Erfahrungen in seiner Herkunftsfamilie – er selbst und seine Geschwister haben eine umfängliche musisch-kulturelle Ausbildung genossen – möchte er allerdings seinen eigenen Kindern den Wert literarischer Erfahrungen schon möglichst früh auch durch das gemeinsame Lesen von Bilderbüchern vermitteln. Vorlesen hat für ihn vornehmlich die Funktion, Phantasie anzuregen und erste Erfahrungen mit Fiktionalität und Schriftsprache zu machen. Herr Volkmer reflektiert damit auch die Bedeutung der präliterarischen Kommunikation für nachfolgende Prozesse der Lesesozialisation.

I.: Solche Gewohnheiten [das Vorlesen] kann man ja früh einführen und das auch noch für später erhalten, dass man noch lange vorliest, vielleicht auch wenn er selbst schon lesen kann, [...] dass man das als Gewohnheit etabliert.

Herr V.: Ja, dass das einfach Gewohnheit ist, sich mit dem Buch zu beschäftigen. [...] Also er soll ja auch mal 'n Buch lesen, in der Mittagspause zum Beispiel, also wir sagen dann, ‚Nimm dir doch mal irgend 'n Buch und guck das mal an, dann blättert er in seinem Buch rum und fragt auch nichts nach. [...]

Für die Umsetzung pädagogischer Absichten, etwa zur alltagspraktischen oder moralisch-religiösen Belehrung will Herr Volkmer die Buchlektüre nicht instrumentalisieren, was vermutlich auch mit der Verteilung der familialen Aufgaben zusammenhängt. Themen wie Geschwister(-eifersucht) oder Sauberkeitserziehung bestimmten bislang nicht die gemeinsame Buchlektüre von Vater und Sohn: „Das war eher Gabis Bereich. Das war nicht mein Bereich."

In der aktuellen Phase der Lesesozialisation macht es dem Vater „einfach Spaß, jetzt noch mal so richtige Geschichten mit ihm zu lesen". Zwar präferiert auch die Mutter die Lektüre komplexerer Geschichten (siehe nachfolgende Interviewauswertung). Sie ordnet aber ihre eigenen Wünsche und Gratifikationserwartungen den kindlichen Bedürfnissen unter. Für Tom kommt nämlich eine Variation der abendlichen Vorlesesituation nicht in Betracht. Er legt offenbar größten Wert auf die intime Lesesituation mit dem Vater und fordert diese auch ein, was Herr Volkmer im Interview durch Äußerungen wie „Der Tom möchte dann auch ...", „der Tom sagt dann auch ..." betont. Die Familienmitglieder sind beim abendlichen Vorlesen also nicht beliebig austauschbar, im Gegenteil: Bei beiden Kindern ist das Ritual fest an Personen gebunden. Der Sohn fordert explizit die abendliche Vorlesesituation mit dem Vater ein. Sie bietet ihm Möglichkeiten, körperliche und emotionale Nähe herzustellen, Gespräche zu entwickeln, sich dem Vater anzuvertrauen. Dieser genießt seinerseits offenbar die Möglichkeit, durch die (exklusive) Vorlesesituation die Beziehung zu seinem Sohn zu entwickeln und zu pflegen. Zugleich bietet das gemeinsame Ritual mit dem Vater die Möglichkeit, sich gegen die weiblichen Familienmitglieder abzugrenzen, die dem Vierjährigen den ganzen Tag über verlässlich und konstant zur Verfügung stehen. Die Bedeutung diese Rituals reflektiert der Vater im Interview:

I.: Warum wechseln Sie eigentlich nicht?

Herr V.: Ich kann's gar nicht sagen. Vielleicht macht es mir auch einfach Spaß, jetzt noch mal so richtig Geschichten mit ihm zu lesen, [...] Ich glaub, das ist auch einfach so drin, das ist halt so: Der Tom möchte dann auch, er kommt dann einfach zu mir, und Pia geht zu meiner Frau. Ja, wahrscheinlich ist das 'n Ritual. Also, ich frag dann auch manchmal Pia, woll'n wir nicht noch mal 'n Buch lesen? Dann ‚Nein nein!' und der Tom sagt das dann auch. [...] Das ist 'n Ritual, das ist einfach so drin.

I.: Da kann man auch die Personen nicht so einfach austauschen.

Herr V.: Ja, also gerade dieses Abends-Ins-Bett-Bringen, das ist 'n ganz festes Ritual, von A bis Z, [...] – das läuft hier nach nem ganz festen Schema ab, jeden Abend immer das Gleiche. Man kann zwar die Zeiten variieren usw., aber wer was macht, das ist eigentlich fest vorgegeben. [...] Um den Inhalt der Geschichte geht es dann gar nicht mehr in erster Linie. Ja, also dieses Ritual muss unbedingt sein, auch wenn er abends schon sehr müde ist, weil wir zum Beispiel unterwegs waren oder er mit den anderen Kindern noch so lange draußen war, also es muss immer 'n Buch gelesen werden, und wenn's nur zwei Minuten sind. Dann sagt er immer: ,Das is 'n schnelles Buch!' Es vergeht kein Abend, an dem wir nicht irgendwie 'n paar Minuten gelesen haben, egal ob bei den Großeltern oder im Urlaub, egal wo wir sind, also 'n paar Minuten wird immer gelesen. [...] Und auch wenn er krank ist, dann holt er zumindest ein Pixi-Buch ,Mein Freund ist Lastwagenfahrer' oder ,Ich habe einen Freund, der ist Feuerwehrmann' oder so was, das wir dann innerhalb von ein, zwei Minuten ausgelesen haben, aber es wird gelesen, wir machen das dann – wenn es geht, zu zweit. [d.h. ohne das Geschwisterkind, S.E.]. Ja, das macht mir riesigen Spaß, das Vorlesen!

Tom legt allergrößten Wert auf die konsequente Einhaltung dieses Rituals, was er mit der Lektüre eines „schnellen" Buches offenbar sicher stellen möchte. Dass er dabei zum Teil regressiv auf Bücher zurückgreift, die er vor längerer Zeit zusammen mit dem Vater gelesen hat – etwa *Tim fährt Dreirad* – könnte nicht nur als pragmatische Entscheidung für eine kurze Geschichte gedeutet werden, sondern darüber hinaus als Möglichkeit für den Vierjährigen, in der Rezeptionssituation einmal wieder der ,Kleine' sein zu dürfen. Dass das Vorlesen unter bestimmten Umständen als restriktive Maßnahme ganz ausfällt, kommt für Herrn Volkmer nach eigenen Angaben nicht in Betracht: „Nein, das wäre schon ganz schön schlimm für ihn. Da haben wir andere Strafen."

Im Gegensatz zu den beiden Filmbeispielen, in denen tagsüber auf dem Sofa vorgelesen wurde, ist das Vorlesen zumindest in der Woche und gerade in den Sommermonaten vornehmlich in das Zu-Bett-Geh-Ritual integriert.

I.: Diese Situation hier auf dem Sofa, das Buch zusammen im Sitzen und tagsüber anzugucken, die war nicht unbedingt typisch oder würden Sie sagen, zumindest am Wochenende machen wir das schon manchmal so?

Herr V.: Ja, aber doch eher selten, also grad in diesen Monaten, im Frühling und im Sommer, da lesen wir eigentlich tagsüber recht wenig, eher vielleicht vormittags noch mal, wenn ich jetzt am Wochenende mit ihm zu Hause bin, dass wir dann vielleicht vormittags noch mal, vielleicht so zehn Minuten – aber dieses konzentrierte oder sorgfältige Lesen, das ist immer abends – es sei denn, es ist vielleicht im Winter oder im Herbst, wenn nachmittags sehr schlechtes Wetter ist, dann kommt es schon mal vor, dass wir uns hinsetzen und schon auch nachmittags mal 'n Buch lesen [...] also er würde bei gutem Wetter, so wie jetzt, nachmittags kein Buch lesen, sondern lieber rausgehen [...]

Untypisch für die sonstigen Vorlesesituationen ist auch die Art und Weise der Buchauswahl. Im Unterschied zu den Filmbeispielen, in denen die Buchtitel zum Vorlesen vorgegeben waren, wählt der Sohn in der Abendsituation das Buch aus. Der Vater ist an der Auswahl nicht beteiligt, und zwar nicht, weil sie ihm gleichgültig ist, sondern weil er seinem vierjährigen Sohn eine selbständige Entscheidung zutraut. Herr Volkmer macht also in der Regel bewusst keine Vorschläge, nimmt keine Korrekturen vor, sondern akzeptiert die Wahl des Sohnes. Der Vierjährige entscheidet selbständig, welches Buch er gemeinsam mit dem Vater lesen möchte. Damit wählt er Thema und Inhalt, ohne die väterlichen Leseinteressen zu berücksichtigen, und er darf über die Länge des Vorlesens bestimmen. So übernimmt er Verantwortung für die Gestaltung der Vorlesesituation und kann sich darauf verlassen, dass der Vater die Entscheidung mitträgt, auch, wenn es an mehreren Abenden hintereinander das gleiche Buch sein sollte.

I.: Mhm. Und wer sucht dann das Buch aus?

Herr V.: Er. Immer er. Ich sag dann, was möchtest Du lesen? Dann leg ich mich aufs Bett und mach die Augen zu. [...] Das soll dann 'ne Überraschung werden. Dann kommt er mit irgendeinem Buch an, legt das hin und das soll'n wir dann lesen. Das sucht er immer aus.

I.: Ah ja. Berücksichtigt er denn auch Ihre Interessen? Würde er zum Beispiel Mein Esel Benjamin, das ja – wie Sie sagen – ein altes Lieblingsbuch von Ihnen ist, aussuchen, weil er weiß, Sie mögen das gern?

Herr V.: Nein, nein, nein, da macht er einfach das, worauf er gerade Lust hat, [...]. Also ich würde sagen, das berücksichtigt er gar nicht [...] Sondern er geht dann los und guckt dann entweder im Spielzimmer oder in seinem Zimmer und sucht sich dort irgend 'n Buch aus, und in der Zeit bin ich dann – wie gesagt – auch gar nicht dran beteiligt – sondern lieg im Bett [...] Und ich muss auch die Augen zumachen, und er kommt dann irgendwann mit dem Buch dazu.

I.: (schmunzelnd) Das ist dann die Überraschung.

Herr V.: Ja, klar (lacht). Ich weiß ja, welche Bücher wir haben, das weiß ich ja auch. Aber vielleicht ist das für ihn so was Tolles. Er gibt das abends vor. Er darf entscheiden. Er sucht das aus. Das ist ja auch in Ordnung. [...]

An dieser Selbstbeschreibung lässt sich zeigt sich eine wichtige Funktion zeigen, die der Vater der gemeinsamen (abendlichen) Lektüre zuschreibt: Vater und Sohn kommen sich in der Rezeptionssituation körperlich und emotional nah, die Buchlektüre gibt ihnen Gelegenheit, ihre Beziehung zu gestalten. Nicht nur der Sohn, der auf der Einhaltung des abendlichen Rituals und zwar explizit mit dem Vater besteht, genießt das Vorlesen im Bett. Herr Volkmer ist nach seiner Auskunft offenbar in der Lage, sich empathisch auf die Bedürfnisse des Sohnes einzustellen – er lässt ihn in der Rezeptionssituation selbständig handeln, lässt sich ‚überraschen' und lässt Wiederholungslektüre zu. Damit stellt Herr Volkmer zugleich eine gewisse Symmetrie der Kommunikationssituation her. Und er bezieht selbst wichtige Gratifikationen aus der gemeinsamen Lektüre, was er im Interview auch sprachlich explizit:

Herr V.: Nee, das macht mir richtig Spaß, auf jeden Fall, also das macht mir schon Spaß. Also, das ist auch interessant eben abends, welches Buch er sich auswählt. Das ist schon spannend. Du liegst dann im Bett, was kommt denn jetzt, was will er jetzt haben, welches Buch findet er im Moment toll?

Die Vorlesepraxis entspricht jedoch keiner laisser-faire-Haltung, im Gegenteil: Interviewaussagen und die beiden Videobeobachtungen dokumentieren, dass Herr Volkmer die Ziele reflektiert, die er mit dem Vorlesen verbindet, und dass er den Prozess des Vorlesens auch selbst strukturiert. Zielorientiert und direktiv möchte er selbst das Lesetempo, d.h. die Sprechgeschwindigkeit und das Umblättern der Seiten bestimmen. „Tom wartet also, bis ich weiterblättere." Wie in seiner eigenen Lektürepraxis legt er auch in der gemeinsamen Rezeptionssituation mit dem Sohn Wert darauf, dass ein Buch zu Ende gelesen wird:

Herr V.: Also, ich möchte die Geschichte dann schon gern zu Ende lesen, d.h. ich blättere dann wieder zurück und les erst mal die Seite zu Ende. Gerade wenn wir das Buch zum ersten, zweiten, dritten Mal lesen, dann möchte ich schon den ganzen Text gelesen haben. [...].

I.: Würden Sie denn unter bestimmten Umständen abbrechen, oder lesen Sie sozusagen ‚um jeden Preis' bis zum Schluss?

Herr V.: In der Regel möchte ich die Geschichte auch zu Ende lesen, es sei denn, also wenn es abends ist, wenn er ins Bett geht und sich nicht mehr so gut konzentrieren kann, oder nach 'n paar Seiten mehr oder weniger schon eingeschlafen ist, dann natürlich nicht. Aber tagsüber, im Urlaub oder so, dann möchte ich auf jeden Fall zu Ende lesen.

Zwar ist für Herrn Volkmer eine Zielorientierung wichtig, dies aber nicht dogmatisch, d.h. offenbar entscheidet er situationsabhängig, ob und wie lange vorgelesen werden kann. Das impliziert zugleich, dass er beim Vorlesen nicht auf einen engen zeitlichen Rahmen festgelegt ist. Zwar soll Tom den Tag abschließen und zur Ruhe kommen, dennoch hat das Vorleseritual ein prinzipiell offenes Ende.

I.: Würden Sie denn das Ziel der Bettruhe in den Vordergrund stellen, obwohl Sie vielleicht noch nicht fertig sind mit der Geschichte? Also würden Sie beispielsweise sagen: ‚Wir haben das ja besprochen, dass du jetzt schlafen sollst. Wir sind zwar noch nicht fertig mit der Geschichte, aber wir brechen jetzt hier mal ab?'

Herr V.: Nein, das nicht, es sei denn, er ist wirklich so müde, und er ist so unkonzentriert, [...] blättert hin und her und nimmt das gar nicht mehr auf und legt sich dann schon zur Seite [...]. Aber ich sag dann nicht ‚Jetzt sind fünf Minuten um' oder ‚Jetzt sind zehn Minuten um'. Es geht auch nie nach Zeit [...] sondern wir lesen das Buch zu Ende, wenn er sich drauf konzentrieren kann und wenn er entsprechend gut gelaunt ist, dann lesen wir das auch zu Ende.

Der zeitlich offene Rahmen bietet zugleich die Möglichkeit einer Anschlusskommunikation, die sich aber laut Interviewaussage in der Regel nicht auf die gemeinsame Buchlektüre bezieht, sondern zum Beispiel Erlebnisse des vergangenen Tages aufgreift. Das gemeinsame Lesen schafft also gewissermaßen den Raum, nicht nur literarische, sondern auch Alltagserfahrungen zu teilen.

I.: Und entwickeln sich dann noch andere Gespräche, beispielsweise dass Sie dann noch vom Tag erzählen und das Buch erst einmal nur der Anlass ist und dann kommt noch was ganz Anderes zustande?

Herr V.: Danach. Also das Buch wird gelesen, und je nachdem, wie konzentriert er ist, entscheidet es sich, wie lange wir lesen, und danach werden Fragen gestellt, aber nicht in Verbindung mit dem Buchlesen, sondern danach [...] Das Buch wird weggelegt, und dann reden wir vielleicht noch 'n bisschen, aber nicht in Verbindung mit dem Lesen. Dann erzähl ich noch'n bisschen mit ihm über dies und das, über den Tag, was im Kindergarten los war, oder vom Fußball noch irgendwas, vom Turnen, je nachdem, was so an dem Tag war.

Umgekehrt kommt es vor, dass Bezüge von der Buchlektüre zu (gemeinsamen) Alltagserlebnissen hergestellt werden. Diese Verbindungen oder Zitate gehen allerdings offenbar eher vom Sohn als vom Vater aus:

Herr V.: Das kann sein, dass er dann irgendwas aus dem Buch zitiert ...

I.: Also wenn Sie zum Beispiel unterwegs sind ...

Herr V.: Ja, er bringt dann Zitate aus Büchern. Wenn also das draußen irgendwas – er sieht was Neues, was er noch nicht kennt, dann kann es also durchaus sein, dass irgendwas aus 'nem Buch gebracht wird, also dass er plötzlich aus dem Zusammenhang gerissen beim Mittagessen, beim Abendessen, oder so, irgendeinen Satz aus einem Buch bringt. [...] Also irgendeine Begebenheit aus einem dieser Bücher. [...] Zum Beispiel bei dem Buch *Mein Esel Benjamin*, das wir nun häufiger mal gelesen haben, da hat er abends mal gesagt: ‚Gute Nacht, Benjamin.' [beschreibt kurz die Episode, in der sich der Esel fertig macht, um schlafen zu gehen] Also das verbindet er schon.

Auswertung der Vater-Kind-Vorleseinteraktionen

Im Folgenden wird das aus den Interviewaussagen entwickelte Vorlesekonzept des Vaters anhand der beiden Videobeispiele überprüft und konkretisiert.

Vater-Kind-Vorleseinteraktion 1 – Geisler: *Ich trödel doch nicht, sagt Max.*

In der ersten Filmsituation liest Herr Volkmer das Bilderbuch *Ich trödel doch nicht, sagt Max* von Dagmar Geisler vor. Weder er selbst noch Sohn Tom kennen das Buch. Das Vorlesen findet nachmittags – an einem sehr heißen Sommertag – auf dem Sofa im Wohnzimmer statt. Vater und Sohn sitzen nebeneinander auf dem Sofa, frontal zur Kamera. Tom schmiegt sich seitlich an den Vater, dieser legt einen Arm um die Schultern des Jungen. Die andere Hand bleibt frei zum Umblättern. Das Bilderbuch liegt so auf dem Schoß des Vaters, dass beide hineinschauen können. Das Vorlesen dauert 7½ Minuten, Unterbrechungen gibt es keine. Nachstehend ist das vollständige Transkript des Vorlesegesprächs mit anschließender Analyse und Interpretation dokumentiert:

T.: *Les!*

Herr V.: *Das Buch heißt: Ich trödel doch nicht, sagt Max.* [liest den Bilderbuchtext] Am Freitag fährt Mama mit Stina zu Oma. ‚Tschüs ihr zwei', sagt sie zu Papa und Max, ‚macht euch einen schönen Tag.' *Die gibt ihm noch ein Küsschen.* [blättert um, liest den Bilderbuchtext weiter] Und weißt du auch, was wir machen?', fragt Papa. ‚Wir gehen Karussell fahren.' JIPPIE!', ruft Max. ‚Wann gehen wir?' ‚Gleich nach dem Essen', sagt

Papa. ‚Es gibt Würstchen mit Kartoffelbrei und Salat.' [blättert um] Papa isst fünf
Würstchen. Papa isst Berge von Kartoffelbrei. Papa isst viele grüne Salatblätter. Der
Teller von Max ist noch voll. ‚Trödel nicht so!, sagt Papa. ‚Denk dran, wir wollen noch
Karussell fahren.' Ich trödel doch nicht', sagt Max, ‚ich baue einen Fluss für meine
Wurststückchen. Die müssen auch ein bisschen Spaß haben.' [blättert um] Nach und
nach angelt Max alle Wurststückchen aus dem Soßenfluss. Der Kartoffelbrei ist schon
ein bisschen kalt. Macht nix! Max gräbt noch einen kleinen Seitenkanal. Papa räumt
schon mal den Tisch ab. Er lässt das Wasser ein und fängt an, die Gläser zu spülen. Er
spült die Teller und das Besteck, den Topf, die Pfanne und die Schüsseln. Zum Schluss
spült Papa noch den Teller von Max. [blättert um]

T.: *Ja ...*

Herr V. [liest den Text weiter]: Max darf die Löffel abtrocknen, die Gabeln und die
Plastikschüssel. ‚He, Max! Was trödelst du da herum? Die Gabeln gehören in den
Besteckkasten.' ‚Ich trödel doch nicht', sagt Max. ‚Ich baue ein Karussell für das
Besteck.' *Guck mal hier.* [tippt auf die einzelnen Teile im Besteckkarussell] *Eins zwo
drei vier fünf, sechs, hier, hat er Gabeln, Messer und Löffel ...*

T. [übt sich stolz im Zählen, blickt dabei in die Luft]: *‚Äh, ja, will ich zählen: Eins, zwei,
drei, vier, fünf, sechs, sieben, acht, neun, zehn, elf, zwölf, 13, 14, 15, 16, 17, 18, 20, 21,
73, 74 ...*

Herr V.: *Toll! Und wie viel sind das hier?*

T.: *76, 74 ...*

Herr V.: *Zähl mal. Wie viel sind das hier?*

T.: *55 ...*

Herr V.: *Hier! Wie viel sind das? Eins ...*

T.: *Äh, nee ...*

Herr V.: *Zähl!*

T. [tippt wie gewünscht auf die einzelnen Teile, zählt dabei]: Eins, zwei, drei, vier, fünf.

Herr V.: *Genau: Das Karussell von Max hat fünf Messer, Gabeln und Löffel.* [liest den
Bilderbuchtext weiter] 'Ich dachte, wir wollen selber Karussell fahren', seufzt Papa. ‚Ja,
gleich!', sagt Max. [blättert um, liest den Text weiter] Endlich ist die Küche sauber. Papa setzt seine Mütze auf und bindet den Schal um. ‚Mahax!' ruft er. ‚Ja, ja!', ruft Max
zurück. ‚Ich muss nur den Kasper in Mamas Bett legen und Stinas Puppe auch. Und am
besten noch das Krokodil und den kleinen König. Die fürchten sich sonst, wenn sie allein zu Hause sind.' ‚Oh, Max!', stöhnt Papa. [blättert um] Max setzt seine Mütze auf.
Papa bindet ihm den Schal um. Max zieht den einen Hausschuh aus und dann den andern. Mit den Hausschuhen im Arm steht er da. Papa klappert ungeduldig mit den
Schlüsseln. ‚Ich trödle nicht', sagt Max, ‚aber meine Hausschuhe sind wilde Tiger, die
kann ich doch nicht einfach zu Stinas kleinen Babypantoffeln stellen. Das ist doch [!]¹²¹
viel zu gefährlich.' Max denkt nach. Dann stellt er seine Hausschuhe in die Speisekammer. Stinas Pantoffeln versteckt er in Papas Gummistiefeln. ‚Jetzt können wir gehen',
sagt Max und steigt in seine Stiefel. [blättert um, liest den Bilderbuchtext weiter] Papa
schließt die Haustür ab und stapft los. Fast ist er um die Ecke gebogen, als er *mark* [kor-
rigiert sich] merkt, dass kein Max neben ihm geht. ‚Max, du trödelst schon wieder! Das

---

121 fügt doch ein

180

Karussell wartet nicht ewig!' Ich trödel doch nicht', sagt Max. ‚Ich muss nach Opa Meierbär gucken. Der sitzt heute gar nicht an seinem Fenster. [deutet auf das Fenster in der Illustration] *Hier, sonst sitzt der immer da oben. Auf dem Kissen hier. Da guckt der aus dem Fenster und guckt sich an, was draußen so los ist.* [blättert um] Hoffentlich ist ihm nichts passiert.' Aber da kommt Herr Meierbär schon die Straße entlang. Er war schnell die Zeitung holen. [kippt das Buch ein wenig weiter zum Sohn, deutet auf das Bild] *Ne, hat er die auf dem Arm.* [liest dann den Text weiter] Papa redet mit Opa Meierbär mal kurz übers Wetter und über Opa Meierbärs krankes Bein, über die Politik und darüber, wie das Wetter wohl morgen wird ... ‚Papa!' schimpft Max. ‚Jetzt beeil dich mal! Wir wollen doch Karussell fahren.' Na, dann viel Vergnügen!', lacht Opa Meierbär. [blättert um] So schnell es geht, laufen sie jetzt Richtung Rummelplatz. Papa macht Riesenschritte, Max hopst nebenher. Man kann das Karussell schon fast sehen, da bleibt Max auf einmal stehen. Ganz langsam geht er in die Knie. ‚Max, du trödelst ja schon wieder!', sagt Papa. ‚Ich trödel doch nicht', sagt Max. Ich muss dir was zeigen. Komm mal her!'

T. [blättert die Seite um]

Herr V. [liest den Text weiter]: Jetzt sieht Papa es auch. Eine Ameisenkarawane. Zwei Ameisen schleppen ein riesiges Stück Pommes frites. Die Nächste trägt einen dicken Brotkrümel. ‚Und das da sieht aus wie zuckriger Mäusespeck', sagt Max. Papa staunt. Immer neue Ameisen kommen angewandert. Und fast alle tragen etwas auf dem Rücken.

T. [unverständlich]

Herr V. [spricht unverständlich, liest dann weiter]: Lange gucken die beiden den Ameisen zu. Dass es immer dunkler wird, merken sie gar nicht. ‚He, Max!', ruft Papa plötzlich. ‚Jetzt müssen wir aber rennen, sonst wird das Karussell abgestellt, bevor wir da sind.' Ganz außer Puste kommen die beiden auf dem Rummelplatz an. ‚Letzte Runde!', brummt der Mann im Kartenhäuschen. ‚Eigentlich wollte ich schon zumachen.' [blättert um] Papa setzt sich auf sein Lieblingspferd, wie jedes Jahr. Max steigt in den roten Flitzer. Da kann er hupen, was das Zeug hält. Viel zu schnell hält das Karussell wieder an. [blättert um, liest den Text weiter] ‚Das hat Spaß gemacht', sagt Max. ‚Ja, aber ich wäre gern noch öfter gefahren', meint Papa. ‚Da hätten wir halt nicht so viel trödeln dürfen!', sagt Max. *Hm?*

T. [blickt in die Kamera, steht auf] [Kamera aus]

Analyse und Interpretation

Die Interaktion ist laut Interviewaussage nicht als typisch für die sonstigen Vorlesesituationen zu werten. Vorleseinteraktionen zwischen Vater und Sohn finden insbesondere in der Woche und in den Sommermonaten im Rahmen des Zu-Bett-Geh-Rituals statt. Die Gestaltung des Vorlesegesprächs wurde offenbar erschwert durch die klimatischen Bedingungen – Tom wirkte etwas müde und abgeschlagen und war im Vergleich zu anderen Vorleseinteraktionen offenbar weniger bereit, mit dem Vater ins Gespräch zu kommen. Dennoch erscheint die Vorlesesituation etabliert: Tom schmiegt sich wie selbstverständlich an den Vater, dieser legt den Arm um die Schultern des Sohnes. Diese Körperposition wird während der gesamten Vorlesezeit beibehalten, offenbar gehört die körperliche Nähe zu der gemeinsamen Handlung ‚Bilderbuchvorlesen'. Zwar hat der Vierjährige nur geringe Redeanteile, er verfolgt die Geschichte aber aufmerksam. Konzentriert blickt er ins Buch, betrachtet offensichtlich interessiert die Illustrationen und hört dem vorlesenden Vater zu. Nicht ein einziges Mal schweift sein Blick ab, insofern ist es auch nicht nötig, dass Herr Volkmer den Jungen immer wieder auf die Geschichte konzentrieren muss. Blickkontakte zwischen den beiden Interaktionspartnern gibt es während des gesamten Vorleseprozesses nicht. Die Kommunikation ist asymmetrisch strukturiert.

Herr Volkmer liest lange Passagen ohne Unterbrechungen und hält sich genau an den Text, einen Versprecher korrigiert er prompt. Er betont adäquat und unterscheidet stimmlich zwischen erzählenden Passagen und wörtlicher Rede. Das Vorlesen weist gemäß den Hypothesen des Interviews einige Merkmale eines direktiven Stils auf. Herr Volkmer liest zwar langsam und macht Pausen. Diese sind aber zu kurz, um dem Sohn Zeit für Zwischenfragen zu gewähren. Bis auf eine Ausnahme blättert der Vater selbst die Seiten um und kontrolliert nicht durch Blickkontakte, ob sein Sohn noch länger auf der Seite verweilen möchte. Möglicherweise sind jedoch die Vorleseroutinen zwischen den beiden Interaktionspartnern so etabliert, dass sich der Vater auf die Eigeninitiative des Vierjährigen verlassen kann. Dass Herr Volkmer das Vorlesen nur an drei Stellen unterbricht, ließe sich zunächst zwar als weiteres zielorientiertes Merkmal werten. Die Gesprächsanlässe sind aber geschickt gewählt und wollen offenbar an die aktuellen Interessen und die Lebenswirklichkeit des Vierjährigen anknüpfen. Dass sich dennoch kein komplexeres Vorlesegespräch entwickelt, lässt sich mit der Gesamtverfassung des Vierjährigen erklären. Alle Unterbrechungen sind gekennzeichnet durch deiktische Verweise vom Text auf die Illustrationen. Zunächst verweilt der Vater auf der Seite mit dem Besteckkarussell und tippt auf dessen Einzelteile: „Guck mal hier!" Sein Abzählen der Besteckteile wird von Tom sofort aufgegriffen und lenkt das Vorlesegespräch in eine vermutlich ungeplante Richtung. Der Vierjährige übt nämlich erfreut seine (instabile) Zahlenreihe. Der Vater muss insgesamt vier Versuche unternehmen, um den Sohn wieder für die Geschichte zu gewinnen. Er tut das zunächst empathisch, auch in Kenntnis der aktuellen Begeisterung des Jungen für Zahlen („Toll! Und wie viel sind das hier?"), danach deutlich direktiver durch verschiedene Aufforderungen („Zähl mal!", „Hier!", „Zähl!"). Als Tom endlich die Besteckteile (richtig) abzählt, resümiert der Vater fast erleichtert: „Genau: Das Karussell von Max hat fünf Messer, Gabeln und Löffel." Beim zweiten Mal weicht Herr Volkmer an der Stelle ab, als Max und sein Papa auf der Straße Richtung Rummelplatz unterwegs sind. Er deutet auf das (leere) Fenster in der Illustration und erklärt dem Vierjährigen mit eigenen Worten, was in der Bilderbuchgeschichte gewöhnlich passiert, indem er die Textpassage *Der sitzt heute gar nicht an seinem Fenster* erweitert: *Hier, sonst sitzt der immer da oben. Auf dem Kissen hier. Da guckt der aus dem Fenster und guckt sich an, was draußen so los ist.* Damit stellt der

Vater zugleich einen Bezug zur Lebenswirklichkeit her, indem er die Gewohnheit mancher (oft älteren) Leute beschreibt, das Leben auf der Straße zu beobachten und auf diese Weise daran teilzunehmen. Herr Volkmer kippt das Buch an dieser Stelle weiter zum Sohn, vermutlich um dessen Aufmerksamkeit und Interesse zu sichern. Er liest den Text weiter und unterbricht kurz darauf erneut: *Ne, hat er die auf dem Arm.* Die Verwendung von „ne" lässt sich als „nicht wahr" paraphrasieren[122] und unterstellt die Zustimmung des Vierjährigen, die aber nicht durch einen Blickkontakt überprüft wird. Durch das sofortige Weiterlesen des Textes gewährt der Vater dem Sohn keine Möglichkeit für einen Gesprächsbeitrag, so dass sich auch aus dieser Unterbrechung kein Dialog entwickelt.

Überraschenderweise verweilt der Vater nicht auf der attraktiven, mit zahlreichen Anknüpfungsmöglichkeiten ausgestatteten Ameisenseite oder auf der Rummelplatzseite, sondern liest zielstrebig den Bilderbuchtext zu Ende. Auch jetzt werden keine Fragen gestellt oder andere Gesprächsanlässe geboten, so dass die Vorlesesituation recht abrupt und ohne gegenseitige Rückversicherungen, Klärung des Textverständnisses o.Ä. beendet wird.

Vater-Kind-Vorleseinteraktion 2: Fries/von Vogel: *Trödeln? Ich doch nicht!*

Im zweiten Filmbeispiel liest Herr Volkmer das Bilderbuch *Trödeln? Ich doch nicht!* von Claudia Fries und Maja von Vogel vor. Tom kennt das Buch bereits – die Mutter hat es ihm im Rahmen der Studie schon einmal vorgelesen. Dem Vater ist das Buch unbekannt. Diese zweite Filmsituation ist ähnlich arrangiert wie die erste: Vater und Sohn sitzen tagsüber nebeneinander im Wohnzimmer auf dem Sofa. Die Kamera ist frontal installiert. Die beiden sind allein im Zimmer. Das Vorlesen dauert diesmal 8½ Minuten, Unterbrechungen gibt es keine. Im Folgenden ist das vollständige Transkript des Vorlesegesprächs mit anschließender Analyse und Interpretation dokumentiert.

Herr V. [hält mit beiden Händen das Buch]: *So, das Buch heißt:* Trödeln? Ich doch nicht! [liest den Bilderbuchtext] Paul spielt Zirkus. Da ruft Mama: Beeil Dich, Paul! Wir müssen einkaufen gehen, sonst machen die Geschäfte zu. ‚Ich komme gleich', sagt Paul. ‚Wenn die Zirkusvorstellung zu Ende ist.' Ne, da macht der Paul in seinem Kinderzimmer eine Zirkusvorstellung. [deutet auf die Bilder] *Hier: Mit dem Teddy, mit der Puppe. Und da reitet er auf dem Pferdchen.*

T.: *Und mit dem Hasen.*

Herr V.: *Mit dem Hasen. Und ein Pferdchen hast du auch, ne?*

T.: *Aber, aber nicht so 'n Rollpferdchen.*

Herr V.: *Stimmt.*

T.: *Das ist 'n Anderes.*

Herr V.: *Du hast auch keins aus Holz, sondern eins aus Pappe.* [blickt den Sohn an]

---

122 Vgl. zur Verwendung von ‚ne' in Vorlesegesprächen Braun 1995, 74.

T. [deutet in den Raum, widerspricht vehement]: *Nee! Aus Holz!*

Herr V. [irritiert, stellt Blickkontakt her]: *Das hast du vom Tobias* [ein Spielfreund, S.E.] *aus Pappe, ne.* [blättert um, liest den Text weiter] Mama hat schon ihren Mantel an und den Einkaufskorb dabei. Wo bleibst du denn?' fragt sie. ‚Wir müssen los!' ‚Gleich', sagt Paul. Ich bin gerade mitten in der Raubtiernummer.' [wartet kurz, blättert dann um] Auf der Straße schaut Mama auf die Uhr und bekommt einen Schreck. ‚Schnell, Paul', ruft sie. ‚Der Bus kommt gleich.' ‚Ich kann nicht so schnell', sagt Paul. ‚Sonst falle ich in die Schlucht.' [deutet auf die Bilder, blickt den Sohn an] *Hier, vom Bordstein runter. Hier, da ist die Schlucht.* [blickt den Sohn an, lächelt] *Der Gully.* [liest den Bilderbuchtext weiter] Mama nimmt Pauls Hand, damit er nicht stürzt. Gerade noch rechtzeitig erreichen sie den Bus. [blättert um]

T. [abgelenkt, wendet den Blick vom Buch, atmet tief durch, schnieft und wischt sich die Nase am Ärmel ab]

Herr V. [stellt Blickkontakt her]: Mit dem Bus fahren Mama und Paul in die Stadt. Beim Aussteigen sagt Mama: ‚Zuerst müssen wir zum Bäcker. Hoffentlich kriegen wir noch Brötchen.' [blickt den Sohn an] Paul will gerade loslaufen, als er ein paar gefährliche Flugsaurier entdeckt. Zum Glück kann er sie in die Flucht schlagen, bevor sie ihn und Mama angreifen. *Siehst du die gefährlichen Flugsaurier?*

T. [kuschelt sich mit dem Kopf an die Schulter des Vaters, blickt und zeigt Richtung Kamera] *Guck, die ist immer noch an.*

Herr V. [blickt auch kurz Richtung Kamera]: *Jaha. – – Wo sind denn die Flugsaurier?*

T. [zeigt auf die verschiedenen Tauben]

Herr V. [begleitet die Zeigegesten des Sohnes verbal]: *Da, da, da. Noch einer? Da.*

T. [stützt sich mit dem Ellenbogen auf die Schulter des Vaters]: *Aber da sieht man nur den Schwanz.*

Herr V.: *Ja. Genau, bei dem da oben ...*

T. [beugt sich über die Bilderbuchseite, zeigt nochmals auf die Tauben, zählt]: *Eins, zwei, drei, vier. Vier, vier Flugsaurier.*

Herr V. [wiederholt]: Vier *Flugsaurier. Hier ist auch noch einer* [blättert schnell um]

T.: *Den hab ich ja mitgezählt.*

Herr V.: *Genau!* [liest den Bilderbuchtext der nächsten Seite] Beim Bäcker kauft Mama die letzten Brötchen. ‚Jetzt müssen wir noch schnell zum Fleischer', sagt sie, ‚sonst gibt es keinen Aufschnitt mehr. ‚Wo bist du, Paul?' ‚Hier!', ruft Paul und verlässt seinen geheimen Beobachtungsposten. Er wollte gerade die Überwachung der Bäckerei übernehmen, um dem gefürchteten Torten-Räuber das Handwerk zu legen. Aber bevor es zum Abendbrot keinen Aufschnitt gibt, beeilt er sich lieber. [blättert um]

T.: *Wer? Frau Meier?*

Herr V. [blättert zurück]: *Nee, der Paul.* [blättert wieder um, liest den Bilderbuchtext]: Schnell laufen Mama und Paul zum Fleischer. Im Laden sind viele Leute. ‚Da ist Lisa', ruft Paul und winkt einem Mädchen zu, das mit seiner Mutter weiter vorne in der Schlange steht. Lisa und Paul spielen mit Lisas Puppe Käthe, bis Pauls Mama fertig ist. ‚Kann ich noch mit Lisa spielen?', fragt Paul. ‚Käthe kauft gerade ein.' ‚Ein andermal', sagt Mama. ‚Jetzt müssen wir zum Supermarkt.' Paul winkt Lisa und Käthe [stellt Blickkontakt her] zum Abschied zu. [blättert um]

T. [streichelt den Vater am Hals]

Herr V. [liest den Bilderbuchtext weiter]: Auf dem Weg zum Supermarkt kommen sie an einem Flohzirkus vorbei. Guck mal, Paul!', sagt Mama und bleibt stehen. ,Toll!', staunt Paul und betrachtet die winzigen Flöhe. [zeigt auf die Illustration] Hier, da ist einer. [liest weiter] Immer mehr Leute versammeln sich um den Mann. Als er fertig ist, [kurzer Blickkontakt] klatschen alle. Paul zupft Mama am Mantel: ,Komm jetzt, sonst macht der Supermarkt zu!'

T. [wirkt müde, stützt den Kopf auf den Arm, versteckt das Gesicht dann kurz in der Achsel des Vaters]

Herr V. [liest den Text weiter]: ,Du hast Recht', sagt Mama und schaut auf die Uhr. ,Oje, schon so spät',

T. [hustet]

Herr V. [Blickkontakt zum Sohn]: jetzt aber schnell!'

T. [krault dem Vater mit den Fingern den Nacken]

Herr V. [zeigt auf die zugehörigen Bilder]: *Hier haben die eine Schaukel, die Flöhe. Und hier einen Reifen. 'nen Anhänger.*

T.: *Und 'nen Ring.*

Herr V. [bestätigend]: *'nen Ring.*

T.: *Reifen.* [blickt kurz in die Kamera] *Hier, die ist immer noch an!*

Herr V. [reagiert nicht auf den Einwand, blättert um, liest den Text weiter]: Mama und Paul rennen das letzte Stück zum Supermarkt. Zum Glück hat er noch auf. ,Hol bitte drei Bananen, ich geh schon mal zur Käsetheke', sagt Mama. Um an die Bananen zu kommen, muss sich Paul durch einen Urwald kämpfen.

T. [beugt sich vor und zeigt auf die Illustration]: *Da!*

Herr V. [liest zunächst den Text weiter]: Das ist ganz schön anstrengend, aber schließlich hat Paul es geschafft.

Herr V.: *Ah, da ist der Urwald. Muss der sich erst mal durchkämpfen. Schwierig!*

T. [eng an den Vater gekuschelt]: *Wie denn?*

Herr V. [zeigt auf die entsprechenden Illustrationen]: *Hier, da klettert er erst mal da drüber. Da muss er sich da durchkämpfen, bis er endlich zur Käsetheke kommt.* [blättert um, liest den Text weiter] ,Das hat aber lange gedauert', sagt Mama. ,Holst Du bitte noch eine Tiefkühlpizza?' ,Klar', sagt Paul und geht los. Da versperrt ihm ein riesiger Eisbär den Weg. Paul versteckt sich hinter einem Stapel Dosen und wartet, bis der Eisbär eingeschlafen ist. Dann schleicht er sich zur Kühltruhe und schnappt sich eine Pizza. [zeigt auf die Illustrationen] *Hier ist der Eisbär. Der hat sich hier versteckt, damit er ihn nicht sieht.* [neigt den Kopf dicht zum Sohn, blättert die Seite um]

T.: *Warum macht der das?*

Herr V.: *Na, der hat Angst vor dem Eisbären!*

T. [nuschelt schwer verständlich]: *Nein. Aber der tut gar nichts, ne, Papa?*

Herr V. [blickt den Sohn an]: *Der tut nichts? Na, Eisbären sind aber gefährliche Tiere. Da muss man aufpassen.*

T.: *Was können die denn machen?*

Herr V.: *Beißen. – – Die können beißen.* [liest den Bilderbuchtext weiter]

T.: *Ich kann die aber verscheuchen!*

Herr V.: *Ja-a?*

T.: *Mit 'nem Schwert!*

Herr V.: *Aha ...*

T.: *Einmal durchschneiden!*

Herr V.: *Aha ...* [blättert um, liest den Text weiter] Endlich haben Mama und Paul alle Einkäufe erledigt. ‚Du darfst dir einen leckeren Nachtisch aussuchen', sagt Mama zu Paul, als sie zur Kasse gehen. ‚Eis!', ruft Paul sofort und holt eine große Packung. – – – [blättert um, liest den Text weiter] ‚Jetzt können wir nach Hause', sagt Paul und freut sich aufs Abendbrot. Aber vor dem Supermarkt trifft Mama Frau Matschke, die Nachbarin.

T. [wendet den Blick vom Buch zur Kamera]

Herr V. [liest den Text weiter]: Die beiden reden und reden. Paul langweilt sich.

T. [blickt wieder ins Buch]

Herr V. [liest den Bilderbuchtext]: Da fällt ihm plötzlich etwas ein. ‚Mama, wir müssen schnell nach Hause, sonst schmilzt das Eis!', ruft er. ‚Ach du Schreck', sagt Mama. ‚Daran habe ich gar nicht gedacht'! [Blickkontakt zum Sohn] Sie verabschiedet sich von Frau Matschke und macht sich mit Paul auf den Heimweg.

T. [schnieft, wischt sich die laufende Nase am Ärmel ab, blickt wieder in die Kamera]: *Guck mal, die is immer noch an!*

Herr V. [ohne hinzugucken]: *Mhm.* [liest den Text weiter] Als Mama und Paul zu Hause angekommen sind [!]¹²³, wartet Papa schon auf sie.

T. [blickt wieder ins Buch]

Herr V. [liest den Text weiter]: ‚Da seid ihr ja endlich wieder', sagt er. ‚Ihr habt aber ganz schön lange gebraucht. Hat da vielleicht jemand getrödelt?' [Blickkontakt zum Sohn] ‚Getrödelt?', fragt Mama. ‚Hier trödelt doch keiner!' Paul schaut Mama an, und Mama schaut Paul an. [Blickkontakt zum Sohn] Dann müssen beide furchtbar lachen. [erneuter Blickkontakt] *Und warum müssen jetzt beide lachen? Weißt Du das?*

T.: *Nee – – – nee.*

Herr V.: *Nee? Weil jetzt beide ganz doll getrödelt haben. Erst hat der Paul ganz viel getrödelt, und zum Schluss hat die Mama auch getrödelt.* [blättert auf die Seite mit der Nachbarin zurück, blickt den Sohn an]

T. [zeigt auf die Illustration]: *Da nämlich.*

Herr V.: *Da nämlich, ne, als sie mit der Frau Matschke geredet und geredet hat.*

T.: *Und wo hat der Paul getrödelt?*

Herr V.: *Wo hat denn der Paul getrödelt?* [blättert suchend zurück auf die erste Doppelseite]

T. [zeigt auf die Bilder]: *Da.*

Herr V.: *Bei der Raubtiernummer.* [blickt den Sohn an, blättert weiter]

T. [zeigt auf die Illustration]: *Da!*

Herr V.: *Oder hier, als er in die Schlucht, beinahe in die Schlucht gefallen wäre!* [blättert auf die nächste Seite]

---

123 verwendet das Perfekt anstelle des Präsens

T. [zeigt auf die Illustration]: *Da!*

Herr V.: *Bei den Flugsauriern.* [blättert weiter]

T.: *Da.*

Herr V. [blättert weiter]

T.: *Da.*

Herr V. [blättert weiter]: *Hier auch.* [blättert weiter]

T.: *Da.*

Herr V.: *Beim Flohzirkus hat er getrödelt.* [blättert weiter].

T.: *Da.*

Herr V.: *Mhm.* [blättert weiter]

T.: *Da.*

Herr V.: *Beim Eisbären.* [blättert um, ist auf der Seite mit der Nachbarin Frau Matschke angelangt] *Und wer hat hier getrödelt?*

T.: *Mama.*

Herr V.: Ja-a. [schmunzelt] *Und dann kommen beide zu Hause an und dann müssen beide furchtbar lachen, weil sie beide ganz doll getrödelt haben.* [klappt das Buch zu]

T. [lächelt, blickt dann in die Kamera]: *Guck, noch an.* [Kamera aus]

Analyse und Interpretation

Die zweite Vorleseinteraktion gleicht zwar in ihrem situativen Arrangement dem ersten Filmbeispiel, unterscheidet sich in der qualitativen Ausgestaltung zum Teil erheblich. Die Hypothesen über die (Vor-)Lesekonzepte des Vaters lassen sich hier genauer überprüfen. Das Vorlesen erscheint wiederum als eine von Vater und Sohn etablierte Handlungsroutine, die beide dazu nutzen, ihre sozioemotionale Beziehung zu erleben und zu stabilisieren. Wie die beiden Interaktionspartner körperliche und emotionale Nähe herstellen, wird sowohl an äußeren Merkmalen als auch in der nonverbalen und verbalen Kommunikation evident. Von Beginn an besteht zwischen Vater und Sohn Körperkontakt. Sie sitzen nebeneinander auf dem Sofa. Tom schmiegt sich an den Vater und legt einen Arm auf dessen Schulter. Während der gesamten Vorlesezeit sucht der Vierjährige immer wieder die körperliche Nähe: Er stützt sich mit dem Ellenbogen auf die Schulter des Vaters, er vergräbt, als er müde wird, sein Gesicht in dessen Achsel, er krault ihm gedankenverloren den Nacken. Der Vater selbst initiiert keine Körperkontakte, er hält das Buch mit beiden Händen fest und benutzt eine Hand jeweils zum Umblättern der Seiten. Von ihm gehen jedoch zahlreiche – insgesamt dreizehn – Blickkontakte aus, mit denen er sich offenbar der Aufmerksamkeit und des Interesses des Sohnes versichern und Gesprächsbereitschaft signalisieren möchte. Die Bereitschaft zur emotionalen Nähe wird durch Lächeln oder Kopfneigen ausgedrückt.

Der sprachliche Stil erinnert zunächst an die erste Vorlesesituation. Herr Volkmer liest den Bilderbuchtext wortgetreu, er betont adäquat und unterscheidet stimmlich zwischen erzählenden Passagen und wörtlicher Rede. Auch diese Vorleseinteraktion ist geprägt von direktiven Merkmalen: Wiederum weist Herr Volkmer als Vorlesender höhere Redeanteile auf, er selbst übernimmt das Umblättern der Seiten, gewährt dem Sohn aber diesmal wesentlich mehr Raum für Gesprächsbeiträge durch Blickkontakte und durch die Einhaltung von Pausen. Mit den Abweichungen vom Text bietet er durch freie Redebeiträge, Fragen und Erklärungen zahlreiche Gesprächsanlässe. Die Kommunikationssituation ist dadurch weniger asymmetrisch gestaltet als beim ersten Mal. Merkmale für Restriktivität finden sich nicht.

Im Interview hat Herr Volkmer die spezifischen Vorteile des Mediums Bilderbuch betont. In der konkreten Vorlesesituation bedient er sich in der Tat häufig der Text-Bild-Korrespondenzen, d.h. verweist bei allen Unterbrechungen deiktisch vom Text auf die zugehörigen Illustrationen. Schon auf der ersten Seite fasst er den gelesenen Text mit eigenen Worten zusammen. Mit dem Einschub *Ne, da macht der Paul in seinem Kinderzimmer eine Zirkusvorstellung* will er zugleich die Zustimmung und das Einverständnis des Sohnes sichern: Durch die Zeigeverweise auf die Spielzeuge greift er Elemente aus der Lebenswirklichkeit des Vierjährigen auf, auf dieses Angebot geht der Sohn bereitwillig ein. Durch Wiederholungen oder Expressiva (*Stimmt!*) bestätigt der Vater die Wortbeiträge des Sohnes, akzeptiert ihn als Gesprächspartner und ermutigt ihn gleich zu Beginn des Vorleseprozesses zu weiteren Äußerungen. Der Bezug auf das ausgeliehene Spielzeugpferd zeugt zwar von einem Missverständnis, ist aber zugleich ein Beleg dafür, dass der Vater über die Spielkontakte im Alltag des Jungen Kenntnis hat.

An drei Stellen stellt Tom inhaltliche Fragen zur Bilderbuchgeschichte, auf die Herr Volkmer eingehend responsiv reagiert. Jedes Mal handelt es sich im übrigen um Situationen, in denen er nicht explizit Pausen gemacht, mit dem Umblättern gewartet oder selbst ein Gespräch initiiert hat. Diese Beobachtung dient zur Einschätzung des stärker direktiven Stils in der ersten Vorleseinteraktion: Tom nimmt offenbar die Gesprächssituation mit dem Vater als so offen wahr, dass er spontane Sprecherwechsel initiiert. Auch dieses lässt sich als Indikator für die stabile und enge emotionale Vater-Sohn-Beziehung werten. Mit der Frage *Wer? Frau Meier?* zeigt Tom inhaltliches Interesse – er scheint den Überblick über die Figuren und den Handlungsverlauf verloren zu haben.[124] Auf diese Frage reagiert der Vater adäquat, indem er das Textverständnis sichert: Er blättert zurück und erinnert damit an die Situation in der Bäckerei. Zugleich antwortet er verbalsprachlich (*Nee, der Paul.*), fährt dann aber auch mit dem Vorlesen fort. An der zweiten Stelle ist Tom offenbar durch das Verwirrspiel zwischen Fantasie und ‚Realität' der Bilderbuchgeschichte irritiert. Der Vater bietet hier

---

124 Möglicherweise ist ihm Frau Matschke als Frau Meier aus der ersten Vorlesesituation mit der Mutter noch in Erinnerung geblieben.

ein Gespräch an, (*Ah! Da ist der Urwald. Muss der sich erst mal durch-kämpfen. Schwierig!*), auf das Tom in der Tat reagiert (*Wie denn?*). Hier klärt Herr Volkmer nun aber das Verwirrspiel nicht auf einer Metaebene – etwa ,Paul stellt sich vor ...', sondern er verweist deiktisch auf die Illustrationen und beschreibt damit den Weg von Paul durch die Supermarktregale.

Kurz danach macht der Vater selbst ein ähnliches Gesprächsangebot. Er antizipiert eine Irritation des Sohnes über die Fantasievorstellung des Protagonisten: Handelt es sich um einen Eisbären aus Pappe oder um ein echtes Raubtier, vor dem man sich in Acht nehmen muss? Wieder lässt sich der Vater auf die Fiktion der Bilderbuchgeschichte ein, proviziert aber mit der Bemerkung, Paul habe sich versteckt, um nicht vom Eisbären entdeckt zu werden, Toms Ängste. Prompt bringt der Sohn dann auch die Bilderbuch-geschichte mit seiner eigenen Realität und seinen eigenen Ängsten in Verbindung. Er will sich versichern, dass der Eisbär ungefährlich sei, wird aber vom Vater nicht entlastet – im Gegenteil: Abermals betont Herr Volkmer, dass Eisbären gefährliche Tiere seien, die beißen könnten und vor denen man sich in Acht nehmen müsse. Er drängt Tom damit zu eigenen Lösungs-strategien. Der Vierjährige denkt sich aus, dass er in der gleichen Situation wie Paul das Tier mit einem Schwert verscheuchen und töten könne.[125] Auch an anderen Stellen des Vorlesegesprächs lässt sich Herr Volkmer auf die Fiktion der Bilderbuchgeschichte ein. Konsequent spricht er von „gefährlichen Flugsauriern" und nicht etwa von Tauben und bezweifelt nicht, dass es einen Flohzirkus gibt, sondern benennt gemeinsam mit dem Sohn ernsthaft die verschiedenen Kunststückchen der Flöhe.

An insgesamt drei Stellen scheint Tom unaufmerksam. Er wirkt müde und lässt sich von der laufenden Kamera ablenken. (*Guck, die ist immer noch an!*) Herr Volkmer setzt hier weder nonverbale noch verbale restriktive Maßnahmen ein, sondern versucht jeweils adäquat, den Sohn wieder auf die Geschichte zu konzentrieren. Entweder blickt er gar nicht oder nur kurz in die Kamera, murmelt zwar bestätigend, führt aber dann das Vorlesege-spräch weiter. Auch unterbricht er den Sohn nicht, als dieser wieder seiner Vorliebe für das Zählen nachkommen will (*Eins, zwei, drei vier. Vier, vier Flugsaurier.*), beeilt sich allerdings, auf die nächste Seite umzublättern und den Text weiterzulesen. Vermutlich will er in Erinnerung an die letzte Filmaufnahme dem Zählen nicht wieder so viel Raum schenken.

Besonders bemerkenswert an dieser Vorleseinteraktion ist das vom Vater initiierte Anschlussgespräch. Zu Recht ist er sich nicht sicher, ob der Sohn die Pointe der Geschichte verstanden hat und will mit seiner Frage *Und warum müssen jetzt beide lachen? Weißt du das?* Gelegenheit für Rückfragen und Wiederholungen bieten. Geschickt verweist er zunächst auf das für

---

125 Im Interview berichten die Eltern, dass Tom abends manchmal ein Plastikschwert mit ins Bett nehme, um „böse Tiere" aus seinen Albträumen zu verscheuchen.

Kinder entlastende Moment der Geschichte – Erwachsene trödeln auch. Erst dann erinnern sich Vater und Sohn gemeinsam an die verschiedenen Stellen, an denen Paul vermeintlich getrödelt hat. Durch Zurückblättern und deiktische Verweise auf die Illustrationen lassen beide Interaktionspartner die Geschichte Revue passieren und sichern sich so ein gemeinsames Textverständnis. Die verbindende literarische Erfahrung bestätigen sie sich lächelnd und durch Blickkontakte. Herr Volkmer stellt in diesem Anschlussgespräch drei W-Fragen, die den Sohn zu komplexeren Antworten einladen könnten. Durch die echoartige Wiederholung der Frage des Sohnes *Und wo hat der Paul getrödelt?* regt Herr Volkmer den Sohn zu eigenen Lösungsstrategien an. Gespräche über die Bilderbuchgeschichte hinaus, etwa mit einem Bezug zum eigenen Alltag, eigenen Erfahrungen zum Thema Trödeln oder eine moralisierende Zusammenfassung finden nicht statt.

Zusammenfassend lässt sich insbesondere die zweite Vorleseinteraktion als gelungenes Zusammenspiel der beiden Modellfaktoren Lesekompetenz und sozioemotionale Beziehung beschreiben. Herr Volkmer nutzt die Spezifika des Mediums Bilderbuch. Auf der Grundlage einer stabilen und engen sozioemotionalen Beziehung gelingt der Vorleseprozess. Direktive Strategien weiß Herr Volkmer wohl dosiert einzusetzen, so dass restriktive Maßnahmen nicht nötig werden. Dass der Vater durch die berufsbedingte Abwesenheit weniger Alltagserfahrungen mit dem Sohn teilt als die Mutter, wirkt sich in diesem Beispiel nicht hemmend auf die Vorleseinteraktionen aus.

(Vor-)Lesekonzepte der Mutter – Interviewauswertung

Gemäß der eindeutigen, einem eher traditionell-konservativen Rollenverständnis folgenden Verteilung von Erwerbs- und Familienarbeit ist Frau Volkmer in der Woche primär für die Betreuung und Erziehung der beiden Kinder Tom und Pia zuständig. Bezogen auf die Kategorien Verfügbarkeit und Engagement (Pleck 1997) übernimmt sie in der Woche größere Anteile als ihr Mann an der Familienarbeit. Sie ist diejenige, die Sohn Tom morgens in den Kindergarten bringt, ihn mittags abholt und mit ihm das Nachmittagsprogramm gestaltet. In diese Zeiten fallen auch die gemeinsamen Leserituale von Mutter und Sohn. Beide hatten das nachmittägliche Vorlesen als gemeinsame Aktivität seit der Geburt der Tochter Pia und seit Beginn des Kindergartens bewusst etabliert.

Frau V.: Wir sitzen da oft auf dem Sofa. [...] Das ist ne typische Situation, mittags, nach dem Mittagessen, wenn Pia ins Bett geht. Das haben wir ja das erste halbe Kindergartenjahr so gemacht. Da habe ich viel mit ihm gelesen.

Dass dieses Ritual in der letzten Zeit seltener stattfindet, hängt zum einen mit den veränderten Freizeitaktivitäten zusammen – die Kinder spielen bei schönem Wetter häufig draußen. Zum anderen hält Tochter Pia seit einigen Wochen keinen regelmäßigen Mittagsschlaf mehr und beansprucht nun auch mittags stärker die Aufmerksamkeit ihrer Mutter und ihres großen Bruders.

Frau V.: Sie quatscht dann dauernd dazwischen und dann hat Tom auch keine Lust, dann gibt's auch meist Gekabbel zwischen den beiden [...], so dass sich keiner mehr richtig konzentriert. Tom hat umgekehrt auch keine Lust mehr, seine ,alten' Bücher zu lesen. Er sagt dann zwar ,Ich will jetzt auch mit lesen', aber dann merkt man schon, dass er sich eigentlich langweilt.

Frau Volkmer betont in erster Linie das beziehungsstrukturierende Potential des Vorlesens. Sie analysiert und reflektiert die familialen Strukturen und versucht sie auf die Lesesituationen anzuwenden. Dass das Abendritual für Vater und Sohn reserviert ist, akzeptiert sie zwar, bedauert dies aber offenbar auch und legitimiert diese Konstellation mit der intensiven Beziehung zu ihrer Tochter.

Frau V.: [...] also, nur das bleibt eben so, weil Tom eben zu Michael ein ganz besonderes Verhältnis hat und eben *erwartet*, dass Papa vorliest. Er würde sich – glaube ich – auch *wundern*, wenn Michael Pia vorlesen würde, und ich Tom, die Konstellation könnt es ja geben, [...] aber *das kommt für Tom nicht in Frage*, und Pia ist ja eher Mamabezogen. Für Pia ist das in Ordnung, wenn sie Papa den lieben langen Tag nicht sieht, und er ihr dann auch noch nicht mal vorliest: Die wundert sich da – glaube ich – auch gar nicht drüber, warum ich immer dann mit ihr lese.

I.: Das hat sich als Abendritual einfach eingependelt ...

Frau V.: Ja, das ist einfach so [...] aber da sind die Kinder noch nie drauf gekommen, diese Verteilung zu unterbrechen. Also weder Pia hat das eingefordert, und *Tom wird sich hüten,* das einzufordern.

Auch Frau Volkmer hat ein eigenes Konzept von der Leseerziehung ihres Sohnes entwickelt, in dem sie auch dem Vorlesen besondere Bedeutung beimisst. Es ist ihr keinesfalls gleichgültig, ob, was und wem sie vorliest. Sie ist allerdings aufgrund der familialen Beziehungskonstellationen gezwungen, ihre eigenen Vorleseinteressen, Genrepräferenzen und die mit dem Vorlesen verbundenen Gratifikationen beziehungsstrukturierenden Aspekten unterzuordnen. Auch sie würde lieber komplexere und neue Texte lesen, diese gemeinsam mit dem Sohn „kennen lernen" und Inhalte „erklären".

Frau V.: Ja, also ich lese gerne vor [...] ich lese lieber vor, als diese Wimmelbilderbücher anzusehen, oder diese Bilder zum Benennen. Dann sagt sie halt ,da, da, da' und wiederholt die Begriffe, also das ist ne ganz andere Art von Vorlesen. Eigentlich würde ich lieber mit Tom abends die Bücher lesen [...] zumal ich ja Pias Bücher auch alle kenne, also ,Mein rotes Bobbycar' habe ich schon – glaube ich – 150 Mal gelesen, und das Wimmelbilderbuch mit der Ente auch. [...] Aber ich mach halt in dieser Zeit was mit Pia, obwohl ich lieber Tom vorlesen würde, *weil dieses Vorlesen mir mehr Spaß macht, neue Bücher kennen zu lernen, zu erklären.* Im Stillen denke ich, das wär auch mein Ding [...], anstatt mit Pia immer das gleiche Bobbycar-Buch zu lesen.

Neben der beziehungsstrukturierenden Funktion des Vorlesens reflektiert Frau Volkmer über die Funktion des *moodmanaging*. Aspekte der Unterhaltung und Entspannung – so gibt sie im Interview an – sollten die Qualität des Vorlesens bestimmen („Das ist mir dann zu wichtig, dass er da was von hat, und wenn er das gerade zur Berieselung braucht, dann würde ich das so akzeptieren, weil genau das sollte es ja auch sein.") Aus diesem Grund überlasse sie die Buchauswahl in der Regel dem Sohn, er dürfe das Buch selbst für die gemeinsame Lektüre auswählen („Das würde ich nie irgendwie beeinflussen."). Zu dieser vorgeblichen Offenheit steht in einer gewissen Spannung, dass Frau Volkmer offenbar regelmäßig Bücher für die gemeinsame Lektüre vorschlägt und auswählt und damit die gemeinsame Lektüre direktiv beeinflusst und lenkt.

Sie orientiert sich bei der Buchauswahl nicht in erster Linie an literarästhetischen, sondern an inhaltlichen Kriterien, die sie im Interview eindeutig und ausführlich benennt. Während ihr Mann bestimmte Vorlieben mit dem Sohn teilt – etwa Sachthemen wie Autorennen, Fußball oder Feuerwehr –, berücksichtigt die Mutter zum einen eigene Interessen aus ihrer (Lese-) Biographie (etwa ein Kindersachbuch über einen Krankenhausaufenthalt). Zum anderen wählt sie solche Inhalte aus, mit denen sie Verbindungen zu Situationen des gemeinsamen Alltags herstellen kann Etwa hat die Familie zurzeit einen Maulwurf im Garten, und Mutter und Sohn lesen parallel dazu Erlbruchs Geschichte „Vom kleinen Maulwurf, der wissen wollte, wer ihm auf den Kopf gemacht hat"[126]. Gemäß ihrer Rolle, mit der Frau Volkmer den Hauptteil der täglichen Erziehungsarbeit in der Familie übernommen hat, versucht sie stärker als ihr Mann, Bücher in den Erziehungsalltag zu integrieren: „Ich lese zum Beispiel diese Nina-Reihe – ‚Nina geht einkaufen', ‚Nina geht in den Kindergarten', die les ich gern mit ihm." Gelesen wird auch zur Beschäftigung, etwa zur Überbrückung von Wartezeiten beim Kinderarzt. Gelegentlich versucht Frau Volkmer auch, die gemeinsame Lektüre als „Hilfe" zu nehmen, „um etwas zu erklären. Etwa stellt sich am Frühstückstisch die Frage, wie der Honig in das Glas kommt, und die Mutter sucht in der Buchhandlung nach einem Sachbuch zum Thema ‚Bienen'. Auch unternimmt Frau Volkmer offenbar Versuche, die Lektüre für bestimmte Erziehungsabsichten bzw. zum Transport moralischer Anliegen zu funktionalisieren, was der Sohn aber in der Regel recht schnell durchschaut.

Frau V.: Also ich gebe schon zu, dazu habe ich einen Hang. Zum Beispiel das mit der Schnullerfee, das war meine Idee. Ich merk schon, dass ich auch Bücher nehmen würde, aus denen ich etwas für mich rausziehen kann [...] so als Erziehungshilfe. [...] Ich versuche schon oft den Bezug herzustellen zu seinem Leben. [...] Allerdings, das mit dem Hauen [Der Mutter ist vor ein paar Tagen ein Bilderbuch zum Thema Streit/Gewalt empfohlen worden: Du sollst nicht hauen., S.E.]. Also da merke ich, dass ich da 'ne

---

126 Holzwarth, Werner (Text)/Erlbruch, Wolf (Ill.): Vom kleinen Maulwurf, der wissen wollte, wer ihm auf den Kopf gemacht hat. Wuppertal: Hammer 1990. [24 S.].

Sperre habe, [..] das ist mir zu direkt, das merkt er, weil er eben weiß, dass das ein Problem für mich ist und damit ein Problem für ihn, also da halte ich ihn für schlau genug.

Ihre eigene Vorlesepraxis beschreibt Frau Volkmer unter anderem mit direktiven Merkmalen. Wie ihr Mann legt auch sie legt Wert auf eine konzentrierte und weitgehend störungsfreie Vorlesesituation. „Ich mag das nicht, wenn er dann irgendwie abwesend ist oder mir das Gefühl gibt, er hört nicht zu." Beim Vorlesen von (illustrierten) Geschichten legt Frau Volkmer Wert darauf, dass der Text von Anfang bis Ende gelesen wird und blättert aus diesem Grund auch am liebsten selbst die Seiten um. Wenn allerdings die Inhalte nicht mit ihren eigenen Leseinteressen übereinstimmen oder sie aus alltagspraktischen Gründen die Vorlesezeit verkürzen will, überspringt sie – im Gegensatz zu ihrem Mann – auch einzelne Textpassagen oder ganze Seiten.

Frau V.: Wenn es ein Buch ist, wo das nicht auffällt, dass man mal ne Seite überspringt, dann – gesteh ich – überschlage ich auch schon mal ne Seite, wenn's mir nicht schnell genug geht. [...]. Aber bei einer Geschichte, da würd ich schon sagen, also entweder wir lesen Seite für Seite oder wir hören auf. Oder: Wir müssen schon die ganze Geschichte lesen, sonst gibt das keinen Sinn.

Restriktiv geht die Mutter nach eigenen Angaben nur bei mangelnder Aufmerksamkeit und Konzentration des Sohnes vor: „Da würde ich eher abbrechen und am andern Tag weiterlesen wollen."

Auch Frau Volkmer präsentiert sich ihrem Sohn im Familienalltag nicht als intensive und regelmäßige Leserin. Nach der Schullaufbahn ist ihre Lesebiographie geprägt von der Lektüre belletristischer Trivial- und Unterhaltungsliteratur, die vornehmlich abends vor dem Einschlafen und in den gemeinsamen Ferien stattfindet. Im Alltag beschränkt sie sich auf die Rezeption von Zeitungen und Ratgeberliteratur. Frau Volkmer gewichtet die Ziele und Funktionen, die sie mit der Lesesozialisation in der Familie verbindet, anders als ihr Mann. Zwar will auch sie den Sohn an Lesen und Literatur heranführen. Daneben aber dient die gemeinsame Bilderbuchrezeption der Rhythmisierung des Alltags und als Erziehungsmittel. Das hat auch Auswirkungen auf die Beurteilung und die Auswahl von Kinderliteratur: Hier verfährt Frau Volkmer eher intuitiv und pragmatisch: Sie schlägt vor bzw. wählt aus, was ihr selbst gefällt bzw. was ihr im Erziehungsalltag nützlich erscheint.

Auswertung der Mutter-Kind-Vorleseinteraktionen

Im Folgenden werden die Aussagen des Interviews mit der Mutter und die daraus abgeleiteten Hypothesen an zwei Videobeispielen überprüft und konkretisiert.

Mutter-Kind-Vorleseinteraktion 1: Fries/von Vogel: *Trödeln? Ich doch nicht!*

In der ersten Filmsituation liest Frau Volkmer das Bilderbuch *Trödeln? Ich doch nicht!* von Claudia Fries und Maja von Vogel vor. Weder sie selbst noch Sohn Tom kennen das Buch. Das Vorlesen findet in der für die beiden typischen Situation des Nachmittagsrituals statt. Mutter und Sohn sitzen nebeneinander vor der laufenden Videokamera auf dem Sofa im Wohnzimmer. Das Buch liegt aufgeschlagen auf dem Schoß der Mutter, so dass beide hineingucken können. Das Vorlesen dauert sechs Minuten. Unterbrechungen gibt es keine. Nachstehend ist das vollständige Transkript des Vorlesegesprächs mit anschließender Analyse und Interpretation dokumentiert.

Frau V.: *So, sollen wir?* [blickt den Sohn an]

T. [lächelt, nickt]

Frau V. [liest den Titel]: Trödeln? Ich doch nicht! *Da bin ich ja jetzt mal gespannt.* [blättert auf die erste Seite] Paul spielt Zirkus. Da ruft Mama: Beeil Dich, Paul! Wir müssen einkaufen gehen, sonst machen die Geschäfte zu. ‚Ich komme gleich', sagt Paul. ‚Wenn die Zirkusvorstellung zu Ende ist.' [tippt auf die Illustration] *Guck, der Paul macht eine Zirkusvorstellung. Mit so 'nem Steckenpferdchen. So wie du und Steffi* [die ebenfalls vierjährige Nachbarstochter; S.E.] *wenn ihr 'nen Besen nehmt und immer wie die Hexen drauf reitet.* [Blickkontakt zum Sohn; blättert die Seiten um und liest den Bilderbuchtext] Mama hat schon ihren Mantel an und den Einkaufskorb dabei. ‚Wo bleibst du denn?' fragt sie. ‚Wir müssen los!' ‚Gleich', sagt Paul. ‚Ich bin gerade mitten in der Raubtiernummer.' – – [Blickkontakt, wartet ab, blättert dann um] Auf der Straße schaut Mama auf die Uhr und bekommt einen Schreck. ‚Schnell, Paul', ruft sie. ‚Der Bus kommt gleich.' ‚Ich kann nicht so schnell', sagt Paul. ‚Sonst falle ich in die Schlucht.' Mama nimmt Pauls Hand, damit er nicht stürzt. Gerade noch rechtzeitig erreichen sie den Bus. [deutet auf die Bilder] *Guck, der tut so, als sei da eine Schlucht, der Paul. Der läuft da am Bürgersteig lang.*

T. [nickt, greift dann wie zum Umblättern nach der rechten Bilderbuchseite]

Frau V. [blättert die Seite um]: Mit dem Bus fahren *Mama und Papa* [!], *äh* [korrigiert sich] Mama und Paul in die Stadt. Beim Aussteigen sagt Mama: ‚Zuerst müssen wir zum Bäcker. Hoffentlich kriegen wir noch Brötchen.' Paul will gerade loslaufen, als er ein paar gefährliche Flugsaurier entdeckt. Zum Glück kann er sie in die Flucht schlagen, bevor sie ihn und Mama angreifen.

T.: *Ha!*

Frau V. [blickt den Sohn an]: *Was sind denn das?*

T. [lächelt]: *Tauben.*

Frau V.: *Tauben, keine Flugsaurier. Guck, der tut so, als seien das Flugsaurier.* [blickt den Sohn an, blättert dann um und liest den Bilderbuchtext weiter]. Beim Bäcker kauft Mama die letzten Brötchen. ‚Jetzt müssen wir noch schnell zum Fleischer', sagt sie, ‚sonst gibt es keinen Aufschnitt mehr. ‚Wo bist du, Paul?' ‚Hier!', ruft Paul und verlässt seinen geheimen Beobachtungsposten. Er wollte gerade die Überwachung der Bäckerei übernehmen, um dem gefürchteten Torten-Räuber das Handwerk zu legen. [kurzer Blickkontakt] Aber bevor es zum Abendbrot keinen Aufschnitt gibt, beeilt er sich lieber. [blickt den Sohn an, wartet ab], *Guck, die will da Wurst und Käse kaufen, das ist Aufschnitt.* [beide blättern gemeinsam um] Schnell laufen Mama und Paul zum Fleischer. Im Laden sind viele Leute. ‚Da ist Lisa', ruft Paul und winkt einem Mädchen zu, das mit seiner Mutter weiter vorne *in die* [korrigiert sich] in der Schlange steht. Lisa und Paul spielen mit Lisas Puppe Käthe, bis Pauls Mama fertig ist. ‚Kann ich noch mit Lisa spielen?', fragt Paul. ‚Käthe kauft gerade ein.' ‚Ein andermal', sagt Mama. ‚Jetzt müssen wir zum Supermarkt.' Paul winkt Lisa und Käthe zum Abschied zu. [Blickkontakt zum Sohn, blättert dann um] Auf dem Weg zum Supermarkt kommen sie an einem Flohzirkus vorbei. Guck mal, Paul!', sagt Mama und bleibt stehen. ‚Toll!', staunt Paul und betrachtet die winzigen Flöhe. Immer mehr Leute versammeln sich um den Mann. Als er fertig ist, klatschen alle. Paul zupft Mama am Mantel: ‚Komm jetzt, sonst macht der Supermarkt zu!' ‚Du hast Recht', sagt Mama und schaut auf die Uhr. ‚Oje, schon so spät, jetzt aber schnell!' [Blickkontakt zum Sohn]

T. [betrachtet die Illustrationen, blättert dann die Seite um]

Frau V. [liest den Bilderbuchtext]: Mama und Paul rennen das letzte Stück zum Supermarkt. Zum Glück hat er noch auf. ‚Hol bitte drei Bananen, ich geh schon mal zur *Täse* – [korrigiert sich] Käsetheke', sagt Mama. Um an die Bananen zu kommen, muss sich Paul erst durch einen Urwald kämpfen. Das ist ganz schön anstrengend, aber schließlich hat Paul es geschafft. *Guck mal, was mag das wohl für 'n Urwald sein? Hm?*

T. [tippt auf verschiedene Stellen in der Gemüseabteilung]

Frau V. [stellt während des Sprechens immer wieder Blickkontakt her]: *Genau, die Gemüsetheke, ganz viele Gemüse. Da ist so 'ne Absperrung, da klettert der erst mal drüber, mitten im Supermarkt.* [erneuter Blickkontakt zum Sohn]

T.: *Einfach so!* [blickt auf die rechte Bilderbuchseite, greift danach und blättert um]

Frau V. [liest den Bilderbuchtext]: ‚Das hat aber lange gedauert', sagt Mama. ‚Holst Du bitte noch eine Tiefkühlpizza?' ‚Klar', sagt Paul und geht los. Da versperrt ihm ein riesiger Eisbär den Weg. Paul versteckt sich hinter einem Stapel Dosen und wartet, bis der Eisbär eingeschlafen ist. Dann schleicht er sich zur Kühltruhe und schnappt sich eine Pizza. [blickt den Sohn an, blättert dann um] Endlich haben Mama und Paul alle Einkäufe erledigt. ‚Du darfst dir einen leckeren Nachtisch aussuchen', sagt Mama zu Paul, als sie zur Kasse gehen. ‚Eis!', ruft Paul sofort und holt eine große Packung. [blickt den Sohn an, beide blättern gemeinsam um] ‚Jetzt können wir nach Hause', sagt Paul und freut sich aufs Abendbrot. Aber vor dem Supermarkt trifft Mama Frau Matschke, die Nachbarin. Die beiden reden und reden. Paul langweilt sich. Da fällt ihm plötzlich etwas ein. ‚Mama, wir müssen schnell nach Hause, sonst schmilzt das Eis!', ruft er. ‚Ach du Schreck', sagt Mama. ‚Daran habe ich gar nicht gedacht'! Sie verabschiedet sich schnell von Frau Matschke und macht sich mit Paul auf den Heimweg. [Blickkontakt zum Sohn, beide blättern gemeinsam um] Als *Mama zu Hause* [korrigiert sich] Mama und Paul zu Hause angekommen [!][127], wartet Papa schon auf sie. ‚Da seid ihr ja endlich wieder', sagt er. ‚Ihr habt aber ganz schön lange gebraucht. Hat da vielleicht jemand getrödelt?' ‚Getrödelt?', fragt Mama. ‚Hier trödelt doch keiner!' Paul schaut Mama an, und Mama schaut Paul an. Dann müssen beide furchtbar lachen. [blättert die letzte Seite um] *Das war das Buch!*

T.: *Und jetzt?*

Frau V.: *Und jetzt? Weiß ich nicht. Wie fandst 'n das Buch?*

T.: *Gut.* [steht auf] [Kamera aus]

---

127 verwendet das Partizip Perfekt anstelle des Präsens

Analyse und Interpretation

Die gefilmte Interaktionssituation ist bezüglich Ort, Zeit und Arrangement typisch für die Vorlesepraxis der Mutter. Bis vor kurzem war das Vorlesen fester Bestandteil des nachmittäglichen Rituals, das in der Regel auch im Wohnzimmer auf dem Sofa stattgefunden hat. Dieses war allerdings häufiger Störungen unterworfen als die eigens arrangierte Filmsituation, in der Mutter und Sohn in Ruhe miteinander lesen konnten.

Zunächst deutet der Körperkontakt auf eine engere sozioemotionale Bindung hin. Frau Volkmer und Tom sitzen nebeneinander auf dem Sofa, sie berühren sich. Tom schmiegt sich an die Mutter, diese legt einen Arm um den Körper des Sohnes und zieht ihn leicht zu sich heran. Die Mutter hält das Buch auf ihrem Schoß, so dass beide bequem hineingucken können. Das Bilderbuch dient ihnen als gemeinsames Bezugsobjekt. Blickkontakt wird ausschließlich von der Mutter aufgenommen. Insgesamt zehn Mal richtet sie in Vorlesepausen den Blick auf den Sohn: Auf diese Weise versichert sie sich offenbar seiner Aufmerksamkeit und lässt ihm Zeit für Zwischenfragen, Kommentare oder Antworten auf ihre eigenen Fragen. Tom erwidert in keinem Fall den Blickkontakt.

Die Mutter versichert sich zu Beginn der Aufmerksamkeit des Sohnes („So, sollen wir?") und stellt damit eine eher symmetrische Kommunikationssituation her, in der sie den Vierjährigen als Lese- und Gesprächspartner akzeptiert. Mit dem einleitenden „Da bin ich ja jetzt mal gespannt." signalisiert sie eigenes Leseinteresse, versucht den Sohn für die Geschichte zu gewinnen und eine Basis für gemeinsame literarische Erfahrungen zu schaffen. Während des Lesens versucht sie insgesamt fünfmal mit dem Appell „Guck" die Aufmerksamkeit des Sohnes sicherzustellen, etwa „Guck, der Paul macht eine Zirkusvorstellung."

Als Vorlesende hat die Mutter einen hohen Redeanteil in der Interaktion. Sie liest die Bilderbuchgeschichte in langsamem Tempo, betont adäquat und unterscheidet stimmlich zwischen erzählenden Passagen und wörtlicher Rede. Frau Volkmer hält sich genau an den Bilderbuchtext. An drei Stellen kommt es zu Versprechern, von denen zwei umgehend korrigiert werden. Mehrmals antizipiert die Mutter in ihrer Rolle als erwachsene Vermittlerin ein mangelndes Begriffs- bzw. Textverständnis. Etwa passt sie den Bilderbuchtext der Alltagssprache der Familie an, in der das Wort ‚Aufschnitt' offenbar ungebräuchlich ist: „Guck, die will da Wurst und Käse kaufen, das ist Aufschnitt." An drei Stellen versucht sie, zwischen Fantasie und Realität der Bilderbuchgeschichte zu vermitteln: „Guck, *der tut so, als sei* da eine Schlucht, der Paul. [...]", „Guck, *der tut so, als seien* das Flugsaurier." „Guck mal, was mag das wohl für'n Urwald sein?" Diese Angebote scheinen dem Vierjährigen zu helfen, die Fantasien des kleinen Protagonisten Paul besser zu verstehen. In der Supermarktszene tippt er ohne zu sprechen auf die verschiedenen Gemüsesorten. Die Mutter interpretiert die Gesten des Jungen, versprachlicht und bestätigt sie: „Genau, die Gemüsetheke, ganz viele Gemüse. Da ist so 'ne Absperrung, da klettert der erst mal drüber, mitten im Supermarkt." Die Mutter gibt sich mit der nonverbalen Antwort des Vierjährigen zufrieden, aber eher im Sinne eines *overscaffolding*. Mit diesem Kommentar unterstützt sie zwar einerseits das Textverständnis und stabilisiert die Interaktionssituation. Sie fordert den Sohn aber nicht sprachlich heraus, zum Beispiel durch erneutes Nachfragen.

Insgesamt ist die Vorleseinteraktion gekennzeichnet durch ein eingehendes responsives Verhalten und durch nur diskrete direktive Merkmale. Die Mutter hält das Buch auf ihrem Schoß und blättert – wie sie es im Interview auch angegeben hat – in der Regel selbst um. Zweimal schlägt der Sohn die Seiten um, einmal tun die beiden es gemeinsam. Immer wieder räumt Frau Volkmer Vorlesepausen ein, die Tom aber nicht für eigene sprachliche Beiträge nutzt.

Zwar hat die Mutter im Interview nicht explizit auf die Spezifika des Mediums Bilderbuch verwiesen. Sie nutzt aber in dieser Vorleseinteraktion mehrmals Text-Bild-Korrespondenzen. An fünf Stellen unterbricht sie ihr Vorlesen, um vom Text auf die Illustrationen zu verweisen. Deiktisch fokussiert sie bestimmte Stellen in den Bildern und begleitet diese Verweise auch sprachlich. In einer Szene stellt sie durch einen eigenen Kommentar eine Verbindung zum Alltag des Vierjährigen her: „[...] Mit so nem Steckenpferdchen. So wie du und Steffi, wenn ihr 'nen Besen nehmt und immer wie die Hexen drauf reitet." Diese Äußerung zeugt von einer genauen Kenntnis des kindlichen Spiels und bietet einen guten Gesprächsanlass, den Tom aber nicht nutzt.

Der Vierjährige ist während der gesamten Filmaufnahme zwar aufmerksam und blickt konzentriert ins Buch. Dennoch kann er sich offenbar nicht vollständig auf die Interaktionssituation einlassen. Vorlesepausen und Kommentare der Mutter nutzt er nicht, um sich in das Vorlesegespräch einzuschalten. Viermal greift er selbst die Seiten, um umzublättern. Ein Weiterführung des Dialogs im Anschluss an das Vorlesen kommt nicht zustande. Die Mutter versucht, das Gespräch auf einer Metaebene weiterzuführen und über die Leseerfahrungen zu reflektieren. („Wie fandst 'n das Buch?") Das scheint nicht die Gesprächsbedürfnisse des Vierjährigen zu treffen, der die gemeinsame Handlung offenbar nicht länger ausdehnen will und mit einem knappen „Gut!" die Vorleseinteraktion beendet.

Mutter-Kind-Vorleseinteraktion 2 – Geisler: *Ich trödel doch nicht, sagt Max.*

In der zweiten Filmsituation liest Frau Volkmer ihrem Sohn das Bilderbuch *Ich trödel doch nicht, sagt Max.* von Dagmar Geisler vor. Tom kennt das Buch bereits, er hat es am Tag zuvor mit dem Vater gemeinsam gelesen. Frau Volkmer ist die Geschichte noch unbekannt. Mutter und Sohn sitzen nebeneinander auf dem Sofa im Wohnzimmer frontal zur Kamera. Es besteht Körperkontakt. Frau Volkmer hält das Buch so auf ihrem Schoß, dass beide hineinblicken können. Das Vorlesen dauert etwas mehr als sechs Minuten, Unterbrechungen gibt es keine. Nachstehend ist das vollständige Transkript des Vorlesegesprächs mit anschließender Analyse und Interpretation dokumentiert.

Frau V.: *Gut.* [liest den Bilderbuchtitel] Ich trödel doch nicht, sagt Max. [blickt den Sohn an, liest dann den Bilderbuchtext der ersten Seite] Am Freitag fährt Mama mit Stina zu Oma. ‚Tschüs ihr zwei', sagt sie zu Papa und Max, ‚macht euch einen schönen Tag.' [blättert um]

T. [setzt sich um, legt den Arm auf den Rücken der Mutter]

Frau V. [liest den Bilderbuchtext]: Und weißt du auch, was wir machen?', fragt Papa. ‚Wir gehen Karussell fahren.' ‚JIPPIE!', ruft Max. ‚Wann gehen wir?' [blickt den Sohn an, dann wieder ins Buch, liest weiter] ‚Gleich nach dem Essen', sagt Papa. ‚Es gibt Würstchen mit Kartoffelbrei und Salat.' [blickt den Sohn an]

T.: *Mag der das denn?*

Frau V.: *Den Salat? Das denk ich mal. Aber du magst das nicht, oder?* [blickt den Sohn an, lächelt]

T. [schüttelt den Kopf]

Frau V. [blättert um, liest den Text weiter]: Papa isst fünf Würstchen. Papa isst Berge von Kartoffelbrei. Papa isst viele grüne Salatblätter. Der Teller von Max ist noch voll. ‚Trödel nicht so!, sagt Papa. ‚Denk dran, wir wollen noch Karussell fahren.' Ich trödel doch nicht', sagt Max, ‚ich baue einen Fluss für meine Würstchenstückchen[128]. Die müssen auch ein bisschen Spaß haben.' [deutet auf die Illustration] *Guck mal, der matscht aber im Essen rum.* [blickt den Sohn an, begleitet mimisch den Kommentar]

T.: *Aber ich mach das nie!*

Frau V. [blickt kurz in die Kamera, dann wieder ins Buch]: *Nee, du matschst nicht im Essen, das stimmt!* [blättert um, liest den Bilderbuchtext weiter] Nach und nach angelt Max alle Würstchenstücke[129] aus dem Soßenfluss. Der Kartoffelbrei ist auch schon ein bisschen kalt[130]. Macht nix! [schüttelt begleitend den Kopf] Max gräbt noch einen Seitenkanal[131]. Papa räumt schon mal den Tisch ab. Er lässt das Wasser ein und fängt an, die Gläser zu spülen. Er spült die Teller und das Besteck, den Topf, die Pfanne und die Schüsseln. Zum Schluss spült Papa noch den Teller von Max. *Guck mal, der sitzt da immer noch!* [deutet auf die Illustration]

T.: *Aber ich sitz nie da immer noch!*

Frau V. [blickt den Sohn an]: *Nee? Sitzt du nicht so lange beim Tisch?*

T. [schüttelt den Kopf]

Frau V. [blickt den Sohn an, betont zweifelnd]: *Naa? - - - Manchmal* [blättert um] *trödelst du auch so 'n bisschen, wenn du irgendwas nicht so gerne magst.*

T. [ignoriert den Kommentar, grinst] *Aber was macht der denn da?*

---

128 Wurststückchen im Original
129 Wurststückchen im Original
130 fügt auch ein
131 lässt kleinen aus

Frau V. [blickt wieder ins Buch]: *Ja, weiß ich nicht. Müssen wir mal gucken.*

T. [grinst verschmitzt]: *Karussell!*

Frau V. [schmunzelt]: *Meinst du, der macht ein Karussell mit den Gabeln? Das ist ja lustig!* [liest den Bilderbuchtext weiter] Max darf die Löffel abtrocknen, die Gabeln und die Plastikschüssel. ‚He, Max! Was trödelst du da herum? Die Gabeln gehören in den Besteckkasten.' ‚Ich trödel doch nicht', sagt Max. ‚Ich baue ein Karussell für das Besteck.'

T. [schmunzelt]: *Siehst du!*

Frau V. [blickt den Sohn an]: *Richtig!*

T.: *Karussell!*

Frau V. [blickt wieder ins Buch, liest den Text weiter]: ‚Ich dachte, wir wollen selber Karussell fahren', *sagt Max,* [korrigiert sich] – äh, sagt Papa. [132] ‚Ja, gleich!', sagt Max. [blättert um, liest den Text weiter] Endlich ist die Küche sauber. Papa setzt seine Mütze auf und bindet den Schal um. ‚Mahax!' ruft er. ‚Ja, ja!', ruft Max zurück. ‚Ich muss nur den Kasper in Mamas Bett legen und Stinas Puppe auch. Und am besten noch das Krokodil und den kleinen König. Die fürchten sich sonst, wenn sie allein zu Hause sind.' ‚Oh, Max!', stöhnt Papa.

T.: [spielt mit den Haaren der Mutter]

Frau V. [deutet auf die Illustration]: *Guck, da legt er die da alle ins Bett.* [blättert um]. Max setzt seine Mütze auf. Papa bindet ihm den Schal um. Max zieht einen Hausschuh aus und dann den andern. Mit den Hausschuhen im Arm steht er da. Papa klappert ungeduldig mit den *Schüsseln* [korrigiert sich] – Schlüsseln. ‚Ich trödle nicht', sagt Max, ‚aber meine Hausschuhe sind wilde Tiger, die kann ich doch nicht einfach zu Stinas kleinen Babypantoffeln stellen. [blickt den Sohn an, spricht auswendig] Das ist viel zu gefährlich.' Max denkt nach. Dann stellt er seine Hausschuhe in die Speisekammer. Stinas Pantoffeln versteckt er in Papas Gummistiefeln. ‚Jetzt können wir gehen', sagt Max und steigt in seine Stiefel. [stellt Blickkontakt her] *Guck.*

T.: *In welche Stiefel?*

Frau V.: *In seine Gummistiefel. Guck, da stehen doch Gummistiefel, die zieht der bestimmt an. Müssen wir mal gucken auf dem nächsten Bild, ob da Gummistiefel sind.* [blättert vor]

T. [unverständlich]

Frau V. [blättert zurück, blickt den Sohn an]: Guck da, die Stiefel, das sind bestimmt Papas oder Mamas Stiefel. [blättert vor, liest den Bilderbuchtext weiter]. Papa schließt die Haustür ab und stapft los. Fast ist er um die Ecke gebogen, als er merkt, dass kein Max [blickt zum Sohn] neben ihm geht. ‚Max, du trödelst schon wieder! Das Karussell wartet nicht ewig!' [blickt zum Sohn] Ich trödel doch nicht', sagt Max. ‚Ich muss nach Opa Meierbär gucken. Der sitzt heute gar nicht an seinem Fenster. [stellt Blickkontakt her, blättert die Seite um] ‚Hoffentlich ist ihm nichts passiert.' Aber da kommt Herr Meierbär schon die Straße entlang. Er war schnell die Zeitung holen. Papa redet mit Opa Meierbär mal kurz übers Wetter und über *Meier-* [korrigiert sich] Opa Meierbärs krankes Bein, über die Politik und darüber wie das Wetter wohl morgen wird ... ‚Papa!' schimpft Max. ‚Jetzt beeil dich mal! Wir wollen doch Karussell fahren.' Na, dann viel

---

132 sagt Papa im Original

Vergnügen!', lacht Opa Meierbär. [blättert um] So schnell es geht, laufen sie jetzt Richtung Rummelplatz. Papa macht Riesenschritte, Max hopst nebenher. Man kann das Karussell schon fast sehen, da bleibt Max auf einmal stehen. [blickt kurz in Richtung Kamera] Ganz leise [!]^{133} geht er in die Knie. ‚Max, du trödelst ja schon wieder!', sagt Papa. ‚Ich trödel doch nicht', sagt Max. Ich muss dir was zeigen. Komm mal her!' [blickt zum Sohn, blättert dann um, tut erstaunt, zieht hörbar Luft ein] *Guck mal!* [liest den Text weiter] Jetzt sieht Papa es auch. Eine Ameisenkarawane. Zwei Ameisen schleppen ein riesiges Stück Pommes frites.

T. [deutet auf die Illustration]: *Da!*

Frau V. [liest den Text weiter]: Die Nächste^{134} einen dicken Brotkrümel. ‚Das [!]^{135} sieht aus wie ein [!]^{136} zuckriger Mäusespeck', sagt Max. Papa staunt. Immer neue Ameisen kommen angewandert. Und fast alle tragen etwas auf dem Rücken. Lange gucken die beiden den Ameisen zu.

T.: *Nur die nicht!*

Frau V.: *Nö.* [liest den Text weiter] Dass es immer dunkler wird, merken sie gar nicht.

T. [unverständlich]

Frau V.: *Hier guck, die trägt wirklich nichts. Was hat die denn, ne Kirsche oder was? Sieht aus wie 'n Stückchen Kuchen.*

T [rückt sich auf dem Sofa zurecht]

Frau V.: *Die hat auch nix hier. – Ach nee, trägt die Pommes mit.* [blickt den Sohn an, blättert um, liest den Bilderbuchtext weiter]: ‚He, Max!', ruft Papa plötzlich. ‚Jetzt müssen wir aber rennen, sonst wird das Karussell abgestellt, bevor wir da sind.' Ganz außer Puste kommen die beiden auf dem Rummelplatz an. ‚Letzte Runde!', brüllt^{137} der Mann im Kartenhäuschen. ‚Eigentlich wollte ich schon zumachen.' [blickt den Sohn an, kurz ins Buch, dann wieder Blickkontakt] *Na, das ist ja was, da ist der Max zu spät.* Papa setzt sich auf sein Lieblingspferd, wie jedes Jahr. Max steigt in den roten Flitzer. Da kann er hupen, was das Zeug hält. Viel zu schnell hält das Karussell wieder an. [blättert um] ‚Das hat Spaß gemacht', sagt Max. ‚Ja, aber ich wäre gern noch öfter gefahren', meint Papa. ‚Dann^{138} hätten wir halt nicht so viel trödeln dürfen!', sagt Max. [wartet, blättert auch die letzte Seite um] *Buch zu Ende!*

T. [blickt müde in die Kamera, lehnt dann seinen Kopf an die Schulter der Mutter]

Frau V.[streichelt dem Sohn über die Wange]: *Bist müd', ne?* [Kamera aus]

Analyse und Interpretation

Auch diese gefilmte Interaktionssituation ist bezüglich Ort, Zeit und Arrangement ein typisches Beispiel für die Vorlesepraxis der Mutter. Das Vorlesen findet nachmittags auf dem Sofa im Wohnzimmer statt. Frau Volkmer und Tom sitzen nebeneinander, allerdings mit weniger Körperkontakt als

---

133 langsam im Original
134 lässt trägt aus
135 Und das da im Original
136 fügt ein ein
137 brummt im Original
138 Da im Original

beim letzten Mal. Der Vierjährige legt einen Arm auf den Rücken der Mutter, einmal spielt er kurz mit ihren Haaren. Seinen Oberkörper lehnt er ein wenig von ihr weg. Wieder werden alle Blickkontakte von der Mutter initiiert, 14 Mal richtet sie den Blick auf den Sohn, keiner wird von diesem erwidert. Zweimal blickt Frau Volkmer in die Kamera, die sie – entgegen ihrem Kommentar im Interview – offenbar nicht vollständig vergessen hat.

Frau Volkmer liest den Text flüssig und weitgehend wortgetreu. Ihre Rede ist diesmal von einigen Versprechern und kleineren Textvariationen gekennzeichnet, die sie nur zum Teil korrigiert. Sie lassen sich als Hinweis auf eine leichte Unkonzentriertheit oder auf ein Sich-Beobachtet-Fühlen durch die Kamera werten. Frau Volkmer liest mit Betonung und unterscheidet stimmlich zwischen erzählenden Passagen und wörtlicher Rede, die sie ab und zu durch passende Mimik und Gestik unterstreicht. Ihren Vortrag unterbricht sie wieder durch kurze Pausen und versichert sich über Blickkontakte der Aufmerksamkeit des Sohnes.

Insgesamt ist diese Vorleseinteraktion stärker von Merkmalen eines ignorierend responsiven und direktiven Stils gekennzeichnet. Durch häufige geschlossene Beiträge strukturiert die Mutter viele Gesprächspassagen stark. Sie spricht, ohne eine Antwort oder einen Kommentar des Sohnes abzuwarten, und stellt Fragen, die sie dann selbst beantwortet. („Hier guck, die trägt wirklich nichts. Was hat die denn, ne Kirsche oder was? Sieht aus wie 'n Stückchen Kuchen." „Die hat auch nichts hier. – Ach nee, trägt die Pommes mit.") Wie auch in der ersten gefilmten Interaktionssituation nutzt Frau Volkmer Text-Bild-Korrespondenzen, indem sie deiktisch nach bestimmten gelesenen Textpassagen auf die Illustrationen verweist. Sprachlich begleitet sie ihre Zeigegesten insgesamt siebenmal mit dem Appell „Guck". Sie will vermutlich damit die Aufmerksamkeit des Sohnes auf das gemeinsame Referenzobjekt fokussieren. Offenbar reichen die Vorlesepausen und die Appelle aber jeweils nicht aus, um einen sprachlichen Beitrag des Sohnes zu evozieren. Auf der Seite mit der Ameisenkarawane versucht Frau Volkmer Spannung zu erzeugen. Sie wirkt erstaunt, zieht hörbar Luft ein und appelliert an den Sohn: „Guck mal!", liest aber umgehend weiter, obwohl der Sohn auf den Appell reagiert und auf die Illustration zeigt. („Da!") Tom schaltet sich auf dieser Seite abermals in den Vortrag ein, indem er Bezug auf die Illustration nimmt. („Nur die nicht!") Auch hier liest die Mutter den Bilderbuchtext weiter und lässt keinen Raum für weitere freie Gesprächsbeiträge.

Die Tischszene mit dem Bärenvater und seinem Sohn Max lässt die beiden Interaktionspartner Verbindungen zu ihrem gemeinsamen Alltag herstellen. Hier kann Tom abermals einen Wissensvorsprung aus der Buchlektüre mit dem Vater nutzen: Er weiß schon, dass Bärensohn Max ein Karussell aus dem Besteck bauen wird und gibt der Mutter ein Rätsel auf. Diese Umkehrung der asymmetrischen Kommunikationssituation motiviert ihn offenbar, er wirkt in dieser Situation wacher. Die Mutter geht zwar bestätigend auf diesen sprachlichen Beitrag ein („Richtig!"), entwickelt aber daraus kein Gespräch, sondern liest den vorgegebenen Text weiter.

Zusammenfassung

Das Fallbeispiel zeigt geschlechterdifferenziert die Ausprägungen der einzelnen Dimensionen eines komplexen Bedingungsgefüges familialer Lesesozialisation. Obwohl beide Elternteile offenbar eine stabile emotionale Beziehung zu ihrem Sohn aufgebaut haben, lässt sich in dieser Familie eine eindeutige Präferenz des Vierjährigen für das gemeinsame Bilderbuchlesen mit dem Vater ausmachen. Offenbar wirken auf dessen Seite stärker als bei der Mutter Faktoren zusammen, die den Vorleseprozess günstig beeinflussen.

Erstens hat Herr Volkmer ein schlüssiges Konzept über die Lesesozialisation seines Sohnes entwickelt. Zwar präsentiert er sich seinem Sohn nicht als regelmäßiger Leser, insofern findet sich hier kein ausreichender Konnex von eigener und gemeinsamer Lektüre. Er reflektiert aber über die Bedeutung von Lesen und Literatur für eine kulturelle Erziehung, erhält Gratifikationen („Ja, das macht mir riesigen Spaß, das Vorlesen.") und signalisiert Interesse an den Inhalten von Kinderliteratur, für deren Beurteilung er Kategorien entwickelt hat. Herr Volkmer bevorzugt eindeutig das Buch im Kontext anderer, neuer Medien und ist offenbar auch in der Lage, diese Präferenzen seinem Sohn zu vermitteln. Er unterscheidet zwischen den verschiedenen kinderliterarischen Genres und ist in der Lage, die spezifischen Merkmale des Mediums Bilderbuch zu benennen und zu nutzen. „Man kann das [die Geschichte, die durch die Bilder erzählt wird; S.E.] schön ausschmücken, so drum herum auch, würde mir auch einiges einfallen, was ich ihm dazu erzählen kann." Herr Volkmer versteht es, die Vorlesesituation so zu arrangieren, dass diese für beide – Vater wie Sohn – Gratifikationen erbringt. Er findet es „interessant" und „spannend", welches Buch der Sohn zum Vorlesen auswählen wird. Der Vater reflektiert seine Rolle als Vermittler in der Vorleseinteraktion. Häufig nutzt er die Text-Bild-Korrespondenzen, indem er deiktisch vom gelesenen Text auf die Illustrationen verweist. Zudem nutzt er – wie er es im Interview auch betont hat – Spezifika von Schriftsprache respektive Büchern – auch in Abgrenzung zu anderen Medien – nämlich die Langsamkeit des Leseprozesses, die Möglichkeit zu verweilen, zurückzublättern und zu wiederholen. Herr Volkmer lässt sich auf die Fiktion der Bilderbuchgeschichte ein. Auf diese Weise können Vater und Sohn gemeinsame literarische Erfahrungen machen.

Zweitens bildet die stabile sozioemotionale Beziehung die Grundlage für eine gewinnbringende Rezeptionssituation. Die Nähe zwischen Vater und Sohn lässt sich auf der körperlichen, emotionalen und sprachlichen Ebene zeigen. Während der gesamten Vorlesesituation besteht zwischen den beiden Körperkontakt, der bewusst vom Sohn gesucht und aufrecht erhalten wird. In den Interaktionen im Rahmen des Zu-Bett-Geh-Rituals wird dieser Körperkontakt noch intensiviert: Der Vater berichtet im Interview, dass sich beide beim abendlichen Vorlesen gemeinsam auf das Bett kuscheln. In der gefilmten Vorlesesituation gehen zahlreiche Blickkontakte vom Vater aus, die der Vierjährige auch erwidert. Sie lassen sich als Ausdruck gegenseitigen Einverständnisses werten. Die emotionale Nähe zeigt sich zudem im gemeinsamen Lächeln, beide genießen offenbar die gemeinsame Rezeptionserfahrung. Auch an sprachlichen Merkmalen lässt sich die stabile sozioemotionale Beziehung zwischen Vater und Sohn zeigen. Auf der pragmatischen Ebene besteht zwar eine asymmetrische Kommunikationssituation. Herr Volkmer hat als Vorlesender einen höheren Redeanteil, er gewährt aber insbesondere in der zweiten Filmsituation durch Blickkontakte und Unterbrechungen Raum für Fragen und Kommentare des Sohnes. Seine freien Redebeiträge bieten zahlreiche Gesprächsanlässe. Auf der semantischen Ebene lassen sich Merkmale eines responsiven Stils feststellen, die zur Kategorie *Eingehen* gehören. Herrn Volkmer gelingt es in den meisten Fällen, adäquat auf die Signale seines Sohnes einzugehen. Er verweilt eine angemessene Zeit auf einer Seite, wenn der Vierjährige Interesse signalisiert, blättert zurück, wenn sich beide an Szenen zurückerinnern wollen bzw. blättert weiter, wenn der Sohn offenkundig mit der Geschichte fortfahren möchte.

Drittens hat Herr Volkmer offenbar das Selbstverständnis eines ‚modernen' Vaters entwickelt. Die gemeinsame Freizeit, die ihm und seinem Sohn nach Dienstschluss bleibt, wird von beiden gemeinsam gestaltet. Auf diese Weise hat Herr Volkmer einen recht umfassenden Einblick in den Alltag seines Sohnes und kann im Vorlesegespräch darauf Bezug nehmen. Gemäß den Kategorien von Pleck (1997) ist er in der Leseerziehung seines Sohnes nicht nur verfügbar und engagiert, er zeigt sich auch verantwortlich im Sinne eines eigenen Konzeptes.

Im Gegensatz dazu liegen von Seiten der Mutter offenbar etwas ungünstigere Faktoren vor, die den Vorleseprozess zum Teil erschweren oder behindern. Auch Frau Volkmer hat ein Konzept von der Leseerziehung ihres Sohnes entwickelt. Wenngleich sie sich im Alltag auch nicht als regelmäßige Leserin präsentiert, reflektiert sie doch über den kulturellen Wert von Lesen und Literatur, auch im Kontext anderer Medien. Auch sie hat Kategorien für die Auswahl und den Gebrauch von Kinderliteratur entwickelt. Offenbar urteilt sie aber weniger nach literarästhetischen Kriterien, sondern legt eher inhaltliche und alltagspraktische Maßstäbe an. Das nachmittägliche Vorlesen scheint häufigeren Störungen unterworfen und eher ungeeignet zu sein, gemeinsame literarische Erfahrungen zu machen. Es erfüllt eher die Funktionen des *moodmanaging* und der Beschäftigung. Frau Volkmer sieht offenbar ihre Gratifikationserwartungen nicht erfüllt: „Ehrlich gesagt, ich würde lieber auch neue Geschichten vorlesen [...]".

Ihre Rolle als Vermittlerin füllt die Mutter nur zum Teil aus: Sie nutzt Text-Bild-Korrespondenzen, indem sie deiktisch vom gelesenen Text auf die passenden Illustrationen verweist. Damit liefert auch sie wichtige Beiträge zur Entwicklung von Lesekompetenz: Der Vierjährige erlangt unter anderem Einsichten in verschiedene symbolische Repräsentationsformen. Auffallend oft verwendet sie zwar die appellative Form ‚Guck'. Es gelingt ihr aber nicht, damit ein längeres Vorlesegespräch zu initiieren. Das liegt zum einen vermutlich an der mangelnden Motivation des Sohnes. Zum anderen gestaltet die Mutter ihre Gesprächsbeiträge auch so, dass Sprecherwechsel nicht möglich sind oder überflüssig wären, etwa lässt sie nur kurze Gesprächspausen, gibt selbst Kommentare oder Antworten. Eine solche Vorlesepraxis lässt sich als ignorierendes responsives Verhalten werten. Auf der semantischen Ebene antizipiert die Mutter ein mangelndes Textverständnis und versucht durch eine Umschreibung Begriffe zu ersetzen. Das erleichtert und stabilisiert auf der einen Seite die Kommunikationssituation, könnte den Jungen aber auch im Sinne eines *overscaffolding* unterfordern. Zudem stellt Frau Volkmer kaum offene Fragen, die komplexere Antworten des Vierjährigen evozieren könnten.

Bezüglich der Direktivität und der Restriktivität ähneln sich die Vorlesepraxen der Eltern. Beide legen Wert darauf, dass die Geschichte vollständig ohne Auslassungen gelesen wird. Frau Volkmer liest den Text weitgehend wortgetreu in langen Passagen ohne größere Unterbrechungen. Diese Praxis korrespondiert mit ihrem eigenem Leseverhalten: Im Interview hat sie sich selbst als eher ungeduldige Leserin beschrieben, die Bücher schnell konsumiere, auch Seiten überblättere. Ihre Vorlesegespräche sind mit jeweils sechs Minuten Länge kürzer als die ihres Mannes. Nur wenige Dialoge entwickeln sich, was sich für die Filmaufnahmen unter anderem mit der Tagesform des Vierjährigen erklären lässt. Kommt es allerdings zu Anschlusskommunikationen, gelingt es Frau Volkmer mühelos, in guter Kenntnis des Familienalltags, von der Bilderbuchgeschichte Bezüge zu diesem herzustellen bzw. auf entsprechende Redebeiträge des Sohnes adäquat zu reagieren. Interessanterweise werden hier sowohl von der Mutter als auch von Tom bestimmte, offenbar etwas ‚problematische' Themen angesprochen, etwa die Abneigung gegen bestimmte Speisen oder die Tischregeln. Das bestätigt Aussagen aus dem Interview der Mutter, die Buchauswahl erfolge auch nach erzieherischen Gesichtspunkten: Entsprechende Themen mit ihren Bezügen zur gemeinsamen Alltagswelt scheinen sich in der Vorlesepraxis von Mutter und Sohn etabliert zu haben. Solche Gespräche betonen eher die kognitiven und moralerzieherischen Aspekte des Lesens und lassen emotionale und Genussfaktoren in den Hintergrund treten. Insgesamt sind die Vorleseinteraktionen mit der Mutter für den Sohn offenbar weniger motivierend und genussvoll. Dass sie gemäß der traditionellen Rollenverteilung ‚rund um die Uhr' für den Vierjährigen präsent ist, scheint sich bezogen auf die Leseerziehung eher negativ auszuwirken: Tom vermisst offenbar keine eigens arrangierten Situationen, in denen sich Lesegenuss und Lesefreude entwickeln könnten, sondern sucht scheinbar bewusst die exklusive Beziehung zum Vater.

Auf der Grundlage der Interviews und der Videobeobachtungen lässt sich eine deutliche Präferenz des Vierjährigen für das Vorlesen des Vaters feststellen: „Tom wird sich hüten, das [einen Wechsel zwischen den Elternteilen beim abendlichen Vorlesen, S.E.] einzufordern." (Frau Volkmer im Interview). Insgesamt präsentieren jedoch beide Elternteile ein sich ergänzendes, schlüssiges Konzept von Lesesozialisation und gestalten ihre Vorleseprozesse auf je eigene Weise produktiv. Das lässt erwarten, dass der Vierjährige Gratifikationen aus der gemeinsamen Bilderbuchrezeption erhält, dass er Interesse an Lesen und Literatur entwickelt und damit auf einem guten Weg ist, zum Leser zu werden. Darauf weisen zurzeit verschiedene Indikatoren hin: Zunächst versucht Tom in keiner der Filmaufnahmen die Vorleseinteraktion abzubrechen, sondern folgt der Bilderbuchgeschichte jeweils aufmerksam und konzentriert. Darüber hinaus erinnert er sich offenbar gern an verschiedene Buchinhalte und baut sie durch Zitate in Alltagssituationen ein. Wenngleich der Vierjährige noch die gemeinsame Rezeptionssituation mit einem erwachsenen Interaktionspartner sucht und genießt, greift er aber auch schon selbständig zu (bekannten) Bilderbüchern und beschäftigt sich damit. Das korrespondiert mit Ergebnissen der Fragebogenuntersuchung. Die Kinder der befragten Familien hatten häufig diejenigen Titel zur selbständigen Rezeption ausgewählt, aus denen ihre Väter ihnen vorgelesen hatten. Die Imitation der Rezeptionssituation mit der kleinen Schwester Pia lässt sich als Indikator dafür werten, dass Tom Gratifikationen aus den Vorleseinteraktionen mit den Eltern erfährt. Offenbar hat er Handlungsmuster des Vorlesens internalisiert, die er in der Interaktion mit der Schwester nun selbst als Vorleser anwendet.

2.4.3 Darstellung, Analyse und Interpretation des Fallbeispiels 2: Familie Niemann: „So, und jetzt schläfste, gell?"

Im Folgenden wird der zweite Fall des qualitativen Untersuchungsabschnitts dokumentiert, analysiert und interpretiert. Die Auswertung der Leitfadeninterviews und der Videobeobachtungen stützt die Implikationen des Modells, das Bedingungsfaktoren auf drei Dimensionen für die kindliche Lesesozialisation in der Familie annimmt: familiale Lebensform, sozioemotionale Eltern-Kind-Beziehung, (Vor-)Lesekompetenz der Eltern.

Beide Elternteile wählen das Vorlesen im Rahmen des Zu-Bett-Geh-Rituals für die Filmaufnahmen aus. Alle vier Aufnahmen finden im Kinderzimmer des Sohnes statt. Sie erfolgen an vier verschiedenen Abenden, ohne Anwesenheit der Interviewerin, was dem Kriterium einer möglichst wenig arrangierten Beobachtungssituation Rechnung trägt. Bezogen auf die Dimensionen im Modell eines Bedingungsgefüges familialer Lesesozialisation lassen sich erstens die familialen Rollen als differenziert beschreiben: Herr Niemann definiert seine Vaterrolle offenbar vornehmlich als Familienernährer und weniger als Erzieher seiner Kinder. Die Mutter zeigt sich in der Familienarbeit in weitaus höherem Maß verfügbar, engagiert und verantwortlich.

Charakteristische Unterschiede zwischen den beiden Elternteilen bestehen zweitens in der sozioemotionalen Bindung: Die Mutter-Sohn-Beziehung ist stärker von Nähe und Intimität, das Verhältnis zwischen Vater und Sohn von Asymmetrie und Distanz geprägt. Drittens unterscheiden sich die Voraussetzungen der Eltern in der Dimension Lesekompetenz, d.h. die Ziele, Funktionen und Gratifikationserwartungen, die mit dem Vorlesen verbunden werden. Für den Vater hat das Vorlesen, das bei ihm ausschließlich im Rahmen des Abendrituals stattfindet, hauptsächlich die Funktion eines moodmanaging. Der Sohn soll zur Ruhe kommen und einen Übergang finden vom Tag zur Nacht. Mit dem Aufbau oder der Stabilisierung der sozioemotionalen Beziehung oder der Einführung in Literarität bringt der Vater Vorleseinteraktionen primär nicht in Verbindung. Zwar markiert auch Frau Niemann die stimmungsausgleichende Funktion, betont aber zugleich die beziehungsstrukturierenden Merkmale des Vorleseprozesses.

Familiensituation

Die Familie kennzeichnet eine traditionelle Konstellation: Herr und Frau Niemann sind zum Untersuchungszeitpunkt 34 bzw. 33 Jahre alt und verheiratet. Sie haben zwei Kinder, den Sohn Matthias (4;5) und eine neun Monate alte Tochter Maike.[139] Die Familie wohnt zur Miete in einem Reihenhaus in einer Kleinstadt in der ländlichen Umgebung Kölns. Geplant ist demnächst ein Umzug in ein Eigenheim im Nachbarort. Erwerbs- und Familienarbeit sind eindeutig verteilt: Der Vater ist für die finanzielle Versorgung zuständig: Er ist Diplomingenieur und als Projektleiter bei einer großen Baufirma angestellt. Darüber hinaus erstellt er nach Feierabend und am Wochenende Gutachten für Bauprojekte. Bezogen auf die Schul- und Berufsausbildung sowie auf die derzeitige Erwerbstätigkeit zählt Herr Niemann damit zur Hauptgruppe der Väter in der Fragebogenuntersuchung.[140]

Frau Niemann hat nach dem Fachabitur eine Ausbildung als Bankkauffrau absolviert und war sieben Jahre in ihrem Beruf tätig, bevor Matthias geboren wurde. Seit dieser Zeit ist sie zu Hause und plant auch nicht, in absehbarer Zeit in ihren Beruf zurückzukehren.[141] Sie ist diejenige, die in der

---

139 Bezogen auf das Alter und den Familienstand gehört die Familie damit zur größten Gruppe der Familien in der Fragebogenuntersuchung.

140 Über zwei Drittel der 84 befragten Männer hatten die Allgemeine Hochschulreife oder Fachhochschulreife und ein Hoch- oder Fachhochschulstudium hinter sich. Knapp zwei Drittel standen in einem Vollzeit-Arbeitsverhältnis.

141 Damit gehört Frau Niemann nicht zur Hauptgruppe der teilzeitarbeitenden Partnerinnen der Fragebogenuntersuchung. Diese Abweichung kann mit der Dominanz der Einzelkindfamilien in der Stichprobe in Verbindung gebracht werden: Mütter

Woche vornehmlich für die Familienarbeit zuständig ist. Beide Eheleute bestätigen im Interview diese ungleiche Verteilung. Ihre Angaben gehen konform mit Befunden aus der empirischen Forschung, nach denen mit steigender Kinderzahl die familialen Rollen zunehmend traditionell verteilt werden, d.h. mit einem Zuwachs an Familienarbeit der berufstätige Partner sogar weniger Aufgaben im Haushalt übernimmt.[142] Herr Niemann gibt an, wochentags etwa 20 Prozent der Familienarbeit, am Wochenende hingegen 50 Prozent zu übernehmen. Damit schätzt er sich engagierter ein, als seine Frau dies tut.[143] Bezogen auf die Unterschiede zwischen Werk- und Wochenendtagen entsprechen die Angaben den Ergebnissen der Fragebogenuntersuchung, die diese Differenzen ebenfalls für die (Vollzeit) berufstätigen Väter belegen.

In der Familienarbeit erhält Frau Niemann sowohl institutionell als auch durch ein dichtes soziales Netzwerk Unterstützung: Matthias besucht seit einem Jahr vormittags den katholischen Kindergarten im Ort. In der unmittelbaren Nachbarschaft wohnen Spielfreunde von ihm. Die Kinder besuchen sich häufig und die Nachbarinnen helfen sich gegenseitig bei der Kinderbetreuung. Es bestehen darüber hinaus regelmäßige Kontakte zu den Großeltern, die weiter entfernt leben und somit nicht an der täglichen Betreuung der Kinder beteiligt sind. Matthias ist nach Auskunft der Eltern ein lebhafter Junge, er tobt und rauft gern und bevorzugt körperbetonte Spiele. In den Vorlesesituationen und während des Hausbesuchs prüft er häufig seine Grenzen und versucht, Vater und Mutter gegeneinander auszuspielen. Sein Verhalten lässt darauf schließen, dass er die elterliche Erziehung oft nicht als übereinstimmend erfährt. Auffällig in der Familie sind die ambivalenten und voneinander abweichenden Erziehungsstile der Eheleute. Etwa besteht Uneinigkeit darüber, ob der Sohn beim Interview anwesend sein dürfe bzw. was er in der Zwischenzeit tun solle. Der Vater erscheint zwar in manchen Situationen strenger als die Mutter, gibt aber offenbar den eigenen Interessen und Bedürfnissen gern Priorität.

Medienausstattung des Haushalts und Medienrezeptionsgewohnheiten

Der Haushalt verfügt über einen mittleren Bestand an Büchern – nach Schätzungen der Eheleute 300 bis 400 Bände –, die sich in der Wohnung auf Wohn-, Schlaf- und Arbeitszimmer verteilen. Im Kinderzimmer befindet sich ein Regalbrett mit Kinderliteratur. Damit gehört die Familie zur größten Gruppe der Familien in der Fragebogenuntersuchung, die einen Bestand von 150 bis 500 Büchern mit einem durchschnittlichen Anteil von 50 Bilder- und Kinderbüchern angeben. Matthias kann auf die Bücher in sei-

---

mit einem Kind gehen eher einer Erwerbsarbeit nach als Mütter mit zwei oder mehreren Kindern.
142 Vgl. z.B. Fthenakis/Minsel 2002 ; Fthenakis/Kalicki/Peitz 2002
143 Diese Differenzen sind aus der Familienforschung bekannt. Vgl. z.B. Zulehner/ Volz 1999.

nem Zimmer zwar selbständig zugreifen, nutzt sie aber allein bislang nur selten. In der Interaktion mit der Mutter kommt es allerdings seit einiger Zeit zur ‚Umkehrung' von Vorlesesituationen: Matthias reaktiviert bekannte Bilderbücher aus früheren Vorlesezeiten, die noch keine komplexen Geschichten beinhalten, sondern bei denen es um das Zeigen und Benennen von Gegenständen und das Erlernen von Begriffen geht. Hier ist er sicher in der Rezeption, hat die zugehörigen Interaktions- und Vermittlungsmuster internalisiert und kann diese selbst anwenden. Im Unterschied zu den früheren Vorleseerfahrungen will er nun derjenige sein, der erklärt und Fragen stellt und von der Mutter Antworten bekommt. Seit ein paar Wochen nutzt Matthias neben den Genres der Bilder- und Kinderbücher gemeinsam mit der Mutter auch Kinderzeitschriften, insbesondere die Monatshefte mit der Spielzeugfigur ‚Bob der Baumeister', die neben kurzen Geschichten auch Angebote zum Spielen und Basteln enthalten. Diese Hefte setzt die Mutter regelmäßig zur „Beschäftigung" ein. In seinem Kinderzimmer verfügt Matthias über einen eigenen Kassettenrekorder, auf dem er selbständig seine Kinderlieder- und Hörspielkassetten abspielt.[144]

Zum Haushalt der Familie Niemann gehören als audiovisuelle Medien eine HiFi-Anlage, ein Computer, ein Fernseher, ein Videorekorder und ein DVD-Spieler. Der Computer befindet sich im Arbeitszimmer im Keller, d.h. nicht im ‚Verkehrsraum' der Kinder, und wird auch (noch) nicht – etwa zum Spielen, Zeichnen oder für die Rezeption von Spielgeschichten – genutzt. Der gemeinsame Fernseher mit den zugehörigen Aufnahme- und Abspielgeräten steht im Wohnzimmer und wird von den Eheleuten abends eingeschaltet, wenn die Kinder bereits schlafen. Zu gemeinsamen Fernsehrezeptionssituationen kommt es nur sehr selten: „Das macht er schon alleine, da ist er schon recht aufmerksam.", spielt Herr Niemann im Interview mangelndes Engagement herunter. Matthias sieht regelmäßig abends, manchmal auch tagsüber allein fern. Üblicherweise darf der Vierjährige die 30-minütige Kinderstunde im Kinderkanal vor dem Abendessen gucken. Dass er dabei wirklich so „versiert" ist, wie Herr Niemann vorgibt, lässt sich nach den Beobachtungen während des Hausbesuchs bezweifeln: Matthias ruft den Vater mehrmals zum Fernseher, um ihm „was zu zeigen". Das Fernsehen soll – darin stimmen die Eheleute offenbar überein – dem *moodmanaging* dienen: Das freie, zum Teil wilde Spiel draußen oder im Kinderzimmer soll abgeschlossen werden, es soll Ruhe einkehren. Wie ihr Mann legitimiert Frau Niemann die Nutzung von Fernsehen und Video zur Überbrückung von Lücken im Tagesablauf und zur Beschäftigung. Zwar arrangiert auch sie nicht intentional gemeinsame Rezeptionssituationen. Sie

---

144 Das entspricht den Ergebnissen der Fragebogenuntersuchung: Danach hatten etwa zwei Drittel der Kinder in den befragten Familien einen eigenen Kassettenrekorder zur Verfügung und nutzten diesen mindestens zwischen zehn und dreißig Minuten pro Tag.

sucht aber passende Sendungen aus und hält sich zur Verfügung, falls Matthias nach ihr verlangt.

Frau N.: Er ruft mich dann schon mal, wenn irgendetwas Aufregendes ist, dass ich dann mal mitgucke, aber dass wir so ganz bewusst uns was zusammen angucken? Ja, vielleicht mal so 'n Video, zum Beispiel von ‚Bob der Baumeister' hat er ein Video. [...] Und ich hab ihm schon mal eine Videokassette aus dem Fernsehen aufgenommen, [...] ja, das gucken wir dann auch schon mal zusammen [...].

(Vor-)Lesekonzepte des Vaters – Interviewauswertung

Der Vater ist zunächst aufgrund der Rahmenbedingungen, d.h. durch sein berufliches Engagement und dadurch bedingte geringere Zeitpotentiale, weniger stark in die Kindererziehung involviert. Damit gehört er zu der größeren Gruppe der Väter aus der Fragebogenuntersuchung, die sich in der Woche nur zu Randzeiten, d.h. im Rahmen der morgendlichen und der abendlichen (pflegerischen) Versorgung mit ihren Kindern beschäftigen, allerdings mit deutlichen Differenzen zwischen Werk- und Wochenendtagen. Lese- und Medienerziehung findet bei den Vätern in der Stichprobe zumeist im Rahmen von Ritualen statt. Das trifft auch auf Herrn Niemann zu. Bezogen auf die drei von Pleck (1997) entwickelten Dimensionen der väterlichen Partizipation in der Kindererziehung (Verfügbarkeit, Engagement und Verantwortlichkeit) erhöht sich bei ihm zum Wochenende vor allem die zeitliche Verfügbarkeit und auch das Engagement für andere Freizeitaktivitäten, die aber nicht mit der Lese- und Medienerziehung in Zusammenhang stehen. Hier bleibt es bei dem geringen Engagement, das der Vater in der Woche zeigt. Das entspricht den Ergebnissen der Fragebogenuntersuchung: Väter, die in der Woche ihren Kindern nur wenig vorlesen, tun dies auch am Wochenende nicht häufiger.

I.: Und wie ist das am Wochenende? Lesen Sie dann auch tagsüber, kommt das mal vor?

Herr N: Eher weniger. Also das ist eher die Ausnahme. Also meistens ist er dann am Spielen. Draußen oder in seinem Zimmer. Oder mit anderen Kindern eben hier natürlich sehr oft. Also dann ist er auch am ausgeglichensten. Er hat auch tagsüber– glaube ich – nicht unbedingt die Muße, dass er lesen will. Da ist er dann schon 'n bisschen aufgeregter und hibbeliger, also da hat er nicht so die Ruhe, dass er 'n Buch lesen will.

Diese Rahmenbedingungen werden als ein Grund genannt, warum Herr Niemann abends vorliest, und dies sowohl in der Woche als auch am Wochenende. Das abendliche Vorlesen ist Bestandteil eines komplexeren Zu-Bett-Geh-Rituals, das sich durch feste Strukturen und Regeln auszeichnet, und zwar unabhängig von der jeweiligen Bezugsperson, wie die getrennten Auskünfte der Eheleute im Interview belegen. Die Eltern und Matthias haben sich auf dieses Ritual verständigt: Nach dem gemeinsamen Abendessen, nach dem Waschen und Zähneputzen wird der Vierjährige vom Vater oder von der Mutter ins Bett gebracht. Dann wird zunächst vorgelesen, im Anschluss gebetet, darauf folgen ritualisierte Versteck- und Rollenspiele.

Herr N.: Ja, und dann gibt's noch so 'n Ritual. Dann kriegt er noch was zum Trinken hingestellt [...], und 'n Taschentuch will er immer noch ins Bett gelegt haben, das geh ich dann holen. Und dann versteckt er sich unter der Bettdecke, dann muss ich ihn suchen. [...] Das ist dann auch jeden Abend der Fall. Dann muss ich sagen: ‚Wo ist denn der Matthias hin?' Und so was. Bis man ihn dann so gefunden hat. [...] Das sind so die allabendlichen Rituale.

Der Vater nutzt die dyadische, ritualisierte Interaktionssituation nicht dezidiert als Möglichkeit der Beziehungspflege. Im Gegenteil: Eher stellt er eigene Belange in den Vordergrund – wenn er ‚Wichtigeres' zu tun hat, bringt seine Frau die Kinder ins Bett. Auf diese Weise kann sich ein von Emotionalität geprägtes Ritual schlechter etablieren und wird für beide Interaktionspartner ungewohnter und mit weniger Genuss verbunden sein.

Herr N.: Abends, wenn er ins Bett geht, kriegt er eben 'ne Geschichte entweder von mir oder von meiner Frau erzählt, je nachdem, wer ihn halt gerade ins Bett bringt. Das wechselt ab.

I.: Wie haben Sie das aufgeteilt, können Sie das sagen?

Herr N.: Nicht fest. Je nach, je nach Situation [...] Wenn ich jetzt abends zu tun hab, bringt meine Frau die Maike erst ins Bett, und dann auch noch den Matthias, aber ansonsten bringe ich in der Regel den Matthias ins Bett und dann kriegt er eben auch die Geschichte erzählt. Das ist unterschiedlich.

I.: Aber das regelt sich so. Da fragen Sie nicht: ‚Wer soll dich denn heute ins Bett bringen?'

Herr N.: Ja, das kommt von Situation zu Situation schon drauf an. Manchmal will er lieber vom Papa vorgelesen haben, manchmal lieber von der Mama vorgelesen haben. Also, das hängt aber auch davon ab, was vorher war. Das ist ja in der Regel nach dem Essen, und wenn dann der Papa geschimpft hat oder so, dann ist natürlich die Mama die, die ihn ins Bett bringen soll. Oder umgekehrt. Je nachdem, wo es grad mehr Sympathie in der Situation gab oder weniger.

Offenbar hat der Vater erkannt, dass das Abendritual einschließlich des Vorlesens auch Ausdruck der Qualität der Bindungsbeziehung zum Sohn ist. Zwar expliziert er keine Unterschiede zu seiner Frau. Die Aussagen im Kontext belegen aber seine distanziertere Haltung gegenüber dem Sohn, mit dem er weniger Alltagserfahrungen teilt und dessen Interessen und Medienrezeptionsgewohnheiten er nicht adäquat einschätzen kann:

Herr N: Das [Ob und wann der Sohn tagsüber Kassetten hört; S.E.] kann ich nicht so gut beurteilen, also die Woche über, tagsüber, das weiß meine Frau natürlich besser, und am Wochenende ist ja doch immer 'n bisschen mehr Action, dadurch, dass wir beide da sind, oder wir sind unterwegs und machen 'n Ausflug oder so was. Und das ist dann natürlich ne andere Situation als die Woche über.

Fehlende gemeinsame Alltagserfahrungen führen dazu, dass erstens während des Vorlesens weniger Bezüge von der Bilderbuchgeschichte zur Lebenswelt des Vierjährigen hergestellt werden können. Zweitens kann der Vater dadurch den kindlichen Sprachgebrauch nicht adäquat berücksichtigen. Das lässt ein ignorierendes responsives Verhalten mit Missverständnissen und Irritationen erwarten. Nicht der Vater selbst, sondern der Sohn stellt offenbar in manchen Vorlesesituationen Bezüge zu seinem eigenen Alltag her. Implizit benennt Herr Niemann auch in dieser Interviewäußerung die Hauptfunktionen, die er dem Lesen zuschreibt: das „Runterkommen" von einem oft turbulenten Alltag und ein ritualisiertes Einstimmen auf die Nacht.

I.: Und wenn Sie dann abends ein Buch lesen, bei dem Bezüge zum Alltag hergestellt werden könnten. Das wäre ja zum Beispiel bei dieser Trödelgeschichte möglich, hat sich allerdings nicht ergeben. Aber *könnte* das vorkommen?

Herr N.: Ja, doch, also in anderen Bücher, beim Felix [Briefe von Felix; S.E.] zum Beispiel, mit der Uhrzeit, wo er die Uhr lernt, das ist an eine Familiengeschichte angebunden. Die [Familie] steht dann morgens auf und frühstückt und so was, Zähne putzen. Der Papa fährt dann auf die Arbeit, und er geht in den Kindergarten, da macht er schon so Parallelen: „Wie ich", oder: „Das machen wir auch so." Besonders gut ist es dann eigentlich, wenn diese Geschichten so enden, dass die Kinder dann auch ins Bett gehen. [lacht]

Bestimmend im Vorlesekonzept des Vaters sind direktive Merkmale. Er legt Wert darauf, das Buch selbst zu halten und auch selbst die Seiten umzublättern. Damit unterstreicht er die Asymmetrie der Interaktionssituation und kann ihre konstitutiven Merkmale, etwa das Lesetempo, bestimmen und kontrollieren. Nur ansatzweise realisiert er die Bedeutung und das Potential des gemeinsamen Referenzobjektes mit der Möglichkeit der Deixis und der Einführung in die Symbolfunktion schriftlicher Sprache.

I.: Und, jetzt war die Situation so, dass beide das Buch angeguckt haben und Sie selbst haben das Buch gehalten und auch umgeblättert. [...]

Herr N.: Ja, was heißt gehalten? Ich hab das halt so hingelegt, so dass er 'n bisschen gucken konnte und ich aber auch halt zum Lesen, Vorlesen den Text sah [...]. Und dann ist das eigentlich so, dass ich in der Regel umblätter, [...] Und bei Büchern, die keine Bilder haben, wie der Räuber Hotzenplotz oder so, interessiert ihn das ja wenig, ne. [überlegt kurz] Obwohl, da sind auch 'n paar Bilder eingebettet, dann fragt er da mal: ‚Wer ist das?', und so, weil er das nicht so direkt zuzuordnen weiß.

Zielorientiert ist der Vater daran interessiert, dass die Geschichte ohne größere Verzögerungen „komplett durchgelesen" wird. Er hat dabei einen zeitlichen Rahmen im Kopf: Etwa zehn Minuten dauere das Vorlesen in der Regel, je nach Länge der Geschichte bzw. der Kapitel, allerdings komme man abhängig von den Zwischenfragen des Sohnes manchmal „nicht so schnell durch". Gemäß der Funktionen, die er dem Vorlesen zuschreibt, ist er nicht daran interessiert, den Prozess durch eine Anschlusskommunikation auszuweiten bzw. den Sohn durch Gespräche wieder anzuregen.

I.: Und würde sich denn im Anschluss – jetzt mal abgesehen von dem Vorlesegespräch selbst, also bezogen auf das Buch – würde sich da jetzt vielleicht noch ein Gespräch ergeben, das war ja in der Filmaufnahme nicht mehr zu sehen. Also kommen Sie entweder bezogen auf das Bilderbuch oder auch sonst noch danach ins Gespräch?

Herr N.: Ja, also, die Geschichte geht dann halt zu Ende, und er liegt da jetzt im Bett und dann [sage ich]: ‚Gehst jetzt auch ins Bett, schläfst schön, wie der Felix‘, oder so was. Und dann wird nach der Geschichte meistens, nee, nicht meistens, sondern *immer* wird dann noch gebetet.

Einen Abbruch des Vorlesens bzw. einen Verzicht darauf hält Herr Niemann nach eigenen Angaben nur in Ausnahmefällen für ein adäquates restriktives Mittel. Dass er aber vermutlich doch häufiger in den konkreten Situationen restriktiv vorgeht, und zwar konsequenter als seine Frau, darauf lassen sein Umgang mit dem Sohn während des Hausbesuchs und seine sprachlichen Interviewformulierungen schließen.

I.: Können Sie eben noch mal sagen, worauf es Ihnen beim Vorlesen ankommt? Also dass zum Beispiel die Geschichte zu Ende gelesen wird? Oder können Sie sich auch vorstellen, abzubrechen, wenn Matthias sehr unkonzentriert ist?

Herr N.: Das wird dann auch schon mal *angedroht*, sag ich mal, dann fängt er sich in der Regel. Also manchmal ist er halt auch unkonzentriert, und dann *droht man an*, wenn Du jetzt nicht aufpasst hier, dann hören wir auf. Dann fängt er sich in der Regel. Gut, ich hab auch schon mal mitten im Kapitel aufgehört, weil es keinen Zweck hatte. In der Regel ist das auch, wenn er dann zu müde ist, dass er das zwar ganz gern hören will, aber eigentlich doch schon zu müde ist, um konzentriert zuzuhören. Das merkt man ja dann, und dann wird ’n Lesezeichen reingemacht und Schluss gemacht.

I.: Und fällt es auch mal ganz aus, dieses Abendritual?

Herr N.: Ah nee, also eigentlich nicht. Also nur wenn wir unterwegs waren, und er schläft schon im Auto, oder so, aber ansonsten besteht er schon auf der Geschichte. Das braucht er schon. Das ist auch so ’n Aspekt, wo man ihm sagen kann, beim Waschen oder so: ‚Mach ordentlich, sonst gibt’s keine Geschichte.‘ Dann fängt er sich.

Bilderbuchvorlesen als Form gemeinsamen Medienhandelns ist für den Vater keine lesesozialisatorische Aktiviät im engeren Sinn. Im Rahmen des Abendrituals dient es in erster Linie dem *moodmanaging*, dem Stimmungsausgleich und soll dem Sohn den Übergang vom Tag zur Nacht erleichtern. Mit der Betonung dieser Funktion vernachlässigt Herr Niemann zugleich andere Funktionen oder schließt sie ganz aus. Insbesondere sieht er das Vorlesen nicht als Möglichkeit, in Schriftsprache und Literalität einzuführen. Offenbar realisiert er nicht den sprachlichen und literalen Entwicklungsstand des Sohnes und nutzt somit nicht das Bilderbuch angemessen als gemeinsames Referenzobjekt und den Symbolcharakter von Illustrationen und Schrift mit der Möglichkeit zu deiktischen Verweisen. Darüber hinaus bleibt die beziehungsstrukturierende Funktion nachrangig. Die Interviewaussagen deuten auf eine eher distanzierte Vater-Sohn-Beziehung hin, die keine geeignete Basis für eine produktive Gestaltung einer emotional geprägten Vorlesesituation darstellt.

Vorlesen erfüllt für Herrn Niemann auch nicht die Funktion der alltagspraktischen Belehrung. Wenn Matthias zufällig den *Struwwelpeter* abends auswähle, könne man ihm zwar „schon mal nahe bringen: ‚Pass bloß auf, sonst geht’s dir wie dem.‘“ Gezielt würde der Vater Bücher aber nicht als Mittel einsetzen, um pädagogische Absichten umzusetzen, was angesichts seiner geringen Partizipation am Erziehungsalltag nicht überrascht. Auch zur Sachbelehrung nutzt er die gemeinsame Buchlektüre nicht primär, wenngleich er stärker als seine Frau kognitive Aspekte in den Vordergrund rückt: Natürlich sei man „als Eltern froh über alles, was die Kinder aufnehmen und lernen", das sei aber nicht der vorrangige Aspekt beim abendlichen Vorlesen.

Herr N.: Ach, ich richte mich dann eigentlich ganz nach ihm. Was er sich aussucht gerade, das lese ich dann eigentlich vor. [...] Es sei denn, dass er jetzt den dritten Tag hintereinander die gleiche Geschichte lesen will, da sag ich ‚Du, nee, die haben wir gestern erst gehabt.' [...] Aber – das passiert in der Regel eigentlich auch nicht mehr. Er sucht sich das selbst aus, und jeden Tag was Neues, wird dann wieder zurückgestellt, und am nächsten Tag ...

I.: Das heißt, es ist Ihnen lieber, wenn dann immer wieder ein neues Buch ...

Herr N.: Ja, eigentlich schon, weil das alte ...

I.: Also keine Wiederholungen ...

Herr N.: Ach, das ist für mich dann ja auch langweilig!

Diese Interviewäußerung ist Indiz dafür, dass der Vater keine Gratifikationen aus der gemeinsamen Lektüre erfährt. Offenbar ist er nicht ausreichend über entwicklungsspezifische kindliche Rezeptionsgewohnheiten, etwa die Lust an Wiederholungslektüre, informiert und zudem auch nicht bereit, sich darauf einzustellen.

Literatur und Lesen spielen für Herrn Niemann in seinem eigenen und im Erziehungsalltag offenbar nur eine untergeordnete Rolle, die Leseentwicklung des Sohnes ist kein vorrangiges Erziehungsziel. Der Vater präsentiert sich seinem Sohn selbst nur selten als Leser. Er bevorzugt Sach- und Fachliteratur, deren Lektüre zumeist im Arbeitszimmer stattfindet, d.h. nicht im ‚Verkehrsraum' der Kinder, und die weniger mit Genuss verbunden, sondern kognitiv orientiert ist. Bezogen auf belletristische Lektüre charakterisiert er sich als eher buchfern:

Herr N.: Ich lese eher Sachbücher. Zeitungen eigentlich weniger. Sachbücher lese ich viel. Aber ich bin auch nicht der größte Leser [...] für den Beruf, klar, da muss ich lesen, aber so 'n Romaneleser bin ich gar nicht. Der größte Leser bin ich nicht.

Der Vater bringt die eigenen Lektüregewohnheiten also gar nicht in Verbindung mit der Lesesozialisation des Sohnes. Eigene und gemeinsame Lektüre werden als voneinander unabhängige Aktivitäten wahrgenommen, etwa hat die Präferenz von Sachbüchern keinen Einfluss auf die Bilder- oder Kinderbuchauswahl. Die Buchbeschaffung überlässt Herr Niemann seiner Frau und orientiert sich beim abendlichen Vorlesen an dem vorhandenen Bestand. Sprachlich wird dieser Rückbezug auf das Urteil seiner Partnerin an den häufigen Wir-Formulierungen im Interview deutlich. Offenbar fehlen dem Vater für die Kinder- und Jugendliteratur geeignete Urteilskategorien. Weder benennt er literarästhetische Kriterien noch lesepädagogische Aspekte, die ihn bei der Auswahl oder Präferenz der Bücher leiten würden. Auf die Frage, welchen der beiden vorgelesenen (Bilder-)Buchtitel er bevorzugen würde, fällt ihm die Antwort schwer:

Herr N.: Ich muss sagen, die waren ja von der Aussage und vom Aufbau her so ähnlich, mit den Illustrationen, mit dem Text, auch vom Umfang her ähnlich. Also gefallen, also da mach ich mir jetzt als Vorlesender nicht so Gedanken drüber, ob's einem gefällt, weil, diese Kinderbücher, die er liest, die sind für mich ja nicht der allerinteressanteste Lesestoff. [lacht] Könnt' ich jetzt keine Aussage drüber machen.

Auswertung der Vater-Kind-Vorleseinteraktionen

Im Folgenden werden die Aussagen des Interviews und die daraus abgeleiteten Hypothesen an den beiden Videobeispielen überprüft und konkretisiert.

Vater-Kind-Vorleseinteraktion 1 – Geisler: *Ich trödel doch nicht, sagt Max.*

In der ersten Filmsituation liest Herr Niemann das Bilderbuch *Ich trödel doch nicht, sagt Max* von Dagmar Geisler vor. Weder er selbst noch Sohn Matthias kennen das Buch. Das Vorlesen findet abends im Rahmen des Zu-Bett-Geh-Rituals im Kinderzimmer statt. Matthias sitzt auf seinem Hochbett, die Decke über den Beinen. Herr Niemann installiert die Kamera und stellt sich dann *vor* das Bett. Das Vorlesen dauert siebeneinhalb Minuten, Unterbrechungen gibt es keine. Nachstehend ist das vollständige Transkript des Vorlesegesprächs mit anschließender Analyse und Interpretation dokumentiert:

Herr N.: *So, jetzt ist der Film hier. So, da lesen wir das Buch:* Ich trödel doch nicht, sagt Max. [blickt kurz in die Kamera, blättert murmelnd] *Hier geht's los. Hier ist der kleine Max.* [zeigt *nicht* auf die Bilder, beginnt mit dem Bilderbuchtext]: Am Freitag fährt Mama mit Stina zu Oma. ,Tschüs ihr zwei', sagt sie zu Papa und Max, ,macht euch einen schönen Tag.' [blickt zum Sohn, dann in die Kamera, blättert um] Und weißt du auch, was wir machen?', fragt ... [legt einen Arm um Matthias und versucht, ihn näher an sich heranzuziehen] ... Papa. ,Wir gehen Karussell fahren.' ,JIPPIE!' ruft Max. ,Wann gehen wir?' [kurzer Blick zum Sohn] ,Gleich nach dem Essen, sagt Papa. ,Es gibt Würstchen mit Kartoffelbrei und Sa – - – lat.' *Das ist der Max und das ist der Papa, gell.* [zeigt auf die Figuren, blättert um, liest den Bilderbuchtext] Papa isst fünf Würstchen. Papa isst Berge von Kartoffelbrei. Papa isst viele grüne Salatblätter. Der Teller von – - – Max ist noch voll. [kurzer Blick zum Sohn] ,Trödel nicht so!' sagt Papa. ,Denk dran, wir wollen noch Karussell fahren. ,Ich trödel doch nicht', sagt Max, ...

M. [blickt zum Vater]

Herr N.: ,... ich baue einen Fluss für meine Wurststückchen. Die müssen auch ein bisschen Spaß haben.' *Hier, ne, das ist der Fluss und die Wurststückchen.* [zeigt auf die Bilder, blättert um]. Nach und nach angelt Max alle Wurststückchen aus dem Soßenfluss. Der Kartoffelbrei ist schon bisschen kalt. Macht nix! Max gräbt noch einen kleinen Seitenkanal. Papa räumt schon mal den – - – Tisch ab. [beide blicken sich an, V. schaut dann in die Kamera, liest den Text weiter] Er lässt das Wasser ein und fängt an, die Gläser zu spülen. Er spült die Teller und das Besteck, den Topf, die Pfanne und die Schüsseln. Zum Schluss spült Papa noch den Teller von – - – Max. [Kurzer Blick auf den Sohn; blättert um, liest weiter] Max darf die Löffel abtrocknen, die Gabeln und die Plastikschüssel. ‚He, Max! Was trödelst du da herum? Die Gabeln gehören in den Besteckkasten.' ‚Ich trödel doch nicht', sagt Max. ‚Ich baue ein Karussell für das Besteck.' ‚Ich dachte, wir wollen selbst [!]^{145} ...

M. [blickt zum Vater]

Herr N.: ... Karussell fahren', seufzt Papa. ‚Ja, gleich!', sagt Max. [lacht kurz, nuschelt unverständlich]

M. [mit tropfender Nase, fängt an zu schniefen]

Herr N. [liest den Text weiter]: Endlich ist die Küche sauber. Papa setzt seine Mütze auf und bindet den Schal um. ‚Mahax!', ruft er. ‚Ja, ja!', ruft Max zurück. ‚Ich muss nur den Kasper in Mamas Bett legen und Stinas Puppe auch. Und am besten noch das Krokodil und den kleinen König. Die fürchten sich sonst, wenn sie allein zu Hause sind. ‚Oh, Max!' stöhnt Papa.

M. [schnieft unentwegt]

Herr N. [offenbar irritiert, liest monotoner als vorher und mit einigen Versprechern]: Max, Max setzt seine Mü – Mütze auf. Papa bindet ihm den Schal um. Max zieht den einen Handschuh [!]^{146} aus und den anderen an [stutzt, korrigiert sich, schüttelt leicht den Kopf] und dann den andern an [!], [Matthias schnieft weiter, der Vater blickt ihn an, liest den Text weiter.] klettert [!]^{147} ungeduldig mit den – - – Schlüsseln. [M. blickt in die Kamera]

Herr N. [liest weiter]: ‚Ich trödle nicht', sagt Max, ‚aber meine Handschuhe [!] sind wilde Tiger, die kann ich doch nicht einfach zu Stinas kleinen Babypantoffeln stellen. Das ist viel zu ge – - – fährlich. '

M. [schnieft immerzu, gestikuliert und grimassiert in Richtung Kamera]

Herr N. [nimmt sanft den Arm von M. und zieht ihn herunter, blickt M. dabei lächelnd an, liest weiter]: Max denkt nach.

M.: [blickt den Vater verschmitzt an, agiert weiter mit Armen und Händen]

Herr N.: Dann stellt er seine Handschuhe [!] in die Speisekammer. *In die Speisekammer.* [reagiert nun verbal auf den abgelenkten Sohn] *Passte hier auf bei der Geschichte, gell?* [liest den Text weiter] Stinas Pantoffeln versteckt er in Papas Gummistiefeln. ‚Jetzt können wir gehen', sagt Max und steigt in seine Stiefel. [Blickkontakt zum Sohn, blättert um]

M [blickt und winkt in die Kamera, blickt dann zum Vater]

Herr N. [offenbar abgelenkt und irritiert, liest etwas stockend]: Papa schließt die Haustür ab und stapft los. Fast ist er um die Ecke gebogen, als er merkt, dass kein Max neben ihm geht. ‚Max, du trödelst schon wieder! Das Karussell wartet nicht ewig!' ‚Ich trödel doch nicht', sagt Max. ‚Ich muss nach Opa Meierbär gucken. Der sitzt heute gar nicht an seinem Fenster.' [blättert um, liest den Text weiter] Hoffentlich ist ihm nichts passiert.' Aber da kommt Herr Meierbär schon die Straße entlang. Er war schnell die Zeitung ho-

---

145 selber in der Vorlage
146 Hausschuh in der Vorlage, auch im Folgenden ersetzt Herr Niemann noch zweimal Hausschuh durch Handschuh.
147 klappert in der Vorlage

len. Papa redet mit Opa Meierbär mal kurz übers Wetter und über Opa Meierbärs krankes Bein, über die Politik und darüber, wie das Wetter wohl morgen wird ... ‚Papa!‘,
schimpft Max. ‚Jetzt beeil dich mal! Wir wollen doch Karussell fahren.‘ ‚Na, dann viel
Vergnügen!‘, lacht Opa Meierbär. [blättert um]

M. [entdeckt auf der rechten Bilderbuchseite den Rummelplatz, lächelt]

Herr N. [liest den Bilderbuchtext]: So schnell es geht, laufen sie jetzt Richtung Rummelplatz. Papa macht Riesenschritte. Max hopst nebenher. Man kann das Karussell
schon fast sehen, da ...

M.: *Was ist das für’n Rummelplatz?*

Herr N.: *Na, das ist so ne Kirmes, gell, wie die Brühler Kirmes.* [liest den Text weiter] ...
da bleibt Max auf einmal stehen. Ganz langsam geht er in die Knie. ‚Max, du trödelst
schon wieder!‘, sagt Papa. ‚Ich trödele [!]¹⁴⁸ nicht‘, sagt Max. ‚Ich muss dir was zeigen.
Komm mal her!‘ [blättert um] Jetzt sieht Papa es auch. Eine Ameisenkarawane. Zwei
Ameisen schleppen ein riesiges Stück Pommes frites. Die Nächste trägt einen dicken
Brotkrümel. ‚Und das da sieht aus wie zuckriger Mäusespeck‘, sagt Max. Papa staunt.
Immer neue Ameisen kommen angewandert. Und fast alle tragen etwas auf dem Rü-
cken. Lange gucken die beiden den Ameisen zu. Dass es immer dunkler wird, merken
sie gar nicht.

M. [betrachtet interessiert die Illustration]

Herr N. [blättert um, liest ohne Pause und Unterbrechungen weiter]: ‚He, Max!‘, ruft
Papa plötzlich. ‚Jetzt müssen wir aber rennen, sonst wird das Karussell abgestellt, bevor
wir da sind. Ganz außer Puste kommen die beiden auf dem Rummelplatz an. ‚Letzte
Runde!‘, brummt der Mann im Kartenhäuschen. ‚Eigentlich wollte ich schon zumachen.‘ [blättert um, liest den Text] Papa setzt sich auf sein Lieblingspferd, wie jedes
Jahr. Max steigt in den roten Flitzer. Da kann er hupen, was das Zeug hält. Viel zu
schnell hält das Karussell wieder an. [blättert um] Das hat Spaß gemacht!‘, sagt Max.
‚Ja, aber ich wäre gern noch öfter gefahren‘, meint Papa. ‚Da hätten wir halt nicht so
viel trödeln dürfen!‘, sagt Max. [blickt M. an, lächelt]

M. [erwidert Blickkontakt, grinst]

Herr N.: *Vor lauter Trödeln konnten die nicht mehr so viel Karussell fahren. Deswegen,
man darf nicht so trödeln, dann verpasst man das Beste im Leben, gell.*

M [nickt, ohne Blickkontakt]

Herr N. [zur Kamera gerichtet]: *So ist das.*

M. [ohne Blickkontakt]: *Warn die auf dem Rummelplatz ganz lange?*

Herr N.: *Ja.* [kurze Pause, korrigiert sich]. *Nee, die waren nur ganz kurz da. Weil, der
war ja schon zu Ende. So, und jetzt schläfste, gell?* [Kamera aus]

Analyse und Interpretation

Die Vorlesesituation ist zwar laut Interviewaussage für die Videofilmauf-
nahme als typisch ausgewählt worden, sie wirkt aber arrangiert und für beide Interaktionspartner ungewohnt. Die Atmosphäre ist freundlich, zugleich
von Distanz geprägt. Das wird zunächst im Arrangement deutlich: Matthias

---

148   In der Vorlage Ich trödel doch nicht.

sitzt im Bett, während Herr Niemann *vor* dem Bett *steht*. Zwischen beiden besteht kein Körperkontakt. Diese Positionen werden von Anfang bis Ende beibehalten. Dreimal finden körperliche Kontakte statt, die jeweils von Herrn Niemann und nicht von Matthias ausgehen: Gleich zu Beginn berührt der Vater den Sohn leicht am Kopf, kurze Zeit später legt er ihm während des Lesens einen Arm um die Schultern und versucht, ihn etwas näher an sich heranzuziehen. Beide Beispiele können zwar als Versuche, Nähe herzustellen, interpretiert werden. Die Interviewaussagen und die fehlende Reaktion des Sohnes lassen allerdings darauf schließen, dass Herr Niemann mit diesem Verhalten eher normative Erwartungen in Rücksicht auf die Filmaufnahme erfüllen möchte.

Matthias geht nicht auf die körperlichen Annäherungsversuche des Vaters ein und unternimmt auch keine eigenen, im Gegenteil: Man gewinnt den Eindruck, dass er seinen Vater mit Distanz beäugt. Ab und zu blickt er fast ungläubig zu ihm hin. Der Vierjährige scheint permanent die Filmsituation zu realisieren. Insbesondere in dieser ersten Aufnahme lässt er sich stark durch die Kamera ablenken. Seine Unkonzentriertheit wird durch eine laufende Nase etwa ab der Hälfte der Vorlesezeit noch verstärkt. Immer wieder schnieft er und wischt sich die Nase am Ärmel ab. Dabei erinnert er sich wohl an die Kamera, blickt immer wieder in ihre Richtung statt ins Buch und beginnt, zu grimassieren und zu gestikulieren. Das wird vom Vater zunächst ignoriert. Dass er die Ablenkungen aber wahrnimmt und diese ihn offenbar auch irritieren, zeigt sich an den sprachlichen Variationen. Die Stimme wird monotoner, es schleichen sich einige Versprecher ein. Besonders auffällig ist die dreimalige Ersetzung von *Hausschuhe* durch *Handschuhe,* die sowohl im sprachlichen Kontext verblüfft (Handschuhe kann man nicht hin*stellen*!) als auch in der Korrespondenz mit den Bildern, auf denen die kleinen Hausschuhe von Max zu sehen sind. Das Lesen gerät hier zu einem eher mechanischen Vorgang, der Vater ist nicht genügend auf den Inhalt konzentriert. Einmal reagiert er nonverbal auf die Ablenkungen. Dieser dritte Körperkontakt kann als restriktive Maßnahme gewertet werden: Der Vater will den abgelenkten Sohn wieder auf die Geschichte konzentrieren, indem er seinen Arm greift und herunter zieht. Verbal restriktiv reagiert er an einer Stelle, indem er seinen Vortrag unterbricht und freundlich, aber bestimmt ermahnt: „Passte hier auf bei der Geschichte, gell?"

Diese Restriktionen werden zielorientiert eingesetzt. Erstens soll der aktive Sohn nicht durch körperliche Aktivität wieder mobilisiert, zweitens das Vorlesen auch zeitlich limitiert werden. Direktiv treibt Herr Niemann den Fortgang der Geschichte voran und steuert auf das Ende hin. Diese Direktivität, die neben den restriktiven Maßnahmen als Ausdruck eines explorationshemmenden Erziehungsstils gewertet wird, lässt sich sowohl an nonverbalen als auch an verbalen Merkmalen zeigen: Der Modus des Vorlesens entspricht einem Vortrag, bei dem Herr Niemann der Redner, sein Sohn der Zuhörer ist. Eine solche Konstellation wird in der Pragmalinguistik als ein asymmetrischer, eher von Männern angewandter Gesprächsstil beschrieben, der u.a. große Redeanteile des einen und geringe des anderen Sprechers sowie seltene Sprecherwechsel impliziert. Rhetorisch gekonnt liest der Vater den Bilderbuchtext: Er betont adäquat und unterschiedet stimmlich zwischen erzählenden Passagen und wörtlicher Rede. Er liest langsam und macht Pausen, die aber zu kurz sind, um dem Sohn Raum für Zwischenfragen zu geben. Das lässt sich als Merkmal eines direktiven Vorlesestils werten, ebenso, dass er selbst die Seiten umblättert. Beim Umblättern kontrolliert er nicht, ob der Sohn noch länger auf der Seite verweilen möchte bzw. gibt nicht durch Nicken, durch Fragen oder Kommentare Gelegenheit dafür. Während des Lesens richtet Herr Niemann zwar ab und zu den Blick auf seinen Sohn. Er tut dies aber offenbar in erster Linie, um sich Aufmerksamkeit zu sichern, wie dies Vortragende mit ihrem Auditorium zu tun pflegen, und weniger, um Gesprächsbereitschaft zu signalisieren.

Der direktive Vorlesestil lässt sich sprachlich noch weiter belegen: Herr Niemann hält sich an den vorgegebenen Bilderbuchtext. Nur an zwei Stellen weicht er eigeninitiativ von ihm ab, indem er auf Text-Bild-Korrespondenzen verweist: „Das ist der Max und das ist der Papa, gell." und „Hier, ne, das ist der Fluss und die Wurststückchen." Zwar unterstellt der Vater mit der Verwendung „gell" und „ne", die sich beide als „nicht wahr" paraphrasieren lassen, die Zustimmung seines kleinen Interaktionspartners.[149] Er vergewissert sich aber nicht durch Blickkontakt, ob der Vierjährige wirklich einverstanden ist, und gewährt auch keine Gelegenheit für Rückfragen, so dass sich aus diesen Kommentaren kein Gespräch entwickelt. Fragen zu Text oder Bildern stellt der Vater nicht.

Matthias gelingt es nur an einer Stelle, sich in den Vortrag einzuschalten, und zwar auf der Seite, als der Rummelplatz zum ersten Mal in der Ferne zu sehen ist. Dass ihn diese Szene interessiert und besonders stark emotional anspricht, zeigt sein Lächeln nach dem Umblättern, als er das Bild mit dem beleuchteten Platz im Hintergrund entdeckt. Matthias unterbricht den Vater beim Lesen des Bilderbuchtextes: „Was ist das für'n Rummelplatz?" Der Vater interpretiert die Frage offenbar so, als kenne Matthias das Wort Rummel nicht und antwortet: „Na, das ist so ne Kirmes, gell, wie die Brühler Kirmes". Möglicherweise hat der Vater an dieser Stelle den Wortschatz des Sohnes nicht ausreichend berücksichtigt. Indem er den vorgegebenen Begriff ‚Rummel' zunächst ohne Kommentar und ohne ihn zu ersetzen verwendet, evoziert er eine Rückfrage des Sohnes. Dessen Nachhaken könnte aber auch als Versuch gewertet werden, einen Bezug zur eigenen Lebenswirklichkeit, etwa einen gemeinsamen Kirmesbesuch mit der Familie, herzustellen. Zwar geht Herr Niemann zunächst darauf ein („wie die Brühler Kirmes") und vermittelt damit zwischen der Bilderbuchgeschichte und den lebensweltlichen Erfahrungen von Matthias. Er versucht aber nicht,

---

149 Vgl. zur Verwendung von „ne" in Vorlesegesprächen Braun 1995, 74.

zum Beispiel durch ein „Weißt du noch ...?" ein längeres Anschlussgespräch zu initiieren.

Zum Schluss fasst er die ‚Moral der Geschichte' mit eigenen Worten zusammen, blickt dabei den Sohn an: „Vor lauter Trödeln konnten die nicht mehr so lang Karussell fahren. Deswegen, man darf nicht so trödeln, dann verpasst man das Beste im Leben, gell." Und zur Kamera gerichtet: „So ist das." Auf dieser sprachlichen Metaebene erreicht Herr Niemann den Sohn offenbar nicht. Matthias nickt zwar bestätigend und fast pflichtschuldig, geht aber verbalsprachlich nicht auf das moralisierende Resümee ein. Seinerseits macht er den Versuch einer Anschlusskommunikation, die sich auf den *Inhalt* der Geschichte bezieht. „Warn die auf dem Rummelplatz ganz lange?" Gedankenverloren bestätigt der Vater das zunächst, korrigiert sich aber sofort: „Nee, die waren nur ganz kurz da. Weil, der war ja schon zu Ende." Hier liegt möglicherweise ein Missverständnis vor: Vermutlich zielte Matthias' Frage nämlich nicht auf die *Dauer* des Rummelplatzbesuches, sondern auf den späten Zeitpunkt, den der Vierjährige sowohl mit Hilfe des Textes (‚Letzte Runde!' brummt der Mann im Kartenhäuschen. ‚Eigentlich wollte ich schon zumachen.') als auch durch die Illustrationen – dunkelblauer Hintergrund, die letzte Seite mit Sternenhimmel – decodieren kann. Abgesehen von diesem sprachlichen Missverständnis erstickt der Vater den Kommunikationsversuch des Sohnes im Keim, wenn er fortfährt: „So, und jetzt schläfste, gell." Dieser vom Vater initiierte Abschluss lässt sich als ignorierend responsives Verhalten werten, das seinen Zielen und Interessen entspricht, die er mit dem abendlichen Vorlesen verbindet: Der Sohn soll zur Ruhe kommen, einen Übergang vom turbulenten Alltag zur Nacht finden und das Vorlesen soll sich nicht durch sich anschließende Gespräche in die Länge ziehen.

Vater-Kind-Vorleseinteraktion 2 – Fries/von Vogel: *Trödeln? Ich doch nicht!*

In der zweiten Filmsituation liest Herr Niemann das Bilderbuch *Trödeln? Ich doch nicht!* von Claudia Fries und Maja von Vogel vor. Matthias kennt das Buch schon – die Mutter hat es ihm im Rahmen der Studie vorgelesen. Dem Vater ist das Buch unbekannt. Diese zweite Filmsituation ist ähnlich arrangiert wie die erste: Wieder findet das Vorlesen abends im Rahmen des Zu-Bett-Geh-Rituals im Kinderzimmer statt. Matthias sitzt auf seinem Hochbett, die Decke über den Beinen. Herr Niemann installiert die Kamera und stellt sich dann wieder *vor* das Bett. Das Vorlesen dauert diesmal sechs Minuten, Unterbrechungen gibt es keine. Im Folgenden ist das vollständige Transkript des Vorlesegesprächs mit anschließender Analyse und Interpretation dokumentiert:

M. [wartet sitzend im Hochbett]

Herr N. [hat die Kamera eingeschaltet, kommt zum Bett und stellt sich davor, kein Körperkontakt; schlägt das Buch auf und beginnt zu lesen]: *Trödeln, ich doch nicht!*

M. [murrend, blickt den Vater an]: *Och, das is wieder das Gleiche!*

Herr N. [blickt M. an, beide lächeln]: *Ach, ist doch egal.* [liest den Bilderbuchtext]: Paul spielt *im Zirkus* [korrigiert sich] spielt Zirkus. Da ruft Mama: ‚Beeil dich, Paul! Wir müssen einkaufen gehen, sonst machen die Geschäfte zu.' ‚Ich komme gleich', sagt Paul. *‚Wenn die Zirkus-* [korrigiert sich], wenn die Zirkusvorstellung zu Ende ist.' [blättert um] Mama hat schon ihren Mantel an und den Einkaufskorb dabei. ‚Wo bleibst du denn?' fragt sie. ‚Wir müssen los!' ‚Gleich', sagt Paul. Ich bin gerade mitten in der Raubtiernummer.' [blättert um, zwei kurze Blickkontakte zum Sohn] Auf der Straße schaut Mama auf die Uhr und bekommt einen Schreck. ‚Schnell, Paul', ruft sie. ‚Der Bus kommt gleich.' ‚Ich kann nicht so schnell', sagt Paul. ‚Sonst falle ich in die Schlucht.' Mama nimmt Pauls Hand, damit er nicht stürzt. Gerade noch rechtzeitig erreichen sie den – - – [blickt M. an]

M. [erwidert den Blickkontakt, formuliert stumm das gewünschte Wort]

Herr N.: *Bus.* [blättert um] Mit dem Bus fahren Mama und Paul in die – - – Stadt. Beim Aussteigen [leicht stockend] *zeigt* [!][150] Mama: ‚Zuerst müssen wir zum Bäcker. Hoffentlich kriegen wir noch – - – [blickt den Sohn an]

M. [formuliert stumm, ohne den Vater anzusehen]

Herr N.: Brötchen.' Paul will gerade loslaufen, als er ein paar gefährliche Flugsaurier entdeckt. Zum Glück kann er sie in die Flucht schlagen, bevor sie ihn und Mama angreifen. [deutet auf das Bild, blickt dabei den Sohn an]

M. [blickt ins Buch]

Herr N.: *Das sind nur Tauben, ne, das sind gar keine Flugsaurier.* [blättert um, dabei wieder kurzer Blickkontakt zum Sohn, liest den Text weiter] Beim Bäcker kauft Mama die – - -

M. [gestikuliert in Richtung Kamera]

Herr N. [blickt den Sohn an]

M. [erwidert Blickkontakt]

Herr N. [liest den Text weiter]: letzten Wür – - – stchen [!] ‚Jetzt müssen wir noch schnell zum Fleischer', sagt sie, ‚sonst gibt es keinen Aufschnitt mehr. Wo bist du, Paul?' ‚Hier!', ruft Paul und verlässt seinen geheimen Beobachtungsposten. Er wollte gerade die Überwachung der Bäckerei übernehmen – - -.

M.: *Äh, äh, was ist das?*

Herr N.: *Ach, das ist so'n Stehtisch, da hat der sich [!] hochgeklettert, gell.* [wiederholt den soeben gelesenen Text] Er wollte gerade die Überwachung der Bäckerei übernehmen, ...

M. [eindringlich]: *Was heißt das, was heißt das?*

Herr N.: [liest gleichzeitig den Bilderbuchtext] ... um dem gefürchteten Torten-Räuber das Handwerk zu legen. *Das sind so Stehtische. Siehst du, hier oben ist so ne Kaffeetasse drauf, gell, und da ist der hochgeklettert, damit er besser beobachten kann.* [liest ohne Pause weiter] Aber bevor es zum Abendbrot keinen Aufschnitt gibt, beeilt er sich lieber. [blättert um]

M. [motorisch unruhig, kratzt sich häufig an der Schulter]

---

150 sagt in der Vorlage

Herr N. [liest den Bilderbuchtext]: Schnell laufen Mama und Paul zum Fleischer. Im Laden sind viele Leute. ‚Da ist Lisa', ruft Paul und winkt einem Mädchen zu, das mit seiner Mutter weiter vorne in der Schlange steht. Lisa und Paul spielen mit Lisas Puppe Käthe, bis Pauls Mama fertig ist. ‚Kann ich noch mit Lisa spielen?',

M. [tippt auf zwei Figuren]: *Und wie heißt die und die?*

Herr N. [liest gleichzeitig]: fragt Paul. *Oh, das weiß ich nicht.* [zeigt auf die beiden abgebildeten Frauen] *Das ist der Lisa ihre Mutter, wahrscheinlich, und das ist dem Paul seine Mutter.* [wiederholt den soeben gelesenen Text] ‚Kann ich noch mit Lisa spielen?', fragt Paul. ‚Käthe *kauft,* kauft gerade ein.' ‚Ein andermal', sagt Mama. ‚Jetzt müssen wir zum Supermarkt.' Paul winkt Lisa und Käthe zum Abschied zu. [räuspert sich, blättert um] Auf dem Weg zum Supermarkt kommen sie an einem Flohzirkus vorbei. ‚Guck mal, Paul!', sagt Mama und bleibt stehen. ‚Toll!', staunt Paul und betrachtet die winzigen [blickt zum Sohn] Flöhe. Immer mehr Leute versammeln sich um den Mann. Als er fertig ist, klatschen alle. Paul zupft Mama am Mantel: ‚Komm jetzt, sonst macht der Supermarkt zu!' ‚Du hast Recht', sagt Mama und schaut auf die Uhr. ‚Oje, schon so spät, jetzt aber schnell!' [blättert um] Mama und Paul rennen das letzte Stück zum Supermarkt. Zum Glück hat er noch auf. ‚Hol bitte drei Bananen, ich geh schon mal zur Käsetheke', sagt Mama. *Um die,* um an die Bananen zu kommen, muss sich Paul erst durch den – – Urwald kämpfen. Das ist ganz schön anstrengend, aber schließlich hat es Paul ... [blickt den Sohn an]

M. [erwidert Blickkontakt]

Herr N. [variiert den Text leicht]: ... *doch noch* [!][151] ge – – – schafft. [blättert um] ‚Das hat aber lange gedauert', sagt Mama. ‚Holst Du bitte noch eine Tiefkühlpizza?' ‚Klar', sagt Paul und geht los. Da versperrt ihm ein riesiger Eis*berg,* -bär den Weg. Paul versteckt sich hinter einem Stapel Dosen und wartet, bis der Eisbär eingeschlafen ist. [Blickkontakt] Dann schleicht er sich zur Kühltruhe und schnappt sich eine – – – Pizza.

M. [flüsternd]: *Pizza.*

Herr N. [blättert um]: Endlich haben Mama und Paul alle Einkäufe erledigt. ‚Du darfst dir jetzt noch einen leckeren Nachtisch aussuchen', sagt Mama zu Paul, als sie zur Kasse gehen. [Blickkontakt] *Was hat er sich ausgesucht? Ein – – –*

M.: Eis.

Herr N. [liest den Text weiter]: ‚Eis!', ruft Paul sofort und holt eine große – – – Packung. [blättert um] ‚Jetzt können wir nach Haus', sagt Paul und freut sich aufs Abendbrot. Aber vor dem Supermarkt trifft Mama Frau Matschke, die Nachbarin.

M. [blickt den Vater an]

Herr N. [liest den Text weiter]: *Die beiden reden und reden. Paul langweilt sich. Da fällt ihm plötzlich etwas ein.*

M. [blickt den Vater an]

Herr N. [liest den Text weiter]: ‚Mama, wir müssen schnell nach Hause, sonst schmilzt das Eis!', ruft er. Ach du Schreck', sagt Mama. ‚Daran habe ich gar nicht gedacht'! Sie verabschiedet sich von Frau Matschke und macht sich mit Paul auf den – – – Heimweg. [blättert um] Als Mama und Paul zu Hause ankommen, wartet Papa schon auf sie. ‚Da seid ihr ja endlich wieder', sagt er. ‚Ihr habt aber ganz schön lange gebraucht. Hat da vielleicht jemand getrödelt?' ‚Getrödelt?', fragt Mama. ‚Hier trödelt doch keiner!' Paul

---

151 Vermutlich wegen der besseren Sprechrhythmik wird doch noch eingefügt.

schaut Mama an, und Mama schaut Paul an. Dann müssen beide furchtbar – - – [blickt den Sohn an]

M. [blickt ins Buch, lächelt]

Herr N.: ... lachen. *So, das war's, ne?*

M. [nickt] [Kamera aus]

Analyse und Interpretation

Auch an dieser zweiten Vorlesesituation lassen sich die Hypothesen über die (Vor-)Lesekonzepte des Vaters bestätigen. Das Vorlesen wird funktionalisiert, um dem Sohn den Übergang in die Nacht zu erleichtern und soll offenbar nicht dazu dienen, die Vater-Sohn-Beziehung zu stabilisieren, Nähe herzustellen oder den Tag etwa durch ein Anschlussgespräch gemeinsam abzuschließen. Die Distanz in der sozioemotionalen Beziehung zwischen Vater und Sohn wird an äußeren Merkmalen und in der nonverbalen und verbalen Kommunikation deutlich. Das Arrangement gleicht dem in der ersten Vorlesesituation: Herr Niemann steht vor dem Hochbett, Matthias sitzt wieder im Bett mit der Decke über den Knien. Zwischen beiden besteht kein Körperkontakt und dieser wird auch von keinem während des Vorlesens hergestellt. Blickkontakte werden vom Vater zwölf Mal initiiert, diese von Matthias nur zwei Mal erwidert. Eigeninitiativ nimmt Matthias nur drei Mal Blickkontakt auf. Diese Blicke stehen in situativem Zusammenhang mit seinen Ablenkungsmanövern und wirken wie eine Mischung aus Entschuldigung und Provokation. Sie zielen offenkundig nicht auf die Herstellung von Nähe.

Prägnant sind wieder die direktiven Merkmale. Gemäß der Funktion eines *moodmanaging* ist es nicht im Interesse des Vaters, längere Gespräche zu initiieren, und so gestaltet Herr Niemann auch diese Vorleseinteraktion asymmetrisch, indem er sich selbst die Rolle des (aktiven) Sprechers und dem Sohn die Rolle des (passiven) Zuhörers zuweist. Wieder trägt er den Bilderbuchtext flüssig vor, blättert selbst um und gewährt wenig Gelegenheit für Zwischenfragen oder Kommentare. Auf diese Weise steuert er direktiv auf das Ende der Geschichte hin. Ein einziges Mal weicht er vom vorgegebenen Text ab: Auf der vierten Doppelseite steigen Paul und seine Mutter aus dem Bus. Auf der Straße liegen Tauben, die sich der kleine Protagonist als „ein paar gefährliche Flugsaurier" vorstellt. Im Bild ist diese Fantasievorstellung als Schattenspiel realisiert. Mit seinem Kommentar „Das sind nur Tauben, das sind gar keine Flugsaurier." will Herr Niemann zwischen der Fantasiewelt und der ‚Realität' der Bilderbuchgeschichte vermitteln. Sein Kommentar lässt dem Sohn allerdings nur wenig eigenen Interpretationsspielraum. Mit einer offenen Frage hätte er den Vierjährigen zu eigenen Fantasievorstellungen und Kommentaren herausfordern und einen längeren Dialog evozieren können. Es entwickelt sich aber kein Anschlussgespräch, weil der Vater nicht auf der Seite verweilt, sondern umblättert und den vorgegebenen Text weiterliest, was sich als Merkmal eines direktiven und explorationshemmenden Stils werten lässt.

Darüber hinaus fallen auf der pragmatischen Ebene die wenigen und kurzen freien Gesprächsbeiträge beider Interaktionspartner auf. Dem Sohn gelingt es an drei Stellen, sich mit einer Frage in den Vortrag einzuschalten, und zwar zum ersten Mal auf der Bilderbuchseite mit der Bäckerei. Hier interessiert ihn diesmal offenbar besonders der Stehtisch: „Was ist das?" Darauf antwortet Herr Niemann zunächst: „Ach, das ist so ein Stehtisch, da hat der sich [!] hochgeklettert." Dann liest er den Text weiter und kontrolliert nicht, etwa durch Blickkontakt, ob der Sohn mit der Antwort zufrieden ist. Das ist offenbar nicht der Fall, weil Matthias kurz darauf noch einmal eindringlich nachhakt: „Was *heißt* das? Was *heißt* das?" Wieder verwendet der Vater den gleichen Begriff und versucht obendrein, die Funktion noch etwas genauer zu erklären: „Das sind so Stehtische. Siehst du, hier oben sind so Kaffeetassen drauf, und da ist der hochgeklettert, damit er besser beobachten kann."

Dieser kurze Dialog lässt sich auf verschiedene Weise deuten: Möglicherweise fragt Matthias tatsächlich nur nach der Bezeichnung des ihm unbekannten Gegenstandes ‚Stehtisch'. In einer bindungstheoretischen Perspektive könnte aber das Nachfragen auch als Streben nach (mentaler) Exploration gedeutet werden: Der Vierjährige könnte an die Fantasien Pauls anknüpfen wollen, der sich den Stehtisch als Posten vorstellt, von dem aus man „geheime Tortenräuber" beobachten kann. In beiden Fällen ist die Antwort des Vaters nicht adäquat: Herr Niemann geht semantisch-lexikalisch auf die Frage ein, trägt damit aber vermutlich nicht zur Wortschatzerweiterung bei, weil er den Begriff ‚Stehtische' wiederholt und dann nur ungenau erklärt. Die Antwort deutet also darauf hin, dass Herr Niemann eher unvertraut mit dem sprachlichen Entwicklungsstand des Vierjährigen und ungeübt ist, sich adäquat auf diesen einzustellen, d.h. sprachlich im Bereich der ‚Zone der nächsten Entwicklung' zu fördern. Auch die zweite Möglichkeit, nämlich an die Fantasie der Bilderbuchfigur anzuknüpfen und diese gemeinsam mit dem Sohn weiterzuverfolgen, realisiert der Vater nicht. Dies lässt sich als Hinweis darauf werten, dass der Vater Vorlesen nicht mit dem Ziel verbindet, in Fiktionalität und Literalität einzuführen.

Dass Herr Niemann nicht nur den lautsprachlichen, sondern auch den schriftsprachlichen Entwicklungsstand des Sohnes nicht adäquat einschätzen kann, zeigt die fehlende Vermittlung zwischen Text und Illustrationen. In der zweiten Vorlesesituation mit der Mutter zeigt sich nämlich, dass sich Matthias schon für diese Korrespondenzen interessiert. Ungenutzt bleiben diese bilderbuchspezifischen Möglichkeiten der Text-Bild-Korrespondenzen auch bei Nachfragen des Sohnes, wie ein Dialogbeispiel belegt: Die Bilder zeigen eine Einkaufsszene in einer Fleischerei: Vier Erwachsene warten an der Theke in einer Schlange, der Fleischer bietet seine Ware an, während Paul mit seiner Freundin Lisa auf dem Fußboden des Ladenlokals spielt. Der Text führt Lisa und ihre Puppe Käthe ein, die übrigen neuen Figuren – drei Kunden und der Fleischer – bleiben unbenannt. Diese haben Matthias schon in der Vorlesesituation mit seiner Mutter interessiert.[152] Er deutet auf die zweite Frau, die neben Pauls Mutter in der Schlange steht: „Und wie heißt die?" „Oh, das weiß ich nicht." antwortet der Vater zunächst, findet dann aber eine plausible Erklärung, die auch seiner Frau eingefallen ist. Er zeigt nacheinander auf die beiden abgebildeten Kundinnen: „Das ist Lisas Mutter und das ist Pauls Mutter." Zwar hat der Vater offenbar wahrgenommen, dass Matthias die Figuren zuordnen und ihre Beziehungen zueinander erfassen möchte und kann ihn insofern mit seiner Antwort zufrieden stellen. Im Gegensatz zu seiner Frau verweist er aber nicht auf den Text und bleibt damit unter dem schriftsprachlichen Entwicklungsstand des Vierjährigen.

Ein wichtiger Beleg für die kognitive Orientierung, die Herr Niemann im Interview betont hat („Also, wenn er was nicht so verstanden hat, fragt er dann schon nach."), ist seine spezifische Art des Begriffeabfragens, indem er den Vortrag als eine Art ‚Lückentext' gestaltet. Nur an einer Stelle fragt er explizit („Was hat er sich ausgesucht?"). Ansonsten hält er an zahlreichen Stellen kurz inne, um seinem Sohn den jeweils folgenden Begriff zu entlocken, und ergänzt dann selbst nach einer kurzen Pause („Mit dem Bus fahren Mama und Paul in die – – Stadt)." Zweimal spricht Matthias flüsternd mit, ein weiteres Mal bewegt er stumm die Lippen. An den anderen Stellen reagiert er gar nicht und blickt überhaupt nicht ins Buch. Vermutlich will der Vater zum einen Aufmerksamkeit und Konzentration sicherstellen. Matthias könnte die ‚Fragen' zum Anlass nehmen, sich die Illustrationen genauer anzusehen und sich daraus die jeweiligen ‚Antworten' zu erschließen. Das tut er aber – vielleicht auch wegen der Kürze der Pausen – nicht. Zum anderen will der Vater möglicherweise die Merkfähigkeit des Sohnes prüfen und schulen, obwohl der Vierjährige nach der einmaligen Lektüre mit der Mutter die Textinhalte noch nicht so genau gespeichert haben kann.

(Vor-)Lesekonzepte der Mutter– Interviewauswertung

Entsprechend einer eher konservativ-traditionellen Rollenverteilung ist Frau Niemann im familialen Alltag für die Pflege, Versorgung und Erziehung der beiden Kinder zuständig. Bezogen auf die Kategorien Engagement und Verfügbarkeit (Pleck 1997) ist sie diejenige, die sowohl in der Woche als auch am Wochenende größere Anteile an der Familienarbeit übernimmt. Dazu gehört, dass sie nach eigener Einschätzung „die Kinder häufiger ins Bett bringt", d.h. das Abendritual einschließlich pflegerischer Versorgung, Vorlesen und sich anschließenden Rollenspielen übernimmt. Dieser weitaus höhere Anteil an der Erziehungsarbeit lässt erwarten, dass die Mutter eher

---

152 Siehe unten die Auswertung der Beobachtung der Mutter-Kind-Interaktionen.

in der Lage ist, Bezüge von der Bilderbuchgeschichte zum gemeinsamen Familienalltag herzustellen. Frau Niemann bestätigt das im Interview: „Doch, ich versuch eigentlich immer schon, Zusammenhänge zu finden, mit uns oder Vergleiche zu suchen, wie das bei uns so läuft." Diese nachfolgende Interviewäußerung kann zugleich als Indiz dafür gewertet werden, dass Frau Niemann die Asymmetrie der dyadischen Interaktionssituation und das Problem der Vermittlung realisiert. Sowohl inhaltlich als auch verbalsprachlich versucht sie offenbar, die Diskrepanz zwischen kindlichem und erwachsenem Verständnis zu überbrücken. Sie versucht, den kognitiven und sprachlichen Entwicklungsstand des Sohnes adäquat einzuschätzen und sich diesem sprachlich sowohl im Vorlesen des Textes als auch in ihren übrigen Gesprächsbeiträgen anzupassen.

Frau N.: Doch, das mach ich eigentlich auch häufig. Also ich bleib nicht nur stur am Text, sondern bei manchen Sachen ... Am gravierendsten ist das jetzt bei diesem Bobo [Siebenschläfer; S.E.], also da ist der Schlachter zum Beispiel, da sag ich nie, der Schlachter, da sag ich immer, der Metzger. Einfach um diese Fragen zu umgehen: ‚Was ist das denn?' oder ‚Warum sagt er das jetzt so?' Da sag ich dann das Wort, das ihm bekannt ist, ne. Oder da steht zum Beispiel Karre drin statt Buggy, und wir sagen ja im Gebräuchlichen immer ‚der Buggy', ne. [...] Das sind dann halt so Sachen, wo ich dann beim Lesen merke, das passt nicht, und dann setz ich dann das Wort ein, was er dann halt auch gut kennt.

Wie ihr Mann liest auch Frau Niemann Bilderbücher und Geschichten im Rahmen des Zu-Bett-Geh-Rituals. Die Strukturen und Regeln dieses Rituals wurden von beiden Elternteilen gemeinsam mit Matthias etabliert. Dass sowohl Vater als auch Mutter die feste Abfolge kennen und sich an die Konventionen halten, dokumentieren ihre voneinander unabhängigen Interviewaussagen. Den Ablauf beschreibt Frau Niemann ähnlich wie ihr Mann. Ein auffallender sprachlicher Unterschied zu seiner Darstellung ist aber, dass sie im Interview die Interaktionssituation noch einmal nacherlebt. Mit verstellter Stimme interpretiert sie recht ausführlich die verschiedenen Rollen, offenbar um möglichst große Authentizität zu erzeugen.

Frau N: Ja, dann [nach dem Vorlesen] kommt dieser Rhythmus. Dann wird gebetet, und dann hat er so 'n richtiges Ritual: Wir gehen einen Becher mit Wasser holen. [...] Und dann versteckt er sich unter der Decke, und wir müssen ihn suchen, jeden Abend. Und dann muss ich überall abfragen: [Mit verstellter Stimme]: ‚Hallo Bob, Bob, hast du den Matthias gesehen, wo ist der?' Und dann spricht er den Bob: [Wieder mit verstellter Stimme]: 'Hier ist der Bob.' Und dann muss ich die Wendy fragen: ‚Wendy, wo ist der Bob?' [Wieder mit verstellter Stimme] ‚Weiß ich nicht, der ist nicht da.' Und dann muss ich noch irgendwelche Kuscheltiere fragen: ‚Wo ist er?' Und dann irgendwann kommt dann der Matthias raus und sagt: ‚Ah, ich war mit dem Bob doch noch im Blumengeschäft.' Oder irgend solche Fantasiegeschichten. [...] Das hat irgendwann mal so angefangen, und das ist irgendwie so ein Ritual. Und dann ganz viele Küsschen [...], ‚Bis Morgen' und ‚Gute Nacht'.

M.: [befindet sich zu diesem Zeitpunkt des Interviews im Zimmer]

I.: [zu M. gewandt] Und dann geht das Licht aus? [...] Und die Tür, bleibt die dann auf?

M.: ‚Mama', ruf ich dann noch!

Frau N.: Rufst Du dann noch. Und dann noch: ‚Es ist so dunkel.' Und dann muss die Mama noch mal das Licht im Flur anmachen.

Wie ihr Mann stellt Frau Niemann die Funktion des *moodmanaging* heraus, d.h. der Tag soll „schön ausklingen", „richtig harmonisch zu Ende gehen" und der Sohn eine „ruhige Nacht" haben. Darüber hinaus betont sie die beziehungsstrukturierenden Funktionen: Mutter und Sohn können sich in den ritualisierten Interaktionssituationen „ungestört zu zweit" miteinander beschäftigen. Hier geht es „nicht nur um das Vorlesen, sondern auch um das, was sonst noch daraus entsteht". Die Mutter erhält also offenbar auch eigene Gratifikationen aus der gemeinsamen Rezeption.

Frau N.: Ja, das ist für mich halt auch immer noch mal so eine Gelegenheit, wenn der Tag auch turbulent war, und ich das Gefühl habe, du hast nicht viel Zeit mit ihm verbracht. Dann denke ich immer, aber dieser Abend und diese Viertelstunde, das ist dann halt der Platz, ja, und das steht ihm auch zu. [...] Wir machen's uns gemütlich, das ist immer noch mal so als Abschluss. [...] Nee, das mach ich aber auch gern, also das ist schon in Ordnung. Mich selber noch mal so hinsetzen und dann was lesen [...]

Sprachlich manifestieren sich die Gratifikationserfahrungen in Formulierungen wie „sich freuen" und „gern machen". Die Mutter hat mit dem Sohn über das abendliche Vorlesen hinaus noch ein weiteres Leseritual etabliert. Beide nutzen – insbesondere seit der Geburt der kleinen Schwester und seit Matthias vormittags den Kindergarten besucht – die Mittagspause für gemeinsames Lesen. Diese Vorleseinteraktionen sollen zwar auch dem Stimmungsausgleich und der „Beschäftigung" dienen. Darüber hinaus sind sie auch beziehungsstrukturierend: Mutter und Sohn schaffen sich hier mitten im Alltag eine ungestörte, exklusive Situation, in der sie gemeinsame Erfahrungen teilen können.

Frau Niemann verfügt offenbar über Kategorien, nach denen sie Kinder- und Jugendliteratur beurteilt, auswählt und gemeinsam mit dem Sohn liest. Diese sind nicht primär literarästhetisch. Etwa hält sie die Mutter-Kind-Geschichte unter lesepädagogischen Gesichtspunkten für passender, weil sie näher an den lebensweltlichen Erfahrungen des Vierjährigen sei.[153] Zum anderen bringt Frau Niemann Rezeptionsvorlieben und -gewohnheiten, die sie aus ihrer Kindheit erinnert („Ich war auch immer eine gute Zuhörerin und hab als Kind auch gern gelesen.") sowie eigene Lektüreerfahrungen und -präferenzen mit der Lesesozialisation des Sohnes in Verbindung. Sie freue sich auf die „Märchenzeit" und erprobe schon jetzt immer wieder komplexere Geschichten wie Lindgrens *Michel aus Lönneberga*. Das Vorlesen als Form der gemeinsamen Medienrezeption entspricht auch ihren eigenen Vorlieben: „Bilderbücher angucken, das mach ich gern." Überhaupt

---

153 Bei Tiergeschichten zweifle er inzwischen immer häufiger, ob Tiere wirklich in die Schule oder zur Arbeit gingen, sich badeten oder am Tisch äßen.

zieht Frau Niemann ruhigere, konzentriertere Beschäftigungen wie Puzzeln oder Malen und das gemeinsame Bilderbuchlesen dem freien Spielen mit Autos, Konstruktions- oder auch Rollenspielen vor: „Da tu ich mich echt schwer!" Diese Präferenzen gehen konform mit Ergebnissen empirischer Forschung, nach denen Väter im Gegensatz zu den Müttern kreative, körperbetonte Spiele bevorzugen.

Bücher könnten ihres Erachtens darüber hinaus – so dokumentiert die Mutter im Interview – auch die Funktion der alltagspraktischen und Sachbelehrung übernehmen („Er bekommt dann noch 'n bisschen was an Wissen vermittelt. Also ich denke, das bringt schon unheimlich viel [...], so was zu erklären anhand von Büchern.") Im Familienalltag setzt Frau Niemann die Bücher auch als Hilfen bei bestimmten Anlässen und Themen und als Mittel zur Erreichung pädagogischer Ziele ein. Etwa hat sie mit Matthias das Bilderbuch *Ein Geschwisterchen kommt* gelesen, als die Geburt der kleinen Schwester bevorstand, oder Bücher zu den Themen Kindergarten- und Arztbesuch. Und erst vor kurzem habe sie aus aktuellem Anlass ein weiteres Buch aus der ‚Conni'-Reihe besorgt: *Conni lernt Rad fahren.*

Gemäß der Verteilung der familialen Rollen ist Frau Niemann nicht nur in höherem Maße verfügbar und engagiert in der Kindererziehung. In der Lese- und Medienerziehung ist sie auch stärker verantwortlich als ihr Mann. Das betrifft sowohl die Beurteilung und die Auswahl als auch die Beschaffung der Bücher. Frau Niemann versucht, die kognitive und emotionale Entwicklung und den schriftsprachlichen Entwicklungsstand des Sohnes einzuschätzen und die gemeinsame Lektüre daran zu orientieren. Von dem Vierjährigen wird die Mutter als „Ansprechpartnerin" für Lektüre wahrgenommen und akzeptiert.

Frau N.: Also ich habe jetzt auch schon mal das große Märchenbuch versucht, aber ist noch 'n bisschen schwierig, weil das halt ohne Bilder ist, und ... ich hab halt auch 'n bisschen Angst bei Märchen, obwohl man sagt, müsste man eigentlich nicht, die Kinder würden das anders aufnehmen, als man als Erwachsener denkt. Also von *Hänsel und Gretel* hab ich ihm dann schon mal vorgelesen. Aber ich hab schon manchmal 'n bisschen Angst, dass er dann auch nachts irgendwie zu mehr Ängsten neigt. Aber da freu ich mich drauf. Überhaupt Geschichten. Ich hab ihm schon den *Michel aus Lönneberga.* [...], das hab ich ihm auch schon vorgelesen, in Etappen. [...] Und die *Kleine Hexe*, doch, das interessiert ihn schon alles. Also er lässt sich auch gerne was vorlesen.

I.: Und das macht dann auch nichts aus, dass die Geschichten gar nicht oder nur spärlich illustriert sind?

Frau N.: Nee, das wird immer weniger. Eben [während der Vater interviewt wurde; S.E.] hat er sich auch auf meinen Schoß gelegt und hat dann auch mehr zugehört, als dass er sich die Bilder angeguckt hat.

I.: Also vermuten Sie, dass er über dieses Alter schon hinaus ist?

Frau N. [widerspricht vehement]: Nee, nee, das noch nicht, das noch nicht. Nee, das macht er noch gerne. Er nimmt sich auch noch gerne wie heute, die ganz einfachen Bilderbücher ...

I.: Die zum Zeigen und Benennen?

Frau N.: Ja, genau. Wir machen das dann oft umgekehrt, dass er dann immer anfängt, ‚Mama, was machen die da?‘ Und dann soll ich ihm das dann sagen.

I.: Also quasi eine Umkehrung der Vorlesesituation?

Frau N. [nickt bestätigend]: Ja, genau, eine umgekehrte Vorlesesituation!

Im Interview weist auch die Mutter direktive Merkmale ihrer Vorlesepraxis aus. Das betrifft sowohl die Auswahl der Bücher als auch die Vorleseinteraktion selbst. Wie ihr Mann möchte Frau Niemann allzu häufige Wiederholungen vermeiden, steuert aber offenbar etwas weniger dirigistisch. Im Gegenteil kommt es bei ihr eher zu einer zeitlichen Ausdehnung der Vorlesesituation:

Frau N.: Also in der Regel nur eine Geschichte [lacht verlegen] Aber meist geht das halt, ‚Och, bitte noch eine, noch eine.‘ Je nachdem, wie ich dann drauf bin, sag ich ‚O.k.‘, aber dann sag ich immer, das ist jetzt dann aber die letzte. Also ich sag mal, ein, zwei Geschichten oder so ein Bilderbuch, das aber komplett zu Ende.

I.: Ja. Ist Ihnen das auch wichtig, dass Sie die Geschichte auch wirklich zu Ende lesen?

Frau N.: Ja, also bei diesen Bilderbüchern schon. Allerdings bei diesen dickeren Büchern [...] so *Michel aus Lönneberga*, da dann nicht. [...]

I.: Ihnen ist es also zum einen wichtig, die Geschichte zu Ende zu lesen. Wie ist das denn mit dem Überspringen? Wie gehen Sie damit um, wenn Matthias unkonzentriert wird, zum Beispiel weil er schon sehr müde ist, und deswegen vielleicht anfängt zu blättern, Seiten überblättert oder so?

Frau N.: Mhm. Das kommt schon mal vor, dass er dann schon mal weitergucken will, aber ich bin dann immer diejenige, die umblättert oder zurückblättert. Also dieses Hin- und Hergehüpfe oder so, das mag ich nicht. Wenn, *dann les ich so in einem durch.*

Restriktiv verfährt Frau Niemann in ihrer Vorlesepraxis nach eigenen Angaben nur selten. Nur ausnahmsweise wird das abendliche Ritual abgebrochen oder ganz darauf verzichtet, etwa wenn die Familie nach einem Ausflug spät nach Hause kommt und die Kinder auf der Autofahrt eingeschlafen sind. Nur sehr selten fällt es – als disziplinarische Erziehungsmaßnahme – ganz aus.

Zwar präsentiert sich auch Frau Niemann im Familienalltag nicht als intensive und regelmäßige Leserin. Sie liest Romane zur Entspannung und Unterhaltung sowie zweckgebunden Ratgeber- und Sachbücher. Nichtsdestotrotz verfügt sie aber offenbar über ein Konzept von kindlicher Lesesozialisation. Vorlesen im Abendritual hat für sie zunächst zwar auch die Funktion des *moodmanaging*, d.h. den Vierjährigen auf die Nacht einzustimmen. Im Gegensatz zu ihrem Mann betont sie aber darüber hinaus den beziehungsstrukturierenden Aspekt: Es ist ihr offenbar wichtig, dass sie selbst die Bezugs- und Vermittlungsperson sein kann. Frau Niemann sieht die dyadische Interaktionssituation des Vorlesens als Möglichkeit, exklusiv Zeit mit dem Sohn zu verbringen. Dieselbe Funktion schreibt sie dem Vorlesen tagsüber zu. Frau Niemann ist sich der Diskrepanz zwischen dem Verständnis der erwachsenen Vorleserin und des kindlichen Rezipienten und dem damit verbundenen Vermittlungsproblem offenbar bewusst. Sie reflektiert über ihre Rolle als Vermittlerin, über die Verwendung ihrer eigenen Sprache und über die Lektüre, die sie dem Sohn zur Verfügung stellen will. Hierfür hat sie Kategorien entwickelt, nach denen sie Bilder- und Kinderbücher beurteilt und auswählt. Frau Niemann realisiert offenbar das Potential des Mediums Bilderbuch zum einen als gemeinsames Referenzobjekt und Text-Bild-Korrespondenzen mit der Möglichkeit zur sprachlichen Deixis. Zum anderen sieht sie in Kenntnis des schriftsprachlichen Entwicklungsstandes des Sohnes das Bilderbuch als Medium, das den Symbolcharakter von Schrift zeigen kann.

Auswertung der Mutter-Kind-Vorleseinteraktionen

Im Folgenden werden die Aussagen des Interviews mit der Mutter und die daraus abgeleiteten Hypothesen an zwei Videobeispielen überprüft und konkretisiert.

Mutter-Kind-Vorleseinteraktion 1 –
Fries/von Vogel: *Trödeln? Ich doch nicht!*

In der ersten Filmsituation liest Frau Niemann das Bilderbuch *Trödeln? Ich doch nicht!* von Claudia Fries und Maja von Vogel vor. Weder sie selbst noch Sohn Matthias kennen das Buch. Das Vorlesen findet abends im Rahmen des Zu-Bett-Geh-Rituals im Kinderzimmer statt. Mutter und Sohn sitzen nebeneinander halbaufrecht auf dem Hochbett, jeweils an die Rücklehne des Bettes gestützt. Frau Niemann wendet sich dem Sohn leicht zu und hält das Buch mit dem Titel aufgeschlagen auf dem Schoß, so dass beide hineingucken können. Das Vorlesen dauert knapp zehn Minuten, Unterbrechungen gibt es keine. Nachstehend ist das vollständige Transkript des Vorlesegesprächs mit anschließender Analyse und Interpretation dokumentiert:

M.: *Was steht hier, Mama?*

Frau N. [liest den Titel]: Trödeln? Ich doch nicht!

M. [ahmt stimmlich nach]: *Trödeln? Ich doch nicht!*

Frau N. [liest den Bilderbuchtext]: Paul spielt Zirkus. Da ruft Mama: ‚Beeil Dich, Paul! Wir müssen einkaufen gehen, sonst machen die Geschäfte zu.' ‚Ich komme gleich', sagt Paul. Wenn die Zirkusvorstellung zu Ende ist.' [deutet auf die Bilder] *Siehste, da spielt der Paul Zirkus, hat er 'n Pferdchen, und das soll die Manege sein hier.* [blättert um] Mama hat schon ihren Mantel an und den Einkaufskorb dabei. Wo bleibst du denn?' fragt sie. ‚Wir müssen los!' ‚Gleich', sagt Paul. Ich bin gerade mitten in der Raubtiernummer.' [blättert um] Auf der Straße schaut Mama auf die Uhr und bekommt einen Schreck. ‚Schnell, Paul', ruft sie. ‚Der Bus kommt gleich'. ‚Ich kann nicht so schnell', sagt Paul. ‚Sonst falle ich in die Schlucht.' Mama nimmt Pauls Hand, damit er nicht stürzt. Gerade noch rechtzeitig erreichen sie den Bus. [ist im Begriff umzublättern]

M.: *Welchen Bus?*

Frau N. [blättert zurück, zeigt auf die Bushaltestelle]: *Hm? Da ist ne Bushaltestelle. Ja, die wollen ja in die Stadt fahren, zum Einkaufen, da fahren die mit dem Bus.* [blickt den Sohn an]

M. [blickt ins Buch, überlegt]

Frau N.: *Die haben wahrscheinlich kein Auto und da müssen die mit dem Bus fahren.*

M. [blickt erst in den Raum, dann die Mutter an]: *Die ham nen Auto, die woll'n, die woll'n, das Auto hat vielleicht keinen Tank und da gibt's vielleicht keine Tankstelle.*

M. [blickt den Sohn an]: *Das kann sein, ne, dass kein Benzin drin ist im Auto, und dass sie dann heute ausnahmsweise mal mit dem Bus fahren müssen, das kann schon möglich sein.*

M.: *Das isses auch!*

Frau N. [blättert um, liest den Text]: Mit dem Bus fahren Mama und Paul in die Stadt. Beim Aussteigen sagt Mama: ‚Zuerst müssen wir zum Bäcker. Hoffentlich kriegen wir noch Brötchen.' Paul will gerade loslaufen, als er ein paar gefährliche Flugsaurier entdeckt. Zum Glück kann er sie in die Flucht schlagen, bevor sie ihn und Mama angreifen. [blickt den Sohn an, lacht]

M.: *Wo, wo ist, wo sind denn die Flugdinos?*

Frau N. [lacht, zeigt auf die Illustration, blickt den Sohn immer wieder an]: *Die Flugdinos! Das sind hier die Tauben, siehste. Und der Paul stellt sich vor, dass diese Tauben Flugdinosaurier wären, das ist nur so, im Spiel stellt er sich das vor, aber in Wirklichkeit sind das ja Täubchen, ne. Weißt du ja!* [deutet auf den Bus] *Da siehst du auch, da kommt der Bus angefahren.* [blättert um, liest den Bilderbuchtext weiter] Beim Bäcker kauft Mama die letzten Brötchen. ‚Jetzt müssen wir noch schnell zum Fleischer', sagt sie, ‚sonst gibt es keinen Aufschnitt mehr. Wo bist du, Paul?' ‚Hier!', ruft Paul und verlässt seinen geheimen Beobachtungsposten. Er wollte gerade die Überwachung der Bäckerei übernehmen, um dem gefürchteten Torten-Räuber das Handwerk zu legen. Aber bevor es zum Abendbrot keinen Aufschnitt gibt, beeilt er sich lieber. [kurzer Blick auf den Sohn, blättert um, liest den Text weiter] Schnell laufen Mama und Paul zum Fleischer. Im Laden sind viele Leute. ‚Da ist Lisa', ruft Paul und winkt einem Mädchen zu, das mit seiner Mutter weiter vorne in der Schlange steht. Lisa und Paul spielen mit Lisas Puppe Käthe, bis Pauls Mama, *Pauls Mama* fertig ist. ‚Kann ich noch ...

M. [beugt sich über das Buch, tippt auf die Illustration]: *Wie heißt die denn?*

Frau N.: *Wer?*

M. [zeigt erneut]

Frau N.: *Das ist die Mama vom Paul.*

M.: *Und wie heißt die?*

Frau N.: *Das steht hier nicht. Da steht nur, wie das Mädchen heißt, mit dem Paul spielt, und das ist die Lisa, ne. Und das ist die Mama von der Lisa. Die stehen da in der Schlange und in der Zwischenzeit spielen die beiden.* [liest den Text weiter, wiederholt die letzte Passage ohne Versprecher] Lisa und Paul spielen mit Lisas Puppe Käthe, bis Pauls Mama fertig ist. ‚Kann ich noch mit Lisa spielen?, fragt Paul. ‚Käthe kauft gerade ein.' ‚Ein andermal', sagt Mama. ‚Jetzt müssen wir zum Supermarkt.' Paul winkt Lisa und Käthe zum Abschied zu. [blickt den Sohn an, blättert dann um, liest den Text weiter] Auf dem Weg zum Supermarkt kommen sie an einem Flohzirkus vorbei. ‚Guck mal, Paul!', sagt Mama und bleibt stehen. ‚Toll!', staunt Paul und betrachtet die winzigen

Flöhe. Immer mehr Leute versammeln sich um den Mann. Als er fertig ist, klatschen alle. Paul zupft Mama am Mantel: ‚Komm jetzt, sonst macht der Supermarkt zu!' ‚Du hast Recht', sagt Mama ...

M. [blickt kurz in die Kamera]

Frau N.: ... und schaut auf die Uhr. ‚Oje, schon so spät, jetzt aber schnell!' [wartet kurz ab, zeigt auf die Bilder] *Das ist der Mann mit dem Flohzirkus. Siehst Du den da, mit dem kleinen Floh?*

M. [nickt]

Frau N. [zeichnet mit dem Finger eine Sprungbewegung nach]: *Der springt da so her, der macht da so Kunststückchen, ne.*

M.: *Is, is das so'n Kleiner?*

Frau N.: *Mhm. Das sind so ganz kleine Tiere, die Flöhe. Und der Mann macht Zirkus mit denen.* [zeigt auf die entsprechenden Bilder] *Da haben sie ne Schaukel, da können die Flöhe drauf schaukeln. Hier ist so'n kleiner Anhänger, ich nehme an, da können die Flöhe den Anhänger ziehen*

M. [beugt sich interessiert über das Buch]

Frau N.: *Und hier ist so'n kleiner Reifen, da springen die durch, ne?* [blickt den Sohn an]. *Richtig 'n paar Kunststückchen.*

M. [zeigt auf die Illustration]: *Und hier, und da?*

Frau N.: *Das ist hier die Box, wo die Flöhe drin sind, wo die dann schlafen und ihr Zuhause haben. In der Schachtel.*

M.: *Und der Hund guckt zu.* [blickt die Mutter an].

Frau N.: *Und der Hund, der guckt zu. Der gehört zu dem Mann. Der ist mit dabei.* [blättert um, liest den Bilderbuchtext] Mama und Paul rennen das letzte Stück zum Supermarkt. Zum Glück hat er noch auf. ‚Hol bitte drei Bananen, ich geh schon mal zur Käsetheke', sagt Mama. Um an die Bananen zu kommen, muss sich Paul durch einen Urwald kämpfen. Das ist ganz schön anstrengend, aber schließlich hat Paul es geschafft. – – – [wartet kurz, blättert um, dann aber noch mal zurück] *Die Gemüseabteilung ist dem sein Urwald, ne? Im Spiel.* [blättert um]

M. [blickt die Mutter an, lächelt]

Frau N. [liest den Bilderbuchtext]: ‚Das hat aber lange gedauert', sagt Mama. ‚Holst Du bitte noch eine Tiefkühlpizza?'

M. [blickt in die Kamera, dann wieder ins Buch]

Frau N. [liest ohne Unterbrechung]: ‚Klar', sagt Paul und geht los. Da versperrt ihm ein riesiger Eisbär den Weg. Paul versteckt sich hinter einem Stapel Dosen und wartet, bis der Eisbär eingeschlafen ist. Dann schleicht er sich zur *Kühltr...*, Kühltruhe und schnappt sich eine Pizza. [blickt zum Sohn, blättert dann um, liest weiter] Endlich haben Mama und Paul alle Einkäufe erledigt. ‚Du darfst dir einen leckeren Nachtisch aussuchen', sagt Mama zu Paul, als sie zur Kasse gehen. ‚Eis!', ruft Paul sofort und holt eine große Packung. [blättert um, liest weiter] ‚Jetzt können wir nach Hause', sagt Paul und freut sich aufs Abendbrot. Aber vor dem Supermarkt ...

M. [streicht über die Seite, klappt dann den Umschlag um und blickt darauf, blättert dann wieder auf die aktuelle Seite]: *Mama, Mama, das möchte ich immer gucken.*

Frau N.: *Was denn? Was möchtest Du gucken?*

M.: *Das hier!*

Frau N.: *Das Buch?*

M. [nickt eifrig]

Frau N. [blickt kurz zum Sohn]: *Ja, das können wir noch mal lesen, das hat uns die Frau Elias ja mal da gelassen, hat sie uns mal ausgeliehen, können wir ruhig noch mal lesen.* [liest den Bilderbuchtext, wiederholt] Aber vor dem Supermarkt trifft Mama Frau Matschke, die Nachbarin. Die beiden reden und reden. Paul langweilt sich. Da fällt ihm plötzlich etwas ein. ‚Mama, wir müssen schnell nach Hause, sonst schmilzt das Eis!', ruft er. [gestikuliert passend zum Erschrecken der Bilderbuchfigur] ‚Ach du Schreck', sagt Mama. ‚Daran habe ich gar nicht gedacht'! Sie verabschiedet sich schnell von Frau Matschke und macht sich mit Paul auf den Heimweg. [blättert um, liest weiter] Als Mama und Paul zu Hause ankommen, wartet Papa schon auf sie. ‚Da seid ihr ...'

M. [fasst ungestüm auf die rechte Bilderbuchseite, spricht dazwischen]: *Da ist der Riesenpapa!*

Frau N.: ... *ja endlich wieder.* [streicht mit der Hand über die Seite] *Vorsicht! Ja, genau.*

M. [wirft sich ungestüm auf den Bauch der Mutter]: *Der Riesenpapa!*

Frau N. [wiederholt]: *Der Riesenpapa.* [versucht, den Text weiterzulesen] ‚Da seid ihr ja endlich ...

M.: *Der Riesenpapa!*

Frau N. [irritiert]: *Der Riesenpapa? Sieht der so riesig aus?*

M.: *Ja, der sieht größer aus als du* [gibt der Mutter einen unsanften Klaps auf den Arm], *der sieht größer aus als mein Papa aus.*

Frau N. [nickt]: *Mhm, riesig, genau.* [versucht, den Text weiterzulesen]: ‚Da seid ihr ja ...

M. [klatscht wieder auf das Buch, blickt die Mutter an, albert]: *Riesig!*

Frau N. [lacht mit, blickt den Sohn an, liest den Text erneut]: Da seid ihr ja endlich wieder, sagt er.

M.: *Riesig!*

Frau N.: *Ja, riesig!*

M. [greift zärtlich den Arm der Mutter, hält ihn fest]

Frau N. [blickt den Sohn an]: *Soll ich weiterlesen?*

M. [schüttelt den Kopf]: *Riesig!*

Frau N.: *Willst Du nicht wissen, wie es ausgeht?*

M.: *Doch!*

Frau N. [leise]: *Doch, klar, ne?* [versucht erneut, den Text weiterzulesen]: ‚Da seid ihr ja endlich ...

M.: *Doch, doch, doch.* [blicken sich beide an, lachen]

Frau N. [blickt aufs Buch, schüttelt schmunzelnd leicht den Kopf, murmelt]: *Bist 'n Kerl!* [beide halten sich weiter an den Händen, lachen] [liest den Bilderbuchtext]: ‚Da seid Ihr ja endlich wieder', sagt er. ‚Ihr habt aber ganz schön lange gebraucht. Hat da vielleicht jemand getrödelt?' ‚Getrödelt?', fragt Mama. ‚Hier trödelt doch keiner!' Paul schaut Mama an, und ...

M. [lässt die Hand los, lehnt sich zurück]

Frau N.: ... *Mama schaut Paul an. Dann müssen beide furchtbar lachen.* [blicken sich beide an, lachen]

M. [legt den Kopf auf den Schoß der Mutter]

Frau N. [blickt auf den Sohn]: *Warum müssen die denn, warum müssen die denn so lachen, die zwei?*

M.: *Weiß ich nicht!* [versucht, die letzte Seite umzublättern]

Frau N. [hält das Buch fest]: *Weil sie beide getrödelt haben, ne? Der Paul hat 'n bisschen getrödelt, weil der immer zwischendurch 'n bisschen gespielt hat, und die Mama hat zum Schluss auch getrödelt, weil sie sich so lange mit der Nachbarin da* [streicht dem Sohn über den Kopf] *verquatscht hat, ne. Deswegen haben die jetzt beide gelacht.*

M. [lacht, albert]

Frau N. [klappt demonstrativ das Buch zu]: *Und Ende aus und Schluss!* [Kamera aus]

Analyse und Interpretation

Die gefilmte Interaktionssituation ist bezüglich Ort, Zeit und Arrangement ein typisches Beispiel für die Vorlesepraxis der Mutter. Die Funktionen, die sie im Interview dem abendlichen Vorlesen zuschreibt – Zweisamkeit und Nähe herzustellen, gemeinsam zur Ruhe zu kommen und den Tag abzuschließen – lassen sich anhand der nonverbalen und verbalen Merkmale der Vorleseinteraktion belegen. Das Filmbeispiel liefert zahlreiche Hinweise darauf, dass zwischen Mutter und Sohn eine enge emotionale Bindung besteht, die eine produktive Gestaltung des Vorleseprozesses bewirkt: das gemeinsame Lächeln oder Lachen, das Händehalten, die regelmäßigen Blickkontakte, mit denen die beiden sich gegenseitige Aufmerksamkeit und Einverständnis versichern, und die Körperkontakte, die immer wieder vom Sohn hergestellt und von beiden aufrechterhalten werden.

Zunächst ist das Arrangement ein Hinweis auf die intensive sozioemotionale Beziehung zwischen Mutter und Sohn: Genau wie Matthias nimmt Frau Niemann eine sitzende bzw. halb liegende Position ein und stellt dadurch eine stärkere Symmetrie in der Interaktionssituation her. Sich-Hinsetzen bzw. -Hinlegen bedeutet auch, sich Zeit zu nehmen, Ruhe zu finden und bereit zu sein, Nähe herzustellen. Die Mutter hält das Buch auf dem Schoß, so dass beide bequem hineingucken können. Während der gesamten Vorlesesituation kommt es zu etwa 20, zum Teil ausgedehnten Blickkontakten. Diejenigen, die der Sohn initiiert, haben offenbar die Funktion, sich der Nähe der Mutter zu vergewissern. Richtet die Mutter den Blick auf Matthias, erwidert sie entweder dessen Blickkontakt oder sie will prüfen, ob sich dieser mit Fragen oder Kommentaren in das Gespräch einschalten will.

Körperkontakt besteht zwar nicht durchgängig, es kommt aber im Verlauf des Vorlesens zu vier, zum Teil ausgedehnten Kontakten, von denen drei vom Sohn initiiert werden. Insbesondere die sanfteren Berührungen wie das Händehalten lassen auf eine sichere und enge sozioemotionale Bindung schließen. Durch die ruppigeren Kontakte und das Toben verleiht der Vierjährige wohl intensiveren Gefühlen Ausdruck. Die Mutter balanciert in diesen Situationen geschickt zwischen einem Gewährenlassen und Restriktionen, etwa in der Kulmination zum Ende der Vorlesesituation, als Matthias überraschend das Buch greift und zuklappt, wohl, um es als Ganzes zu sehen: „Mama, das möchte ich immer gucken." Diese an dieser Stelle sehr unvermittelte und überraschende Äußerung lässt sich zum einen auf Inhalt und Darstellung der Bilderbuchgeschichte beziehen, die offenbar das Interesse und die Zustimmung des Vierjährigen finden. Darüber hinaus ist die Bitte vermutlich ein Hinweis darauf, dass er die Vorlesesituation als Ausdruck einer intimen emotionalen Bindungsbeziehung genießt. Auf der letzten Seite kulminiert diese Einigkeit quasi: In die bisherige Mutter-Sohn-Dyade der Geschichte tritt nun der Vater ein, was Matthias ungestüm und lauthals, mit etlichen Wiederholungen kommentieren muss. Dieser Ausbruch wirkt fast so, als bringe er die Bilderbuchsituation mit seiner Lebenswirklichkeit in Verbindung: Zwar versucht die Mutter zunächst weiterzulesen, unterbricht dann aber das Vorlesen und geht – offensichtlich irritiert – nonverbal und verbalsprachlich auf die Unterbrechung des Sohnes ein. Stimmlich versucht sie durch Flüsterton den Ausbruch zu regulieren.

Sprachlich charakteristisch für diese Vorlesesituation sind die häufigen Wechsel vom Lesen und freier Rede in Form von Kommentaren, Fragen oder Dialogen. In syntaktisch-grammatischer Hinsicht finden sich längere und komplexere Beiträge, zum Beispiel mit Relativ- oder Konjunktionalkonstruktionen. Beim Lesen des Textes moduliert Frau Niemann ihre Stimme. Noch stärker als ihr Mann unterscheidet sie zwischen erzählenden Passagen und wörtlicher Rede, indem sie mit verstellter Stimme liest und unterstützend Mimik und Gestik einsetzt. Sie liest mit ähnlichem Tempo und blättert auch selbst um, was zunächst auch als direktives Merkmal gewertet werden kann. Vor dem Umblättern sucht sie aber oft den Blickkontakt zum Sohn und registriert, wenn dieser noch länger auf der Seite verweilen möchte. Damit räumt sie ihm nicht nur Gelegenheiten für Zwischenfragen ein, sondern liefert auch selbst in diesen Pausen Gesprächsanlässe durch Kommentare und Ergänzungen. Diese Beiträge leitet sie häufig mit Aufmerksamkeitsappellen ein, nutzt dabei Text-Bild-Korrespondenzen. Im ersten Beispiel will sie vermutlich den Einstieg in die Bilderbuchgeschichte erleichtern. Frau Niemann hat den Textanfang gelesen und ergänzt nun durch freie Rede: *„Siehste*, da spielt der Paul Zirkus, hat er 'n Pferdchen, und das soll die Manege sein hier." Zum zweiten Mal wendet sie diese Strategie auf der Seite mit dem Flohzirkus an. Nachdem sie den Text gelesen hat, macht sie ohne umzublättern eine kurze Pause und initiiert dann ein längeres Gespräch („Das ist der Mann mit dem Flohzirkus. *Siehst du den da*, mit dem kleinen Floh?"). Zu recht geht sie davon aus, dass ihr vierjähriger Sohn mit dieser etwas antiquierten Attraktion nichts anzufangen weiß und will mit der Erklärung wohl sein Text- und Bildverständnis absichern.

Darüber hinaus lässt sich das Gespräch als Signal verstehen, mit dem Sohn in die Fiktion der Bilderbuchgeschichte einzusteigen. Die Mutter akzeptiert die Anthropomorphisierung, die an dieser Stelle der Geschichte eingesetzt wird: Flöhe können demnach handeln wie Menschen, sie haben ein Zuhause, in dem sie schlafen, sie können Kunststücke machen, durch Reifen springen und schaukeln.

Charakteristisch für das Vorlesegespräch ist, dass Matthias eigeninitiativ durch Fragen die Interaktion und Rezeption mit steuert. Durch die Pausen und Blickkontakte der Mutter kann er sich an über 20 Stellen mit Kommentaren, Antworten und eigenen Fragen in das Vorlesegeschehen einschalten. Die Mutter greift diese Fragen als Gesprächsanlässe auf. Sie nutzt dabei Text-Bild-Korrespondenzen mit deiktischen Verweisen und gestaltet ihre Redebeiträge nach Modellen der Wiederholung und Erweiterung. Damit fördert sie sprachlich adäquat in der ‚Zone der nächsten Entwicklung'. Ein komplexeres Gespräch dieser Struktur entwickelt sich durch eine Zwischenfrage von Matthias auf der Doppelseite 5/6: Welchen Bus?" Die Mutter konzentriert sich vermutlich zu recht nicht auf das Fragepronomen, sondern auf die Irritation des Sohnes, *dass* Paul und seine Mutter überhaupt mit dem Bus fahren sollen. Busfahren ist dem Vierjährigen offenbar fremd, da die Familie Niemann einen Zweitwagen besitzt, der Mutter und Kindern stets zur Verfügung steht. Frau Niemann nutzt die Text-Bild-Korrespondenz mit einem deiktischen Verweis: „Da ist ne Bushaltestelle. Ja, die wollen ja in die Stadt fahren, zum Einkaufen, da fahren die mit dem Bus. Die haben wahrscheinlich kein Auto und da müssen die mit dem Bus fahren." Mit dieser Erklärung will sich Matthias nicht zufrieden geben: „*Die ham nen Auto, die woll'n, die woll'n, das Auto hat vielleicht keinen Tank und da gibt's vielleicht keine Tankstelle.*" Die Mutter greift den Interpretationsversuch des Sohnes auf, indem sie „keinen Tank" als „kein Benzin" bzw. „nicht getankt" deutet und diese Modifikation in ihren folgenden Redebeitrag einbaut. Sie unterstellt dem Sohn damit einen sinnvollen Redebeitrag und akzeptiert ihn als gleichberechtigten Kommunikationspartner.

Ein weiteres Mal unterbricht Matthias das Vorlesen der Mutter auf der Seite mit den Flugsauriern. Wieder entspannt sich ein komplexerer Dialog, für den die sprachlichen Modifikationen und Erweiterungen charakteristisch sind. In Rücksicht auf den Wortschatz des Sohnes und in Kenntnis seiner Alltagserfahrungen gleicht Frau Niemann die Bilderbuchsprache der konventionalisierten Alltagssprache an. Die semantische Anpassung des Sohnes hat sie registriert, tauscht selbst das Wort *Flugsaurier* gegen *Flugdinos* aus und benutzt den modifizierten Begriff weiter, um dem Sohn die Differenz und Vermittlung zwischen Fantasiewelt und Realität der Bilderbuchfigur zu erklären. „Die Flugdinos. Das sind hier die Tauben. Der Paul *stellt sich jetzt vor*, dass die Tauben Flugdinosaurier wären. Da ist nur, *im Spiel* stellt er sich das vor. Aber *in Wirklichkeit* sind da ja Täubchen, ne?"

Auch der Dialog, der sich auf die ‚Fleischerei-Seite' bezieht, ist ein Beispiel für ein von Matthias initiiertes komplexeres Gespräch, bei dem wieder Text-Bild-Korrespondenzen genutzt werden. Die Illustrationen zeigen die beteiligten Figuren Paul, Lisa und die Puppe Käthe, mit der die Kinder spielen. Auf der rechten Hälfte der Doppelseite stehen die Erwachsenen in der Schlange vor der Fleischtheke. Matthias versucht verbalsprachlich durch Fragen und mit Hilfe von Zeigegesten die Figuren zu identifizieren. Frau Niemann bezieht sich mit ihrer Antwort auf den zuvor gelesenen Text und nutzt damit Text-Bild-Verbindungen in umgekehrter Richtung: „Das steht hier nicht. Da steht nur, wie das Mädchen heißt, mit dem Paul spielt. [...]". Sie verweist damit auf die symbolische Repräsentationsform von Illustration *und* Text und schätzt damit den schriftsprachlichen Entwicklungsstand des Vierjährigen, sein Interesse an Schrift und seine ersten Einsichten in ihre Symbolfunktion adäquat ein.

Auf der ‚Flohzirkusseite' reagiert Matthias auf den mütterlichen Aufmerksamkeitsappell, beugt sich aufmerksam und interessiert über das Buch und tippt dann auf einen der Flöhe: „Ist das so 'n Kleiner?" Diese zunächst etwas indifferente Frage deutet die Mutter vermutlich richtig: „Mhm. Das sind so ganz kleine Tiere, die Flöhe." Durch das bestätigende „Mhm" akzeptiert sie mit dieser Reaktion den Sohn als Kommunikationspartner mit einer sinnvollen Frageabsicht. In ihrer nachfolgenden Erklärung modifiziert und erweitert sie den Begriff ‚Kleiner' zu ‚kleine Tiere' und geht mit dieser Klassifikation über den Sprachgebrauch des Vierjährigen hinaus. Nach dem Modell der Extension[154], d.h. der sachlogischen Weiterführung der kindlichen Äußerung, fördert sie auch im darauf folgenden Beitrag adäquat in der ‚Zone der nächsten Entwicklung': M: Und der Hund guckt zu. Frau N.: *Und der Hund, der guckt zu. Der gehört zu dem Mann. Der ist mit dabei.*

In dieser ersten Beobachtungssituation lassen sich zwei Interventionen als Beispiele für Restriktivität identifizieren: Nonverbal reagiert die Mutter auf den Versuch des Sohnes, die letzte Seite umzublättern: Sie hält das Buch fest, weil sie offenbar zunächst den von ihr initiierten Dialog – das Resümee der Bilderbuchgeschichte – fortsetzen will. Verbal interveniert sie mit dem Ausruf „Vorsicht!", als Matthias ungestüm auf eine Bilderbuchseite greift und diese zu knicken droht. Die etwas provokative Äußerung des Vierjährigen zum Abschluss des ‚Bus-Dialogs' („Das isses auch!"), die als Ausdruck von Grenzgängen und Machtspielen gewertet werden kann, hätte von der Mutter durchaus nonverbal oder sogar sprachlich kommentiert werden können. Sie ignoriert aber das provokative Potential der Äußerung und liest den Text weiter. Auch in der ‚Riesenpapa'-Szene hätte man Merkmale von Restriktivität vermuten können. Hier lässt die Mutter den Sohn aber gewähren, was sich sowohl in nonverbaler als auch in verbal-

---

154 Dannenbauer 1994, 191.

sprachlicher Hinsicht als so genanntes eingehendes responsives und damit kindorientiertes Verhalten beschreiben lässt.

Als Merkmal für Direktivität wird gewertet, dass Frau Niemann das Buch selbst festhält, selbst das Umblättern der Seiten übernimmt und sich ohne Auslassungen an den vorgegebenen Text hält. Auch bei Ablenkungen wie in der Situation mit dem „Riesenpapa" liest sie zunächst weiter, bevor sie unterbricht. Sie achtet im Folgenden aber darauf, dass die Unterbrechung nicht zu einem Abbruch der Kommunikationssituation führt und versucht den Sohn wieder auf das Ziel hin zu orientieren: „Soll ich weiterlesen?" und „Willst du nicht wissen, wie es weitergeht?" Auch die abschließende Zusammenfassung lässt sich als direktives Merkmal der Interaktionssituation interpretieren. Nach den turbulenten Unterbrechungen ist sich die Mutter offenbar unsicher, ob der Junge die Pointe der Geschichte verstanden hat und knüpft an den Schluss der Geschichte an: „Warum müssen die denn so lachen, die zwei?" Matthias zuckt mit den Schultern. „Weiß nicht." Es ist nicht ganz klar, ob er wirklich nicht verstanden hat, oder ob ihm ein Anschlussgespräch überflüssig erscheint. Der Mutter ist es aber offenbar – vielleicht auch im Hinblick auf die zu analysierende Filmsituation – wichtig, Inhalt und Fazit der Geschichte zu resümieren.

Mutter-Kind-Vorleseinteraktion 2 –
Geisler: *Ich trödel doch nicht, sagt Max.*

Auch die zweite Vorlesesituation findet im Rahmen des Abendrituals statt. Mutter und Sohn sitzen halbaufrecht nebeneinander auf dem Bett, die Kamera ist eingeschaltet. Matthias schmiegt sich an die Seite der Mutter, diese hält das Buch aufgeschlagen auf dem Schoß, so dass beide hineinblicken können. Matthias kennt den Titel schon aus der ersten Vorlesesituation mit dem Vater. Frau Niemann ist das Buch unbekannt. Das Vorlesen dauert neun Minuten und 15 Sekunden. Unterbrechungen gibt es keine. Nachstehend ist das vollständige Transkript des Vorlesegesprächs mit anschließender Analyse und Interpretation dokumentiert:

Frau N. [liest den Bilderbuchtext]: Ich trödel doch nicht, sagt Max. Am Freitag fährt Mama mit Stina zu Oma. ‚Tschüs ihr zwei', sagt sie zu Papa und Max, ‚macht euch einen schönen Tag.' [blättert um] Und weißt du auch, was wir machen?', fragt Papa. ‚Wir gehen Karussell fahren.' JIPPIE!', ruft Max. ‚Wann gehen wir?' ‚Gleich nach dem Essen', sagt Papa. ‚Es gibt Würstchen mit Kartoffelbrei und Salat.' [blickt den Sohn an] *Isst du auch gern, ne? Würstchen mit Kartoffelbrei.* [blättert dabei um]

M.: *Ja, und Salat ess ich auch gern!* [beugt sich näher über das Buch]

Frau N.: *Ja? Mhm, gut.* [liest weiter] Papa isst fünf Würstchen. Papa isst Berge von Kartoffelbrei. Und [!] Papa isst viele grüne Salatblätter.[155] Der Teller von Max ist noch voll. ‚Trödel nicht so!', sagt Papa. ‚Denk dran, wir wollen noch Karussell fahren.' Ich trödel doch nicht', sagt Max, ‚ich baue einen Fluss für meine *Wu...',* Wurststückchen. Die müs-

---

155 Fügt Und ein.

sen auch ein bisschen Spaß haben.' [schmunzelt, blickt den Sohn an] *Der spielt mit dem Essen, ne?*

M. [nickt, setzt sich aufrecht, räkelt sich, schmiegt sich dann wieder an die Mutter]: *Mit dem Essen spielt man nicht.*

Frau N.: *Ja, genau, sagt Mama auch immer.* [liest den Text weiter]: Nach und nach angelt Max alle Wurststückchen aus dem Soßenfluss. Der Kartoffelbrei ist schon ein bisschen kalt. Macht nix! Max gräbt noch einen kleinen Seitenkanal. Papa räumt schon mal den Tisch ab. [blättert um] Er lässt das Wasser ein und fängt an, die Gläser zu spülen. Er spült die Teller und das Besteck, den Topf, die Pfanne und die Schüsseln. Zum Schluss spült Papa noch den Teller von Max. [blättert um] Max darf die Löffel abtrocknen, die Gabeln und die Plastikschüssel. ‚He, Max! Was trödelst du da herum?'

M. [motorisch unruhig, kratzt sich, fährt mit dem Finger auf der rechten Hälfte der Doppelseite]

Frau N. [blickt ihn an]: Die Gabeln gehören in den Besteckkasten.' [hebt das Buch höher, erneuter Blickkontakt, flüstert] *Kannst Du aufpassen?*

M. [erwidert Blickkontakt, richtet sich auf]

Frau N. [blickt wieder ins Buch, lächelt]: ‚Ich trödel doch nicht', sagt Max. ‚Ich baue ein Karussell, Karussell für das Besteck.' 'Ich dachte, wir wollen selber Karussell fahren', seufzt Papa. ‚Ja, gleich!', sagt Max. [zeigt auf das Karussell] *Der hat da ein Karussell aus Besteck gebaut, siehst du das?*

M. [nickt]

Frau N. [blättert um, liest den Bilderbuchtext]: Endlich ist die Küche sauber. Papa setzt seine Mütze auf und bindet den Schal um. ‚Mahax!' ruft er. ‚Ja, ja!', ruft Max zurück. ‚Ich muss nur den Kasper in Mamas Bett legen und Stinas Puppe auch. Und am besten noch das Krokodil und den kleinen König. Die fürchten sich sonst, wenn sie allein zu Hause sind.' ‚Oh, Max!', stöhnt Papa. [blättert um, liest weiter] Max setzt seine Mütze auf. Papa bindet ihm den Schal um. Max zieht den einen Hausschuh aus und dann den anderen. Mit den Hausschuhen im Arm steht er da. Papa klappert ungeduldig mit den Schlüsseln. ‚Ich trödele nicht', sagt Max, ‚aber meine Hausschuhe sind wilde Tiger, die kann ich doch nicht einfach zu Stinas kleinen Babypantoffeln stellen. Das ist viel zu gefährlich.' Max denkt nach. Dann stellt er seine Hausschuhe in die Speisekammer. Stinas Pantoffeln versteckt er in Papas Gummistiefeln. ‚Jetzt können wir gehen', sagt Max [kurzer Blick auf den Sohn] und steigt in seine Stiefel. [blättert um] Papa schließt die Haustür ab und stapft los. Fast ist er um die Ecke gebogen, als er merkt, dass kein Max neben ihm geht. ‚Max, du trödelst schon wieder! Das Karussell wartet nicht ewig!' Ich trödel doch nicht', sagt Max. ‚Ich muss nach Opa Meierbär gucken. Der sitzt heute gar nicht an seinem Fenster. [Blick auf den Sohn, blättert um] Hoffentlich ist ihm nichts passiert.' Aber da kommt Herr Meierbär schon die Straße entlang. Er war schnell die Zeitung holen. Papa redet mit Opa Meierbär mal kurz übers Wetter und über Opa Meierbärs krankes Bein, über die Politik und darüber wie das Wetter wohl morgen wird ... [blickt auf die rechte Hälfte der Doppelseite, liest dort den Text] ‚Papa!' schimpft Max. ‚Jetzt beeil dich mal! Wir wollen doch Karussell fahren.' Na, dann viel Vergnügen!', lacht Opa Meierbär. [Blick auf den Sohn, blättert um] So schnell es geht, laufen sie jetzt Richtung Rummelplatz. Papa macht Riesenschritte, Max hopst nebenher. Man kann das Karussell schon fast sehen, da bleibt Max auf einmal stehen. Ganz langsam geht er in die Knie. [flüstert geheimnisvoll] *Was macht er denn da?* ‚Max, du trödelst ja schon wieder!', sagt Papa. ‚Ich trödel doch nicht', sagt Max. Ich muss dir was zeigen. Komm mal her!' *Was hat er denn da gesehen, he?* [blättert um, hält kurz inne]

M. [flüstert]: *So was.*

Frau N. [flüstert]: *Ooh!* [liest dann den Text weiter] Jetzt sieht Papa es auch. Eine Ameisenkarawane. Zwei Ameisen schleppen ein riesiges Stück Pommes frites. *Oh, die sind am Schleppen, ne?* Die Nächste trägt einen dicken Brotkrümel. [tippt auf die entsprechende Ameise] ‚Und das da sieht aus wie zuckriger Mäusespeck', sagt Max. Papa staunt. Immer neue Ameisen kommen angewandert. Und fast alle tragen etwas auf dem Rücken. Lange gucken die beiden den Ameisen zu. Dass es immer dunkler wird, merken sie gar nicht. [blickt den Sohn an] Siehste, die Ameisen hatten auch Spaß gehabt, ne? Auf dem ...

M. [nickt]: *Auf dem Platz.*

Frau N.: *Auf dem Rummelplatz. Die haben ganz viel zu essen, haben die sich mit nach Hause genommen.* [blättert um, liest weiter] ‚He, Max!', ruft Papa plötzlich. ‚Jetzt müssen wir aber rennen, sonst wird das Karussell abgestellt, bevor wir da sind.' Ganz außer Puste kommen die beiden auf dem Rummelplatz an. ‚Letzte Runde!', brummt der Mann im Kartenhäuschen. ‚Eigentlich wollte ich schon zumachen.' [blättert um] Papa setzt sich auf sein Lieblingspferd, wie jedes Jahr.

M. [lächelt]

Frau N. [liest den Text]: Max steigt in den roten Flitzer. Da kann er hupen, was das Zeug hält. Viel zu schnell hält das Karussell wieder an. *Wo hättest du dich denn drauf gesetzt, hm?*

M. [lächelt, zeigt auf das Flugzeug]

Frau N.: *Auf das Flugzeug.* [lacht] [???] [blättert um, liest den Text] ‚Das hat Spaß gemacht', sagt Max. ‚Ja, aber ich wäre gern noch öfter gefahren', meint Papa. ‚Da hätten wir halt nicht so viel trödeln dürfen!', sagt Max.

M. [blickt kurz in die Kamera, dann wieder aufs Buch]

Frau N.: *Das passiert halt, wenn man trödelt, ne?* [klopft mit der flachen Hand leicht auf das Buch, klappt es zu]

M. [blättert zurück, tippt auf das Impressum]: *Was steht da, steht da, da?*

Frau N.: *Da steht jetzt drin, von welchem Verlag das herausgegeben worden ist,*

M [beugt sich noch weiter über das Buch]

Frau N.: *... wann das Buch das erste Mal erschienen ist, ne, und wie der Verlag heißt, bei dem das Buch ...*

M. [blickt die Mutter auffordernd an]: *Les mal!*

Frau N. [atmet tief durch]: *Fischer Schatzinsel, herausgegeben von Markus Niessen, veröffentlicht im Fischer Taschenbuchverlag GmbH, Frankfurt am Main im August 2001* [blättert eine Seite zurück]

M. [tippt auf die rechte Seite]: *Und was steht da?*

Frau N.: *Das ist jetzt über die Autorin und Illustratorin, also die Frau, die das Buch hier* [rüttelt das Buch] *geschrieben hat und auch die Bilder dazu gemalt hat. Und zwar ...*

M. [lehnt sich an die Mutter]: *Les mal, les mal.*

Frau N.: *Ja, und zwar ist das die Dagmar Geisler, wurde 1958 in Siegen geboren, ...*

M. [dreht sich kurz weg, nimmt sich ein Stofftier]

Frau N.: ... *in Wiesbaden studierte sie Grafik-Design.*

M. [richtet sich auf und dreht sich frontal zur Mutter, blickt sie an]

Frau N.: *Direkt nach dem Studium fing sie an, für verschiedene Verlage Bücher zu illustrieren.*

M. [berührt die Mutter mit der Hand im Gesicht]: *Les jetzt mal!*

Frau N.: *Ja, sag ich doch. Dagmar Geisler lebt mit ihrer Familie in der Nähe von München.*

M. [legt das Stofftier zur Seite, tippt auf den Text]: *Hast du das gelesen da?*

Frau N. [zeigt auf die gleiche Stelle]: *Das hab ich jetzt gelesen.*

M. [tippt auf die linke Hälfte der Doppelseite]: *Les mal hier!*

Frau N. [blickt den Sohn an]: *Das war ja der Schluss von dem Buch! Hab ich ja schon gelesen, ne?* [blickt den Sohn an] *Dann sind wir jetzt zu Ende!* [klappt demonstrativ das Buch zu]

M. [greift sich das Buch, blickt auf den Klappentext auf der Umschlagrückseite]: *Und was steht hier? Les mal!*

Frau N.: [zieht das Buch zu sich hin]

M.: *Und was steht hier? Les mal!*

Frau N.: *Ja, das ist, – – – warte mal. Das kann ich gar nicht ganz lesen, weil, da ist noch was drauf geklebt. Bevor Max mit Papa zum Rummelplatz geht, muss er erst noch sein – das kann ich nicht lesen, weil das ist ... Und ganz wichtig ist auch noch, dass er einen guten Platz für seine Tiger-Hausschuhe findet. Papa meint, dass Max trödelt. Und Papa, trödelt der nicht auch, wenn er so lange mit Opa Meierbär redet?!*

M. [nickt zustimmend]: *Ja.*

Frau N.: [nickt auch, blicken sich an]: *Da haben sie beide getrödelt, ne? Der Max und auch der Papa. Ja, die Erwachsenen trödeln auch, ne, so ist das nicht.*

M: *Trödeln! Ich doch nicht! Steht da vorne drauf!* [Kamera aus]

Analyse und Interpretation

Auch diese Interaktionssituation ist bezüglich Ort, Zeit und Arrangement ein typisches Beispiel für die Vorlesepraxis der Mutter, an dem sich die enge sozioemotionale Mutter-Sohn-Bindung und die (Vorlese-)Konzepte der Mutter zeigen lassen. Wieder hat Frau Niemann die gleiche Sitzposition wie ihr Sohn gewählt. Zwischen beiden besteht gleich zu Beginn Körperkontakt – Matthias schmiegt sich seitlich an die Mutter. Dieser Kontakt wird nur an einer Stelle von ihr unterbrochen: Sie entfernt den Arm kurz und legt ihn zwischen sich und ihren Sohn. Ein anderes Mal unterbricht Matthias den Körperkontakt, indem er sich aufrichtet, wendet und eine frontale Position einnimmt. Mit diesem Wechsel der Körperhaltung verbindet er eine verbale Aufforderung. Durch gemeinsames Lachen versichern sich Mutter und Sohn offenbar gegenseitiges Einverständnis. Es kommt zu insgesamt elf Blickkontakten, von denen die meisten die Mutter initiiert. Damit will sie als Vorleserin vermutlich die Reaktionen des Vierjährigen überprüfen. Sie tut dies sowohl vor dem Umblättern der Seiten als auch während des Lesens, etwa wenn sie selbst durch freie Kommentare, Fragen oder Ergänzungen vom Text abweicht.

Diese Abweichungen als Ausgangspunkte auch für längere Gespräche sind sprachliches Charakteristikum der Vorlesesituation. An mehreren Stellen weicht Frau Niemann vom Text ab und stellt Alltagsbezüge her, etwa in der Bilderbuchszene, als Vater Bär und Max Mittag essen. Sie liest: *Es gibt Würstchen mit Kartoffelbrei und Salat.* Und ergänzt: „Isst du auch gern, ne? Würstchen und Kartoffelbrei." Mit dieser Bemerkung stellt die Mutter eine Verbindung zwischen dem kleinen Protagonisten Paul und der Lebenswirklichkeit des vierjährigen Sohnes her. „Ja", antwortet Matthias, „und Salat ess ich auch gern". Mit seiner kurzen Antwort gibt er der Mutter zu verstehen, dass er der Geschichte folgt und dass er das Gespräch an dieser Stelle nicht weiter ausdehnen möchte. Einen weiteren Bezug zu den Interessen und lebensweltlichen Erfahrungen des Jungen stellt die Mutter auf der Seite mit der Karussellszene her. Ohne Blickkontakt zum Sohn aufzunehmen antizipiert sie, dass sich Matthias für diese Szenerie interessiert. Und in der Tat blickt der Vierjährige versunken lächelnd auf das Karussell, sucht sich offenbar ein Fahrzeug aus und tippt auf das Flugzeug. „Das Flugzeug", verbalisiert die Mutter die Zeigegeste des Jungen und nickt lächelnd, als habe sie die Antwort vermutet. Der gegenseitige Blickkontakt und das gemeinsame Lachen können als Ausdruck gegenseitigen Verständnisses gewertet werden.

Frau Niemann nutzt Text-Bild-Korrespondenzen als spezifisches Merkmal des Mediums Bilderbuch. Etwa ist auf der Seite 11 das Besteckkarussell von Max zu sehen, eine große, ins Auge stechende Abbildung, die die Mutter als Gesprächsanlass benutzt. Mit einer Zeigegeste verweist sie vom gelesenen Text auf die Illustration: „Der hat da ein Karussell aus Besteck gebaut, siehst du das?"

Auch in der Szene mit der Ameisenstraße nutzt die Mutter schon während des Lesens die Korrespondenz von Text und Bild, indem sie nonverbal auf die entsprechende Stelle verweist und beim ersten Mal ihre Zeigegeste auch verbalsprachlich begleitet: „[...] Zwei Ameisen schleppen ein riesiges Stück Pommes frites." Sie deutet auf die betreffende Ameise: „Oh, die sind am Schleppen." Dann fährt sie im Text fort: „Die Nächste trägt einen dicken Brotkrümel." Auch hier hält die Mutter wieder inne und deutet auf eine der Ameisen, die einen Krümel trägt.

Dass die Bilderbuchgeschichte an verschiedenen Stellen zu einer gemeinsamen Erfahrungswelt von Mutter und Sohn wird, zeigt sich im folgenden Verlauf: Die Mutter liest den Text auf der Seite zu Ende. Bevor sie umblättert, ergänzt sie einen eigenen Kommentar: „Siehst du, die Ameisen haben auch Spaß gehabt." „Auf dem Platz", entgegnet der Sohn. „Auf dem Rummelplatz", wiederholt und erweitert die Mutter bestätigend, lächelt wieder.

„Die haben sich ganz viel mit zu Essen nach Hause genommen." Indem die Mutter nicht nur die Existenz der anthropomorphisierten Bärenfamilie akzeptiert, sondern zudem unterstellt, dass auch die Ameisen als Tiere in einem „Zuhause" wohnen und affektives Verhalten zeigen („Spaß haben") signalisiert sie dem Sohn ihre Bereitschaft, sich auf die fiktionale Welt der Bilderbuchgeschichte einzulassen.

Die W-Fragen im Flüsterton an der Stelle, als Bärensohn Max die Ameisenstraße entdeckt, sollen vermutlich das Interesse des Vierjährigen aufrechterhalten und Spannung erzeugen. Mit einer Zeigegeste verbindet die Mutter ihre erste Frage. Geheimnisvoll und fast ein wenig verschwörerisch flüstert sie: „Was macht er denn da?", wartet die Antwort des Sohnes aber nicht ab. An der zweiten Stelle raunt sie ihrem Sohn zu: „Was hat er denn da gesehen?" Daraus entwickelt sich ein kurzer Dialog, bei dem beide interessiert auf die Doppelseite schauen. Matthias flüstert ebenfalls: „So was." Die Mutter tut erstaunt: „Ooh!"

Nur in einer Szene in dieser Vorlesesituation lassen sich Merkmale für Restriktivität finden. Während die Mutter den Bilderbuchtext auf Seite 9 liest, wird Matthias motorisch unruhig. Er kratzt sich und ist in eine etwas tiefere Liegeposition gerutscht. Zunächst versucht die Mutter nonverbal zu regulieren, indem sie das Buch etwas höher hält und Matthias auf diese Weise dazu bringt, sich ein wenig aufzurichten. Verbal restriktiv verstärkt sie dann: „Kannst Du aufpassen?" Der Flüsterton nimmt der Aussage die Schärfe und führt nicht zu einer Gegenreaktion des Sohnes, zu einer Unterbrechung oder sogar zum Abbruch des Vorlesens.

Die Interaktionssituation zeigt verschiedene nonverbale und verbale Merkmale von Direktivität: Die Mutter hält das Buch selbst, übernimmt das Umblättern und ist damit in der Lage, das Tempo der Rezeption zu steuern. Sie hält sich darüber hinaus wortgetreu und ohne Auslassungen an den Bilderbuchtext und liest die Geschichte auch bis zum Ende.

Zahlreiche Belege lassen sich für ein responsives Verhalten der Kategorie ‚Eingehen' finden, was als Beleg für eine kindorientierte Verlaufsgestaltung gewertet werden kann. Frau Niemann reagiert sprachlich an den meisten Stellen adäquat auf das nonverbale Verhalten und die Redebeiträge des Sohnes. Sie verweilt zudem lange genug auf einer Seite bzw. blättert an einer Stelle zurück, um ihm Gelegenheit für Zwischenfragen oder Kommentare zu geben. Zumeist kontrolliert sie durch Blickkontakt, ob sie weiterblättern kann.

Auch dieser zweite Buchtitel könnte für die Umsetzung verschiedener Erziehungsabsichten genutzt werden. An zwei Stellen macht sich Frau Niemann dieses Potential zunutze. Als der Bärensohn in der Bilderbuchgeschichte einen Soßenfluss mit Booten aus Wurststückchen baut, kommentiert sie die Handlung des Protagonisten: „Der spielt mit dem Essen, ne?"

Nicht auf der Inhalts-, aber auf der Beziehungsebene ist die ‚Botschaft' enthalten. Der Sohn generalisiert nun das, was die Mutter nur implizit verbalisiert hat: „Mit dem Essen spielt man nicht." Darauf hat man sich offenbar auch im gemeinsamen Familienalltag verständigt: „Ja, genau, sagt Mama auch immer!" Das Thema Trödeln interpretiert Frau Niemann so, wie es die Bilderbuchgeschichte vorschlägt. Sie fasst zum Schluss die Hauptaussage der Geschichte zusammen: „Ja, da haben die beide getrödelt. Der Max und auch der Papa. Erwachsene trödeln auch, so ist das nicht."

Die Vorlesesituation gibt anders als die drei übrigen Videobeispiele der Familie Niemann auch Auskunft über den schriftsprachlichen Entwicklungsstand des Vierjährigen. Nachdem die Mutter den Text der letzten Seite gelesen hat, initiiert Matthias ein Anschlussgespräch, das sich nicht inhaltlich auf die Geschichte bezieht, sondern auf den Text und die Symbolfunktion von Schriftsprache („Was steht da? Les mal!") Die Mutter ist davon zunächst – vielleicht auch im Hinblick auf die Filmsituation – irritiert, lässt sich dann aber auf die Fragen und Aufforderungen ein. Dabei passt sie ihre Sprache dem Entwicklungsstand des Vierjährigen an, etwa wenn sie die Begriffe ‚Autorin' und ‚Illustratorin' mit eigenen Worten erklärt: „Das ist die Frau, die das Buch geschrieben hat und die auch die Bilder dazu gemalt hat."

Zusammenfassung

Das Fallbeispiel zeigt jeweils bezogen auf beide Elternteile die Ausprägungen der einzelnen Dimensionen eines komplexen Bedingungsgefüges familialer Lesesozialisation. Während von Seiten der Mutter Faktoren zusammenwirken, die eine produktive Gestaltung der Vorleseprozesse ermöglichen, liegt beim Vater eine ungünstigere Konstellation vor. Erstens hat er offenbar kein eigenes Konzept von der Lesesozialisation seines Kindes entwickelt. Mit der alleinigen Betonung der Funktion des *moodmanaging* blendet er andere mögliche Funktionen von gemeinsamer Lektüre aus. Mit Genuss, Beziehungspflege oder Literalität bringt der Vater das gemeinsame Lesen nicht in Verbindung. Zudem lässt er keine langfristigen Ziele einer Leseerziehung, etwa das Ziel einer literarischen Bildung, erkennen. Für die Beurteilung von spezifischer Kinderliteratur fehlen ihm geeignete Kriterien. Zum anderen reflektiert er nur unzureichend seine Rolle als Leser und als erwachsener Vermittler in der Vorleseinteraktion. Er charakterisiert sich selbst als eher buchfern, präsentiert sich dem Sohn nicht als Leser und vermittelt ihm offenbar auch keine Wertschätzung von Büchern, so dass keine Vernetzung zwischen eigener und gemeinsamer Lektüre entsteht.

Zweitens bietet die distanzierte Vater-Sohn-Beziehung keine geeignete Grundlage für eine beiden Interaktionspartnern gewinnbringende Rezeptionssituation. Die Distanz lässt sich auf der körperlichen, emotionalen und sprachlichen Ebene belegen. In den Vorlesesituationen gibt es bis auf die genannten, alle vom Vater initiierten Ausnahmen keine körperlichen Kontakte. Blickkontakte haben vornehmlich die Funktion, Aufmerksamkeit und Konzentration sicherzustellen und dienen nicht etwa dazu, sich gegenseitiges Einverständnis zu versichern. Auch affektive Signale als Merkmale der emotionalen Bindung wie gemeinsames Lächeln oder Lachen sind in den Filmaufnahmen nicht zu beobachten. Zudem lässt sich die Distanz in der Vater-Sohn-Beziehung auch an sprachlichen Merkmalen festmachen. Auf der pragmatischen Ebene gestaltet Herr Niemann das Vorlesen wie einen Vortrag. Das entspricht gemäß den Befunden aus der Gesprächsstilforschung einem eher männlichen Sprachverhalten, einer Neigung zum Monologisieren und Dozieren. Der Vater übernimmt große Redeanteile in der Vorlesesituation und gewährt durch die nur kurzen Pausen wenig Gelegenheit für Rückfragen und Kommentare. Statusorientiert verstärkt er damit die ohnehin asymmetrische Interaktionssituation. Der Sohn hat vergleichsweise wenige und kurze Redeanteile. Dazu passt auch das Frageverhalten des Vaters. Hypothesenkonträr stellt Herr Niemann keine so genannten W-Fragen, die komplexere Äußerungen des Sohnes evozieren würden. Die spezielle Frageform des ‚Lückentextes‘ soll keine Gesprächsanlässe liefern, sondern ist kognitiv orientiert und zielt auf Konzentration und Merkfähigkeit.

Auf der semantischen Ebene lassen sich Merkmale eines ignorierenden responsiven und damit nicht kindorientierten Verhaltens identifizieren. Es kommt es zu Missverständnissen und Irritationen, die der Vater zum Teil nicht bemerkt. Durch den textgetreuen Vortrag ohne Abweichungen verwendet er häufiger als seine Frau Wörter, die entweder gar nicht oder nur zum passiven Wortschatz des Kindes gehören.[156] Auf diese Weise – so konnte die Spracherwerbsforschung zeigen – ließe sich der kindliche Wortschatz erweitern. Das setzt aber voraus, dass ausreichend Gelegenheit zur Reflexion und für Rückfragen eingeräumt wird. Durch die Kürze der Pausen kann es aber dem Vierjährigen – auch wenn er konzentrierter wäre – nur selten gelingen, sich in den Vortrag einzuschalten.

Drittens kommt erschwerend eine traditionelle Familienkonstellation hinzu, in der Herr Niemann nicht das Selbstverständnis eines ‚Neuen Vaters‘ entwickelt hat, der die Erzieherfunktion über die Ernährerfunktion stellt. An der Leseerziehung partizipiert er nur wenig, d.h. ist nicht nur weniger verfügbar und engagiert, sondern übernimmt auch weniger Verantwortung. Berufsbedingt verpasst Herr Niemann einen großen Teil des Familienalltags. Er weiß dadurch zunächst weniger über die Erfahrungen und Erlebnisse, die sein Sohn tagsüber macht. Er kennt die Interessen und Bedürfnisse nicht so genau, interessiert sich aber auch offenbar wenig dafür und kann demzufolge auch während des Vorlesens schlechter daran anknüpfen. Es ist eher der Sohn, der diese Alltagsbezüge im Vorlesegespräch herstellt.

---

156 Vgl. dazu auch die Studien von Camus 2001.

Vorstellbar wäre, dass die exklusive, relativ störungsfreie Vorlesesituation im Rahmen des Abendrituals als Möglichkeit genutzt würde, die Vater-Sohn-Beziehung zu stabilisieren und intensivieren, etwa indem man sich über Erlebtes verständigt, gemeinsam den Tag abschließt und sich über die Lektüre gemeinsame Erfahrungswelten erschließt. Dass der Vater dies nicht tut, lässt sich als besonderes Charakteristikum des Fallbeispiels herausstellen. Herr Niemann liest *für* seinen Sohn, aber nicht gemeinsam *mit* ihm. Er liest zur „Unterhaltung" des Sohnes, aber nicht zu seiner eigenen. „Das ist für mich ja jetzt nicht so der allerinteressanteste Lesestoff." Er selbst erhält also offenbar keine Gratifikationen aus der gemeinsamen Rezeptionssituation. Vorlesen wirkt bei ihm wie eine Pflichtübung, im Interview wird dies sprachlich unterstrichen durch Begriffe wie ‚herausarbeiten'.

Im Gegensatz dazu bezieht die Mutter offenbar eigene Gratifikationserfahrungen aus den Vorlesesituationen, sie liest „gern vor". Von ihrer Seite bieten sich günstigere Bedingungen für die Gestaltung von Vorleseprozessen im Kontext familialer Lesesozialisation. Das betrifft erstens den Bereich des literarischen Kompetenz. Zwar ist auch Frau Niemann selbst keine überdurchschnittlich erfahrene und intensive Leserin und formuliert im Interview auch nicht explizit Ziele wie sprachliche Förderung oder literarisches Lernen. Sie integriert aber eigene Leseerfahrungen und –vorlieben in das Konzept ihrer Leseerziehung und hat Urteilskategorien für die gemeinsame Lektüre entwickelt. Zudem reflektiert sie über das Problem der Vermittlung zwischen kindlichem und erwachsenem Verständnis und versucht ihre Rolle als erwachsene Vermittlerin zu definieren. Bezogen auf die emotionale, kognitive und sprachliche Entwicklung trifft die Mutter zumeist ein adäquates Anregungsniveau. Durch verschiedene Strategien wie sprachliche Modifikationen, Verbindungen von Text und Bild, durch eigene Interpretationsangebote und Resümees unterstützt sie die Rezeption der Bilderbuchgeschichten. Die semantischen Anpassungen erleichtern das Verstehen, könnten den Vierjährigen vielleicht an manchen Stellen sogar im Sinne eines *overscaffolding* unterfordern. Auf der pragmatischen Ebene bietet sie dem Jungen durch Pausen Gelegenheit für Fragen und Kommentare und nimmt ihn damit als eher gleichberechtigten Interaktionspartner wahr. Sowohl semantisch als auch pragmatisch versucht sie damit eine Symmetrie in der Kommunikationssituation herzustellen. Diese Bindungsorientierung der Mutter ist in der linguistischen Forschung als eher weiblicher Gesprächsstil identifiziert worden.

Zweitens besteht zwischen ihr und dem Sohn ein enges emotionales Verhältnis. Das räumliche Arrangement beim Vorlesen, Körperkontakte, die immer wieder vom Sohn hergestellt werden, Händehalten, häufige Blickkontakte, das gemeinsame Lächeln und Lachen zu den gleichen Anlässen und das gegenseitige Zuflüstern sind wichtige Indikatoren für die Emotionalität und Intimität zwischen Mutter und Sohn. Matthias genießt offenbar die Exklusivität der Vorlesesituation, und dies verstärkt nach der Geburt der kleinen Schwester. Er bittet um Wiederholungen („Das möchte ich immer gucken!") bzw. will die einzelne Vorlesesituation verlängern.

Drittens bewirken die Rahmenbedingungen und die Rollenverteilung der traditionellen Familienkonstellation, dass Frau Niemann einen hohen Anteil an der Familienarbeit übernimmt. Das geht konform mit ihrem Selbstverständnis und ihrem Verständnis der Mutterrolle. Sie ist nicht nur in höherem Maße verfügbar und engagiert als ihr Mann, sie trägt auch – bezogen auf die Lese- und Medienerziehung – mehr Verantwortung. Durch die gemeinsamen Alltagserfahrungen ist die Mutter in der Lage, an geeigneten Stellen Bezüge von der Bilderbuchgeschichte zur Lebenswelt des Kindes herzustellen und auf diese Weise das Verstehen und die Einsicht in Fiktionalität zu erleichtern.

Bezüglich der Direktivität und Restriktivität ähneln sich die Vorlesepraxen der beiden Elternteile. Größere Unterschiede lassen sich in Bezug auf das responsive Verhalten ausmachen. Die väterlichen Vorleseprozesse zeigen zwar keine ablehnenden, aber häufig ignorierende Merkmale. Nur ungenügend beachtet Herr Niemann nonverbale und verbale Signale des Sohnes und provoziert Irritationen, wenn er Rückfragen missversteht oder nicht adäquat und für den Vierjährigen missverständlich beantwortet. Der mütterliche Stil weist hingegen eher Merkmale auf, die sich als so genanntes eingehendes responsives Verhalten beschreiben lassen. An den meisten Stellen nimmt sie die kindlichen Signale wahr und reagiert angemessen darauf. Dazu gehört zum Beispiel, dass sie länger auf einer Bilderbuchseite verweilt oder sogar zurückblättert, wenn der Sohn Interesse bekundet, bzw. weiterblättert, wenn er offenkundig mit der Geschichte fortfahren möchte.

Zusammenfassend lässt sich eine Präferenz des Vierjährigen für das mütterliche Vorlesen unterstellen. Durch die Unterstützungsleistungen der Mutter sind diese Vorlesesituationen für den Vierjährigen mit weniger Anstrengungen verbunden. In der eher symmetrischen Kommunikationssituation kann sich der Vierjährige als gleichberechtigten Interaktionspartner wahrnehmen. Aus diesen Gründen ist Matthias – hypothesenkonform – vermutlich eher bereit, die Kommunikation mit der Mutter aufrecht zu erhalten, nach einem Abbruch wiederherzustellen oder zu wiederholen. Das entspricht Ergebnissen entwicklungspsychologischer Forschungen.[157] Im Gegensatz dazu könnten die Anstrengungen beim väterlichen Vorlesen und die Häufung von Missverständnissen die Ursache der Ablenkungen und Störungen in den Vater-Kind-Interaktionen sein und dazu beitragen, dass weder der Sohn noch der Vater Gratifikationen aus der gemeinsamen Lektüre erfahren.

---

157 Vgl. Camus 2001.

Die moderne, rollenambivalente Familienform (2)

2.4.4 Darstellung, Analyse und Interpretation des Fallbeispiels 3: Familie Sandmann: „Wichtig ist das Persönliche: Man guckt ein Buch an und kann auch gleich noch drüber reden."

Im dritten Fallbeispiel handelt es sich um eine Familie mit Merkmalen einer ‚modernen', nichtkonventionellen Rollenverteilung (siehe unten). Bezogen auf das Modell von familialer Lesesozialisation bestehen bei Vater und Mutter offenbar Gemeinsamkeiten, aber auch relevante Unterschiede in den drei Dimensionen familiale Rollen, sozioemotionale Beziehung, Lesekompetenz. Beide Eheleute stammen aus Mittelschichtsfamilien und greifen auf ähnliche kulturelle Erfahrungen und Wertmaßstäbe zurück. Herr Sandmann hat ein eher ruhiges, ‚hanseatisches' Naturell – er ist in Norddeutschland aufgewachsen. Frau Sandmann ist etwas lebhafter als ihr Mann. Der dreijährige Sohn Martin ist ein für sein Alter kleiner, zarter und eher schüchterner Junge, der nach Auskunft der Eltern oft erst nach einiger Zeit Kontakt zu fremden Erwachsenen und Kindern aufbaut.

Beide Elternteile haben für die Filmaufnahmen jeweils das gleiche zeitliche, örtliche und situative Arrangement gewählt. Die Aufzeichnungen erfolgten immer tagsüber, jeweils zwei aufeinander folgend, allerdings an verschiedenen Tagen, wodurch sich die qualitativen Merkmale der Vorleseinteraktionen zum Teil erheblich unterscheiden. Die Filmaufnahmen konnten störungsfrei gemacht werden, d.h. jeweils in zunächst von Besuchen oder anderen Terminen entlasteten Zeitabschnitten und ohne Anwesenheit der Interviewerin. Alle drei Interaktionspartner haben das Filmen offenbar in je eigener Weise zum Teil als künstlich erlebt „Ja, und dann wird das auch noch aufgenommen." (Frau Sandmann im Interview) Herr Sandmann schien in beiden Filmsituationen bemüht, möglichst fehlerfrei vor der laufenden Kamera zu sprechen, und kommentierte Versprecher („Mist!", „Quatsch!"). Martin hat sich in den ersten drei Filmsituationen nach einer kurzen Gewöhnung nicht merklich von der Kamera beeinflussen lassen, was der Vater im Interview bestätigt:

Herr S.: Nee, das glaub ich nicht, dass das künstlich war. Die Kamera hat ihn nicht gestört, also dass er dauernd hingeguckt hätte. Wir haben das auch relativ spontan gemacht, auch ohne große Vorbereitung oder Ankündigung. Er hat sich gleich für das Buch interessiert. Da hätte man – glaube ich – auch gemerkt, wenn er nicht aufs Buch geguckt hätte, sondern nur auf die Kamera, oder wenn er keine Fragen gestellt hätte.

Überraschenderweise hat Martin erst in der letzten der vier Filmsituationen (Mutter-Kind-Vorleseinteraktion 2) der Kamera sowohl in der Anfangs- und Schlussszene als auch zwischendurch immer wieder Aufmerksamkeit geschenkt, d.h. in ihre Richtung geblickt und gezeigt. Offenbar hat er die Kamera mit einem kleinen Fernseher verwechselt („Warum sagen die nichts dadraus?", „Wann kommt das denn?"). Hier konnte er sich offenbar schlechter auf die Vorleseinteraktion einlassen, war weniger an der Bilderbuchgeschichte interessiert und eher bereit, sich ablenken zu lassen.

Familiensituation

Kennzeichnend für das Fallbeispiel ist eine Konstellation, die durch eine so genannte Rollenambivalenz gekennzeichnet ist. Herr Sandmann ist zum Zeitpunkt der Untersuchung 36 Jahre alt, seine Frau drei Jahre jünger. Der gemeinsame Sohn Martin ist 3;7 Jahre alt. Geschwisterkinder gibt es keine. Die Familie wohnt zur Miete in einem Zweifamilienhaus mit großem Garten in einer Kleinstadt ca. 30 Autominuten von Köln entfernt. Die Vierzimmerwohnung ist geräumig. Martin steht ein eigenes Zimmer zur Verfügung. Daneben gibt es ein Arbeits-, ein Schlaf- und ein Wohnzimmer sowie eine große Wohnküche. Die Familie hat guten Kontakt zu mehreren Nachbarsfamilien, die zum Teil Kinder im gleichen Alter haben. Man unterstützt sich gegenseitig bei der Kinderbetreuung. Martin geht noch nicht in den Kindergarten, sondern wird tagsüber zu Hause von seinem Vater versorgt.

Die Eheleute haben sich aus verschiedenen Gründen für ein familiales Konzept entschieden, in dem Herr Sandmann den Hauptteil der Familien- und Hausarbeit übernimmt. Daneben arbeitet er als so genannter Eventmanager unregelmäßig in verschiedenen Projekten. Herr Sandmann favorisiert nach eigenen Angaben ein moderneres, arbeitsteiliges Modell von Ehe und Vaterschaft. Nach der Geburt des Sohnes hat er nach einer kurzen Mutterschaftspause seiner Frau verantwortlich die Versorgung und Betreuung von Martin übernommen. Seit einiger Zeit absolviert er Fort- und Weiterbildungen, um sich beruflich weiter zu qualifizieren und den Anteil seiner Berufstätigkeit zu erhöhen. Mit der Entscheidung, die Rolle des ‚Hausmannes' zu übernehmen, ist Herr Sandmann in dem ländlichen und eher konservativ-traditionell geprägten Einzugsgebiet nach eigenen Angaben eher ein Exot unter vielen Frauen, die sich vorerst gegen die Berufsarbeit und für die Familie entschieden haben. Das entspricht auch den Ergebnissen der Fragebogenuntersuchung. Hier hatten zwar überdurchschnittlich viele Väter (14%) von ihrem Recht auf Erziehungsurlaub Gebrauch gemacht. Die meisten standen aber in einem Vollzeitarbeitsverhältnis, während die Mütter den Hauptteil der Familienarbeit übernommen hatten.

Frau Sandmann ist Sprachtherapeutin. Vor einigen Jahren hat sie sich entschieden, aus dem Angestelltenverhältnis in die Selbständigkeit zu wechseln und wurde darin von ihrem Mann ideell unterstützt. Gemeinsam mit einer Kollegin unterhält sie eine Praxis im Ort und erwirtschaftet dort den Hauptteil des Familieneinkommens. Bis auf einen Wochentag ist sie tagsüber beruflich außer Haus, einen Teil der Arbeit (Abrechnungen, Therapieplanungen usw.) kann sie nach Feierabend daheim erledigen. Am Wochenende teilen sich die Eheleute die Hausarbeit und die Betreuung des Sohnes bzw. finden gemeinsame Unternehmungen (Einkäufe, Ausflüge) statt.

Als Diplom-Pädagogin und Sprachtherapeutin beschäftigt sich Frau Sandmann seit vielen Jahren auch professionell mit Fragen der Erziehung und der (gestörten) Sprachentwicklung und in diesem Zusammenhang auch mit dem Medium Bilderbuch als Mittel zur Sprach- und Kommunikationsförderung.

Frau S.: Also mir ist – glaube ich – Vorlesen schon einfach wichtiger. Aber wahrscheinlich liegt's einfach auch daran, dass ich Sprachtherapeutin bin.

Beide Eheleute haben sich offenbar in wichtigen Erziehungsfragen verständigt und handeln hier einvernehmlich, so dass der dreijährige Martin das Handeln der Eltern nicht als widersprüchlich erlebt. Das wird zum einen in den ,Wir'-Formulierungen der beiden Interviewpartner deutlich. Zum anderen lässt sich die Beschreibung des Abendrituals als eindrückliches Beispiel für ein abgestimmtes Erziehungshandeln werten: Die Familie spielt regelmäßig zu dritt vor dem Zubettgehen ein fantasiertes Rollenspiel nach zum Teil festgelegten, zum Teil variablen Regeln, mit dem der Sohn sich offenbar immer wieder der familialen Konstellation versichern möchte („Dann sind wir alle zusammen Esel oder Schafe, die dann vom Badezimmer ins Kinderzimmer wandern müssen. Und er ist immer das Babyschaf.") Zu bestimmten Erziehungsthemen oder -problemen lassen sich die Eheleute durch Literatur beraten. Etwa erwähnt Frau Sandmann im Interview den Ratgeber ,Jedes Kind kann schlafen lernen' und führt aus, wie man die Tipps im Alltag umgesetzt habe. Auch hat die Familie seit der Geburt des Sohnes die Zeitschrift ,Eltern' abonniert.

Martin verbringt in der Woche einen großen Teil des Tages mit seinem Vater, hat aber auch einige Spielfreunde in der Nachbarschaft, mit denen er sich regelmäßig trifft. Der Dreijährige hat ein eher ruhiges Temperament und kann sich schon sehr gut und ausdauernd auf ruhigere Beschäftigungen konzentrieren. Die Abwesenheit der Mutter war für ihn bis vor einiger Zeit offenbar noch schwer zu akzeptieren. In den Abendstunden und am Wochenende beanspruchte er gemeinsame Zeit mit ihr, auch in Abgrenzung zum Vater. In der letzten Zeit gelingt es ihm besser, so die Aussagen der Eltern, die familiale Konstellation anzunehmen. Das betrifft auch Fragen der Lesesozialisation.

Medienausstattung des Haushalts und Medienrezeptionsgewohnheiten
Im Haushalt der Familie Sandmann befinden sich nach Schätzung der Eheleute zwischen 150 und 500 Bücher. Diese relativ geringe Angabe scheint etwas widersprüchlich zu anderen Interviewaussagen der beiden Eheleute, die sich zwar nicht als „übermäßige Leseratten" (Frau Sandmann), aber beide als regelmäßige Leser beschreiben.

Frau S.: Ich hab zwar nicht immer die Muße, Bücher zu lesen, aber ich muss immer irgendeins da haben. Und mir fällt auf: Immer wenn ich ein Buch zu Ende gelesen habe, muss ich mir immer ganz schnell ein neues kaufen.

Der Anteil an Kinderliteratur wird mit 70 Exemplaren zwar als recht hoch angegeben, im Interview nennen die Eheleute überraschenderweise nur sehr wenige Titel, die sie gemeinsam mit dem Sohn rezipieren. Dass sie offenbar nur ein schmales Repertoire nutzen, könnte mit der Art der Buchbeschaffung zu tun haben: Einige Titel habe man gekauft, „ziemlich viele auch geschenkt bekommen". Bibliotheken nutzt die Familie kaum.

Frau S.: Ich bin auch überhaupt nicht der Typ, der sich Bücher *ausleiht*. Ich muss die im Regal stehen haben. Deswegen gehen wir auch selten in die Bücherei. Also wir kaufen die Bücher eher, auch für die Bilderbücher für Martin, obwohl sie wirklich ja teilweise teuer sind. Aber ich find's halt schade, wenn man sie dann nach nem Monat wieder weggeben muss, und Martin dann irgendwann mal sagen würde, er möchte gerade dieses Buch noch mal haben.

Neben Fachliteratur besitzt die Familie Titel aus den Genres ‚Sachbuch' und ‚Belletristik', hier überwiegend Unterhaltungsliteratur. Die Bücher sind an verschiedenen Stellen in der Wohnung platziert, nur ein kleiner Teil befindet sich im Wohnzimmer und damit im ‚Verkehrsraum' des dreijährigen Martin. Seine Kinderbücher stehen in seinem Zimmer in einem Regal, auf das er selbst Zugriff hat. Bislang nutzt er diese Möglichkeit, sich selbst Bücher zu nehmen, tagsüber nur selten. Im Rahmen des Zu-Bett-Geh-Rituals wählt er allerdings ab und zu selbst Bücher aus, die er sich vor dem Einschlafen ansieht.

Frau S.: Und dann hab ich gesagt: Mach dir das Licht an, dann darfst du dir das gerne selber angucken. Und das macht er auch ab und zu. Manchmal hör ich ihn dann, wenn ich in der Küche bin, und dann erzählt er etwas oder fragt auch später halt noch mal nach. Ja. Das haben wir dann irgendwann eingeführt.

Beide Elternteile präsentieren sich ihrem Sohn als regelmäßige Freizeitleser. Herr Sandmann liest – gemäß den geschlechterspezifischen Lektüremustern – Sachbücher, Zeitungen und Fachzeitschriften, aber auch gern Romane. Seine Frau bevorzugt belletristische (Unterhaltungs-)Literatur. Die Familie hat eine Tageszeitung, diverse Fachzeitschriften und auch eine Kinderzeitschrift abonniert. Beide Elternteile reflektieren ihre Vorbildfunktion als Leser:

Herr S.: Das halte ich auch für sehr wichtig, dass man ihm das vormacht, das Lesen. Die gucken sich ja viel ab vom Verhalten. Das ist ja nicht angeboren, das müssen sie ja alles lernen.

Im Wohnzimmer stehen eine HiFi-Anlage und ein Fernseher mit einer Videoeinheit. Abends sehen die Eheleute regelmäßig fern („Nachrichten und so."), in der Regel aber erst, wenn der Dreijährige im Bett liegt. Bei Sendungen für Erwachsene sitze Martin „wenn überhaupt nur kurz daneben". Spezifische Kindersendungen werden bislang nur selten gesehen („Höchstens mal die *Sendung mit der Maus* am Sonntag."), und dann gemeinsam mit beiden Elternteilen. Sandmanns praktizieren offenbar eine eher kritische Medienerziehung und geben dem Buch zurzeit noch eindeutig Priorität.

Herr S.: Also, dieses Sandmännchen, weiß ich nicht. Es sind zwar schöne Geschichten, aber er kriegt eh sein Buch vorgelesen noch mit ner Geschichte, und ich denke, das reicht auch. Und wir wollen im Großen und Ganzen auch versuchen, dem Medium Fernseher auszuweichen. Also dass nicht immer geguckt wird und dass kein Ritual draus wird – zum Beispiel jeden Abend fünf Minuten Sandmännchen gucken. Wichtig ist das Persönliche: Man guckt ein Buch an und kann auch gleich noch drüber reden.

Neben den Büchern verfügt Martin in seinem Zimmer über einen eigenen Kassettenrekorder, mit dem er ab und zu Kinderlieder hört. Märchen- und Geschichtenkassetten stünden zwar schon zur Verfügung – so der Vater im Interview – würden aber bislang noch nicht genutzt („So weit ist er noch nicht, dass er da zuhören kann.") Im Arbeitszimmer befindet sich ein Computer mit Internetanschluss, der von den Eltern zur Text- und Datenverarbeitung sowie für die digitale Kommunikation genutzt wird. Eine gemeinsame Nutzung mit dem Sohn, etwa für Computerspiele oder Lernprogramme, hat bislang noch nicht stattgefunden.

(Vor-)Lesekonzepte des Vaters- Interviewauswertung

Herr Sandmann zeigt sich nach den Kategorien von Pleck (1997) in der Erziehung seines Sohnes verfügbar, engagiert und verantwortlich. Gemäß der Verteilung der familialen Rollen ist er zunächst derjenige, der in der Woche den Hauptteil der Betreuung und Erziehung des Dreijährigen übernimmt. Das hatte zum einen wohl pragmatische Gründe. Zum anderen orientiert sich Herr Sandmann aber mit der Entscheidung offenbar auch am Bild eines ‚modernen' Vaters, der aktiv die Betreuung und Erziehung seines Sohnes mitgestalten möchte, und dies auch entgegen den Konventionen, die in dem kleinstädtischen Milieu vorherrschen.

Im Fallbeispiel zeigen sich auch in der Lese- und Medienerziehung zunächst einmal beide Elternteile verfügbar und engagiert. Offenbar übernimmt aber die Mutter die größere Verantwortung, sie kann insgesamt ein etwas schlüssigeres (Vor-)Lesekonzept darlegen.

Vorleseinteraktionen finden in der Familie sowohl tagsüber als auch abends im Rahmen des Zu-Bett-Geh-Rituals statt. Allerdings geben beide Elternteile im Interview an, dass das Lesen in den Sommermonaten ein wenig in den Hintergrund getreten sei:

Herr S.: Also im Moment lesen wir weniger Bücher. Also das war so ne Zeit, wo er Bücher wirklich geliebt hat. Und ich ihm vorlesen musste. Bilderbücher angucken, Geschichten vorlesen. Aber das hat abgenommen.

Während das Vorlesen tagsüber auch in den Zuständigkeitsbereich von Herrn Sandmann fällt – er ist als Lesepartner eher verfügbar –, scheint das Abendritual exklusiv für seine Frau reserviert zu sein. Der Dreijährige hat sich hier offenbar eindeutig für das Vorlesen mit der Mutter entschieden, nur in Ausnahmefällen darf in letzter Zeit auch der Vater diesen Part übernehmen. Herr Sandmann ist sich dieser klaren personalen Zuordnung bewusst und reflektiert darüber im Interview. Offenbar hat er die besondere Konstellation akzeptiert, hätte aber auch eigene Gratifikationserwartungen an eine gemeinsame Lektüre.

Herr S.: Ja, das hat sich so eingespielt, und das war dann auch so, dass Martin das wollte. Dass ich da keine Chance hatte, ihm ne Geschichte vorzulesen. Es ging dann, wenn Angelika nicht da war, dann war das kein Problem. [...] Und so langsam wird es auch besser. [...] Oder er sagt es auch mal selber, dass ich das machen soll.

I.: Mhm. Also er sucht sich das aus, wer vorlesen soll, und wenn Sie beide da sind ...?

Herr S.: Ja, er sucht sich das nicht so aus, es ist eigentlich immer Angelika, die das macht. Aber manchmal fragen wir und sind dann überrascht, dass ich das machen kann. Und er hat's sogar ein oder zweimal selber gesagt, dass ich das machen soll.

Das Vorlesen ist abends eingebunden in ein bestimmtes Zu-Bett-Geh-Ritual. Nach einem gemeinsamen Rollenspiel (siehe oben) lesen Mutter oder Vater im Kinderzimmer aus einem illustrierten Vorlesebuch vor, das am Bett des Dreijährigen bereit liegt. Diese Buchauswahl abends variiert nicht zwischen den vorlesenden Bezugspersonen. Zurzeit darf sich der Sohn eine oder zwei Geschichte(n) aus der ‚Hexe Sausebraus' aussuchen. Die Kapitel sind je gleich strukturiert. Etwa werden sie immer mit demselben Satz eingeleitet, den Martin mittlerweile mitsprechen kann, und sie enden stets mit einem Suchbild, auf dem es einen Gegenstand zu entdecken gibt, den die kleine Hexe verloren hat. Zum Teil werden die Geschichten zum wiederholten Male vorgelesen. Martin gefällt aber offenbar das Ritual, „es wird ihm nicht langweilig". Auch das Arrangement variiert nicht zwischen den vorlesenden Bezugspersonen:

Herr S.: Es ist so, dass wir als Vorleser vor dem Bett sitzen, auf dem Fußboden, und Martin sich auf das Bett, auf sein Kopfkissen setzt, und die Bettdecke über den Beinen hat. Das ist jeden Abend eigentlich dann immer gleich.

Nicht so deutlich wie für die Fernseherziehung kann Herr Sandmann ein Konzept von der Leseerziehung seines Sohnes formulieren. Zwar reflektiert er über die Spezifika des Mediums (Bilder-)Buch: „Man kann auch noch zurückgehen und wieder von vorne anfangen." Andere Kategorien wiederum hat er sich offenbar noch nicht bewusst gemacht bzw. formuliert sie nicht explizit. Eigene Beurteilungskriterien fehlen bzw. wirken im Interview etwas undifferenziert („schön", „gut"). Herr Sandmann nennt weder inhaltliche noch literarästhetische Kategorien, um Bücher zu bewerten, etwa die beiden zur Verfügung gestellten Bilderbücher. Begründungen fallen schwer („Weiß ich nicht so genau."). Die Buchauswahl ist offenbar vornehmlich an den Vorschlägen seiner Frau orientiert („Und das hat die Angelika ausgesucht. Und ich denke auch, dass sie das nächste aussucht."). Bibliotheken oder Buchhandlungen besucht Herr Sandmann mit seinem

Sohn offenbar nur selten. Eher greift er auf das bestehende Angebot im Haushalt zurück und verfährt hier offenbar intuitiv und pragmatisch. Zum Teil scheint er sich bei der Buchauswahl an eigenen (Genre-)Präferenzen zu orientieren („Ja, meine Interessen spielen da schon auch irgendwie ne Rolle."). Laut Interviewaussage liest er zwar auch belletristische Literatur, bevorzugt aber eindeutig das Genre Sachbuch. Hier lässt sich ein Konnex erkennen zwischen den eigenen Lektürepräferenzen und der gemeinsamen Rezeption mit dem Kind. Einen solchen Zusammenhang zeigen auch die Ergebnisse der Fragebogenuntersuchung. Herr Sandmann versucht hier offenbar, Interessen zu verbinden und die gemeinsame Buchlektüre zu nutzen, um mit dem Sohn eigene ‚Territorien' zu besetzen und gemeinsame Alltagserfahrungen machen zu können.

Herr S.: Noch 'n Beispiel hätte ich, aber das hat sich jetzt einfach in diesem Winter so ergeben, dass wir so 'n Vogelkundebuch zusammen angeguckt haben, aber da haben wir auch hier am Fenster gestanden und uns die Vögel angeguckt. Das ist natürlich für ihn dann doch schon 'n Buch, weil da viele bunte Bilder drin sind. Also das war dann so mein Interesse, halt, weil ich gerne gucken wollte, was für Vögel hier sind, und er das auch super spannend fand. Er konnte dann auch die Kohlmeise erkennen, die Amsel, ne, das war sehr schön ...

An diesem Beispiel lässt sich eine der Funktionen erkennen, die Herr Sandmann offenbar dem Vorlesen zuschreibt. Seinem Sohn etwas zu erklären, ihm Sachwissen zu vermitteln ist dem Vater ein wichtiges Anliegen. Damit geht eine Präferenz für den Sachbuchbereich einher. Im fiktionalen Bereich zieht er Alltagsgeschichten den „Märchen oder Fantasiegeschichten" vor: „Das ist eher was für meine Frau. Mir gefallen die realen Geschichten eigentlich besser, insbesondere, wenn die ‚Moral' noch humorvoll verpackt ist." Mit dieser Aussage nimmt Herr Sandmann Bezug auf die beiden zur Verfügung gestellten Bücher zum Thema ‚Trödeln'. Dieses Thema sei zurzeit zwar nicht aktuell, bei anderen Themen greife er aber gern auf Bilderbücher als Erziehungshilfe zurück, um Alltagsthemen zu besprechen und zu erklären. Etwa hat er vor, im Hinblick auf den bevorstehenden Kindergartenbesuch des Sohnes ein entsprechendes Sachbuch mit ihm zu lesen:

Herr S.: Wir standen vor seinem Bücherregal und ich suchte eigentlich das Buch zum Kindergarten. Das hatten wir früher schon oft angeguckt, aber jetzt kommt er ja bald in den Kindergarten. Und da hat er auch gesagt, lass uns dies mal lesen. Das wollt ich mit ihm noch angucken. Da gibt es vielleicht noch verschiedene Dinge anzusprechen, was da passiert: Dass es Erzieherinnen gibt, die mit den Kindern basteln und malen, und dass es auch Toiletten gibt und Waschbecken und so was.

Darüber hinaus betont der Vater beziehungsstrukturierende Aspekte: Er spielt auf das „Persönliche" der Vorlesesituation an („Man guckt ein Buch an und kann auch gleich noch drüber reden."). Dass ihm diese Funktion bewusst und wichtig ist, lässt sich am ersten Filmbeispiel gut belegen. Die Aussage gilt zugleich als Hinweis darauf, dass Herr Sandmann sich die

Diskrepanz zwischen kindlichem und erwachsenem Verständnis und das damit verbundene Vermittlungsproblem bewusst gemacht hat. Wichtig ist ihm offenbar, als erwachsener Vorleser mit dem kleinen Interaktionspartner ins Gespräch zu kommen und in der dyadischen Kommunikationssituation zu vermitteln. Für seine Vorlesepraxis benennt er zudem direktive Merkmale wie Zielorientierung („Doch, das ist mir schon wichtig, das zu Ende zu bringen."), das eigene Umblättern der Seiten („"Ich möchte, dass es dann auch mal so'n bisschen weitergeht.") oder die ‚Textreue' beim Vorlesen. Mit äußeren Störungen wie Telefon- oder Türklingeln – so bemerkt Herr Sandmann im Interview – gehe er gelassen um („Wir haben ja so viel Zeit am Tag, die [Unterbrechungen] kann man akzeptieren, man kann ja auch danach weiterlesen."). Diese Aussagen werden durch die Filmbeispiele bestätigt. Störungen, die in der Vorlesesituation selbst entstehen, begegnet Herr Sandmann empathisch, unter Umständen aber auch mit restriktiven Maßnahmen.

Herr S.: Dann brechen wir ab, ja genau, das würden wir dann schon machen, ja. Und ich sag ihm dann auch, dass er ruhig sitzen oder liegen oder nicht so rumhampeln soll, um ins Buch zu gucken. Weil ich dann den Eindruck habe, dass er auch keine Lust oder kein Interesse mehr hat oder sich nicht länger konzentrieren kann.

Der Vater versucht offenbar stets, die aktuelle Verfassung des Dreijährigen wahrzunehmen und darauf Rücksicht zu nehmen: „Dann können wir das auch abbrechen und aufhören, das ist ja auch nicht schlimm. Es ist ja auch kein Zwang da, das Buch unbedingt lesen zu müssen." Diese Aussage zeugt zwar einerseits von einem empathischen Verhalten. Sie wirkt andererseits etwas beliebig („kein Zwang", „nicht unbedingt") und lässt sich als weiteren Hinweis darauf werten, dass Herr Sandmann kein deutliches ‚Vorleseprofil' und keine expliziten Zielvorstellungen zur Lesesozialisation seines Sohnes entwickelt hat.

Auswertung der Vater-Kind-Vorleseinteraktionen

Im Folgenden werden die Aussagen des Interviews und die daraus abgeleiteten Hypothesen an den beiden Videobeispielen überprüft und konkretisiert.

Vater-Kind-Vorleseinteraktion 1 – Geisler: *Ich trödel doch nicht, sagt Max.*

Das Vorlesen findet an einem Nachmittag auf dem Sofa im Wohnzimmer statt. Herr Sandmann und Martin sitzen nebeneinander frontal zur Kamera. Es besteht zunächst kein Körperkontakt. Der Vater hält das Buch so vor den Sohn, dass beide hineinblicken können. Das Vorlesen dauert elf Minuten. Laut Interviewaussage hält sich die Mutter zumindest zeitweise im Raum auf. Sie initiiert eine kurze Unterbrechung, als sie offenbar aus Versehen an die Kamera stößt. Im Folgenden ist das vollständige Transkript mit anschließender Analyse und Interpretation dokumentiert.

M. [zeigt auf die Kamera]: *Guck mal, da ist das Licht an.* [wendet dann den Kopf zum Buch]

Herr S. [Blickkontakt, hält das Buch zugeklappt zwischen sich und den Sohn]: *Mhm. Gucken wir mal.* [Blickkontakt, liest den Titel]: Ich trödel doch nicht,

M. [beugt sich interessiert in Richtung Buch und lehnt sich an den Vater]

Herr S.: sagt Max. [Blickkontakt, Pause]

M.: *Ist das der Mahax?*

Herr S. [zeigt auf den Bärensohn, dann auf den Vater]: *Das ist Max. Der Teddy da ist Max. Und das ist der Papa von Max.* [blickt auf den Sohn]

M. [zeigt in Richtung Fenster]: *Wie, wie, wie da drüben auch!*[158]

Herr S. [hält Blickkontakt]: *Auch der Max, ne!* [schlägt das Buch auf]

M.: *Zwei Maxi!* [richtet sich wieder auf]

Herr S. [Blickkontakt]: *Maxis?* [lächelt, Blickkontakt, blättert weiter]

M.: *Maxis!*

Herr S.: *Mhm.*

M. [blickt kurz in die Kamera]

Herr S. [Blickkontakt]: *Hier:* Ich trödel doch nicht, sagt Max. [blättert um, liest den Bilderbuchtext]: Am Freitag fährt Mama mit Stina zu Oma. ‚Tschüs ihr zwei‘, sagt sie zu Papa und Max, ‚macht euch einen schönen Tag.‘ [kurze Pause, Blickkontakt] *Stina ist bestimmt die Schwester von Max.*

M.: [blickt ins Buch] *Mhm.*

Herr S. [Blickkontakt, blättert um, liest weiter]: Und weißt du auch, was wir machen?‘, fragt Papa. ‚Wir gehen Karussell fahren.‘ JIPPIE!‘, ruft Max. [Blickkontakt] ‚Wann gehen wir?‘ [Blickkontakt] ‚Gleich nach dem Essen‘, sagt Papa. [Blickkontakt] ‚Es gibt Würstchen mit Kartoffelbrei und Salat.‘ [Blickkontakt, deutet kurz auf die Illustration]: *Da!*

M. [lacht kurz auf]: *Hm!*

Herr S. [blättert um]

M.: *Die haben Stacheln!*

Herr S.: *Die haben Stacheln?* [blättert zurück, zeigt auf die Illustration]: *An den Schuhen?*

M.: *Ja.*

Herr S. [Blickkontakt, zeigt auf die Illustration]: *Ja, Bären-, das sind Bärenkrallen!* [lächelt, blättert um]

M.: [murmelt unverständlich]

Herr S. [liest den Bilderbuchtext]: Papa isst fünf Würstchen. Papa isst Berge von Kartoffelbrei. [Blickkontakt] Papa isst viele grüne Salatblätter. [Blickkontakt] Der Teller von Max ist noch voll. Trödel nicht so!, sagt Papa. ‚Denk dran, wir wollen noch Karussell fahren.‘ [Blickkontakt]

---

158 Meint einen Nachbarsjungen und Spielkameraden namens Max.

[Unterbrechung durch die Mutter, die offenbar aus Versehen an die Kamera gestoßen ist, Vater und Sohn blicken in die Kamera]

Frau S.: *Ah, stop! Wart mal gerade! Ich seh das hier gar nicht mehr. Grün. Mach weiter.*

[Vater und Sohn blicken wieder ins Buch]

Herr S. [Blickkontakt, wiederholt die letzten Sätze]: Der Teller von Max ist noch voll. ‚Trödel nicht so!, sagt Papa. ‚Denk dran, wir wollen noch Karussell fahren.' [Blickkontakt] Ich trödel doch nicht', sagt Max, ‚ich baue einen Fluss für meine *Mürststückchen* [beugt sich über das Buch, korrigiert sich, lacht] Wurststückchen. Die müssen auch ein bisschen Spaß haben.' [lacht dabei]

M. [freut sich, lacht]: *So heißt das: Wurststückchen!*

Herr S. [lacht auch, zeigt auf die Illustration]: *Wurststückchen! Hier, das sind se! Und wie nennen wir die Wurststückchen?* [Blickkontakt, lächelt]

M. [erwidert Blickkontakt, lächelt, spricht nicht ganz verständlich]: *Polizei-zistenmützchen.*

Herr S.: *Polizeimützen?*

M.: *Ja.*

Herr S.: *Jaa.* [lächelt, blickt wieder ins Buch, wiederholt den letzten Satz] Die müssen auch ein bisschen Spaß haben. [blättert um, liest den Bilderbuchtext] Nach und nach angelt Max alle Würstchenstückchen[159] aus dem Soßenfluss. Der Kartoffelbrei ist schon ein bisschen kalt. Macht nix! Max gräbt noch einen kleinen Seitenkanal. Papa räumt schon mal den Tisch ab. Er lässt das Wasser ein und fängt an, die Gläser zu spülen. Er spült die Teller und das Besteck, den Topf, die Pfanne und die Schüsseln. Zum Schluss spült Papa noch den Teller von Max.

M. [sitzt an den Vater gekuschelt, blickt die ganze Zeit ins Buch]

Herr S. [blättert um, liest weiter]: Max darf die Löffel abtrocknen, die Gabeln und die Plastikschüsseln.[160] ‚He, Max! Was trödelst du denn da herum?[161] Die Gabeln gehören in den Besteckkasten.' ‚Ich trödel doch nicht', sagt Max. ‚Ich baue ein Karussell für das Besteck.' 'Ich dachte, wir wollen selber Karussell [Blickkontakt] fahren', seufzt Papa. ‚Ja, gleich!', sagt Max. [Blickkontakt, deutet auf die Illustration] *Da hat der 'n Karussell gebaut.*

M.: [zeigt durch die Luft auf die gegenüberliegende Bilderbuchseite] *Da putzt der.*

Herr S.: *Papa putzt. Papa Bär putzt.* [nickt]

M.: *Und wo ist die Mama?*

Herr S. [Blickkontakt]: *Die ist doch mit Stina zur Oma gefahren ...*

M.: *Mhm.*

Herr S.: *Mit der Schwester.*

M.: *Mhm.*

Herr S. [Blickkontakt]: *Das ganze Wochenende sind die beiden allein, Papa und Max.*

M.: *Mhm.*

---

159   in der Vorlage Wurststückchen
160   liest den Plural statt den Singular
161   fügt denn ein

Herr S.: [blättert um]: *Machen wir mal weiter.* [liest den Bilderbuchtext] *Endlich ist die Küche sauber. Papa setzt seine Mütze auf und bindet den Schal um.* [Blickkontakt]

M. [zeigt auf die Illustration]: *Warum ist da ein Krokodil?*

Herr S.: *Das sind die Kuscheltiere von Max. Ne?* [Blickkontakt]

M.: *Sind die echt?*

Herr S. [hält weiter Blickkontakt]: *Nein! Die sind nicht echt! So wie dein Teddy und deine Maus, die sind ja auch nicht echt, ne?*

M.: *Nee.*

Herr S.: *Nee.*

M.: *Sind die weich?*

Herr S.: *Ja.*

M.: *Und können die nicht so laufen?*

Herr S. [Blickkontakt, schüttelt den Kopf]: *Nein, können die auch nicht. Das sind ja Stofftiere.*

M.: *Ja.*

Herr S. [wiederholt die letzten Sätze, liest dann den Bilderbuchtext betont weiter]: *Papa setzt seine Mütze auf und bindet den Schal* [Blickkontakt] *um. ‚Mahax!' ruft er. ‚Ja, ja!', ruft Max zurück. ‚Ich muss nur den Kasper in Mamas Bett legen und Stinas Puppe auch. Und am besten noch das Krokodil und den kleinen König. Die fürchten sich sonst, wenn sie allein zu Hause sind.' ‚Oh, Max!', stöhnt Papa.* [blättert ohne Pause um, liest weiter] *Max setzt seine Mütze auf. Papa bindet ihm den Schal um. Max zieht den einen Hausschuh aus und den anderen auch*[162]*. Mit den Hausschuhen im Arm steht er da. Papa klappert ungeduldig mit den Schlüsseln. ‚Ich trödle nicht', sagt Max, ‚aber meine Hausschuhe sind wilde Tiger, die kann ich doch nicht einfach zu Stinas kleinen Babypantoffeln stellen. Das ist viel zu gefährlich.' Max denkt nach. Dann stellt er seine Hausschuhe in die Speisekammer. Stinas Pantoffeln versteckt er in Papas Gummistiefeln. ‚Jetzt können wir gehen', sagt Max und steigt in seine Stiefel.* [wartet, beide blicken auf die Bilder]

M. [zeigt auf die Illustration]: *Warum ist die kleine Maus hier?*

Herr S.: *Vielleicht haben die ja eine kleine Maus als Haustier?* [blättert um]

M.: *Mhm.*

Herr S. [liest den Text weiter]: *Papa schließt die Haustür ab und stapft los. Fast er ist* [korrigiert sich] *Fast ist er um die Ecke gebogen, als er merkt, dass Max neben ihm geht* [korrigiert sich] *Nee, dass kein Max neben ihm geht. ‚Max, du trödelst schon wieder! Das Karussell wartet nicht ewig!' Ich trödel doch nicht', sagt Max. ‚Ich muss nach Opa Meierbär gucken. Der sitzt heute gar nicht an seinem Fernseher. Mist!* [korrigiert sich] *Fenster.* [zeigt auf die Illustration]

M.: [blickt auf die Bilder]

Herr S.: *An seinem Fenster sitzt Opa Meierbär nicht.*

M.: *Warum?*

---

162 im Original und dann den andern

Herr S. [Blickkontakt]: *Ja, das möchte Max wohl gerne wissen, warum.* [blättert um] *Gucken wir mal, was kommt.* [liest den Text] Hoffentlich ist ihn nichts passiert.' Aber da kommt Herr Meierbär schon die Straße entlang. Er war schnell die Zeitung holen. Papa redet mit Opa Meierbär mal kurz übers Wetter *und über Opa Meiersbär* [korrigiert sich] und über Opa Meierbärs krankes Bein [Blickkontakt], über die Politik und darüber, wie das Wetter wohl morgen wird [Blickkontakt] ‚Papa!' schimpft Max. ‚Jetzt beeil dich mal! Wir wollen doch Karussell fahren.' Na, dann viel Vergnügen!', lacht Opa Meierbär. [Blickkontakt, blättert um] *Jetzt trödelt der Papa!* [liest weiter] So schnell es geht, laufen sie jetzt Richtung Rummelplatz. Papa macht Riesenschritte, Max hopst nebenher. Man kann das Karussell schon fast sehen, da bleibt Max auf einmal stehen. Ganz langsam geht er in die Knie. ‚Max, du trödelst ja schon wieder!', sagt Papa. ‚Ich trödel doch nicht', sagt Max. Ich muss dir was zeigen. Komm mal her!' [blättert ohne Pause um, liest langsam weiter] Jetzt sieht Papa es auch. Eine Ameisenkarawane. Zwei Ameisen schleppen ein riesiges Stück Pommes[163]. Die Nächste trägt einen dicken Brotkrümel. ‚Und das da sieht aus wie zuckriger Mäusespeck', sagt Max.

M. [zeigt auf die Illustration]: *Und warum trägt die da unten nichts hier, die hier?*

Herr S. [deutet ebenfalls auf die Illustration]: *Die trägt da das Stück Pommes mit der andern zusammen. Guck, die tragen das zusammen.*

M.: Mhm. [zeigt wieder auf die Illustration] *Und was hat der?*

Herr S.: *Der trägt ein Stück Brot.* [liest den Text weiter] *Papa stand*[164]. Immer neue Ameisen kommen angewandert. [fährt mit dem Finger beim Lesen unter den Zeilen entlang] Und fast alle tragen etwas auf dem Rücken. Lange gucken beide den Ameisen zu.

M. [beugt sich über das Buch, zeigt auf die Illustration auf der linken Seite, spricht parallel zum letzten Satz des Vaters]: *Guck mal, was ist das?*

Herr S. [Blickkontakt, zeigt auch auf das Bild]: *Ein Stück Bonbon.* [wiederholt den letzten Satz, Blickkontakt] Lange gucken die beiden den Ameisen zu.

M.: *Mhm.* [zeigt wieder auf die Illustration] *Und das ist auch ein Bonbon!*

Herr S. [zeigt auf die gleiche Stelle]: *Da, die Kirsche?*

M. [zeigt auf das Bild]: *Und warum hat die da ... ?*

Herr S.: *Da weiß ich noch nicht. Das sieht man noch nicht, was die hat!*

M. [steckt den Finger in die Nase]

Herr S. [nimmt sanft die Hand des Sohnes vom Gesicht und legt sie auf das Buch]

M. [erst unverständlich]: *Wo war das?*

Herr S. [blättert zurück, zeigt auf die Illustration]: *Das war hier, auf dem Weg.*

M.: Mhm.

Herr S.: *Guck, da hat Max die gesehen.* [blättert wieder um, liest den letzten Satz] *Dass es immer dunkler wird, merken sie gar nicht.* [blättert um, liest weiter] ‚*He*' [räuspert sich, wiederholt] ‚He, Max!', ruft Papa plötzlich. ‚Jetzt müssen wir aber rennen, sonst wird das Karussell abgestellt, bevor wir da sind.' Ganz außer Puste kommen beide auf den Rummelplatz.[165] ‚Letzte Runde!', brummt der Mann im Kartenhäuschen. ‚Eigent-

---

163 im Original Pommes frites
164 liest stand statt staunt, korrigiert den Versprecher nicht.
165 im Original kommen die beiden auf dem Rummelplatz an.

lich wollte ich schon zumachen.' [kurze Pause, blättert dann um, liest weiter] Papa setzt sich auf sein Lieblingspferd, wie jedes Jahr. Max steigt in den roten Flitzer. [Blickkontakt] Da kann er hupen, was das Zeug [Blickkontakt] hält. Viel zu schnell hält das Karussell wieder an. [kurze Pause, blättert um, liest weiter] ,Das hat Spaß gemacht', sagt Max. ,Ja, aber ich wäre gern noch öfter gefahren', meint Papa. ,Da hätten wir halt nicht so viel trödeln dürfen!', sagt Max. [Blickkontakt]

M. [blickt hoch, wackelt mit dem Kopf, schmunzelt]: *Nicht so viel trödeln!*

Herr S. [Blickkontakt]: *Trödeln. Sind die langsam gegangen, ne?* [blättert auf die Seite mit der Ameisenkarawane zurück].

M.: *Warum?*

Herr S. [Blickkontakt]: *Warum? Was haben die gemacht?* [wartet]

M. [blickt auf das Bild, überlegt]

Herr S. [Blickkontakt]: *Hm?*

M.: *Die haben geguckt.*

Herr S.: *Ja. Wonach?* [Blickkontakt]

M.: *Nach der Ameise ...*

Herr S.: *Ja.* [blättert eine Seite zurück, zeigt auf die Illustration] *Da.* [blättert wieder auf die nächste Seite, zeigt] *Da vorn, die.*

M. [blättert noch einmal auf die vorhergehende Seite zurück, zeigt]: *Warum ist das da so schmutzig?*

Herr S.: *Wo ist was schmutzig?* [zeigt auf die Illustration] *Daa?*

M. [zeigt weiter unten]: *Nein, da.*

Herr S. [zeigt auf die gleiche Stelle]: *Das sind die Ameisen. Die kann man noch nicht so genau erkennen. Da muss man ganz genau hingucken, dann sieht man sie erst.* [kurze Pause] *Hm?*

M. [steckt wieder den Finger in die Nase]

Herr S. [nimmt den Finger weg]: *Das machen die ja auf dieser Seite erst.* [blättert langsam um] *Auf der nächsten Seite gucken beide ganz genau hin. Und dann erkennen sie die Ameisen.* [beide blicken aufmerksam ins Buch]

M..: *Warum da nicht?*

Herr S. [blättert zurück]

M. [blättert wieder vor]: *Warum guckt die andere Ameise?*

Herr S.: *Ja, vielleicht guckt die, wo die andern bleiben, wie die anderen zum Ameisenbau gehen.*

M.: *Mhm.*

Herr S.: *Auf der Ameisenstraße.*

M.: *Mhm.*

[beide blicken lange auf die Seite]

M. [steckt wieder den Finger in die Nase]

Herr S. [klappt das Buch zu, nimmt die Hand des Sohnes und legt sie hin]

M. [spricht unverständlich]

Herr S.: *Gut, dann sind wir fertig.* [legt das Buch zur Seite]

Analyse und Interpretation

Das Filmbeispiel lässt sich hinsichtlich Zeit, Ort und Arrangement als typisch für die Vater-Kind-Vorleseinteraktionen werten. Das Arrangement auf dem Sofa im Wohnzimmer wirkt gemütlich und etabliert. Zwar besteht zu Anfang kein Körperkontakt. Nach einigen Minuten schmiegt sich Martin aber seitlich an den Vater und verändert diese Position auch nicht mehr. Während der gesamten Vorleseinteraktion wirkt der Dreijährige interessiert und blickt, von wenigen Ausnahmen abgesehen, konzentriert ins Buch, das so für beide Interaktionspartner zum Fokus der gemeinsamen Aufmerksamkeit wird. Im Vorlesegespräch nutzen Vater und Sohn häufig die Möglichkeit deiktischer Verweise, die der Vater auch mit Appellen verstärkt („Guck, da hat Max die gesehen.")

Als Einstieg will der Vater die gemeinsame Referenz sicherstellen, den Sohn auf das Medium fokussieren und zugleich vermutlich eigenes Interesse und Spannung signalisieren („Gucken wir mal."; „Hier!"). Blickkontakte und das gemeinsame Lächeln und Lachen können als Indikatoren dafür gewertet werden, dass Vater und Sohn sich auf die gemeinsame literarische Erfahrungswelt einlassen können. Zudem ist das Gespräch über die Stofftiere ein wichtiges Indiz dafür, dass sich Herr Sandmann gemeinsam mit dem Sohn auf die Fiktion der Bilderbuchgeschichte einlassen kann: Herr Sandmann akzeptiert in diesem Dialog die Anthropomorphisierung der Bärenfamilie. Er tut so, als gleiche diese einer realen Menschenfamilie und als gebe es in beiden ‚unechte' Kuscheltiere, die zum Beispiel nicht laufen könnten. („Nein! Die sind nicht echt! So wie dein Teddy und deine Maus, die sind ja auch nicht echt, ne?") Mit dem Bezug zur Lebenswelt seines Sohnes erleichtert er ihm das Text- und Bildverständnis, was sich als eingehendes responsives Verhalten werten lässt.

Ein auffallendes Charakteristikum der Vorlesesituation sind die zahlreichen, fast vierzig Blickkontakte, die alle vom Vater initiiert werden. Zwar wird nur einer vom Sohn erwidert, trotzdem wirkt die gesamte Interaktion wie ein echtes *Gespräch*. Der Vater schafft es ganz offensichtlich, eine stabile Interaktionsbeziehung herzustellen, in der er sich mit dem Sohn verständigen und sich seiner Aufmerksamkeit versichern kann. Er lächelt häufig und betrachtet in Ruhe die Illustrationen. Offenbar hat er selbst Spaß an der Bilderbuchgeschichte, das bestätigt er im Interview. Auch Martin findet offenbar Gefallen an den Inhalten, er lächelt oder lacht an verschiedenen, zum Teil den gleichen Stellen wie der Vater.

Die Vorlesepraxis weist zwar direktive Merkmale auf, etwa blättert Herr Sandmann selbst die Seiten um und verbalisiert an einer Stelle auch seine Zielorientierung („Machen wir mal weiter.") Das entspricht zunächst seiner Interviewaussage. Er gewährt aber vor dem Umblättern immer ausreichend

Pausen, wartet ab und verweilt durch eigene Kommentare über die reine Lesezeit hinaus auf einer Seite. Besonders eindrücklich wird dies in der Szene mit der Ameisenkarawane. Dreimal blättert der Vater zurück, als Martin noch eine Frage oder einen Kommentar zu der vorherigen Seite hat, einmal tut dies der Sohn selbst. Zudem versichert sich Herr Sandmann durch die häufigen Blickkontakte, dass sein Lesetempo dem seines Sohnes entspricht. Er liest langsam und betont, insbesondere an den Stellen mit wörtlicher Rede versucht er seine Stimme adäquat zu modulieren. Insgesamt wirkt er bemüht, sich an den Wortlaut des Textes zu halten. Einige Male kommt es zu Versprechern. Vier davon bemerkt er umgehend und kommentiert sie zum Teil („Mist!"). An anderen Stellen reagiert er nicht.

Martin schaltet sich mehrfach in das Vorlesegespräch ein, zum Teil mit Kommentaren, zum Teil mit Fragen. Häufig sind es Warum-Fragen, was Herr Sandmann auch im Interview zu Protokoll gibt („Er ist gerade in seiner Warum-Phase, da beginnt fast jeder Satz mit Warum.") Auf diese Fragen geht Herr Sandmann unterschiedlich, aber stets adäquat ein. Manchmal versucht er selbst eine Antwort zu geben. Dreimal fordert er den Sohn aber auch zu eigenen Antworten heraus („Warum? *Was haben die gemacht?*"; „Ja. *Wonach?*"; Wo ist was schmutzig?") bzw. verweist auf den Fortgang der Geschichte in Text und Illustration („Gucken wir mal, was da kommt."). Damit erzeugt Herr Sandmann zugleich Spannung und verweist auf den Symbolcharakter von Schrift: Dem Sohn soll deutlich werden, dass man den Fortgang der Geschichte im Text erfahren kann. Nicht nur auf der sprachpragmatischen und kognitiven Ebene zeigt Herr Sandmann ein eingehendes responsives Verhalten. Inhaltlich ist er gemäß seiner Interviewaussage in der Lage, Bezüge zum gemeinsamen Alltag herzustellen. Etwa weiß er, dass ein Nachbarskind und Spielfreund von Martin genauso wie der Bärensohn heißt, oder er kann auf den gemeinsam erfundenen Namen für *Würstchen* anspielen („Polizeimützen").

Sprachlich fördert er den Sohn auf der semantischen Ebene, etwa indem er den von Martin benutzten Begriff *Stacheln* durch *Krallen* ersetzt. An anderer Stelle erweitert er einen Kommentar des Sohnes („Da putzt der.") semantisch, indem er das Pronomen ersetzt: „Papa putzt. Papa Bär putzt." Mehrfach versucht er, das Textverständnis zu sichern, und dies auch ohne Nachfragen des Sohnes. Er antizipiert Irritationen oder Missverständnisse und begegnet diesen mit eigenen Kommentaren, etwa umschreibt er den Begriff *Trödeln*: „Sind die langsam gegangen, ne?". Nach eingeschobenen Dialogen wiederholt er in der Regel den letzten Textteil, um wieder in die Geschichte einzusteigen. Mit dem Kommentar „Stina ist bestimmt die Schwester von Max." verdeutlicht Herr Sandmann die Konstellation der Bärenfamilie, die für den Dreijährigen vielleicht nicht klar sein könnte. Zugleich vertieft er damit ein für seinen Sohn bedeutsames Thema: Martin interessiert sich für familiale Beziehungen. Er spielt zurzeit gern Vater-Mutter-Kind-Rollenspiele und greift das Thema selbst in der Bilderbuchgeschichte auf: „Und wo ist die Mama?" Auch hier erklärt der Vater noch einmal Familienverhältnisse. Dieses Verhalten lässt sich als Hinweis auf eine engere Vater-Sohn-Beziehung werten, in der der Vater empathisch die Bedürfnisse des Dreijährigen wahrnimmt und darauf adäquat reagiert. An anderer Stelle antizipiert er offenbar, dass Martin die Pointe der Szene nicht verstanden haben könnte. Als der Bärenvater mit Herr Meierbär in ein Gespräch verwickelt und Bärensohn Max ungeduldig wird, kommentiert er: „Jetzt trödelt der Papa!" Dieser Kommentar entspricht seiner Interviewaussage, ihm sei eine diskrete und humorvolle Vermittlung moralischer Anliegen wichtig.

Mit Ablenkungen und Störungen geht Herr Sandmann zwar restriktiv, aber im Sinne eines gelingenden Vorleseprozesses adäquat um: Martin steckt mehrmals seinen Finger in die Nase. Der Vater reagiert darauf eher beiläufig, indem er den Finger ohne Blickkontakt und Kommentar sanft nimmt und auf das Buch legt. Dass seine Frau sich zeitweise im Raum und hinter der Kamera befindet, nimmt Herr Sandmann offenbar nicht – wie er auch im Interview angegeben hat – als Störung wahr. Nach der kurzen Unterbrechung, als sie offenbar aus Versehen gegen die Kamera stößt, setzen Vater und Sohn die Vorleseinteraktion umgehend fort.

Vater-Kind-Vorleseinteraktion 2 – Fries/von Vogel: *Trödeln? Ich doch nicht!*

Das Vorlesegespräch findet an einem anderen Tag als die erste Vorleseinteraktion tagsüber auf dem Sofa im Wohnzimmer statt. Martin sitzt auf dem Schoß seines Vaters. Dieser hält das Buch so vor den Sohn, dass beide hineinsehen können. Das Vorlesen dauert knapp sieben Minuten. Unterbrechungen gibt es keine. Im Folgenden ist das vollständige Transkript mit anschließender Analyse und Interpretation dokumentiert.

Herr S. [geht zum Sofa, auf dem der Sohn sitzt, setzt sich neben ihn, blickt ihn an]: *So, willst du auf meinen Schoß wieder?*

M. [nickt]

Herr S. [hebt den Sohn auf seinen Schoß]:

M. [singt]: *Ich bin schwer!*

Herr S. [singt im gleichen Tonfall]: *Du bist schwer!*

M. [spricht unverständlich]

Herr S. [nimmt das Buch, hält es zugeklappt vor den Sohn]

M.: *Das hatten wir schon!*

Herr S.: *Das les ich dir aber noch einmal vor jetzt, ja?* [schlägt die erste Seite auf, liest den Buchtitel] Trödeln? Ich doch nicht. [blättert um, liest den Bilderbuchtext] Paul spielt Zirkus. Da ruft Mama: Beeil Dich, Paul! Wir müssen einkaufen gehen, sonst machen die Geschäfte zu. ‚Ich komme gleich', sagt Paul. ‚Wenn die Zirkusvorstellung zu Ende ist.' [blättert um, liest weiter] Mama hat schon ihren Mantel an und den Einkaufskorb dabei. Wo bleibst du denn?' fragt sie. ‚wir müssen los!' ‚Gleich', sagt Paul. Ich bin gerade mitten in der Raubtiernummer.'

262

M. [lacht kurz auf]: *In der Raubtiernummer.*

Herr S. [blättert um]: *Mhm. Der spielt Löwe.* [liest den Bilderbuchtext] Auf der Straße schaut Mama auf die Uhr und bekommt einen Schreck. ‚Schnell, Paul', ruft sie. ‚Der Bus kommt gleich.' ‚Ich kann nicht so schnell', sagt Paul. ‚Sonst falle ich in die Schlucht.' Mama nimmt Pauls Hand, damit er nicht stürzt. Gerade noch rechtzeitig erreichen sie den Bus. [blättert um, liest weiter] Mit dem Bus fahren Mama und Paul in die Stadt. Beim Aussteigen sagt Mama: ‚Zuerst müssen wir zum Bäcker. Hoffentlich kriegen wir noch Brötchen.' Paul will gerade loslaufen, als er ein paar gefährliche Flugsaurier entdeckt. Zum Glück kann er sie in die Flucht schlagen, bevor sie ihn und Mama angreifen. [wartet]

M. [lächelt]: *Tauben.*

Herr S.: *Tauben, ne, Flugsaurier. Ja.* [blättert um, liest den Text weiter] Beim Bäcker kauft Mama die letzten Brötchen. ‚Jetzt müssen wir noch schnell zum Fleischer', sagt sie, ‚sonst gibt es keinen Aufschnitt mehr. ‚Wo bist du, Paul?' ‚Hier!', ruft Paul und verlässt seinen geheimen Beobachtungsposten. Er wollte gerade die Überwachung der Bäckerei übernehmen, um dem gefürchteten Torten-Räuber das Handwerk zu legen. Aber bevor es zum Abendbrot keinen Aufschnitt gibt, beeilt er sich lieber. Da hat er sich unterm Tisch versteckt.

M. [nickt]

Herr S. [blättert um, liest den Bilderbuchtext]: Schnell laufen Mama und Paul zum Fleischer. Im Laden sind viele Leute. ‚Da ist Lisa', ruft Paul und winkt einem Mädchen zu, das mit seiner Mutter weiter vorne in der Schlange steht. Lisa und Paul spielen mit Lisas *Putt-* [korrigiert sich] Puppe Käthe, bis Pauls Mama fertig ist. ‚Kann ich noch mit Lisa spielen?, fragt Paul. ‚Käthe kauft gerade ein.' ‚Ein andermal', sagt Mama. ‚Jetzt müssen wir zum Supermarkt.' Paul winkt Lisa und Käthe zum Abschied zu. [wartet] *Na, hat der 'n Stück Wurst gekriegt, der Paul?*

M.: *Mm.*

Herr S.: *Hat der nicht, ne? Steht da gar nicht.*

M.: *Mm.*

Herr S.: *Gibt's doch sonst immer beim Fleischer, ne?*

M. [nickt]

Herr S. [blättert um]

M.: *Ich hab die geseh'n!*

Herr S. [blättert zurück]: *Wen hast du geseh'n?*

M. [zeigt auf die Illustration]: *Da ist die Wurst!*

Herr S.: *Da ist die Wurst! Der Mann zeigt auch auf die Wurst.* [spricht mit verstellter Stimme] *‚Ich hätt gern ein Stück Wurst!'* [blättert wieder um, liest den Bilderbuchtext weiter] Auf dem Weg zum Supermarkt kommen sie an einem Flohzirkus vorbei. Guck mal, Paul!', sagt Mama und bleibt stehen. ‚Toll!', staunt Paul und betrachtet die winzigen Flöhe. Immer mehr Leute versammeln sich um den Mann. Als er fertig ist, klatschen alle. Paul zupft Mama am Mantel: ‚Komm jetzt, sonst macht der Supermarkt zu!' ‚Du hast Recht', sagt Mama und schaut auf die Uhr. ‚Oje, schon so spät, jetzt aber schnell!' [wartet kurz, blättert dann um und liest weiter] Mama und Paul rennen das letzte Stück zum Supermarkt. Zum Glück hat er noch auf. ‚Hol bitte drei Bananen, ich geh schon mal zur Käsetheke', sagt Mama. *Um die* [räuspert und korrigiert sich] Um an die Bananen zu kommen, muss Paul erst durch einen Urwald.[166] Das ist ganz schön anstrengend, aber schließlich hat Paul es geschafft. [wartet]

M. [betrachtet aufmerksam die Illustrationen]

Herr S.: *Muss er erst durch einen Urwald klettern.* [blättert um, liest weiter] ‚Das hat aber lange gedauert', sagt Mama. ‚Holst Du bitte noch eine Tiefkühlpizza?' ‚Klar', sagt Paul und geht los. Da versperrt ihm ein riesiger Eisbär den Weg. Paul versteckt sich hinter einem Stapel Dosen und wartet, bis der Eisbär eingeschlafen ist. Dann schleicht er sich zur Kühltruhe und schnappt sich eine Pizza. [wartet, blättert dann um, liest weiter] Endlich haben Mama und Paul alle Einkünfte – [leise] *Das ist Quatsch!* [korrigiert sich] Endlich haben Mama und Paul alle Einkäufe erledigt. ‚Du darfst dir einen leckeren Nachtisch aussuchen', sagt Mama zu Paul, als sie zur Kasse gehen. ‚Eis!', ruft Paul sofort und holt eine große Packung. [wartet] *Lecker!* [blättert um]

M.: *Ja.*

Herr S. [liest den Bilderbuchtext weiter]: ‚Jetzt können wir nach Hause', sagt Paul und freut sich aufs Abendbrot. Aber vor dem Supermarkt trifft Mama Frau Matschke, die Nachbarin. Die beiden reden und reden. Paul langweilt sich. Da fällt ihm plötzlich etwas ein. ‚Mama, wir müssen schnell nach Hause, sonst schmilzt das Eis!', ruft er. Ach du Schreck', sagt Mama. ‚Daran habe ich gar nicht mehr gedacht'![167] Sie verabschiedet sich von Frau Matschke und macht sich mit Paul auf den Heimweg. [blättert um, liest den Text weiter] Als Mama und Paul zu Hause ange[!]kommen, wartet Papa schon auf sie. ‚Da seid ihr ja endlich wieder', sagt er. ‚Ihr habt aber ganz schön lange gebraucht. Hat da vielleicht jemand getrödelt?' ‚Getrödelt?', fragt Mama. ‚Hier trödelt doch keiner!' Paul schaut Mama an, und Mama schaut Paul an. Und dann müssen beide furchtbar lachen.[168] [schmiegt seinen Kopf an den Kopf des Sohnes]

M. [lacht]

Herr S.: *Wer hat da getrödelt?* [klappt das Buch zu] *Fertig!*

M. [blickt zur Seite auf das zweite Buch, dann in die Kamera, spricht unverständlich] [beide betrachten die Rückseite des Umschlags, deuten auf die Illustrationen, flüstern]

Herr S. [dreht das Buch um]

[beide blicken einige Sekunden auf die Vorderseite]

Herr S. [legt das Buch zur Seite]

Analyse und Interpretation

Auch die zweite Filmsituation ist zunächst hinsichtlich Ort, Zeit und Arrangement ein typisches Beispiel für die Vorleseprozesse zwischen Vater und Sohn. Dennoch unterschiedet sie sich deutlich von der ersten Vorleseinteraktion. Martin wirkt zunächst irritiert, dass er dasselbe Buch, das er mit der Mutter schon vor einiger Zeit gelesen hat, nun noch einmal mit dem Vater lesen soll („Das hatten wir schon!") An dieser Stelle hätte der Vater den Wissensvorsprung des Sohnes nutzen und damit eine Symmetrie oder sogar Umkehrung der asymmetrischen Kommunikationssituation herstellen kön-

---

166 Im Original: muss sich Paul erst durch einen Urwald kämpfen.
167 fügt mehr ein
168 fügt und ein.

nen. Stattdessen reagiert er ignorierend responsiv („Das les ich dir aber noch einmal vor jetzt, ja?"). Während des gesamten Vorlesens besteht Körperkontakt durch die Sitzposition des Sohnes auf dem Schoß. Zum Schluss wird ein intimerer Kontakt vom Vater initiiert – er schmiegt seinen Kopf an den des Sohnes. Dessen Lachen deutet zwar auf ein Einvernehmen hin, die Rezeptionshandlung wird aber trotzdem nicht weitergeführt. Während des Vorlesens kommt es weder zu Blickkontakten, was zum Teil auch mit der Sitzposition zusammenhängt, noch zu gemeinsamem Lächeln oder Lachen als Zeichen gegenseitigen Einverständnisses.

Das gesamte Vorlesegespräch unterliegt stark direktiven Merkmalen. Herr Sandmann liest schneller als beim letzten Mal und betont weniger adäquat. Er hält sich konsequent an den vorgegebenen Bilderbuchtext und liest lange Textpassagen ohne Fragen oder Kommentare, wodurch das Vorlesegespräch mit sieben Minuten nur kurz dauert und einen stark monologischen Charakter erhält. Das verstärkt die ohnehin asymmetrische Kommunikationssituation, in der der kindliche Rezipient nur geringe Redeanteile hat. Herr Sandmann blättert selbst die Seiten. Vor dem Umblättern wartet er nicht oder nur kurz ab, liest dann weiter und lässt dem Sohn damit oft nicht genug Zeit, um auf der Seite zu verweilen, Zwischenfragen zu stellen oder eigene Kommentare zu geben. Einmal blättert er als Reaktion auf einen Kommentar zurück, was sich als responsives Verhalten der Kategorie ‚Eingehen' werten lässt.

Auf der pragmatischen Ebene reagiert der Vater zum Teil herausfordernd, etwa signalisiert er seinem Sohn mit der Rückfrage ‚Wen hast du gesehen?', dass er ihn noch nicht verstanden hat. Das entspricht einem explorationsfördernden Gesprächsstil: Martin muss sich dem Vater durch nochmalige, genauere Erklärung verständlicher machen. Ansonsten aber kommentiert der Vater die Gesprächsbeiträge des Sohnes nur kurz, obwohl sich aus diesen eventuell längere Dialoge hätten ergeben können („Raubtiernummer", „Tauben"). Dieser Stil lässt sich insgesamt als ignorierendes responsives Verhalten werten, das Vater und Sohn keine Gelegenheit bietet, gemeinsame literarische Erfahrungen zu machen. Dass etwa der Bilderbuch-Paul die Tauben für Flugsaurier hält, ist Martin offenbar noch im Gedächtnis geblieben. Diesen Kommentar übergeht Herr Sandmann („Tauben, ne. Flugsaurier. Ja."). Er lässt damit eine Gelegenheit ungenutzt, das Verwirrspiel zwischen Fantasie und ‚Wirklichkeit' der Bilderbuchgeschichte zu erhellen und damit einen Beitrag zur Unterscheidung von Fiktionalität und Realität zu leisten.

Während der Vater in der ersten Vorleseinteraktion häufiger antizipierend versucht, das Textverständnis zu sichern, tut er dies in diesem Filmbeispiel nur ein einziges Mal, indem er – ohne einen deiktischen Verweis – die Illustrationen kommentiert („Da hat er sich unterm Tisch versteckt."). Mit den mangelnden sprachlichen Anpassungen und der fehlenden Nutzung von

Text-Bild-Korrespondenzen wird er seiner Rolle als erwachsener Vermittler nur zum Teil gerecht.

In einer Szene versucht Herr Sandmann eine Verbindung zum gemeinsamen Alltag herzustellen („Gibt's doch sonst immer beim Fleischer."). Daraus ergibt sich ein zwar ein kurzer Dialog, der aber durch den Kommentar von Herrn Sandmann („Der Mann zeigt auch auf die Wurst.") nicht weit führt. Die leicht modifizierte Wiederholung des Bilderbuchtextes („Muss er erst durch einen Urwald klettern.") trägt vermutlich nicht zum Textverständnis bei: Herr Sandmann benutzt hier die gleiche Metaphorik wie die Bilderbuchgeschichte. Obwohl er vermutlich ein Missverständnis antizipiert, unterstützt er seinen Sohn mit diesem Kommentar nur unzureichend, um die Fantasien des kleinen Paul zu verstehen.

(Vor-)Lesekonzepte der Mutter – Interviewauswertung

Frau Sandmann erledigt – von einer kurzen Pause nach Martins Geburt abgesehen – einen großen Teil ihrer beruflichen Arbeit außer Haus. Zum Zeitpunkt des Interviews arbeitet sie an vier Tagen in ihrer sprachtherapeutischen Praxis, d.h. sie verlässt in der Regel morgens nach dem Frühstück das Haus und kehrt am späten Nachmittag oder am Abend zurück. Die dann noch zur Verfügung stehende Zeit verbringt sie mit ihrem Sohn. Darüber hinaus sind ihr freier Tag und das Wochenende als gemeinsame Zeit reserviert, so genannte ‚Mama'-Tage, auf die Martin viel Wert legt. Insgesamt erlebt die Mutter mit ihrem Sohn weniger Alltag als ihr Mann. Frau Sandmann hat dadurch laut Interviewaussage etwas mehr Schwierigkeiten, an die Alltagserfahrungen des Sohnes, zum Beispiel im Vorlesegespräch, anzuknüpfen. („Ich muss dann schon vieles nachfragen.") Dennoch ist die Mutter in Erziehungsfragen umfassend involviert. Gemäß den Kategorien nach Pleck (1997) zeigt sie sich verfügbar, engagiert und verantwortlich. Das betrifft insbesondere den Bereich der Lese- und Medienerziehung. Der Mutter obliegen anscheinend wichtige Aufgaben in der familialen Lesesozialisation. Laut Interviewaussage sei ihr das eigene Lesen und das Vorlesen sehr bedeutsam, „vielleicht mehr als dem Thomas". Offenbar hat sie – vielleicht auch aus professionellen Gründen – stärker darüber reflektiert als ihr Mann und kann somit im Interview ein etwas schlüssigeres Konzept darstellen.

Die Vorleseinteraktionen von Mutter und Sohn tagsüber finden eher am Wochenende statt bzw. in der Woche nach Feierabend im Wohnzimmer auf dem Sofa. Darüber hinaus wird täglich abends im Rahmen des Zu-Bett-Geh-Rituals vorgelesen. Diese Geschichten sind zwar bebildert, der Sohn guckt aber hier nicht mit ins Buch, sondern sitzt, wie der Vater es auch beschrieben hat, auf dem Kopfkissen in seinem Bett, ein Elternteil sitzt vor dem Bett. „Danach legt er sich hin und ich kuschle mich halb neben ihn und dann erzählen wir noch einmal vom Tag." Bis vor kurzem hat Martin darauf bestanden, das Abendritual exklusiv mit der Mutter zu gestalten. Beide können hieraus – so bestätigt Frau Sandmann im Interview – offenbar ihre Gratifikationen ziehen. Sie sind sich körperlich nah, tauschen Alltagserfahrungen aus und beschließen den Tag gemeinsam. Nicht nur für das Abendritual, auch für das Vorlesen tagsüber schätzt die Mutter die Beziehungspflege und das *moodmanaging* als wichtige Funktionen des Vorlesens.

Frau S.: Martin genießt das oft so richtig, das Vorlesen. Und ich selbst finde das auch sehr entspannend. Viel mehr als dieses Freispiel. Also das bedeutet für mich überhaupt keine Anstrengung. Im Gegenteil: Ich mache das wirklich gerne, mich mit ihm gemütlich aufs Sofa zu setzen und ihm etwas vorzulesen.

Zudem betont sie – auch vor dem Hintergrund ihrer beruflichen Ausbildung und Tätigkeit – den Wert von Bilderbüchern für das sprachliche und kognitive Lernen:

Frau S.: Bilderbücher geben einfach unglaublich viele Sprechanlässe. [...] Teilweise konnte er die Geschichte wirklich schon auswendig miterzählen. Das fand ich halt klasse. Da merkte man, dass man die Merkfähigkeit auch bei den Kleinen schon gut schulen kann.

Prä- und paraliterarische Kommunikationsformen, etwa das Singen und Reimen („Ich bin halt selbst mit Liedern groß geworden, ich kenn halt viele.") einschließlich Bilderbuchvorlesen schätzt Frau Sandmann als wichtige Parameter im Prozess der Lesesozialisation und als Vorbereitung auf die selbständige Lektüre:

Frau S.: Also mir wär es schon grundsätzlich sehr wichtig, dass er irgendwann selber auch gerne liest. Und ich denke, dass ist ja auch diese Hinführung: Über Bilderbücher auch irgendwann zum Selberlesen zu kommen und das einfach spannend zu finden, dass das nicht mehr Mama oder Papa machen müssen, sondern dass sie es jetzt selber können. Also das find ich schon enorm wichtig.

Darüber hinaus reflektiert Frau Sandmann die Funktion von Bilderbuchgeschichten für die Entwicklung literarischen Verstehens: Dass etwa die Geschichten mit ihren Figuren und Handlungen zum Beispiel zur Identifikation einladen oder zur Distanzierung dienen können und damit wichtige Beiträge zur Entwicklung von persönlichkeitsbildenden Eigenschaften leisten kann, ist für sie ein wichtiges Argument für das (Vor-)Lesen.

Die Mutter hat Kategorien für die Beurteilung von Kinderliteratur entwickelt. Zum einen legt sie inhaltliche Kriterien an. Die Geschichten sollten „spannend" und „lustig" sein und etwas mit der Lebenswirklichkeit ihres Sohnes zu tun haben. („Also es muss halt zu der eigenen Situation passen.") Am Beispiel der Bären-Bilderbuchgeschichte fallen ihr zahlreiche Bezüge zum (gemeinsamen) Alltag ein, etwa wenn der kleine Bärensohn Max plötzlich noch gründlich aufräumen muss, während der Bärenvater schon ungeduldig wartet. Zum anderen ist sie in der Lage, über die textliche Gestaltung des Buches zu reflektieren, etwa weist sie auf die wiederkehrenden Protagonisten und Handlungsmuster in den Gute-Nacht-Geschichten hin und kann beurteilen, welche Verstehenshilfe diese Strukturen für die kindlichen Rezipienten darstellen. Illustrationen beurteilt sie nach ästhetischen Kriterien, dies aber eher intuitiv („Es ist zwar schön bunt, aber irgendwie ein bisschen zu clean, zu gemalt, ich weiß nicht, was das ist ...") Zudem versucht Frau Sandmann einzuschätzen, ob das Buch der sozioemotionalen, kognitiven und sprachlichen Entwicklung des Dreijährigen angemessen ist. („Ich glaub, das fand er irgendwie verwirrend, das hat er einfach nicht kapiert.")

Auf der Grundlage dieser Urteilskategorien wählt die Mutter verantwortlich die Bilderbücher aus, beschafft sie bzw. gibt Empfehlungen für Geschenke. Bücher zu einem expliziten Thema auszuwählen und diese dann als Erziehungshilfe einzusetzen lehnt Frau Sandmann zwar nicht grundsätzlich ab – außer sie seien zu stark moralisierend. Bislang habe sie das aber noch nicht praktiziert. („Wenn ich Bücher gekauft habe, dann weniger unter so nem thematischen Schwerpunkt. Also nicht, dass ich bezwecken würde, dass sich durch das Buch dann irgendwas ändern würde.") Häufig findet die Buchauswahl auch mit dem Sohn gemeinsam statt, sowohl in Bibliotheken als auch in Buchhandlungen, in denen Mutter und Sohn gemeinsam stöbern: „Und dann lass ich ihn einfach mal gucken und wenn er was gefunden hat, nehmen wir das – nicht immer – aber manchmal mit. Denn was nützt mir 'n Bilderbuch, das er sich nicht gern anguckt." Eigene (Genre-)Präferenzen bei der Auswahl von Kinderliteratur benennt Frau Sandmann im Interview nicht („Nee, das kann ich eigentlich nicht so sagen, das ist wirklich so quer Beet.").

Dass Frau Sandmann ihre Rolle als erwachsene Vermittlerin reflektiert und dass sie versucht, das kindliche Rezeptionsverhalten einzuschätzen und darauf adäquat einzugehen, lässt sich an verschiedenen Interviewaussagen und an den Filmbeispielen belegen. Zum Beispiel trägt sie in ihrer Vorlesepraxis der Lust von Kindern auf wiederholte Lektüre Rechnung.

Frau S.: Es gibt ja Phasen, da müssen Kinder die Bilderbücher zehnmal angucken. Also die Hexe Sausebraus, die findet der Martin nicht langweilig, und die haben wir bestimmt schon seit zwei, drei Monaten und lesen die ständig, die Geschichten, also da hat er bestimmt schon fünfmal jede Geschichte gehört.

Die Mutter legt Wert darauf, ihren Sohn nicht „mit Informationen zu überhäufen" und ihm Zeit zum Betrachten, zum Fragen und Kommentieren zu gewähren („Ich glaub, Ruhe muss irgendwo auch schon dabei sein, dass sich beide auch drauf konzentrieren können. Sonst hetzt man durch das Buch.") Bewusst gestaltet die Mutter ihre Vorleseinteraktionen hinsichtlich des zeitlichen Rahmens, der Zielorientierung und der Anschlusskommunikation.

Frau S.: Martin macht das eigentlich auch sehr gerne. Und kann das auch ausdauernd. Also er guckt dann, und ich lass ihn dann auch gerne gucken. Er lässt sich dann auch Zeit. Es gibt ja Kinder, die schlagen die Seite schon um, wenn man gerade den Text zu Ende gelesen hat. Das find ich eigentlich schade. Wir haben ja sowieso ein ganz anderes

Tempo, wir Erwachsenen. Wir erfassen so ein Bilderbuch ja viel schneller. Kinder gucken sich viel mehr Einzelheiten an, und bis die alles erkannt haben, das dauert einfach unheimlich lange.

Frau Sandmann sieht ihr Vorlesekonzept weniger von direktiven Merkmalen geprägt als ihr Mann. Zwar ist es ihr wichtig, die Geschichte zu Ende zu lesen. Sie besteht aber nicht konsequent darauf, selbst die Seiten umzublättern, sondern will dem Sohn Zeit gewähren und wartet in der Regel so lange ab, bis er ein Signal zum Weiterlesen gibt. Restriktive Maßnahmen, etwa das Abbrechen der Vorlesesituation, wendet die Mutter laut Interviewaussage nur an, wenn der Dreijährige unruhig und unkonzentriert wird. („Nee, also ich denk, wenn es gerade einfach nicht an der Zeit ist, dann bring das auch nichts. Dann hat er ja auch nichts davon, nimmt das gar nicht so auf. Nein, dann würde ich das auch vertagen.") Das Vorlesen hingegen als disziplinarische Maßnahme ausfallen zu lassen komme nicht in Betracht.

Im Interview kann Frau Sandmann ein insgesamt schlüssiges Konzept darstellen, das eine produktive Gestaltung von Vorleseprozessen erwarten lässt. Die stabile emotionale Beziehung zwischen Mutter und Sohn bildet vermutlich eine gute Grundlage für die Vorleseinteraktionen. Frau Sandmann verbindet eigene Gratifikationserwartungen mit der gemeinsamen Bilderbuchrezeption, d.h. sie hat selbst Interesse an Kinderliteratur und sieht die gemeinsame Rezeption als Möglichkeit, exklusiv Zeit miteinander zu verbringen, die Beziehung zu intensivieren, (gemeinsam) Stimmungen zu erleben und zu regulieren (*moodmanaging*) und ihr wichtige Erziehungsziele umzusetzen. Sie ist bereit, sich auf die Langsamkeit des Leseprozesses einzulassen und reflektiert über die Gestaltung der Interaktionssituationen.

Auswertung der Mutter-Kind-Vorleseinteraktionen

Im Folgenden wird das aus den Interviewaussagen entwickelte Vorlesekonzept der Mutter anhand der beiden Videobeispiele überprüft und konkretisiert.

Mutter-Kind-Vorleseinteraktion 1 –
Fries/von Vogel: *Trödeln? Ich doch nicht!*

Das Vorlesen findet im Anschluss an die erste Vorleseinteraktion mit dem Vater statt. Mutter und Sohn sitzen nebeneinander auf dem Sofa im Wohnzimmer, frontal zur Kamera. Frau Sandmann legt den Arm um Martin. Sie hält das Buch so vor ihn, dass beide hineingucken können. Das Vorlesen dauert knapp 18 Minuten. Unterbrechungen gibt es keine. Im Folgenden ist das vollständige Transkript des Vorlesegesprächs mit anschließender Analyse und Interpretation dokumentiert.

M. [hat sich auf die Armlehne des Sofas gelegt]

Frau S. [fasst den Sohn am Bein]: *Kommst mal ein Stückchen rüber, damit der Papa gucken kann, ob das richtig passt?*

M.: [richtet sich auf, legt sich dann wieder hin]

Frau S. [blickt den Sohn an, umfasst ihn mit dem rechten Arm, zieht ihn ein Stück zu sich heran]: *So, dann gucken wir mal, ne.*

M. [blickt in die Kamera, spricht unverständlich, hat ein Papierknäuel in der Hand]

Frau S. [legt den Arm um den Sohn, nimmt ihn dann wieder weg]: *Nee, so geht's nicht.* [schlägt das Buch auf, hält es erst auf ihrem Schoß, dann zwischen sich und den Sohn, blättert auf die erste Textseite]

M. [lehnt sich nochmals zur Seite, spricht wieder unverständlich]

Frau S. [blickt den Sohn an, flüstert]: *Martin, komm, wir gucken jetzt das Bilderbuch an.*

M. [richtet sich auf, blickt ins Buch]

Frau S.: *Also, das ist der Paul.* [Blickkontakt]

M.: *Mhm.*

Frau S. [liest den Bilderbuchtext]: Paul spielt Zirkus. Da ruft Mama: Beeil Dich, Paul! Wir müssen einkaufen gehen, sonst machen die Geschäfte zu.' Ich komme gleich', sagt Paul. ,Wenn die Zirkusvorstellung zu Ende ist.' *Mhm, guck mal.*

M.: *Mhm.*

Frau S. [zeigt auf das Bild]: *Kennst du das?*

M. [blickt auf die Stelle]: *Nein.*

Frau S.: *Der hat so ein Pferdchen wie du.*

M.: *Ja, aber nur ein Rad.* [zeigt auf das Bild]

Frau S.: *Ja, mit nem Rad dran.*

M.: *Ja, aber warum ist da nur ein Rad?*

Frau S.: *Hast du zwei Räder?* [blickt kurz in der Luft umher]

M.: *Ja, ich hab zwei Räder.*

Frau S.: *Du hast zwei Holzräder, ne?*

M.: *Ja.*

Frau S.: *Ja, das ist 'n bisschen anders, das Pferdchen.*

M. [zeigt auf die Bauklötze im Bild]: *Und da ist auch Holz!*

Frau S.: *'n bisschen anders, ja.*

M. [zeigt wieder auf das Steckenpferd]: *Und, und warum, warum ist da nur eins, nur ein Rad?*

Frau S.: *Ja, die haben das wohl in einem andern Geschäft gekauft.*

M.: *Mhm.*

Frau S.: *Das sieht irgendwie anders aus.*

M.: *Mhm.* [zeigt wieder auf das Pferd] *Und die Augen, haben die zu.*

Frau S.: *Mhm.* [beide betrachten einige Sekunden die Bilderbuchseite]

M.: [fasst die Seite an] *Weiter.*

Frau S.: *Weiter.* [umfasst den Sohn mit dem rechten Arm, blättert die Seite um, lässt den Arm hinter seinem Rücken liegen, hält das Buch jetzt direkt vor dem Sohn] [beide blicken ins Buch]

Frau S. [liest den Text]: Mama hat schon ihren Mantel an und den Einkaufskorb dabei. ‚Wo bleibst du denn?' fragt sie. ‚Wir müssen los!' ‚Gleich', sagt Paul. Ich bin gerade mitten in der Raubtiernummer' *Hm. Spielt der Raubtier, der Paul. Hm, vielleicht ein Löwe. Oder so was.*

M.: *Mhm.*

Frau S.: *Mhm.* [verweilt auf der Seite]: *Guck, und die Mama hat schon die Jacke an und die Schuhe, und den Einkaufskorb. Und die will unbedingt los!*

M.: *Warum?*

Frau S.: *Die will einkaufen gehen.*

M. [zeigt auf das Seil in der Illustration]: *Warum ist das da, das, warum liegt das da?*

Frau S.: *Das Seil? Ich glaub, der Paul hat sich eine kleine Zirkusarena gebastelt, ne?*

M.: *Mhm.*

Frau S.: *Mhm. Ne? Deswegen hat der da so ne Runde gelegt. Das Seil hingelegt. Na, und die Mama, die hat's eilig.* [verstellt ihre Stimme] *‚Los, wir müssen los', sagt die Mama.*

M. [ohne Zeigeverweis]: *Hast du das schon vorge-, vorgelest?* [!]

Frau S.: *Mhm. Habe ich schon vorgelesen. Mal sehen, was weiter passiert.* [blättert um]

M.: *Was weiter?* [beide blicken ins Buch]

Frau S. [liest den Bilderbuchtext]: Auf der Straße schaut Mama auf die Uhr und bekommt einen Schreck. ‚Schnell, Paul', ruft sie. ‚Der Bus kommt gleich.' ‚Ich kann nicht so schnell', sagt Paul. ‚Sonst falle ich in die Schlucht.' Mama nimmt Pauls Hand, damit er nicht stürzt. Gerade noch rechtzeitig erreichen sie den Bus. [Pause, zeigt dann auf die Bushaltestelle]. *Ne, da ist die Bushaltestelle, da müssen die hin. Die müssen mit dem Bus fahren.* [Blickkontakt]

M.: *Warum?*

Frau S.: *Na, die fahren mit dem Bus zu einem Geschäft, wo die dann einkaufen können. Wir fahren oft mit dem Auto einkaufen. Und die fahren, die müssen mit dem Bus fahren.*

M.: *Mhm.* [fasst an die Bilderbuchseite] *Weiter.*

Frau S.: *Mhm, weiter.* [blättert um, liest den Bilderbuchtext] Mit dem Bus fahren Mama und Paul in die Stadt. Beim Aussteigen sagt Mama: ‚Zuerst müssen wir zum Bäcker. Hoffentlich kriegen wir noch Brötchen.' Paul will gerade loslaufen, als er ein paar gefährliche Flugsaurier entdeckt. Zum Glück kann er sie in die Flucht schlagen, bevor sie ihn und Mama angreifen. [Pause, deutet dann auf die Illustration] *Guck, die kennst du auch, die Vögel, ne?*

M.: *Welche Vogel* [!]*?*

Frau S.: *Tauben sind das.*

M.: *Ringeltauben?*

Frau S.: *Mhm, vielleicht sind das Ringeltauben, ja. Und da oben sitzt noch eine Taube.* [ohne Bildverweis]

M.: *Mhm.*

Frau S.: *Die guckt von oben runter.*

M.: Mhm. [zeigt auf den unteren Bildrand] *Was ist das?*

Frau S.: *Äh, das ist ne Dachrinne. Die sitzt da bestimmt auf nem Dach, ne.* [streicht mit dem Finger über die Dachrinne]

M.: *Mhm.*

Frau S.: *Und diese Dachrinne, die ist ja immer am Rande von dem Dach. Die guckt da runter auf die Straße.*

M.: *Mhm.* [fährt mit der Handfläche auf der Seite umher]: *Und warum ist das ganz schmutzig?*

Frau S.: *Nee, das ist nicht schmutzig. Das sieht nur so aus.* [zeigt auch auf die Illustration] *Das ist die Straße. Das ist die Straße. Ne grüne Straße.* [zeigt mit der linken Hand auf die rechte Bilderbuchseite] *Das ist der Bus, mit dem sie eben gefahren sind.*

M. [blickt auf die Stelle, die die Mutter zeigt]: *Mhm.*

Frau S.: *Mhm.* [wartet ab] *Und wo ist der Paul?*

M. [tippt auf die Illustration]: *Da!*

Frau S.: *Ja, genau.*

M.: *Was macht, was machen die denn da?*

Frau S.: *Der Paul, der tut grad so, als ob er mit den Tauben kämpft.* [blickt nochmals in den Text] *Der nennt die Flugsaurier! Woll'n wir weitergucken?*

M.: *Mhm.* [blickt ins Buch]

Frau S. [blättert um, liest den Bilderbuchtext]: Beim Bäcker kauft Mama die letzten Brötchen. ‚Jetzt müssen wir noch schnell zum Fleischer', sagt sie, ‚sonst gibt es keinen Aufschnitt mehr. ‚Wo bist du, Paul?' ‚Hier!', ruft Paul und verlässt seinen geheimen Beobachtungsposten. Er wollte gerade die Überwachung der Bäckerei übernehmen, um dem gefürchteten Torten-Räuber das Handwerk zu legen. Aber bevor es zum Abendbrot keinen Aufschnitt gibt, beeilt er sich lieber. *Guck, jetzt hat die Mama Brötchen gekauft.*

M.: *Mhm.*

Frau S.: *Hm, guck mal. Leckere Brezeln.*

M. [tippt auf die Illustration]: *Und was ist das?*

Frau S.: *Das ist die Tüte mit den Brötchen drin. Die will die Mama grad in den Korb legen.* [einige Sekunden Pause, beide blicken ins Buch] *Hmm. Weiterlesen?*

M.: *Ja.*

Frau S. [blättert um, liest den Bilderbuchtext]: Schnell laufen Mama und Paul zum Fleischer. Im Laden sind viele Leute. ‚Da ist Lisa', ruft Paul und winkt einem Mädchen zu, das mit seiner Mutter weiter vorne in der Schlange steht. Lisa und Paul spielen mit Lisas Puppe Käthe, bis Pauls Mama fertig ist. ‚Kann ich noch mit Lisa spielen?, fragt Paul. ‚Käthe kauft gerade ein.' ‚Ein andermal', sagt Mama. ‚Jetzt müssen wir zum Supermarkt.' Paul winkt Lisa und Käthe zum Abschied zu. *Mhm. Mhm. Mhm.*

M.: *Mhm.*

Frau S.: *Mhm. Siehst du, jetzt hat die Mama Aufschnitt gekauft. Müssen sie noch in den Supermarkt gehen.*

M.: *Mhm.*

Frau S.: *Mensch, die müssen aber viele Geschäfte abklappern, ne?*

M.: *Mhm.*

Frau S.: *Mhm. Mannomannomann.*

M.: *Warum?*

Frau S.: *Na, weil die Mama viel einkaufen möchte. Brötchen, Fleisch. Mal gucken, was die im Supermarkt kaufen muss. Woll'n wir mal schauen?*

M.: *Mhm.*

Frau S. [blättert um, liest den Bilderbuchtext]: Auf dem Weg zum Supermarkt kommen sie an einem Flohzirkus vorbei. Guck mal, Paul!', sagt Mama und bleibt stehen. ,Toll!', staunt Paul und betrachtet die winzigen Flöhe. Immer mehr Leute versammeln sich um den Mann. Als er fertig ist, klatschen alle. Paul zupft Mama am Mantel: ,Komm jetzt, sonst macht der Supermarkt zu!' ,Du hast Recht', sagt Mama und schaut auf die Uhr. ,Oje, schon so spät, jetzt aber schnell!' [Pause]

M.: *Wo müssen die noch hin?*

Frau S.: *Die müssen noch zum Supermarkt.*

M. [tippt auf die Illustration]: *Was ist das?*

Frau S.: *Das ist ein Mann mit einem Flohzirkus.* [zeigt auch auf die Illustration] *Flöhe sind ganz, ganz kleine Tiere. In echt sind die noch viel, viel kleiner als auf dem Bild. Und die Flöhe können kleine Kunststücke machen. Deswegen nennt man das Flohzirkus.*

M. [zeigt auf das Bild]: *Was ist das?*

Frau S.: *Eine Kiste. Da sitzen vielleicht ein paar Flöhe drin.* [wartet, fasst die Seite zum Umblättern an]

M. [zeigt auf das Bild]: *Was ist das?*

Frau S.: *Ein kleiner Bollerwagen. Ein kleiner Bollerwagen ist das. Und eine Schaukel.*

M.: *Mhm.*

Frau S.: *Mhm.*

M. [zeigt auf das Bild]: *Ein Ring.*

Frau S.: *Mhm.*

M. [zeigt wieder auf das Bild]: *Und hat der auch ein* [!] *Hund!*

Frau S.: *Ja. Der Mann hat einen Hund.*

M.: *Ist das ein Geschäft?*

Frau S.: *Das ist kein Geschäft. Das ist ein kleiner Flohzirkus. Aber so was haben wir noch nie gesehen, ne?*

M. [schüttelt leicht den Kopf, knüllt Papier in der Hand]

Frau S.: *Soll ich dir das Papier mal kurz wegnehmen, Martin?*

M.: *Warum?*

Frau S. [nimmt ihm sanft das Papierknäuel aus der Hand und legt es neben sich auf das Sofa]: *Weil: Das knistert immer so.* [Blickkontakt] *Woll'n wir mal weitergucken?* [blättert um]

M.: *Mhm.* [blickt ins Buch]

Frau S. [liest den Bilderbuchtext]: Mama und Paul rennen das letzte Stück zum Supermarkt. Zum Glück hat er noch auf. ,Hol bitte drei Bananen, ich geh schon mal zur Käsetheke', sagt Mama. Um an die Bananen zu kommen, muss sich Paul erst durch einen

Urwald kämpfen. Das ist ganz schön anstrengend, aber schließlich hat es Paul geschafft.[169]

M. [zeigt auf die Illustration]: *Was ist das?*

Frau S. [zeigt auch auf verschiedene Stellen in der Illustration]: *Das ist eine Frau. Das sieht man so von oben, ne? Hier ist diese Obsttheke und diese Frau, die sucht sich da irgendwelche Obstsorten aus und tut die dann in den Einkaufswagen. Wir seh'n das hier so von oben* [macht eine begleitende Handbewegung]

M.: *Warum?*

Frau S.: *Hm.* [erst unverständlich, Sprechpause] *Und der Paul, was soll der Paul noch mal holen?* [wartet] *Was hat die Mama gesagt? Was soll der holen?*

M.: *Bananen.*

Frau S.: *Bananen, ne?*

M.: *Kann der das nicht holen?*

Frau S.: *Doch. Der klettert da gerade* [zeigt auf die Illustration] *über diese Stange da und holt die Bananen.*

M.: *Warum?*

Frau S.: *Na, die Mama hat gesagt: Hol mir bitte drei Bananen. Da macht der Paul das ganz schnell.* [beide betrachten einige Sekunden lang aufmerksam die Illustration]

Frau S.: *Soll'n wir mal weitergucken?* [blättert ohne Pause um, liest den Bilderbuchtext] ‚Das hat aber lange gedauert', sagt Mama. ‚Holst Du bitte noch eine Tiefkühlpizza?' ‚Klar', sagt Paul und geht los. Da versperrt

M. [zeigt auf die Illustration]: *Was...?*

Frau S.: *Hm?*

M.: *Was ist das?*

Frau S.: *Eine Dose.*

M.: *Was kommt da rein?*

Frau S.: *Ich glaub, da sind, äh, Brombeeren drin.*

M.: *Mhm.*

Frau S.: *Mhm.*

M. [zeigt auf die Illustration]: *Und das?*

Frau S.: *Da sind Kirschen drin.*

M. [zeigt auf eine andere Stelle im Bild]: *Und da auch Kirschen drin.* [!]

Frau S.: *Also* [liest den Bilderbuchtext weiter] ‚Klar', sagt Paul und geht los. Da versperrt ihm ein riesiger [zeigt auf das Bild] Eisbär den Weg. Paul versteckt sich hinter einem Stapel Dosen und wartet, bis der Eisbär eingeschlafen ist. Dann schl-[unterbricht]

M. [spricht parallel]: *Wo ist der Eisbär?*

Frau S.: *Ja, such mal. Wo ist der Eisbär?*

M. [deutet auf die entsprechende Stelle]: *Da!*

---

169   vertauscht Paul und es.

Frau S.: *Ja, genau!* [liest den Text zu Ende] Dann schleicht er sich zur Kühltruhe und schnappt sich eine Pizza. [Sprechpause, beide blicken aufmerksam auf das Bild]

M.: *Ist da ein Mann dabei?*

Frau S.: *Nee.* [zeigt auf das Bild] *Aber der Paul, der denkt sich das nur aus mit dem Eisbär, ne? Es gibt ja keine echten Eisbären im Supermarkt.*

M.: *Warum nicht?*

Frau S.: *Nee, hast du schon mal 'n Eisbär im Supermarkt gesehen?* [Blickkontakt]

M.: *Mhm.*

Frau S. [umkreist den Eisbären auf dem Bild]: *Vielleicht ist das auch nur ein, ähm, ein gemalter Eisbär. Das ist nur so ne Pappwand, oder so? Das ist bestimmt kein echter Eisbär.*

M.: *Warum?*

Frau S. [fasst die Seite an zum Umblättern]: *So, und dann schnappt sich der Paul eine Pizza da aus dem, aus der Kühltruhe. Ne?*

M.: *Mhm.*

Frau S. [wartet, tippt auf die Illustration]: *Und dann versteckt er sich erst mal hinter den Dosen.*

M.: *Warum?*

Frau S.: *Weil der Angst hat vor dem Eisbär. Der wartet, bis der Eisbär eingeschlafen ist.*

M.: *Wo schläft der?*

Frau S. [zeigt auf die Illustration]: *Noch hat der die Augen auf, ne? Oder?*

M.: *Mhm. Aber wo kann der denn schlafen?*

Frau S.: *Na, dahinter vielleicht, hinter der Kühltruhe. Legt der sich dann hin.* [wartet kurz] [zeigt dann mit der rechten Hand auf die linke Bilderbuchseite] *Und guck mal, da hinten ist die Mama von Paul.*

M.: *Mhm.*

Frau S.: *Hm.* [wartet]

M.: *Mach mal weiter.*

Frau S. [blättert um, liest den Bilderbuchtext]: Endlich haben Mama und Paul alle Einkäufe erledigt. ‚Du darfst dir einen leckeren Nachtisch aussuchen', sagt Mama zu Paul, als sie zur Kasse gehen. ‚Eis!', ruft Paul sofort und holt eine große Packung. *Mmhhm, lecker!* [macht ein paar schmatzende Geräusche]

M.: *Mhm.*

Frau S.: *Mhm.* [zeigt auf das Bild] *Da ist das Eis drin.*

M.: *Und was steht da drin?* [!]

Frau S.: *Ich glaub, das ist nur Verpackung. Das ist die Verpackung, die sieht so aus. Der Deckel ist da noch drauf.*

M.: *Mhm.*

Frau S.: *Jetzt sind sie fertig, ne?* [blättert um, liest den Text] So ... ‚Jetzt können wir nach Hause', sagt Paul und freut sich aufs Abendbrot. Aber vor dem Supermarkt trifft Mama Frau Matschke, die Nachbarin. Die beiden reden und reden. Paul langweilt sich. Da fällt ihm plötzlich etwas ein. ‚Mama, wir müssen schnell nach Hause, sonst schmilzt das Eis!', ruft er. Ach du Schreck', sagt Mama. ,Daran habe ich ja gar nicht gedacht'![170] Sie verabschiedet sich schnell von Frau Matschke und macht sich mit Paul auf den Heimweg. *Hm, ja, das schmilzt ja, ne.*

M.: *Warum?*

Frau S.: *Wird ganz weich, das Eis.*

M.: *Warum?*

Frau S.: *Och, das weißt du doch, Martin! Wenn das Eis so lange in dieser Verpackung liegt, dann schmilzt das?*

M.: *Mhm.*

Frau S.: *Dein Eis war eben auch 'n bisschen weich, ne?*

M.: *Mhm.*

Frau S.: *Das habt ihr ja auch gekauft und dann habt ihr das hier ausgepackt und dann war das auch schon 'n bisschen weich.* [wartet, blickt den Sohn an]

M. [erwidert Blickkontakt]

Frau S.: *Ne, nur in der Tiefkühltruhe, da schmilzt es nicht.* [lacht]

M. [lächelt, blickt dann wieder ins Buch]: *Warum?*

Frau S.: *Bitte?*

M.: *Warum nicht?*

Frau S. [greift die Seite zum Umblättern]: *Weil's da schön kalt ist. Weil's da weiterfrieren kann, ne? Da ist es richtig kalt drin, in so ner Tiefkühltruhe.*

M.: *Und* [kuschelt sich an die Mutter] *warum braucht die so lange?*

Frau S.: *Warum die so lange braucht? Die hat jemanden getroffen. Die hat Frau Matschke, die Nachbarin, getroffen. Das passiert uns ja auch schon mal, ne?*

M.: *Mhm.*

Frau S.: *Wenn wir einkaufen gehen, dann treffen wir jemanden.*

M.: *Mhm.*

Frau S.: *Und dann wird's dir manchmal langweilig. Dann sagst du:* [verstellt die Stimme] *,Wann geh'n wir nach Hause. Ich will endlich nach Hause!'*

M.: *Was?*

Frau S.: *,Ich will endlich nach Hause', sagst du dann.*

M.: *Mhm.*

Frau S.: *Mhm. Ne, und dann trödeln Mama und Papa.* [blättert um]

M.: *Mhm.*

Frau S.: *So.* [liest den Bilderbuchtext] *Als Mama und Paul zu Hause ankommen, wartet Papa schon auf sie. ,Da seid ihr ja endlich wieder', sagt er. ,Ihr habt aber ganz schön lange gebraucht. Hat da vielleicht jemand getrödelt?' ,Getrödelt?', fragt Mama. ,Hier trödelt doch keiner!' Paul schaut Mama an, und Mama schaut Paul an. Dann müssen beide furchtbar lachen.* [Blickkontakt, lacht] *Da trödelt doch keiner! Fertig!*

M.: [blättert die letzte Seite um]: *Möchte noch mal so ein Buch!*

---

170 fügt ja ein.

Frau S. [schlägt das Buch zu]: *Was möchtest du?*

M.: *So ein Buch!*

Frau S.: *'n anderes Buch?*

M.: *Ja.*

Frau S.: *Dann geh' mal in dein Zimmer und dann suchst du dir eins aus.*

M.: *Nein, das da!* [zeigt auf das zweite Bilderbuch, legt sich auf die Armlehne]

Frau S.: *Das andere Buch möchtest du noch mal angucken?* [steht auf, um das Buch zu holen] *Können wir machen!*

M.: *Der Bär!* [Kamera aus]

Analyse und Interpretation

Die Filmsituation ist für das Vorlesen tagsüber typisch hinsichtlich Ort und Arrangement. Nach einem kurzen ‚Einrichten' sitzen Mutter und Sohn nebeneinander auf dem Sofa. Es besteht ein leichter seitlicher Körperkontakt, der von Frau Sandmann nach kurzer Zeit intensiviert wird, indem sie den Arm um den Sohn legt. Das Arrangement wirkt gemütlich und etabliert. Die Mutter hält das Buch so vor den Dreijährigen, dass beide hineingucken können. Während der gesamten Vorlesezeit dient es beiden Interaktionspartnern als Fokus der gemeinsamen Aufmerksamkeit, die die Mutter zu Beginn der Vorlesesituation initiiert („Martin, komm, wir gucken jetzt das Bilderbuch an.").

Charakteristisch für die Vorlesesituation sind die häufigen Appelle der Mutter, die die Aufmerksamkeit auf bestimmte Details lenken soll. Durch ihre Kommentare versucht die Mutter, die Spannung der Geschichte und das Interesse aufrechtzuerhalten („Mal sehen, was weiter passiert."; „Mal gucken, was die im Supermarkt kaufen muss. Woll'n wir mal schauen?" usw.) Insgesamt acht Mal nimmt sie Blickkontakt zu ihrem Sohn auf, einen erwidert der Dreijährige (in der Supermarktszene ‚Eis'). Das gemeinsame Lachen und die intensivere Körperkontakt, den er an dieser Stelle sucht, lassen sich als Zeichen emotionaler Nähe werten. Die Mutter hat mit Alltagsbezug – dem eigenen Eisessen am Nachmittag – offenbar sein Interesse getroffen.

Die relativ geringe Anzahl an Blickkontakten lässt nicht auf einen ignorierenden responsiven Stil schließen, sondern ist eher Ausdruck einer empathischen Einschätzung der Interaktionssituation: Die Mutter ist sich der Aufmerksamkeit des Sohnes sicher, auch ohne ihn anzublicken. Zugleich zeugt das Blickverhalten von ihrem eigenen, authentischen Interesse an der Bilderbuchgeschichte. Gemäß ihren Interviewaussagen verfolgt sie die Handlung interessiert, betrachtet aufmerksam Details in den Illustrationen und verweist auf diese.

Frau Sandmann liest langsam und gut betont. Insbesondere an den Stellen mit wörtlicher Rede moduliert sie ihre Stimme adäquat. In der Regel liest sie den Text auf einer Bilderbuchseite im Zusammenhang, daran schließt sich häufig ein Dialog an. Die Vorlesesituation weist nur schwach ausgeprägte direktive Merkmale auf: Frau Sandmann blättert zwar selbst die Seiten um, gewährt aber davor lange Pausen oder vergewissert sich, ob der Sohn fertig ist („Weiterlesen?"; „Woll'n wir mal schauen?" usw.). Einige Male gibt auch Martin das Signal zum Umblättern („Weiter."). Die gesamte Vorleseinteraktion wirkt ruhig, es gibt mehrere Szenen mit längeren Sprechpausen, in denen beide Interaktionspartner konzentriert ins Buch schauen und die Illustrationen betrachten. Gemäß ihrer Interviewaussage lädt die Mutter auf diese Weise zum Verweilen auf der Bilderbuchseite ein und ermöglicht dem Dreijährigen ein genaues Betrachten der Illustrationen, die Reflexion des vorgelesenen Textes und die Möglichkeit, Fragen zu stellen oder eigene Kommentare abzugeben.

Beide Interaktionspartner nutzen häufig die Möglichkeiten des gemeinsamen Referenzobjekts und der Text-Bild-Korrespondenzen, indem sie deiktisch auf die Bilder verweisen. Frau Sandmann deutet häufig während des Lesens oder während ihrer Kommentare und Erläuterungen auf entsprechende Stellen in den Illustrationen. Und auch Martin nutzt häufig Bildverweise, um seine Fragen oder Kommentare zu unterstreichen, etwa auf der Bäckerei- oder der Flohzirkus-Seite. Manche Bilddarstellungen oder -aussagen versteht er offenbar nicht, an diesen Stellen fragt er nach, etwa warum die (in der Tat ungewohnt grün gefärbte) Straße „schmutzig" sei. Auf der Flugsaurier-Seite kann er den Ausschnitt der Dachrinne – vielleicht wegen der unrealistischen Größenverhältnisse – nicht als solchen erkennen. Beim Obststand auf der Supermarktseite irritiert ihn die perspektivische Aufsicht, er kann deswegen die einkaufende Frau nicht identifizieren. Die Mutter geht an allen Stellen adäquat auf die Nachfragen ein, etwa wenn sie die Vogelperspektive mit „Wir seh'n das hier so von oben." erklärt.

Frau Sandmann fördert die sprachliche Entwicklung auf verschiedenen Ebenen: Im semantischen Bereich versucht sie an verschiedenen Stellen durch Ersetzungen oder Umschreibungen das Textverständnis zu sichern. An verschiedenen Stellen ersetzt sie substantivische durch Verbkonstruktionen, die die Handlungen näher beschreiben. Diese Modifikationen können Kinder in ihrer Begriffsentwicklung unterstützen.[171] Etwa umschreibt Frau Sandmann das eventuell unbekannte, zusammengesetzte Substantiv ‚Raubtiernummer' mit der Handlung ‚Raubtier spielen', oder sie erläutert den Flohzirkus, indem sie die Aktivitäten der Flöhe spezifiziert (‚kleine Kunststücke machen'). Auch die Verwendung von Ober- und Unterbegriffen im Kontext fördert das semantische Lernen (Raubtier – Löwe; Tiere – Flöhe usw.). Die Mutter führt auch selbst Begriffe ein (Zirkusarena), die dem Dreijährigen vermutlich unbekannt sind und die sie dann mit bekannten Begriffen (Runde) umschreibt oder durch Synonyme ersetzt. Auf diese

---

171 Vgl. Glück 1998.

Weise agiert sie adäquat in der ‚Zone der nächsten Entwicklung' und trägt vermutlich zur Erweiterung des mentalen Lexikons bei.

An einer Stelle lässt sich für den semantischen Bereich ein eher ignorierendes responsives Verhalten ausmachen: Auf der Flohzirkus-Seite irritiert Martin der Wagen des Flohzirkusdirektors in der Illustration („Ist das ein Geschäft?"). Hier wiederholt die Mutter den Begriff des Bilderbuchtextes (‚Flohzirkus') und rekurriert auf den gemeinsamen Alltag („Aber so was haben wir noch nie gesehen."), was vermutlich nicht zum besseren Textverständnis beiträgt. Im Interview macht Frau Sandmann deutlich, dass sie diese Stolperstelle wahrgenommen hat und reflektiert darüber: „Das mit dem Flohzirkus fand ich schwierig zu erklären."

Auch auf der grammatischen Ebene fördert die Mutter das sprachliche Lernen. Sie bedient sich hier der Methode des korrektiven Feedbacks[172], etwa bei der Verwendung des Partizip Perfekt (gelest – gelesen) oder der Akkusativmarkierung (ein Hund – einen Hund).

Auf der pragmatisch-kommunikativen Ebene fördert die Mutter die dialogischen Fähigkeiten. Die eigenen Fragen sind eher geschlossen, lassen sich mit einem Wort oder mit Satzfragmenten beantworten und dienen offenbar eher der Sicherung des Textverständnisses. Auf die zahlreichen Warum-Fragen des Sohnes, die nur einmal komplexer ausgeführt werden („Und warum braucht die so lange?") reagiert sie bis auf eine Ausnahme stets eingehend responsiv.

Frau Sandmann gelingt es, in Kenntnis der Lebenswirklichkeit ihres Sohnes Verbindungen zum gemeinsamen Alltag herzustellen. Etwa ergibt sich ein Gespräch über das Steckenpferd, mit dem Bilderbuch-Paul in seiner Zirkusnummer spielt („Der hat so ein Pferdchen wie du."). Die Bemerkung trifft das kindliche Interesse. Da die Mutter dem Sohn ausreichend Zeit zum Betrachten der Seite gewährt, hat er Gelegenheit, Details zu entdecken. Hieraus entwickelt sich ein längerer Dialog. Die Mutter ist hier bereit, sich auf die Fiktion der Bilderbuchgeschichte einzulassen. Etwa unterstellt sie, dass Pauls Pferdchen nur deswegen anders aussieht, weil Pauls Eltern es in einem anderen Geschäft als sie selbst – die Sandmanns – gekauft haben und nicht, weil es so und nicht anders gezeichnet ist. Auch in der Szene, als Paul und seine Mutter zur Bushaltestelle rennen müssen, versucht sie eine mögliche Irritation zu antizipieren und mit dem Bezug zur eigenen Lebenswirklichkeit aufzuklären: Die Protagonisten fahren nicht wie sie selbst mit dem Auto, sondern mit dem Bus zum Einkaufen.

An einer Stelle verfährt die Mutter leicht restriktiv. Ohne Blickkontakt nimmt sie wahr, dass der Sohn mit einem Papierknäuel spielt. Vermutlich fühlt sie sich selbst gestört und will zugleich die Aufmerksamkeit des Drei-

---

172 Dannenbauer 1994, 191.

jährigen sicherstellen. Mit der rhetorischen Frage verbindet sie die Handlung – sie nimmt Martin das Papierknäuel sanft aus der Hand und legt es neben sich: „Weil: Das knistert immer so."

Dass Martin die Vorleseinteraktion offenbar genossen hat, zeigt seine Bitte nach einer Wiederholung („Möchte noch mal so ein Buch."). Darauf geht die Mutter auch bereitwillig ein und liest ihm das zweite der zur Verfügung gestellten Bücher vor.[173]

Mutter-Kind-Vorleseinteraktion 2 – Geisler: *Ich trödel doch nicht, sagt Max.*

Die Filmaufnahme erfolgt nicht im Anschluss an die erste Vorleseinteraktion, sondern an einem anderen Nachmittag. Frau Sandmann sitzt auf dem Sofa im Wohnzimmer, Martin auf ihrem Schoß, beide frontal zur Kamera. Die Mutter hält das Bilderbuch so vor den Sohn, dass beide hineinblicken können. Sie schaut abwechselnd links und rechts am Kopf des Sohnes vorbei, je nachdem, auf welcher Seite gerade gelesen wird. Das Vorlesen dauert elf Minuten, Unterbrechungen gibt es keine. Im Folgenden ist das vollständige Transkript mit anschließender Analyse und Interpretation dokumentiert.

Frau S. [liest den Titel auf der Umschlagseite]: *So: Ich trödel doch nicht, sagt Max. Das ist der kleine Bär, ne?* [blättert um, liest den Bilderbuchtext] Am Freitag fährt Mama mit Stina zu Oma. ‚Tschüs ihr zwei', sagt sie zu Papa und Max, ‚macht euch einen schönen Tag.'

M. [blickt und zeigt in die Kamera]: *Warum, warum sagen die dadraus gar nichts?*

Frau S. [blickt erst zum Sohn, dann auch zur Kamera]: *Die ist da gerade an, die Kamera. Und da können wir uns nachher anhören, was wir gesprochen haben. Und wir können uns das angucken. Die Kamera, die kann uns nichts sagen. Das sieht aus wie'n kleiner Fernseher. Das ist aber kein Fernseher.* [lacht]

M. [wirft sich kurz zur Seite]:

Frau S.: *Hm, Hilfe! So, lesen wir mal weiter.* [liest den Bilderbuchtext] Und weißt du auch, was wir machen?', fragt Papa. ‚Wir gehen Karussell fahren.' JIPPIE!', ruft Max. ‚Wann gehen wir?' ‚Gleich nach dem Essen', sagt Papa. ‚Es gibt Würstchen mit Kartoffelbrei und Salat.' *Hmm, lecker. Mögen wir auch, ne? Würstchen mit Kartoffelbrei.*

M. [nickt, blättert die Seite um]

Frau S. [liest den Bilderbuchtext]: Papa isst fünf Würstchen. Papa isst Berge von Kartoffelbrei. Papa isst viele grüne Salatblätter. Der Teller von Max ist noch voll. ‚Trödel nicht so!', sagt Papa. ‚Denk dran, wir wollen noch Karussell fahren.' Ich trödel doch nicht', sagt Max, ‚ich baue einen Fluss für meine Wurststückchen. Die müssen auch ein bisschen Spaß haben.'

M. [wirkt abgelenkt und müde, während die Mutter liest: rauft sich die Haare, räkelt sich, blickt kurz in die Kamera, reibt sich die Augen, steckt den Finger in die Nase]

Frau S. [blickt den Sohn an, leise]: *Tz, tz, tz, hör mal auf, in der Nase zu bohren!*

---

173 Diese Vorleseinteraktion wird nicht aufgezeichnet.

M. [blättert um]

Frau S. [liest den Bilderbuchtext]: Nach und nach angelt Max alle Wurststückchen aus dem Soßenfluss. Der Kartoffelbrei [räuspert sich] ist schon ein bisschen kalt. Macht nix! Max gräbt noch einen kleinen Seitenkanal. Papa räumt schon mal den Tisch ab. *Guck, der spült schon!*

M. [nickt]

Frau S.: *Dem geht das wohl zu langsam, dem Papa!*

M. [nickt, fasst die Seite zum Umblättern an]

Frau S.: *Warte mal, da ist noch was* [zeigt auf den Text der rechten Bilderbuchseite]. *Hab ich noch nicht vorgelesen.*

M.: *Mhm.*

Frau S.: *Und der Max spielt mit seinem Essen.*

M.: *Mhm.*

Frau S. [liest den Bilderbuchtext]: Er lässt das Wasser ein und fängt an, die Gläser zu spülen. Er spült die Teller und das Besteck, den Topf, die Pfanne und die Schüsseln. Zum Schluss spült Papa noch den Teller von Max. *Ne, dafür muss der allerdings ja erst mal aufgegessen haben* [deutet auf die Illustration]

M.: *Mhm.*

Frau S.: *Der trödelnde Max!*

M.: *Mhm.*

Frau S.: *Ne, du brauchst auch manchmal schon so, ne. Bis wir fertig sind mit dem Essen, ich und Papa. Und du noch, noch ein bisschen spielst mit dem Essen.*

M.: *Nein!*

Frau S. [blickt den Sohn an, lacht]: *Nein?* [liest den Text weiter] Max darf die Löffel abtrocknen, die Gabeln und die Plastikschüssel. ‚He, Max! Was trödelst du da herum? Die Gabeln gehören in den Besteckkasten.' ‚Ich trödel doch nicht', sagt Max. ‚Ich baue ein Karussell für das Besteck.'

M. [spielt mit einem Fernglas, das er um den Hals hängen hat, blickt zwischen Buch und Fernglas hin und her]

Frau S. [liest weiter]: ‚Ich dachte, wir wollen selber Karussell fahren', seufzt Papa. ‚Ja, gleich!', sagt Max.

M. [hält das Fernglas vor die Augen]

Frau S. [nimmt das Fernglas herunter]: *Ach Martin, lass das mal bitte grade hängen!*

M. [nimmt das Glas und hält es erneut vor die Augen]: *Gehört das so?*

Frau S.: *Ja.*

M. [dreht das Fernglas und hält es wieder vor die Augen]: *Aber ich möchte das mal so herum haben.*

Frau S. [blättert um, nimmt erneut das Fernglas herunter]: *Ja, kannst du auch gleich. Lass uns jetzt mal grad das Buch zu Ende lesen, o.k.?* [liest den Bilderbuchtext weiter] Endlich ist die Küche sauber. Papa setzt seine Mütze auf und bindet den Schal um. ‚Mahax!' ruft er. ‚Ja, ja!', ruft Max zurück. ‚Ich muss nur den Kasper in Mamas Bett legen und Stinas Puppe auch. Und am besten noch das Krokodil und den kleinen König. Die fürchten sich sonst, wenn sie allein zu Hause sind.' ‚Oh, Max!', stöhnt Papa. [zeigt auf die Illustration] *Guck, der ist schon fertig angezogen, der Papa.*

M. [blickt auf die Illustration, nickt]: *Mhm.*

Frau S. [zeigt auf die rechte Bilderbuchseite]: *Und der Max hat noch seine Hausschuhe an.*

M. [lacht]: *Seine kleinen Hausschuhe!*

Frau S. [lacht auch]: *Mhm.* [hält die nächste Buchseite zum Umblättern fest]

M. [schlägt gegen die Buchseite wie zum Umblättern, quietscht unwirsch]

Frau S. [blättert um]: *Mit kleinen Löwentatzen.* [liest weiter] Max setzt seine Mütze auf. Papa bindet ihm den Schal um. Max zieht den einen Hausschuh aus und dann den andern. Mit den Hausschuhen im Arm steht er da. Papa klappert ungeduldig mit den *Schlüs-,* Schlüsseln. ‚Ich trödle nicht', sagt Max, ‚aber meine Hausschuhe sind wilde Tiger, die kann ich doch nicht einfach zu Stinas kleinen Babypantoffeln stellen. Das ist viel zu gefährlich.' [nickt] *Hm.* [liest weiter] Max denkt nach. Dann stellt er seine Hausschuhe in die Speisekammer. Stinas Pantoffeln versteckt er in Papas Gummistiefeln. ‚Jetzt können wir gehen', sagt Max und steigt in seine Stiefel. *Hm. Der muss auch immer erst noch mal alles wegräumen, ne?*

M. [nickt]: *Mhm.*

Frau S.: *Mhm.*

M.: *Aber der Papa nicht.*

Frau S.: *Nee, der Papa wartet so lange, ne? Und dem Max fallen immer noch Sachen ein, die er noch schnell erledigen muss. Das ist ein bisschen wie bei uns, ne?*

M.: *Mhm.*

Frau S. [blättert mit der linken Hand die Seite um, liest weiter]: Papa schließt die Haustür ab und stapft los. Fast ist er um die Ecke gebogen, *als er markt* [korrigiert sich] als er merkt, dass kein Max neben ihm geht. ‚Max, du trödelst schon wieder! Das Karussell wartet nicht ewig!' ‚Ich trödel doch nicht', sagt Max. ‚Ich muss nach Opa Meierbär gucken. Der sitzt heute gar nicht an seinem Fenster. *Na so was! Wo ist denn Opa Meierbär?*

M. [blättert um, blickt ins Buch]

Frau S. [liest den Bilderbuchtext]: Hoffentlich ist ihm nichts passiert.' Aber da kommt Herr Meierbär schon die Straße entlang. Er war schnell die Zeitung holen. Papa redet mit Opa Meierbär mal kurz übers Wetter und über Opa Meierbärs krankes Bein, über die Politik und darüber wie das Wetter wohl morgen wird ... ‚Papa!' schimpft Max. ‚Jetzt beeil dich mal! Wir wollen doch Karussell fahren.' ‚Na, dann viel Vergnügen!', lacht Opa Meierbär. *Hm, siehste, jetzt hat der Papa getrödelt.*

M.: *Mhm.*

Frau S.: *Ne, und der Max hat, hat gewartet.*

M.: *Mhm.*

Frau S.: *Mhm.* [blättern gemeinsam um]

Frau S.: *Das ist ja bei uns auch so, wenn ich oder der Papa irgendjemand trifft auf der Straße.*

M.: *Mhm.* [blickt ins Buch]

Frau S. [liest den Text weiter]: So schnell es geht, laufen sie jetzt Richtung Rummelplatz. Papa macht Riesenschritte, Max hopst nebenher. Man kann das Karussell schon
fast sehen, da bleibt Max auf einmal stehen. Ganz langsam geht er in die Knie. ‚Max, du
trödelst ja schon wieder!‘, sagt Papa. ‚Ich trödel doch nicht‘, sagt Max. Ich muss dir was
zeigen.

M.: [blickt in die Kamera]

Frau S.: Komm mal her!‘

M. [blickt in die Kamera, fasst die Seite zum Umblättern]

Frau S. [fasst ebenfalls die Seite an] [beide blättern gemeinsam um]

Frau S.: *Hm, mal gucken, was der da entdeckt hat, ne?* [liest weiter] Jetzt sieht Papa es
auch. Eine Ameisenkarawane. Zwei Ameisen schleppen ein riesiges Stück Pommes frites. Die Nächste trägt einen dicken Brotkrümel. ‚Und das da sieht aus wie ein zuckriger
Mäusespeck‘,[174] sagt Max. Papa staunt. Immer neue Ameisen kommen angewandert.
[wartet, räuspert sich] Und fast alle tragen etwas auf dem Rücken. Lange gucken die
beiden den Ameisen zu. Dass es immer dunkler wird, merken sie gar nicht. *Guck mal,
was die alles schleppen können, ne?*

M.: *Mhm.*

Frau S. [zeigt mit der linken Hand auf die Illustration]: *Das sind die Ameisen mit der
Pommes frites.*

M.: *Mhm.* [zeigt auf das Bild] Und das sind zwei *Gro-*, Brotkrümel. [reibt sich die Au-
gen]

Frau S.: *Mhm. Die haben zwei Brotkrümel auf dem Rücken.*

M. [zeigt auf die linke Bilderbuchhälfte]: *Und das ist eine Melone.*

Frau S. [blickt auf die gleiche Stelle]: *Das sieht aus wie ein Stückchen Melone.*

M: Ist das auch. [zeigt auf eine andere Stelle] *Und das ist Kirsche!*

Frau S. [nickt bestätigend]: *Würd ich auch sagen, sieht aus wie ne Kirsche.*

M.: *Das ist auch ne Kirsche.*

Frau S.: *Mhm, genau.* [schmiegt sich kurz an das Gesicht des Sohnes]

M.: *Mhm.*

Frau S. [wendet den Kopf auf die andere Seite, zeigt auf das Bild]: *Guck, man sieht sogar den Schatten von den Ameisen, ne?*

M. [nickt, blickt ins Buch]: *Mhm.*

Frau S. [blättert um, räuspert sich, liest weiter]: ‚He, Max!‘, ruft Papa plötzlich. ‚Jetzt
müssen wir aber rennen, sonst wird das Karussell abgestellt, bevor wir da sind.‘ Ganz
außer Puste kommen die beiden auf dem Rummelplatz an. ‚Letzte Runde!‘, brummt der
Mann im Kartenhäuschen. ‚Eigentlich wollte ich ja schon zumachen.‘[175] [grimassiert]
Hm, da haben die noch mal Glück gehabt, ne?

M.: *Mhm.*

Frau S.: *Die haben so lange getrödelt, bis es dunkel geworden ist, der Papa und der
Max.* [Blickkontakt] *Die haben aber beide getrödelt, ne?*

---

174 fügt ein ein.
175 fügt ja ein.

M.: *Mhm.*

Frau S. [blättert um, liest weiter]: Papa setzt sich auf sein Lieblingspferd, wie jedes Jahr. Max steigt in den roten Flitzer. Da kann er hupen, was das Zeug hält. Viel zu schnell hält das Karussell wieder an. [wartet, räuspert sich] *Das ging ja flott.* [blättert um, liest weiter] ‚Das hat Spaß gemacht', sagt Max. ‚Ja, aber ich wäre gern noch öfter gefahren', meint Papa. ‚Da hätten wir halt nicht so viel trödeln dürfen!', sagt Max. [Blickkontakt, schmiegt ihr Kinn an das Gesicht des Sohnes] *Hm.*

M. [klappt das Buch zu, blickt und zeigt in die Kamera]: *Wann kommt das denn?*

Frau S.: *Wann wir uns das angucken können, meinst du? Müssen wir mal schauen.* [legt das Buch neben sich] *Jetzt machen wir es erst einmal aus.*

Analyse und Interpretation

Zunächst bietet auch diese Filmsituation ein typisches Beispiel für eine Vorleseinteraktion am Nachmittag. Martin sitzt diesmal nicht neben der Mutter, sondern auf ihrem Schoß. Diese Position ermöglicht einen engen Körperkontakt und wird während des gesamten Vorlesens beibehalten. Das Arrangement wirkt etwas unruhig, weil die Mutter – je nachdem, auf welcher Seite sich der Bilderbuchtext befindet – den Kopf von der rechten auf die linke Seite dreht. Während des ganzen Vorlesegesprächs kommt es nur zum Schluss zu zwei Blickkontakten, die von der Mutter initiiert, vom Sohn aber nicht erwidert werden.

Während des gesamten Vorlesens wirkt der Dreijährige müde. Er blickt zwar die meiste Zeit ins Buch, lässt sich aber stellenweise ablenken. Mal steckt er den Finger in die Nase, ein anderes Mal spielt er mit einem Fernglas, das er um den Hals hängen hat. Die Mutter bemerkt diese Ablenkungen, nimmt sie offenbar als Störung wahr und reagiert jeweils leicht restriktiv, ohne jedoch die Vorleseinteraktion abzubrechen. Das widerspricht ihrer Interviewaussage, sie würde das Vorlesen bei mangelnder Konzentration auch „vertagen". Diese Diskrepanz hängt vermutlich mit dem ‚Druck' der Filmsituation zusammen. Zum einen fordert sie den Sohn verbal auf, seine Handlungen zu unterlassen („Tz, tz, tz, hör mal auf ...".) Die Aufforderung „Ach Martin, lass das mal bitte grade hängen!" begleitet sie mit zwei Mal einer entsprechenden Handlung, indem sie das Fernglas zwar herunter-, es aber dem Sohn nicht abnimmt. Möglicherweise will sie keine größere Störung provozieren. Mit dem Versprechen „Ja, kannst du auch gleich!" zeigt sie, dass sie die Bedürfnisse des Sohnes wahrnimmt und darauf eingeht.

Frau Sandmann liest langsam und gut betont, insbesondere an den Stellen mit wörtlicher Rede moduliert sie adäquat ihre Stimme. Insgesamt weist ihre Vorlesepraxis etwas stärkere direktive Merkmale auf als beim letzten Mal. Sie liest zielorientiert längere Textpassagen am Stück, hält sich genau an den Bilderbuchtext und lässt keine Auslassungen („Warte mal, da ist noch was.") oder gar einen Abbruch zu („Lass uns jetzt grad mal das Buch zu Ende lesen.") Frau Sandmann blättert selbst die Seiten um und gewährt weniger Zeit zum Verweilen auf einer Seite als in der ersten Vorleseinteraktion. Das lässt sich zwar als direktives, aber auch als eingehendes responsives Verhalten werten: Sie bemerkt, dass der Sohn bereit ist zum Weiterlesen, einmal signalisiert er das explizit mit einer entsprechenden Geste.

Nach dem gelesenen Bilderbuchtext stellt die Mutter keine Fragen, versucht aber, mit eigenen, kürzeren Zusammenfassungen oder Kommentaren einen Dialog zu initiieren. Etwa stellt sie Verbindungen zum gemeinsamen Alltag her, zum Beispiel wenn Bärensohn Max mit dem Essen spielt („Ne, du brauchst auch manchmal schon so, ne [...]"), wenn der kleine Protagonist erst noch aufräumen muss, obwohl der Bärenvater ungeduldig wartet („Das ist ein bisschen wie bei dir.") oder wenn sich der Vater mit Herrn Meierbär im Gespräch verliert („Das ist ja bei uns auch so ...") Frau Sandmann versucht mit Appellen, die Spannung der Bilderbuchgeschichte aufrecht und das Vorlesegespräch in Gang zu halten sowie das Interesse des Sohnes zu wecken („Guck mal." „Hm, mal gucken, was der da entdeckt hat, ne?") Mit der mehrmaligen Verwendung von „ne", was sich als ,nicht wahr' paraphrasieren lässt [176], versucht sie die Zustimmung des Sohnes zu evozieren, was in den meisten Fällen auch gelingt: Martin reagiert auf die Kommentare der Mutter zumeist mit einem „Mhm." Er stellt selbst keine Fragen und kommentiert nur wenig („Seine kleinen Hausschuhe."; „Aber der Papa nicht."). Erst auf der Seite mit der Ameisenstraße entwickelt sich ein etwas längerer Dialog. Mutter und Sohn fokussieren einige Details der Illustration und nutzen dabei die Möglichkeit deiktischer Verweise. Martin versucht hier einen Wissensvorsprung auszunutzen, indem er nachdrücklich betont „Das ist auch ne Kirsche." Die Mutter reagiert verbal bestätigend und schmiegt vermittelnd den Kopf an das Gesicht des Sohnes. Damit stellt sie zwar eine gewisse Symmetrie der Kommunikationsbeziehung her, was aber den Vorleseprozess nicht ausdehnt und zu keinen weiteren Dialogen führt. Die Störungen der Interaktion sind weniger auf die Vorlesepraxis der Mutter als mehr auf die Gesamtverfassung des Sohnes zurückzuführen. Von Beginn an wirkt er müde und unkonzentriert und lässt sich leicht ablenken. Dennoch gelingt es der Mutter, seine Aufmerksamkeit immer wieder auf die Bilderbuchgeschichte zu fokussieren und die Geschichte ohne Abbruch bis zum Schluss zu lesen.

Zusammenfassung

Im vorliegenden Fallbeispiel zeigen beide Elternteile insbesondere in den beiden ersten Vorleseinteraktionen je eigene Spezifika, so dass man bezogen auf das familiale Gesamtsystem von einem schlüssigen Konzept ausgehen kann. Insbesondere Frau Sandmann hat – aus verschiedenen Gründen offenbar stärker als ihr Mann – über ihre Rolle als Leserin und Vermittlerin von Kinderliteratur reflektiert. Sie kann Ziele und Funktionen von Lesesozialisation benennen und übernimmt verantwortlich Aufgaben in der Lese-

---

176 Vgl. Braun 1995, 74,

erziehung des Sohnes. Aufgrund der familialen Rollenverteilung und auf der Grundlage einer stabilen emotionalen Beziehung fordert der dreijährige Sohn Vorlesesituationen mit der Mutter regelrecht ein. Er genießt sie offenbar als exklusive Möglichkeit einer Beziehungsgestaltung, und dies sowohl tagsüber als auch im Abendritual.

Bis vor kurzem konnte der Vater nur Vorleseinteraktionen initiieren, die tagsüber in den gemeinsamen Alltag integriert waren. Dass dies in der letzten Zeit deutlich weniger vorgekommen sei, lässt sich zum Teil mit dem fehlenden ‚Profil' erklären: Vorlesen – so dokumentieren die Interviewaussagen des Vaters – sei nur ein Angebot unter mehreren Aktivitäten, man müsse ja nicht „zwanghaft" ein Buch lesen. Herr Sandmann scheint hier zwar die Bedürfnisse des Sohnes zu berücksichtigen, könnte aber vermutlich mit einem etwas schlüssigeren eigenen Konzept häufigere und andere Leseangebote machen. Zurzeit orientiert er sich vornehmlich an dem häuslichen Lektüreangebot und den Vorschlägen seiner Frau.

Trotz dieser ‚Lücken' im eigenen Vorlesekonzept kann Herr Sandmann aber auf der Grundlage einer stabilen, engen sozioemotionalen Beziehung und einer hohen Alltagspräsenz eine durchaus gelungene Vorleseinteraktion präsentieren. Besonders hervorzuheben sind die zahlreichen Blickkontakte und das eingehende responsive Verhalten, was beides zu der Entwicklung eines ausführlicheren Vorlesegesprächs beiträgt. Herr Sandmann zeigt hier wichtige Kompetenzen eines erwachsenen Vermittlers. Er geht adäquat auf die kindlichen Fragen und Kommentare ein und fördert mit seinen eigenen Fragen und Kommentaren sprachlich angemessen in der ‚Zone der nächsten Entwicklung'. Inhaltlich kann Herr Sandmann adäquat in guter Kenntnis der kindlichen Lebenswelt auf die Alltagsbezüge des Sohnes eingehen. Zwar gibt die Mutter im Interview zu verstehen, das sei für sie schwieriger. In den beiden Filmbeispielen knüpft sie allerdings mühelos an verschiedenen Stellen an gemeinsame Alltagserfahrungen an.

Ihre Vorlesepraxis unterliegt im Gegensatz insbesondere zu der zweiten Vorleseinteraktion ihres Mannes kaum direktiven Merkmalen. Besonders charakteristisch ist das Tempo des Vorlesegesprächs: Frau Sandmann lässt lange Sprechpausen und vertieft sich mit ihrem Sohn in die Illustrationen. Gemeinsam entdecken sie Details in den Bildern und kommen darüber ins Gespräch. Obwohl Frau Sandmann weitgehend auf Blickkontakte verzichtet, kommt es zumindest im ersten Vorlesegespräch zu keinen Irritationen und Störungen. Sprachlich fördert auch Frau Sandmann adäquat in der ‚Zone der nächsten Entwicklung', und zwar auf der semantischen, der grammatischen und der pragmatischen Ebene. Auffallend oft nutzt sie deiktisch Text-Bild-Korrespondenzen, auch in Verbindung mit verbalen appellativen Formen. Zudem stellt sie Relationen zwischen der fiktionalen Welt der Bilderbuchgeschichte und der gemeinsamen, ‚realen' Erfahrungswelt her. Diese Angebote unterstützen das Textverstehen und bieten Anknüpfungspunkte für die Begleit- und Anschlusskommunikation.

Das Zusammenspiel der Vater- und der Mutter-Kind-Interaktionen hinterlässt den Eindruck einer produktiven Gestaltung von Vorleseprozessen in der Familie. Der Sohn wünscht zum einen in den Filmbeispielen die Wiederholung bzw. Fortführung der Vorleseinteraktion. Zum anderen fordert er laut Interviewaussagen explizit das Vorlesen von Bilderbuchgeschichten im Abendritual, was bis vor kurzem stark personengebunden gewesen ist. In der letzten Zeit wird die Konstellation häufiger variiert, was sich als Hinweis darauf werten lässt, dass der Sohn seine Gratifikationen von beiden Elternteilen in je eigener Weise erhält.

2.4.5 Darstellung, Analyse und Interpretation des Fallbeispiels 4: Familie Ritterbach: „Und dann fragt er einem wirklich Löcher in den Bauch!"

Im vierten Fallbeispiel wählen beide Elternteile für die Filmaufnahmen jeweils das gleiche zeitliche, örtliche und situative Arrangement. Die Aufzeichnungen erfolgen alle am selben Tag in der Mittagszeit bzw. in den Abendstunden auf dem Sofa im Wohnzimmer. Die Filmaufnahmen erfolgen bis auf zwei Situationen (Fliege im Wohnzimmer, Telefonanruf) störungsfrei, d.h. jeweils in zunächst von Besuchen oder anderen Terminen entlasteten Zeitabschnitten und ohne Anwesenheit der Interviewerin. Wegen der Größe und des Zuschnitts der Wohnung hält sich bis auf kurze Ausnahmen der jeweils andere Elternteil in der Nähe der Lesepartner im gleichen Raum auf.[177] Sowohl die beiden Erwachsenen als auch der Sohn Conrad erleben die Filmsituation offenbar nach einer kurzen Gewöhnung nicht als künstlich. Die laufende Kamera beeinflusst oder beeinträchtigt das Vorlesen nicht merklich. Das bestätigen die Interviewaussagen beider Elternteile und die Videobeobachtungen: Es können bis auf die Anfangs- und Schlussszenen weder Blicke in Richtung Kamera noch Gespräche darüber registriert werden. Interessanterweise dokumentieren aber beide Elternteile im Interview, dass der Sohn im Anschluss an die langen Vorleseszenen das Vorlesen im Rahmen des etablierten Zu-Bett-Geh-Rituals ausdrücklich ohne Kamera genießen will.

Frau R.: Also er fand das – glaube ich – spannend und hat sich auch eigentlich nicht von dieser Kamera beeindrucken lassen. Aber ich entnehme jetzt mal dem, was er hinterher gesagt hat, dass er's offenbar doch als künstlich oder anders empfunden hat. Dieses Lesen abends hat offenbar doch noch mal 'nen anderen Stellenwert.

Bezogen auf das Modell von familialer Lesesozialisation bestehen bei Vater und Mutter offenbar Gemeinsamkeiten, aber auch relevante Unterschiede in

---

177 siehe Dokumentation der Vorlesesituationen

den drei Dimensionen familiale Rollen, sozioemotionale Beziehung, Lesekompetenz. Es handelt sich erstens um eine Familie mit Merkmalen einer ‚modernen‘, nichtkonventionellen Rollenverteilung. Zweitens haben beide Elternteile eine je eigene intensive emotionale Beziehung zu ihrem Sohn aufgebaut. Bezogen auf die Lesekompetenz kann man drittens zunächst von ähnlichen Voraussetzungen ausgehen: Beide Eheleute stammen aus Mittelschichtsfamilien und greifen auf ähnliche kulturelle Erfahrungen und Wertmaßstäbe zurück.

Familiensituation

Kennzeichnend für das Fallbeispiel ist eine Konstellation, die durch so genannte Rollenambivalenz geprägt ist. Beide Eheleute sind zum Zeitpunkt der Untersuchung 35 Jahre alt. Sie haben einen gemeinsamen Sohn im Alter von 3;6 Jahren.[178] Die Familie bewohnt eine geräumige Drei-Zimmer-Wohnung in einem Gründerzeitviertel einer westdeutschen Großstadt. Conrad hat ein großes Kinderzimmer mit einem Hochbett zur Verfügung, in das er durch das Schlaf- und Arbeitszimmer der Eltern gelangt. Das gemeinsame Familienleben findet in dem großen Wohn- und Esszimmer, in der Wohnküche und im Sommer auf der Loggia statt. Im selben Haus lebt eine Familie mit zwei Kleinkindern. Die Paare sind befreundet und unterstützen sich bei Bedarf in der Kinderbetreuung.

Beide Eheleute stammen aus Mittelschichtsfamilien und greifen auf ähnliche kulturelle Erfahrungen und Wertmaßstäbe zurück. Herr Ritterbach hat nach eigenen Angaben eine recht strenge und von wenig Emotionalität geprägte Erziehung genossen, was sich vermutlich auf seine Lektürekonzepte und auch auf die emotionale Beziehung zu seinem Sohn auswirkt. Die familialen Rollen gestalten die Ehepartner nach eigenen Angaben weitgehend egalitär: Beide teilen sich die Berufs- und Familienarbeit, allerdings in unterschiedlicher Gewichtung. Die Erwerbsarbeit ist seit der Geburt des Sohnes nicht paritätisch verteilt. Frau Ritterbach hat die dreijährige Regelung der Elternzeit in Anspruch genommen und diese Zeit genutzt, um sich beruflich weiter zu qualifizieren. Herr Ritterbach ist an einer deutschen Universität angestellt und sorgt seit der Geburt des Sohnes für den Hauptteil des Familieneinkommens. Trotz seiner eher wertkonservativen Erziehung, die ihn offenbar zunächst in die Rolle des Familienernährers drängt, favorisiert Herr Ritterbach ein arbeitsteiliges, modernes Konzept von Ehe und Vaterschaft. So hat er sich etwa seit Geburt des Sohnes umfänglich – u.a. ermöglicht durch flexible Arbeitszeiten – an dessen Betreuung und Erziehung beteiligt. Zum Zeitpunkt der Untersuchung versorgt er seinen Sohn morgens und bringt ihn in den Kindergarten. Nach Feierabend gestaltet er mit ihm die restliche Zeit des Tages, und dies nicht nur, wenn seine Frau

---

178 Bezogen auf das Alter und den Familienstand gehört die Familie Ritterbach damit zur größten Gruppe der Familien in der Fragebogenuntersuchung.

nachmittags ohnehin beruflich eingebunden ist. Am Wochenende teilen sich die Eheleute die Betreuung und Versorgung des Dreijährigen bzw. tätigen gemeinsame Unternehmungen.

Frau Ritterbach identifiziert sich auf der einen Seite in bestimmten Punkten mit einer eher traditionellen Rolle als Frau und Mutter. Etwa war sie ohne Umschweife bereit, nach der Geburt des Sohnes zu Hause zu bleiben und zunächst die Erwerbsarbeit – allerdings auch in Hinsicht auf ihre eigene Weiterqualifikation – ihrem Mann zu überlassen. Auf der anderen Seite möchte sie ihre beruflichen Kompetenzen wahren und ausbauen und ihren Mann von Beginn der Partner- bzw. Elternschaft an der Haus- und Familienarbeit beteiligt sehen. Seit einem halben Jahr unterrichtet Frau Ritterbach in Teilzeit in einer Grundschule.[179] Als ausgebildete Deutschlehrerin und Rezensentin von Kinder- und Jugendliteratur beschäftigt sie sich schon seit geraumer Zeit nicht nur aus persönlichem Interesse, sondern auch professionell mit Fragen der Lese- und Medienerziehung.

Beide Eheleute haben sich offenbar über die Erziehungsziele auf den verschiedenen Feldern verständigen können. Das wird zum einen deutlich in den häufigen ‚Wir‘-‚Formulierungen beider Interviewpartner. Zum anderen kann ein grundsätzliches Einvernehmen insbesondere in den mitgefilmten Übergängen zwischen den einzelnen Vorlesesituationen beobachtet werden. Kurze, ruhige Absprachen, Kopfnicken usw. lassen hier ein einvernehmliches Handeln erkennen. Religiöse Erziehung ist beiden Ehepartnern wichtig, wird aber offenbar nicht dogmatisch praktiziert: Herr Ritterbach hat eine eher konservative katholische Erziehung genossen. Seine Frau war lange Zeit in der Kinder- und Jugendarbeit ihrer Kirchengemeinde aktiv und ist ausgebildete Religionslehrerin.

Der $3^1/_2$-jährige Conrad besucht ganztägig einen integrativen Kindergarten in Trägerschaft einer Elterninitiative. Er ist ein sehr freundliches und aufgewecktes Kind, das sowohl in der Gleichaltrigengruppe als auch zu Erwachsenen schnell Kontakte aufbaut. Conrad ist zwar lebhaft und bewegt sich gern, er kann aber schon gut ausdauernd und konzentriert ruhigeren Beschäftigungen (Puzzeln, Vorlesen) nachgehen.

Medienausstattung des Haushalts und Medienrezeptionsgewohnheiten

Im Haushalt der Familie Ritterbach befinden sich nach Schätzung der Eheleute etwa 3000 bis 4000 Bücher. Dazu gehören neben den zahlreichen je spezifischen Fachbüchern und Lexika jeweils große Gruppen von Sachlite-

---

179 Mit dieser Konstellation gehören beide Elternteile zur jeweils größten Gruppe der Probanden in der Fragebogenuntersuchung: Über zwei Drittel der befragten Männer hatten die Allgemeine Hochschulreife oder Fachhochschulreife und ein Hochschul- oder Fachhochschulstudium hinter sich. Knapp zwei Drittel standen in einem Vollzeit-Arbeitsverhältnis. Bei den zugehörigen Partnerinnen bildeten die Frauen mit Teilzeitbeschäftigung die Hauptgruppe.

ratur, Lyrik und Belletristik, hier sowohl hohe als auch Unterhaltungsliteratur. Zudem verfügt der Haushalt über einen relativ großen Fundus an Bilder- und Kinderbüchern (ca. 400 bis 500), der ständig durch Eigenkäufe und Geschenke ergänzt wird.[180] Die Bücher sind wegen des Zuschnitts der Wohnung an verschiedenen Stellen platziert, die alle zum Verkehrsraum des Jungen gehören. Ein großer Teil befindet sich in hohen Regalen im Hausflur vor der Wohnung, ein weiterer im Wohn- und Schlafzimmer. Die Bilder- und Kinderbücher sind im Kinderzimmer in einem Regal aufgestellt, das für den Dreijährigen auch allein gut zugänglich ist. Allerdings wählt er bislang nur selten Bücher zur Eigenlektüre aus:

I.: Nimmt er sich denn auch tagsüber mal die Bücher und sieht sie sich alleine an?

Frau R.: Selten, ganz selten. Wann war das denn? Gestern oder vorgestern. Da war da so eine Situation, da las er sich auch selber was vor. [...] Aber eigentlich ist es eher so, dass er sie anschleppt und sagt: ‚Du sollst mir jetzt was vorlesen!'

Offenbar bevorzugt der Dreijährige noch die gemeinsame Bilderbuchrezeption mit einer erwachsenen Bezugsperson. Dies sind in der Familie Ritterbach nicht ausschließlich die Eltern, sondern auch Freunde und Bekannte sowie die Großmütter, die regelmäßig zu Besuch kommen.

Frau R.: Weil er vielleicht auch weiß, dass die Omas das ganz gerne machen, das Vorlesen. Und das ist dann ne ganz gute Gelegenheit für ihn, auch tagsüber vorgelesen zu bekommen.

Bücher sind fester Bestandteil des Familienalltags. Die Eltern präsentieren sich ihrem Sohn beide als regelmäßige Leser, und zwar sowohl als Freizeitleser als auch als professionelle Leser – beide Elternteile erledigen einen beträchtlichen Teil ihrer beruflichen Arbeit zu Hause. Hier greift Herr Ritterbach gemäß den typischen geschlechtsspezifischen Lesemustern eher zu Sachbüchern („Also ich selber hab ne ganz klare Präferenz für Sachbücher."), seine Frau hingegen bevorzugt belletristische Literatur. Beide lesen regelmäßig zwei abonnierte überregionale Tages- und Wochenzeitungen. Erziehungsratgeber und -zeitschriften nutzt die Familie nach eigenen Angaben nur selten.

Der Haushalt verfügt über einen Computer mit Internetzugang, der sich in einer Arbeitsecke im Schlafzimmer befindet, sowie ein Notebook, mit dem Herr Ritterbach zeitweise im Wohnzimmer bzw. unterwegs arbeitet. Die Rechner werden ausschließlich von den Eheleuten zur Text- und Datenverarbeitung sowie zur digitalen Kommunikation genutzt. Mit dem Sohn gemeinsam – etwa zum Spielen, Zeichnen, für Lernprogramme oder für die Rezeption von Spielgeschichten – werden sie bislang noch nicht genutzt.

---

180 Eine solche umfangreiche Ausstattung mit Literatur kam in der Stichprobe der Fragebogenuntersuchung kaum vor.

Fernsehen, Video und DVD haben im Alltag der Familie Ritterbach nur einen geringen Stellenwert. Im Wohnzimmer befindet sich eine Fernseh- und Videoeinheit in einem Schrank, der nur bei Bedarf geöffnet wird. Herr Ritterbach ist offenbar etwas stärker an Themengebieten wie Politik und Wirtschaft interessiert als seine Frau. Er sieht regelmäßig Nachrichtensendungen, ab und zu sitzt der Sohn daneben, vermutlich genießt er die gemeinsame Rezeptionssituation. Spezifische, an Kinder adressierte Sendungen werden bislang noch nicht gemeinsam angesehen.

Frau R.: Ja, und Fernsehen guckt er eigentlich überhaupt nicht. Also es kann schon mal sein, wenn der Markus die Nachrichten guckt, dass er sich dazu setzt, aber er findet das absolut nicht interessant, sondern er realisiert, dass er da sitzen darf. [...] Und er fragt dann auch gar nichts. Er nimmt das gar nicht so wahr. [...] Ich könnte mir allerdings vorstellen, dass ihm diese kleinen Cartoons aus der *Sendung mit der Maus* gefallen. [...] Denn er hat auch ne zeitlang regelmäßig bei meiner Mutter aufgezeichnete Folgen der *Teletubbies* angeguckt. Das fand er irgendwie toll. Er glaubt auch – ehrlich gesagt –, dass die Teletubbies ausschließlich bei meiner Mutter im Fernsehen erscheinen.

Im Interview wird deutlich, dass man sich in der Fernseherziehung – ebenso wie in der Leseerziehung – auf ein gemeinsames Konzept verständigen will. („Bei der Sendung mit der Maus, da müssten wir jetzt mal tatsächlich überlegen, ob wir das jetzt mal gezielt angehen." – Frau R. im Interview)

Neben der gemeinsamen HiFi-Anlage im Wohnzimmer steht Sohn Conrad ein eigener Kassettenrekorder zur Verfügung. Zurzeit bevorzugt er noch Musikkassetten mit Kinderliedern, die er wiederholt rezipiert „auch gern zehnmal dieselbe Kassette hintereinander" (Frau R.). Hörspiele wie *Petersson und Findus* oder die *Käpt'n Blaubär-Geschichten* besitzt der Dreijährige zwar schon, „aber die kommen noch nicht so richtig gut an" (Frau R.) Der Trend geht derzeit eher zu Hörspielkassetten mit einer Kombination aus kürzeren Textbeiträgen und Liedern, wobei dem Dreijährigen offenbar die musikalischen Passagen am besten gefallen. Die Kassetten werden ab und zu tagsüber, zum Beispiel auf Autofahrten, sowie im Rahmen des Abendrituals nach dem Vorlesen gehört: „Es kann dann passieren, dass er noch irgendein Buch zum Angucken haben möchte, was er sich parallel zu einer Kassette anschaut." (Herr R.)

Ebenso wenig wie die Eigenlektüre von Bilderbüchern ist für Conrad das Hören einer Geschichte aus einem „mechanischen Instrument" derzeit eine adäquate Alternative für die gemeinsame Rezeptionssituation mit einer vertrauten Bezugsperson: Geschichten lesen – so Frau Ritterbach im Interview – sei immer noch verbunden mit ‚Auf-dem-Schoß-sitzen' und mit einer sichtbaren, spürbaren Bezugsperson.

(Vor-)Lesekonzepte des Vaters – Interviewauswertung
Herr Ritterbach zeigt sich nach den Kategorien von Pleck (1997) in der gesamten Kindererziehung verfügbar, engagiert und verantwortlich. Gemäß

der Verteilung der familialen Rollen übernimmt er regelmäßig Aufgaben in der Pflege und Betreuung seines dreijährigen Sohnes.

Herr R.: Alltag habe ich mit dem Conrad im Großen und Ganzen relativ viel, was ja schon damit anfängt, dass wir hier jeden Morgen das Morgenritual haben. [...] Und abends, wenn ich dann zu Hause bin, dann ist klar, dann brauch ich mir nichts anderes vorzunehmen. Bis zum Schlafengehen ist dann keine anderweitige Beschäftigung möglich, es sei denn, mal den Müll runterbringen.

Herr Ritterbach orientiert sich offenbar am Bild eines ‚modernen' Vaters, der nicht nur die Rolle des Familienernährers übernehmen, sondern – auch aufgrund von Erfahrungen aus der eigenen Kindheit – aktiv an der Entwicklung und Erziehung seines Kindes beteiligt sein möchte. Dass das auch die Lese- und Medienerziehung betrifft, kann er im Interview plausibel machen. Herr Ritterbach ist gut über die Lektüregewohnheiten und Leseinteressen seines Sohnes informiert, kennt die Titel, zum Teil auch Autoren der gelesenen Bücher, die es im Haushalt gibt, und kann deren Inhalte vollständig und detailreich, zum Teil mit Zitaten, Namen der Protagonisten usw. wiedergeben. Der Vater weiß einzuschätzen, ob diese Titel früheren und/oder aktuellen Leseinteressen des Sohnes entsprechen und berücksichtigt das auch bei der Buchauswahl respektive bei Lektürevorschlägen. Im Interview kann der Vater ein schlüssiges Konzept von der Leseerziehung seines Sohnes darlegen. Er reflektiert seine Rolle als erwachsener Vermittler und kann Funktionen und Ziele einer (frühen) Lesesozialisation und Kriterien für die Beurteilung von Kinderliteratur benennen. Diese Angaben decken sich in großen Teilen mit den Aussagen seiner Frau, so dass man hier von abgestimmten, sich deckenden bzw. sich ergänzenden Konzepten ausgehen kann. Das machen unter anderem die häufigen Wir-Formulierungen (in beiden Interviews) und die inhaltlichen Übereinstimmungen bei denselben Interviewthemen deutlich.

Vorlesen findet in der Familie Ritterbach zurzeit vornehmlich im Rahmen des abendlichen Zu-Bett-Gehens statt. Es verläuft nach einem etablierten Ritual, auf das der dreijährige Conrad großen Wert legt und das er offenbar als exklusive und intime Situation wahrnimmt, die niemand beobachten darf. Zum Beispiel hat Conrad es hier auch abgelehnt, sich von der Kamera filmen zu lassen – so Herr Ritterbach im Interview. Fast nie fällt das Ritual ganz aus: An jedem Abend lesen beide Elternteile vor, in der Regel erst die Mutter, danach der Vater, dieser allerdings in der Regel etwas kürzer („Ich komm dann häufiger schon mal mit einem Buch oder zwei Büchern davon."). Sei einer von beiden außer Haus, müsse der andere dessen Part mit übernehmen, geben beide Elternteile augenzwinkernd im Interview an. Für die Vorlesesituation gelten jeweils zunächst die gleichen Regeln und Rituale, was etwa die Lesepositionen und die Buchauswahl anbelangt. Herr Ritterbach beschreibt die ungewöhnliche, den spezifischen räumlichen Bedingungen und den physischen und emotionalen Bedürfnissen von Eltern und Kind angepasste Situation:

Herr R.: Also er sitzt auf dem Hochbett, mit dem Rücken an der Lehne. Er will immer 'n Kissen im Rücken haben, er will sozusagen bequem angelehnt sitzen, in so ner Art Schneidersitz. Das Buch steht hinter seinen Füßen, so dass wir fast so nen Zirkel haben. Also er ist in der Mitte, hinten steh ich, von beiden Seiten die Arme drum herum, die Füße werden etwas angezogen und das Buch bildet sozusagen dann den Abschluss. [...] Auch als Form der Geborgenheit, so ne Einheit.

In dieser speziellen Position lesen sowohl die Mutter als auch der Vater im Abendritual vor. Das Vorlesen tagsüber findet nicht zu festen Zeiten, sondern „mal morgens, mal mittags, mal abends" und häufiger am Wochenende als in der Woche statt.[181] Hier orientiert sich Herr Ritterbach nach eigenen Angaben nicht an normativen Ansprüchen der Leseerziehung, sondern an den aktuellen Bedürfnissen seines Sohnes. („Es gibt Phasen, da will er extrem viel vorgelesen haben und in anderen Zeiten ist das sehr wenig.") Das Lesen tagsüber findet in der Regel – wie auch die gefilmten Beispiele – auf dem Sofa im Wohnzimmer statt. Conrad sitzt dann entweder neben dem Vater oder auf dessen Schoß. Auch an diesem Leseort legt Herr Ritterbach Wert darauf, einen gewissen Körperkontakt herzustellen: „Das hat so was Haptisches, dieses Wange an Wange, das ist – glaube ich – für seinen und auch für meinen Gefühlshaushalt ganz wichtig."

Die Buchauswahl wird dem Sohn überlassen, der Vater macht aber Vorschläge, die sich zum einen an den (vermuteten) kindlichen Leseinteressen, zum anderen auch an seinen eigenen Vorlieben orientieren.

Herr R.: Wenn ich auswählen darf, wähle ich zum einen Bücher aus, die wir längere Zeit nicht mehr gelesen haben, um halt eben so'n bisschen Abwechslung reinzubringen. Oder Bücher, von denen ich glaube, dass sie aufgrund der Textmenge und der Bildermenge für ihn angemessen sind. [...] Natürlich hängen meine Vorschläge auch ein wenig von meinen eigenen Präferenzen ab. Es gibt 'n paar Bücher, die kann ich auf den Tod nicht ausstehen, die nerven mich furchtbar.

In der Regel hat der Dreijährige aber schon „sehr klare Vorstellungen" darüber, was er gerne lesen würde, die Vorschläge des Vaters würden „sehr häufig abgelehnt". Hier verkehrt sich nach den Interviewangaben des Vaters zunächst die asymmetrische Kommunikationssituation:

Herr R.: Dann erklärt er mir umständlich, was er lesen möchte, und manchmal zerreißt es ihn dann sogar, nach dem Motto ‚Mensch, Papa, bist Du dumm. Weißt du nicht, was ich will?' Und dann steht er auf, steigt vom Bett runter und geht an das Regal, um ein Buch auszusuchen.

In seiner Rolle als erwachsener Vermittler und ‚kompetenter Anderer' macht Herr Ritterbach bei dieser Buchauswahl allerdings ein gewisses Mitspracherecht geltend: Wenn das Buch nach seiner Einschätzung nicht „angemessen" ist, zu anspruchsvoll etwa durch einen hohen Textanteil und zu

---

181 Das widerspricht den Befunden der Fragebogenuntersuchung: Hier erhöhten sich die Vorlesezeiten von den Wochentagen zum Wochenende kaum.

wenige Bilder oder umgekehrt unterfordernd, etwa die Bücher zum Zeigen und Benennen, versucht er den Dreijährigen umzustimmen.

Herr R.: Da muss man ihn dann mühselig überzeugen, dass das sozusagen für ihn noch nichts ist. Dann beharrt er dann meistens drauf, weil er dann ausgerechnet jetzt dieses vorgelesen haben will. Oder manchmal greift er sich Bücher raus, das sind reine Anguckbücher, also so 'n großer Ball oder Eisenbahn, vollkommen ohne Text oder eben nur mit einem Wort drunter. Lok, Ball ... Da mein ich: Conrad, sollen wir vielleicht nicht doch lieber was lesen, was irgendwie so 'n bisschen eher angemessen ist. Na ja, und dann hängt es natürlich von der Situation ab: Wenn er sehr müde oder vielleicht quengelig ist oder konkret unbedingt dieses Buch haben will, dann wird's halt eben gelesen.

Zum Teil reagiert der Vater aber auch restriktiver, wenn er das Buch für gänzlich ungeeignet hält. Der sprachliche Stil lässt hier auf einen eher strengen und bestimmenden Interaktionsstil schließen („klar zu verstehen geben"; „partout")

Herr R.: Und man muss einfach viel zu viel erklären. Ich les das [ein seltenes Buch aus dem Astrid-Lindgren-Nachlass, dessen Titel Herr Ritterbach nicht mehr genau erinnert, S.E.] sehr ungerne vor, und das weiß der Conrad auch. Also diesen Vorschlag, den haben wir durch. Er hat's ein, zwei Mal vorgeschlagen, da hab ich ihm klar zu verstehen gegeben, dass ich dieses Buch partout nicht vorlesen wollte und als er neulich noch mal aus dem Regal ziehen wollte, da meinte er nur zu sich selbst ganz leise: ‚Ach, das liest der Papa nicht so gern!' und schob es wieder zurück.

Die Buchbeschaffung überlässt Herr Ritterbach nach eigenen Angaben seiner Frau („Da hab ich einfach zu wenig Ahnung von der Materie."). Er lässt sich offenbar gern von ihr als Expertin beraten und nutzt die zur Verfügung gestellten Bücher. Innerhalb dieser Auswahl hat er auch eigene Vorlieben entwickelt. Als Kriterien für die Beurteilung von Bilderbüchern nennt Herr Ritterbach in erster Linie das „angemessene Verhältnis" von Illustrationen und Text. Die Bilder bewertet er auch nach eigenem ästhetischen Empfinden („Ich finde die Zeichnungen absolut miserabel.")[182] und reflektiert dabei auch seine Rolle als erwachsener Vermittler:

Herr R.: Witzigerweise springt der Conrad auf diese Bilder an. Ihn stört das überhaupt gar nicht, dass das Schwarz auf Weiß ist. Er nimmt das Bild anders wahr, als ich es als Erwachsener wahrnehme.

Im Interview macht der Vater deutlich, dass er die Leseinteressen seines Sohnes wahrnimmt und reflektiert („Das liest er gern im Moment.", „Das fand er witzig." „Das hat ihn angesprochen."). Er kann diese mit seinen eigenen Präferenzen zu gemeinsamen Interessen verbinden. Offensichtlich hat er die Möglichkeit, dass Bücher auf unterschiedlichen Ebenen rezipiert werden können, in sein (Vor-)Lesekonzept integriert. Etwa fand er selbst in

---

182 Es handelt sich hier um ein Bilderbuch aus dem eigenen Buchbestand, dessen Titel Herr Ritterbach nicht mehr genau erinnert („Bruno?")

dem Bilderbuch *Papa* die Ironisierung attraktiv – ein Mensch und ein kleines Monster halten sich gegenseitig für Ungeheuer.[183] Der Sohn hingegen war zunächst begeistert von der sprachlichen Gestaltung des Buches und zitierte eine zeitlang das Wort ‚Tausendfüßlerpfotentorte' zu allen möglichen Gelegenheiten.

Herr Ritterbach ist in der Lage, Ziele von Lesesozialisation zu definieren. Er stellt eine Verbindung zwischen seinen eigenen Leseerfahrungen in der Kindheit, seinen aktuellen Lesegewohnheiten und Lektürepräferenzen und den Zielen her, die er in der Leseerziehung seines Sohnes verfolgt. Obwohl er es als Kind genossen habe, vorgelesen zu bekommen, habe seine Mutter das nur „in ganz dezenten Ansätzen" praktiziert: „So mehr als zwei, drei Seiten gab's abends eigentlich nicht." Dieser Mangel an (Vor-)Leseerfahrungen, das „buchferne" Elternhaus und das fehlende elterliche Lesevorbild sind nach Einschätzung des Vaters wichtige Gründe, warum er selbst „erst relativ spät zum Buch gekommen" sei. Bis heute habe er keinen rechten Zugang zu bestimmten Genres (Belletristik, Lyrik) gefunden, was er als Mangel empfindet.

Herr R.: Ich fänd das eben schön, wenn das beim Conrad anders wäre. Deshalb würde ich durchaus über meinen Schatten springen und ihm dann auch diese Sachen vorlesen.

Aus diesem Grund lehnt er eine klare Zuordnung verschiedener Genres ab, etwa dass er selbst eher für die Sachlektüre, seine Frau für die Belletristik zuständig wäre.

Als eine Funktion der gemeinsamen Bilderbuchrezeption benennt Herr Ritterbach (implizit) das sprachliche und literarische Lernen. Dafür benutzt er zwar den Begriff „Sprach*schulung*", meint aber damit nicht nur kognitive, sondern auch sprachästhetische Aspekte: „Also er soll seinen Sprachschatz erweitern, er soll feststellen, dass man mit Sprache irgendwie umgehen kann, [...], dass es Sachen gibt, die sich schön anhören, die sich reimen, dass man Texte zum Teil auch singen kann [...]."[184] Darüber hinaus schreibt er dem Vorlesen die Funktion des *moodmanaging* zu. Mit dem gemeinsamen Lesen möchte er dem Sohn zum Beispiel nach einem lebhaften Spielnachmittag die Gelegenheit geben, sich zu beruhigen, von der „hohen Drehzahl etwas runterzukommen" und sich vorzubereiten für die Nacht. Auch er selbst erlebt das gemeinsame Lesen als Möglichkeit, seinen „Gefühlshaushalt" zu regulieren. („Man sitzt da so schön zusammengekuschelt.") Offenbar dient also die gemeinsame Rezeptionssituation auch als Rahmen, um die Vater-Sohn-Beziehung emotional zu stärken. Zwischen

---

183 Corentin, Philippe; Koppe, Susanne; Koppe, Bernhard: Papa! Weinheim u.a.: P 1997.

184 Das entspricht den Ergebnissen der Fragebogenuntersuchung, die korrelati sammenhänge zwischen dem Bilderbuchvorlesen und anderen prä- und p rischen Kommunikationsformen wie Singen, Reimen, Sprachspielen konnte.

den Bilderbuchgeschichten und dem (gemeinsamen) Alltag Bezüge herzustellen ist offenbar kein besonderes Anliegen des Vaters. Damit geht einher, dass er Bilderbücher als Erziehungshilfe im alltäglichen Umgang mit seinem Sohn bislang noch nicht genutzt hat. Grundsätzlich könne er sich das jedoch bei bestimmten Themen „in der Zukunft" vorstellen. Die vorgelesenen Bücher zum Thema Trödeln hätten für beide zurzeit keine Relevanz im Alltag, der in der Regel mit ausreichenden Zeitpotentialen und -puffern organisiert sei.

Herr Ritterbach kennzeichnet seine Vorlesepraxis vor allem mit direktiven Merkmalen. Er legt Wert darauf, dass eine Geschichte zu Ende gelesen wird, und möchte selbst die Seiten umblättern.

Herr R.: Ja, also ich blätter selbst weiter. Ne große Fragesequenz lasse ich zu, aber wenn ich feststelle, dass die Fragen nur um des Fragens willen gestellt werden, sage ich auch schon mal: Conrad, lass uns jetzt weiterlesen. oder: Möchtest du, dass ich das Buch weiterlese?

Nur bisweilen legt Conrad selbst Hand an die Seiten und blättert zurück, wenn er noch Fragen oder Kommentare zu einer vorhergehenden Bilderbuchseite hat. Das könnte auf ein ignorierendes responsives Verhalten des Vaters hinweisen, nämlich dann, wenn dieser nicht genügend Zeit beim Umblättern gewährt bzw. nicht durch Blickkontakt sichergestellt hat, dass der Sohn bereit ist zum Weiterlesen. Fragen lässt Herr Ritterbach zwar zu, jedoch in einem gewissen, von ihm definierten Umfang. Dass er den Vorleseprozess durch ausführliche Begleitgespräche irgendwann gestört sieht, wird sowohl in den Interviewaussagen seiner Frau („Also mein Mann ist schon sehr daran interessiert, dass das alles so genau der Reihe nach durchgelesen wird.") als auch in seinem eigenen Aussagen deutlich. Auffällig häufig formuliert er Ketten von Fragen, die sein Sohn entweder gestellt hat, oder die denkbar gewesen wären („Und dann fragt er einem wirklich Löcher in den Bauch!") Auch Bemerkungen wie „nach der *vierzigsten* Frage" oder „diese ständigen Warum-Fragen" lassen sich als Hinweis darauf werten, dass er die Vorlesegespräche zeitlich, aber auch thematisch begrenzen möchte.

Auswertung der Vater-Kind-Vorleseinteraktionen

Im Folgenden wird das aus den Interviewaussagen entwickelte Vorlesekonzept des Vaters anhand der beiden Videobeispiele überprüft und konkretisiert.

Vater-Kind-Vorleseinteraktion 1 – Fries/von Vogel: *Trödeln? Ich doch nicht!*

Das Vorlesen findet in den Abendstunden im Rahmen des Zu-Bett-Geh-Rituals statt. Vorausgegangen ist ein Vorleseversuch am Nachmittag, der nach einigen Minuten wegen mangelnder Konzentrationsfähigkeit des Sohnes auf dessen Wunsch abgebrochen wurde. („Das dauert aber mir zu lange.

Kannst du das bitte alleine lesen?") Der Vater hat sich mehrmals rückversichert, dass Conrad das Buch lieber zu einem späteren Zeitpunkt lesen wolle, die Filmaufnahme wird daraufhin abgebrochen. Abends setzen sich die beiden Interaktionspartner zum zweiten Mal auf das Sofa im Wohnzimmer, frontal vor der Kamera. Conrad sitzt auf dem Schoß des Vaters. Dieser hält das Buch aufgeschlagen vor dem Sohn, so dass beide bequem hineingucken können. Das Vorlesen dauert acht Minuten, es gibt keine äußeren Störungen oder sonstige Unterbrechungen. Im Folgenden ist das vollständige Transkript mit anschließender Analyse und Interpretation dokumentiert.

C.: [hält einen Schlüssel in der Hand]

Herr R.: *So, Schlüssel mal da hin legen.* [Nimmt den Schlüssel und legt ihn auf die Sofalehne]. *Der hat jetzt mal ne Pause.* [beide blicken ins Buch] *So:* Trödeln? Ich doch nicht! [blättert um] Paul spielt Zirkus. Da ruft Mama: Beeil Dich, Paul! Wir müssen einkaufen gehen, sonst machen die Geschäfte zu.' ,Ich komme gleich', sagt Paul. ,Wenn die Zirkusvorstellung zu Ende ist.' [blättert um, liest den Bilderbuchtext weiter] Mama hat schon ihren Mantel an und den Einkaufskorb dabei. Wo bleibst du denn?' fragt sie. ,Wir müssen los!' ,Gleich', sagt Paul. Ich bin gerade mitten in der Raubtiernummer.' [blättert um, liest weiter] Auf der Straße schaut Mama auf die Uhr und bekommt einen Schreck. ,Schnell, Paul', ruft sie. ,Der Bus kommt gleich.' ,Ich kann nicht so schnell', sagt Paul. ,Sonst falle ich in die Schlucht.' Mama nimmt Pauls Hand, damit er nicht stürzt. Gerade noch rechtzeitig erreichen sie den Bus. [blättert um, liest weiter] Mit dem Bus fahren Mama und Paul in die Stadt. Beim Aussteigen sagt Mama: ,Zuerst müssen wir zum Bäcker.

C. [fasst das Buch mit an, grinst, dann nicht ganz verständlich]: *Nee, zuerst zum Ech....*

Herr R.: *Was hast du gesagt?*

C.: *Zuerst zum Extra.*

[Frau R. aus dem Off: *Zum Extra?*]

Herr R. [wiederholt den Text]: ,Zuerst müssen wir zum Bäcker. Hoffentlich kriegen wir noch Brötchen.' Paul will gerade loslaufen, *als ein paar gefährliche* [korrigiert sich] als er ein paar gefährliche Flugsaurier entdeckt. Zum Glück kann er sie in die Flucht schlagen, bevor sie ihn und Mama angreifen. [blättert um, liest weiter] Beim Bäcker kauft Mama die letzten Brötchen. ,Jetzt müssen wir noch schnell zum Fleischer', sagt sie, ,sonst gibt es keinen Aufschnitt mehr. ,Wo bist du, Paul?' ,Hier!', ruft Paul und verlässt seinen geheimen Beobachtungsposten. Er wollte gerade die Überwachung der Bäckerei übernehmen, um dem gefürchteten Torten-Räuber das Handwerk zu legen. Aber bevor es zum Abendbrot keinen Aufschnitt gibt, beeilt er sich lieber. [blättert um, liest weiter] Schnell laufen Mama und Paul zum Fleischer. Im Laden sind viele Leute. ,Da ist Lisa', ruft Paul und winkt einem Mädchen zu, das mit seiner Mutter weiter vorne in der Schlange steht. Lisa und Paul spielen mit Lisas Puppe Käthe, bis Pauls Mama fertig ist. ,Kann ich noch mit Lisa spielen?, fragt Paul. ,Käthe kauft gerade ein.' ,Ein andermal', sagt Mama. ,Jetzt müssen wir zum Supermarkt.' Paul winkt Lisa [begleitende Handgeste] und Käthe zum Abschied zu. [blättert um, beginnt die neue Seite] Auf dem Weg zum Supermarkt ...

C. [deutet auf den Flohzirkus]: *Was ist das?* [lächelt und blickt zur Mutter, die nebenan den Abendbrottisch deckt]

Herr R.: *Ja.* [wiederholt, liest den Text weiter] Auf dem Weg zum Supermarkt kommen sie an einem Flohzirkus vorbei. Guck mal, Paul!', sagt Mama und bleibt stehen. ,Toll!', staunt Paul und betrachtet die winzigen Flöhe. [begleitende Handgeste] *Immer wenn noch mehr* [korrigiert sich] immer mehr Leute versammeln sich um den Mann. Als er fertig ist, klatschen alle. Paul zupft Mama am Mantel [begleitende Geste: zupft am T-Shirt des Sohnes] ,Komm jetzt, sonst macht der Supermarkt zu!' ,Du hast Recht', sagt Mama und schaut auf die Uhr. ,Oje, schon so spät, jetzt aber schnell!' [blättert um, liest den Text weiter] Mama und Paul rennen das letzte Stück zum Supermarkt. Zum Glück hat er noch auf. ,Hol bitte drei Bananen, ich geh schon mal zur Käsetheke', sagt Mama. *Um an die,* um an die Bananen zu kommen, muss sich Paul erst durch einen Urwald kämpfen. Das ist ganz schön anstrengend ...

C. [blickt vom Buch weg und auf den Schlüssel auf der Sofalehne, will danach greifen]

Herr R.: Aber schließlich hat ... [nimmt Conrads Hand weg vom Schlüssel] *Der hat jetzt Pause, Conrad.* [liest weiter] Aber schließlich hat Paul es geschafft. [blättert um, liest den Bilderbuchtext] ,Das hat aber lange gedauert', sagt Mama. ,Holst Du bitte noch eine Tiefkühlpizza?' ,Klar', sagt Paul und geht los. Da versperrt ihm ein riesiger Eisbär den Weg. Paul versteckt sich hinter einem Stapel Dosen und wartet ...

C.: *Wo denn?*

Herr R. [zeigt auf den Dosenstapel]: *Da ist ein riesiger Stapel Dosen, siehst du das? Hast Du auch den Eisbär schon gesehen?*

C. [zeigt erst auf den Eisbären, dann auf den Dosenstapel]: *Was macht der da? Warum hat der einen Stapel Dosen versteckt hier [!], der Paul?*

Herr R.: *Ja, weil hier* [entsprechende Zeigegeste] *ein Eisbär ist, Conrad. Da hat er sich hinter den Dosen versteckt.*

C.: *Warum? Hat der davor Angst?*

Herr R.: *Ich glaub ja. Sieht so aus. Soll 'n wir mal weiterlesen?*

C. [nickt]: *Ja.*

Herr R.: [wiederholt, liest den Bilderbuchtext] Paul versteckt sich hinter einem riesi-gen[185] Stapel Dosen und wartet, bis der Eisbär eingeschlafen ist. Dann schleicht er sich zur Kühltruhe und schnappt sich eine Pizza. *Ich glaub, der Paul hat vor dem Eisbären Angst gehabt.* [blättert um]. Endlich haben Mama und Paul alle Einkäufe erledigt.

C. [blickt auf seine Finger, murmelt unverständlich].

Herr R [nimmt kurz die Hand]: *Ach Conrad.* [liest weiter] ,Du darfst dir einen leckeren Nachtisch aussuchen', sagt Mama zu Paul,

C. [zeigt dem Vater den Finger]: *Der ist hier noch drin.*

Herr R. [nimmt abermals den Finger]: *Ach Conrad, was machst du denn da eigentlich immer?* [entfernt den Krümel vom Finger] *So, und weg.* [wiederholt, liest den Bilder-buchtext] ,Du darfst dir einen leckeren Nachtisch aussuchen', sagt Mama zu Paul, als sie zur Kasse gehen. ,Eis!', ruft Paul sofort und holt eine große Packung. Siehst Du die Pa-ckung?

C.: *Jaa!* [zeigt auf die Illustration] *Möcht auch mal so ein Eis haben.*

---

185   fügt riesigen ein

Herr R.: *Du hast heute schon zwei Eis gekriegt, heut Nachmittag.* [liest weiter] ‚Jetzt können wir nach Hause', sagt Paul und freut sich aufs Abendbrot. Aber vor dem Supermarkt trifft Mama Frau Matschke, die Nachbarin. Die beiden reden und reden. Paul langweilt sich. Da fällt ihm plötzlich ein.[186] ‚Mama, wir müssen schnell nach Hause, sonst schmilzt das Eis!', ruft er. Ach du Schreck', sagt Mama. ‚Daran habe ich gar nicht gedacht'! Sie verabschiedet sich schnell von Frau Matschke und macht sich mit Paul auf den Heimweg. [blättert um, liest weiter] Als Mama und Paul zu Hause ankommen, wartet Papa schon auf sie. ‚Da seid ihr ja endlich wieder', sagt er. ‚Ihr habt ja[187] ganz schön lange gebraucht. Hast du vielleicht jemanden [!] [krault mit der Hand kurz die Haare des Sohnes] getrödelt?'[188]

C. [schmunzelt, schüttelt den Kopf]: *Neein!*

Herr R.: ‚Getrödelt?', fragt Mama. ‚Hier trödelt doch keiner!' Paul schaut Mama an, und Mama schaut Paul an. Dann müssen wir beide furchtbar lachen.[189]

C.: *Noch mal.*

Herr R.: *Noch mal?*

C.: *Ich mach das noch mal mit der Mama* [blickt zur Mutter, die sich nebenan im Esszimmer aufhält]

Analyse und Interpretation

Laut Interviewaussage ist die Vorlesesituation in ihrem zeitlichen, örtlichen und situativen Arrangement nicht als typisch für die Vorleseinteraktionen zwischen Vater und Sohn zu werten. Zwar wird auch tagsüber ab und zu auf dem Sofa im Wohnzimmer vorgelesen, das abendliche Vorlesen findet aber in einem etablierten Ritual am bzw. auf dem Hochbett im Kinderzimmer statt. Auch werden zwar Titel vom Vater vorgeschlagen, die endgültige Auswahl trifft aber in der Regel der Sohn. Trotz dieser veränderten Bedingungen wirkt das Vorlesearrangement aber zunächst für beide Interaktionspartner bewährt. Vater und Sohn halten während der gesamten Zeit Körperkontakt, zum Schluss krault Herr Ritterbach seinem Sohn kurz den Kopf. Über Blicke treten die beiden auffälligerweise überhaupt nicht in Kontakt, was vermutlich zum Teil mit der besonderen Sitzposition auf dem Schoß zusammenhängt.

Herr Ritterbach liest langsam und betont weitgehend adäquat. Seine Stimme moduliert er nur wenig, begleitet seine Rede aber ab und zu mit zum Inhalt der Geschichte passenden Gesten, zum Beispiel zupft er den Sohn am T-Shirt, als er liest, dass Paul seine Mutter am Mantel zupft. Herr Ritterbach hält sich an den vorgegebenen Bilderbuchtext und liest lange Textpassagen ohne Unterbrechungen. Es kommt zu einigen Versprechern, die zum Teil sogar den Inhalt verändern, aber nicht korrigiert werden. Dadurch erinnert das Vorlesen ein wenig an einen Vortrag. Dieser eher monologisieren-

---

186 lässt etwas aus
187 liest ja statt aber
188 In der Vorlage: ‚Hat da vielleicht jemand getrödelt?'
189 fügt wir ein

de Stil des Vaters bewirkt eine deutlich asymmetrische Kommunikationsbeziehung. Dass der Sohn nur wenige Fragen gestellt oder Kommentare gegeben habe, führt Herr Ritterbach im Interview zum einen auf die ‚Tagesform' des Dreijährigen zurück („ein bisschen müde, ein bisschen überdreht"). Zum anderen verweist er auf ein bestimmtes Muster in den Vorlesegewohnheiten:

Herr R. (im Interview): Die Vorlesesituation war insofern typisch, als dass der Conrad zunächst einmal die ersten zwei Male, wenn er 'n neues Buch hat, sehr passiv ist. Erst beim vierten und fünften Male fängt er an, Fragen zu stellen.

Die langen Vorlesepassagen ohne Unterbrechungen durch freie Rede weisen darauf hin, dass Herr Ritterbach auf das Ende der Geschichte hinsteuert. Seine Zielorientierung macht er an einer Stelle auch verbal deutlich: „So, soll 'n wir mal weiterlesen?" Er blättert selbst die Seiten um und macht dabei jeweils kurze Pausen, in denen ein Sprecherwechsel stattfinden könnte. Conrad schaltet sich jedoch an diesen Stellen nicht in das Gespräch ein. Zweimal initiiert er selbst einen Sprecherwechsel, indem er den Vater mitten im Satz unterbricht.

Herr Ritterbach reagiert in verschiedener Weise auf die Redebeiträge seines Sohnes. Selten zeigt er ein eingehendes responsives Verhalten wie auf der Supermarkt-Seite („Da ist ein riesiger Dosenstapel, siehst du das?")[190]. Die Nachfrage Conrads „Warum hat der einen Stapel Dosen versteckt hier, der Paul?" lässt entweder auf ein Missverständnis oder auf den noch fehlenden Gebrauch reflexiver Verben schließen. Vermutlich deutet der Vater die Nachfrage richtig, wenn er korrigiert: „Ja, weil hier ein Eisbär ist, Conrad. Da hat er sich hinter den Dosen versteckt." Zwar ignoriert der Vater zunächst Conrads Frage „Warum? Hat der davor Angst?", greift aber kurze Zeit später darauf zurück: „Ich glaub, der Paul hat vor dem Eisbären Angst gehabt." Hier korrigiert und komplettiert der Vater zum einen begrifflich und bietet dem Sohn zum anderen eine mögliche Deutung der Szene, das Handlungsmotiv des Protagonisten, an.

Die Mehrzahl seiner Antworten lässt sich jedoch als ignorierend bzw. sogar ablehnend werten. Auf der Flohzirkusseite etwa überhört er die ‚Was ist das?'-Frage des Sohnes, reagiert unangemessen mit einem ‚Ja' und liest den Bilderbuchtext weiter. Interessanterweise lächelt Conrad bei dieser Frage und blickt zur Mutter, die sich im gleichen Raum aufhält. Womöglich erinnert er sich an die gemeinsame Leseerfahrung mit ihr und würde diese gern wiederholen. Ignorierend responsiv reagiert der Vater auch auf den – in der Tat zuerst unverständlichen – Einwand des Sohnes „Nee, zuerst zum Extra." Zwar fragt er zunächst nach („Was hast du gesagt?"), liest dann aber den Text weiter. Er ignoriert also den Versuch des Dreijährigen, sich verständlicher zu artikulieren und knüpft auch nicht an den Beitrag an, indem

---

190 Damit evoziert er sogar noch einen weiteren Gesprächsbeitrag des Sohnes.

er zum Beispiel versucht, einen Bezug zum gemeinsamen Lebensalltag herzustellen.[191]

In einem anderen Beispiel für ein ignorierend responsives Verhalten wird eine Parallele zur Vorleseinteraktion mit der Mutter evident. Zunächst unterbricht der Vater sein Vorlesen an einer Stelle, von der er wahrscheinlich vermutet, dass sie den Sohn interessieren könne: Paul darf sich im Supermarkt ein Eis aussuchen. „Siehst du die Packung?" fragt Herr Ritterbach seinen Sohn. Dieser bejaht und zeigt auf die entsprechende Stelle in der Illustration. Auf seine Bemerkung „Möchte auch mal so ein Eis haben." reagiert der Vater im Gegensatz zur Mutter restriktiver: „Du hast heute schon zwei Eis gekriegt, heut Nachmittag!" Der Vater argumentiert auf der Sachebene mit einem Alltagsbezug und unterbindet mit seiner Bemerkung einen längeren Dialog, der durch das eigentlich für den Sohn attraktive Thema hätte initiiert werden können.

Die Vorleseinteraktion weist zwei weitere Beispiele für ein restriktives Verhalten des Vaters auf. Beide haben mit einem Schlüssel zu tun, mit dem Conrad im Begriff ist zu spielen. Hier greift der Vater sowohl verbal („So, Schlüssel mal da hin legen. Der hat jetzt mal ne Pause.") als auch nonverbal ein, indem er den Schlüssel bzw. die Hand des Jungen wegnimmt.

Vermutlich wird der Vorleseprozess durch das häufige ignorierend responsive Verhalten des Vaters negativ beeinflusst. Zwar kommt zu keinen größeren Störungen oder zu einem Abbruch der Vorleseinteraktion, im Gegenteil: Grundsätzlich hat der Dreijährige offenbar Gefallen an der Bilderbuchgeschichte gefunden und will sie wiederholen, bevorzugt aber offenbar die Konstellation mit der Mutter („Ich mach das noch mal mit der Mama.")

Vater-Kind-Vorleseinteraktion 2 – Geisler: *Ich trödel doch nicht, sagt Max.*

Die zweite Vorleseinteraktion findet in den Abendstunden im Rahmen des Zu-Bett-Geh-Rituals statt. Zuvor hat Conrad die Geschichte ‚Trödeln? Ich doch nicht!' erst mit dem Vater, dann mit der Mutter gelesen, nun findet ein erneuter Wechsel zwischen den Erwachsenen statt. Das Arrangement ist dasselbe wie in der ersten Vorlesesituation: Conrad sitzt auf dem Schoß seines Vaters. Herr Ritterbach hält das Buch so vor den Sohn, dass beide hineingucken können. Das Vorlesen dauert 14 ½ Minuten und wird einmal durch das Klingeln des Telefons und ein kurzes Telefonat unterbrochen. Nachfolgend ist das vollständige Transkript mit anschließender Analyse und Interpretation dokumentiert.

Herr R. [Blickkontakt]: *So, soll'n wir nebeneinander sitzen, oder willst du beim Papa auf dem Schoß sitzen?*

---

191 Interessanterweise versteht seine Frau, die sich im gleichen Raum aufhält, die Frage („Zum Extra?").

C. [krabbelt auf den Schoß des Vaters]

Herr R.: *Auf dem Schoß, gut!*

C. [rückt sich zurecht, steckt seine Beine zwischen die Beine des Vaters]

[kurze Aussprache über die Platzierung des Schlüssels, der dann für den Jungen unerreichbar auf den Wohnzimmertisch gelegt wird]

Herr R. [hält das Buch geschlossen vor den Sohn, beide blicken auf den Umschlag]

C.: *Frau Matschke!*

Herr R.: *Wie heißt die? Frau Matschke, ne? Und die haben getrödelt, ne? So, das Buch ist jetzt von ...*

C.: *Von Frau Matschke.*

Herr R.: *Nee, das ist jetzt nicht von der Frau Matschke, das Buch ist von Dagmar Geisler und heißt: Ich trödel doch nicht, sagt Max.*

C. [schüttelt den Kopf]: *Nee, das ist kein Trödel, das ist kein Trödelbuch.*

Herr R. [blättert auf die erste Seite]: *Hier steht's noch mal: Ich trödel doch nicht, sagt Max.* [blättert um, liest den Text] Am Freitag fährt Mama mit Stina zu Oma. ,Tschüs ihr zwei', sagt sie [winkt mit der rechten Hand] zu Papa und Max, ,macht euch einen schönen Tag.' [blättert um, liest weiter] Und weißt du auch, was wir machen?', fragt Papa.

[Unterbrechung: Das Telefon klingelt. Herr R. geht an den Apparat, begrüßt den Anrufer und übergibt an seine Frau: „Ich lese nämlich dem Conrad grad das Gute-Nacht-Buch vor."]

Herr R. [wiederholt bzw. liest den Bilderbuchtext weiter]: ,Und weißt du auch, was wir machen?', fragt Papa. ,Wir gehen Karussell fahren.' JIPPIE!', [beginnt eine triumphierende Handbewegung]

C.: *Möchte auch mal Karussell fahren!*

Herr R.: *Jaa? Wir sind doch in Hamburg schon mal Karussell gefahren!* [versucht weiterzulesen]. JIPPIE!

C.: *Ich möcht auch mal Karussell fahren. Das ist soo schön!* [wackelt mit dem Kopf]

Herr R. [liest weiter]: JIPPIE! ruft Max. ,Wann gehen wir?' ,Gleich nach dem Essen', sagt Papa. ,Es gibt Würstchen mit Kartoffelbrei und Salat.' [blättert um, liest langsam weiter] Papa isst fünf Würstchen. Papa isst Berge von Kartoffelbrei. Papa isst viele grüne Salatblätter. Der Teller von Max [deutet auf die Illustration] ist noch voll. ,Trödel nicht so!, sagt Papa. ,Denk dran, wir wollen noch Karussell fahren.' ,Ich trödel doch nicht', sagt Max, ,ich baue einen Fluss für meine Wurststückchen. Die müssen auch ein bisschen Spaß haben.' [deutet abermals auf die Illustration] *Hier, siehst du das? Das sind die Wurststückchen, der Kartoffelbrei, und mittendrin ist ein – Soßenfluss.*

C. [reibt sich ein Auge]: *Und da?*

Herr R. [zeigt auf die rechte Bilderbuchseite]: *Und das ist die Bratpfanne. Und was ist das?*

C.: *Und wovon [?] ist die Gabel?*

Herr R.: *Das ist die Gabel. Und die steckt in der Wurst drin, ne?*

C.: *Wofür braucht man die?*

Herr R.: *Wenn man die Wurst aus der Pfanne rausnehmen will und die Wurst bestimmt ganz schön heiß ist.* [begleitet mit entsprechenden Zeigegesten]

C.: *Die darf man auch so rausholen.*

Herr R.: *Ja, aber vielleicht ist die heiß, und damit man sich nicht die Finger verbrennt, ist da ne Gabel drin.* [versucht, die Seite umzublättern] *So ...*

C. [hält mit seiner Hand die Seite fest, blickt darauf]

Herr R.: *So, machst du das Bein mal wieder runter, Conrad?*

C.: *Dann lacht* [?] *Frau Matschke!*

Herr R.: *Ja, genau, Frau Matschke.* [blättert um, liest den Text weiter]: *So. Nach und nach angelt Max alle Wurst, alle ...*

C. [setzt sich seitlich auf ein Bein des Vaters]

Herr R. [unterbricht]: *Willst dich mal grade hinsetzen? So.* [Wiederholt bzw. liest den Bilderbuchtext weiter]. *Nach und nach angelt Max alle Wurststückchen aus dem Soßenfluss. Der Kartoffelbrei ist schon ein bisschen kalt. Macht nix! Max gräbt noch einen kleinen Seitenkanal. Papa räumt schon mal den Tisch ab.*

C. [wendet seinen Blick kurz vom Buch auf sein Knie, dann zurück]: *Welcher Papa?*

Herr R. [deutet auf die entsprechenden Bildteile]: *Hier ist doch der Papa. Guck mal, da sitzt der Max, der isst noch auf seinem Teller.* [deutet auf die rechte Bildseite]: *Und der Papa, was macht der?*

C.: *Der spült.*

Herr R.: *Genau. Der spült.*

C.: *Warum?*

Herr R.: *Damit die Sachen wieder sauber sind. Die Teller und Tassen und Teller.*

C. [nicht ganz verständlich]: *Warum spült? Die schmutzig sind sollen in den Korb rein?* [?]

Herr R.: *Die haben keine Spülmaschine, Conrad.*

C.: *Warum?*

Herr R.: *Die spülen das alles im Spülbecken.*

C.: *Im Kindergarten haben wir das auch, aber wir spül'n das eigentlich immer, aber wir [...]*

Herr R: *Im Kindergarten, aha!*

C.: *Aber wir spül'n das eigentlich immer, aber wir [...].*

Herr R.: *Aha!* [liest den Bilderbuchtext weiter] *Er lässt das Wasser ein und fängt an, die Gläser zu spülen. Er spült die Teller und das Besteck, den Topf, die Pfanne und die Schüsseln. Zum Schluss spült Papa noch den Teller von Max.* [blättert um, liest weiter] *Max darf die Löffel abtrocknen, die Gabeln und die Plastikschüssel. ‚He, Max! Was trödelst du da herum? Die Gabeln gehören in den Besteckkasten.' ‚Ich trödel doch nicht', sagt Max. ‚Ich baue ein Karussell* [kreisende Geste auf dem Bild] *für das Besteck.' 'Ich dachte, wir wollen selber Karussell fahren', seufzt Papa. ‚Ja, gleich!', sagt Max.* [blättert um, liest weiter] *Endlich ist die Küche sauber.*

C.: *Warum ist hier ne Riesensauerei?* [deutet auf die rechte Bilderbuchseite mit dem Bett]

Herr R.: *Da ist keine Riesensauerei!* [fährt über die Doppelseite] *Warte, ich les mal weiter, dann erfahren wir's.*

C.: *Was ist das hier unten?* [zeigt auf die Maus, die unter der Bettdecke hervorlugt]

Herr R.: *Warte mal, wir lesen mal, was hier steht, dann können wir gucken, ob das zu dem Bild passt.* [wiederholt bzw. liest den Text weiter] Endlich ist die Küche sauber. Papa setzt seine Mütze auf und bindet den Schal um. ‚Mahax!' ruft er. ‚Ja, ja!', ruft Max zurück. ‚Ich muss nur den Kasper in Mamas Bett legen und Stinas Puppe auch. Und am besten noch das Krokodil und den [zeigt jeweils auf die Spielzeugfiguren]

C.: *Ich kann das aber auch richtig machen [?] Warum haben die das Krokodil dahin gemacht?* [tippt auf das Krokodil]

Herr R.: *Das sind die Puppen von der Schwester. Und die sollen alle im Bett von der Mama liegen, damit ...*

C.: *Warum?*

Herr R.: *Damit die nicht so alleine sind, wenn die gleich Karussell fahren.* [wiederholt bzw. liest den Text weiter]. ... am besten noch das Krokodil und den kleinen König. Die fürchten sich sonst, wenn sie allein zu Hause sind.' ‚Oh, Max!', stöhnt Papa. *Ne, guck mal, da unten* [zeigt auf die Maus auf der rechten Bilderbuchseite], *das haben die gar nicht erzählt, das steht da gar nicht. [...]*

C. [zeigt auf den Text auf der rechten Bilderbuchseite]: *Warum steht, warum steht die Maus da nicht?*

Herr R.: *Nee, von der kleinen Maus steht da nix. Da steht nur was von dem kleinen König, von dem Kasper und von dem Krokodil. Haben die da vergessen, ne? Die* [klappt kurz das Buch zu, um den Namen der Autorin nachzulesen] *Dagmar Geisler hat das vergessen, die Maus, die hier unten rausguckt.* [blättert um, liest den Bilderbuchtext weiter] Max setzt seine Mütze auf. Papa bindet ihm den Schal um. Max zieht den einen Handschuh aus *und den anderen an*[192] [korrigiert sich] und dann den andern. [zeigt auf die Illustration] Mit den Hausschuhen im Arm steht er da. Papa klappert ungeduldig mit dem Schlüssel.[193] [zeigt auf die Illustration]

C. [reibt sich ein Auge]: *Warum klappert der mit den Schlüsseln?*

Herr R.: *Na, der hat's eilig, ne?* [liest den Text weiter] ‚Ich trödle nicht', sagt Max, ‚aber meine Hausschuhe sind wilde Tiger, die kann ich doch nicht einfach zu Stinas kleinen Babypantoffeln stellen.

C. [reibt sich die Augen]

Herr R. [Blickkontakt zum Sohn, liest weiter]: Das ist viel zu gefährlich.' Max denkt nach. Dann stellt er seine Hausschuhe in die Speisekammer. Stinas Pantoffeln versteckt er in Papas Gummistiefeln. [Blickkontakt]

C. [atmet schwer, reibt sich am Kopf]: *Was?*

Herr R. [lacht kurz auf]: *Der versteckt die Pantoffeln von seiner kleinen Schwester in Papas Gummistiefeln.*

C.: *Wo sind denn die beiden Stiefel?*

Herr R. [zeigt auf die Illustration]: *Ich glaub, das sind bestimmt die beiden großen hier.*

C. [atmet erneut schwer, schnieft ein paar Mal demonstrativ]

Herr R.: *Conrad, hast du ne Schnulle-Nase?*

---

192 Statt im Original: Max zieht den einen Hausschuh aus und dann den andern.
193 Im Original: den Schlüsseln.

C.: *Nein!*

Herr R.: *Sonst müssen wir mal die Nase putzen!* [liest weiter] ‚Jetzt können wir gehen', sagt Max und steigt in seine Stiefel. [blättert um, zeigt auf der nächsten Seite auf die Stiefel von Max] *Ach, guck mal, hier!*

C.: *Was?*

Herr R.: *Was der für tolle Stiefel anhat.* [liest den Text weiter] Papa schließt die Haustür ab und stapft los. Fast ist er um die Ecke gebogen [macht eine entsprechende Geste, Blickkontakt], da merkt er[194], dass kein Max neben ihm geht. ‚Max, du trödelst schon wieder! Das Karussell wartet nicht ewig!' Ich trödel doch nicht', [Blickkontakt zum Sohn] sagt Max. ‚Ich muss nach Opa Meierbär gucken. Der sitzt heute [zeigt auf die Illustration] gar nicht in[195] seinem Fenster. [wartet kurz, blättert dann um, liest den Bilderbuchtext weiter] Hoffentlich ist ihm nichts passiert.' Aber da kommt Herr Meierbär schon die Straße entlang. Er war schnell die Zeitung holen. Papa redet mit Opa Meierbär mal kurz übers Wetter und über Opa Meierbärs krankes Bein, über die Politik und dar- über wie das Wetter wohl morgen wird ... ‚Papa!' schimpft Max. ‚Jetzt beeil dich mal! Wir wollen doch Karussell fahren.' Na, dann viel Vergnügen!', lacht Opa Meierbär. [blättert um, liest den Text weiter] So schnell es geht, laufen sie jetzt Richtung Rum- melplatz.

C.: *Wo ist das Karussell?*

Herr R. [zeigt auf die Illustration]: *Da.*

C. [zeigt auch auf das Bild]: *Möchte' auch mal Karussell fahren.*

Herr R.: *Ja? Wenn das nächste Mal Kirmes ist, Conrad, dann geh'n wir mal hin.* Papa macht Riesenschritte, Max hopst nebenher. *Dann kann das Karussell* [korrigiert sich] Man kann das Karussell fast schon[196] sehen, da bleibt Max auf einmal stehen. Ganz langsam geht er in die Knie. ‚Max, du trödelst[197] schon wieder!', sagt Papa. [tippt dem Sohn auf den Bauch]

C. [blickt den Vater an, lacht]: *Nein!*

Herr R. [erwidert den Blickkontakt, liest dann weiter]: ‚Ich trödel doch nicht', sagt Max. Ich muss dir was zeigen. Komm mal her!' [zeigt auf die kleine Ameisenkarawane auf der rechten Bilderbuchseite] *Guck mal hier, ne? [...]*

C.: *Was ist das?*

Herr R.: *Ja, mal gucken, was auf der nächsten Seite steht.* [blättert um] [Beide betrach- ten die Illustration der nächsten Seite, die Vergrößerung der Ameisenkarawane]

C.: *Was ist das?*

Herr R. [blickt den Sohn an]: *Weißt du das nicht? Soll'n wir mal lesen?*

C. [gähnt]: *Jaaa.*

Herr R. [will schon beginnen]: Jetzt ...

C. [zeigt auf die Illustration]: *Was machen die beiden da?*

Herr R: *Wer sind das denn, die beiden?*

---

194 Im Original: als er merkt
195 in statt an
196 Im Original: schon fast
197 lässt ja aus

C.: *Papa und Max.*

Herr R.: *Genau. Und die gucken, was auf dem Boden vor sich geht.*

C.: *Was ist das?*

Herr R.: Jetzt sieht Papa es auch. Eine Ameisenkarawane. [fährt mit dem Finger die Ameisenstraße ab] Zwei Ameisen schleppen ein riesiges Stück Pommes frites. [entsprechende Zeigegesten]

C. [betrachtet die Illustration, spricht unverständlich]

Herr R.: *Die tragen das bestimmt in ihr Ameisenzuhause. Und was machen die da?*

C.: *Dann essen die das auf.*

Herr R. [liest weiter, begleitet mit entsprechenden Zeigegesten]: Die Nächste trägt einen dicken Brotkrümel.

C.: *Warum?*

Herr R.: *Die essen offensichtlich gerne Pommes frites und kleine Brotkrümel.* [liest den Text weiter, benutzt entsprechende Zeigegesten] ‚Und das sieht aus wie ein zuckriger Mäusespeck‘, [198] sagt Max. Papa staunt. Immer neue Ameisen kommen angewandert.

C. [zeigt auf die Illustration]: *Papi, warum trägen [!], warum trägen die, warum trägen die alle was in das, in das, in das Zuhause?*

Herr R.: *In das Ameisenzuhause?*

C.: *Ja.*

Herr R.: *Die sammeln bestimmt ganz viel zu Essen, und dann machen die da in dem Ameisenzuhause einen riesengroßen Berg aus Essen, und dann sitzen alle Ameisen da und was machen die dann?*

C.: *Dann essen die.*

Herr R.: *Dann essen die das alles auf.*

C.: *Und was machen die dann?*

Herr R.: *Dann müssen die bestimmt mal Kacka machen.*

C.: *Und bestimmt gehen die dann schlafen.*

Herr R.: *Genau. Dann gehen die bestimmt schlafen.* [liest den Text weiter] Und fast alle tragen etwas auf dem Rücken. Lange gucken die beiden den Ameisen zu. Dass es immer dunkler wird, merken sie gar nicht. [blättert um] ‚He, Max!‘, ruft Papa plötzlich. ‚Jetzt müssen wir aber rennen, sonst wird das Karussell abgestellt, bevor wir da sind.‘

C. [betrachtet interessiert die Illustration]: *Was macht der Papa?*

Herr R. [fährt mit dem Finger über die Illustration]: *Die rennen ganz schnell zu dem, zu dem Büdchen, wo man die Karten kaufen kann, die Eintrittskarten.*

C.: *Welche?*

Herr R.: *Na, für das Karussell.*

C. [tippt auf den Kartenverkäufer]: *Was macht der?*

Herr R.: *Der verkauft die Eintrittskarten – für das Karussell.* [liest den Bilderbuchtext weiter] Ganz außer Puste kommen die beiden auf dem Rummel[199] an. ‚Letzte Runde!‘,

---

198 lässt da aus, fügt ein ein
199 liest Rummel statt Rummelplatz

brüllt[200] der Mann im Kartenhäuschen. ‚Eigentlich wollte ich schon zumachen.' [kurze Pause] *Na nun, ganz schön knapp: Letzte Runde!* [blättert um, liest weiter] *Papa setzt sich auf sein Lieblingspferd, wie jedes Jahr. Max steigt in den roten Flitzer.*

C.: *Will auch mal in nen roten Flitzer.*

Herr R. [liest weiter]: *Da kann er hupen, was das Zeug hält. Viel zu schnell hält das Karussell wieder an. Sag mal, Conrad, weißt du denn, was das hier ist?* [deutet auf das Boot].

C.: *Ein Boot.*

Herr R.: *Genau.*

C.: *Möchte auch einmal in einem Boot fahren auf dem Karussell.*

Herr R.: *Aber das ist ein ganz besonderes Boot. Sieht so aus wie in Venedig so ein Boot. Weißt noch, wie das heißt?*

C. [neigt den Kopf zum Vater, lächelt, flüstert]: *Nein.*

Herr R.: *Das ist eine Gondel, ne? Weißt du das noch?*

C. [lächelt, nickt]

Herr R. [streicht dem Sohn über die Haare]: *Hm? Müssen wir mal gucken.* [blättert um] *Ach, noch eine.* [liest weiter] *‚Das hat Spaß gemacht', sagt Max. ‚Ja, aber ich wäre gern noch öfter gefahren', meint Papa. ‚Dann[201] hätten wir halt nicht so viel trödeln dürfen!',* sagt Max. [Blickkontakt, wartet, flüstert] *Jetzt gehen die beiden wieder nach Haus.*

C. [wippt hin und her]: *Noch mal!* [...]

Herr R. [klappt das Buch zu]: *Noch mal lesen?*

C. [nimmt das zugeklappte Buch in beide Hände]: *Ja.*

Herr R.: *Mit der Mama?*

C.: *Ja, und mit der Kamera.*

Analyse und Interpretation

Das Videobeispiel bestätigt mehrere Aspekte des väterlichen Vorlesekonzeptes. Wie beim letzten Mal hat sich Conrad zunächst für die offenbar bewährte Sitzposition beim Vater auf dem Schoß entschieden. Herr Ritterbach hält das Bilderbuch vor den Sohn und umfasst ihn dadurch mit beiden Armen. Nach einiger Zeit verändert Conrad diese Position leicht und setzt sich seitlich auf das linke Bein des Vaters, der daraufhin die Stellung des Buches ein wenig korrigiert. Im Gegensatz zur ersten Vorlesesituation kommt es in diesem Beispiel zu einigen Blickkontakten, die offenbar nicht nur dazu dienen, Aufmerksamkeit zu sichern, sondern auch (gegenseitiges) Einverständnis signalisieren. Ein Blickkontakt wird von Conrad als Reaktion auf eine körperliche Berührung des Vaters – das Tippen auf den Bauch – initiiert. Er lächelt dabei, der Blickkontakt wird vom Vater erwidert.

Die Vorleseinteraktion ist durch direktive Merkmale geprägt. Herr Ritterbach blättert selbst die Seiten um, in der Regel ohne zu kontrollieren, ob der

---

200 im Original brummt
201 liest dann statt da

Sohn zum Weiterlesen bereit ist, was sich zunächst als ignorierend responsives Verhalten werten lässt. Zumindest in einer Sequenz kommt es somit zu einer Irritation: Der Vater ist im Begriff umzublättern, Conrad hält die Seite fest und signalisiert dadurch, dass er noch auf der Seite verweilen möchte. Die Zielorientierung zeigt sich auch in der Szene, als das Telefon klingelt. Der Vater unterbricht das Vorlesen, informiert den Anrufer aber sofort entsprechend und reicht das Telefon an seine Frau weiter. Damit verkürzt er die Störung der Vorlesesituation und signalisiert dem Sohn zugleich, dass das Vorlesen für ihn bedeutsam ist und Priorität genießt.

Herr Ritterbach liest langsam und betont, insbesondere in den Passagen mit wörtlicher Rede versucht er seine Stimme zu modulieren. Er hält sich ohne Auslassungen an den vorgegebenen Text, es kommt zu einigen Versprechern, nur einer davon wird korrigiert. Dass der Begriff *Hausschuh* durch *Handschuh* ersetzt wird, kommentieren weder Vater noch Sohn.[202] Auffälliges Charakteristikum der Vorlesepraxis sind die häufigen gestischen, den Vortrag begleitenden Bewegungen des Vaters. Etwa macht er beim Ausruf des Bärenjungen Max eine triumphierende Handbewegung oder eine kreisende Geste für das Karussell.

Der Fokus der gemeinsamen Aufmerksamkeit ist auf das Bilderbuch gerichtet, was Herr Ritterbach in dieser Vorleseinteraktion sehr produktiv nutzt. Mit appellativen Kommentaren will er den Sohn auf die Geschichte konzentrieren und gemeinsame Aufmerksamkeit sicherstellen: „Ach, guck mal, hier!" Laut Interviewaussage legt der Vater Wert auf ein ausgewogenes Verhältnis zwischen Bild und Text. Das Filmbeispiel zeigt eindrücklich auf verschiedenen Ebenen, dass er die Korrespondenzen zwischen Text und Illustrationen reflektiert und zu nutzen weiß. Zum einen stellt er häufig mit Zeigegesten eine Verbindung her zwischen der Sprache und dem zugehörigen Bild, etwa wenn er die Tischszene beschreibt oder auf die Stiefel von Max (wertend) verweist. „Ach, guck mal, hier! [...] Was der für tolle Stiefel anhat." Darüber hinaus reflektiert er über die Text-Bild-Korrespondenzen als spezifisches Charakteristikum des Mediums Bilderbuch und thematisiert sie an mehreren Stellen auf einer Metaebene: „... das haben die hier gar nicht erzählt, das steht hier gar nicht". „Warte mal, wir lesen mal, was hier steht, dann können wir gucken, ob das zu dem Bild passt." Er ermöglicht dadurch dem Dreijährigen, die unterschiedlichen Repräsentationen der Bilderbuchgeschichte in Text und Bild, d.h. die Entsprechungen und Differenzen der unterschiedlichen Symbolisierungen wahrzunehmen. Dass der Sohn diese Beziehungen interessant findet und beginnt zu verstehen, zeigt ein kurzer Dialog: Conrad: „Warum steht, warum steht die Maus da nicht?" Herr R.: „Nee, von der kleinen Maus steht da nix. Da steht nur was von dem kleinen König, von dem Kasper und von dem Krokodil. [...]".

---

202 Im Interview weist Herr Ritterbach auf diesen Versprecher hin.

Mit diesen Textverweisen macht Herr Ritterbach auf den Symbolcharakter von Schriftsprache aufmerksam. Dass die Inhalte der zweidimensionalen Bilderbuchillustrationen auch in einem geschriebenen Text symbolisiert werden können, ist für den Jungen eine wichtige Einsicht in seiner schriftsprachlichen Entwicklung. Mit einer Bemerkung wie „Ja, mal gucken, was auf der nächsten Seite steht. [...] Soll'n wir mal lesen?" erzeugt der Vater Spannung und zeigt, dass man durch das Decodieren von Schriftsprache eventuell Neues erfahren kann, was über die Inhalte der Illustrationen hinausgeht.

Laut seiner eigenen und der Interviewaussage seiner Frau werden die Paratexte von beiden Elternteilen jeweils mitgelesen, um unter anderem deutlich zu machen, dass jemand die Geschichte erfunden habe. Diesen Anspruch, eventuell mit Hilfe der Paratexte auf einer Metaebene über den Titel des Buches, die Intention der Autorin usw. zu reflektieren, löst Herr Ritterbach allerdings nicht konsequent ein: Conrad greift den Begriff ‚Trödeln' aus dem vom Vater vorgelesenen Titel auf. Seine Bemerkung „Nee, das ist kein Trödel-, das ist kein Trödelbuch" lässt sich als Irritation interpretieren. Der Dreijährige wundert sich offenbar darüber, dass das zweite Buch das gleiche Thema wie das zuvor gelesene hat. Hierauf geht Herr Ritterbach nicht ein, sondern schlägt das Buch auf und wiederholt den Titel („Hier steht's noch mal: Ich trödel doch nicht, sagt Max.") Das lässt sich als ignorierendes responsives Verhalten werten. An anderer Stelle nutzt er hingegen Paratexte, wenn er auf der Umschlagseite den Namen der Autorin nachliest.

Im Gegensatz zum ersten Filmbeispiel kommt es zu mehreren, mitunter recht ausführlichen Dialogen, die zum Teil von Herrn Ritterbach, zum Teil von Conrad initiiert werden. Vater und Sohn können damit gemeinsame literarische Erfahrungen machen. Etwa verweilen sie längere Zeit auf der Seite mit der Ameisenkarawane. Gemeinsam konstruieren sie imaginativ eine Handlungsfolge, die weitere Tagesgestaltung der Ameisen. Gemeinsam imaginieren sie, und es findet ein begleitendes Gespräch über die weitere Tagesgestaltung der Ameisen statt. Conrad hat die Inhalte des Gespräches offenbar als überzeugend und bedeutsam erlebt, was sich als Identifikation in Form einer Projektion eigenen Erlebens deuten lässt. Im nachfolgenden Vorlesegespräch mit der Mutter erinnert und wiederholt Conrad die Inhalte der Begleitkommunikation mit dem Vater ausführlich.

In den Dialogen scheitern die meisten Versuche, Bezüge zum eigenen oder gemeinsamen Lebensalltag herzustellen. In der Spülszene etwa interessiert sich Conrad dafür, warum der Bärenvater das Geschirr mit der Hand abwaschen muss und will offensichtlich von seinen Alltagserfahrungen im Kindergarten berichten. Wohlmöglich versteht Herr Ritterbach die in der Tat etwas umständlichen Aussagen des Sohnes nicht prompt. Er selbst erklärt auf der Sachebene („Damit die Sachen wieder sauber sind ..."). Durch Nachfragen hätte er – hypothesenkonform – den Sohn jedoch herausfordern können, sich ihm verständlicher zu machen und damit pragmatische Fähigkeiten zu weiter zu entwickeln, etwa dass dieser das Missverständnis wahrnimmt und auf die Nachfrage person- und sachadäquat antwortet. Stattdessen erfolgt aber keine Expansion des Vergleichs („Im Kindergarten haben wir das auch [...]"), sondern Herr Ritterbach reagiert ignorierend responsiv: Er fragt nicht nach, sondern liest nach einem kurzen Kommentar („Im Kindergarten, aha!") den Text weiter.

Ignorierend responsives Verhalten zeigt sich auch in der Gesprächssequenz über den Besuch des Rummelplatzes, der für den Dreijährigen offenbar ein wichtiges Thema ist: In jeder Szene, die diesen Inhalt in Bild und Text thematisiert, schaltet Conrad sich in das Vorlesegespräch ein und formuliert seinen Wunsch, selbst einmal wieder Karussell zu fahren. Darauf geht der Vater ein Mal adäquat ein („Ja, wenn das nächste Mal Kirmes ist, Conrad, gehen wir mal hin."). An den anderen Stellen jedoch ignoriert er die Bemerkungen des Sohnes. Als der Bärenpapa in Aussicht stellt, auf den Rummelplatz zu gehen und Karussell zu fahren, entwickelt sich zwischen Conrad und seinem Vater ein ähnlicher Dialog wie im zuvor gelesenen Buch beim Eiskauf in der Supermarkt-Szene: „Möchte auch mal Karussell fahren!", sagt Conrad. Wie beim letzten Mal fokussiert der Vater vermutlich das ‚mal' und versucht den Jungen an ein gemeinsames Rummelplatzerlebnis zu erinnern. „Wir sind doch in Hamburg schon mal Karussell gefahren." Diese sprachliche Handlung ist lässt sich als Identifikationsangebot werten. Über die Projektion eigenen Erlebens soll sich der Dreijährige mit der Bilderbuchszene identifizieren. Der Dreijährige nimmt das Angebot an: „Ich möchte auch mal Karussell fahren. Das ist soo schön!" Diese Bemerkung ignoriert der Vater dann aber, ebenso wie den Begriff „roter Flitzer". Das wiederum lässt sich als Ausdruck seines Bestrebens deuten, Dialoge inhaltlich nicht zu stark auszuweiten, was seiner eigenen und der Interviewaussage seiner Frau entspricht: „Fragen oder Kommentare, die zu nichts führen" empfindet er offenbar als störend für den Vorleseprozess.

Dass der Vater die Vorleseinteraktion auch für sprachlich-begriffliches Lernen nutzen möchte, zeigt der Schlussdialog. Herr Ritterbach ruft zunächst mit dem Zeigeverweis auf die Gondel des Karussells den Oberbegriff *Boot* aus dem aktiven Wortschatz des Sohnes ab. Mit dem Hinweis auf den gemeinsamen Venedigurlaub versucht er den Begriff *Gondel* zu evozieren. Im Interview gibt der Vater an, er habe damit gerechnet, dass der Sohn eine Verbindung zu dem häufig gemeinsam gelesenen Bilderbuch *Lukas in Venedig* herstellen werde. Das ist aber nicht der Fall. Der gesuchte Begriff gehört eventuell zum passiven, aber nicht zum aktiven Wortschatz des Dreijährigen. Diese Klassifizierung lässt sich als Lernangebot deuten, semantische Prozesse zu unterstützen. Der Dreijährige kann den Begriff durch mehrfache Verankerung (Urlaub, anderes Bilderbuch, Bilderbuchkarussell) in Wissensbestände seines mentalen Lexikons integrieren.

Ein interessantes Beispiel dafür, dass der Vater im Sinne eines *underscaffolding* den Jungen eventuell überfordert, zeigt das Beispiel in der Szene, als der Bärenpapa ungeduldig mit den Schlüsseln klappert. Conrad ist irritiert, weil er offenbar die Symbolisierung *Schlüsselklappern* für *Ungeduldigsein* noch nicht kennt. Er fragt nach: „Warum klappert der Papa mit den Schlüsseln?" Hier antwortet Herr Ritterbach: ‚Na, der hat's eilig, ne? Der Ausdruck ‚Es eilig haben" gehört vermutlich noch gar nicht zum Wortschatz des Dreijährigen. Der Mutter wird später die gleiche Frage gestellt, was als Hinweis darauf gewertet werden kann, dass der Sohn die Szene durch die Erklärung des Vaters noch nicht verstanden hat. Ihre Antwort „Na, der möchte endlich gehen." ist für den Dreijährigen möglicherweise besser verständlich.

Insgesamt weist das Filmbeispiel zahlreiche Merkmale eines produktiven Vorleseprozesses auf. Beide Interaktionspartner genießen offenbar die Vorlesesituation. Der Dreijährige ist aufmerksam, konzentriert und findet offenbar Gefallen an der Bilderbuchgeschichte. Dass er sie allerdings mit der Mutter wiederholen möchte, lässt sich als Hinweis darauf werten, dass er, bezogen auf die Bilderbuchgeschichte, weiteren Klärungsbedarf hat und dass er die Mutter als Bezugsperson präferiert.

(Vor-)Lesekonzepte der Mutter – Interviewauswertung

Frau Ritterbach hat in einem grundsätzlich partnerschaftlichen familialen Rollenkonzept offenbar einen etwas größeren Teil der Kindererziehung übernommen. Aufgrund ihrer früheren häuslichen Tätigkeit bzw. derzeitigen beruflichen Teilzeitbeschäftigung bleibt für sie und den dreijährigen Conrad nach eigenen Angaben ausreichend Zeit für eine gemeinsame Tagesgestaltung. Die Mutter hat Kenntnis von den Alltagserfahrungen ihres Sohnes und ist in der Lage, darauf auch im Vorlesegespräch Bezug zu nehmen. Gemäß den Kategorien nach Pleck (1997) zeigt sie sich in der Leseerziehung verfügbar, engagiert und verantwortlich.

Mutter und Sohn haben vor allem das abendliche Zu-Bett-Geh-Ritual als Rahmen für das gemeinsame Bilderbuchlesen etabliert. Tagsüber wird zurzeit seltener vorgelesen, was auf den strukturierten Tagesablauf zurückzuführen ist: Conrad wird erst um 16 Uhr aus dem Kindergarten abgeholt, danach „läuft meistens erst einmal ein anderes Programm". Am Wochenende werde hingegen auch tagsüber gelesen:

Frau R.: [...] Mittags, wenn er dann müde wird, dann lesen wir da auf der Couch ...

I.: Ja. Wer von Ihnen macht das dann?

Frau R.: Gute Frage! Ich glaube, öfter mein Mann ...

I.: Warum?

Frau R. [lacht[: Weil ich dann das Geschirr wegräume! Ja, oder die Küche klarmache. Also es liest eigentlich immer der, der nicht gerade Küchendienst hat. [...] Und ganz häufig ist es tatsächlich so, dass mein Mann das dann macht.

Das Abendritual hat offenbar für Mutter und Sohn eine beziehungsstrukturierende Funktion. Es fällt so gut wie nie aus, weder zu fortgeschrittener Stunde noch als Restriktionsmaßnahme. Diese aus bindungstheoretischer Sicht sichere Basis ist für den Dreijährigen verlässlich und wichtig: „Er fragt dann sofort: ‚Aber die Mama, die liest doch was vor, oder?' – Also es ist ganz wichtig, dass wenigstens einer vorliest." Meistens einigen sich beide auf ein bis zwei, manchmal auch drei Geschichten, die gesamte Vorlesezeit beträgt gewöhnlich 20 bis 30 Minuten.

In der Regel überlässt Frau Ritterbach es ihrem Sohn, die Bücher auszusuchen. Wie ihr Mann schlägt auch sie ab und zu Titel vor, lässt sich aber schnell „rumkriegen, er hat dann auch mehr Ausdauer!" Die Buchauswahl findet schon in dem ritualisierten Sitzarrangement statt: „Das ist so witzig. Er muss erst mal sitzen wegen dieser Situation und muss sich vorstellen, ‚Jetzt lesen wir gleich.'" Dann wählt der Dreijährige entweder ein Buch aus, das auf dem Bett liegen geblieben ist, oder ein neues aus dem Regal. Das tue er – so die Mutter stolz – schon „richtig professionell" mit dem Gestus eines Bibliothekars oder Buchhändlers. Der Dreijährige hat offenbar eigene Präferenzen entwickelt.

Frau R.: Er zieht ein Buch mit seinem Finger raus, guckt sich das an, legt es wieder zurück ... also er kann tatsächlich auf jeden Fall seine Lieblingsbücher anhand der Titelbilder zuordnen. Und ich vermute auch, dass er mittlerweile die Dauer von bestimmten Geschichten einordnen kann. Also manchmal, da guckt er einen so ganz schelmisch an und sagt: Und heute lesen wir mal ‚Pippi im Park'. Weil: ‚Pippi im Park' ist mit Abstand die längste Geschichte, die wir haben.

Frau Ritterbach hat durch ihre vielfältigen beruflichen Qualifikationen differenzierte Urteilskategorien für Kinderliteratur und andere Kindermedien entwickelt, die ihr einen sicheren und begründeten Zugriff erlauben. So übernimmt sie verantwortlich die Auswahl, die Ausleihe bzw. den Kauf neuer Bücher. Orientiert an ihren beruflichen Erfahrungen kann sie zum einen auf bekannte und bewährte Titel zurückgreifen. Zum anderen informiert sie sich über aktuelle Neuerscheinungen im Bilderbuchbereich. Sie nimmt Rezensionen in Tages- und Wochenzeitungen oder in Fachzeitschriften zur Kinder- und Jugendliteratur zur Kenntnis, stöbert in Buchhandlungen und Bibliotheken – zum Teil auch gemeinsam mit dem Sohn – und tauscht sich mit anderen Müttern und Kolleginnen aus.

Aspekte der kognitiven Förderung spielen für Frau Ritterbach zurzeit bei der Buchauswahl nur eine untergeordnete Rolle. Es gehe ihr „im Moment weniger darum, dass er unbedingt wahnsinnig viel lernen soll aus diesen Büchern". Vor diesem Hintergrund orientiert sich die Mutter an literarästhetischen Kriterien und an Aspekten des Lesegenusses. („Er soll viel Spaß und Lust empfinden bei diesem Lesen und sich da einfinden in Geschichten und das spannend finden und eben lachen dabei.") Laut Selbstauskunft lehnt es Frau Ritterbach ab, Bücher als Erziehungshilfe einzusetzen, insbesondere vermeidet sie Titel mit pädagogisch-belehrendem oder moralisierendem Ton. Erziehungsrelevante Themen wie das Trockenwerden oder die Schnullerfrage hätten sich auf andere Weise ohne Unterstützung von Büchern geklärt. „Ich mag nicht gerne Situationen aus 'nem Buch übernehmen. Also es ist ganz selten so, dass ich gedacht hätte: ‚Ach ja, das kannste jetzt so übernehmen.'" Im Gegenteil fällt Frau Ritterbach ein Beispiel ein, das den beabsichtigten Effekt quasi umgekehrt habe: Ein Buch über die Angst vor dem Einschlafen habe die eigenen Ängste des Sohnes noch gesteigert: „Was er uns erzählt, warum er abends nicht in seinem Bett schlafen könne, war exakt der Inhalt des Buches. [...] Also da bin ich mir jetzt wirklich sehr unsicher, ob ich vielleicht irgendwas verstärkt habe ... Also da weiß ich gar nicht, ob das so gut war, das so zu machen."

Bisweilen schätzt Frau Ritterbach die Bilderbücher dennoch als Hilfe, um bestimmte Sachzusammenhänge zu visualisieren und damit besser erklären zu können. Sie reflektiert und nutzt damit die spezifischen Symbolisierungsmöglichkeiten des Mediums Bilderbuch, nämlich die Möglichkeit, die dreidimensionale Lebenswelt in eine zweidimensionale Darstellung zu übertragen. Etwa wollte der Dreijährige recht genau über die Schwangerschaft seiner Kindergartenerzieherin aufgeklärt werden, und die Mutter erwägt nun, ein auch für Vorschulkinder geeignetes Aufklärungsbuch zu konsultieren.

Die Entwicklungsphase, in der Bilderbücher zum Zeigen und Benennen eine wichtige Rolle spielten, ist abgeschlossen. Weder Conrad selbst noch seine Mutter haben diese Zeit als besonders lustvoll erlebt, offenbar dominierten hier zu stark die Aspekte des sprachlich-kognitiven Lernens: „Er hat es auch eine zeitlang überhaupt nicht schön gefunden, immer auf meine Anforderung hin irgendein Motorrad oder so zu zeigen."

Zurzeit bevorzugt Frau Ritterbach fiktionale Geschichten, die „witzig" und „humorvoll" sind und die sie mit der Lebenswirklichkeit des Dreijährigen in Verbindung bringen kann. Hier sieht die Mutter Anknüpfungsmöglichkeiten für eine Begleit- und Anschlusskommunikation. Ihre eigenen Präferenzen reflektiert sie vor dem Hintergrund der Vermittlerinnenrolle und versucht einzuschätzen, was der Sohn als kindlicher Rezipient lustig und spannend finden könnte. („Und es ist tatsächlich so, dass er sehr viel Spaß dabei hat.") Hier probiert sie häufig Titel, die ihr selbst gefallen, mit ihrem Sohn gemeinsam aus: „Es gibt auch immer wieder mal Bücher, die mir gefallen und die ich dann einfach mal mitnehme [aus der Bibliothek, S.E.] so probehalber, um zu gucken, ob ihm das gefällt."[203]

---

203 Ein wichtiger Indikator für ein ähnliches Humorverständnis ist das gemeinsame Lächeln oder Lachen, das sich in den eindrucksvoll in den Filmbeobachtungen zeigt.

Frau Ritterbach versucht einzuschätzen, ob die Geschichten dem Entwicklungsstand des Sohnes angemessen sind. Bezogen auf die beiden zur Verfügung gestellten Bilderbücher etwa findet sie die Vater-Sohn-Bären-Geschichte „sprachlich eindeutiger", zum Beispiel wegen der kürzeren Sätze ohne Parataxen, und „viel klarer und gegenständlicher": Die Geschichte vom kleinen Paul hingegen, so schätzt es die Mutter ein, verlange von Conrad ein höheres Reflexions- und Abstraktionsvermögen, etwa in der Supermarkt-Szene, als Paul sich vorstellt, sich durch einen Urwald zu kämpfen.

Frau R.: Also er fragte dann immer wieder nach, wer denn der Eisbär sei oder warum der Paul durch einen Dschungel müsse. Das sind ja alles Sachen, die sich in der Vorstellung von diesem Kind abgespielt haben. Und da hatte ich den Eindruck, so weit ist er einfach noch nicht, das ist einfach noch zu abstrakt. [...]

Mit dieser Aussage zeigt die Mutter, dass sie als erwachsene Vermittlerin die kindlichen Rezeptions- und Verstehensfähigkeiten adäquat einschätzen kann. „Bestimmte Sachen" – so die Interviewaussage – seien für Conrad eben noch nicht „zugänglich", er nehme dann „einfach die Szenen oder die Passagen wahr, die für ihn interessant sind".

Frau Ritterbach bevorzugt Titel mit originellen, zum Teil ungewöhnlichen und detailreichen Illustrationen, auf denen es „möglichst viel zu entdecken gibt". Auch eigeninitiativ betrachtet die Mutter die Bilder und macht den Sohn auf Details aufmerksam. Diese Entdeckerfreude verbindet beide und lässt sie in eine gemeinsame literarische Erfahrungswelt eintauchen. Etwa sucht man gemeinsam in den *Karlchen*-Büchern von Rotraud Susanne Berner nach dem (im Buch nicht gezeichneten) elterlichen Schlafzimmer oder überlegt, warum Hase Karlchen keinen grünen, sondern einen blauen Schlafanzug trägt.

Frau R.: Wichtig finde ich diese Vorstellung, dass man in Literatur seine eigene Wirklichkeit wiederfinden kann, aber auch, dass diese eben zum Bestandteil seines eigenen Alltags wird. Das find ich ganz wichtig, und vielleicht auch irgendwann tatsächlich vor allem dieser fiktionale Gedanke, dass man eintauchen kann in eine andre Welt, die vielleicht ein bisschen witziger ist, vielleicht ein bisschen trauriger als die eigene.

Neben diesem „fiktionalen Gedanken" benennt Frau Ritterbach als wichtiges Ziel einer frühen Lesesozialisation das sprachliche Lernen, und zwar nicht vornehmlich unter kognitiven Aspekten, sondern auch unter ästhetischen Gesichtspunkten, d.h. ein Gefühl für die Qualität von (gesprochener und geschriebener) Sprache zu entwickeln und zunehmend Einsicht in den Aufbau und die Struktur von Geschichten zu erlangen. „Ich habe schon den Eindruck, dass er gerade im sprachlichen Bereich unglaublich viel mitnimmt." Gemäß dem Konzept von Wigotskys ‚Zone der nächsten Entwicklung' können dies zunächst auch Texte sein, deren Sprache „fremd klingt", d.h. die semantisch oder syntaktisch noch nicht dem Entwicklungsstand des Kindes entsprechen. „Ich gucke immer darauf, wie es sprachlich schön und für ihn erfassbar ist." Schon früh wurden in der Familie prä- und paraliterarische Kommunikationsformen etabliert: Fingerspiele, Reime, Gedichte und Lieder gehörten und gehören zum Teil noch zum festen Bestandteil der gemeinsamen Kommunikation zwischen Mutter und Sohn. Auf diese Weise konnte Conrad seine Freude an Sprache entdecken und Texte „für sich in Besitz zu nehmen".

Frau R: Ich habe den Eindruck, er hat schon ein Faible für bestimmte sprachliche Wendungen. Also es gibt ganz oft Sätze oder Ausdrücke, die er schön findet, die er hundertmal an demselben Abend wiederholt und die dann in den unterschiedlichen Kontexten wieder auftauchen. [...] Zum Beispiel hat er in dem Buch von dem Max diesen Satz aufgegriffen ‚Das ist jetzt hier die letzte Runde.' Und dann sagte er später: Und *meine* letzte Runde – und meinte damit seine Vorleserunde – findet in meinem Bett statt.'

Der Dreijährige zitiert gern aus den vorgelesenen Büchern – das wird sogar in den Filmbeobachtungen deutlich –, und er tut dies häufig mit der Intonation der Vorleser. Als erwachsene Vermittlerin versucht Frau Ritterbach dies mit ihrer eigenen Vorlesepraxis zu unterstützen: „Das [Texte mit einer adäquaten sprachlichen Gestaltung, S.E.] kann ich besser vorlesen. Und damit auch so 'ne bestimmte Stimmung erzeugen, denn darum geht's ja auch immer so'n bisschen. [...] Also, zumindest ahmt er das nach, wie ich das vorlese. [...] Und noch häufiger erlebe ich, dass er die Stimme meines Mannes nachahmt."

Hypothesenkonform scheint Frau Ritterbach Wert auf eine eher symmetrische Kommunikationsbeziehung im Vorlesegespräch zu legen. Das belegt zum einen die Art und Weise der Buchauswahl und der Verzicht auf restriktive Maßnahmen. Darüber hinaus deutet der Fragemodus auf eine Stärkung des Bindungssystems hin: Fragen haben – so zeigen die Filmbeobachtungen – weniger problematisierenden, herausfordernden Charakter, sondern vornehmlich die Funktion, das Textverständnis zu sichern. Mit insgesamt eher geringen fragenden Redeanteilen, insbesondere weniger W-Fragen bietet die Mutter dem Dreijährigen eine sichere, verlässliche Basis im Vorlesegespräch, er muss nicht mit ‚unbequemen' Fragen seiner Interaktionspartnerin rechnen. Auf der anderen Seite besteht hier die Gefahr eine *overscaffolding*, d.h. einer zu starken Unterstützungsleistung der Mutter.

Frau R.: Wenn das gar nicht im Moment die Frage ist, kommt ihm das vielleicht noch komischer vor, wenn ich ihn nach irgendwas befrage, was ihm gar nicht komisch aufgestoßen ist.

Ihre Vorlesepraxis stellt die Mutter als wenig direktiv dar. Zwar möchte sie laut eigener Auskunft die Geschichte vollständig ohne Auslassungen und bis zum Ende lesen. Sie geht dabei aber offenbar weniger zielorientiert vor und ist auch unter Umständen bereit, nur bestimmte Ausschnitte eines Buches auszuwählen oder zu wiederholen. Auch Fragen lässt sie – so teilt sie im Interview mit – offenbar in größerem Umfang zu und antwortet eingehender als ihr Mann. Aus ihrer Sicht gibt es Differenzen zum Vorlesekonzept ihres Mannes.

Frau R.: Also mein Mann ist schon sehr daran interessiert, dass das alles so genau der Reihe nach durchgelesen wird. Aber er berücksichtigt auch, dass der Conrad nachfragt. Aber er hat – glaube ich – mehr Schwierigkeiten mit diesen Fragen, die zu nichts führen, die nur um des Fragens willen gestellt werden und die nichts mit der Geschichte zu tun haben. Also mich nervt das schon auch, aber vielleicht nicht ganz so sehr wie meinen Mann. [...] Ich denke manchmal, na ja, o.k., das ist jetzt irgendwie wichtig, also versuch ich das auch noch zu beantworten.

Auswertung der Mutter-Kind-Vorleseinteraktionen

Im Folgenden wird das aus den Interviewaussagen entwickelte Vorlesekonzept der Mutter anhand der beiden Videobeispiele überprüft.

Mutter-Kind-Vorleseinteraktion 1 –
Fries/von Vogel: *Trödeln? Ich doch nicht!*

In der ersten Filmsituation liest Frau Ritterbach das Buch *Trödeln? Ich doch nicht!* von Claudia Fries und Maja von Vogel vor. Weder die Mutter noch der Sohn kennen das Buch. Das Vorlesen findet nachmittags auf dem Sofa im Wohnzimmer statt. Frau Ritterbach sitzt im Schneidersitz, Conrad auf ihrem Schoß. Sie hat die Arme um den Jungen gelegt und hält das Buch so vor ihn, dass beide hineingucken können. Das Vorlesen dauert elf Minuten. Die Vorlesesituation wird zeitweise durch eine Fliege gestört, die im Zimmer umherschwirrt. Nachstehend ist das vollständige Transkript des Vorlesegesprächs mit anschließender Analyse und Interpretation dokumentiert.

Frau R. [liest den Titel zunächst auf der Umschlagseite, klappt dann das Buch auf.]: *O.k., also, das Buch heißt: Trödeln? Ich doch nicht! von Claudia Fries und Maja von Vogel.*

C. [blickt zum Vater, der sich hinter der Kamera im gleichen Raum aufhält]: *Papa, warum machst Du Licht an?*

Frau R.: *Damit er besser lesen kann. So, guck, es geht los.* [Beide blicken ins Buch.] Paul spielt Zirkus. Da ruft Mama: ‚Beeil dich Paul, wir müssen einkaufen gehen. Sonst machen die Geschäfte zu.‘ ‚Ich komme gleich!‘, ruft Paul. ‚Wenn die Zirkusvorstellung zu Ende ist.‘ [blättert aus Versehen zwei Seiten um, schlägt zurück, liest den Bilderbuchtext langsam und betont]. Mama hat schon ihren Mantel an und den Einkaufskorb dabei. Wo bleibst du denn?‘ fragt sie. ‚Wir müssen los!‘ ‚Gleich‘, sagt Paul. Ich bin gerade mitten in der Raubtiernummer.‘ [Blickkontakt zum Sohn, blättert dann um] Auf der Straße schaut Mama auf die Uhr und bekommt einen Schreck. ‚Schnell, Paul‘, ruft sie. ‚Der Bus kommt gleich.‘ ‚Ich kann nicht so schnell‘, sagt Paul. ‚Sonst falle ich in die Schlucht.‘ Mama nimmt Pauls Hand, damit er nicht stürzt. Gerade noch rechtzeitig erreichen sie den Bus. *Siehst du denn, wo die Bushaltestelle ist?*

C. [lächelt, zeigt auf die Illustration, grinst kurz in die Kamera]

Frau R. [blättert um, Blickkontakt zum Sohn]: Mit dem Bus fahren Mama und Paul in die Stadt. Beim Aussteigen sagt Mama: ‚Zuerst müssen wir zum Bäcker. Hoffentlich kriegen wir noch Brötchen.‘ [Eine Fliege landet auf dem Bilderbuch.]

C. [wedelt mit der Hand, um die Fliege zu verscheuchen]

Frau R.: *Ach, die Fliege kann ruhig mitgucken.* [blickt kurz auf, liest dann den Bilderbuchtext weiter] Paul will gerade loslaufen, als er ein paar gefährliche Flugsaurier entdeckt. Zum Glück kann er sie in die Flucht schlagen, bevor sie ihn und Mama angreifen. [Durch die Kopfhaltung beim Lesen besteht ständiger Blickkontakt zum Sohn.] *Weißt du, was das ist, Flugsaurier?*

C. [schüttelt leicht den Kopf]: *Nein.*

Frau R.: *Die fliegen. Das sind Tiere, die sind schon lange tot. Aber das sind – glaube ich – gar keine Flugsaurier. Guck mal, was sieht denn der Paul?*

C.: *Weiß nicht.*

Frau R.: *Was sind denn das für Tiere?* [deutet auf die Illustrationen]

C.: *Weiß ich nicht!*

Frau R.: *Oh, die kannst du aber erkennen.*

C. [grinst schelmisch] [unverständlich]

Frau R.: *Das sind Tauben. Die fliegen da rum.* [blättert um, liest den Bilderbuchtext weiter]. Beim Bäcker kauft Mama die letzten Brötchen. ‚Jetzt müssen wir noch schnell zum Fleischer‘, sagt sie, ‚sonst gibt es keinen Aufschnitt mehr. ‚Wo bist du, Paul?‘ ‚Hier!‘, ruft Paul und verlässt seinen *geheimnisvollen* [korrigiert sich], nee, seinen geheimen Beobachtungsposten. Er wollte gerade die Überwachung der Bäckerei übernehmen, um dem gefürchteten Torten-Räuber das Handwerk zu legen. Aber bevor es zum Abendbrot keinen Aufschnitt gibt, beeilt er sich lieber. [Blickkontakt zum Sohn, Pause, blättert dann um, liest den Bilderbuchtext weiter] Schnell laufen Mama und Paul zum Fleischer. Im Laden sind viele Leute.

C. [versucht erneut, die Fliege zu verscheuchen]

Frau R. [unterbricht das Lesen, blickt den Sohn an]: *Conrad, die Fliege ist doch jetzt egal, hm? So, willst du weiter gucken?*

C. [sucht noch kurz nach der Fliege, blickt dann wieder ins Buch]

Frau R. [liest den Bilderbuchtext weiter]: ‚Da ist Lisa‘, ruft Paul und winkt einem Mädchen zu, das mit seiner Mutter weiter vorne in der Schlange steht. Lisa und Paul spielen mit Lisas Puppe Käthe, bis Pauls Mama fertig ist. ‚Kann ich noch mit Lisa spielen?‘, fragt Paul. ‚Käthe kauft gerade ein.‘ ‚Ein andermal‘, sagt Mama. ‚Jetzt müssen wir zum Supermarkt.‘ Paul winkt Lisa und Käthe zum Abschied zu. [Blickkontakt zum Sohn, kurze Pause, blättert dann um, liest den Bilderbuchtext weiter] Auf dem Weg zum Supermarkt kommen sie an einem Flohzirkus vorbei. Guck mal, Paul!‘, sagt Mama und bleibt stehen. ‚Toll!‘, staunt Paul und *bez-,* [korrigiert sich] betrachtet die winzigen Flöhe. *Kannst du die auch sehen, die winzigen Flöhe?* [Blickkontakt]

C. [zeigt auf die gezeichneten Flöhe]

Frau R. [zeigt ebenfalls auf die Illustration]: *Ja, da sind die drin. Und da oben fliegt einer, guck mal.* [Blickkontakt zum Sohn, zeigt auf die entsprechende Stelle] *Klitzeklein.*

C.: *Was ist das denn?*

Frau R.: *'n klitzekleiner Floh, so ähnlich wie ne Fliege, nur noch kleiner. Die* [!] *hüpft hin und her.*

C.: *Ich will auch mal so was haben!*

Frau R.: *Willst du auch mal in nen Flohzirkus? Mal gucken.* [liest den Text weiter] Immer mehr Leute versammeln sich ...

C. [fährt über die Bildseite]: *Ich möchte aber so was Großes auch mal haben!*

Frau R. [Blickkontakt]: *'nen richtigen Flohzirkus?* [Blickkontakt] *Ich glaube, den kann man nicht kaufen. Da müsste man erst mal nen Floh finden.* [Blickkontakt, liest dann den Text weiter] Immer mehr Leute versammeln sich um den Mann. Als er fertig ist, klatschen alle. Paul zupft Mama am Mantel: ‚Komm jetzt, sonst macht der Supermarkt zu!' ‚Du hast Recht', sagt Mama und schaut auf die Uhr. ‚Oje, schon so spät, jetzt aber schnell!' [Blickkontakt, blättert um, liest weiter] Mama und Paul rennen das letzte Stück zum Supermarkt. Zum Glück hat er noch auf.

C. [wird erneut von der Fliege abgelenkt]

Frau R. [unterbricht, schaut auch der Fliege hinterher]: *Ach Conrad, weißt du, das mit der Fliege, das scheint heute so'n bisschen störend, hm?* [Blickkontakt]

C. [zeigt auf die Fliege, spricht unverständlich]

Frau R.: *Soll'n wir die erst mal wegmachen? Kannst du nicht weiterlesen, wenn die Fliege da ist?*

C.: *Ja.*

Frau R.: *Guck mal, die sitzt aber nur da.*

C.: *Wo fliegt die jetzt hin?*

Frau R.: *Die fliegt jetzt ganz woanders hin. Also o.k., jetzt lesen wir noch mal die letzte Seite.* [beide blicken ins Buch] Mama und Paul rennen das letzte Stück zum Supermarkt. Zum Glück hat er noch auf. [Blickkontakt] ‚Hol bitte drei Bananen, ich geh schon mal zur Käsetheke', sagt Mama. Um an die Bananen zu kommen, muss sich Paul erst durch einen Urwald kämpfen. [Blickkontakt] Das ist ganz schön anstrengend, aber schließlich hat Paul es geschafft. [Blickkontakt]

C. [erwidert Blickkontakt]

Frau R. [Pause, blättert dann um, liest den Text weiter]: ‚Das hat aber lange gedauert', sagt Mama. [unterstützt mimisch durch Verdrehen der Augen] ‚Holst Du bitte noch eine Tiefkühlpizza?' ‚Klar', sagt Paul und geht los. Da versperrt ihm ein riesiger Eisbär den Weg.

C. [kümmert sich kurz wieder um die Fliege, blickt dann wieder ins Buch]

Frau R. [ignoriert diesmal die Gesten des Sohnes, liest weiter]: Paul versteckt sich hinter einem Stapel Dosen und wartet, bis der Eisbär eingeschlafen ist. [Blickkontakt]

C. [blickt wieder ins Buch]: *Warum ist der Eisbär eingeschlafen?*

Frau R.: *Ich weiß nicht. Vielleicht muss der lange warten? Woran kann man das denn merken, dass der Eisbär eingeschlafen ist?* [Blickkontakt]

C.: *Weiß ich nicht.*

Frau R.: *Vielleicht schnarcht der ja.* [liest den Text weiter] Dann schleicht er sich zur Kühltruhe und schnappt sich eine Pizza. [blättert um, liest weiter] Endlich haben Mama und Paul alle Einkäufe erledigt.

C. [lässt sich wieder kurz durch die Fliege ablenken, blickt dann aber wieder ins Buch]

Frau R. [liest den Bilderbuchtext weiter]: ‚Du darfst dir einen leckeren Nachtisch aussuchen', sagt Mama zu Paul, als sie zur Kasse gehen. ‚Eis!' ... [Blickkontakt] ... ruft Paul sofort und holt eine große Packung. [Blickkontakt, blättert um, liest den Bilderbuchtext weiter] ‚Jetzt können wir nach Hause', sagt Paul und freut sich aufs Abendbrot. Aber vor dem Supermarkt trifft Mama Frau Matschke, die Nachbarin. Die beiden reden und reden. Paul langweilt sich. Da fällt ihm plötzlich etwas ein. ‚Mama, wir müssen schnell nach Hause, sonst schmilzt das Eis!', ruft er. ‚Ach du Schreck', sagt Mama. ‚Daran habe ich gar nicht gedacht'! Sie verabschiedet sich von Frau Matschke und macht sich mit Paul auf den Heimweg. [blättert um, liest weiter] Als Mama und Paul zu Hause ankommen, wartet Papa schon auf sie. ‚'Da seid ihr ja endlich wieder', sagt er. ‚Ihr habt aber ganz schön lange gebraucht. Hat da vielleicht jemand getrödelt?'

C. [lächelt, blickt die Mutter an]: *Neein!*

Frau R. [erwidert Blickkontakt, lacht auch]: ‚Getrödelt?', fragt Mama. ‚Hier trödelt doch keiner!' Paul schaut Mama an, und Mama schaut Paul an.

C. [deutet auf die Illustration] *Was ist das?*

Frau R.: *Das ist die Mama.*

C. [zeigt auf den Vater]: *Und das?*

Frau R.: *Das ist der Papa.*

C. [zeigt auf das Kind]: *Und das?*

Frau R.: *Das ist der Paul.*

C.: *Warum sind da nicht zwei Kinder?* [legt sich quer über den Schoß in den Arm der Mutter].

Frau R.: *Na, die haben nur ein Kind.*

C.: *Warum?*

Frau R. [blickt den Sohn an]: *Du bist doch auch nur ein Kind.*

C. [blickt die Mutter an]: *Aber ich hab hier noch ein zweites Kind.*

Frau R.: *Wo ist denn hier noch ein zweites Kind?*

C.: *Na, die Anne unten.*

Frau R.: *Ja, die Anne wohnt noch mit im Haus. Aber diese Mama und der Papa haben nur ein Kind.*

C.: *Ja. Aber die haben noch die Luise.*

Frau R.: *Ja, die Luise haben die auch noch, genau.*

C.: *Das sind zwei Kinder. Zwei, so* [zeigt zwei Finger in die Luft]

Frau R.: *Genau. Sollen wir denn noch mal den letzten Abschnitt lesen?*

C. [richtet sich auf, blickt ins Buch]

Frau R.: *Also, was fragt der Papa?* ‚Hat da vielleicht jemand getrödelt?' [Blickkontakt zum Sohn, lächelt]

C. [erwidert Blickkontakt]: *Neein!*

Frau R.: [blickt den Sohn weiter an, spricht auswendig]: ‚Getrödelt?', fragt Mama.

C. [lächelt]: *Nein!*

Frau R.: *Nein!* ‚Hier trödelt doch keiner!' Paul schaut Mama an, und Mama schaut Paul an. Dann müssen beide furchtbar lachen. [Blickkontakt]

C. [schüttelt den Kopf]: *Nein, darf man nicht.*

Frau R.: *Warum nicht?*

C. [nicht recht verständlich]: *Weil das der Andreas manchmal schon gesagt hat.* [blickt in die Kamera] *Da ist die Kamera.*

319

Frau R.: *Genau.* [klappt das Buch zu]. *Und jetzt sind wir fertig. Jetzt kann der Papa ausschalten.*

C.: *Ich mag noch mal.*

Frau R. [streichelt den Sohn am Knie]: *Noch mal dasselbe Buch? Möchtest du das noch mal mit dem Papa lesen jetzt?* [Der Vater kommt zum Sofa.]

C.: *Ja.* [zum Vater] *Dasselbe Buch mit dir. Aber die Kamera ausstellen.*

Frau R. [schmunzelt]: *Nee, die Kamera läuft einfach weiter.*

Analyse und Interpretation

Das Videobeispiel ist laut Interviewaussage nicht als typisch für die sonstigen Vorleseinteraktionen zu werten. Erstens liest die Mutter in der Regel im Rahmen des Zu-Bett-Geh-Rituals vor. Zweitens darf Conrad üblicherweise das vorzulesende Buch auswählen. Trotzdem lässt sich der Dreijährige problemlos auf die Vorlesesituation ein. Obwohl es sich um die erste von insgesamt fünf Filmsituationen handelt, lässt er sich kaum von der Kamera ablenken. Nur ein einziges Mal nach etwa einer Minute grinst er kurz in ihre Richtung. Dass er sie trotzdem wahrgenommen und möglicherweise als störend empfunden hat, zeigt eine seiner Schlussbemerkungen („Aber die Kamera ausstellen!").

Die Filmsituation wird in Abständen von einer umherschwirrenden Fliege beeinflusst, die die Aufmerksamkeit des Jungen immer wieder auf sich lenkt. Diese Störungen werden in die Rahmenhandlung integriert, d.h. Frau Ritterbach ignoriert die Ablenkungen nicht, sondern geht unterschiedlich, aber jeweils angemessen auf sie ein, was sich als produktiv für die Vorlesesituation werten lässt: Mit der Aussage „Ach, die Fliege darf ruhig mitgucken!" fühlt sich der Sohn offenbar ernst genommen und schafft es, sich wieder auf das Bilderbuch und das Vorlesegespräch zu konzentrieren. Beim zweiten Mal reagiert die Mutter etwas forscher und direktiver („Conrad, die Fliege ist doch jetzt egal."). Mit der Frage „So, willst du weitergucken?" ermöglicht sie ihm, in die Handlungssituation zurückzukehren. Beim dritten Mal steigen die Interaktionspartner sogar kurz aus der Vorlesesituation aus, die Mutter überlegt, den brummenden Störenfried zu beseitigen („Soll'n wir die erst mal wegmachen? Kannst du nicht weiterlesen, wenn die Fliege da ist?") Auch diese Reaktion lässt sich aus bindungstheoretischer Perspektive als kindorientiertes, eingehend responsives Verhalten werten: Als erwachsene Vermittlerin stellt sie sicher, dass die Rahmenbedingungen für das Vorlesen stimmen. Beim vierten Mal ignoriert Frau Ritterbach die Gesten des Sohnes, was in dieser Situation vermutlich auch die richtige Strategie ist: Conrad blickt nach wenigen Sekunden wieder ins Buch. Diese häufigen Unterbrechungen beeinflussen möglicherweise das Vorlesen der Mutter. Sie fühlt sich offenbar gestört und etwas ‚gehetzt', wohlmöglich auch durch die Beobachtungssituation, und liest dadurch etwas zielgerichteter. Sie blättert selbst die Seiten um, lässt relativ kurze Pausen in den Übergängen und unterbricht seltener eigeninitiativ für Zwischenfragen und Kommentare. Im

Interview bestätigt sie: „Ich dachte schon, wir kriegen dieses Buch überhaupt nicht durch."

Mutter und Sohn behalten die anfangs gewählte Sitzposition mit dem engen Körperkontakt lange Zeit bei. Das Arrangement wirkt etabliert und für beide bequem und gemütlich. Erst gegen Ende wechselt Conrad die Position: Er streckt sich aus, lehnt seinen Kopf in den Arm der Mutter und legt seine Beine auf ihren Schoß. Die Mutter hält während der gesamten Zeit Körperkontakt durch die Umarmung. Zum Schluss streichelt sie ihrem Sohn den Kopf. Charakteristisch für die Vorlesesituation sind die zahlreichen – insgesamt weit über 20 – von der Mutter initiierten Blickkontakte, mit denen sie vermutlich Aufmerksamkeit sichern und Nähe herstellen will. Diese werden vom Sohn zweimal erwidert, obwohl die Sitzposition dies eigentlich nicht zulässt. Um die Mutter anzusehen, muss er den Körper und den Kopf etwas zur Seite bzw. nach hinten drehen. Einmal initiiert Conrad selbst einen Blickkontakt, den die Mutter prompt erwidert. An einer Stelle lachen die beiden gemeinsam – interessanterweise dort, wo die Mutter-Sohn-Beziehung in der Bilderbuchgeschichte besonders eng wirkt: Beide haben getrödelt, leugnen dies aber auf Nachfragen des Vaters. Möglicherweise übertragen Frau Ritterbach und Conrad die Konstellation der Bilderbuchgeschichte auf ihre eigene Lebenswirklichkeit. Mit dem gemeinsamen Lachen und den Blickkontakten signalisieren sich die beiden Interaktionspartner gegenseitiges Einverständnis. Darüber hinaus lassen die etabliert wirkende Sitzposition und der enge Körperkontakt auf eine enge und stabile sozioemotionale Beziehung schließen.

Gemäß den Aussagen im Interview stellt die Mutter vor allem Fragen, die das Text- und Bildverständnis sichern sollen. Etwa unterbricht sie auf der Seite, als Mutter und Sohn auf dem Weg zur Bushaltestelle sind. Frau Ritterbach antizipiert, dass ihr Sohn die Fantasie des kleinen Paul, Tauben für Flugsaurier zu halten, nicht nachvollzogen hat. Als Conrad die Antworten jeweils schuldig bleibt, liefert sie selbst die Erklärungen, womit sie den Sohn zwar entlastet, ihn aber im Sinne eines *overscaffolding* eventuell zu stark unterstützt. An einigen Stellen nutzt Frau Ritterbach Text-Bild-Korrespondenzen (Bushaltestelle, Flugsaurier, Flohzirkus), indem sie nach dem Lesen des Textes auf relevante Stellen in der Illustration zeigt. Untypisch im Vergleich zu sonstigen Rezeptionssituationen sei das seltene Nachfragen des Sohnes. An zwei Stellen fragt Conrad eigeninitiativ und nutzt dabei auch die Verbindungen zwischen Bild und Text. Beim ersten Mal zeigt er auf die Flöhe im Flohzirkus. Das Arrangement ist ihm zwar unbekannt, interessiert und fasziniert ihn aber offenbar: „Ich will auch mal so was haben!". Die zweite Stelle ist die Schlussszene. Hier will Conrad offenbar die Figuren und ihre Beziehung zueinander klären. Er denkt sich in die familiale Konstellation hinein („Warum haben die nicht zwei Kinder?). Die Mutter bleibt mit ihren Antworten nicht konsequent in der Bilderbuchgeschichte, etwa indem sie versucht, über die Gründe der Eltern zu spekulieren, sondern stellt eine Verbindung zu der eigenen Lebenswirklichkeit her („Na, du bist doch auch nur ein Kind!").

Zusammenfassend lässt sich diese erste Vorleseinteraktion als produktiv kennzeichnen: Conrad genießt die gemeinsame Rezeptionssituation mit der Mutter. Trotz der für ihn massiven Störung durch die Fliege kann er immer wieder seine Aufmerksamkeit fokussieren und sich auf das Vorlesen konzentrieren. Die Bilderbuchgeschichte scheint für ihn trotz der relativ wenigen Nachfragen attraktiv gewesen zu sein. Jedenfalls will er sie umgehend ein zweites Mal, diesmal vom Vater, danach sogar noch ein weiteres Mal von der Mutter hören. Diese folgenden Vorleseinteraktionen profitieren von dieser Wiederholung: „Es war eigentlich so, wie wir vermutet hatten: Der Conrad springt eigentlich immer erst auf ein Buch an, wenn er es drei-, viermal gelesen hat." (Frau R. im Interview).

Das Buch wird später von der Mutter ein zweites Mal auf ausdrücklichen Wunsch des Sohnes vorgelesen. Besonderes Charakteristikum dieser Vorleseinteraktion, die hier nicht ausführlich dargestellt wird, sind die zahlreichen, zum Teil langen Blickkontakte, die diesmal auch häufig vom Sohn initiiert werden. Häufig gehen sie mit einem gemeinsamen Lächeln oder Lachen einher und lassen sich wiederum als Indikator eines gemeinsamen Einverständnisses und weniger als Kennzeichen der Aufmerksamkeitssicherung werten. Eine interessante Parallele findet sich zur Vorleseinteraktion mit dem Vater. Auch hier interessiert sich Conrad für das Eis, das sich der kleine Protagonist aussuchen darf („Möchte auch mal so ein Eis haben."). Während ihr Mann auf diese Bemerkung ignorierend responsiv reagiert hat („Du hattest heute Nachmittag schon zwei Eis, Conrad!"), was sachlich natürlich richtig war, verhält sich die Mutter empathischer, indem sie den Wunsch des Jugen zunächst spiegelt („So'n Eis?") und sich eingehend auf dem Bild damit beschäftigt, um welche Sorte es sich handelt. Der Bezug zur eigenen Lebenswirklichkeit (ob und wann es wieder Eis geben wird), muss dann nicht mehr hergestellt werden.

Mutter-Kind-Vorleseinteraktion 2 –
Geisler: *Ich trödel doch nicht, sagt Max.*

Das Vorlesen findet im Anschluss an die zweite Vorlesesituation mit dem Vater abends vor dem Zu-Bett-Gehen statt, d.h. Conrad kennt das Buch schon, die Mutter noch nicht. Beide Interaktionspartner sitzen im Wohnzimmer auf dem Sofa, Conrad auf dem Schoß der Mutter, frontal zu Kamera. Sie hält das Buch vor den Jungen, umfasst ihn dadurch mit beiden Armen und neigt ihren Kopf leicht, so dass beide bequem auf die Seiten blicken können. Der Dreijährige ist offensichtlich schon müde, hat aber darauf bestanden, das Buch noch von der Mutter vorgelesen zu bekommen. Das Vorlesen dauert zehn Minuten. Unterbrechungen gibt es keine. Nachstehend ist das vollständige Transkript des Vorlesegesprächs mit anschließender Analyse und Interpretation dokumentiert.

Frau R. [hält das Buch vor den Sohn, so dass beide hineingucken können]: *So, jetzt bin ich mal gespannt, was du schon mit dem Papa gelesen hast.* [schlägt die Titelseite auf]

C. [lächelt]

Frau R.: *Das Buch ist von Dagmar Geisler und heißt ,Ich trödel doch nicht', sagt Max.* [blättert auf die erste Seite]

C. [blickt ins Buch]: *Wo ist der Max?*

Frau R.: *Wo ist der denn? Ich kenn den gar nicht.* [Blickkontakt]

C. [deutet auf die Illustration]

Frau R.: *Das ist er? Mit dem blauen – Hosenanzug?* [liest den Bilderbuchtext] Am Freitag fährt Mama mit Stina zu Oma. ,Tschüs ihr zwei', sagt sie zu Papa und Max, ,macht euch einen schönen Tag.' *Die machen Männertag, ne?* [Blickkontakt, blättert die Seite um]

C.: *Warum?*

Frau R.: *Na, weil die Mama mit der Stina weggefahren ist.* [liest den Text] ,Und weißt du auch, was wir machen?', fragt Papa. ,Wir gehen Karussell fahren.' JIPPIE!', ruft Max. ,Wann gehen wir?' [wiederholter Blickkontakt] ,Gleich nach dem Essen', sagt Papa. ,Es gibt Würstchen mit Kartoffelbrei und – ? [Blickkontakt]

C. [schmunzelt, albert, klopft mit der Faust auf das Buch]: *Laterne!*

Frau R.: *Nein. Salat.*

C. [spricht unverständlich]

Frau R. [blättert um, liest den Bilderbuchtext]: Papa isst fünf Würstchen.

C.: *Warum?*

Frau R.: *Na, der hat nen Bärenhunger!* [liest den Bilderbuchtext weiter] Papa isst Berge von Kartoffelbrei. Papa isst viele grüne Salatblätter. Der Teller von Max ist noch voll. ,Trödel nicht so!', sagt Papa. [begleitet mimisch, verdreht die Augen] ,Denk dran, wir wollen noch Karussell fahren.' ,Ich trödel doch nicht', sagt Max, ,ich baue einen Fluss für meine Wurststückchen. Die müssen auch ein bisschen Spaß haben.'

Conrad [lächelt, nickt]

Frau R. [blättert um]: Nach und nach angelt Max alle Wurststückchen aus dem Soßenfluss. Der Kartoffelbrei ist schon ein bisschen kalt.

C.: *Warum?*

Frau R.: *Na, weil der so lange getrödelt hat. Ist so ähnlich wie bei dir.* [Blickkontakt] *Ist auch immer so'n ganz bisschen kalt.*

C. [schmunzelt, nickt]: *Ja!*

Frau R. [liest den Bilderbuchtext weiter]: Macht nix! Max gräbt noch einen kleinen Seitenkanal. Papa räumt schon mal den Tisch ab.

C.: *Warum?*

Frau R. [blickt den Sohn an]: *Weil, der muss noch spülen.*

C. [klopft mehrmals auf das Buch]: *Der hat einen bösen Papa!*

Frau R. [blickt den Sohn an]: *Warum?*

C. [dreht seine Finger auf dem Bild]: *Ich reiß jetzt gleich den Papa ...* [wendet sich ein wenig zur Mutter, ohne Blickkontakt] *Soll ich das?*

Frau R.: *Nee, das brauchst du nicht* [nimmt die Hand des Sohnes vom Buch weg]

C.: *Oder soll ich da ein Loch reinmachen?* [piekst mit dem Finger auf die Seite] *Ein Loch!*

Frau R. [liest den Text weiter]: Der Papa[204] lässt das Wasser ein und fängt an, die Gläser zu spülen. Er spült die Teller und das Besteck, den Topf, die Pfanne und die Schüsseln. Zum Schluss spült Papa noch den Teller von Max. [Beide blättern gemeinsam um]

C. [streicht mit der Hand über die Doppelseite, gähnt]

Frau R. [blickt den Sohn an]: *Oh, du bist schon sehr müde, ne?*

C.: *Nein!*

Frau R.: *Nein, klar!* [liest den Text weiter] Max darf die Löffel abtrocknen, die Gabeln und die Plastikschüssel. ‚He, Max! Was trödelst du da herum? Die Gabeln gehören in den Besteckkasten.'

C. [reibt sich mit beiden Händen das Gesicht]

Frau R. [zeigt auf die Illustration]: *Ach du je, was macht denn der Max da?*

C.: *Der macht da, ich weiß nicht!* [?]

Frau R. [liest den Text weiter]: ‚Ich trödel doch nicht', sagt Max. ‚Ich bastel[205] ein Karussell für das Besteck.' ‚Ich dachte, wir wollen selber Karussell fahren', seufzt Papa. ‚Ja, gleich!', sagt Max. [blättert um, blickt den Sohn an]

C. [reibt sich das Gesicht]

Frau R. [blickt den Sohn an]: *Woll'n wir's doch lieber morgen noch mal lesen, Conrad?*

C.: *Nee.*

Frau R.: *Hm?*

C. [schmunzelt]: *Aber die letzte Runde ist im Bett!* [blickt wieder ins Buch]

Frau R. [liest den Text weiter]: Endlich ist die Küche sauber. Papa setzt seine Mütze auf und bindet den Schal um. ‚Mahax!' ruft er. [begleitet mimisch durch Verdrehen der Augen] ‚Ja, ja!', ruft Max zurück. ‚Ich muss nur den Kasper in Mamas Bett legen und Stinas Puppe auch. Und am besten noch das Krokodil und den kleinen König. Die fürchten sich sonst, wenn sie allein zu Hause sind.' [Blickkontakt] ‚Oh, Max!', stöhnt Papa. [blättert um, liest den Text weiter] Max setzt seine Mütze auf. Papa bindet ihm den Schal um. Max zieht den einen Hausschuh aus und dann den andern. Mit den Hausschuhen im Arm steht er da. Papa klappert ungeduldig mit den Schlüsseln.

C.: *Warum?*

Frau R.: *Na, der möchte endlich gehen, der Papa!*

C.: *Warum?*

Frau R.: *Na, weil die doch noch zum Karussell wollen.* [liest den Text weiter] ‚Ich trödel nicht', sagt Max, ‚aber meine Hausschuhe sind wilde Tiger, die kann ich doch nicht einfach zu Stinas kleinen Babykar-* [korrigiert sich] *pantoffeln stellen. [Blickkontakt] Das ist viel zu gefährlich.'

---

204 Ersetzt er durch Der Papa.
205 Liest bastel statt baue.

C.: *Warum ist das denn viel zu gefährlich?*

Frau R. [blickt den Sohn an]: *Na, weil das wilde Tiger sind. Vielleicht fressen* [macht eine Fressbewegung mit der rechten Hand auf Conrads Bauch] *die die kleinen Babypantoffeln.*

C. [überlegt kurz, fasst sich dann an den Bauch, lacht, spricht unverständlich]

Frau R. [lächelt, blickt wieder ins Buch und liest den Text weiter]: Max denkt nach. Dann stellt er seine Hausschuhe in die Speisekammer. Stinas Pantoffeln versteckt er in Papas Gummistiefeln.

C.: *Warum?*

Frau R.: *Na, damit die gut versteckt sind vor den Tigerpantoffeln.* [liest weiter] ‚Jetzt können wir gehen', sagt Max und steigt in seine Stiefel. [blättert um, liest weiter] Papa schließt die Haustür ab und stapft los. Fast ist er um die Ecke gebogen, als er merkt, dass kein Max neben ihm geht. ‚Max, du trödelst schon wieder! [begleitet mimisch durch Verdrehen der Augen] Das Karussell wartet nicht ewig!'[Blickkontakt] Ich trödel doch nicht', sagt Max. ‚Ich muss nach Opa Meierbär gucken. Der sitzt heute gar nicht an seinem Fenster. [Blickkontakt, wartet kurz, blättert um, liest den Text weiter] Hoffentlich ist ihm nichts passiert.' Aber da kommt Herr Meierbär schon die Straße entlang. Er war schnell die Zeitung holen. Papa redet mit Opa Meierbär mal kurz übers Wetter und über Opa Meierbärs krankes Bein, über die Politik und darüber, wie das Wetter wohl morgen wird ...

C. [schnieft mehrmals, blickt vom Buch auf, hustet, blickt dann wieder ins Buch]

Frau R. [liest weiter]: ‚Papa!' schimpft Max. ‚Jetzt beeil dich mal! Wir wollen doch Karussell fahren.' ‚Na, dann viel Vergnügen!', lacht Opa Meierbär. [blättert um, liest weiter] So schnell es geht, laufen sie jetzt Richtung Rummelplatz. Papa macht Riesenschritte, Max hopst nebenher. Man kann das Karussell schon fast sehen, da bleibt Max auf einmal stehen. Ganz langsam geht er in die Knie. ‚Max, du trödelst ja schon wieder!', sagt Papa. ‚Ich trödel doch nicht', sagt Max. Ich muss dir was zeigen. Komm mal her!' [wartet, nimmt Blickkontakt auf] *Was will der ihm denn zeigen?*

C. [lächelt, wendet den Kopf zur Mutter, ohne Blickkontakt, flüstert unverständlich]

Frau R. [hält die Seite halb umgeschlagen, blickt den Sohn an]: *So ist das? Kleine Käfer, die alles nach Hause tragen und dann Kacka machen und dann ins Bett gehen?*

C. [flüstert, lächelt]: *Jaa!*

Frau R. [blättert um, liest weiter]: Jetzt sieht Papa es auch. Eine Ameisenkarawane. Zwei Ameisen schleppen ein riesiges Stück Pommes frites. Die Nächste trägt einen dicken Brotkrümel. ‚Und das da sieht aus wie zuckriger Mäusespeck', [zeigt mit dem Finger auf die entsprechende Stelle] sagt Max. Papa staunt. Immer neue Ameisen kommen angewandert. Und fast alle tragen etwas ...[206]

C. [zeigt auf eine Ameise im Bild]: *Warum tragt [!] der nichts?*

Frau R. [zeigt auch auf das Bild]: *Doch, der hilft dem einen beim Pommes frites, guck mal.*

C.: *Warum?*

Frau R.: *Na, das ist so schwer, das ist so'n langer Pommes frites, guck mal. Den müssen sie zu zweit tragen.* [liest weiter] Lange gucken die beiden den Ameisen zu. Dass es im-

---

206 Lässt auf dem Rücken aus

mer dunkler wird, merken sie gar nicht. [blättert um, liest weiter] ,He, Max!', ruft Papa plötzlich. ,Jetzt müssen wir aber rennen, sonst wird das Karussell abgestellt, bevor wir da sind.' Ganz außer Puste kommen die beiden auf dem Rummelplatz an. ,Letzte Runde!', brummt der Mann im Kartenhäuschen. ,Eigentlich wollte ich schon zumachen.' [blättert um, liest weiter] Papa setzt sich auf sein Lieblingspferd, wie jedes Jahr. Max steigt in den roten Flitzer. Da kann er hupen, was das Zeug hält. Viel zu schnell hält das Karussell wieder an. [blättert um, liest weiter] ,Das hat Spaß gemacht', sagt Max. ,Ja, aber ich wäre gern noch öfter gefahren', meint Papa. [Blickkontakt] ,Da hätten wir halt nicht so viel trödeln dürfen!', sagt Max.

C. [wendet den Kopf zu Mutter]: *[...] Das ist dann, ähm, wenn dann aber ganz viele Kinder drauf sind, fahren, dann wird das aber abgestellt ...*

Frau R. [blickt den Sohn an]: *Mhm, irgendwann abends ist das zu Ende, ne?*

C.: *Ja.*

Frau R.: *So, das war's.*

C. [streckt sich aus, das Buch in der Hand, lächelt]: *Letzte Runde im Bett. Letzte Runde geht ins Bett.*

Frau R. [streicht dem Sohn über das Haar, beide blicken sich an]: *Nee, jetzt gehst du ins Bett und es gibt keine letzte Vorrunde, Leserunde mehr.*

Analyse und Interpretation

Mutter und Sohn haben in dieser Vorlesesituation das gleiche Arrangement wie im ersten Videobeispiel gewählt. Conrad sitzt wieder auf dem Schoß der Mutter, die Position wirkt für beide bequem und etabliert und wird auch während der gesamten Vorlesezeit beibehalten. Zunächst gelingt es Frau Ritterbach geschickt, die Aufmerksamkeit des Jungen zu fokussieren und ihn für das Vorlesen zu gewinnen. Mit dem einleitenden „So, jetzt bin ich mal gespannt, was du schon mit dem Papa gelesen hast." verkehrt sie die Asymmetrie der Kommunikationssituation. Durch das Lesen mit dem Vater hat der Dreijährige einen Vorsprung, den die Mutter ihm gewährt und mit dem sie ihn zum Gespräch auffordert: „Wo ist der denn? Ich kenn den gar nicht! [...] Das ist er? Mit dem blauen Hosenanzug?" Mit diesen Fragen fokussiert die Mutter die gemeinsame Aufmerksamkeit zunächst auf die Illustration, um dann mit dem Lesen des Textes zu beginnen. Ein zweites Mal kann Conrad diesen Wissensvorsprung auf der Seite mit der Ameisenkarawane nutzen. Flüsternd gibt er in einem längeren Gesprächsbeitrag Inhalte aus dem Vorlesegespräch mit dem Vater wieder. Er beschreibt, was die Ameisen auf dem Bild tun und wie deren Tag weitergeht. Die Mutter nimmt Teile des Wortbeitrags auf und wiederholt sie. Damit signalisiert sie, dass sie ihren Sohn verstanden hat, ihn ernst nimmt und verändert wiederum die Asymmetrie der Kommunikationssituation zugunsten des Dreijährigen.

Wieder liest Frau Ritterbach textgetreu ohne Versprecher und betont adäquat. Insbesondere an den Stellen mit wörtlicher Rede moduliert sie ihre Stimme und begleitet ihre Rede auch mimisch. Diese Mimik kann der Dreijährige zwar aufgrund der Sitzposition nicht wahrnehmen, sie verleiht aber dem Vortrag mehr Authentizität und entspricht dem Anspruch, den Frau Ritterbach im Interview formuliert hat, beim Vorlesen „eine gewisse Stimmung" zu erzeugen. Dabei nutzt sie wiederum Text-Bild-Korrespondenzen, indem sie vom Text auf die Illustrationen verweist: „Doch, der hilft dem einen beim Pommes frites, guck mal." [...] „Na, das ist so schwer, das ist so'n langer Pommes frites, guck mal. Den müssen die zu zweit tragen."

Die Interaktionssituation wird beeinflusst von der momentanen Disposition des Dreijährigen, seiner Müdigkeit und nachlassenden Konzentrationsfähigkeit. Conrad schafft es zwar, sich noch über längere Passagen zu konzentrieren, schweift aber an einigen Stellen deutlich ab, reibt sich das Gesicht, schnieft, hustet und signalisiert so nonverbal, dass er müde ist.[207] Die Mutter reagiert adäquat auf die Signale des Sohnes. An einer Stelle unterbricht sie das Vorlesen und schlägt vor, die Geschichte am nächsten Tag noch einmal zu lesen.[208] Mit zahlreichen Blickkontakten stellt sie immer wieder die Aufmerksamkeit des Sohnes sicher. Diese werden im Gegensatz zu den ersten beiden Vorlesesituationen vom Sohn nicht erwidert, was vermutlich auch mit der Sitzposition zusammenhängt. Auf die momentane Disposition des Dreijährigen sind möglicherweise die zahlreichen, regressiv wirkenden ‚Warum'-Fragen zurückzuführen, die von der Mutter jeweils relativ knapp beantwortet werden.[209]

Die Vorleseinteraktion ist ebenso wie die erste Filmsituation stärker von direktiven Merkmalen geprägt. Wieder liest Frau Ritterbach langsam und lässt angemessene Sprechpausen, wirkt aber auf das Ziel hin orientiert. Sie blättert selbst bis auf eine Ausnahme die Seiten um und bestimmt damit zusätzlich das Lesetempo. Obwohl sie das Vorlesen offenbar nicht über Gebühr ausdehnen will, nimmt sich Frau Ritterbach an einigen Stellen Zeit, indem sie vom Bilderbuchtext abweicht und Bezüge zum gemeinsamen Alltag herstellt: „Ist so ähnlich wie bei dir. Ist auch immer 'n ganz bisschen kalt [das Essen]." Mutter und Sohn gelingt es trotz der erschwerten Rahmenbedingungen, gemeinsame literarische Erfahrungen zu machen. Wie auch in den vorhergehenden Filmsituationen zeigt Frau Ritterbach ihre Bereitschaft, sich auf die Fiktion der Bilderbuchgeschichte einzulassen: Etwa greift sie die Fantasie des kleinen Bärenjungen Max auf, seine Hausschuhe seien „wilde Tiger"[210], oder verbleibt bei der Szene mit der Ameisenkarawane in der Tierwelt der Bilderbuchgeschichte und akzeptiert die Anthropomorphisierung der Bärenfamilie.

---

207 Natürlich streitet er das ab, als er von der Mutter danach gefragt wird.
208 Das kommt erwartungsgemäß für den Dreijährigen nicht in Frage.
209 Im Alter von dreieinhalb Jahren hat Conrad diese Phase seines Spracherwerbs – die Entwicklung von Kausalstrukturen – eigentlich überwunden. In den übrigen Vorlesesituationen zeigt er sie nicht.
210 Diese Erklärung gefällt Conrad offenbar. Das Lachen der beiden Interaktionspartner lässt sich als gemeinsame literarische Erfahrung interpretieren.

Sprachlich fördert die Mutter in der ,Zone der nächsten Entwicklung'. Conrad möchte ebenso wie im Vorlesegespräch mit dem Vater von der Mutter wissen, warum der Bärenvater mit den Schlüsseln klappert. Offenbar hat er die Symbolisierung ,Schüsselklappern' für ,es eilig haben', die ihm der Vater als Erklärung angeboten hat, noch nicht verstanden bzw. gespeichert. Die Mutter antwortet möglicherweise dem kindlichen Wortschatz angepasster („Na, der möchte jetzt endlich gehen, der Papa!").

Restriktiv reagiert die Mutter nur an einer Stelle. Conrad reagiert mit einer unerwarteten Vehemenz auf die Textstelle *Papa räumt schon mal den Tisch ab.*: „Der hat einen bösen Papa!", „Ich reiß jetzt gleich den Papa ...!" Die Mutter reagiert darauf irritiert und sowohl deeskalierend („Nee, brauchst du nicht!") als auch nonverbal restriktiv, indem sie die Hand des Sohnes vom Buch wegnimmt.

Zusammenfassung

Das Fallbeispiel stützt die Implikationen des Modells eines Bedingungsgefüges familialer Lesesozialisation, das ein Zusammenspiel der Dimensionen (Vor-)Lesekompetenz, stabile sozioemotionale Beziehungen und flexible Ausgestaltung der familialen Rollen annimmt. Die Eheleute können je eigene, schlüssige Vorlesekonzepte darstellen. Sie haben gemeinsam und unabhängig voneinander Ziele, Funktionen und Aufgaben der Lesesozialisation definiert, die sie in ihren Vorlesepraxen unterschiedlich, sich ergänzend umsetzen. Hauptziel ist offenbar die Entwicklung einer Sprach- und Lesekompetenz, d.h. ein ,Gefühl' für Sprache und Interesse an Büchern zu entwickeln und den Umgang mit diesen zu üben. Beide Interaktionspartner sehen die gemeinsame Bilderbuchrezeption als Möglichkeit, die sozioemotionale Beziehung zu ihrem Sohn zu pflegen und zu intensivieren. Stärker als seine Frau betont Herr Ritterbach die Funktion des *moodmanaging*.

Grundlegend sind bei beiden Elternteilen stabile Bindungsbeziehungen und eine gut entwickelte Lesekompetenz, jeweils auf Seiten der Mutter stärker ausgeprägt. Interviewaussagen und Filmbeobachtungen weisen auf eine stärkere Symmetrie in der Mutter-Sohn-Beziehung hin. Die zahlreichen Blickkontakte, das gemeinsame Lächeln, der enge Körperkontakt, der auch vom Sohn gesucht wird, lassen ein Einvernehmen erkennen und auf eine enge sozioemotionale Bindung schließen als Grundlage für einen produktiven Vorleseprozess. Zudem tragen das schlüssige Vorlesekonzept der Mutter, ihr eigenes Leseinteresse und die reflektierte Ausgestaltung ihrer Vermittlerrolle zu einem Gelingen der Vorlesegespräche bei.

Frau Ritterbach zeigt sich aufgrund ihrer Expertise und der Verteilung der familialen Rollen in der Leseerziehung im Vergleich engagierter und verantwortlicher als ihr Mann. Sie ist diejenige, die in Bibliotheken und Buchhandlungen Bücher auswählt, ausleiht und kauft, die Literaturveranstaltungen besucht und sich mit Erzieherinnen, Kolleginnen und anderen Eltern über Kinderliteratur austauscht. Ihr Mann orientiert sich zunächst an ihren ‚Vorgaben', verfügt nach seinen Interviewaussagen aber auch über eigene „Herangehensweisen":

Herr R.: Also wenn meine Frau nicht aus der Stadtbücherei ausleihen würde, ginge ich sehr wahrscheinlich da ab und zu mal hin und würde mich beraten lassen [in eine Buchhandlung, die sich auf Kinder- und Jugendliteratur spezialisiert hat, S.E.]: ‚Mein Sohn ist so und so alt, ich hab dieses Buch, das er gerne liest. Was können Sie da alternativ empfehlen? [...] Und außerdem: Wenn wir feststellen, dass es einige Bücher aus der Stadtbücherei gibt, die er sehr gerne liest, würd ich die gerne auch anschaffen.

Die Vorlesepraxen beider Eheleute lassen Gemeinsamkeiten und Unterschiede erkennen. Zusammen mit dem Sohn haben sie sich auf Leseorte, ein bestimmtes Vorlesearrangement und ein spezifisches Ritual geeinigt. Diese Konventionen sind für alle Interaktionspartner verbindlich. Die Mutter ist auf der Grundlage einer sehr stabil wirkenden sozioemotionalen Beziehung offenbar bemüht, eine eher symmetrische Kommunikationsbeziehung herzustellen, mit Fragen und Kommentaren zusammen mit dem Sohn in die fiktionale Welt der Bilderbuchgeschichte einzutauchen und gemeinsame literarische Erfahrungen zu machen. Mit ihren Unterstützungsleistungen erleichtert sie das Text- und Bildverständnis, zum Teil mit der ‚Gefahr' eines *overscaffolding*.

Die Interaktionssituation mit dem Vater ist stärker von asymmetrischen, direktiven und restriktiven Merkmalen geprägt. Er spricht in seiner Vorlesepraxis stärker den Bereich der kognitiven Entwicklung an: Etwa würde er laut Interviewaussage den Eisbären in der Supermarktszene als Reklameschild erklären, die Mutter hingegen hebt eher auf die Fantasien des Protagonisten ab („Der Paul stellt sich vor ..."). Im sprachlichen Bereich erweist sich der Vater zum Teil als herausfordernder und fördert vermutlich die sprachliche Entwicklung im Bereich der Wortsemantik, etwa wenn er weniger geläufige Begriffe benutzt oder umschreibt. Wichtige Beiträge leistet er im Bereich der Entwicklung von Lesekompetenz. Charakteristisch für seine Vorlesepraxis sind die häufige Nutzung der Korrespondenzen vom Text zum Bild und umgekehrt vom Bild zum Text, zudem die Verweise auf einen vermittelnden Erzähler und auf die unterschiedlichen symbolischen Repräsentationen der Geschichte in Bild und Text. Der Vater bietet dadurch Zugänge zu den Medien Schriftsprache und Literatur und ermöglicht dem Dreijährigen die Entsprechungen und Differenzen der unterschiedlichen Symbolisierungen wahrzunehmen. Als Affinität zu außertextuellen Verarbeitungsformen lassen sich die das Vorlesegespräch begleitenden Gesten deuten.

Zwar gibt der Sohn der Interaktion mit der Mutter offenbar den Vorzug. Mehrfach formuliert er explizit seinen Wunsch, zuerst oder wiederholt mit ihr zu lesen („Ich mach das noch mal mit der Mama." „Nee, als erstes muss die Mama lesen."). Dass sich das elterliche Vorlesen in der Familie Ritterbach aber bislang auf produktive Weise ergänzt und dass Vater und Mutter ihre je eigenen Beiträge leisten, zeigen verschiedene Indikatoren: In den Filmsituationen hat der Dreijährige an keiner Stelle versucht, die Vorlesesituation zu stören oder gar abzubrechen. Nach jeder Aufnahme bittet er um eine Wiederholung. Offenbar genießt er mit beiden Erwachsenen – stärker in der Interaktion mit der Mutter – die intime Situation des gemeinsamen Lesens. Dass die Ziele, die sich die Eltern gemeinsam und auch einzeln für die Leseerziehung gesetzt haben, auch in Teilen erreicht werden, bezeugen ihre Interviewaussagen. Conrad nimmt sich auch schon selbständig Bücher und „liest sich selbst vor" (Frau R. im Interview). Er zitiert gern aus Büchern, kombiniert Zitate und ‚vertont' sie mit bekannten Melodien („Wir lachen uns da wirklich manchmal alle zusammen kaputt." – Interview Herr R.). Die Texte mancher Bücher könne der Dreijährige fast schon auswendig, so dass er Passagen beim Vorlesen mitspricht oder voraussagt.

Die Filmsituationen und die Interviewaussagen zeigen, dass der Dreijährige auf der einen Seite beim Vorlesen versucht, Bezüge zu seiner Lebenswirklichkeit herzustellen, und dass er auf der anderen Seite auch die Bilderbuchgeschichten in seinen Alltag überträgt. Etwa weckt er den Vater morgens gern mit Zitaten aus Bilder- oder kleinen Pixi-Büchern. Wegen der hohen Alltagspräsenz des Vaters und der gemeinsamen Leseerfahrungen sind solche kommunikativen Handlungssituationen möglich.

2.5 Zusammenfassung und Diskussion der Ergebnisse

Auf der Grundlage der Ergebnisse der quantitativen Untersuchung wurde das hypothetische Konstrukt eines Bedingungsgefüges familialer Lesesozialisation entwickelt, das die drei Dimensionen *Familiale Lebensform, sozioemotionale Eltern-Kind-Beziehung* und *(Vor-)Lesekompetenz und -praxis* als konstitutiv annimmt (Abb. 3, Kap. II.2.2). Das Modell impliziert, dass das Zusammenspiel der drei Dimensionen, d.h. eine flexible Ausgestaltung der familialen Rollen, eine sichere Vater- bzw. Mutter-Kind-Beziehung und eine hohe (Vor-)Lesekompetenz der Eltern zu einer produktiven Gestaltung von Vorleseprozessen führt und zur Entwicklung kindlicher Lesekompetenz beiträgt.

Die Auswahl der vier Fallbeispiele erfolgte unter anderem auf der Grundlage der Typologie von Matzner (2004), die geeignete Beschreibungs- und Interpretationskategorien für die ersten beiden Dimensionen ‚familiale Lebensform' und ‚sozioemotionale Beziehung' bereitstellt. Vor dem Hintergrund eines systemischen Familienkonzeptes wurden die Vorleseinteraktionen von *beiden* Elternteilen untersucht, um die für die Familie je spezifischen Vorlesekonzepte beschreiben und interpretieren zu können.

Im zweiten Fallbeispiel zeigt danach das Vaterschaftskonzept von Herrn Niemann Kennzeichen des ‚traditionellen Ernährers'. Die Familienform weist konventionelle Merkmale auf, u.a. sind die familialen Rollen eindeutig verteilt: Frau Niemann ist für die Familienarbeit, Herr Niemann für die wirtschaftliche Versorgung der Familie zuständig. Das hier vorgefundene Modell ist zudem durch das niedrige Involvement des Vaters gekennzeichnet: Herr Niemann ist als Bezugsperson vornehmlich am Wochenende verfügbar. Er zeigt sich insgesamt wenig engagiert und verantwortlich. Die sozioemotionalen Beziehungen sind different: Während der Sohn an die Mutter offenbar sicher gebunden ist, kennzeichnen Asymmetrie und Distanz die Vater-Sohn-Beziehung. Hinzu kommt die nur wenig entwickelte (Vor-)Lesekompetenz des Vaters. Das Kind präferiert in diesem Fallbeispiel eindeutig die Mutter als Vorleserin.

Auch die Lebensform der Familie Volkmer (Fallbeispiel 1) weist konventionelle Merkmale auf. Herr Volkmer entspricht dem Typus des ‚modernen Ernährers', der die Familie wirtschaftlich versorgt. Frau Volkmer übernimmt den Hauptanteil der Familienarbeit. Obwohl auch der ‚moderne Ernährer' tagsüber abwesend ist, ist sein Involvement, d.h. vor allem das Engagement, aber auch die Verantwortlichkeit und die generelle Verfügbarkeit höher als beim ‚traditionellen Ernährer'. In diesem Fallbeispiel lässt sich die sozioemotionale Beziehung des Sohnes zunächst zu beiden Elternteilen als nah und sicher beschreiben. Dennoch wird der Vater als Vorleser eindeutig bevorzugt. Das Vorlesen scheint hier geradezu als Kompensation für die väterliche Abwesenheit zu dienen.

Die Familie Sandmann (Fallbeispiel 3) weist Merkmale einer nichtkonventionellen Lebensform auf, in der der Vater den Hauptteil der Familienarbeit übernommen hat. Die Mutter sorgt hier für das Haushaltseinkommen. Herr Sandmann entspricht damit in der Typologie von Matzner dem Typus des ‚familienzentrierten' Vaters. Er weist ein sehr hohes Involvement in allen drei von Pleck (1997) benannten Bereichen (Verfügbarkeit, Engagement, Verantwortlichkeit) auf. Der Sohn scheint sowohl an den Vater als auch an die Mutter sicher gebunden, er bevorzugt aber eindeutig die Mutter als Vorleserin. Diese Präferenz lässt sich auch in diesem Fallbeispiel als Kompensation der häufigen Abwesenheit des entsprechenden Elternteils werten, das hier die Mutter ist.

Im vierten Fallbeispiel (Familie Ritterbach) schließlich wird versucht, ein egalitär-partnerschaftliches Familienkonzept umzusetzen, in dem beide Elternteile jeweils ungefähr gleiche Anteile an der Erwerbs- und Familienarbeit übernehmen. Sowohl die Mutter als auch der Vater zeigen ein hohes Involvement, bezogen auf die Betreuung und Erziehung des dreijährigen Sohnes. Beide haben zudem eine hohe (Vor-)Lesekompetenz entwickelt, die sie unterschiedlich in der familialen Praxis umsetzen. Auch hier präferiert der Sohn die Mutter als Bezugsperson für das Vorlesen.

Im Folgenden werden die drei hypothetisch modellierten Dimensionen des Bedingungsgefüges familialer Lesesozialisation an den vier Fallbeispielen überprüft. *Erstens* wurde deduktiv zunächst angenommen, dass die *familiale Lebensform* konstitutiv für die produktive Gestaltung von Vorleseprozessen in der Familie sei: Nichtkonventionelle Merkmale, bezogen auf die Gestaltung der Partner-, Eltern- bzw. Vaterschaft, würden danach auch väterliche Vorlesekonzepte und -praxis verändern, Prozesse von Lesesozialisation positiv beeinflussen und die Entwicklung der kindlichen Lesekompetenz fördern. Umgekehrt würde eine konventionelle familiale Lebensform mit einer starken Differenzierung der familialen Rollen und eher komplementären Elternschaftskonzepten Vorleseprozesse von Vätern und Kindern eher ungünstig beeinflussen. Die Abwesenheit des Vaters mit seinem im Vergleich zur Mutter geringerem Involvement hätte danach – so die Hypothese – auch Konsequenzen für die Verfügbarkeit, das Engagement und die Verantwortlichkeit in der Leseerziehung.

Dass die familiale Lebensform die erste und zentrale Bestimmungsdimension für die Gestaltung von Vorleseprozessen sei, lässt sich nur mit dem zweiten Fallbeispiel (Familie Niemann) belegen. Hypothesenkonform zeigt sich hier, dass ein stark rollendifferenziertes Familienmodell mit einer Alltagsferne und einem niedrigen Involvement des Vaters in der Betreuung und Erziehung des Sohnes sich unproduktiv auf die Gestaltung von Vorleseprozessen auswirken kann. Als hypothesenkonträr müssen hingegen die drei übrigen Fallbeispiele gedeutet werden. Jeweils kontrastiv zu dem zugrundegelegten Familienmodell zeigt sich die familiale Vorlesepraxis in den Fallbeispielen 1 und 3. Familie Volkmer (Fallbeispiel 1) weist Merkmale einer konventionellen familialen Lebensform mit einem rollendifferenzierten Modell familialer Arbeitsteilung auf, das allerdings mit einem relativ hohen Involvement des Vaters einhergeht. Herr Volkmer betont, bezogen auf sein Vaterschaftskonzept, die Erzieher- gegenüber der Ernährerfunktion. Er zeigt sich in der Kinderbetreuung und -erziehung verfügbar (soweit es die zeitlichen Ressourcen ermöglichen), zudem engagiert und auch verantwortlich. Das (abendliche) Vorleseritual, das Vater und Sohn etabliert haben, scheint entlastet von den Aufgaben und Verpflichtungen des Familienalltags zu sein, die Mutter und Sohn gemeinsam zu bewältigen haben. Der Vater wird – obwohl er der alleinige Verdiener und häufig abwesend ist – als Bezugsperson für das Vorlesen präferiert. Ebenfalls als hypothesenkonträr muss das Fallbeispiel 3 interpretiert werden. Gemäß der zugrundegelegten Hypothese könnte in der Familie Sandmann der Vater als erste Bezugsperson für das Vorlesen gewählt werden. Er ist als Hausmann und so genannter ‚familienzentrierter Vater' verfügbar, engagiert und verantwortlich für die Betreuung und Erziehung des dreijährigen Sohnes. Dennoch bevorzugt der Dreijährige die tagsüber oft abwesende Mutter für das Vorlesen. Offenbar nutzen beide Interaktionspartner – Mutter und Sohn – das abendliche Vorleseritual als Möglichkeit, eine exklusive Beziehung herzustellen und Trennung und Verlust zu kompensieren. Auch mit dem Fallbeispiel 4 schließlich muss die zu prüfende Hypothese ‚Familiale Lebensform als wichtigste Bestimmungsdimension' falsifiziert werden, zumindest lässt sich keine eindeutige Präfigurierung durch das gewählte Familienmodell erkennen. Die Eheleute haben als Zielvorstellung ein partnerschaftlich-egalitäres Konzept entwickelt. Herr Ritterbach verfolgt als ,ganzheitlicher Vater' ein Vaterschaftskonzept, das von einem hohen Involvement in der Betreuung und Erziehung des dreijährigen Sohnes geprägt ist. Er unterscheidet sich darin zunächst nicht deutlich von der Mutter, selbst wenn man die Subjektivität der Selbsteinschätzung berücksichtigt. Gemäß der Hypothese könnte der Dreijährige beide Elternteile gleichberechtigt als Bezugspersonen für das Vorlesen akzeptieren, er präferiert aber die Mutter als Vorleserin.

Zusammenfassend widerlegen die Interpretationen der vier Fallbeispiele die Hypothese, die familiale Lebensform sei im Bedingungsgefüge familialer Lesesozialisation die zentrale und wichtigste Bestimmungsdimension.

Zweitens können alle Ergebnisse hinsichtlich der *sozioemotionalen Beziehung* als hypothesenkonform gewertet werden. Die Annahme, dass diese Bestimmungsdimension eine wichtige Größe im Bedingungsgefüge familialer Lesesozialisation sei, kann in allen vier Fallbeispielen belegt werden. Jeweils wird derjenige Elternteil für das Vorlesen präferiert, an den das Kind näher und sicherer gebunden ist. In Fallbeispiel 1 lässt sich die sozioemotionale Beziehung zum Vater als nah und sicher beschreiben. Vater und Sohn nutzen die exklusive Situation des abendlichen Vorleserituals offenbar zur Stabilisierung und Entwicklung ihrer Beziehung zueinander. Die Vorlesesituationen werden vom Sohn hochbewertet und eingefordert, dies auch in Distanzierung zum mütterlichen Vorlesen. Auch der Vater gewinnt offenbar eigene Gratifikationen aus dem (abendlichen) Vorlesen. In Fallbeispiel 2 hat sich zwischen Sohn und Mutter eine nahe und sichere Bindungsbeziehung entwickelt, der Vierjährige präferiert die Mutter als Vorleserin. Die Beziehung zum Vater ist demgegenüber distanziert und asymmetrisch, was sich sowohl an nonverbalen als auch an verbalen Merkmalen zeigen lässt. Weder Vater noch Sohn erhalten offenbar Gratifikationen aus dem (abendlichen) Vorlesen. Herrn Niemann gelingt es nicht, seine (sprachlichen) Handlungen in der ,Zone der nächsten Entwicklung' zu platzieren und den Sohn entwicklungsadäquat zu fördern. In Fallbeispiel 3 lässt sich die sozioemotionale Beziehung zu beiden Elternteilen als nah und sicher beschreiben. Dass die Mutter als Vorleserin präferiert wird, liegt vermutlich auch an dem Einfluss bzw. dem fehlenden Einfluss der dritten Bestimmungsdimension ,(Vor-)Lesekompetenz'. Allerdings ändert sich die Präferenz des Dreijährigen derzeit, so dass – in Grenzen – auch mit dem Vater durchaus produktive Vorlesesituationen gestaltet werden können. Auch mit dem vierten Fallbeispiel lässt sich die Relevanz der Bestimmungsdimension ,sozioemotionale Vater- bzw. Mutter-Kind-Beziehung' zeigen: Der dreijährige Sohn hat offenbar – so belegen die Interviewselbstauskünfte in Verbindung mit den Videobeobachtungen – zu beiden Elternteilen eine stabile und sichere Bindungsbeziehung entwickeln können, diejenige zur Mutter scheint allerdings ausgeprägter zu sein, so dass sich in der Vernetzung mit der Dimension der ‚(Vor-)Lesekompetenz' eine Präferenz der Mutter als Vorleserin verzeichnen lässt. Dennoch kommt es zu durchaus produktiven Vorlesesituationen mit dem Vater, insbesondere im Hinblick auf die kognitive Förderung, die allerdings in ihrer Ausprägung die Gefahr eines *underscaffolding* birgt.

Drittens werden im Modell die *Vorlese- und die eigene Lesekompetenz* sowie deren jeweilige Praxis als konstitutiv für die produktive Gestaltung von Vorlesesituationen und als fördernd für die kindliche Leseentwicklung angenommen. Alle vier Fallbeispiele zeigen hypothesenkonforme Befunde: In Fallbeispiel 2 verfügt der Vater über kein gegenstandsadäquates Vorlesekonzept. Vorlesen hat für ihn vornehmlich alltagspraktische Funktion, vor allem eine Stimmungsregulierung im Sinne eines *moodmanaging*, um den Sohn von den Turbulenzen des Alltags auf die Nachtruhe vorzubereiten. Über die Auswahl und die (literarische) Qualität von Kinderbüchern hat Herr Niemann nicht reflektiert („Nicht immer das Gleiche"). Die Fallbeispiele 2 und 4 zeigen Väter, die ein kohärentes Vorlesekonzept darstellen können, die über ihre Vorlesepraxis reflektiert und Urteilskategorien für Kinderliteratur entwickelt haben. Dass in der Familie Ritterbach (Fallbeispiel 4) dennoch die Mutter als erste Bezugsperson vom Sohn gewählt wird, stützt die Hypothese. Auch sie kann ein reflektiertes Vorlesekonzept darstellen (stets in Rücksicht auf den Aspekt der Selbsteinschätzung) und dieses überzeugend in die Praxis umsetzen. In der Kombination mit der offenbar im Vergleich zum Vater noch näheren und sichereren Bindungsbeziehung ist sie im familialen System die vom Sohn bevorzugte Vorleserin. Auch die Ergebnisse des dritten Fallbeispiels sind hypothesenkonform. Während die Mutter ein kohärentes Vorlesekonzept präsentieren und dies auch überzeugend in die Praxis umsetzen kann, hat der Vater kein komplexeres Modell des Vorlesens entwickelt. Das Vorlesen ist für ihn nur eine mögliche gemeinsame Aktivität neben anderen, Kriterien für die Beurteilung von Kinderliteratur kann er nicht benennen.

Diejenigen Väter, die über ein gegenstandsadäquates Konzept zum Wert des Vorlesens verfügen, können dieses auch in die Praxis umsetzen. Umgekehrt scheint die Vorlesepraxis das Konzept des Vorlesens zu beeinflussen, so dass beide – Konzept und Praxis – voneinander profitieren. Ein reflektiertes Vorlesekonzept bezieht sich bei den Vätern vor allem auf den entwicklungsfördernden Gehalt der gemeinsamen Bedeutungskonstruktion mit dem Kind, die interaktive Qualität des Vorleseprozesses und den (ästhetischen) Genuss. Dabei scheint eine ausgeprägte Fähigkeit, die literarische Qualität von Kinderliteratur zu beurteilen, für produktive Vorleseprozesse weniger wichtig zu sein.

Das gilt auch für die eigene Lektüre der Väter. Für die qualitative Untersuchung wurden durchweg Mittelschichtfamilien ausgewählt, die über einen vergleichbaren kulturellen Hintergrund bezogen auf ihre Herkunftsfamilien und eine vergleichbare (literarische) Bildung verfügen. Zur Differenzierung kann nur die aktuelle Intensität des Leseinteresses, ergänzend die Breite der genutzten Genres und das Anspruchsniveau der gewählten Lektüre herangezogen werden. Danach scheint zwar eine allgemeine Wertschätzung von Lesen und Literatur das väterliche Vorlesekonzept zu beeinflussen, die eigene Lektürepraxis ist aber offenbar weniger wichtig für das Gelingen von Vorleseprozessen. So betrachtet, lässt sich das Fallbeispiel 2 als hypothesenkonform werten. Herr Niemann betont weder den kulturellen Wert von Lesen und Literatur, noch präsentiert er sich seinem Sohn als interessierter und regelmäßiger Leser. Als hypothesenkontrastiv müssen demgegenüber die übrigen drei Fallbeispiele gewertet werden. Sie widerlegen die Annahme, dass die eigene Lesekompetenz und -praxis eine zentrale Bestimmungsdimension im Bedingungsgefüge familialer Lesesozialisation sei. Auch wenn diesen drei Vätern eine gewisse Buchferne und die Nutzung eines nur relativ engen Genrespektrums attestiert werden muss, kommt es in allen drei Fällen zu produktiven Vorleseprozessen. Die Fallbeispiele zeigen damit, dass eine besonders elaborierte eigene Lesekompetenz und -praxis keine unabdingbare Voraussetzung für produktives Vorlesen sind. Dies ist im übrigen auch kaum erwart- und leistbar in einer Lebensphase, in der den Eltern aufgrund beruflicher und familialer Aufgaben und Verpflichtungen oft nur wenig Gelegenheit zur belletristischen Lektüre bleibt.

Zusammenfassend bestätigen die Fallbeispiele die (Vor-)Lesekompetenz und -praxis als eine zentrale Bestimmungsdimension in einem Bedingungsgefüge familialer Lesesozialisation. Ein positives, interaktiv auf das Kind ausgerichtetes Vorlesekonzept und die entsprechende Vorlesepraxis sind offenbar die zweitwichtigste Bedingung für eine produktive Gestaltung von Vorleseprozessen. Die eigene Lesekompetenz und -praxis der Vorleser sind dieser Bedingung offenbar nachgeordnet.

Als zentrales Ergebnis der qualitativen Untersuchung lässt sich danach festhalten, dass die drei modellierten Dimensionen ‚Familiale Lebensform', ‚sozioemotionale Eltern-Kind-Beziehung' und ‚(Vor-)Lesekompetenz und -praxis' die Interaktionsroutinen offenbar nicht in gleichem Maße beeinflussen, sondern dass sie in ihrem Zusammenspiel unterschiedlich gewichtet, d.h. im Modell hierarchisiert werden müssen (Abb. 5). Danach kann die Vorleseinteraktion erstens vor allem auf der Grundlage einer stabilen sozioemotionalen Eltern-Kind-Beziehung produktiv gestaltet werden. Zweitens wird die Vorleseinteraktion von denjenigen Vätern produktiv gestaltet, die über eine hohe (Vor-)Lesekompetenz verfügen, d.h. ihre eigene Rolle als Leser sowie Ziele und Funktionen der gemeinsamen Lektüre reflektieren und dieses Konzept in ihrer eigenen Vorlesepraxis realisieren. An dritter Stelle werden die Faktoren auf der Dimension der familialen Rollen relevant. Dass sich der Vater nicht nur als Ernährer, sondern als Erzieher seiner Kinder wahrnimmt, beeinflusst Handlungsformen der Lesesozialisation offenbar auch positiv.

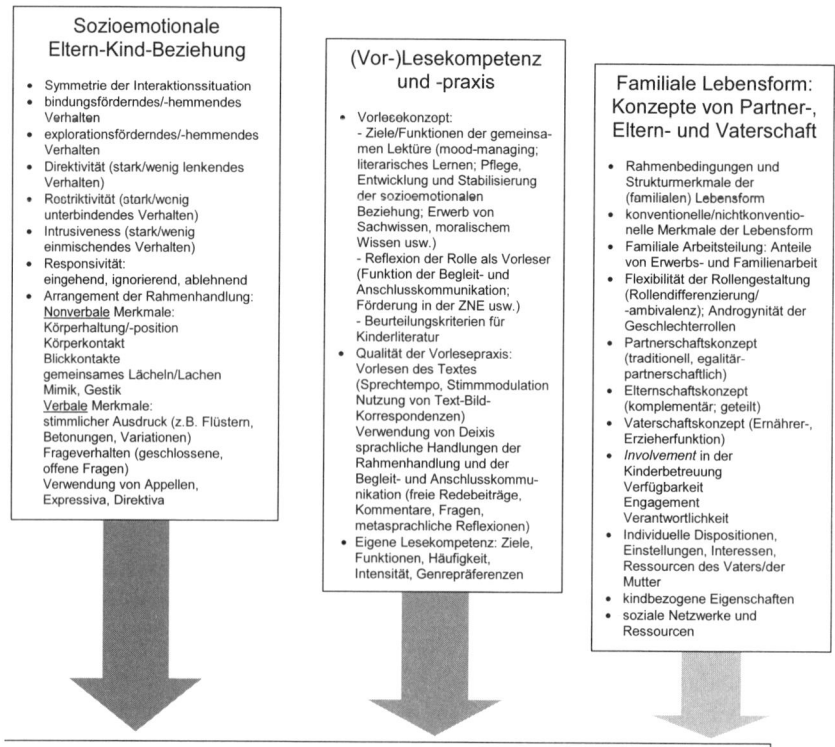

Produktive Gestaltung von Vorleseprozessen

Abb. 5: Hierarchisiertes Modell eines Bedingungsgefüges familialer Lesesozialisation

Anhand der Fallbeispiele werden die Einflussfaktoren auf den drei Dimensionen überprüft, die im Modell als konstituierend für Prozesse der Lesesozialisation angenommen wurden.

Vorleseprozesse werden jeweils auf der *Grundlage einer stabilen und sicheren Bindungsbeziehung* produktiv gestaltet. Nur wenn Kind und Erwachsener eine weitgehend störungsfreie Beziehung aufgebaut haben, können sich die Kinder konzentriert und ausdauernd auf die gemeinsame Handlung ‚Bilderbuchrezeption' einlassen. Ausdruck dieser positiven Beziehung in der Vorlesesituation sind symmetrische Merkmale der Interaktionssituation und eine zugewandte, nicht abwehrende Körperhaltung mit Blick- und Körperkontakten. Zudem zeigt sich ein bindungsfördernder Stil in einem eingehenden responsiven Verhalten, das das Kind als kompetenten Gesprächspartner akzeptiert. Die Fallbeispiele zeigen sowohl inter- als auch innerfamilial Bindungsbeziehungen von unterschiedlicher Qualität. Kommt es auf der sozioemotionalen Ebene zu Störungen oder Konflikten, ist eine produktive Gestaltung des Vorleseprozesses erschwert (siehe Fallbeispiel 2). In den drei übrigen Fallbeispielen kann man von einer stabilen sozioemotionalen Vater-Sohn-Beziehung ausgehen, die allerdings in zwei Familien im Vergleich zur Mutter-Sohn-Beziehung als weniger eng eingeschätzt werden muss. Die Vorlesepraxen der Mütter lassen eher Merkmale einer intensiven und symmetrischen Kommunikationsbeziehung erkennen, was auch auf den Vater in Fallbeispiel 1 zutrifft.

An *zweiter Stelle* in einem hierarchisierten Bedingungsgefüge steht die elterliche (Vor-)Lesekompetenz und -praxis: Ein reflektiertes und kohärentes Konzept, in dem die Rolle des erwachsenen Vermittlers einschließlich der Ziele, Funktionen und Gratifikationen, die mit dem Vorlesen verbunden sind, unterstützt Prozesse der kindlichen Lesesozialisation. In den Interviews können alle vier Mütter und zwei Väter (Fallbeispiele 1 und 4) Konzepte mit je verschiedenen Schwerpunkten zur Lesesozialisation in der Familie und zu ihrer Vorlesepraxis liefern. Die Konzepte beziehen sich auf die Ziele und Funktionen der gemeinsamen Lektüre, die differenziert werden können und über singuläre Funktionen wie etwa das *moodmanaging* (siehe Fallbeispiel 2) hinausgehen. Die Väter in den Fallbeispielen 1, 3 und 4 reflektieren ihre Rolle als Vorleser und erwachsener Vermittler, d.h. die Funktion der Begleit- und Anschlusskommunikation und die Förderung in der 'Zone der nächsten Entwicklung'. Daran orientiert, gestalten sie auch ihre je spezifische Vorlesepraxis. Als wichtiger Indikator erweisen sich hier die eigenen Gratifikationserfahrungen, die aus der gemeinsamen Rezeption gewonnen werden. Weniger einflussreich sind hingegen sowohl das gegenstandsbezogene Interesse an Kinderliteratur als auch die eigene Lesekompetenz und die eigene Lektürepraxis.

Erst an *dritter Stelle* wird hypothesenkonträr die Dimension der *familialen Rollen'* platziert. Voraussetzung für eine produktive Gestaltung von Vorleseprozessen ist zunächst, dass Väter überhaupt verfügbar sind und dass sie sich engagiert und verantwortlich in der Kindererziehung zeigen. Väter brauchen Kenntnis von den Alltagserfahrungen ihrer Kinder und müssen auch daran teilhaben. Dies ist – hypothesenkonform – in eher konventionell organisierten Familienformen nicht selbstverständlich (Fallbeispiel 2), kann aber durch ein günstiges Zusammenspiel der übrigen Bedingungsfaktoren durchaus auch in einer solchen Rollenkonstellation vorkommen, wie Fallbeispiel 1 zeigt. Hier etablieren Vater und Sohn mit der gemeinsamen Rezeptionshandlung eine exklusive Möglichkeit, ihre Beziehung zu pflegen und gemeinsame literarische Erfahrungen zu machen. Korrespondierend dazu zeigt das Fallbeispiel 3, dass die tagsüber abwesende Mutter die dominante Bezugsperson für das Lesen ist. Obwohl hier der Vater den Hauptteil der Familienarbeit leistet und täglich für den Sohn verfügbar ist, wirkt sich dies nicht nachhaltig auf seine eigene Vorlesepraxis aus. In diesem Fallbeispiel nutzt – wie Herr Volkmer in Fallbeispiel 1 – vornehmlich die Mutter die gemeinsame Bilderbuchrezeption für die Pflege und Stabilisierung der sozioemotionalen Beziehung zu ihrem Sohn, als Gelegenheit für ein *moodmanaging* und für gemeinsame literarische Erfahrungen. Auch Fallbeispiel 4 zeigt, dass ein ‚modernes' Rollenverständnis mit einer hohen Alltagspräsenz des Vaters nicht der Haupteinflussfaktor für die Lesesozialisation in der Familie ist. Hier verfügt die Mutter über ein kohärenteres Vorlesekonzept, das sie zudem konsequenter als der Vater in die Praxis umsetzt. Auf der Basis einer stabileren sozioemotionalen Beziehung macht der Sohn offenbar wichtige Gratifikationserfahrungen und präferiert die Mutter als Bezugsperson für das Vorlesen.

Die Fallbeispiele zeigen, dass es auch bei einem ungünstigeren Zusammenspiel der Faktoren auf den drei Dimensionen eines Bedingungsgefüges familialer Lesesozialisation – stets situationsabhängig – zu einer produktiven Gestaltung von Vorleseprozessen kommen kann. Dennoch lassen sich relativ konstante, individuelle Tendenzen eine Geschlechterspezifik von Müttern und Vätern über die Fallbeispiele hinweg feststellen. Offenbar können also Mütter *und* Väter je individuelle, zum Teil geschlechterspezifische Beiträge zur (Lese-)Entwicklung der Kinder leisten.

Ausgehend von dem systemischen Ansatz der qualitativen Untersuchung lassen die Interpretationen der Fallstudien erste Aussagen zu einer Geschlechtsspezifik der Vorlesepraxen von Müttern und Vätern zu. Danach haben Mütter eine Tendenz zur Betonung der bindungsfördernden Qualitäten des Vorlesens, d.h. sie etablieren und stabilisieren eher symmetrische Strukturen und beweisen durchweg eine höhere Empathiefähigkeit. Mütter stellen – so zeigen die Fallstudien – eher eine symmetrische Kommunikationsbeziehung beim Vorlesen her, sowohl auf der nonverbalen Ebene (etwa in Fallbeispiel 2 die gemeinsame halbliegende Körperposition von Mutter und Sohn) als auch auf der verbalsprachlichen Ebene: „Na, da bin ich jetzt aber mal gespannt." (Fallbeispiel 1) oder: „So, jetzt bin ich mal gespannt, was du schon mit dem Papa gelesen hast." (Fallbeispiel 4). Mit dieser Initiierung unterstützt die Mutter ihren dreijährigen Sohn bei der Erinnerung an die Inhalte der Bilderbuchgeschichte. Zugleich kehrt sie die asymmetrische Kommunikationsbeziehung um, indem sie den Sohn zum ‚Experten' macht. Mütter erbringen – so konnten die Fallstudien zeigen – höhere Empathieleistungen, indem sie etwa an die Alltagserfahrungen der Kinder anknüpfen (Fallbeispiel 3, Mutter-Kind-Vorleseinteraktion 1: „Der hat so ein Pferdchen wie du.") Diese Tendenzen zur Betonung der bindungsstabilisierenden Qualitäten des Vorlesens bergen die Gefahr eines *overscaffolding*, d.h. Mütter fordern das Kind möglicherweise nicht ausreichend und fördern damit nicht adäquat in der ‚Zone der nächsten Entwicklung'.

Im Gegensatz zu den Müttern zeigen Väter eine Tendenz zur Betonung der explorationsfördernden und aufgabenorientierten Qualitäten des Vorlesens. Sie stellen stärker asymmetrische Kommunikationsstrukturen her, bevorzugen einen monologisch-dozierenden Stil und ihre (sprachlichen) Handlungen weisen deutlichere Merkmale von Direktivität und Restriktivität auf, als es in den Vorlesepraxen der Mütter zu beobachten ist. Väter betonen weniger als die Mütter die symmetrischen, bindungsfördernden Strukturen, ihre empathischen Leistungen sind – so zeigen die Fallbeispiele – geringer, im Gegenteil: Die Väter geben an, dass es ihnen zum Teil schwer falle, sich an die Fähigkeiten des Kindes anzupassen. Die Gratifikationen, die Väter aus der gemeinsamen Lesesituation gewinnen, beziehen sich offenbar – anders als bei den Müttern – zu großen Teilen auf die kognitive Weiterentwicklung des Kindes.

Hypothesenkonform – so kann die qualitative Untersuchung zeigen – weisen die väterlichen Vorlesepraxen häufiger Merkmale von *Direktivität* auf als diejenigen der Mütter. Alle Väter geben im Interview an, sie legten Wert darauf, die Geschichte ohne größere Unterbrechungen und Abschweifungen zu Ende zu lesen. Die gefilmten Vorleseinteraktionen bestätigen diese Aussagen. Im Durchschnitt sind die Vorlesegespräche der Väter kürzer als die der Mütter. Alle blättern selbst die Seiten um, sowohl vorwärts- als auch rückwärtsgerichtet – etwa bei Nachfragen oder Kommentaren der Kinder (Fallbeispiele 1, 3 und 4). Die Mütter blättern häufiger mit den Kindern gemeinsam um (Fallbeispiele 1, 3 und 4) bzw. lassen sogar das Kind die Seite umschlagen (Fallbeispiel 3). Sprachlich verwenden die Väter häufiger Direktiva als die Mütter und orientieren die Kinder damit eher auf das Ziel, d.h. das Ende der Bilderbuchgeschichte hin („Soll'n wir mal weiterlesen?" – Fallbeispiel 4). Handelt es sich um einen mittleren Grad von Direktivität wie in den übrigen Filmbeispielen, können die Väter fördernd auf verschiedenen Gebieten der kognitiven und der sprachlichen Entwicklung wirken. Im kognitiven Bereich der Aufmerksamkeit fördern sie vor allem die Teilaspekte Aufmerksamkeitsaktivierung und selektive Aufmerksamkeitssteuerung. Dies wird durch appellative Formen („Guck mal!"), die die Vorlesegespräche der Väter charakterisieren (Fallbeispiele 1, 3 und 4), verstärkt. Dass sie mit ihrem direktiveren Verhalten auch die Ausdauer der Kinder fördern, muss angesichts der durchschnittlich kürzeren Vorlesezeiten allerdings bezweifelt werden.

Die durch direktive Merkmale geprägte Vorlesepraxis kann die Kinder in ihrem *Problemlöseverhalten* unterstützen, etwa in der Zielorientierung bei einer Aufgabenbearbeitung. Das erste, zweite und vierte Fallbeispiel zeigen in beiden Vorleseinteraktionen ein Verweigern von Hilfen, zum Beispiel durch Spiegelung der Frage („Wo ist was schmutzig?" – Fallbeispiel 3, „Wo hat der Paul denn getrödelt?" – Fallbeispiel 1). Auch dass Väter ihre eigenen Fragen nicht umgehend selbst beantworten – etwa wie es die Mutter in Fallbeispiel 1 in der zweiten Filmaufnahme tut – bzw. zu eigenen

Antworten herausfordern („Weißt du das nicht?" – Fallbeispiel 4), unterstützt die Kinder in einem explorativen Verhalten, indem sie im Sinne einer ‚mentalen Exploration' selbständig Antworten finden müssen. Damit können Väter auch auf den Entwicklungsbereich ‚Emotionalität' wirken, d.h. Kinder im Aufbau eines stabilen Selbstvertrauens und Selbstwirksamkeitskonzepts unterstützen. Ein zu stark direktives Verhalten (Fallbeispiel 2, Fallbeispiel 3, Teil 2, Fallbeispiel 4, Teil 1) wirkt sich offenbar explorationshemmend aus: Die Kinder werden hier eher entmutigt, Fragen zu stellen oder länger auf einer Seite zu verweilen.

Hypothesenkonform lässt der Interaktionsstil der Väter in den Vorlesesituationen eine *höhere Statusorientierung* erkennen. Während die Mütter sich häufiger um eine Symmetrie in der Interaktion bemühen, fehlen solche Äußerungen bei allen Vorleseinteraktionen der Väter. Ihr Sprachstil lässt sich eher als *monologisch-dozierend* charakterisieren: Häufiger als bei den Müttern ist ihre Vorlesepraxis durch das Lesen längerer Textabschnitte mit nur wenigen oder vollkommen ohne Unterbrechungen gekennzeichnet (Fallbeispiele 1 bis 4). Insbesondere das Fallbeispiel 4 zeigt in den Vorleseinteraktionen das Anliegen, Sachwissen zu vermitteln – etwa die Einführung bzw. Wiederholung des Begriffs *Gondel*. Die Vorlesekonzepte aller Väter lassen eine klare *Sachbuchorientierung* in der eigenen Lektürepraxis und in der gemeinsamen Rezeption mit den Söhnen erkennen. Dieser Zusammenhang korrespondiert mit den Ergebnissen der Fragebogenuntersuchung, die korrelative Zusammenhänge zwischen den eigenen Lektürepräferenzen der Väter und den gemeinsam bevorzugten Genres zeigen konnte. Insbesondere wenn die Bücher thematisch für beide gleichermaßen interessant sind, etwa die Themen Auto, Fußball, Feuerwehr (Fallbeispiel 1), Natur (Fallbeispiel 3) oder Fahrrad (Fallbeispiel 4), präferieren die Väter die Sachbuchlektüre: „Ich guck auch lieber ein Sachbuch an. [...] So was les ich sehr gern mit ihm." (Herr Volkmer im Interview) Mit einer solchen Orientierung können Väter langfristig ‚Weltwissen' vermitteln und das Genrespektrum erweitern sowie die Entwicklung medienspezifischer Verarbeitungsmuster fördern, etwa den Umgang mit Hypertextstrukturen. Insgesamt lässt sich die Vermittlung von Sachwissen aufgrund der eher monologisch-dozierenden Gesprächsstile, verbunden mit einer Statusorientierung, und aufgrund der Sachbuchpräferenz als eigenständiges Merkmal einer väterlichen Vorlesepraxis werten.

Die väterlichen Vorlesepraxen lassen einen *fördernden Einfluss auf Gedächtnisfunktionen* erkennen. Positiv unterstützen Väter Prozesse der Wahrnehmung, sprachlichen Encodierung und Speicherung von Informationen mit der *häufigen Nutzung von Text-Bild-Korrespondenzen* (Fallbeispiele 1, 3 und 4). Durch die vielfachen deiktischen Verweise nehmen die Kinder Inhalte der Bilderbuchgeschichte verstärkt über mehrere Sinneskanäle auf: auditiv über den vorgelesenen Text, visuell über die korrespondierenden Illustrationen. Diese werden jeweils in vorhandene Gedächtnisspeicher integriert sowie später wiederum unterschiedlich decodiert. Darüber hinaus lenkt die *Betonung wichtiger Wörter oder Textpassagen* (Fallbeispiele 1 bis 4) die Aufmerksamkeit auf relevante Aussagen und wirkt sich fördernd auf Wahrnehmungs-, Encodierungs- und Speicherprozesse aus. Die spezifische Gestaltung der Vorleseinteraktion in Fallbeispiel 2 als ‚Lückentext' mit Auslassungen bzw. Vorlesepausen, die der Sohn mit Begriffen füllen soll, könnte bei einer produktiven Gestaltung des Vorlesegesprächs den Sohn beim Abrufen von gespeichertem Wissen unterstützen. Der ‚Prüfungscharakter' der Vorlesesituation hemmt aber offenbar eher Prozesse der Decodierung und Versprachlichung, nur einmal flüstert der Vierjährige den passenden, vom Vater erwarteten Begriff. Decodierungen und Versprachlichungen können auch mit der Verwendung von offenen Fragen positiv unterstützt werden. Insbesondere die Fallbeispiele 3 und 4 zeigen den Typus der offenen Frage, der die Söhne zu ausführlicheren Antworten provozieren könnte (Herr Sandmann: „Warum? Was haben die gemacht?").

Neben der kognitiven Entwicklung können die Vorlesepraxen von Vätern im Entwicklungsbereich ‚Sprache' fördern. Insbesondere Entwicklungsprozesse im Bereich der Semantik können durch die Begleitkommunikation positiv unterstützt werden (Fallbeispiele 1, 3 und 4). Die Väter verwenden Klassifizierungen wie Ober- und Unterbegriffe, zum Beispiel das Begriffspaar *Boot* und *Gondel* (Fallbeispiel 4). Auch die Verwendung von Synonymen wie *Kirmes* für *Rummel* (Fallbeispiel 2) unterstützt Lernprozesse im Bereich der Wortsemantik, ebenso die Verwendung unbekannter Begriffe, zum Beispiel *Stehtische* (Fallbeispiel 2). Das Vorlesen von miss- oder unverständlichen Textpassagen ohne antizipierende Erklärungen provoziert zunächst Irritationen, die produktiv genutzt werden können, wenn die Väter Gelegenheit für Rückfragen gewähren. Dadurch tragen sie mit der Spezifizierung bzw. Korrektur von Begriffen (*Krallen* statt *Stacheln*) oder der Umschreibung von Begriffen, etwa die Szene ‚Schlüsselklappern', die in Fallbeispiel 4 mit ‚es eilig haben' decodiert wird, vermutlich zur Erweiterung des mentalen Lexikons bei. Darüber hinaus fördern sie auf der pragmatischen Ebene (Fallbeispiele 2, 3 und 4). Neben der Evozierung von Nachfragen durch Missverständnisse und Irritationen können auch andere Aspekte der pragmatischen Entwicklung durch die spezifische Vorlesepraxis der Väter gefördert werden. Der monologisch-dozierende Sprachstil verlangt ein konzentriertes Zuhören und die selbstbewusste, eigenaktive Initiierung von Sprecherwechseln (Fallbeispiele 1 bis 4). Durch die kürzeren Sprechpausen der Väter sind die Söhne zum Teil gezwungen, sich in die Rede der Väter einzuschalten und deren Vortrag durch Fragen oder Kommentare zu unterbrechen.

Wie Väter zur Entwicklung narrativer Fähigkeiten beitragen können, zeigen die Vorleseinteraktionen in den Fallbeispielen 1 und 3: Durch das Zurückblättern auf die erste Doppelseite und die Rekonstruktion von relevanten

Szenen der Bilderbuchgeschichte sichern beide Väter das Verständnis der Handlung (Chronologie, Logik, Erzählstruktur bzw. deren Repräsentation). Im dritten Fall erinnert Herr Sandmann durch Zusammenfassungen und Wiederholungen zum Beispiel an die Exposition der Geschichte: „Das ganze Wochenende sind die beiden allein, Papa und Max." In Fallbeispiel 4 bietet Herr Ritterbach durch die gestische Begleitung des Vorlesens eine Orientierung für weitere, handlungsorientierte Verarbeitungsformen und liefert durch seine stimmlichen Modulationen dem dreijährigen Sohn eine Folie für die sprachliche Imitation und das Nachspielen, worauf Frau Ritterbach im Interview verweist.

Bezogen auf die Leseentwicklung der Kinder zeigen die Fallbeispiele, dass Väter durch regelmäßiges Vorlesen das Interesse an Literatur wecken und den Umgang mit Büchern etablieren: „Ja, dass das einfach Gewohnheit ist, sich mit dem Buch zu beschäftigen." (Herr Volkmer im Interview) Indem die Väter sich ihren Kindern als regelmäßige Leser präsentieren (insbesondere Fallbeispiele 3 und 4), vermitteln sie ihnen, dass der Erwerb von Lesekompetenz ein geschätztes kulturelles Ziel ist. Durch die zum Teil intensive Nutzung von Text-Bild-Korrespondenzen (besonders die Fallbeispiele 1 und 4) machen sie den Zusammenhang von Text und Illustration und deren (unterschiedliche) Symbolisierungsfunktion deutlich. Auch durch metasprachliche Reflexionen machen Väter auf die symbolische Funktion von Schriftsprache aufmerksam (insbes. Fallbeispiel 4, auch Fallbeispiel 3: Steht da gar nicht."). Dass Inhalte in unterschiedlichen Zeichensystemen repräsentiert sein können, gilt als wichtige Einsicht in einer frühen Phase im Schriftspracherwerbsprozess.

III. Fazit

Fazit

Lesen – so der gesellschaftliche und wissenschaftliche Konsens – ist eine Schlüsselqualifikation in der Mediengesellschaft. Als wichtigste informelle Instanz, die zur Entwicklung von kindlicher Lesekompetenz beiträgt, gilt nach wie vor das Elternhaus. Allerdings sind Familien mittlerweile zu instabilen Gebilden geworden, die binnenstrukturellen Veränderungen unterworfen sind. Aus Sicht der Familiensoziologie werden u.a. Phänomene der Polarisierung und der Ausdifferenzierung, auch in nichtkonventionelle Lebensformen, beschrieben. Offenbar haben sich die Bedingungen für die Kindererziehung, auch die Lese- und Medienerziehung, im familialen Kontext verändert.

Vor dem Hintergrund dieser gesellschaftlichen Modernisierungsprozesse hat die Studie die Bedingungen und die Praxis des Bilderbuchvorlesens in der Familie untersucht. Hypothetisch wurde angenommen, dass mit der Veränderung von Partner-, Eltern- und Vaterschaftskonzepten auch ein Wandel in der Praxis der Familienerziehung und in der Gestaltung der sozioemotionalen Eltern-Kind-Beziehung verbunden ist und dass sich diese Veränderungen auch auf die familiale Lesesozialisation von Kindern auswirken, d.h. auf den dialektischen Prozess der Vermittlung und Aneignung von mit dem Lesen verbundenen Handlungsformen. Im Kontext der Lesesozialisationsforschung haben sich mehrere Studien mit dem Vorlesen von Müttern beschäftigt. Die Partizipation und der spezifische Beitrag der Väter blieben dabei weitgehend unberücksichtigt. Dieses Forschungsdesiderat hat die vorliegende Studie aufgenommen und ihren Blick auf das Vorlesen der Väter im familialen Kontext gerichtet.

Methodisch wurden dafür im Sinne einer Triangulation quantitative und qualitative Forschungsmethoden miteinander kombiniert. Im Rahmen einer kleineren Fragebogenstudie wurde zunächst das Forschungsfeld sondiert. Der Fokus lag unter anderem auf der Frage, wie Väter ihre eigene kulturelle Praxis gestalten und ob und wie sie sich an der Lese- und Medienerziehung ihrer Kinder beteiligen. Die Befunde der Fragebogenuntersuchung bestätigen den Stellenwert der Familie als Instanz der Lesesozialisation. Das kulturelle Klima der Familie und die Vorbildfunktion der erwachsenen Bezugsperson scheinen – so die auch mit den Ergebnissen anderer Studien konformen Befunde – zunächst wichtige Hintergrundbedingungen für die Leseentwicklung von Kindern zu sein. Die Ergebnisse der Fragebogenuntersuchung zeigen, dass die Väter Anteile an der Lese- und Medienerziehung ihrer Kinder haben. Die eigene Lesesozialisation und die Gestaltung der eigenen kulturellen Praxis beeinflussen die Formen gemeinsamer Rezeption, von denen das Bilderbuchvorlesen als dominante Form der prä- und paraliterarischen Kommunikation ausgemacht werden konnte. Dieses Ergebnis schien es wert, auch qualitativ untersucht zu werden. Es bildete den Ausgangspunkt für die vier Einzelfallstudien, die – ausgehend von einem (familien-)systemischen Ansatz – das Vorlesen von Vätern *und* Müttern untersuchten. Dazu wurde die Methode des fokussierten Interviews mit Formen der teilnehmenden Beobachtung kombiniert.

Theoretisch wurde das Modell eines Bedingungsgefüges familialer Lesesozialisation entwickelt, das als konstituierende Dimensionen die familiale Lebensform, die Qualität der sozioemotionalen Eltern-Kind-Beziehung und die (Vor-)Lesekompetenz und -praxis annimmt. Bezogen auf die Dimension der familialen Lebensform wurde aus einer Vielzahl von Typologien zu Vaterschaftskonzepten die Typologie von Matzner (2004) zugrunde gelegt, die eine überzeugende und deutliche Differenzierung von vier verschiedenen Konzepten vorschlägt. Als konventionelle Lebensformen können die Modelle des ,traditionellen' und des ,modernen Ernährers' beschrieben werden, als nichtkonventionelle Lebensformen werden der so genannte ,familienzentrierte' und der ,ganzheitliche' Vater unterschieden.

Für die Beschreibung und Interpretation der sozioemotionalen Beziehung stellte die Bindungstheorie den geeigneten theoretischen Rahmen zur Verfügung. Die Vorlesesituation auf der Grundlage einer sicheren Bindungsbeziehung wird als Möglichkeit interpretiert, dem Kind Sicherheit, Schutz und Geborgenheit zu geben. Von dieser sicheren Basis aus wird (exploratives) Lernen möglich. Die Ergebnisse der neueren Bindungsforschung betonen den spezifischen Beitrag der Väter in der Unterstützung des kindlichen Explorationssystems.

Die Beschreibung der dritten Dimension ,(Vor-)Lesekompetenz und -praxis' rekurriert auf einen Begriff von Lesekompetenz, der sich nicht nur auf kognitive Teilfähigkeiten beschränkt, sondern auch emotionale und motivationale Aspekte sowie Fähigkeiten der Reflexion und der Begleit- und Anschlusskommunikation berücksichtigt.

Zur Beschreibung und Interpretation der Vorleseinteraktionen wurden im wesentlichen drei relevante Konzepte herangezogen: das Modell der Ko-Konstruktion, das Konzept der ,Zone der nächsten Entwicklung' (Wigotsky) und das Modell der *formats*. Theoretisch können erstens in einem Mehrebenenmodell von Ko-Konstruktion die Vorleseinteraktionen zwischen Vätern und Kindern auf der Individual- und der Interaktionsebene platziert werden. Dabei kann man davon ausgehen, dass Vater und Kind in der Rezeptionssituation im Sinne einer Wir-Orientierung gemeinsam Bedeutung konstruieren. Zweitens lässt sich der entwicklungsfördernde Gehalt der Vorlesesituation daran bemessen, inwieweit die erwachsenen Bezugsperson in der ,Zone der nächsten Entwicklung' agiert, d.h. adäquate Entwicklungsangebote macht, die das Kind weder über- noch unterfordern (Konzept des *scaffolding*). Der kommunikative Rahmen der Vorleseinteraktion entspricht dem Handlungsformat des *picturebook reading*, das in der anglo-amerikanischen Forschung (Bruner) mit seinen stereotypen, wiederkehrenden Handlungsmustern beschrieben worden ist.

Der qualitativen Studie kommt mit den wenigen, intensiv untersuchten Fällen zunächst ein Pilotcharakter zu. Als zentrales Ergebnis bestätigt sie die Faktoren auf den drei Dimensionen ‚Familiale Lebensform', ‚Sozioemotionale Eltern-Kind-Beziehung' und ‚(Vor-)Lesekompetenz' als konstitutiv für die produktive Gestaltung von Vorleseprozessen. Allerdings müssen die drei Dimensionen aufgrund der Untersuchungsergebnisse anders als angenommen hierarchisiert werden. Die wichtigste Dimension für eine möglichst produktive Gestaltung der Vorleseinteraktion ist danach die Qualität der sozioemotionalen Eltern-Kind-Beziehung. Eine nahe und sichere Bindungsbeziehung bildet die Grundlage für eine für beide Interaktionspartner gratifikationsreiche Bilderbuchrezeption. An zweiter Stelle steht die (Vor-) Lesekompetenz des erwachsenen Interaktionspartners, d.h. vor allem ein positives, reflektiertes Vorlesekonzept, verbunden mit einer auf Förderung in der ‚Zone der nächsten Entwicklung' ausgerichteten Vorlesepraxis. Weniger wichtig, so konnten auch andere Studien zur Lesesozialisation von Kindern zeigen, ist offenbar das Konzept und die Praxis der eigenen Lektüre. Bezogen auf die dritte Dimension scheint – hypothesenkonträr – eine moderne, nichtkonventionelle Lebensform der Familie weniger essentiell zu sein, vorausgesetzt, dass der Vater prinzipiell verfügbar, engagiert und verantwortlich an der Kindererziehung teilnimmt.

Mit dem systemischen Ansatz des Untersuchungsdesigns stellt sich in *gender*-Perspektive die Frage nach den je spezifischen Merkmalen einer väterlichen Vorlesepraxis. Neben Gemeinsamkeiten in den Vorlesekonzepten und -praxen von Vätern und Müttern lassen sich auch Unterschiede erkennen, die ein je eigenständiges Profil einer väterlichen Vorlesepraxis ausmachen.

Unter der Voraussetzung, dass zwischen Vater und Kind eine nahe und sichere Bindungsbeziehung besteht (Fallbeispiele 1, 3 und 4), zeigen die Fallstudien, dass die Väter stärker als die Mütter das Explorationssystem im Sinne einer Erleichterung der ‚mentalen Exploration' unterstützen. Sie verhalten sich also herausfordernder nicht nur in Spielsituationen (wie die psychologische Forschung zeigen konnte), sondern auch in der Vorleseinteraktion, zum Beispiel, wenn sie eigene Fragen nicht umgehend selbst beantworten, sondern das Kind zu Antworten herausfordern. Während Mütter größeren Wert auf die Gestaltung einer nahen und sicheren Bindungsbeziehung legen, die durch symmetrische und empathische Merkmale sowohl auf der nonverbalen als auch auf der verbalsprachlichen Ebene gekennzeichnet ist, betonen die Väter statusorientiert eher asymmetrische Strukturen und bevorzugen einen monologisierend-dozierenden Interaktionsstil mit stärker direktiven und restriktiven Merkmalen. Die Väter geben an, dass es ihnen häufig schwer fällt, sich den kindlichen Fähigkeiten anzupassen.

Offenbar beziehen Väter ihre Gratifikationen eher aus der kognitiven und sprachlichen Weiterentwicklung der Kinder. Darauf lassen ihre Selbstauskünfte über ihr Vorlesekonzept und ihre Vorlesepraxis schließen. Eine Direktivität mittleren Grades kann sich fördernd in verschiedenen kognitiven Bereichen auswirken, insbesondere in den Bereichen der Aufmerksamkeitsaktivierung, der selektiven Aufmerksamkeitssteuerung und des Problemlöseverhaltens, etwa in der Zielorientierung bei einer Aufgabenbearbeitung. Durch einen eher monologisch-dozierenden Sprachstil und die höhere Affinität zu Sachbüchern können Väter langfristig ,Weltwissen' vermitteln, das Genrespektrum erweitern sowie die Entwicklung medienspezifischer Verarbeitungsmuster fördern. Darüber hinaus kann die väterliche Vorlesepraxis bestimmte Gedächtnisfunktionen fördern. Durch die häufigere Nutzung von Text-Bild-Korrespondenzen und durch die besondere Betonung wichtiger Wörter oder Textpassagen werden Prozesse der Wahrnehmung, Encodierung und Speicherung unterstützt.

Neben den fördernden Einflüssen im kognitiven Bereich können Väter durch spezifische Merkmale in ihrer Vorlesepraxis auch die Entwicklung der sprachlichen Kompetenzen von Kindern unterstützen. Dies betrifft insbesondere den semantischen und den pragmatischen Bereich. Im Bereich der Semantik werden durch Klassifizierungen wie die Verwendung von Ober- und Unterbegriffen, durch Umschreibungen oder durch die Verwendung von Synonymen Entwicklungsprozesse unterstützt. Die pragmatische Sprachentwicklung wird zum einen durch die Evozierung von Nachfragen durch Missverständnisse und Irritationen gefördert. Zum anderen verlangt der eher monologisch-dozierende Sprachstil den Kindern ein konzentriertes Zuhören und die eigenaktive Initiierung von Sprecherwechseln ab.

Nicht zuletzt trägt die väterliche Vorlesepraxis auch zur Entwicklung narrativer Fähigkeiten bei. Durch nonverbale und verbalsprachliche Handlungen wie das Zurückblättern auf schon gelesene Seiten und die Rekonstruktion von relevanten Szenen der Bilderbuchgeschichte sichern Väter das Verständnis der Handlung (Chronologie, Logik, Erzählstruktur bzw. deren Repräsentation).

Die Lesesozialisation von Kindern ist eine wichtige Aufgabe der Familie. Auf der Grundlage einer nahen und sicheren sozioemotionalen Eltern-Kind-Beziehung mit einer flexiblen Ausgestaltung der familialen Rollen, bei der sich der Vater nicht (nur) als Ernährer, sondern auch als Erzieher sieht, und dieses Selbstverständnis auch in die familiale Praxis umsetzt, können Mütter und Väter auf je spezifische Weise relevante Bezugspersonen für das Lesen werden. Wichtig ist der Konnex zwischen dem mütterlichen und väterlichen Verhalten und dass die unterschiedlichen Handlungen nicht als widersprüchlich, sondern als sich ergänzend und unterstützend erfahren werden. Ideal ist also vermutlich ein möglichst breit gefächertes Angebot von beiden Eltern, aus dem die Kinder auswählen können. Damit kann die familiale Lesesozialisation zum einen die Grundlage für den Deutschunterricht in der Schule bilden. Kinder, die schon lange vor Schuleintritt ein Interesse an Büchern entwickelt haben und denen der Umgang mit Büchern vertraut und selbstverständlich ist, bringen wichtige Voraussetzungen für die schulische Lesesozialisation mit. Hier ist insbesondere die Motivation zum Lesen als Teildimension von Lesekompetenz eine wichtige Voraussetzung, um die Angebote des Deutschunterrichts nutzen zu können. Aktuelle Studien belegen die kontinuierliche Abnahme der Lesemotivation während der Grundschulzeit. Schulisches Lesen wird – womöglich auch auf der Grundlage der Erfahrung einer als wenig herausfordernd empfundenen, symmetrischen Mutter-Kind-Vorleseinteraktion in der Familie – als eher anstrengend und enttäuschend erlebt. Hier können Kinder möglicherweise gerade von den spezifischen Merkmalen des väterlichen Vorlesens profitieren. Die Merkmale der Direktivität und die stärkere Betonung der kognitiven und (sprachlichen) Lernaspekte ähneln späteren schulischen Anforderungen. Kinder, die ihren Vater als regelmäßigen und kompetenten Vorleser in der Familie erlebt haben, können für das schulische Lernen vermutlich leichter an ihre vorschulischen Erfahrungen anknüpfen.

Verzeichnis der Abbildungen

Literatur

Primärliteratur

Geisler, Dagmar: Ich trödel doch nicht, sagt Max. 2. Aufl. Frankfurt am Main: Fischer Schatzinsel im Fischer Taschenbuch Verlag 2003. [27 S.]

Fries, Claudia/Vogel, Maja von: Trödeln? Ich doch nicht! München: Boje 2003. [24 S.]

Sekundärliteratur

Abelin, Ernest L. (1986): Die Theorie der frühkindlichen Triangulation. Von der Psychologie zur Psychoanalyse. In: Stork, Jochen (Hrsg.): Das Vaterbild in Kontinuität und Wandlung. Zur Rolle und Bedeutung des Vaters aus psychopathologischer Betrachtung und in psychoanalytischer Reflexion. Stuttgart u.a.: frommann-holzboog. (problemata; 113) (4. Symposion der Poliklinik für Kinder- und Jugendpsychotherapie der Technischen Universität München). 45-72.

Abraham, Ulf (1998): Übergänge. Literatur, Sozialisation und literarisches Lernen. Opladen: Westdeutscher Verlag.

Abraham, Ulf/Bremerich-Vos, Albert/Frederking, Volker/Wieler, Petra (Hrsg.) (2003): Deutschdidaktik und Deutschunterricht nach PISA. Freiburg im Breisgau: Fillibach.

Ainsworth, Mary D.S. (1989): Attachment beyond infancy. In: American Psychologist 44, 709-716.

Ainsworth, Mary D.S. et al. (1978): Patterns of Attachment. A Psychological Study of the Strange Situation. Hillsdale: Erlbaum.

Alfermann, Dorothee (1996): Geschlechterrollen und geschlechtstypisches Verhalten. Stuttgart u.a.: Kohlhammer.

Appel, Markus/Koch, Erik/Schreier, Margrit (2001): Biologisches versus soziales Geschlecht: Modelle, Diagnose, Wertung. Beitrag zum Symposion Geschlechterspezifische und übergreifende Prozesse und Strukturen des SPP ‚Lesesozialisation in der Mediengesellschaft' (7.-9. März 2001).

Arbeitsgruppe Bielefelder Soziologen (1976): Kommunikative Sozialforschung. Alltagswissen und Alltagshandeln. Gemeindemachtforschung. Polizei. Politische Erwachsenenbildung. München: Fink.

Aries, Elizabeth (1997): Women and men talking: Are they worlds apart? In: Walsh, Mary Roth (ed.), a.a.O., 91-100.

Baader, Meike Sophia (2006): Vaterschaft im Spannungsverhältnis zwischen alter Ernährerrolle, neuen Erwartungen und Männlichkeitsstereotype. Die Thematisierung von Vaterschaft in aktuellen Printmedien. In: Bereswill/Scheiwe/Wolde (Hrsg.), a.a.O., 117-136.

Bandura, Albert/Walters, Richard H. (1963): Social Learning and Persona-lity Development. New York [u.a.]: Holt/Rinehart/Winston.

Beck, Ulrich (1986): Risikogesellschaft. Auf dem Weg in eine andere Moderne. Frankfurt a. Main: Suhrkamp: (es 1365; NF 365).

Beck, Ulrich/Beck-Gernsheim, Elisabeth (1990): Einleitung. Riskante Chancen – Gesellschaftliche Individualisierung und soziale Lebens- und Liebesformen. In: Dies.: Das ganz normale Chaos der Liebe. Frankfurt am Main: Suhrkamp. 7-19.

Beck-Gernsheim, Elisabeth (1998): Was kommt nach der Familie? Einblicke in neue Lebensformen. München: Beck. (Becksche Reihe; 1243)

Behnke, Cornelia/Liebold, Renate (2001): Beruflich erfolgreiche Männer: Belastet von der Arbeit – belästigt von der Familie. In: Döge/Meuser (Hrsg.), a.a.O., 141-157.

Belsky, Jay (1984): The Determinants of Parenting: A Process Model. In: Child Development, 55, 83-96.

Bem, Sandra Lipsitz (1993): The Lenses of Gender. Transforming the Debate on Sexual Inequality. New Haven [u.a.]: Yale University Press.

Benard, Cheryl/Schlaffer, Edit (1991): Sagt uns, wo die Väter sind. Von der Arbeitssucht und Fahnenflucht des zweiten Elternteils. Reinbek: Rowohlt.

Bereswill, Mechthild (2006): Die Bedeutung der Vater-Sohn-Beziehung für die biographischen Selbstbilder männlicher Heranwachsender. In: Bereswill/Scheiwe/Wolde (Hrsg.), a.a.O., 155-170.

Bereswill, Mechthild/Scheiwe, Kirsten/Wolde, Anja (Hrsg.) (2006): Vaterschaft im Wandel. Multidiziplinäre Analysen und Perspektiven aus geschlechtertheoretischer Sicht. Weinheim u. München: Juventa. (Geschlechterforschung)

Bertram, Hans (Hrsg.) (1991): Die Familie in Westdeutschland. Stabilität und Wandel familialer Lebensformen. Opladen: Leske + Budrich.

Bertram, Hans (1997): Familien leben. Neue Wege zur flexiblen Gestaltung von Lebenszeit, Arbeitszeit und Familienzeit. Gütersloh: Verlag Bertelsmann Stiftung.

Bien, Walter/Hartl, Angela/Teubner, Markus (Hrsg.) (2002): Stieffamilien in Deutschland. Eltern und Kinder zwischen Normalität und Konflikt. Opladen: Leske + Budrich. (DJI Familien-Survey 10)

Bierhoff-Alfermann, Dorothee (1989): Androgynie. Möglichkeiten und Grenzen der Geschlechterrollen. Opladen: Westdeutscher Verlag.

Bischof-Köhler, Doris (2006): Von Natur aus anders. Die Psychologie der Geschlechtsunterschiede. 2. Aufl. Stuttgart u.a.: Kohlhammer.

Blei-Hoch, Claudia (2002): „Komm, lass uns doch ein Bilderbuch anschauen ...". Einblicke in den Forschungsstand zur Rezeption von Bilderbüchern. In: ide 2, 65-73.

Blos, Peter (1990): Sohn und Vater. Diesseits und jenseits des Ödipuskomplexes. Aus dem Amerikanischen übersetzt von Hilde Weller. Stuttgart: Klett-Cotta. (Konzepte der Humanwissenschaften)

Blumer, Herbert (1973): Der methodologische Standort des symbolischen Interaktionismus. In: Arbeitsgruppe Bielefelder Soziologen (Hrsg.): Alltagswissen, Interaktion und gesellschaftliche Wirklichkeit. Band 1: Symbolischer Interaktionismus und Ethnomethodologie. Reinbek: Rowohlt. 80-146.

Böhnisch, Lothar (1996): Pädagogische Soziologie. Weinheim u. München: Juventa.

Böhnisch, Lothar/Lenz, Karl (Hrsg.) (1999): Familien. Eine interdisziplinäre Einführung. 2. korrig. Aufl. Weinheim u. München: Juventa. (Dresdner Studien zur Erziehungswissenschaft und Sozialforschung). (EA 1997)

Bonfadelli, Heinz (1980): Neue Fragestellungen in der Wirkungsforschung. Zur Hypothese der wachsenden Wissenskluft. In: Rundfunk und Fernsehen 28, H. 2, 173-193.

Bopp, Jörg (1984): Die Abschaffung des Vaters. Über androgyne Mütter und Mappis. In: Westermanns Pädagogische Beiträge 36, 7/8, 342-344.

Bortz, Jürgen/Döring, Nicola (1995): Forschungsmethoden und Evaluation. 2., vollst. überarb. und aktual. Aufl. Berlin [u.a.]: Springer.

Bowlby, John (1953/2001): Mutterliebe und kindliche Entwicklung. Mit einem Beitrag von Mary D. Salter Ainsworth. München [u.a.]: Reinhardt. (Beiträge zur Kinderpsychotherapie; 13)

Bowlby, John (2006): Bindung. Aus dem Englischen von Gertrud Mander. Mit einem Nachwort von Daniel N. Stern. München u.a.: Reinhardt. (OA Attachment and Loss. Volume 1: Attachment 1969)

Bowlby, John (1969/2006): Bindung. Eine Analyse der Mutter-Kind-Beziehung. München: Kindler.

Bowlby, John (1989/1999): Bindung. Historische Wurzeln, theoretische Konzepte und klinische Relevanz. Gekürzter Vortrag. Übers. und bearb. von Fabienne Becker-Stoll, Peter Zimmermann und Gottfried Spangler. In: Spangler/Zimmermann (Hrsg.), a.a.O., 17-26.

Born, Claudia/Krüger, Helga (2002): Vaterschaft und Väter im Kontext sozialen Wandels. Über die Notwendigkeit der Differenzierung zwischen strukturellen Gegebenheiten und kulturellen Wünschen. In: Walter, Heinz (Hrsg.), a.a.O., 117-143.

Bortz, Jürgen/Döring, Nicola (1995): Forschungsmethoden und Evaluation. 2., vollst. überarb. und aktual. Aufl. Berlin [u.a.]: Springer.

Braun, Barbara (1995): Vorläufer der literarischen Sozialisation in der frühen Kindheit – eine entwicklungspsychologische Fallstudie. Frankfurt a. M. [u.a.]: Lang. (Europäische Hochschulschriften, 6, Psychologie, 511). (Zugl. Freiburg/Br., Univ., Diss., 1994)

Bretherton, Inge (1999): Die Geschichte der Bindungstheorie. In: Spangler/Zimmermann (Hrsg.), a.a.O., 27-49.

Bronfenbrenner, Urie (1981): Die Ökologie der menschlichen Entwicklung. Natürliche und geplante Experimente. Aus dem Amerik. übers. von Agnes von Cranach. Stuttgart: Klett-Cotta.

Bronfenbrenner, Urie/Morris, Pamela A. (2000): Die Ökologie des Entwicklungsprozesses. In: Lange, Andreas/Lauterbach, Wolfgang (Hrsg.): Kinder in Familie und Gesellschaft zu Beginn des 21. Jahrhunderts. Stuttgart: Lucius & Lucius. (Der Mensch als soziales und personales Wesen; 18), 29-58.

Brügelmann, Hans (1989): Die Schrift entdecken. Beobachtungshilfen und methodische Ideen für einen offenen Anfangsunterricht im Schreiben und Lesen. Konstanz: Faude. (Libelle Wissenschaft)

Bründel, Heidrun/Hurrelmann, Klaus (1999): Konkurrenz, Karriere, Kollaps. Männerforschung und der Abschied vom Mythos Mann. Stuttgart u.a.: Kohlhammer.

Bruner, Jerome S. (1977): Wie das Kind lernt, sich sprachlich zu verständigen. In: Zeitschrift für Pädagogik 23, H. 6, 829-845.

Bruner, Jerome S. (1979): Von der Kommunikation zur Sprache. Überlegungen aus psychologischer Sicht. In: Martens, Karin (Hrsg.), a.a.O., 9-60.

Bruner, Jerome S. (1981): Mutter-Sprache. In: Der Sprachheilpädagoge 13, H. 2, 12-22.

Bruner, Jerome S. (2002): Wie das Kind sprechen lernt. Unter Mitarbeit von Rita Watson. Mit einem Geleitwort zur deutschsprachigen Ausgabe und einem Nachwort zur zweiten Auflage von Theo Hermann. Aus dem Englischen übersetzt von Urs Aeschbacher. 2., erg. Aufl. Bern [u.a.]: Huber. (Huber Psychologie Sachbuch). (OA u.d.T. Child's Talk. Learning to use Language. New York 1983)

Brunner, Otto (1980): Vom ‚ganzen Haus' zur Familie. In: Rosenbaum, Heidi (Hrsg.), a.a.O., 83-91.

Buba, Hans Peter/Schneider, Norbert F. (Hrsg.) (1996): Familie. Zwischen gesell-schaftlicher Prägung und individuellem Design. Opladen: Westdeutscher Verlag.

Bukow, Wolf-Dietrich (1984): Ritual und Fetisch in fortgeschrittenen Industriegesell-schaften. Formen kultureller Kommunikation. Frankfurt am Main: dipa-Verlag.

Burgess, Adrienne (1998): Vatermythen, Vaterbilder. Die Rolle der Männer in der Erziehung. München [u.a.]: Diana. (OA 1997)

Bus, Adriana G./Belsky, Jay/van Ijzendoorn, Marinus H./Crnic, Keith (1997): At-tachment and Bookreading Patterns: A Study of Mothers, Fathers, and Their Toddlers. In: Early Childhood Research Quarterly, 12, 81-98.

Bus, Adriana G./van Ijzendoorn, Marinus H. (1997): Affective Dimension of Mother-Infant Picturebook Reading. In: Journal of School Psychology, 35, H. 1, 47-60.

Busch, Friedrich W./Nauck, Bernhard/Nave-Herz, Rosemarie (Hrsg.) (1999): Aktu-elle Forschungsfelder in der Familienwissenschaft. Würzburg: Ergon-Verlag. (Familie und Gesellschaft; 1)

Camus, Jean Le (2001): Väter. Die Bedeutung des Vaters für die psychische Ent-wicklung des Kindes. Aus dem Französischen von Christiane Landgrebe. Wein-heim [u.a.]: Beltz. (OA 2000)

Camus, Jean Le (2006): Vater sein heute. Für eine neue Vaterrolle. Aus dem Fran-zösischen von Christiane Landgrebe. Weinheim u.a.: Beltz. (OA Comment être père aujourd'hui 1995)

Cath, Stanley (1991): Vatersein von der Kindheit bis ins Alter. Ein Abriß neuerer psychoanalytischer Konzepte. In: Friedmann, Robert M./Lerner, Leila (Hrsg.): Zur Psychoanalyse des Mannes. Berlin [u.a.]: Springer, 65-75.

Charlton, Michael (1995): Zum Umgang kleiner Kinder mit Medien. In: Rosebrock, Cornelia (Hrsg.): Lesen im Medienzeitalter. Biographische und historische As-pekte literarischer Sozialisation. Weinheim u. München: Juventa. 65-80.

Charlton, Michael/Burbaum, Christina/Sutter, Tilmann (2004): Lesen Frauen wirk-lich anders? Oder lesen sie nur eine andere Literatur als Männer. In: SPIEL 23, H. 1, 3-22.

Chodorow, Nancy (1986): Das Erbe der Mütter. Psychoanalyse und Soziologie der Geschlechter. 2. Aufl. München: Frauenoffensive.

Dannenbauer, Friedrich Michael (1994): Grammatik. In: Baumgartner, Stefan/Füs-senich, Iris (Hrsg.): Sprachtherapie mit Kindern. Grundlagen und Verfahren. 2. Aufl. München u.a.: E. Reinhardt. 123-203. (UTB für Wissenschaft; Uni-Taschenbücher; 1714)

de Wolff, Marianne S./van IJzendoorn, Marinus H. (1997): Sensitivity and attach-ment : A meta-analysis on parental antecedents of infant attachment. In: Child Development 68, 571-591.

Dehn, Mechthild (1990): Zeit für die Schrift. Lesenlernen und Schreibenkönnen. 3. Aufl. Bochum: Kamp.

Deutsches PISA-Konsortium (Hrsg.) (2001): PISA 2000. Basiskompetenzen von Schü-lerinnen und Schülern im internationalen Vergleich. Opladen: Leske + Budrich.

Dittrich, Karin A. (1985): Familienalltag und Familienbeziehung. Eine Explorati-onsstudie. Frankfurt am Main [u.a.]: Campus. (Campus-Forschung; 425)

Döge, Peter (2006): Männer – Paschas und Nestflüchter? Zeitverwendung von Männern in der Bundesrepublik Deutschland. Opladen: B. Budrich.

Döge, Peter/Meuser, Michael (Hrsg.) (2001): Männlichkeit und soziale Ordnung. Neuere Beiträge zur Geschlechterforschung. Opladen: Leske + Budrich.

Dornes, Martin (2004): Der kompetente Säugling. Die präverbale Entwicklung des Menschen. 11. Aufl. Frankfurt am Main: Fischer Taschenbuch Verlag. (Geist und Psyche; 11263)

Drinck, Barbara (2005): Vatertheorien. Geschichte und Perspektive. Opladen: B. Budrich.

Eagly, Alice H. (1987): Sex differences in social behavior. A social-role interpretation. Hillsdale/New Jersey: Lawrence Erlbaum.

Eagly, Alice H. (1996): Comparing Women and Men: Methods, Findings, and Politics. In: Walsh, Mary Roth (ed.), a.a.O., 24-31.

Eckes, Thomas (2003): Geschlechterstereotype: Frau und Mann in sozialpsychologischer Sicht. 2. Aufl. Herbolzheim: Centaurus. (Frauen.Männer.Geschlechterverhältnisse. Schriftenreihe des Zentrums für interdisziplinäre Frauenforschung der Christians-Albrechts-Universität zu Kiel, 5)

Eco, Umberto (1994): Im Wald der Fiktionen. Sechs Streifzüge durch die Literatur. Harvard-Vorlesungen (Norton Lectures 1992-93). Aus dem Italienischen von Burkhart Körber. München: Hanser.

Eggert, Hartmut/Garbe, Christine (2003): Literarische Sozialisation. Stuttgart [u.a.]: Metzler. (Sammlung Metzler; 287)

Ellgring, Heiner: Audiovisuell unterstützte Beobachtung. In: Flick u.a. (Hrsg.): a.a.O., 203-208.

Erhart, Walter/Herrmann, Britta (1997): Wann ist der Mann ein Mann? Zur Geschichte der Männlichkeit. Stuttgart [u.a.]: Metzler.

Elias, Sabine (2003): Der Apfel fällt nicht weit vom Stamm. Lesesozialisation in der Familie. In: Schüler-Jahresheft Lesen und Schreiben. 58-61.

Engelbert, Angelika u.a. (2000): Postmoderne Familienkindheit? Anforderungen, Risiken und Chancen. In: Herlth u.a., a.a.O., 7-22.

Engstler, Heribert (2000): Der Wandel der Lebens- und Familienformen im Spiegel der amtlichen Statistik. In: Maywald/Schön/Gottwald (Hrsg.), a.a.O., 227-240.

Erhart, Walter/Herrmann, Britta (Hrsg.) (1997): Wann ist der Mann ein Mann? Zur Geschichte der Männlichkeit. Stuttgart u.a.: Metzler.

Esser, Hartmut (1999): Soziologie – allgemeine Grundlagen. 3. Aufl. Frankfurt a. Main u.a.: Campus.

Fak, Ernst (1986): Zugang zum Bild. In: 1000 und 1 Buch. H. 3, 12-21.

Feneberg, Sabine (1994): Wie kommt das Kind zum Buch? Die Bedeutung des Geschichtenvorlesens im Vorschulalter für die Leseentwicklung von Kindern. Neuried: ars una. (Deutsche Hochschuledition; 33)

Ferguson, Charles A. (1977) : Baby talk as a simplified register. In: Snow, Catherine E./Ferguson, Charles A. (1977): Talking to children. Language input and acquisition. Cambridge [u.a.]: Cambridge University Press. 219-235.

Flick, Uwe (2000): Qualitative Forschung. Theorie, Methoden, Anwendung in Psychologie und Sozialwissenschaften. 5. Aufl. Reinbek: Rowohlt. (re 55546)

Flick, Uwe u.a. (Hrsg.) (1995): Handbuch Qualitative Sozialforschung. Grundlagen, Konzepte, Methoden und Anwendungen. 2. Aufl. Weinheim: Beltz, PsychologieVerlagsUnion.

Flouri, E./Buchanan, A./Bream, V. (2002): Adolescents' perceptions of their fathers' involvement: Significance to school attitudes. In: Psychology in the Schools, 39, 575-582.

Flouri, E./Buchanan, A. (2003): The role of father involvement in children's later mental health. In: Journal of Adolescence, 26, 63-78.

Fthenakis, Wassilios E. (1985): Väter. 2 Bde. Band 1: Zur Psychologie der Vater-Kind-Beziehung. Band 2: Zur Vater-Kind-Beziehung in verschiedenen Familienstrukturen. München [u.a.]: Urban & Schwarzenberg. (U-&-S-Psychologie)

Fthenakis, Wassilios E. (1993): 15 Jahre Vaterforschung im Überblick. In: DJI (Hrsg.): Was für Kinder. Aufwachsen in Deutschland. Ein Handbuch. München: Kösel. 101-105.

Fthenakis, Wassilios E. (2001): Die Rolle des Vaters. Forschungsergebnisse und Perspektiven für eine neue Familienpolitik. In: Hofer/Luhan/Schuierer (Hrsg.), a.a.O., 77-99.

Fthenakis, Wassilios E. (2002): Mehr als Geld? Zur (Neu-)Konzeptualisierung väterlichen Engagements. In: ders./Textor (Hrsg.) (2002): a.a.O., 90-119.

Fthenakis, Wassilios/Kalicki, Bernhard/Peitz, Gabriele (2002): Paare werden Eltern. Die Ergebnisse der LBS-Familien-Studie. Opladen: Leske + Budrich.

Fthenakis, Wassilios E./Minsel, Beate (2002): Die Rolle des Vaters in der Familie: Stuttgart [u.a.]: Kohlhammer. (Schriftenreihe des Bundesministeriums für Familie, Senioren, Frauen und Jugend).

Fthenakis, Wassilios E./Textor, Martin R. (Hrsg.) (2002): Mutterschaft, Vaterschaft. Weinheim u.a.: Beltz. (Jahrbuch der Frühpädagogik und Kindheitsforschung; 4).

Fthenakis, Wassilios E. u.a. (1999): Engagierte Vaterschaft. Die sanfte Revolution in der Familie. Hrsg. von der LBS-Initiative Junge Familie. Opladen: Leske + Budrich.

Garbe, Christine (1993): Frauen – das lesende Geschlecht? Perspektiven einer geschlechterdifferenzierten Leseforschung In: dies. (Hrsg.): Frauen lesen. Untersuchungen und Fallgeschichten zur ,weiblichen Lektürepraxis' und zur literarischen Sozialisation von Studentinnen. 7-33.

Garbe, Christine (1999): „Geschlecht": Sexus, Gender, Geschlechtscharakter, Geschlechterstereotype und -differenz, Doing Gender, Gender und Medien. In: Kölner Psychologische Studien. Beiträge zur natur-, kultur-, sozialwissenschaftlichen Psychologie IV, 1, 116-131.

Garbe, Christine (2001): Forschungsansätze zum lebensgeschichtlichen Erwerb von Geschlechtsidentität. Beitrag zum Symposion „Lesesozialisation in der Mediengesellschaft: Geschlechterspezifische und –übergreifende Prozesse und Strukturen (7.-9. März 2001).

Garbe, Christine/Holle, Karl/von Salisch, Maria (2006): Entwicklung und Curriculum: Grundlagen einer Sequenzierung von Lehr-/Lernzielen im Bereich des (literarischen) Lesens. In: Groeben/Hurrelmann (Hrsg.), a.a.O., 115-154.

Garhammer, Manfred (1996): Auf dem Weg zu egalitären Geschlechterrollen? Familiale Arbeitsteilung im Wandel. In: Buba, Hans Peter/Schneider, Norbert F. (Hrsg.): Familie. Zwischen gesellschaftlicher Prägung und individuellem Design. Opladen: Westdeutscher Verlag. 319-336.

Genette, Gerard (1989): Paratexte. Mit einem Vorwort von Harald Weinrich. Aus dem Franz. von Dieter Honig. Frankfurt am Main.

Gesterkamp, Thomas (2001): Die Krise der Kerle. Über die schleichende Entwertung traditioneller Männlichkeit in Arbeitswelt und Privatleben. In: Hofer/Luhan/Schuierer (Hrsg.), a.a.O., 39-57.

Gesterkamp, Thomas (2002): gutesleben.de. Die neue Balance von Arbeit und Liebe. Stuttgart: Klett-Cotta.

Gesterkamp, Thomas (2007): Die neuen Väter zwischen Kind und Karriere. So kann die Balance gelingen. Freiburg im Breisgau: Herder.

Gestrich, Andreas (1999): Geschichte der Familie im 19. und 20. Jahrhundert. München: Oldenbourg (Enzyklopädie Deutscher Geschichte; 50)

Glatzer, Wolfgang (1997): Nichteheliche Lebensgemeinschaften. Eheähnlich oder eher alternativ? – Stand der Forschung in Deutschland 1996/97. Materialien zur Bevölkerungswissenschaft, H. 89. Wiesbaden: Bundesinstitut für Bevölkerungsforschung beim Statistischen Bundesamt.

Glück, Christian Wolfgang (1998): Kindliche Wortfindungsstörungen. Ein Bericht des aktuellen Erkenntnisstandes zu Grundlagen, Diagnostik und Therapie. Frankfurt am Main u.a.: Lang. (Münchner Beiträge zur Sonderpädagogik; Bd. 19) (Zugl. München, Univ., Diss., 1997)

Gonser, Ute/Helbrecht-Jordan, Ingrid (1994): „...Vater sein dagegen sehr!" Wege zur erweiterten Familienorientierung von Männern. Materialien zur Väter – und Männerarbeit in der Familien- und Erwachsenenbildung. Bielefeld: Kleine. (Materialien zur Frauenforschung; 19)

Goode, William J. (1967): Soziologie der Familie. München: Juventa. (Grundfragen der Soziologie; 8)

Graf-Szczuka, Karola/Werner, Petra (2004): Geschlechtsspezifika der Nutzung elektronischer Medien. In: Spiel 23, H. 1, 116-136.

Greenglass, Esther R. (1995): Geschlechterrolle als Schicksal. Soziale und psychologische Aspekte weiblichen und männlichen Rollenverhaltens. In deutscher Sprache hrsg. u. m. e. Vorw. vers. von Hans Aebli. Aus dem Amerik. übers. von Urs Aeschbacher und Wilhelm Häberle. Stuttgart: Klett-Cotta. (Greif-Bücher) (OA 1982)

Griese, Hartmut M. (2000): Familiale Polarisierungsprozesse. Eine vernachlässigte Strukturkategorie in der soziologischen Main-Stream-Diskussion um Pluralisierung und Individualisierung. In: Herlth u.a. (Hrsg.), a.a.O., 246-258.

Groeben, Norbert (2002a): Dimensionen der Medienkompetenz. Deskriptive und normative Aspekte. In: Groeben, Norbert/Hurrelmann, Bettina (Hrsg.): Medienkompetenz. Voraussetzungen, Dimensionen, Funktionen. Weinheim u. München: Juventa. (Lesesozialisation und Medien), 160-197.

Groeben, Norbert (2002b): Zur konzeptuellen Struktur des Konstrukts ‚Lesekompetenz'. In: Groeben/Hurrelmann (Hrsg.), a.a.O., 11-21.

Groeben, Norbert (2004a): Einleitung: Funktionen des Lesens – Normen der Gesellschaft. In: Groeben/Hurrelmann (Hrsg.), a.a.O., 11-35.

Groeben, Norbert (2004b): (Lese-)Sozialisation als Ko-Konstruktion – Methodisch-methodologische Problem-(Lösungs-)Perspektiven. In: Groeben/Hurrelmann (Hrsg.), a.a.O., 145-168.

Groeben, Norbert/Hurrelmann, Bettina (Hrsg.) (2002): Lesekompetenz. Bedingungen, Dimensionen, Funktionen. Weinheim u. München: Juventa (Lesesozialisation und Medien).

Groeben, Norbert/Hurrelmann, Bettina (Hrsg.) (2004): Lesesozialisation in der Mediengesellschaft. Ein Forschungsüberblick. Weinheim u. München: Juventa (Lesesozialisation und Medien).

Groeben, Norbert/Hurrelmann, Bettina (Hrsg.) (2006): Empirische Unterrichtsforschung in der Literatur- und Lesedidaktik. Ein Weiterbildungsprogramm. Weinheim u. München: Juventa. (Lesesozialisation und Medien)

Groeben, Norbert/Hurrelmann, Bettina (2006): Geschlecht und Mediensozialisation – ein immer noch unaufgeklärtes Verhältnis. In: Josting, Petra/Hoppe, Heidrun (Hrsg.): Mädchen, Jungen und ihre Medienkompetenzen. Aktuelle Diskurse und Praxisbeispiele für den (Deutsch-)Unterricht. München: Kopaed. 50–64.

Groeben, Norbert/Vorderer, Peter (1988): Leserpsychologie. Lesemotivation – Lektürewirkung. Münster: Aschendorff.

Grossmann, Karin (1999): Kontinuität und Konsequenzen der frühen Bindungsqualität während des Vorschulalters. In: Spangler/Zimmermann (Hrsg.), a.a.O., 191-202.

Grossmann, Karin/Grossmann, Klaus E. (2005): Bindungen – das Gefüge psychischer Sicherheit. 2. Aufl. Stuttgart: Klett-Cotta.

Grünheid, Evelyn (2003): Junge Frauen in Deutschland – Hohe Ausbildung contra Kinder? In: BiB-Mitteilungen . Informationen aus dem Bundesinstitut für Bevölkerungsforschung beim Statistischen Bundesamt. 24, 1. 9-15.

Gümbel, Ruth (1989): Erstleseunterricht. Entwicklungen – Tendenzen – Erfahrungen. Mit Beitr. von Brigitte Pietschmann und Gertrud Binder. Fotos u. Reprod. von Georg Hahnemann. 3., aktual. Aufl. Frankfurt am Main: Scriptor. (Scriptor-Taschenbücher; S 154; Grundschule)

Günther, Hartmut (1990): Neueres zum Schriftspracherwerb. In: Muttersprache 100, 290-304.

Günther, Hartmut (1995): Die Schrift als Modell der Lautsprache. In: OBST, Osnabrücker Beiträge zur Sprachtheorie 521, 15-32.

Günther, Hartmut (1996): Mündlichkeit und Schriftlichkeit. In: Balhorn, Heiko/ Niemann, Heide (Hrsg.): Sprachen werden Schrift. Mündlichkeit – Schriftlichkeit – Mehrsprachigkeit. Lengwil (Ch.): Libelle. (libelle: wissenschaft lesen und schreiben; 7)

Günther, Klaus B. (1989): Ontogenese, Entwicklungsprozeß und Störungen beim Schriftspracherwerb unter besonderer Berücksichtigung von lern- und sprachbehinderten Kindern. In: ders. (Hrsg.): Ontogenese, Entwicklungsprozeß und Störungen beim Schriftspracherwerb. Heidelberg. 12-33.

Günther, Klaus B. (1995): Ein Stufenmodell in der Entwicklung kindlicher Lese- und Schreibstrategien. In: Balhorn, Heiko/Brügelmann, Hans (Hrsg.): Rätsel des Schriftspracherwerbs. Neue Sichtweisen aus der Forschung. Lengwil (Ch.): Libelle. 98-121.

Haas, Gerhard (2004): Handlungs- und produktionsorientierer Literaturunterricht. Theorie und Praxis eines ‚anderen' Literaturunterrichts für dide Primar- und Sekundarstufe. 5., durchges. Aufl. Seelze: Kallmeyer'sche Verlagsbuchhandlung.

Haas, Gerhard/Menzel, Wolfgang/Spinner, Kaspar H. (1994): Handlungs- und produktionsorientierter Literaturunterricht. In: Praxis Deutsch, H. 123, S. 17-25.

Habermas, Jürgen (1973): Stichworte zu einer Theorie der Sozialisation. In: ders.: Kultur und Kritik. Frankfurt am Main: Suhrkamp.

Hagemann-White, Carol (1995a): Beruf und Familie für Frauen und Männer – Die Suche nach egalitärer Gemeinschaft. In: Familie im Brennpunkt von Wissenschaft und Forschung. Rosemarie Nave-Herz zum 60. Geburtstag gewidmet. Hrsg. von Bernhard Nauck und Corinna Onnen-Isemann. Unter Mitarb. von Heike Diefenbach u.a. Neuwied u.a.: Luchterhand. 505-512.

Hank, Karsten/Tölke, Angelika (2005): Männer – Das ‚vernachlässigte' Geschlecht in der Familienforschung. Untersuchungen zu Partnerschaft und Elternschaft bei Männern. In: Tölke/Hank (Hrsg.), a.a.O., 7-17.

Hausen, Karin (1980): Die Polarisierung der ‚Geschlechtscharaktere' – Eine Spiegelung der Dissoziation von Erwerbs- und Familienleben. In: Rosenbaum, Heidi (Hrsg.): a.a.O., 161-191.

Henne, Helmut/Rehbock, Helmut (1995): Einführung in die Gesprächsanalyse. 3., durchges. und um einen bibliogr. Anh. erw. Aufl. Berlin [u.a.]: de Gruyter. (Sammlung Göschen; 2212)

Herlth, Alois/Engelbert, Angelika/Mansel, Jürgen/Palentien, Christian (Hrsg.) (2000): Spannungsfeld Familienkindheit. Neue Anforderungen, Risiken und Chancen. Opladen: Leske + Budrich.

Herrmann, Ulrich (1987): Familie, Kindheit, Jugend. In: Handbuch der deutschen Bildungsgeschichte. Band III 1800 – 1870. Von der Neuordnung Deutschlands bis zur Gründung des Deutschen Reiches. Hrsg. von Karl-Ernst Jeismann und Peter Lundgreen. München: Beck. 53-69.

Hettlage, Robert (1998): Familienreport. Eine Lebensform im Umbruch. Unter Mitarbeit von Susanne Wagner. 2., aktual. Aufl. München: Beck. (Beck'sche Reihe; 483)

Hill, Paul B./Kopp, Johannes (2006): Familiensoziologie. Grundlagen und theoretische Perspektiven. 4., überarb. Aufl. Wiesbaden: Verlag für Sozialwissenschaften.

Hinde, Robert (1993): Auf dem Wege zu einer Wissenschaft zwischenmenschlicher Beziehungen. In: Auhagen, Ann Elisabeth/Salisch, Maria von (Hrsg.): Zwischenmenschliche Beziehungen. Göttingen: Hogrefe, 7-36.

Hippler, Hans-J./Witt, Hans-Jürgen (2001): Zeitungen und Zeitschriften: Felsen in der Brandung der Informationsangebote. In: Stiftung Lesen, SPIEGEL-Verlag (Hrsg.): Leseverhalten in Deutschland im neuen Jahrtausend. Eine Studie der Stiftung Lesen. Mainz, Hamburg: SPIEGEL-Verlag und Stiftung Lesen. (Lesewelten; 3), 157-164.

Höhn, Charlotte (Hrsg.) (1998): Demographische Trends, Bevölkerungswissenschaft und Politikberatung – Aus der Arbeit des Bundesinstituts für Bevölkerungsforschung (BiB), 1973 bis 1998. Opladen: Leske + Budrich.

Höhn, Charlotte (Hrsg.) (2000): Demographische Trends, Bevölkerungswissenschaft und Politikberatung – Aus der Arbeit des Bundesinstituts für Bevölkerungsforschung (BiB), 1973 bis 1998. Opladen: Leske + Budrich.

Hofer, Manfred (2002a): Familienbeziehungen in der Entwicklung. In: Hofer/Wild/Noack (Hrsg.), a.a.O., 4-27.

Hofer, Manfred (2002b): Theoretische Ansätze in der Familienpsychologie. In: Hofer/Wild/Noack (Hrsg.), a.a.O., 28-49.

Hofer, Manfred/Wild, Elke/Noack, Peter (Hrsg.) (2002): Lehrbuch Familienbeziehungen. Eltern und Kinder in der Entwicklung. 2., vollst. überarb. und erw. Auflage: Göttingen u.a.: Hogrefe.

Hofer, Markus/Luhan, Christian/Schuierer, Anton J. (Hrsg.) (2001): Vater, Sohn und Männlichkeit. Mit Beiträgen von Richard Rohr ... 2. Aufl. Innsbruck [u.a.]: Tyrolia.

Hoffmann, Berno (1997). Das sozialisierte Geschlecht. Zur Theorie der Geschlechtersozialisation. Opladen: Leske + Budrich. (Fragen der Gesellschaft)

Holden, George W. (1997): Parents and the Dynamics of Child Rearing. Boulder/Colorado: Westview Press.

Hollstein, Gudrun (1999): Werkstatt Bilderbuch. Allgemeine Grundlagen, Vorschläge und Materialien für den Unterricht in der Grundschule. Landau: Knecht.

Hollstein, Walter (1990): Die Männer: Vorwärts oder zurück? Stuttgart: Deutsche Verlagsanstalt.

Holmes, Jeremy (2002): John Bowlby und die Bindungstheorie. Mit einem Vorwort von Martin Dornes. Aus dem Engl. übers. von Andreas Wimmer. München, Basel: Reinhardt. (OA 1993)

Hopf, Christel (1995): Qualitative Interviews in der Sozialforschung. Ein Überblick. In: Flick, Uwe u.a. (Hrsg.): a.a.O., 177-182.

Hopf, Christel (2005): Frühe Bindungen und Sozialisation. Eine Einführung. Weinheim u. München: Juventa. (Grundlagentexte Pädagogik)

Hurrelmann, Bettina (1999): Sozialisation: (individuelle) Entwicklung, Sozialisationstheorien, Enkulturation, Mediensozialisation, Lesesozialisation (-erziehung), literarische Sozialisation. In: Kölner Psychologische Studien. Beiträge zur natur-, kultur-, sozialwissenschaftlichen Psychologie, IV, 1, 105-115.

Hurrelmann, Bettina (2000): Kinder- und Jugendliteratur in der literarischen Sozialisation. In: Lange, Günther (Hrsg.): Taschenbuch der Kinder- und Jugendliteratur. Bd. 2. Medien und Sachbuch, ausgewählte thematische Aspekte, ausgewählte poetologische Aspekte, Produktion und Rezeption, KJL im Unterricht. Baltmannsweiler: Schneider Verlag Hohengehren. 901-920.

Hurrelmann, Bettina (2002a): Leseleistung – Lesekompetenz. Folgerungen aus PISA mit einem Plädoyer für ein didaktisches Konzept des Lesens als kultureller Praxis. (Basisartikel). In: Praxis Deutsch 29, H. 176, 6-18.

Hurrelmann, Bettina (2002b): Prototypische Merkmale der Lesekompetenz. In: Groeben/Hurrelmann (Hrsg.), a.a.O., 275-286.

Hurrelmann, Bettina (2003): Literarische Figuren. Wirklichkeit und Konstruktivität. (Basisartikel). In: Praxis Deutsch 30, H. 177. 4-12.

Hurrelmann, Bettina (2004): Informelle Sozialisationsinstanz Familie. In: Groeben/Hurrelmann (Hrsg.), a.a.O., 169-201.

Hurrelmann, Bettina (2006): Instanzen und Prozesse der Lesesozialisation. Bedingungen des Erwerbs von Lesekompetenz. In: Efing, Christian/Janich, Nina (Hrsg.): Förderung der berufsbezogenen Sprachkompetenz. Befunde und Perspektiven. Paderborn: Eusl-Verlagsgesellschaft. 71-105.

Hurrelmann, Bettina/Elias, Sabine (1998): Leseförderung in einer Medienkultur. (Basisartikel). Praxis Deutsch Sonderheft. 3-7.

Hurrelmann, Bettina/Groeben, Norbert (2004): Geschlecht und Medien: Immer noch mehr Fragen als Antworten. In: SPIEL 23, H. 1, 175-186.

Hurrelmann, Bettina/Groeben, Norbert (2006): Geschlecht und Mediensozialisation – ein immer noch unaufgeklärtes Verhältnis. In: Josting, Petra/Hoppe, Heidrun (Hrsg.): Mädchen, Jungen und ihre Medienkompetenzen. Aktuelle Diskurse und Praxisbeispiele für den (Deutsch-)Unterricht. München: Kopaed. 50-64.

Hurrelmann, Bettina/Becker, Susanne/Nickel-Bacon, Irmgard (2006): Lesekindheiten. Familie und Lesesozialisation im historischen Wandel. Unter Mitarbeit von Sabine Elias, Gabriele von Glasenapp, Özen Odag, Susanne Graf und Corinna Roßbach. Weinheim u. München: Juventa. (Lesesozialisation und Medien)

Hurrelmann, Bettina/Hammer, Michael/Nieß, Ferdinand (1995): Leseklima in der Familie. Eine Studie der Bertelsmann Stiftung. 2. Aufl. Gütersloh: Verlag Bertelsmann Stiftung. (Lesesozialisation; 1)

Hurrelmann, Bettina/Hammer, Michael/Stelberg, Klaus (1996): Familienmitglied Fernsehen. Fernsehgebrauch und Probleme der Fernseherziehung in verschiedenen Familienformen. Opladen: Leske + Budrich. (Schriftenreihe Medienforschung der Landesanstalt für Rundfunk Nordrhein-Westfalen; 20)

Hurrelmann, Klaus (1998): Einführung in die Sozialisationstheorie. Über den Zusammenhang von Sozialstruktur und Persönlichkeit. 6. Aufl. Weinheim u.a.: Beltz.

Jansen, Heiner/Mannhaupt, Gerd/Marx, Harald/Skowronek, Helmut (2002): BISC. Bielefelder Screening zur Früherkennung von Lese-Rechtschreibschwierigkeiten. 2. überarb. Aufl. Göttingen [u.a.]: Hogrefe.

Jochens, Birgit (1979): ,Fragen' im Mutter-Kind-Dialog. Zur Strategie der Gesprächsorganisation von Müttern. In: Martens, Karin (Hrsg.), a.a.O., 110-132.

Kallenbach, Kurt (1996): Zur Vater-Kind-Beziehung heute. Bestandsaufnahme und Literaturüberblick. In: Psychosozial 19, IV (Nr. 66), 77-98.

Kallmeyer, Werner/Schütze, Fritz (1976): Konversationsanalyse. In: Studium Linguistik. 1, 1-28.

Kassner, Karsten/Rüling, Anneli (2005): „Nicht nur am Samstag gehört Papa mir!" Väter in egalitären Arrangements von Arbeit und Leben. In: Tölke/Hank (Hrsg.), a.a.O., 235-264.

Kasten, Hartmut (1995): Einfluß der Familie auf die Geschlechtsrollenverteilung. Ein Forschungsbericht mit erweitertem bibliographischem Anhang. Bamberg: Staatsinstitut für Familienforschung an der Universität Bamberg. (*ifb*)

Kasten, Hartmut (1996): Weiblich – männlich. Geschlechtsrollen und ihre Entwicklung. Berlin [u.a.]: Springer.

Kasten, Hartmut (2003): Weiblich – männlich. Geschlechtsrollen durchschauen. 2. überarb. Aufl. München u.a.: E. Reinhardt.

Kaufmann, Franz-Xaver (1995): Zukunft der Familie im vereinten Deutschland. Gesellschaftliche und politische Bedingungen. München: Beck'sche Verlagsbuchhandlung.

Keddi, Barbara/Seidenspinner, Gerlinde (1991): Arbeitsteilung und Partnerschaft. In: Bertram, Hans (Hrsg.): Die Familie in Westdeutschland. Stabilität und Wandel familialer Lebensformen. Opladen: Leske + Budrich, 159-192.

Kelle, Udo (1997): Empirisch begründete Theoriebildung. Zur Logik und Methodologie interpretativer Sozialforschung. 2. Aufl. Weinheim: Deutscher Studien Verlag.

Kindler, Heinz (2002): Väter und Kinder. Langzeitstudien über väterliche Fürsorge und die sozioemotionale Entwicklung von Kindern. Weinheim u. München: Juventa. (Materialien)

Kindler, Heinz/Grossmann, Karin/Zimmermann, Peter (2002): Kind-Vater-Bindungsbeziehung und Väter als Bindungspersonen. In: Walter, Heinz (Hrsg.): a.a.O., 685-741.

King, Vera (2002): Tochterväter. Dynamik und Veränderungen einer Beziehungsfigur. In: Walter, Heinz (Hrsg.): a.a.O., 519-554.

King, Vera (2006): Vater-Tochter-Beziehungen. Symbolische Repräsentanz und familiale Interaktion. In: Bereswill/Scheiwe/Wolde (Hrsg.), a.a.O., 137-153.

Kirchhöfer, Dieter (2000): Gute-Nacht-Rituale in Familien – Erosion einer emotionalen Balance? In: Herlth u.a. (Hrsg.), a.a.O., 155-166.

Klann-Delius, Gisela (1999): Spracherwerb. Stuttgart [u.a.]: Metzler. (Sammlung Metzler; 321)

Klein, Melanie (1971/1932): Die Psychoanalyse des Kindes. 2. Aufl.: München [u.a.]: Reinhardt.

Klein, Thomas/Lauterbach, Wolfgang (Hrsg.) (1999): Nichteheliche Lebensgemeinschaften. Analysen zum Wandel partnerschaftlicher Lebensformen. Opladen: Leske + Budrich.

Kleining, Gerhard (1982): Umriss zu einer Methodologie qualitativer Sozialforschung. In: Kölner Zeitschrift für Soziologie und Sozialpsychologie 34, 224-253.

Kniebiehler, Yvonne (1996): Geschichte der Väter. Eine kultur- und sozialhistorische Spurensuche. Aus dem Französischen von Ilse Deike. Mit einem Nachwort von Claudia Opitz. Freiburg [u.a.]: Herder.

Köhler, Lotte (1999): Bindungsforschung und Bindungstheorie aus der Sicht der Psychoanalyse. In: Spangler/Zimmermann (Hrsg.), a.a.O., 67-85.

König, René (1974): Materialien zur Soziologie der Familie. 2. neubearb. und erw. Aufl. Köln: Kiepenheuer & Witsch. (EA 1946)

Kohlberg, Lawrence (1974): Analyse der Geschlechtsrollen-Konzepte und -Attitüden bei Kindern unter dem Aspekt der kognitiven Entwicklung. In: ders.: Zur kognitiven Entwicklung des Kindes. Drei Aufsätze. Frankfurt am Main: Suhrkamp. 334-471.

Kraimer, Klaus (1995): Einzelfallstudien. In: König, Eckard/Zedler, Peter (Hrsg.): Bilanz qualitativer Forschung. Band 2: Methoden. Weinheim: Deutscher Studien Verlag, 463-497.

Kudera, Werner (2002): Neue Väter, neue Mütter – neue Arrangements der Lebensführung. In: Walter (Hrsg.), a.a.O., 145-185.

Kühne, Thomas (Hrsg.) (1996): Männergeschichte – Geschlechtergeschichte. Männlichkeit im Wandel der Moderne. Frankfurt a. Main u.a.: Campus. (Geschichte und Geschlechter; 14)

Künzler, Jan (1994): Familiale Arbeitsteilung. Die Beteiligung von Männern an der Hausarbeit. Bielefeld: Kleine.

Künzler, Jan (1999): Arbeitsteilung in Ehen und Nichtehelichen Lebensgemeinschaften. In: Klein/Lauterbach (Hrsg.), a.a.O., 235-268.

Küspert, Petra/Schneider, Wolfgang (2003): Hören, lauschen, lernen. Sprachspiele für Kinder im Vorschulalter. Würzburger Trainingsprogramm zur Vorbereitung auf den Erwerb der Schriftsprache. 4. Aufl. Göttingen: Vandenhoeck & Ruprecht.

Lamb, Michael E. (ed.) (1997): The Role of the Father in Child Development. Third Edition: New York [u.a.]: Wiley & Sons.

Lamb, Michael E./Pleck, Jospeh H./Charnov, E.L./Livine, J.A. (1985): Paternal behavior in humans. In: American Zoologist 25, 883-894.

Lamnek, Siegfried (1995a): Qualitative Sozialforschung. Band 1: Methodologie. 3., korr. Aufl. Weinheim: Beltz, PsychologieVerlagsUnion.

Lamnek, Siegfried (1995b): Qualitative Sozialforschung. Band 2: Methoden und Techniken. 3., korr. Aufl. Weinheim: Beltz, PsychologieVerlagsUnion.

Ledl, Viktor (1994): Kinder beobachten und fördern. Eine Handreichung zur gezielten Beobachtung und Förderung von Kindern mit besonderen Lern- und Erziehungsbedürfnissen. Wien: Jugend & Volk.

Legewie, Heiner (1995): Feldforschung und teilnehmende Beobachtung. In: Flick, Uwe u.a. (Hrsg.): a.a.O., 189-193.

Lenz, Karl/Böhnisch, Lothar (1999): Zugänge zu Familien – ein Grundlagentext. In: Böhnisch, Lothar/Lenz, Karl (Hrsg.), a.a.O., 9-63.

Lenzen, Dieter (1991): Vaterschaft. Vom Patriarchat zur Alimentation. Reinbek: Rowohlt.

Lenzen, Dieter (1997): Kulturgeschichte der Vaterschaft. In: Erhart, Walter/Herrmann, Britta (Hrsg.): Wann ist der Mann ein Mann? Zur Geschichte der Männlichkeit. Stuttgart u.a.: Metzler, 87-113.

Liegle, Ludwig (2004): Die Bedeutung der Familienerziehung. In: Das Online-Familien-Handbuch. www.familienhandbuch.de. 1-6.

Lieven, Elena V.M. (1978): Turn-Taking and Pragmatics: Two Issues in Early Child Language. In: Campbell, R.N./Smith, P.T. (ed.): Recent Advances in the Psychology of Language. Language Development and Mother-Child-Interaction. New York [u.a.]. 215-236.

Lothaller, Harald/Jagoditsch, Sonja/Mikula, Gerold (2006): Familienarbeit und Berufstätigkeit aus der Sicht von Männern und Frauen. In: Werneck/Beham/Palz (Hrsg.), a.a.O., 110-125.

Maccoby, E./Jacklin, C. (1974): The psychology of sex differences. Stanford, CA: Stanford University Press.

Mahler, Margaret S. (1985/1963): Studien über die drei ersten Lebensjahre. Aus d. Amerikan. übers. von Hilde Weller. Stuttgart: Klett-Cotta.

Markefka, Manfred/Nauck, Bernhard (Hrsg.) (1993): Handbuch der Kindheitsforschung. Neuwied [u.a.]: Luchterhand.

Martens, Karin (1979): Kindliche Kommunikation. Theoretische Perspektiven, empirische Analysen, methodologische Grundlagen. Frankfurt am Main: Suhrkamp. (stw 272)

Martschinke, Sabine/Kirschhock, Eva-Maria/Frank, Angela (2004): Diagnose und Förderung im Schriftspracherwerb. Band 1. Der Rundgang durch Hörhausen. Erhebungsverfahren zur phonologischen Bewusstheit. 3. Aufl. Donauwörth: Auer.

Matzner, Michael (1998): Vaterschaft heute. Klischees und soziale Wirklichkeit. Frankfurt a. Main [u.a.]: Campus.

Matzner, Michael (2004): Vaterschaft aus der Sicht von Vätern. Wiesbaden: VS Verlag für Sozialwissenschaften.

Metz-Göckel, Sigrid (1988): Väter und Väterlichkeit. Zur alltäglichen Beteiligung der Väter an der Erziehungsarbeit. Zeitschrift für Sozialisationsforschung und Erziehungspsychologie, 8, 264-280.

Metz-Göckel, Sigrid/Müller, Ursula (1986): Der Mann – Die Brigitte-Studie. In Zusammenarbeit mit Christa Geissler und Ulla Fröhling. Unter Mitarb. von Hildegard Siemons-Kohlhoff und Petra Glöss. Weinheim u.a.: Beltz. (Psychologie heute; Bewußtsein)

Meuser, Michael (1998): Geschlecht und Männlichkeit. Soziologische Theorie und kulturelle Deutungsmuster. Opladen: Leske + Budrich.

Meyer, Sybille/Schulze, Eva (1989): Balancen des Glücks. Neue Lebensformen: Paare ohne Trauschein, Alleinerziehende und Singles: München: Beck. (BsR 381)

Miller, S.A./Davis T.L./Wilde C.A./Brown, J. (1993): Parents Knowledge of their Childrens Preferences. In: International Journal of Behavioral Development, 16, 35-60.

Mitscherlich, Alexander (1963/2002): Auf dem Weg zur vaterlosen Gesellschaft. Ideen zur Sozialpsychologie. Weinheim [u.a.]: Beltz.

Montada, Leo (2002): Fragen, Konzepte, Perspektiven. In: Oerter/Montada (Hrsg.), a.a.O., 3-53.

Mosheim, Robert u.a. (2002): Können das Väter überhaupt? Eine Studie zur Vater-Kind-Beziehung in der väterlichen Karenzzeit. In: Steinhardt/Datler/Gstach (Hrsg.), a.a.O, 73-86.

Motsch, Hans-Joachim: Effektivitätssteigerung durch Kontextoptimierung in der Therapie spezifischer Sprachentwicklungsstörungen. In: Suchodoletz, Waldemar (Hrsg.): Therapie von Sprachentwicklungsstörungen. Anspruch und Realität. Stuttgart: Kohlhammer. 83-105.

Nauck, Bernd/Onnen-Isemann, Corinna (Hrsg.) (1995): Familie im Brennpunkt von Wissenschaft und Forschung. Rosemarie Nave-Herz zum 60. Geburtstag gewidmet. Unter Mitarb. von Heike Diefenbach ... Neuwied: Luchterhand, Berlin: Kriftel.

Nave-Herz, Rosemarie (1999a): Diskontinuitäten zwischen Familie und Moderne. In: Friedrichs, Jürgen/Nave-Herz, Rosemarie (Hrsg.): Familiensoziologie. Zwanzig Jahre Familiensoziologie an der Carl von Ossietzky Universität Oldenburg. Oldenburg: Bib. (Oldenburger Universitätsreden; 121), 31-50.

Nave-Herz, Rosemarie (1999b): Wozu Familiensoziologie? Über die Entstehung, Geschichte und die Aufgaben der Familiensoziologie. In: Busch/Nauck/Nave-Herz (Hrsg.), a.a.O., 15-32.

Nave-Herz, Rosemarie (1999c): Die nichteheliche Lebensgemeinschaft als Beispiel gesellschaftlicher Differenzierung. In: Klein/Lauterbach (Hrsg.), a.a.O., 37-59.

Nave-Herz, Rosemarie (2000): Wandel der Familie: eine familiensoziologische Perspektive. In: Schneewind, Klaus A. (Hrsg.): Familienpsychologie im Aufwind. Brückenschläge zwischen Forschung und Praxis. Göttingen [u.a.]: Hogrefe. 19-31.

Nave-Herz, Rosemarie (2002): Wandel und Kontinuität in der Bedeutung, in der Struktur und Stabilität von Ehe und Familie in Deutschland. In: dies. (Hrsg.): Kontinuität und Wandel der Familien in Deutschland. Eine zeitgeschichtliche Analyse. Stuttgart: Lucius & Lucius. 45-70.

Nave-Herz, Rosemarie (2007): Familie heute. Wandel der Familienstrukturen und Folgen für die Erziehung. 3. überarb. und erg. Aufl. Darmstadt: WBG. (Wissenschaftliche Buchgesellschaft)

Nave-Herz, Rosemarie/Krüger, Dorothea (1992): Ein-Eltern-Familien. Eine empirische Studie zur Lebenssituation und Lebensplanung alleinerziehender Mütter und Väter. Bielefeld: Kleine (Materialien zur Frauenforschung; 15).

Neidhardt, Friedhelm (1970): Strukturbedingungen und Probleme familialer Sozialisation. In: Lüschen, Günther/Lupri, Eugen (Hrsg.): Soziologie der Familie. Opladen: Westdeutscher Verlag. 144-168.

Nickel-Bacon, Irmgard (2003): Vom Spiel der Fiktionen mit Realitäten (Basisartikel). In: Praxis Deutsch 30, H. 180, 4-12.

Niemann, Heide (2000): Family Literacy: Leseförderung in Familie und Schule. In: Stark, Werner/Fitzner, Thilo/Schubert, Christoph (Hrsg.): Von der Alphabetisierung zur Leseförderung. Eine Fachtagung. Bad Boll, Stuttgart: Evangelische Akademie, Klett. 333-337.

Niermann, M. Monika (1977): Erziehungsziele in Bilderbüchern für Kinder von 2 bis 6 Jahren. Grundlegung eines Modells zur Analyse von Bilderbüchern. Frankfurt am Main: Lang. (Europäische Hochschulschriften: Reihe 11, Pädagogik; Bd. 46)

Ninio, Anat/Bruner, Jerome (1978): The achievement and antecedents of labelling. In: Journal of Child Language 5, 1-15.

Noelle-Neumann, Elisabeth/Schulz, Winfried/Wilke, Jürgen (1994): Fischer Lexikon Publizistik Massenkommunikation. Aktual., vollst. überarb. Neuausg. Frankfurt am Main: Fischer Taschenbuch Verlag.

Oberndorfer, Rotraud/Rost, Harald (2002): Auf der Suche nach den neuen Vätern. Familien mit nichttraditioneller Verteilung von Erwerbs- und Familienarbeit. Bamberg: Staatsinstitut für Familienforschung an der Universität Bamberg (ifb). (ifb -Forschungsbericht; 5)

Oerter, Rolf (1999): Psychologie des Spiels. Ein handlungstheoretischer Ansatz. Weinheim [u.a.]: Beltz. (Beltz Taschenbuch; 46).

Oerter, Rolf/Montada, Leo (2002): Entwicklungspsychologie. 5., vollständig überarb. Aufl. Weinheim [u.a.]: Beltz.

Papousek, Mechthild (1984): Wurzeln der kindlichen Bindung an Personen und Dinge: Die Rolle der integrativen Prozesse. In: Eggers, Christian (Hrsg.): Bindungen und Besitzdenken beim Kleinkind: München u.a.: Urban & Schwarzenberg. 155-184.

Papousek, Mechthild (1996): Anfänge der kindlichen Sprachentwicklung in der vorsprachlichen Kommunikation. In: Frühwirth, Inge/Meixner, Friederike (Hrsg.): Denken – Sprechen – Lernen. Hundert Jahre Sprachtherapie in Österreich. 34-41.

Parsons, Talcott (1968): Beiträge zur soziologischen Theorie. Hrsg. und eingel. von Dietrich Rüschemeyer. 2. Aufl. Neuwied [u.a.]: Luchterhand. (darin enth. u.a. OA 1942)

Petri, Horst (1997): Guter Vater – Böser Vater. Psychologie der männlichen Identität. Bern [u.a.]: Scherz.

Petri, Horst (1999): Das Drama der Vaterentbehrung. Chaos der Gefühle – Kräfte der Heilung. Freiburg: Herder.

Petri, Horst (2004): Väter sind anders. Die Bedeutung der Vaterrolle für den Mann. Stuttgart: Kreuz.

Petzold, Matthias (1992): Familienentwicklungspsychologie. München: Quintessenz.

Petzold, Matthias (1999): Entwicklung und Erziehung in der Familie. Einführung in die Familienentwicklungspsychologie. 2. völlig neubearb. Aufl. Baltmannsweiler: Schneider-Verl. Hohengehren.

Peuckert, Rüdiger (2005): Familienformen im sozialen Wandel. 6. Aufl. Wiesbaden: VS Verlag für Sozialwissenschaften.

Piaget, Jean (1959/1975): Nachahmung, Spiel und Traum. Die Entwicklung der Symbolfunktion beim Kinde. Mit einer Einführung von Hans Aebli. Stuttgart: Klett (Gesammelte Werke; 5; Studienausgabe). (OA Neuchatel/Ch. 1959)

Piaget, Jean/Inhelder, Bärbel (1966/1991): Die Psychologie des Kindes. München [u.a.]: Klett-Cotta im Deutschen Taschenbuch Verlag. (dtv 15021)

Pilgrim, Volker Elis (1993): Vatersöhne. Reinbek: Rowohlt.

Pleck, Joseph H. (1997): Paternal Involvement: Levels, Sources, and Consequences. In: Lamb, Michael E. (Ed.): The role of the father in child development. 3rd ed. New York a.o.: Wiley & Sons.

Pleck, Joseph H./Masciadrelli, Brian P. (2004): Paternal Involvement by U.S. Residential Fathers. Levels, Sources, and Consequences. In: Lamb, Michael E. (Ed.): The Role of the father in child development. 4th ed. Hoboken, New Jersey: Wiley.

Pross, Helge (1978/1984): Der Mann. Eine repräsentative Untersuchung über die Selbstbilder von Männern und ihre Bilder von der Frau. Reinbek bei Hamburg: Rowohlt. (rororo sachbuch 7825)

Rauchfleisch, Udo (1997): Alternative Familienformen: Eineltern, gleichgeschlechtliche Paare, Hausmänner. Göttingen: Vandenhoeck & Ruprecht. (Sammlung Vandenhoeck)

Reiche, Britta (1998): Väter-Dasein. Die Erfahrungen von Väter als Versorger ihrer Säuglinge und Kleinkinder im Wechselspiel von Rollenzuschreibung und Übertragung. Hamburg: Kovac. (Studien zur Familienforschung; 6)

Reichen, Jürgen (1988): Lesen durch Schreiben. Wie Kinder selbstgesteuert lesen lernen. Lesedidaktische, lernpsychologische und schulpädagogische Grundlagen eines vom Schüler selbstgesteuerten Schriftspracherwerbs. 3. Aufl. Zürich: Sabe.

Reiss, D. (1989): The Represented and Practicing Familiy: Contrasting Visions of Familily Continuity. In: Sameroff, A.J./Emde, R.N. (Eds.): Relationship Disturbances in Early Childhood. A Developmental Approach. New York: Basic Books, 191-220.

Rerrich, Maria S. (1985): Alle reden vom Vater – aber wen meinen sie damit? Zur Differenzierung des Vaterbildes. In: Sektion Frauenforschung in den Sozialwissenschaften in der DGS (Hrsg.): Frauenforschung. Beiträge zum 22. Deutschen Soziologentag, Dortmund 1984: Frankfurt am Main [u.a.]: Campus Verlag. 223-232.

Rerrich, Maria S. (1988): Balanceakt Familie. Zwischen alten Leitbildern und neuen Lebensformen. Freiburg: Lambertus.

Rerrich, Maria S. (1989): Was ist neu an den ‚Neuen Vätern'? In: Keupp, Heiner/ Bilden, Helga (Hrsg.): Verunsicherungen. Das Subjekt im gesellschaftlichen Wandel. Göttingen: Hogrefe. 93-102.

Rerrich, Maria S. (1990): Balanceakt Familie. Zwischen alten Leitbildern und neuen Lebensformen. 2. Aufl. Freiburg i. Breisgau: Lambertus.

Ritzenfeld, Sigrun (1998): Kinder mit Stiefvätern. Familienbeziehungen und Familienstruktur in Stiefvaterfamilien. Weinheim u. München: Juventa (Materialien).

Rogoff, B. (1990): Apprenticeship in Thinking Cognitive Development in Social Context. New York: Oxford University Press.

Rolff, Hans Günter/Zimmermann, Peter (2001): Kindheit im Wandel. Eine Einführung in die Sozialisation im Kindesalter. Vollst. überarb. Neuausgabe der 5. Aufl. 1997. Weinheim: Beltz.

Rosenbaum, Heidi (1982): Formen der Familie. Untersuchungen zum Zusammenhang von Familienverhältnissen, Sozialstruktur und sozialem Wandel in der deutschen Gesellschaft des 19. Jahrhunderts. Frankfurt am Main: Suhrkamp. (stw 374)

Rosenbaum, Heidi (Hrsg. und Einl.) (1980): Seminar: Familie und Gesellschaftsstruktur. Materialien zu den sozioökonomischen Bedingungen von Familienformen. 2. Aufl. Frankfurt am Main: Suhrkamp (1. Aufl. 1978). (stw 244)

Rost, Harald (2004): Work-Life-Balance. Neue Aufgaben für eine zukunftsorientierte Personalpolitik. Opladen: B. Budrich.

Sahr, Michael/Schlund, Angela (1992): Das Bilderbuch in der Grundschule. Regensburg: Wolf. (Wolf-Handbücher: Unterrichtspraxis).

Scheerer-Neumann, Gerheid (1996): Der Erwerb der basalen Lese- und Schreibfähigkeiten. In: Günther, Hartmut/Ludwig, Otto (Hrsg.): Schrift und Schriftlichkeit. Ein interdisziplinäres Handbuch. Berlin [u.a.]: de Gruyter. 1153-1169.

Schildbach, Beate (1992): Einflüsse mütterlicher Unterstützung auf das Leistungsverhalten bei 3- bis 7-jährigen Kindern. Univ. Regensburg, Diss.

Schleiffer, Roland (2001): Der heimliche Wunsch nach Nähe. Bindungstheorie und Heimerziehung. Münster: Votum.

Schmidt-Denter, Ulrich (1984): Die soziale Umwelt des Kindes. Eine ökopsychologische Analyse. Berlin [u.a.]: Springer.

Schnack, Dieter/Gesterkamp, Thomas (1998): Hauptsache Arbeit? Männer zwischen Beruf und Familie. Reinbek: Rowohlt.

Schneewind, Klaus A. (1988): Die Familienklimaskalen (FKS). In: Cierpka, M.: Familiendiagnostik. Berlin: Springer. 234-255.

Schneewind, Klaus A. (1999): Familienpsychologie. 2., überarb. Aufl. Stuttgart u.a.: Kohlhammer.

Schneewind, Klaus A. (Hrsg.) (2000): Familienpsychologie im Aufwind. Brücken-schläge zwischen Forschung und Praxis. Göttingen [u.a.]: Hogrefe.

Schneewind, Klaus A. (2002): Familienentwicklung. In: Oerter, Rolf/Montada, Leo: Entwicklungspsychologie. 5., vollständig überarb. Aufl. Weinheim u.a.: Beltz. 105-127.

Schneewind, Klaus A./Ruppert, Stefan (1995): Familien gestern und heute: ein Gene-rationenvergleich über 16 Jahre. München: Quintessenz, MMV, Medizin Verlag.

Schneider, Norbert F./Rosenkranz, Doris/Limmer, Ruth (1998): Nichtkonventionel-le Lebensformen. Entstehung, Entwicklung, Konsequenzen. Opladen: Leske + Budrich (Fragen der Gesellschaft).

Schneider, Silvia (1995): Entwicklungsbedingungen sozialer Handlungsfähigkeiten. Formen der Interaktionsstrukturierung beim gemeinsamen Bilderbuchlesen von Eltern und Kind. Frankfurt am Main [u.a.]: Lang. (Europäische Hochschulschrif-ten; Reihe VI Psychologie; 496) (Zugl. Freiburg im Breisgau, Univ., Diss., 1994)

Schneider, Werner (1989): Die neuen Väter. Chancen und Risiken. Zum Wandel der Vaterrolle in Familie und Gesellschaft. Augsburg: AV-Verlag.

Schon, Lothar (2002): Vater und Sohn. Entwicklungspsychologische Betrachtungen der ersten Jahre einer bedeutsamen Beziehung. In: Walter (Hrsg.), a.a.O., 477-517.

Schölmerich, Axel (1998): Die Entwicklung von Spiel- und Explorationsverhalten. In: Keller, Heidi (Hrsg.): Lehrbuch Entwicklungspsychologie. Bern [u.a.]: Hu-ber, 547-562.

Schreier, Margrit/Odag, Özen (2004): Genuss und Distanz: Geschlechterspezifische Kompetenzen beim Umgang mit Realitäten. In: Spiel 23, H. 1, 94-115.

Schweizer, Herbert (2007): Soziologie der Kindheit. Verletzlicher Eigen-Sinn. Wiesbaden: VS Verlag für Sozialwissenschaften.

Seiffge-Krenke, Inge (2001a): Neuere Ergebnisse der Vaterforschung. Sind Väter notwendig, überflüssig oder sogar schädlich für die Entwicklung ihrer Kinder? In: Psychotherapeut, 46, 391-397.

Seiffge-Krenke, Inge (2001b): Väter und Söhne, Väter und Töchter. In: Forum der Psychoanalyse 17, 51-63.

Shell Deutsche Holding (Hrsg.) (2006): Jugend 2006. 15. Shell Jugendstudie. Eine pragmatische Generation unter Druck. Frankfurt am Main: Fischer Taschenbuch Verlag (Fischer Taschenbücher Allgemeine Reihe).

Snow, Catherine (1977): Mothers' speech research: from input to interaction. In: Snow, Catherine E./Ferguson, Charles A. (1977): Talking to children. Language input and acquisition. Cambridge [u.a.]: Cambridge University Press. 31-49.

Spangler, Gottfried (1999): Die Rolle der kindlichen Verhaltensdispositionen für die Bindungsentwicklung. In: Spangler/Zimmermann (Hrsg.), a.a.O., 178-190.

Spangler, Gottfried/Zimmermann, Peter (Hrsg.) (1999): Die Bindungstheorie. Grund-lagen, Forschung und Anwendung. 3. durchges. Auflage: Stuttgart: Klett-Cotta.

Spinner, Kaspar (2006): Literarisches Lernen (Basisartikel). In: Praxis Deutsch 33, H. 200, 6-16.

Spitz, René A. (1976): Vom Dialog. Studien über den Ursprung der menschlichen Kommunikation und ihrer Rolle in der Persönlichkeitsbildung. Aus dem Engli-schen übers. von Käte Hügel und Erhard Künzler. Stuttgart: Klett.

Spitz, René A. (1965/1976): Vom Säugling zum Kleinkind. Naturgeschichte der Mutter-Kind-Beziehungen im ersten Lebensjahr. Unter Mitarb. von W. Godfrey Cobliner. 5. Aufl. Stuttgart: Klett. (OA The first year of life. A Psychoanalytic study of normal and deviant development of object relations. New York 1965)

Stauder, Johannes (2005): Familiengründung, eheliche Arbeitsteilung und eheliche Instabilität. In: Tölke/Hank (Hrsg.), a.a.O., 198-219.

Steinhardt, Kornelia/Datler, Wilfried/Gstach, Johannes (Hrsg.) (2002): Die Bedeutung des Vaters in der frühen Kindheit. Gießen: Psychosozial-Verlag. (Psychoanalytische Pädagogik)

Stephan, Christine (1999): Bindungsbeziehung – Spielbeziehung – Kompetenzentwicklung. In: Spangler/Zimmermann (Hrsg.), a.a.O., 265-280.

Stern, Daniel (1996): Die Lebenserfahrung des Säuglings. Aus dem Amerik. übers. von Wolfgang Krege. Die Übers. wurde bearb. von Elisabeth Vorspohl. 6. Aufl. Stuttgart: Klett-Cotta. (OA u.d.T. The Interpersonal World of the Infant 1985)

Stiehler, Sabine (1999): Allein mit Kind(ern): Probleme und Chancen einer verbreiteten Familienform. In: Lenz/Böhnisch, a.a.O., 199-211.

Stiehler, Sabine (2000): Alleinerziehende Väter. Sozialisation und Lebensführung. Weinheim u. München: Juventa. (Geschlechterforschung)

Strümpel, Burkhard/Prenzel, Wolfgang/Scholz, Joachim/Hoff, Andreas (1989): Teilzeitarbeitende Männer und Hausmänner. Motive und Konsequenzen einer eingeschränkten Erwerbstätigkeit von Männer. Unter Mitarb. von Holger Boeven ... 2. durchges. Aufl. Berlin: edition sigma. (Beiträge zur Sozialökonomik der Arbeit; 16)

Süss, Daniel (2000): Bilderbuchpräferenzen: Methoden zum Vergleich der Qualitätsansprüche von Kindern und Erwachsenen. In: Paus-Haase, Ingrid/Schorb, Bernd (Hrsg.): Qualitative Kinder- und Jugendmedienforschung. Theorie und Methoden: ein Arbeitsbuch. München: KoPäd, 101-114.

Szagun, Gisela (1993): Sprachentwicklung beim Kind. Eine Einführung. 5. Aufl. Weinheim: Psychologie Verlags-Union.

Tannen, Deborah (1992): Das hab' ich nicht gesagt! Kommunikationsprobleme im Alltag. Aus dem Amerik. von Maren Klostermann. München: Goldmann. (OA That's not what I meant! How Conversational Style Makes or Breaks Relationships. New York 1986).

Tannen, Deborah (1996): Women and men talking: An interactional sociolinguistic approach. In: Walsh, Mary Roth (ed.), a.a.O., 82-90.

Tannen, Deborah (1998): Du kannst mich einfach nicht verstehen. Warum Männer und Frauen aneinander vorbeireden. Aus dem Amerik. von Maren Klostermann: München: Goldmann. (OA You just don't understand. Women and Men in Conversation. New York 1990).

Tannen, Deborah (2001): Ich mein's doch nur gut. Wie Menschen in Familien aneinander vorbeireden. Aus dem Amerik. von Maren Klostermann. München: Ullstein. (OA I only say this because I love you. New York 2001).

Tazi-Preve, Irene M. (2006): Vaterschaft heute. Zentrale Ergebnisse auf Basis des Population Policy Acceptance Survey. In: Werneck/Beham/Palz (Hrsg.), a.a.O., 230-244.

Thiele, Jens (Hrsg.) (1986): Bilderbücher entdecken. Untersuchungen, Materialien und Empfehlungen zum kritischen Gebrauch einer Buchgattung. 2. Aufl. Oldenburg: Isensee.

Thiele, Jens (2000): Das Bilderbuch. Ästhetik – Theorie – Analyse – Didaktik – Rezeption. Mit Beiträgen von Jane Doonan, Elisabeth Hohmeister, Doris Reske und Reinbert Tabbert. Oldenburg: Isensee.

Thiele, Jens (2002): Zwischen Lackbild und Laptop. Der veränderte Ort des Bilderbuchs. In: ide Informationen zur Deutschdidaktik 26, 2. Themenheft Bilderbücher. Hrsg. von Werner Wintersteiner. 44-51.

Thiele, Jens (2004): Ist das Kind noch im Bilde? In: JuLit Informationen. Hrsg. vom Arbeitskreis für Jugendliteratur e.V. 3, 12-26.

Tillmann, Klaus Jürgen (2001): Sozialisationstheorien. Eine Einführung in den Zusammenhang von Gesellschaft, Institution und Subjektwerdung. 12. erw. und überarb. Aufl. Reinbek bei Hamburg: Rowohlt Taschenbuch Verlag. (re 5576)

Tölke, Angelika (1995): Geschlechtsspezifische Aspekte der Berufs- und Familienentwicklung. In: Nauck/Onnen-Isemann (Hrsg.), a.a.O., 489-504.

Tölke, Angelika/Hank, Karsten (Hrsg.) (2005): Männer – Das „vernachlässigte" Geschlecht in der Familienforschung. Wiesbaden: Verlag für Sozialwissenschaften/GWV Fachverlage (Zeitschrift für Familienforschung; Sonderheft 4).

Topsch, Wilhelm (2003): Geschichte der Didaktik des Lesens. In: Bredel, Ursula u.a.: Didaktik der deutschen Sprache: Ein Handbuch. 1. Teilband. 2., durchges. Aufl.: Paderborn [u.a.]: Schöningh. 501-512.

Trautner, Hanns Martin (1993): Entwicklung der Geschlechtstypisierung. In: Markefka, Manfred/Nauck, Bernhard (Hrsg.): Handbuch der Kindheitsforschung. Neuwied [u.a.]: Luchterhand. 289-301.

Trautner, Hanns Martin (2002): Entwicklung der Geschlechtsidentität. In: Oerter/ Montada (Hrsg.), a.a.O., 648-674.

Trautner, Hanns Martin (2006): Sozialisation und Geschlecht. Die entwicklungspsychologische Perspektive. In: Bilden, Helga/Dausien, Bettina (Hrsg.): Sozialisation und Geschlecht. Theoretische und methodologische Aspekte. Opladen [u.a.]: B. Budrich. 103-120.

Triandis, Harry C. (1975): Einstellungen und Einstellungsänderungen. Übers. und bearb. von Bernd Six und Karl-Heinz Steffens. Weinheim [u.a.]: Beltz.

Tyrell, Hartmann (1988): Ehe und Familie – Institutionalisierung und Deinstitutionalisierung. In: Lüscher, Kurt/Schultheis, Franz/Wehrspann, Michael (Hrsg.): Die ,postmoderne' Familie. Familiale Strategien und Familienpolitik in einer Übergangszeit. Konstanz: Universitätsverlag Konstanz. 145-156.

Ulich, Dieter (1993): Emotionale Entwicklung. In: Markefka/Nauck (Hrsg.), a.a.O., 263-274.

Vascovics, Laszlo/Rupp, Marina/Hofmann, Barbara (1997): Lebensverläufe in der Moderne 1. Nichteheliche Lebensgemeinschaften. Eine soziologische Längsschnittstudie. Opladen: Leske + Budrich.

Walper, Sabine/Pekrun, Reinhard (Hrsg.) (2001): Familie und Entwicklung. Aktuelle Perspektiven der Familienpsychologie. Göttingen u.a.: Hogrefe.

Walper, Sabine/Schwarz, Beate (Hrsg.) (1999): Was wird aus den Kindern? Chancen und Risiken für die Entwicklung von Kindern aus Trennungs- und Stieffamilien. Weinheim u. München: Juventa (Materialien)

Walsh, Mary Roth (ed.) (1997): Women, Men, & Gender. Ongoing Debates. New Haven [u.a.]: Yale University Press.

Walter, Heinz (Hrsg.) (2002): Männer als Väter. Sozialwissenschaftliche Theorie und Empirie. Gießen: Psychosozial-Verlag. (Forschung psychosozial)

Walter, Heinz (2002): Deutschsprachige Väterforschung – Sondierungen in einem weiten Terrain. In: ders. (Hrsg.), a.a.O., 13-78.

Walter, Heinz (Hrsg.) (2002): Männer als Väter. Sozialwissenschaftliche Theorie und Empirie. Gießen: Psychosozial-Verlag. (Forschung psychosozial)

Walter, Wolfgang/Künzler, Jan (2002): Parentales Engagement: Mütter und Väter im Vergleich. In: Schneider, Norbert F./Matthias-Bleck, Heike (Hrsg.): Elternschaft heute. Gesellschaftliche Rahmenbedingungen und individuelle Gestaltungsaufgaben. Opladen: Leske + Budrich. 95-119.

Wechtenbruch, Juliane (1996): Bildbenennung zur Wortschatzüberprüfung bei Kindern. Der Einfluß visueller und kognitiver Fähigkeiten auf die Testergebnisse des Aktiven Wortschatztests für 3-6jährige. Germering: Wildegger (Wissenschaft für die Praxis; 3). Zugl.: München, Univ. Diss., 1996.

Werneck, Harald (1998): Übergang zur Vaterschaft. Auf der Suche nach den ‚Neuen Vätern'. Wien u.a.: Springer.

Werneck, Harald (2004): Die ‚neuen Väter'. In: Das Online-Familienhandbuch. 1-6. www.familienhandbuch.de.

Werneck, Harald/Beham, Martina/Palz, Doris (Hrsg.) (2006): Aktive Vaterschaft. Männer zwischen Familie und Beruf. Gießen: Psychosozial-Verlag.

Wicki, Werner (1997): Übergänge im Leben der Familie. Veränderungen bewältigen. Bern: Huber.

Wieler, Petra (1997): Vorlesen in der Familie. Fallstudien zur literarisch-kulturellen Sozialisation von Vierjährigen. Weinheim u. München: Juventa. (Lesesozialisation und Medien)

Wigotsky, Lew Semjonowitsch (1934/1991): Denken und Sprechen. Aus dem Russischen übers. von Gerhard Sewekow. Mit einer Einleitung von Thomas Luckmann. Frankfurt am Main: Fischer Taschenbuch Verlag. (FW 7368)

Wilk, Lieselotte (2000): Veränderte Familienformen – postmoderne kindliche Lebenswelten? In: Herlth u.a. (Hrsg.), a.a.O., 23-46.

Winnicott, Donald W. (1965/1993): Reifungsprozesse und fördernde Umwelt. Frankfurt am Main: Fischer Taschenbuch Verlag. (Geist und Psyche; 42255)

Wood, David/Bruner, Jerome S./Ross, Gail (1976): The role of tutoring in problem solving. In: Journal of Child Psychology and Psychiatry, 17, 89-100.

Zech, Alice (2000): Väter-Forschung. In: Werneck, Harald/Rohrer-Werneck, Sonja (Hrsg.): Psychologie der Familie. Theorien, Konzepte, Anwendungen. Wien: Universitätsverlag. 293-299.

Zimmermann, Peter (1999): Bindungsentwicklung von der frühen Kindheit bis zum Jugendalter und ihre Bedeutung für den Umgang mit Freundschaftsbeziehungen. In: Spangler/ders. (Hrsg.), a.a.O., 202-231.

Zulehner, Paul M./Volz, Rainer (1999): Männer im Aufbruch. Wie Deutschlands Männer sich selbst und wie Frauen sie sehen. Ein Forschungsbericht. Unter Mitarb. von Reinhard Zuba und Jochen G. Elias. Hrsg. von der Gemeinschaft der Katholischen Männer Deutschlands und der Männerarbeit der Evangelischen Kirche in Deutschland. 3. Aufl. Ostfildern: Schwabenverlag.